한권 행정사

한권 행정사

한권 행정사: 1차 기출문제(2013~2024)

초판 1쇄 발행 | 2024년 10월 25일

지은이 | 김동옥·이성은·금융경제연구소
펴낸이 | 강미애
편집 | 김영욱
디자인 | 진혜리
제작 | 조창희
마케팅 | 김성필

펴낸곳 | CKSquare
주소 | 서울특별시 관악구 호암로24길 73, B1
등록 | 제2024-000062호
이메일 | cksquare.book@gmail.com

값 | 45,000원
ISBN | 979-11-989337-0-6 03350

※ 이 책은 CKSquare Book이 저작권자와의 계약에 따라 발행한 것이므로
   본사의 허락 없이는 어떠한 형태나 수단으로도 이 책의 내용을 이용하지 못합니다.
※ 잘못된 책은 구입하신 서점에서 바꿔 드립니다.

한권 행정사

김동옥·이성은·금융경제연구소

1차 기출문제
(2013-2024)

저자의 말

국가자격시험을 준비하는 가장 효율적인 전략은 기출문제를 활용하는 학습입니다. 가장 효과적인 연습 기회를 제공하기 때문입니다.

실제 시험에서 문제를 푸는 능력은 학습 과정에서 저절로 길러지지 않습니다. 기출문제를 회차별로 학습하는 것이 실전을 대비한 가장 유효한 방법입니다.

민법은 총칙으로 한정되므로 법학을 처음 접하는 사람도 충분히 고득점 과목으로 만들 수 있습니다.

행정법은 행정사 1차 시험과목 중 가장 범위가 넓은 과목입니다. 기출문제 풀이로 길을 잃지 않고 중심을 잡아 학습해야 합니다.

행정학개론은 기출문제 풀이를 통한 출제경향 파악과 반복 연습으로 성공적 결과를 가져올 수 있습니다.

이 책을 펼치면 왼쪽에 문제, 오른쪽에 해설이 놓여 있습니다. 책을 접고 왼쪽의 문제를 풀면 모의고사 효과를 볼 수 있습니다. 문제를 풀고 책을 펼치면 문제와 해설이 한눈에 들어오게 구상하여 책장을 넘기는 비효율을 제거했습니다.

기출문제의 지문에서 맞는 부분은 강조하고, 틀린 부분은 그 이유를 확실하게 밝혀 학습효과를 극대화할 수 있도록 만들었습니다. 중간선(취소선)과 밑줄을 이용하여 명확히 이해할 수 있게 설명했습니다.

꼭 필요한 법조문을 추가하여 수월하게 효과적으로 학습할 수 있게 엮었습니다.

한림권점(翰林圈點 또는 翰圈)은 조선 시대 예문관(한림원) 관리를 뽑던 절차를 이르는 말입니다. 후보자 중 뽑을 사람의 이름 위 또는 아래에 둥근 점을 표기한 데서 유래했습니다. 여러분의 이름 위에 합격의 동그라미가 그려지기를 기원합니다.

2024년 9월

목차

1차 기출문제 | 2013~2024

저자의 말	4
제01회(2013년)	7
제02회(2014년)	41
제03회(2015년)	73
제04회(2016년)	105
제05회(2017년)	139
제06회(2018년)	175
제07회(2019년)	215
제08회(2020년)	251
제09회(2021년)	291
제10회(2022년)	331
제11회(2023년)	369
제12회(2024년)	405
정답	445
행정사 1차 시험 출제 영역	446
행정사 정보	448
행정사 시험정보	450

2013년도 제01회 행정사 자격시험

1차 시험

제1교시

- 제1과목 민법(총칙 관련 내용으로 한정)
- 제2과목 행정법
- 제3과목 행정학개론(지방자치행정 포함)

2차 시험

제1교시

- 제1과목 민법(계약 관련내용으로 한정)
- 제2과목 행정절차론(행정절차법 포함)

제2교시

- 제1과목 사무관리론(민원 처리에 관한 법률, 행정업무의 운영 및 혁신에 관한 규정 포함)
- 제2과목 행정사실무법
  - 행정심판사례
  - 비송사건절차법

01. X부동산을 소유한 甲은 재산관리인을 선임하지 않고 장기간 해외출장을 떠났다. 다음 설명 중 옳은 것은? (다툼이 있는 경우에는 판례에 의함)
① 법원은 직권으로 X부동산의 관리에 필요한 처분을 명하여야 한다.
② 甲의 채권자의 청구에 의하여 법원이 선임한 재산관리인은 甲의 임의대리인이다.
③ 법원이 선임한 재산관리인은 원칙적으로 법원의 허가 없이 X부동산을 처분할 수 있다.
④ 甲의 재산관리인이 甲을 위해 법원의 허가 없이 X부동산을 처분하였다면, 그 후 법원의 허가를 얻더라도 그 처분은 효력이 없다.
⑤ 甲이 사망한 경우, 재산관리인이 그 사실을 확인하였더라도 법원에 의하여 재산관리인 선임 결정이 취소되지 않는 한, 재산관리인은 계속하여 X부동산을 관리할 수 있다.

02. 만 18세의 甲이 법정대리인의 동의 없이 단독으로 할 수 있는 행위가 아닌 것은? (다툼이 있는 경우에는 판례에 의함)
① 甲이 타인의 대리인으로 체결하는 부동산 매매계약
② 모(母)와 공동으로 받는 상속에 대한 甲의 승인
③ 甲이 법정대리인의 동의 없이 체결한 오토바이 매매계약에 대한 취소
④ 부양의무를 이행하지 않는 친권자 乙에 대한 甲의 부양료 청구
⑤ 甲이 자신의 재산에 대하여 행하는 유언

03. 권리능력 없는 사단에 관한 설명으로 옳지 않은 것은? (다툼이 있는 경우에는 판례에 의함)
① 권리능력 없는 사단도 그 명의로 등기할 수 있다.
② 권리능력 없는 사단의 사원은 총유물에 대한 지분권을 갖지 못한다.
③ 권리능력 없는 사단의 사원의 지위는 달리 정함이 없는 한 양도할 수 없다.
④ 달리 정함이 없는 한 권리능력 없는 사단의 대표자가 총회의 결의없이 행한 총유물의 처분에 대해서는 권한을 넘은 표현대리에 관한 제126조의 규정이 준용된다.
⑤ 권리능력 없는 사단에 대하여는 사단법인에 관한 민법규정 가운데서 법인격을 전제로 하는 것을 제외하고는 이를 유추적용한다.

04. 법인의 이사에 관한 설명으로 옳은 것은?
① 법인이 설립허가의 취소로 해산하는 경우 원칙적으로 이사는 청산인이 될 수 없다.
② 이사가 여러 명인 경우, 법인의 사무에 관하여 공동으로 법인을 대표하는 것이 원칙이다.
③ 이사는 정관 또는 총회의 결의로 금지하지 아니한 사항에 한하여 타인으로 하여금 특정한 행위를 대리하게 할 수 있다.
④ 이사의 대표권에 대한 제한은 정관의 기재만으로도 선의의 제3자에게 대항할 수 있다.
⑤ 법인과 이사의 이익이 상반하는 사항에 대해서는 법원이 이해관계인이나 검사의 청구에 의하여 임시이사를 선임하여야 한다.

민법총칙

01. 권리의 주체 - 자연인
　　부재와 실종
　　부재자 재산관리
　　- 보존·이용·개량: 재산관리인
　　- 처분: 가정법원 전·후 허가
　　　　　　(= 무권대리행위의 추인)

　　선임자 = 부재자 → 임의대리인
　　선임자 ≠ 부재자 → 법정대리인

① 법원은 직권으로 이해관계인, 검사의 청구에 의해 X부동산의 관리에 필요한 처분을 명하여야 한다.
② 甲의 채권자의 청구에 의하여 법원이 선임한 재산관리인은 甲의 임의대리인 법정대리인이다.
③ 법원이 선임한 재산관리인은 원칙적으로 법원의 허가 없이 X부동산을 처분할 수 있다. 없다.
④ 甲의 재산관리인이 甲을 위해 법원의 허가 없이 X부동산을 처분하였다면, 그 후 법원의 허가를 얻더라도 얻으면 그 처분은 효력이 없다. 있다.
④⑤ 판례

02. 권리의 주체 - 자연인
　　행위능력(제한능력자)
　　미성년자

② 상속 승인(= 권리 + 의무):
　　　　　　법정대리인 동의 필요

미성년자가 (법정대리인 동의 없이) 단독으로 할 수 있는 행위
　1. 권리만을 얻거나 의무만을 면하는 행위
　2. 법정대리인이 범위를 정하여 처분을 허락한 재산의 처분행위
　3. 법정대리인에 의하여 영업이 허락된 미성년자의 영업행위
　4. 대리행위
　5. 유언행위
　6. 회사의 무한책임사원인 미성년자가 사원 자격으로 한 행위
　7. 근로계약과 임금의 청구

03. 권리의 주체 - 법인
　　권리능력 없는 사단(비법인사단)

① 부동산등기법 제26조
②③④ 판례

법인대표의 권리남용
　- 판례: 민법 제35조(법인의 불법행위능력) 적용
　- 통설: 민법 제126조(권한을 넘은 표현대리) 우선 적용설

④ 달리 정함이 없는 한 권리능력 없는 사단의 대표자가 총회의 결의없이 행한 총유물의 처분에 대해서는 권한을 넘은 표현대리에 관한 제126조(권한을 넘은 표현대리)의 규정이 준용된다. 준용되지 않는다.

04. 권리의 주체 - 법인
　　법인의 기관
　　이사의 권한

민법 제63조(임시이사의 선임)
이사가 없거나 결원이 있는 경우에 이로 인하여 손해가 생길 염려가 있는 때에는 이해관계인이나 검사의 청구에 의하여 임시이사를 선임하여야 한다.
민법 제64조(특별대리인의 선임)
법인과 이사의 이익이 상반하는 사항에 관하여는 이사는 대표권이 없다. 이 경우 전조의 규정에 의하여 특별대리인을 선임하여야 한다.

③ 포괄적 행위를 대리하게 할 수는 없다.
⑤ 법인과 이익이 상반하지 않는
　　　　　　다른 이사가 처리한다.
　　다른 이사가 없으면,
　　　　　　특별대리인을 선임한다.

① 법인이 설립허가의 취소로 해산하는 경우 원칙적으로(파산 제외) 이사는 청산인이 될 수 없다. 이사가 청산인이 된다.
② 이사가 여러 명인 경우, 법인의 사무에 관하여 공동으로 각자 법인을 대표하는 것이 원칙이다.
④ 이사의 대표권에 대한 제한은 정관의 기재만으로도는 (등기하지 않았다면) 선의의 제3자에게 대항할 수 있다. 없다.

05. 甲이 탄 비행기가 2006년 6월 7일 추락하여, 2010년 4월 12일 법원에 甲의 실종선고가 청구되었고, 2011년 2월 13일 실종선고가 내려졌다. 다음 설명 중 옳은 것은? (다툼이 있는 경우에는 판례에 의함)
① 甲은 2011년 2월 13일에 사망한 것으로 본다.
② 甲에게 선순위의 상속인이 있는 경우 특별한 사정이 없는 한 후순위의 상속인은 甲의 실종선고를 청구할 수 없다.
③ 실종선고는 甲의 사법상의 법률관계뿐만 아니라 공법상의 법률관계에도 효과를 미친다.
④ 甲이 살아 돌아온 사실만으로 甲에 대한 실종선고는 그 효력을 상실한다.
⑤ 甲의 실종선고가 취소되면 실종선고를 직접원인으로 하여 재산을 취득한 자가 악의인 경우에는 그 받은 이익이 현존하는 한도에서 반환할 의무가 있다.

06. 대리에 관한 설명으로 옳지 않은 것은? (다툼이 있는 경우에는 판례에 의함)
① 본인이 대리인에게 자기계약을 허락한 경우에는 그 대리행위는 유효하다.
② 대리에 의한 의사표시의 효력이 의사의 흠결로 영향을 받을 경우에는 그 사실 유무는 대리인을 기준으로 정한다.
③ 대리권의 범위가 불분명한 대리인은 소멸시효의 중단과 같은 보존행위는 할 수 있지만 금전을 이자부로 대여하는 이용행위는 할 수 없다.
④ 유권대리의 주장이 있다고 하여 표현대리의 주장이 당연히 포함되는 것은 아니다.
⑤ 대리인이 여러 명인 경우에는 대리인은 원칙적으로 각자가 본인을 대리한다.

07. 민법 제35조(법인의 불법행위능력)에 관한 설명으로 옳지 않은 것은? (다툼이 있는 경우에는 판례에 의함)
① 법인을 실질적으로 운영하면서 법인을 사실상 대표하여 법인 사무를 집행하는 사람도 법인의 대표자에 포함된다.
② 대표권 없는 이사의 행위에 대해서는 법인의 불법행위가 성립하지 않는다.
③ 대표기관의 행위가 외형상 법인의 직무에 관한 행위로 인정될 수 있더라도, 그것이 개인의 사리를 도모하기 위한 것이라면 직무에 관한 행위에 해당하지 않는다.
④ 대표기관이 강행규정을 위반한 계약을 체결하여 그 상대방이 손해를 입은 경우에도 직무관련성이 인정되면 법인의 불법행위책임이 인정된다.
⑤ 법인이 대표자의 선임·감독에 주의를 다하였음을 증명하더라도 법인의 불법행위책임으로부터 면책되지 않는다.

08. 甲의 임의대리인 乙은 자신의 이름으로 甲의 대리인 丙을 선임하였다. 다음 설명 중 옳은 것은? (다툼이 있는 경우에는 판례에 의함)
① 乙은 언제나 甲의 대리인을 선임할 수 있는 권한을 가진다.
② 丙이 甲의 지명에 의해 선임된 경우에는 乙은 丙이 부적임자임을 알고 甲에게 통지하지 않았더라도 선임감독의 책임을 지지 않는다.
③ 甲과 丙 사이에는 아무런 권리·의무관계가 없다.
④ 丙의 대리행위가 권한을 넘은 표현대리에 해당하면 甲은 그 상대방에 대하여 본인으로서 책임을 져야 한다.
⑤ 丙이 甲의 지명에 의해 선임된 경우에는 乙의 대리권이 소멸하여도 丙의 대리권은 소멸하지 않는다.

05. 권리의 주체 - 자연인
부재와 실종
실종선고

① 민법 제28조(실종선고의 효과)
③ 실종자의 종래의 주소를 중심으로 하여
④ ∵ 실종선고 → 사망 간주
⑤ 민법 제29조(실종선고의 취소)

① 甲은 2011년 2월 13일 <u>2007년 6월 7일 24시</u>(특별실종기간 - 1년 - 만료 시, 기산점(초일불산입): 2006년 6월 8일 0시)에 사망한 것으로 본다.
② 판례: 선순위 상속인이 있는 경우 후순위 상속인은 부재자 실종선고를 청구할 수 있는 이해관계인에 해당하지 않는다.
③ 실종선고는 甲의 사법상의 법률관계를 뿐만 아니라 공법상의 법률관계에도 효과를 미친다. <u>종료시킨다.</u>
④ 甲이 살아 돌아온 사실만으로 甲에 대한 실종선고는 그 효력을 상실한다. <u>상실하지 않는다.</u>
⑤ 甲의 실종선고가 취소되면 실종선고를 직접원인으로 하여 재산을 취득한 자가 악의인 경우에는 그 받은 이익이 현존하는 한도에서 반환할 의무가 있다. <u>에 이자를 붙여서 반환하고 손해가 있으면 이를 배상하여야 한다.</u>

06. 권리의 변동
법률행위의 대리

① 민법 제124조(자기계약, 쌍방대리)
② 민법 제116조(대리행위의 하자)
③ 대리권의 범위가 불분명한 대리인은 … 보존행위는를 할 수 있지만고 … 이용행위(개량행위)는도 할 수 없다. <u>있다.</u>

④ 판례
⑤ 민법 제119조(각자대리)

> 민법 제118조(대리권의 범위)
> 권한을 정하지 아니한 대리인은 다음 각호의 행위만을 할 수 있다.
>   1. 보존행위
>   2. 대리의 목적인 물건이나 권리의 성질을 변하지 아니하는 범위에서 그 이용 또는 개량하는 행위

07. 권리의 주체 - 법인
법인의 능력
법인의 불법행위능력(민법 제35조)

①②③④ 판례
⑤ 법정 무과실책임

③ 대표기관의 행위가 외형상 법인의 직무에 관한 행위로 인정될 수 있더라도 있다면, 그것이 개인의 사리를 도모하기 위한 것이라면도 직무에 관한 행위에 해당하지 않는다. <u>해당한다.</u>
행위의 외형상 법인의 대표기관의 직무행위라고 인정할 수 있다면 (대표자 개인의 사리를 도모하기 위한 것이었거나 법령의 규정을 위배한 것이었다 하더라도) 직무에 관한 행위에 해당한다.

08. 권리의 변동
법률행위의 대리
복대리

① 乙(임의대리인)은 <u>언제나</u> 甲(본인)의 승낙이 있거나 부득이한 사유가 있는 때에 甲의 대리인을 선임할 수 있는 권한을 가진다.
② 丙(복대리인)이 甲(본인)의 지명에 의해 선임된 경우에는 乙(대리인)은 丙이 부적임자임을 알고 甲에게 통지하지 않았더라도다면 선임감독의 책임을 지지 않는다. <u>부담한다.</u>
③ 甲과 丙: 본인·대리인 관계
   복대리권 ⊂ 대리권
   복대리인은 대리인의 복임권으로 선임된 본인의 대리인이다.
⑤ (丙이 甲의 지명에 의해 선임된 경우에는) 乙의 대리권이 소멸하여도면 丙의 대리권은 소멸하지 않는다. <u>소멸한다.</u>

09. 물건에 관한 설명으로 옳지 않은 것은? (다툼이 있는 경우에는 판례에 의함)
① 최소한의 기둥과 지붕 및 주벽이 있는 건물은 토지와는 별개의 독립한 물건으로 인정될 수 있다.
② 입목에 관한 법률에 따라 등기된 입목에는 저당권이 설정될 수 있다.
③ '종물은 주물의 처분에 따른다'는 민법의 규정은 임의규정이다.
④ 전기 기타 관리할 수 있는 자연력은 물건이다.
⑤ 물건의 사용대가로 받는 금전 기타 물건은 천연과실이다.

10. 신의성실의 원칙(이하 '신의칙'이라 함)에 관한 설명으로 옳은 것은? (다툼이 있는 경우에는 판례에 의함)
① 신의칙 위반에 대해서도 변론주의 원칙이 적용되므로 당사자의 주장이 없으면 법원이 직권으로 이를 판단할 수 없다.
② 회사의 이사로 재직하면서 보증 당시 그 채무액과 변제기가 특정되어 있는 회사의 확정채무에 대하여 보증을 한 후 이사직을 사임하였다면, 사정변경을 이유로 그 보증계약을 해지할 수 있다.
③ 법정대리인의 동의 없이 신용구매계약을 체결한 미성년자가 사후에 법정대리인의 동의 없음을 사유로 들어 이를 취소하는 것은 신의칙에 반하지 않는다.
④ 국가는 국민을 보호할 의무가 있기 때문에 소멸시효가 완성되었더라도 국가가 이를 주장하는 것은 신의칙에 반한다.
⑤ 사정변경이 해제권을 취득하는 당사자의 책임 있는 사유로 생긴 경우에도 그 당사자는 사정변경을 이유로 계약을 해제할 수 있다.

11. 대리권 없는 乙이 甲의 대리인이라 칭하며 甲 소유의 X토지를 丙에게 매도하였다. 다음 설명 중 옳은 것은? (다툼이 있는 경우에는 판례에 의함)
① 甲은 乙을 상대로 추인권을 행사할 수 있다.
② 甲의 추인이 있기 전에 甲과 丁이 X토지에 대하여 매매계약을 체결하고 丁이 소유권 이전을 위한 가등기를 해 두었더라도, 甲이 무권대리인의 매매계약을 추인하면 그로 인한 소급효는 丁에게도 미친다.
③ 乙이 단독으로 甲을 상속한 경우, 乙은 丙과 체결한 매매계약에 대하여 추인거절권을 행사할 수 있다.
④ 甲의 추인이 있기 전이라면, 丙이 매매계약 체결 당시 乙에게 대리권 없음을 알았던 경우라도 丙은 매매계약을 철회할 수 있다.
⑤ 甲이 추인을 거절한 경우, 丙은 乙을 상대로 계약의 이행과 함께 손해배상을 청구할 수 있다.

민법총칙

09. 권리의 객체 - 물건
   주물과 종물
   원물과 과실

⑤ 물건의 사용대가로 받는 금전 기타 물건은 천연과실 법정과실이다.

민법 제101조(과실의 취득)
① 물건의 용법에 의하여 수취하는 산출물은 천연과실이다.
② 물건의 사용대가로 받는 금전 기타의 물건은 법정과실로 본다.

10. 민법 서론
   신의성실의 원칙(信義則)
      추상적 규범
      사법관계·공법관계 적용
      법원의 직권 고려

①②③④⑤ 판례
③ 무능력자제도의 신의칙 우선

① 신의칙 위반에 대해서도는 변론주의 원칙이 적용되므로 당사자의 주장이 없으면 없더라도 법원이 직권으로 이를 판단할 수 없다. 있다.
② 회사의 이사로 재직하면서 보증 당시 그 채무액과 변제기가 특정되어 있는 회사의 확정채무에 대하여 보증을 한 후 이사직을 사임하였다면, 사정변경을 이유로 그 보증계약을 해지할 수 있다. 없다.
④ 국가는 국민을 보호할 의무가 있기 때문에 있다는 사유만으로 소멸시효가 완성되었더라도 완성되어 국가가 이를 주장하는 것은 신의칙에 반한다. 반하지 않는다.
⑤ 사정변경이 해제권을 취득하는 당사자의 책임 있는 사유로 생긴 경우에도는 그 당사자는 사정변경을 이유로 계약을 해제할 수 있다. 없다.

11. 권리의 변동
   법률행위의 대리
   무권대리
      - 상대방의 최고권: 선악
         철회권: 선의
      - 본인의 추인의 상대방
         무권대리인
         무권대리행위의 상대방
         무권대리행위로 인한
            권리 또는 법률관계의 승계인
   협의의 무권대리

①③ 판례

② 甲의 추인이 있기 전에 甲과 丁이 X토지에 대하여 매매계약을 체결하고 丁이 소유권 이전을 위한 가등기를 해 두었더라도다면, 甲이 무권대리인의 매매계약을 추인하면더라도 그로 인한 소급효는 丁에게도는 미친다. 미치지 않는다.

민법 제133조(추인의 효과)
추인은 다른 의사표시가 없는 때에는 계약시에 소급하여 그 효력이 생긴다. 그러나 제3자의 권리를 해하지 못한다.

③ 乙이 단독으로 甲을 상속한 경우, 乙은 丙과 체결한 매매계약에 대하여 추인거절권을 행사할 수 있다. 없다.
④ 甲의 추인이 있기 전이라면, 丙이 매매계약 체결 당시 乙에게 대리권 없음을 알았던 경우라도면 丙은 매매계약을 철회할 수 있다. 없다.
⑤ 甲이 추인을 거절한 경우, (매매계약 체결 당시 乙에게 대리권 없음을 알았던) 丙은 乙을 상대로 계약의 이행과 함께 또는 손해배상을 청구할 수 있다.

민법 제135조(무권대리인의 상대방에 대한 책임)
① 타인의 대리인으로 계약을 한 자가 그 대리권을 증명하지 못하고 또 본인의 추인을 얻지 못한 때에는 상대방의 선택에 좇아 계약의 이행 또는 손해배상의 책임이 있다.
② 상대방이 대리권 없음을 알았거나 알 수 있었을 때 또는 대리인으로 계약한 자가 행위능력이 없는 때에는 전항의 규정을 적용하지 아니한다.

12. 소멸시효의 중단과 정지에 관한 설명으로 옳지 않은 것은?
① 파산절차참가는 채권자가 이를 취소한 때에는 시효중단의 효력이 없다.
② 임의출석의 경우에 화해가 성립되지 아니한 때에는 1월 내에 소를 제기하지 아니하면 시효중단의 효력이 없다.
③ 재판상의 청구를 한 후에 소의 각하가 있고 6월 내에 다시 재판상의 청구를 한 경우, 소멸시효는 다시 재판상의 청구를 한 때로부터 중단된 것으로 본다.
④ 천재 기타 사변으로 인하여 소멸시효를 중단할 수 없을 때에는 그 사유가 종료한 때로부터 1월 내에는 시효가 완성하지 아니한다.
⑤ 물상보증인의 부동산을 압류한 경우에 그 사실을 주채무자에게 통지한 후가 아니면 그 주채무자에게 시효중단의 효력이 없다.

13. 소멸시효에 관한 설명으로 옳지 않은 것은? (다툼이 있는 경우에는 판례에 의함)
① 채권은 10년, 소유권 이외의 재산권은 20년 동안 행사하지 않으면 소멸시효가 완성됨이 원칙이다.
② 음식점의 음식료에 대한 채권이 판결에 의하여 확정된 경우, 그 소멸시효기간은 1년이다.
③ 원본채권이 시효로 소멸하면, 변제기가 도래하지 아니한 이자채권도 소멸한다.
④ 부작위를 목적으로 하는 채권은 위반행위를 한 때부터 소멸시효가 진행한다.
⑤ 소멸시효의 이익은 시효기간의 완성 전에는 포기할 수 없다.

14. 민법 제109조(착오로 인한 의사표시)에 관한 설명으로 옳지 않은 것은? (다툼이 있는 경우에는 판례에 의함)
① 동기의 착오를 이유로 법률행위를 취소하기 위해서는 당사자 사이에 그 동기를 의사표시의 내용으로 삼기로 하는 별도의 합의가 있어야 한다.
② 동기의 착오가 상대방에 의하여 유발된 경우에는 동기의 표시 여부와 관계없이 취소가 인정된다.
③ 매도인이 매수인의 중도금 지급채무 불이행을 이유로 매매계약을 적법하게 해제한 후라도 매수인은 착오를 이유로 그 매매계약을 취소할 수 있다.
④ 착오한 표의자의 중대한 과실 유무에 관한 증명책임은 의사표시를 취소하게 하지 않으려는 상대방에게 있다.
⑤ 착오로 인하여 표의자가 경제적 불이익을 입은 것이 아니라면, 이는 법률행위 내용의 중요부분의 착오가 아니다.

15. 반사회적 법률행위에 관한 설명으로 옳지 않은 것은? (다툼이 있는 경우에는 판례에 의함)
① 부동산의 제2매수인이 다른 사람에게 매매목적물이 이미 매도된 것을 알고 매수하였다면, 그것만으로 그 이중매매는 반사회적 법률행위로서 무효가 된다.
② 소송에서 증언을 하여 줄 것을 주된 조건으로 통상적으로 용인될 수 있는 범위를 넘어선 급부를 제공할 것을 약정한 것은 반사회적 법률행위에 해당한다.
③ 표시되거나 상대방에게 알려진 법률행위의 동기가 반사회적인 경우 그 법률행위는 무효이다.
④ 부첩관계인 부부생활의 종료를 해제조건으로 하는 증여계약은 사회질서에 반하므로 무효이다.
⑤ 당사자의 일방이 상대방에게 공무원의 직무에 관한 사항에 관하여 특별한 청탁을 하게 하고 그에 대한 보수로 돈을 지급할 것을 내용으로 한 약정은 사회질서에 반하여 무효이다.

12. 권리의 변동
   소멸시효 - 중단·정지

③

민법 제170조
　　　　　(재판상의 청구와 시효중단)
① 재판상의 청구는 소송의 각하, 기각 또는 취하의 경우에는 시효중단의 효력이 없다.
② 전항의 경우에 6월내에 재판상의 청구, 파산절차참가, 압류 또는 가압류, 가처분을 한 때에는 시효는 최초의 재판상 청구로 인하여 중단된 것으로 본다.

민법 제171조(파산절차참가와 시효중단)
파산절차참가는 채권자가 이를 취소하거나 그 청구가 각하된 때에는 시효중단의 효력이 없다. ①

민법 제173조(화해를 위한 소환, 임의출석과 시효중단)
화해를 위한 소환은 상대방이 출석하지 아니 하거나 화해가 성립되지 아니한 때에는 1월내에 소를 제기하지 아니하면 시효중단의 효력이 없다. 임의출석의 경우에 화해가 성립되지 아니한 때에도 그러하다. ②

민법 제176조(압류, 가압류, 가처분과 시효중단)
압류, 가압류 및 가처분은 시효의 이익을 받은 자에 대하여 하지 아니한 때에는 이를 그에게 통지한 후가 아니면 시효중단의 효력이 없다. ⑤

민법 제182조(천재 기타 사변과 시효정지)
천재 기타 사변으로 인하여 소멸시효를 중단할 수 없을 때에는 그 사유가 종료한 때로부터 1월내에는 시효가 완성하지 아니한다. ④

③ 재판상의 청구를 한 후에 소의 각하가 있고 6월 내에 다시 재판상의 청구를 한 경우, 소멸시효는 다시 재판상의 청구를 한 때로부터 <u>최초의 재판상 청구로 인하여</u> 중단된 것으로 본다.

13. 권리의 변동
   소멸시효

② 음식점의 음식료에 대한 채권이 판결에 의하여 확정된 경우, 그 소멸시효기간은 1년 <u>10년</u>이다.

민법 제165조(판결등에 의하여 확정된 채권의 소멸시효)
① 판결에 의하여 확정된 채권이 단기의 소멸시효에 해당한 것이라도 그 소멸시효는 10년으로 한다.

14. 권리의 변동
   의사표시
   착오(민법 제109조)
    - (상대적) 취소
    - 임의규정

② 유발된 동기의 착오
③ 해제-취소의 이중효(二重效)

①②③④⑤ 판례
① 동기의 착오를 이유로 법률행위를 취소하기 위해서는 당사자 사이에 그 동기를 의사표시의 내용으로 삼기로 하는 별도의 합의가 있어야 한다. <u>할 필요는 없다.</u>

법률행위의 중요 부분의 착오로 법률행위를 취소하기 위해서는 동기를 의사표시의 내용으로 삼을 것을 상대방에게 표시하고 의사표시의 해석상 법률행위의 내용으로 되어 있다고 인정되면 충분하다.

15. 권리의 변동
   법률행위 - 법률행위의 목적
   반사회질서의 법률행위
     ① 반인륜   ② 부정의
     ③ 극심한 자유 제한
     ④ 생존 기초 재산 처분
     ⑤ 사행성   ⑥ 불공정
   → 절대적·확정적 무효

민법 제103조(반사회질서의 법률행위)
선량한 풍속 기타 사회질서에 위반한 사항을 내용으로 하는 법률행위는 무효로 한다.

① 반사회질서의 부동산 이중매매
　　　　　　　= 매도인의 배임행위 + 제2 매수인의 적극 가담
부동산의 제2 매수인이 다른 사람에게 매매목적물이 이미 매도된 것을 알고 매수하였다면, 그것만으로는 그 이중매매는 반사회적 법률행위로서 무효가 된다. <u>되지 않는다.</u>

16. 조건이나 기한에 관한 설명으로 옳지 않은 것은?
① 당사자가 조건 성취의 효력을 그 성취 전에 소급하게 할 의사를 표시한 때에는 그 의사에 의한다.
② 기한의 이익은 당사자의 특약이나 법률행위의 성질상 분명하지 않으면 채권자를 위한 것으로 추정한다.
③ 해제조건이 법률행위 당시 이미 성취될 수 없는 것이면 조건없는 법률행위로 한다.
④ 조건이 사회질서에 위반한 것인 때에는 그 법률행위는 무효로 한다.
⑤ 조건의 성취가 미정한 권리는 일반규정에 의하여 처분할 수 있다.

17. 甲은 채권자 丙으로부터의 강제집행을 면하기 위하여 乙과 짜고 자신의 유일한 재산인 X토지를 乙 명의로 매매를 원인으로 하는 소유권이전등기를 해 주었다. 다음 설명 중 옳지 않은 것은? (다툼이 있는 경우에는 판례에 의함)
① 甲·乙 간의 매매계약은 허위표시로서 당사자 간에는 언제나 무효이다.
② 丙은 乙을 상대로 매매계약의 취소와 함께 이전등기의 말소를 구하는 소송을 제기할 수 있다.
③ 乙로부터 X토지를 상속받은 자는 매매계약이 허위표시임을 몰랐던 경우에도 그 소유권을 취득할 수 없다.
④ 乙로부터 X토지에 대한 저당권을 설정받은 자가 저당권설정 당시에 매매계약이 허위표시임을 과실로 알지 못했다면 그 저당권자는 선의의 제3자로서 보호받을 수 없다.
⑤ 乙로부터 X토지를 매수하여 소유권이전청구권 보전을 위한 가등기를 마친 자에 대하여 甲이 甲·乙 간의 매매계약이 허위표시임을 이유로 X토지의 소유권을 주장하려면, 甲은 가등기권리자의 악의를 증명하여야 한다.

18. 민법상의 법률행위의 무효와 취소에 관한 설명으로 옳은 것은? (다툼이 있는 경우에는 판례에 의함)
① 의사무능력자가 한 법률행위는 상대적 무효이다.
② 법률행위의 일부분이 무효인 때에는 원칙적으로 나머지 부분은 유효하게 존속한다.
③ 폭리행위로 무효인 법률행위도 추인에 의하여 유효하게 될 수 있다.
④ 미성년자가 법률행위를 한 후, 성년자가 되기 전에 그가 이를 추인하더라도 그 추인은 효력이 없다.
⑤ 취소권은 법률행위를 한 날로부터 3년 내에 행사하여야 한다.

19. 민법 제107조(진의 아닌 의사표시)에 관한 설명으로 옳지 않은 것은? (다툼이 있는 경우에는 판례에 의함)
① 대리권남용의 경우에도 유추적용될 수 있다.
② 근로자가 사직서가 수리되지 않으리라고 믿고 제출한 사실을 상대방이 알고 있으면 그 사직서제출행위는 무효로 된다.
③ 진의 아닌 의사표시는 원칙적으로 표시된 대로 법적 효과가 발생한다.
④ 표시가 진의와 다름을 표의자가 알고 있다는 점에서 착오와 구별된다.
⑤ 진의란 표의자가 진정으로 마음속에서 바라는 사항을 말하는 것이지 특정한 내용의 의사표시를 하고자 하는 표의자의 생각을 뜻하는 것은 아니다.

16. 권리의 변동
    법률행위의 부관(조건·기한)
    ①

③④ 민법 제151조(불법조건, 기성조건)
                                    ⑤

                                    ②

민법 제147조(조건성취의 효과)
③ 당사자가 조건성취의 효력을 그 성취전에 소급하게 할 의사를 표시한 때에는 그 의사에 의한다.
민법 제149조(조건부권리의 처분 등)
조건의 성취가 미정한 권리의무는 일반규정에 의하여 처분, 상속, 보존 또는 담보로 할 수 있다.
민법 제153조(기한의 이익과 그 포기)
① 기한은 채무자의 이익을 위한 것으로 추정한다.
② 기한의 이익은 이를 포기할 수 있다. 그러나 상대방의 이익을 해하지 못한다.

17. 권리의 변동
    의사표시
    통정허위표시(민법 제108조)
      무효
      - 무효 주장: 누구든지
      - 유효 주장: 선의의 제3자

②④⑤ 판례
② 채권자취소권

보호받는(허위표시의 유효를 주장할 수 있는) 선의의 제3자
  1. 허위표시의 당사자 및 포괄승계인 이외의 자로서
  2. 허위표시에 의하여 외형상 형성된 법률관계를 토대로
                실질적으로 새로운 법률상 이해관계를 맺은 자
  3. 선의의 제3자에 해당하는지를 판단함에는
                과실 유무는 불문하고 선악 여부만을 따진다.
④ 乙로부터 X토지에 대한 저당권을 설정받은 자가 저당권설정 당시에 매매계약이 허위표시임을 과실로 알지 못했다면더라도 그 저당권자는 선의의 제3자로서 보호받을 수 없다. 있다.

18. 권리의 변동
    법률행위의 무효·취소
④

민법 제144조(추인의 요건)
① 추인은 취소의 원인이 소멸된 후에 하여야만 효력이 있다.
② 제1항은 법정대리인 또는 후견인이 추인하는 경우에는 적용하지 아니한다.

① 의사무능력자가 한 법률행위는 상대적 절대적 무효이다.
② 법률행위의 일부분이 무효인 때에는 원칙적으로 나머지 부분은 유효하게 존속한다. 전부 무효이다.
③ 폭리행위로 무효인 법률행위(민법 제104조, 불공정한 법률행위)도 는 추인에 의하여 유효하게 될 수 있다. 없다.
⑤ 취소권은 법률행위를 한 날로부터 3년 10년 내에 행사하여야 한다.

민법 제146조(취소권의 소멸)
취소권은 추인할 수 있는 날로부터 3년내에 법률행위를 한 날로부터 10년내에 행사하여야 한다.

19. 권리의 변동
    의사표시   ③
    비진의표시(민법 제107조)
      - 유효
      - (상대적) 무효:
        상대방이 표의자의 진의 아님을 알았거나 알 수 있었을 경우

①②⑤ 판례

민법 제107조(진의아닌 의사표시)
① 의사표시는 표의자가 진의 아님을 알고 한 것이라도 그 효력이 있다. 그러나 상대방이 표의자의 진의 아님을 알았거나 이를 알 수 있었을 경우에는 무효로 한다.
② 전항의 의사표시의 무효는 선의의 제3자에게는 대항하지 못한다.

④ 상대방과 통정이 없다는 점에서 통정허위표시와 구별된다.
⑤ 진의란 표의자가 진정으로 마음속에서 바라는 사항을 말하는 것이 것이 아니라 특정한 내용의 의사표시를 하고자 하는 표의자의 생각을 뜻하는 것은 아니다. 것이다.

20. 기간에 관한 계산으로 옳지 않은 것은?
① 1993. 5. 30. 01시에 출생한 사람은 2013. 5. 30. 0시부터 성년자가 된다.
② 2013. 5. 15. 08시에 승용차를 빌리면서 12시간 후에 반환하기로 약정하였다면, 같은 날 20시까지 이행하여야 한다.
③ 2012. 3. 8. 14시에 돈을 빌리면서 1년 후에 변제하기로 약정하였다면, 2013. 3. 8. 24시까지 이행하여야 한다.
④ 2013. 3. 23. 토요일 13시에 매매목적물을 인도받으면서 1개월 후에 대금을 변제하겠다고 약정하였다면, 2013. 4. 24. 24시까지 이행하여야 한다.
⑤ 사단법인의 사원총회 소집을 1주 전에 통지하여야 하는 경우, 총회일이 2013. 5. 15. 10시라면 늦어도 2013. 5. 7. 24시까지는 총회소집의 통지를 발송하여야 한다.

20. 권리의 변동
　　기간

①

민법 제4조(성년)
만20세로 성년이 된다.
　　　　　[시행 2012. 2.10.] [법률 제11300호, 2012. 2.10., 일부개정]
민법 제4조(성년)
사람은 19세로 성년에 이르게 된다.
　　　　　[시행 2013. 7. 1.] [법률 제10429호, 2011. 3. 7., 일부개정]

④ 2013. 3. 23. 토요일 13시에 매매목적물을 인도받으면서 1개월 후에 대금을 변제하겠다고 약정하였다면, 2013. 4. 24. 24시 ~~2013. 4. 23. 24시~~ 까지 이행하여야 한다.
- 대여일: 2013. 3. 23. 13시 토요일
- 기산점: 2013. 3. 24. 0시 일요일 - 초일불산입원칙
- 변제기: ~~2013. 4. 23. 24시~~ 2013. 4. 24. 24시

민법 제155조(본장의 적용범위)
기간의 계산은 법령, 재판상의 처분 또는 법률행위에 다른 정한 바가 없으면 본장의 규정에 의한다.
민법 제156조(기간의 기산점)
기간을 시, 분, 초로 정한 때에는 즉시로부터 기산한다.
민법 제157조(기간의 기산점)
기간을 일, 주, 월 또는 연으로 정한 때에는 기간의 초일은 산입하지 아니한다. 그러나 그 기간이 오전 영시로부터 시작하는 때에는 그러하지 아니하다.
민법 제158조(나이의 계산과 표시)
나이는 출생일을 산입하여 만(滿) 나이로 계산하고, 연수(年數)로 표시한다. 다만, 1세에 이르지 아니한 경우에는 월수(月數)로 표시할 수 있다.
민법 제159조(기간의 만료점)
기간을 일, 주, 월 또는 연으로 정한 때에는 기간말일의 종료로 기간이 만료한다.
민법 제160조(역에 의한 계산)
① 기간을 주·월 또는 년으로 정한 때에는 역(歷)에 의하여 계산한다.
② 주·월 또는 년의 처음으로부터 기간을 기산하지 아니하는 때에는 최후의 주·월 또는 년에서 그 기산일에 해당한 날의 전일로 기간이 만료한다.
③ 월 또는 년으로 정한 경우에 최종의 월에 해당일이 없는 때에는 그 월의 말일로 기간이 만료한다.
민법 제161조(공휴일 등과 기간의 만료점)
기간의 말일이 토요일 또는 공휴일에 해당한 때에는 기간은 그 익일로 만료한다.

21. 주택사업계획을 승인하면서 그 주택사업과는 아무런 관련이 없는 토지를 기부채납하도록 부관을 붙인 경우 위법 판단의 근거로 제시할 수 있는 행정법의 일반원칙은?
① 신뢰보호의 원칙
② 부당결부금지의 원칙
③ 평등의 원칙
④ 투명성의 원칙
⑤ 행정의 자기구속의 원칙

22. 사인(私人)의 공법행위에 관한 설명으로 옳지 않은 것은? (다툼이 있는 경우에는 판례에 의함)
① 사인의 공법행위는 공법적 효과의 발생을 목적으로 하는 행위인 점에서 사법(私法)행위와 구별된다.
② 사인의 공법행위는 행위의 효과를 기준으로 자기완결적(자체완성적) 공법행위와 행위요건적(행정요건적) 공법행위로 나눌 수 있다.
③ 자기완결적(자체완성적) 신고의 경우에 적법한 요건을 갖춘 신고가 있으면 행정청의 수리 여부에 관계없이 신고서가 접수기관에 도달된 때에 신고의무가 이행된 것으로 본다.
④ 신고대상이 아닌 사항의 신고에 대한 행정청의 수리거부는 취소소송의 대상이 되는 처분에 해당한다.
⑤ 사업양수에 따른 지위승계신고에 대한 허가관청의 수리에 대하여, 사업의 양도행위가 무효라고 주장하는 양도자는 민사소송으로 양도행위의 무효를 구함이 없이 곧바로 행정소송으로 위 신고수리처분의 무효확인을 구할 법률상 이익이 있다.

23. 행정입법에 관한 설명으로 옳은 것은? (다툼이 있는 경우에는 판례에 의함)
① 행정소송에 대한 대법원 판결에 의하여 법규명령의 위헌 또는 위법이 확정된 경우에는 대법원은 지체없이 그 사유를 안전행정부장관에게 통보하여야 한다.
② 범죄구성요건을 포괄적·추상적으로 법규명령에 위임하는 것도 가능하다.
③ 시행령으로 정한 제재적 처분기준은 행정규칙으로서의 성질을 가진다.
④ 상위법령이 개정된 경우 종전의 집행명령은 당연히 실효된다.
⑤ 행정규칙은 법률의 수권이 있는 경우에만 제정할 수 있다.

24. 판례에 의할 때 선행 처분에 취소사유가 있음을 들어 후행 처분의 위법을 주장할 수 있는 경우는? (단, 선행 처분에 불가쟁력이 발생하였고, 후행 처분에는 고유의 위법이 없음.)
① 조세부과처분 - 체납처분
② 표준지공시지가결정 - 수용재결
③ 공무원 직위해제처분 - 공무원 면직처분
④ 택지개발예정지구 지정 - 택지개발계획 승인
⑤ 건물철거명령 - 대집행계고처분

21. 행정법 통론
    행정법
    법원
      - 성문법원
      - 불문법원: 관습법, 판례법, 조리
      - 일반원칙

⑤ **자기구속의 원칙** 인정 근거:
            평등의 원칙·신뢰보호의 원칙

> 행정기본법 제8조(법치행정의 원칙)
> 행정작용은 법률에 위반되어서는 아니 되며, 국민의 권리를 제한하거나 의무를 부과하는 경우와 그 밖에 국민생활에 중요한 영향을 미치는 경우에는 법률에 근거하여야 한다.
> 행정기본법 제9조(평등의 원칙)
> 행정청은 합리적 이유 없이 국민을 차별하여서는 아니 된다.

> 행정기본법 제10조(비례의 원칙)
> 행정작용은 다음 각 호의 원칙에 따라야 한다.
>   1. 행정목적을 달성하는 데 유효하고 적절할 것
>   2. 행정목적을 달성하는 데 필요한 최소한도에 그칠 것
>   3. 행정작용으로 인한 국민의 이익 침해가 그 행정작용이 의도하는 공익보다 크지 아니할 것
> 행정기본법 제11조(성실의무 및 권한남용금지의 원칙)
> ① 행정청은 법령등에 따른 의무를 성실히 수행하여야 한다.
> ② 행정청은 행정권한을 남용하거나 그 권한의 범위를 넘어서는 아니 된다.
> 행정기본법 제12조(신뢰보호의 원칙)
> ① 행정청은 공익 또는 제3자의 이익을 현저히 해칠 우려가 있는 경우를 제외하고는 행정에 대한 국민의 정당하고 합리적인 신뢰를 보호하여야 한다.
> ② 행정청은 권한 행사의 기회가 있음에도 불구하고 장기간 권한을 행사하지 아니하여 국민이 그 권한이 행사되지 아니할 것으로 믿을 만한 정당한 사유가 있는 경우에는 그 권한을 행사해서는 아니 된다. 다만, 공익 또는 제3자의 이익을 현저히 해칠 우려가 있는 경우는 예외로 한다.
> 행정기본법 제13조(부당결부금지의 원칙)
> 행정청은 행정작용을 할 때 상대방에게 해당 행정작용과 실질적인 관련이 없는 의무를 부과해서는 아니 된다.

22. 행정법 통론
    행정상 법률관계
    사인(私人)의 공법행위

④ 신고 대상이 아닌 사항의 신고(자기완결적 신고)에 대한 행정청의 수리 거부(신고자의 권리·의무관계에 영향을 미치지 않는다)는 취소소송의 대상이 되는 처분에 해당한다. 해당하지 않는다.

23. 행정작용법
    행정입법
    법규명령·행정규칙

> 행정소송법 제6조
>   (명령·규칙의 위헌판결등 공고)
> ① 행정소송에 대한 대법원판결에 의하여 명령·규칙이 헌법 또는 법률에 위반된다는 것이 확정된 경우에는 대법원은 지체없이 그 사유를 행정안전부장관에게 통보하여야 한다.

① 안전행정부(2013.03.~2014.11.)
② 긴급한 필요가 있거나 미리 법률로써 자세히 정할 수 없는 부득이한 사정이 있는 경우에는 범죄구성요건을 포괄적·추상적으로 구체적으로 정하여 법규명령에 위임하는 것도 가능하다.
③ 시행령(대통령령)으로 정한 제재적 처분기준은 행정규칙 법규명령으로서의 성질을 가진다.
④ 상위 법령이 개정된 경우 종전의 집행명령은 당연히 실효된다. 존속한다.
   상위 법령이 폐지된 경우 종전의 집행명령은 실효된다.
⑤ 행정규칙은 법률의 수권이 있는 경우에만 없는 경우에도 제정할 수 있다.

24. 행정작용법
    행정행위
    하자: 무효·취소·변경·철회
    하자의 승계

서로 독립하여 별개의 법률효과를 목적으로 하는 경우
                    ①③④⑤) 하자의 승계가 부정된다.
서로 결합한 일련의 절차는 하자의 승계가 인정된다.
② 표준지공시지가결정-수용재결, 개별공시지가결정-과세처분

25. 행정행위의 무효와 취소에 관한 설명으로 옳은 것은? (다툼이 있는 경우에는 판례에 의함)
① 무효인 행정행위에는 공정력이 인정되지 아니한다.
② 행정절차법상 처분의 직권취소는 처분 등이 있음을 안 날로부터 1년, 처분 등이 있은 날로부터 2년 이내에 하여야 한다.
③ 취소소송의 진행 중에는 처분청은 계쟁처분을 직권취소 할 수 없다.
④ 행정사건을 선결문제로 하는 민사소송에서 법원은 무효인 행정행위의 효력을 확인할 수는 없지만, 취소할 수 있는 행정행위의 효력을 부인할 수는 있다.
⑤ 행정행위에 대한 무효확인소송에서도 제소기간을 준수하여야 한다.

26. 행정행위의 부관에 관한 설명으로 옳은 것을 모두 고른 것은? (다툼이 있는 경우에는 판례에 의함)

〈보기〉
ㄱ. 기부채납받은 행정재산에 대한 사용·수익허가에 있어서 공유재산 관리청이 정한 사용·수익허가의 기간은 독립하여 취소소송의 대상이 될 수 있다.
ㄴ. 부담은 상대방과 협의하여 협약의 형식으로 내용을 미리 정한 다음 행정처분을 하면서 부가할 수 있다.
ㄷ. 부담에 의해 부과된 의무를 상대방이 불이행할 경우 처분청은 주된 행정행위를 철회할 수 있다.
ㄹ. 행정처분과 실체적 관련성이 없어 부관으로 붙일 수 없는 부담이더라도 사법상 계약의 형식으로 처분의 상대방에게 그 부담을 부과할 수 있다.

① ㄱ, ㄴ ② ㄱ, ㄷ ③ ㄱ, ㄹ ④ ㄴ, ㄷ ⑤ ㄴ, ㄹ

27. 행정절차법상 행정지도에 관한 설명으로 옳지 않은 것은?
① 행정지도는 상대방의 의사에 반하여 부당하게 강요하여서는 아니 된다.
② 행정기관은 행정지도의 상대방이 행정지도에 따르지 아니하였다는 것을 이유로 불이익한 조치를 하여서는 아니 된다.
③ 행정지도는 법적 행위가 아니라 비권력적 사실행위에 불과하므로 비례원칙이 적용되지 아니한다.
④ 행정지도의 상대방은 해당 행정지도의 방식·내용 등에 관하여 행정기관에 의견제출을 할 수 있다.
⑤ 행정지도를 하는 자는 그 상대방에게 그 행정지도의 취지 및 내용과 신분을 밝혀야 한다.

28. 행정대집행에 관한 설명으로 옳은 것은? (다툼이 있는 경우에는 판례에 의함)
① 대집행에 있어서 계고는 반드시 문서에 의하여야 하는 것은 아니므로 구두에 의한 계고도 가능하다.
② 행정청이 토지나 건물의 인도의무를 부과한 경우 이는 대체적 작위의무로서 행정대집행법상 대집행의 대상이다.
③ 대집행영장에 의한 통지는 준법률행위적 행정행위로서 취소소송의 대상이 될 수 없다.
④ 행정대집행법은 대체적 작위의무의 부과처분에 불가쟁력이 발생할 것을 대집행의 요건으로 규정하고 있다.
⑤ 위법건축물에 대한 철거명령 및 계고처분에 불응하여 행한 제2차, 제3차의 계고처분은 대집행 기한의 연기 통지에 불과하므로 행정처분이 아니다.

25. 행정작용법
    행정행위
    하자: 무효·취소·변경·철회

① 행정행위 무효·부존재 → 공정력 ✕
③④ 판례

② 행정절차법상 처분의 직권취소는 처분 등이 있음을 안 날로부터 1년, 처분 등이 있은 날로부터 2년 이내에 하여야 한다. 의 기간에 대한 명시적 규정이 없다.
③ 취소소송의 진행 중에는도 처분청은 계쟁처분을 직권취소 할 수 없다. 있다.
④ 행정사건을 선결문제로 하는 민사소송에서 법원(민사법원은 행정행위의 취소권이 없다)은 무효인 행정행위의 효력을 확인할 수는 없지만 있지만, 취소할 수 있는 행정행위(공정력이 있다)의 효력을 부인할 수는 있다. 없다.
⑤ 행정행위에 대한 무효확인소송에서도는 제소기간(행정소송법 제20조(제소기간), 취소소송: 처분 등이 있음을 안 날로부터 90일 내)을 준수하여야 한다. 의 제한이 없다.

26. 행정작용법
    행정행위
    (재량 행정행위의) 부관

ㄱ. 부관 중 부담에 대해서만
        독립적 소송 대상이 될 수 있다.
ㄹ. 법치행정의 원리에 반하여 위법하다.

ㄱ, ㄴ, ㄷ, ㄹ. 판례
ㄱ. 기부채납받은 행정재산에 대한 사용·수익허가에 있어서 공유재산 관리청이 정한 사용·수익허가의 기간(기한)은 독립하여 취소소송의 대상이 될 수 있다. 없다.
ㄹ. 행정처분과 실체적 관련성이 없어 부관으로 붙일 수 없는 부담이더라도라면 사법상 계약의 형식으로 처분의 상대방에게 그 부담을 부과할 수 있다. 없다.

27. 행정작용법
    기타 행정작용   ①
    행정지도(비권력적 사실행위)

                                ②

③ 모든 행정작용 - 행정지도 - 은 비례원칙
이 적용되지 아니한다. 적용된다.
                                ⑤

                                ④

행정절차법 제48조(행정지도의 원칙)
① 행정지도는 그 목적 달성에 필요한 최소한도에 그쳐야 하며, 행정지도의 상대방의 의사에 반하여 부당하게 강요하여서는 아니 된다.
② 행정기관은 행정지도의 상대방이 행정지도에 따르지 아니하였다는 것을 이유로 불이익한 조치를 하여서는 아니 된다.
행정절차법 제49조(행정지도의 방식)
① 행정지도를 하는 자는 그 상대방에게 그 행정지도의 취지 및 내용과 신분을 밝혀야 한다.
행정절차법 제50조(의견제출)
행정지도의 상대방은 해당 행정지도의 방식·내용 등에 관하여 행정기관에 의견제출을 할 수 있다.

28. 행정상 실효성 확보 수단
    행정강제
    행정대집행

① 행정대집행법 제3조
②⑤ 판례
④ 행정대집행법 제2조

① 대집행에 있어서 계고는 반드시 문서에 의하여야 하는 것은 아니므로 구두에 의한 계고도 가능하다. 한다.
② 행정청이 토지나 건물의 인도의무를 부과한 경우 이는 대체적 비대체적 작위의무로서 행정대집행법상 대집행의 대상이다. 이 아니다.
③ 대집행영장에 의한 통지(처분성 ○)는 준법률행위적 행정행위(통지행위)로서 취소소송의 대상이 될 수 없다. 있다.
④ 행정대집행법은 대체적 작위의무의 부과처분에 불가쟁력이 발생할 것을 대집행의 요건으로 규정하고 있다. 있지 않다.

29. 질서위반행위규제법의 내용에 관한 설명으로 옳지 않은 것은?
① 신분에 의하여 성립하는 '질서위반행위'에 신분이 없는 자가 가담한 경우 신분이 없는 자에 대하여는 '질서위반행위'가 성립하지 아니한다.
② 과태료는 행정청의 과태료 부과처분이나 법원의 과태료 재판이 확정된 후 5년간 징수하지 아니하거나 집행하지 아니하면 시효로 인하여 소멸한다.
③ 고의 또는 과실이 없는 '질서위반행위'는 과태료를 부과하지 아니한다.
④ 질서위반행위규제법 시행령으로 정하는 법률에 따른 징계사유에 해당하여 과태료를 부과하는 행위는 '질서위반행위'에 해당하지 않는다.
⑤ 당사자와 검사는 과태료 재판에 대하여 즉시항고를 할 수 있으며, 이 경우 항고는 집행정지의 효력이 있다.

30. 행정절차법의 내용에 관한 설명으로 옳은 것은?
① 행정청은 공청회를 개최하려는 경우에는 공청회 개최 20일 전까지 일시 및 장소 등의 사항을 당사자 등에게 통지하여야 한다.
② 판례에 의할 때 상대방의 신청에 대한 거부처분은 사전통지의 대상이다.
③ 행정절차법은 절차상 하자있는 행정처분의 법적 효력에 관한 명문의 규정을 두고 있다.
④ 지방의회의 의결을 거쳐 행하는 사항에 대하여도 행정절차법이 적용된다.
⑤ 행정청은 직권으로 또는 당사자의 신청에 따라 여러 개의 사안을 병합하거나 분리하여 청문을 할 수 있다.

31. 정보공개제도에 관한 판례의 입장이 아닌 것은?
① 정보공개청구권자로서의 국민에는 자연인은 물론 법인, 권리능력 없는 사단·재단도 포함되고, 법인, 권리능력 없는 사단·재단 등의 경우에는 설립목적을 불문한다.
② 공개청구의 대상이 되는 정보가 이미 다른 사람에게 공개되어 널리 알려져 있다거나 인터넷 등을 통하여 공개되어 인터넷검색 등을 통하여 쉽게 알 수 있다는 사정만으로는 소의 이익이 없다거나 비공개결정이 정당화될 수 없다.
③ 진행 중인 재판에 관련된 정보로서 정보공개를 거부하기 위해서는 그 정보가 재판과 관련된 것으로서 반드시 진행 중인 재판의 소송기록 자체에 포함된 내용일 것을 요한다.
④ 정보공개청구권은 법률상 보호되는 구체적인 권리이므로 청구인이 공공기관에 대하여 정보공개를 청구하였다가 거부처분을 받은 것 자체가 법률상 이익의 침해에 해당한다.
⑤ 정보의 부분 공개가 허용되는 경우란 그 정보의 공개방법 및 절차에 비추어 당해 정보에서 비공개대상정보에 관련된 기술 등을 제외 혹은 삭제하고 나머지 정보만을 공개하는 것이 가능하고 나머지 부분의 정보만으로도 공개의 가치가 있는 경우를 의미한다.

32. 공물에 관한 설명으로 옳지 않은 것은? (다툼이 있는 경우에는 판례에 의함)
① 국유재산법상 행정재산은 민법의 규정에 의한 시효취득의 대상이 된다.
② 공용물은 직접 행정주체 자신의 사용에 제공된 공물을 말한다.
③ 국가배상법 제5조에 의한 공공의 영조물은 강학상 공물을 의미한다.
④ 국유 하천부지는 명시적·묵시적 공용폐지가 없는 한 공물로서의 성질을 유지한다.
⑤ 행정재산의 목적외 사용·수익에 대한 허가는 강학상 특허에 해당한다.

29. 행정상 실효성 확보 수단
행정벌 - 행정질서벌

①

> 질서위반행위규제법 제12조
> (다수인의 질서위반행위 가담)
> ② 신분에 의하여 성립하는 질서위반행위에 신분이 없는 자가 가담한 때에는 신분이 없는 자에 대하여도 질서위반행위가 성립한다.

① 신분에 의하여 성립하는 '질서위반행위'에 신분이 없는 자가 가담한 경우 신분이 없는 자에 대하여는도 '질서위반행위'가 성립하지 아니한다. 성립한다.

> 질서위반행위규제법 제2조(정의)
> 이 법에서 사용하는 용어의 뜻은 다음과 같다.
> 1. "질서위반행위"란 법률(지방자치단체의 조례를 포함한다. 이하 같다)상의 의무를 위반하여 과태료를 부과하는 행위를 말한다. 다만, 다음 각 목의 어느 하나에 해당하는 행위를 제외한다.
>   가. 대통령령으로 정하는 사법(私法)상·소송법상 의무를 위반하여 과태료를 부과하는 행위
>   나. 대통령령으로 정하는 법률에 따른 징계사유에 해당하여 과태료를 부과하는 행위
>
> 질서위반행위규제법 제7조(고의 또는 과실)
> 고의 또는 과실이 없는 질서위반행위는 과태료를 부과하지 아니한다.
>
> 질서위반행위규제법 제15조(과태료의 시효)
> ① 과태료는 행정청의 과태료 부과처분이나 법원의 과태료 재판이 확정된 후 5년간 징수하지 아니하거나 집행하지 아니하면 시효로 인하여 소멸한다.
>
> 질서위반행위규제법 제38조(항고)
> ① 당사자와 검사는 과태료 재판에 대하여 즉시항고를 할 수 있다. 이 경우 항고는 집행정지의 효력이 있다.
> ② 검사는 필요한 경우에는 제1항에 따른 즉시항고 여부에 대한 행정청의 의견을 청취할 수 있다.

④

③

②

⑤

30. 행정절차·(행정)정보
행정절차

⑤

> 행정절차법 제32조(청문의 병합·분리)
> 행정청은 직권으로 또는 당사자의 신청에 따라 여러 개의 사안을 병합하거나 분리하여 청문을 할 수 있다.

① 행정절차법 제38조(공청회 개최의 알림): 행정청은 공청회를 개최하려는 경우에는 공청회 개최 20일 14일 전까지 일시 및 장소 등의 사항을 당사자 등에게 통지하여야 한다.
② 판례에 의할 때 상대방의 신청에 대한 거부처분은 사전통지의 대상이다. 대상이 아니다.
③ 행정절차법은 절차상 하자있는 행정처분의 법적 효력에 관한 명문의 규정을 두었다. 있지 않다.
④ 행정절차법 제3조(적용 범위): 지방의회의 의결을 거쳐 행하는 사항에 대하여도는 행정절차법이 적용된다. 적용되지 않는다.

31. 행정절차·(행정)정보
정보공개

⑤ 판례: 진행 중인 재판에 관련된 정보로서 정보공개를 거부하기 위해서는 그 정보가 재판과 관련된 것으로서 반드시 진행 중인 재판의 소송기록 자체에 포함된 내용일 것을 요한다. 요하지 않는다.

32. 특별행정작용법
급부행정법(공물법)

① 국유재산법 제7조(국유재산의 보호): 국유재산법상 행정재산은 민법의 규정(민법 제245조, 점유로 인한 부동산소유권의 취득기간)에 의한 시효취득의 대상이 된다. 되지 않는다.

33. 행정심판법의 내용에 관한 설명으로 옳은 것은?
① 감사원의 처분에 대한 행정심판의 청구는 중앙행정심판위원회에서 심리·재결한다.
② 처분 등을 원인으로 하는 법률관계에 관한 다툼이 있는 경우 당사자는 당사자심판을 제기할 수 있다.
③ 무효확인심판에도 사정재결이 허용된다.
④ 행정심판위원회는 필요하면 당사자가 주장하지 아니한 사실에 대하여도 심리할 수 있다.
⑤ 시·도행정심판위원회의 재결에 불복하는 청구인은 중앙행정심판위원회에 행정심판을 재청구할 수 있다.

34. 판례에 의할 때 항고소송의 대상이 아닌 것은?
① 독점규제 및 공정거래에 관한 법률에 의한 공정거래위원회의 고발조치
② 국유재산의 무단점유자에 대한 변상금부과처분
③ 지적공부 소관청의 지목변경신청 반려행위
④ 건축물대장 소관청의 건축물 용도변경신청 거부행위
⑤ 지방의회의장에 대한 지방의회의 불신임의결

35. 공익사업을 위한 토지 등의 취득 및 보상에 관한 법률에 관한 내용이다. ( ) 안에 들어 갈 것으로 옳은 것은?

> 토지수용위원회의 재결에서 정한 보상금에 대하여 사업시행자 또는 토지소유자가 그 증감을 다투는 행정소송을 제기하는 경우, 그 소송을 제기하는 자가 토지소유자일 때에는 (ㄱ)을/를, 사업시행자일 때에는 (ㄴ)을/를 피고로 한다.

① ㄱ: 토지수용위원회, ㄴ: 국토교통부장관
② ㄱ: 국토교통부장관, ㄴ: 토지수용위원회
③ ㄱ: 토지수용위원회, ㄴ: 토지소유자
④ ㄱ: 사업시행자, ㄴ: 토지소유자
⑤ ㄱ: 사업시행자, ㄴ: 토지수용위원회

36. 지방자치법상 지방자치단체에 해당하지 않는 것은?
① 광역시 ② 특별자치시 ③ 특별자치도 ④ 군(郡) ⑤ 읍(邑)

37. 지방자치단체의 조례에 관한 설명으로 옳지 않은 것은? (다툼이 있는 경우에는 판례에 의함)
① 주민의 권리 제한 또는 의무 부과에 관한 사항이나 벌칙을 조례로 정할 때에는 법률의 위임이 있어야 한다.
② 지방자치단체의 장은 조례안에 대하여 이의가 있는 경우 조례안의 일부에 대하여 또는 조례안을 수정하여 지방의회에 재의를 요구할 수 있다.
③ 조례가 집행행위의 개입 없이도 그 자체로서 직접 국민의 구체적인 권리의무나 법적 이익에 영향을 미치는 등의 법률상 효과를 발생하는 경우 그 조례는 항고소송의 대상이 되는 행정처분에 해당한다.
④ 기관위임사무는 원칙적으로 조례의 제정범위에 속하지 않지만, 그에 관한 개별법령에서 일정한 사항을 조례로 정하도록 위임하고 있는 경우에는 위임받은 사항에 관하여 개별법령의 취지에 부합하는 범위 내에서 위임조례를 정할 수 있다.
⑤ 조례는 특별한 규정이 없으면 공포한 날부터 20일이 지나면 효력을 발생한다.

33. 행정구제법
    행정쟁송 - 행정심판

④

행정심판법 제39조(직권심리)
위원회는 필요하면 당사자가 주장하지 아니한 사실에 대하여도 심리할 수 있다.

① 행정심판법 제6조(행정심판위원회의 설치): 감사원의 처분에 대한 행정심판의 청구는 중앙행정심판위원회 (감사원)행정심판위원회에서 심리·재결한다.
② 행정심판법 제5조(행정심판의 종류): 처분 등을 원인으로 하는 법률관계에 관한 다툼이 있는 경우 당사자는 당사자심판을 제기할 수 있다. 없다.
③ 행정심판법 제44조(사정재결): 무효확인심판에도는 사정재결(취소심판, 의무이행심판)이 허용된다. 허용되지 않는다.
⑤ 행정심판법 제51조(행정심판 재청구의 금지): 시·도행정심판위원회의 재결(→ 행정심판×)에 불복하는 청구인은 중앙행정심판위원회에 행정심판을 재청구할 수 있다. 없다.

판례: ①   처분성 → 항고소송
        ②③④⑤ 처분성 → 항고소송

34. 행정구제법
    행정쟁송
    행정소송 - 항고소송

35. 행정구제법
    행정상 손해전보
    행정상 손실보상

공익사업을 위한 토지 등의
            취득 및 보상에 관한 법률

토지보상법 제85조(행정소송의 제기)
① 사업시행자, 토지소유자 또는 관계인은 제34조(재결)에 따른 재결에 불복할 때에는 재결서를 받은 날부터 90일 이내에, 이의신청을 거쳤을 때에는 이의신청에 대한 재결서를 받은 날부터 60일 이내에 각각 행정소송을 제기할 수 있다. 이 경우 사업시행자는 행정소송을 제기하기 전에 제84조(이의신청에 대한 재결)에 따라 늘어난 보상금을 공탁하여야 하며, 보상금을 받을 자는 공탁된 보상금을 소송이 종결될 때까지 수령할 수 없다
② 제1항에 따라 제기하려는 행정소송이 보상금의 증감(增減)에 관한 소송인 경우 그 소송을 제기하는 자가 토지소유자 또는 관계인일 때에는 사업시행자를, 사업시행자일 때에는 토지소유자 또는 관계인을 각각 피고로 한다.   - 당사자소송

36. 행정조직법
    지방자치법
    지방자치단체

보통지방자치단체: 광역지방자치단체, 기초지방자치단체
특별지방자치단체: 지방자치법 제199조(설치)
 - 2개 이상의 지방자치단체가 공동으로 특정한 목적을 위하여 광역적으로 사무를 처리할 필요가 있을 때 설치

37. 행정조직법
    지방자치법
    지방자치단체 조례

① 지방자치법 제28조(조례)
③④ 판례
                        ②
⑤

⑧ 조례와 규칙은 특별한 규정이 없으면 공포한 날부터 20일이 지나면 효력을 발생한다.

지방자치법 제32조(조례와 규칙의 제정 절차 등)
① 조례안이 지방의회에서 의결되면 지방의회의 의장은 의결된 날부터 5일 이내에 그 지방자치단체의 장에게 이송하여야 한다.
② 지방자치단체의 장은 제1항의 조례안을 이송받으면 20일 이내에 공포하여야 한다.
③ 지방자치단체의 장은 이송받은 조례안에 대하여 이의가 있으면 제2항의 기간에 이유를 붙여 지방의회로 환부(還付)하고, 재의(再議)를 요구할 수 있다. 이 경우 지방자치단체의 장은 조례안의 일부에 대하여 또는 조례안을 수정하여 재의를 요구할 수 없다.
⑤ 지방자치단체의 장이 제2항의 기간에 공포하지 아니하거나 재의 요구를 하지 아니하더라도 그 조례안은 조례로서 확정된다.

38. 국가배상에 관한 설명으로 옳지 않은 것은? (다툼이 있는 경우에는 판례에 의함)
① 국가가 국가배상책임을 이행한 경우 공무원에게 고의 또는 중과실이 있으면 국가는 그 공무원에게 구상할 수 있다.
② 행정규칙상의 처분기준에 따른 영업허가취소처분이 행정심판에서 재량하자를 이유로 취소되었다면 영업허가취소 처분을 한 공무원에게 국가배상법상의 과실이 인정된다.
③ 지방자치단체로부터 공무를 위탁받아 공무에 종사하는 사인(私人)은 국가배상법 제2조 소정의 공무원에 해당한다.
④ 국가배상법 제2조에 의한 공무원의 직무에는 국가나 지방자치단체의 권력적 작용뿐만 아니라 비권력적 작용도 포함되지만 단순한 사경제의 주체로서 하는 작용은 포함되지 않는다.
⑤ 공무원의 경과실에 의한 위법행위로 인하여 국가배상책임이 성립하는 경우 가해 공무원 개인은 그로 인한 손해배상 책임을 부담하지 아니한다.

39. 행정조직에 관한 설명으로 옳지 않은 것은?
① 현행 헌법은 행정조직법정주의를 채택하고 있다.
② 행정 각부의 장관과 지방자치단체의 장은 행정청에 해당한다.
③ 보조기관도 행정청으로부터 위임된 권한을 행사하는 경우에는 그 한도에서 행정청의 지위를 가진다.
④ 행정기관에는 그 소관사무의 일부를 독립하여 수행할 필요가 있는 때에는 법률로 정하는 바에 따라 행정위원회 등 합의제행정기관을 둘 수 있다.
⑤ 각종 징계위원회나 지방의회와 같은 부속기관의 설치에는 법령의 근거를 요하지 않는다.

40. 행정권한의 위임에 관한 설명으로 옳지 않은 것은? (다툼이 있는 경우에는 판례에 의함)
① 권한의 위임은 권한 자체가 수임자에게 이전된다는 점에서 권한 자체를 이전하지 않는 권한의 대리와 구별된다.
② 내부위임의 경우 수임관청은 위임관청의 이름으로만 그 권한을 행사할 수 있다는 점에서 권한의 위임과 구별된다.
③ 권한의 위임이 있는 경우에는 처분의 명의자가 수임기관으로 되어 있다 하더라도 그 처분에 대한 취소소송의 피고는 위임기관이 된다.
④ 소속 하급행정청에 대한 위임은 위임청의 일방적 위임행위에 의하여 성립하고, 수임기관의 동의를 요하지 않는다.
⑤ 도지사는 조례에 의해서도 그 권한에 속하는 자치사무의 일부를 소속 행정기관에 위임할 수 있다.

38. 행정구제법 　　행정상 손해전보 　　행정상 손해배상(국가배상) ②③④⑤ 판례 ③ 공무수탁사인(公務受託私人)	①	국가배상법 제2조(배상책임) ② 제1항 본문의 경우에 공무원에게 고의 또는 중대한 과실이 있으면 국가나 지방자치단체는 그 공무원에게 구상(求償)할 수 있다.
		② 행정규칙상의 처분기준에 따른 영업허가취소처분이 행정심판에서 재량하자를 이유로 취소되었다면더라도 영업허가취소처분을 한 공무원에게 국가배상법상의 과실이 <s>인정된다.</s> 인정되지 않는다.
39. 행정조직법 　　행정조직법 　　행정기관 　　행정조직		① 행정조직법정주의(행정기관법정주의) → 정부조직법 헌법 제96조 행정각부의 설치·조직과 직무범위는 법률로 정한다.
		② 행정청 　의사결정 후 이를 대외적으로 자기의 명의로 표시할 수 있는 권한을 가진 행정기관
	④ ③	정부조직법 제5조(합의제행정기관의 설치) 행정기관에는 그 소관사무의 일부를 독립하여 수행할 필요가 있는 때에는 법률로 정하는 바에 따라 행정위원회 등 합의제행정기관을 둘 수 있다. 정부조직법 제6조(권한의 위임 또는 위탁) ① 행정기관은 법령으로 정하는 바에 따라 그 소관사무의 일부를 보조기관 또는 하급행정기관에 위임하거나 다른 행정기관·지방자치단체 또는 그 기관에 위탁 또는 위임할 수 있다. 이 경우 위임 또는 위탁을 받은 기관은 특히 필요한 경우에는 법령으로 정하는 바에 따라 위임 또는 위탁을 받은 사무의 일부를 보조기관 또는 하급행정기관에 재위임할 수 있다. ② 보조기관은 제1항에 따라 위임받은 사항에 대하여는 그 범위에서 행정기관으로서 그 사무를 수행한다.
		⑤ 각종 징계위원회나 지방의회와 같은 부속기관의 설치에는 법령의 근거를 <s>요하지 않는다.</s> 요한다. 정부조직법 제4조(부속기관의 설치) 행정기관에는 그 소관사무의 범위에서 필요한 때에는 대통령령으로 정하는 바에 따라 시험연구기관·교육훈련기관·문화기관·의료기관·제조기관 및 자문기관 등을 둘 수 있다.
40. 행정조직법 　　행정조직법 　　행정권한 - 대리·위임 ②③ 판례		① 위임: 법령의 근거, 대리: 법령의 근거 ③ 권한의 위임이 있는 경우에는, 위임기관은 그 권한을 상실하고 수임기관의 권한이 되어, 처분의 명의자가 수임기관으로 되어 있다 하더라도 이고 그 처분에 대한 취소소송의 피고는 <s>위임기관</s> 수임기관이 된다.

41. 행정과 경영의 차이점에 관한 설명으로 옳지 않은 것은?
① 행정은 공익추구를 핵심가치로 하지만, 경영은 이윤추구를 핵심가치로 한다.
② 행정은 경영보다 의회, 정당, 이익단체로부터 더 강한 비판과 통제를 받는다.
③ 행정은 공익을 추구하기 때문에 경영보다 법적 규제를 적게 받는다.
④ 행정은 경영보다 더 강한 권력수단을 갖는다.
⑤ 행정은 모든 국민에게 법 앞에 평등원칙이 지배하지만 경영은 고객에 따라 대우를 달리할 수 있다.

42. 행정(학)에 관한 설명으로 옳지 않은 것은?
① 행정은 민주성, 능률성, 합법성, 효과성, 형평성 등을 추구한다.
② 행정학은 행정현상의 과학화를 목적으로 하기 때문에 이론과 실제를 분리하여 연구하는 학문이다.
③ 행정학은 시민사회, 정치집단, 시장과의 상호작용 속에서 공공가치의 달성을 위해 정부가 수행하는 정책이나 관리 활동에 대한 지식과 이론을 연구대상으로 한다.
④ 좁은 의미의 행정은 행정부의 구조와 공무원을 포함한 정부 관료제를 중심으로 이뤄지는 활동을 의미한다.
⑤ 행정학은 정치학, 경제학, 경영학, 사회학, 법학, 심리학 등의 이론과 지식을 접목하여 사용하고 있다.

43. 행정학의 주요 접근방법과 그 내용을 연결한 것으로 옳지 않은 것은?
① 뉴거버넌스론 - 로즈(R. A. W. Rhodes) - 민관협력 네트워크
② 생태론 - 리그스(F. W. Riggs) - 행정체제의 개방성
③ 공공선택론 - 오스트롬(V. Ostrom) - 정치경제학적 연구
④ 후기행태주의 - 이스턴(D. Easton) - 가치중립적·과학적 연구 강조
⑤ 신공공관리론 - 오스본(D. Osborne)과 게블러(T. Gaebler) - 기업가적 정부

44. 다음 지문에서 설명하는 행정 이론은?

> 인간행위를 연구대상으로 정립했으며 행정연구에 과학주의를 도입하여 가치중립적인 객관적 분석을 가능하게 하였다. 그러나 이 이론은 과학적·계량적 연구방법론의 강조로 연구대상과 범위의 제한을 가져왔다는 비판을 받고 있다.

① 과학적 관리론 ② 인간관계론 ③ 행정체제이론
④ 신공공서비스론 ⑤ 행정행태론

45. 행정 통제를 크게 외부 통제와 내부 통제로 분류할 때 다음 중 그 분류가 다른 것은?
① 사법부에 의한 통제 ② 시민단체에 의한 통제
③ 감사원에 의한 통제 ④ 선거권의 행사에 의한 통제
⑤ 주민참여제도에 의한 통제

41. 행정학 총론 　　행정		③ 행정은 공익을 추구하기 때문에 경영보다 법적 규제를 적게 많이 받는다. ④ 행정: 타율성, 강제적 권력, 사회적 능률 　경영: 자율성, 공리적 권력, 기계적 능률

42. 행정학 총론
　　행정

행정학: 사회과학, 가치 지향성, 규범적 접근법 + 경험적 접근법
① 효율성(능률성, 합법성, 합리성, 효과성)을 수단으로
　　　　　　　　　　　　　　　공공성(민주성, 형평성)을 지향한다.
② 행정학 = 과학성 + 기술성(처방성)
　　행정학은 행정현상의 과학화를 목적으로 하기 때문에 이론과 실제를 분리 통합하여 연구하는 학문이다.
⑤ 간학문적(interdisciplinary)

43. 행정학 총론
　　행정학 이론

① 뉴거버넌스론 - 로즈(R. A. W. Rhodes)
　- 민관협력 네트워크
　- 정부실패, 신공공관리(NPM)에 의한 시장실패 극복
② 생태론 - 가우스(J. M. Gaus), **리그스**(F. W. Riggs)
　- 행정체제의 개방성(개방체제 관점)
③ 공공선택론 - 뷰캐넌(. M. Buchanan), 털럭(G. Tullock),
　　　　　　　　　　　　　　　　　오스트롬(V. Ostrom)
　- 정치경제학적 연구(정치학에 대한 경제학적 접근)
④ 후기행태주의 - 이스턴(D. Easton)
　- 가치중립적·과학적 **가치지향적·실천적** 연구 강조
⑤ 신공공관리론 - 오스본(D. Osborne), 게블러(T. Gaebler)
　- 기업가적 정부
　- 신관리주의(반정부, 반조세, 반관료주의),
　　　　　　　　　　　　기업가적 패러다임, 후기관료적 패러다임

44. 행정학 총론
　　행정학 이론
　　행태론
　　: 논리실증주의
　　- **과학적·계량적 연구방법론**

① 과학적 관리론:
　생산성 향상 추구, 관료제 조직에 적합
　　　　　　공식적 집단의 역할 강조, 정치행정이원론 발전에 기여
② 인간관계론: 사회심리적 요인 중시, 비공식 집단의 역할 강조
③ 행정체제이론: 환경과 상호작용(투입-전환-산출-환류)
④ 신공공서비스론: 민관협력 네트워크

45. 행정환류
　　행정책임 - 행정통제

　　길버트(E. Gilbert): 공식통제, 비공식통제

공식 통제
　- 내부통제: 계층제, 심사평가, 행정부(처), 교차기능조직,
　　　　　　　　　　독립통제기관(**감사원**, 국민권익위원회)
　- 외부통제: 입법부, **사법부**, 옴부즈만
비공식 통제
　- 내부통제: 공익, 행정윤리, 대표관료제
　- 외부통제: 민중, 언론, 정당, **시민단체**, 이익집단

46. 정부의 정책문제는 해결해야 할 문제를 어떤 관점에서 보는가에 따라 정책목표의 구체적인 내용과 정책수단도 달라진다. 다음 중 정책문제의 속성에 관한 설명으로 옳지 <u>않은</u> 것은?
① 정책문제는 공공성이 강하다.
② 정책문제는 주관적이며, 정치적 성격이 강하다.
③ 정책문제는 복잡·다양하며, 상호의존적이다.
④ 정책문제는 역사적 산물인 경우가 많다.
⑤ 정책문제는 정태적 성격이 강하다.

47. 중앙정부의 정책과정 참여자 중 비공식적 참여자로만 묶은 것은?

| ㄱ. 정당 | ㄷ. 대통령 | ㅁ. 전문가집단 | ㅅ. 언론 |
| ㄴ. 국무총리 | ㄹ. 이익집단 | ㅂ. 시민단체 | ㅇ. 부처장관 |

① ㄱ, ㄴ, ㄷ, ㅁ, ㅂ
② ㄱ, ㄷ, ㄹ, ㅂ, ㅇ
③ ㄱ, ㄹ, ㅁ, ㅂ, ㅅ
④ ㄴ, ㄷ, ㄹ, ㅁ, ㅇ
⑤ ㄴ, ㄷ, ㄹ, ㅅ, ㅇ

48. 리플리와 프랭클린(R. B. Ripley & G. A. Franklin)은 정책유형이 달라짐에 따라 정책형성과정과 정책집행과정도 달라진다고 주장한다. 다음은 그들이 제시한 정책 유형 중 어떤 정책에 관한 설명인가?

> 정부는 특정 전문지식과 자격을 갖춘 몇몇 개인이나 기업(집단)에게 특정한 기간 동안 사업을 할 수 있도록 허용하되 일정한 기간 후에는 자격조건을 재심사하도록 함으로써 경쟁력을 높이고, 공익을 위해서 서비스 제공에 대한 규정을 지키도록 하는 것이다.

① 경쟁적 규제정책
② 보호적 규제정책
③ 상징정책
④ 분배정책
⑤ 재분배정책

49. 우리나라는 정권이 교체될 때마다 일부 중앙부처가 변경되어 왔다. 현 정부의 중앙부처 명칭으로 옳지 <u>않는</u> 것은?
① 기획재정부
② 미래창조과학부
③ 안전행정부
④ 교육인적자원부
⑤ 해양수산부

50. 지식정보화 시대에 필요한 학습조직의 특징을 설명한 것으로 옳지 <u>않은</u> 것은?
① 학습조직은 자신과 다른 사람의 경험 및 시행착오를 통한 학습활동을 높게 평가한다.
② 학습조직은 불확실한 환경에서 조직 스스로 문제해결을 할 수 있도록 조직구성원에게 권한 강화와 학습기회를 제공한다.
③ 학습조직은 결정과 기획 등 핵심기능만 남기고 기타 집행사업기능을 각각 전문 업체에 위탁경영하여 일을 수행하는 조직이다.
④ 학습조직은 변화를 위한 학습역량 함양을 통해 미래 행동의 기반을 구축한다.
⑤ 학습조직은 관계지향성과 집합적 행동을 장려한다.

46. 정책론 정책결정	⑤ 정책문제는 정태적 동태적 성격이 강하다. 정책문제는 가치지향적이다.
47. 정책론 정책결정	공식적 참여자: ㄴ. **국무총리** ㄷ. **대통령** ㅇ. **부처장관** 비공식적 참여자: ㄱ. **정당** ㄹ. **이익집단** ㅁ. **전문가집단** ㅂ. **시민단체** ㅅ. **언론**

48. 정책론 정책 경쟁적 규제정책	① 리플리와 프랭클린의 경쟁적 규제정책
	      = 배분정책(경쟁력 있는 주체에게 공급 권한 부여)
	      + 규제정책(경쟁력 없는 주체에게 공급 권한 제한)
	 ② 공공요금 규제, 최저임금 보장
	 ③ 아몬드(G. Almond)와 포웰(B. Powell)
	 ④ 사회기반시설 건설
	 ⑤ 사회보장

49. 조직론 조직구조 정부조직	(김대중 정부) 행정자치부
	     (노무현 정부) 행정자치부
	        (이명박 정부) 행정안전부
	           (박근혜 정부) 안전행정부, 행정자치부
	              (문재인 정부) 행정자치부, 행정안전부
	                 (윤석열 정부) 행정안전부
	 (김대중 정부) 교육인적자원부
	     (노무현 정부) 교육인적자원부
	        (이명박 정부) 교육과학기술부
	           (박근혜 정부) 교육부
	              (문재인 정부) 교육부
	                 (윤석열 정부) 교육부

50. 조직론 조직구조 학습조직	(표 아래 참조)

기계적 조직	학습조직
수직적 계층구조(기능 중심)	수평적 계층구조(과정 중심)
표준화·분업화	분권화·재량권
경쟁	협력
정보집중	정보공유
위계적·경직적 조직문화	적응적 조직문화
통제·관리	수평적 협력, 권한 위임

①②④⑤ 학습조직
③ <u>학습조직</u> 네트워크조직은 결정과 기획 등 핵심기능만 남기고 기타 집행사업기능을 각각 전문 업체에 위탁경영하여 일을 수행하는 조직이다.
⑤ 학습조직은 관계지향성과 집합적 행동·비공식적 대면접촉을 장려한다.

51. 우리나라 공무원의 시보임용에 관한 설명으로 옳지 않은 것은?
① 임용권자는 시보임용 기간 중에 있는 공무원의 근무상황을 항상 지도·감독하여야 한다.
② 시보기간 중 근무성적이 좋으면 정규공무원으로 임용한다.
③ 시보기간은 시보공무원에게 행정실무의 습득기회를 제공하는 것이다.
④ 시보임용은 공무원으로서 적격성 여부를 판단하는 선발과정의 일부이다.
⑤ 시보공무원은 일종의 교육훈련 과정으로 교육에만 전념할 수 있도록 정규 공무원과 동일하게 공무원 신분을 보장한다.

52. 현행「국가공무원법」에 규정된 징계처분에 관한 설명으로 옳지 않은 것은?
① 징계의 종류는 파면·해임·강등·정직·직위해제·감봉·견책으로 구분한다.
② 파면과 해임은 징계위원회의 의결을 거쳐 각 임용권자 또는 임용권을 위임한 상급 감독기관의 장이 한다.
③ 강등은 공무원 신분은 보유하나 3개월간 직무에 종사하지 못하고 그 기간 중 보수의 3분의 2를 감한다.
④ 정직은 1개월 이상 3개월 이하이며, 정직 기간 동안 공무원의 신분은 유지하되, 직무에 종사하지 못하고 보수의 3분의 2를 감한다.
⑤ 징계의결 등의 요구는 징계 등의 사유가 발생한 날부터 3년(금품 및 향응 수수, 공금의 횡령·유용의 경우에는 5년)이 지나면 하지 못한다.

53. 현행 우리나라의 예산제도에 관한 설명으로 옳지 않은 것은?
① 정부는 국회에서 추가경정예산안이 확정되기 전에 이를 미리 배정하거나 집행할 수 없다.
② 조세지출예산은 조세감면의 구체적인 내역을 예산구조로써 밝히는 것이다.
③ 우리나라는 준예산 제도를 채택하고 있다.
④ 국회는 정부가 제출한 기금운용계획안의 주요항목 지출금액을 증액하고자 할 때에는 정부의 동의를 얻을 필요가 없다.
⑤ 예산총계주의 원칙의 예외로 전대차관(轉貸借款) 등을 인정하고 있다.

54. 현행「감사원법」상 회계검사기관인 감사원에 관한 설명으로 옳지 않은 것은?
① 감사원은 국가의 세입·세출의 결산과 공무원직무에 관한 감찰을 위해 대통령 소속하에 설치된 기관이다.
② 감사원은 직무에 관해 독립된 지위를 유지하며 그 직무수행상 정치적 압력이나 간섭을 받지 않는 특징이 있다.
③ 감사원장은 국회의 동의를 얻어 대통령이 임명하며, 감사위원의 경우는 감사원장의 제청으로 역시 대통령이 임명한다.
④ 감사원장의 임기는 4년이며, 원장을 포함해 9인의 감사위원으로 구성한다.
⑤ 감사원은 감사절차 및 내부 규율과 감사사무처리에 관한 규칙을 제정할 수 있다.

51. 인사행정
    인사행정 - 시보임용

①

공무원임용령 제23조(시보임용)
① 임용권자는 시보임용 기간 중에 있는 공무원의 근무상황을 항상 지도·감독하여야 한다.

②

⑤ 시보공무원은 일종의 교육훈련 과정으로 교육에만 전념할 수 있도록 정규 공무원과 동일하게 공무원 신분을 보장한다. 보장하지 않는다.

국가공무원법 제29조(시보 임용)
① 5급 공무원(제4조(일반직공무원의 계급 구분 등)제2항에 따라 같은 조 제1항의 계급 구분이나 직군 및 직렬의 분류를 적용하지 아니하는 공무원 중 5급에 상당하는 공무원을 포함한다. 이하 같다)을 신규 채용하는 경우에는 1년, 6급 이하의 공무원을 신규 채용하는 경우에는 6개월간 각각 시보(試補)로 임용하고 그 기간의 근무성적·교육훈련성적과 공무원으로서의 자질을 고려하여 정규 공무원으로 임용한다. 다만, 대통령령등으로 정하는 경우에는 시보 임용을 면제하거나 그 기간을 단축할 수 있다.

52. 인사행정
    공직윤리·부패 - 신분보장·징계

① 징계의 종류는 파면·해임·강등·정직·직위해제·감봉·견책으로 구분한다.

국가공무원법 79조(징계의 종류)
징계는 파면·해임·강등·정직·감봉·견책(譴責)으로 구분한다.

③ 강등 ④ 정직 법률 개정(2016. 6. 25.): 보수는 전액을 감한다.

53. 재무행정(예산)
    예산의 종류

④ 국회는 정부가 제출한 기금운용계획안의 주요항목 지출금액을 증액하고자 할 때에는 정부의 동의를 얻을 필요가 없다. 얻어야 한다.

54. 재무행정(예산)
    예산과정
    예산결산

②

① △ 결산 ×
    결산의 확인 ○

④

③

⑤

헌법 제97조
국가의 세입·세출의 결산, 국가 및 법률이 정한 단체의 회계검사와 행정기관 및 공무원의 직무에 관한 감찰을 하기 위하여 대통령 소속하에 감사원을 둔다.
감사원법 제2조(지위)
① 감사원은 대통령에 소속하되, 직무에 관하여는 독립의 지위를 가진다.
② 감사원 소속 공무원의 임용, 조직 및 예산의 편성에 있어서는 감사원의 독립성이 최대한 존중되어야 한다.
감사원법 제3조(구성)
감사원은 감사원장(이하 "원장"이라 한다)을 포함한 7명의 감사위원으로 구성한다.
감사원법 제4조(원장)
① 원장은 국회의 동의를 받아 대통령이 임명한다.
감사원법 제5조(임명 및 보수)
① 감사위원은 원장의 제청으로 대통령이 임명한다.
감사원법 제21조(결산의 확인)
감사원은 회계검사의 결과에 따라 국가의 세입·세출의 결산을 확인한다.
감사원법 제52조(감사원규칙)
감사원은 감사에 관한 절차, 감사원의 내부 규율과 감사사무 처리에 관한 규칙을 제정할 수 있다.

55. 예산절차상의 특징에 따른 예산의 유형에 관한 설명으로 옳은 것은?
① 본예산은 정기국회의 심의를 거쳐 확정된 최초의 예산으로 당초예산이라고도 한다.
② 수정예산은 예산이 국회를 통과한 이후 예산집행과정에서 다시 제출되는 예산이다.
③ 추가경정예산은 예산안이 제출된 이후 국회의결 이전에 기존안의 일부를 수정해 제출한 예산이다.
④ 준예산은 새로운 회계연도가 시작되는 날로부터 최초 수개월분의 일정한 금액의 예산을 정부가 집행할 수 있게 허가하는 제도이다.
⑤ 잠정예산은 회계연도개시 전에 예산이 의결되지 못하는 경우를 대비해 의회가 미리 1개월분 예산만 의결해 정부로 하여금 집행할 수 있도록 하는 예산이다.

56. 국세 또는 지방세가 서로 옳지 않게 연결된 것은?
① 국세 - 개별소비세, 농어촌특별세
② 서울특별시 강남구세 - 등록면허세, 재산세
③ 부산광역시 기장군세 - 지방소득세, 지방교육세
④ 세 - 취득세, 지역자원시설세
⑤ 경상남도 창원시세 - 재산세, 자동차세

57. 우리나라의 지방자치에 관한 설명으로 옳은 것은?
① 교육위원회는 시도의회와는 별도로 교육위원으로 구성되며, 교육위원 선거구 단위로 지방의원 선거와는 다르게 선출하여 구성한다.
② 기관위임사무는 국가가 사업비 일부를 보조하며, 지방의회의 통제를 받고 지방자치단체와 국가가 공동으로 책임진다.
③ 선결처분권은 지방자치단체장을 견제할 수 있는 지방의회의 강력한 권한이다.
④ 지방교부세는 지역 간 재정불균형을 시정하기 위해 지방자치단체에 국세 일부를 이전하는 것으로 일정한 조건과 용도를 지정한다.
⑤ 우리나라 특별자치도에는 지방자치단체인 시와 군을 둘 수 없으며, 행정시장을 도지사가 임명한다.

58. 지방자치단체와는 별도로 특별지방행정기관을 설치하는 경우 나타나는 장점으로 옳은 것은?
① 주민들의 직접참여와 통제가 용이하여 책임행정 확보가 가능하다.
② 광역적인 국가 업무를 효율적으로 처리할 수 있다.
③ 유사중복기능의 수행 인력과 조직으로 행정의 중복성을 통하여 효율성을 강화할 수 있다.
④ 관할범위가 넓어 현지성이 확보됨으로써 지역주민을 위한 행정이 가능하다.
⑤ 특별지방행정기관 증가로 이원적 업무수행이 가능하여 주민들의 행정만족도가 높아지고 혼란을 방지할 수 있다.

55. 재무행정(예산)
예산의 종류
예산절차

④ 준예산
회계연도 개시 전까지 예산이 성립하지 않을 경우, 특정 경비에 한해서 전년도 예산에 준해 지출할 수 있는 예산

① 본예산 = 당초예산
② ~~수정예산~~ 추가경정예산은 예산이 국회를 통과한 이후 예산집행과정에서 다시 제출되는 예산이다.
③ ~~추가경정예산~~ 수정예산은 예산안이 제출된 이후 국회의결 이전에 기존안의 일부를 수정해 제출한 예산이다.
④ ~~준예산~~ 잠정예산은 새로운 회계연도가 시작되는 날로부터 최초 수 개월분의 일정한 금액의 예산을 정부가 집행할 수 있게 허가하는 제도이다.
⑤ ~~잠정예산~~ 가예산은 회계연도 개시 전에 예산이 의결되지 못하는 경우를 대비해 의회가 미리 1개월분 예산만 의결해 정부로 하여금 집행할 수 있도록 하는 예산이다.

56. 지방자치론
지방재정 - 지방세

③ 부산광역시 기장군세
- 지방소득세, 지방교육세

구분	특별·광역시	도	자치구	시·군
보통세		레저세 취득세 등록면허세 지방소비세	재산세 등록면허세	
목적세	지방교육세 지역자원시설세			

57. 지방자치론
지방자치

특정재원(예: 국고보조금)은 일정한 조건과 용도를 지정한다.

① 교육위원회: 2014년 폐지
② 기관위임사무는 국가가 사업비 ~~일부~~ 전부를 보조하며, 지방의회의 통제를 ~~받고~~ 받지 않고 지방자치단체와 국가가 공동으로 책임진다.
③ 선결처분권은 지방자치단체장을 ~~지방의회를~~ 견제할 수 있는 ~~지방의회~~ 지방자치단체장의 강력한 권한이다.
④ 지방교부세는 지역 간 재정불균형을 시정하기 위해 지방자치단체에 국세 일부를 이전하는 것으로 ~~일정한 조건과 용도를 지정한다.~~ 지정하지 않는다.
⑤ 특별자치도에는 지방자치단체인 시와 군을 둘 수 없으며, 행정시장을 도지사가 임명한다.

58. 지방자치론
지방자치단체·사무
특별지방행정기관

정부조직법 제3조
(특별지방행정기관의 설치)
① 중앙행정기관에는 소관사무를 수행하기 위하여 필요한 때에는 특히 법률로 정한 경우를 제외하고는 대통령령으로 정하는 바에 따라 지방행정기관을 둘 수 있다.

① 주민들의 직접 참여와 통제가 ~~용이하여~~ 곤란하여 책임행정 확보가 ~~가능하다.~~ 어렵다.
③ 유사중복기능의 수행 인력과 조직으로 행정의 중복성을 통하여 효율성을 ~~강화~~ 약화할 수 있다.
④ 관할범위가 ~~넓어~~ 좁아 현지성이 확보됨으로써 지역주민을 위한 행정이 가능하다.
⑤ 특별지방행정기관 증가로 이원적 업무수행이 ~~가능하여~~ 으로 갈등이 발생하여 주민들의 행정만족도가 ~~높아지고~~ 낮아지고 혼란을 ~~방지~~ 야기할 수 있다.

59. 전자정부에 관한 설명으로 옳지 않은 것은?

① 전자정부의 기반 기술 패러다임은 유비쿼터스 컴퓨팅과 네트워크 기술에서 모바일 기술로, 다시 모바일 기술에서 인터넷의 발전으로 진화하고 있다.
② 국민을 위해 언제 어디서나 한 번에 서비스가 제공되고 24시간 처리가 가능한 ONE STOP 전자민원서비스를 제공한다.
③ 전자정부는 정부 내 공문서나 자료가 전자적으로 처리되어 종이 없는 행정을 구현한다.
④ 행정정보가 풍부한 정보네트워크를 통해 국민과의 소통이 원활하게 되어 국민과 하나가 되는 정부를 구현하는데 기여한다.
⑤ 전자정부는 정보공개를 촉진하며, 인터넷, 키오스크 등 다양한 매체를 활용하여 정부가 보유한 정보에 쉽게 접근할 수 있도록 하여 국민의 알 권리를 충족시키는데 기여한다.

60. 국민권익위원회에 관한 설명으로 옳지 않은 것은?

① 국무총리 소속 기관이다.
② 국민권익위원회 위원의 임기는 3년이며, 연임할 수 없다.
③ 국민권익위원회 위원은 재직 중 지방의회의원직을 겸직할 수 없다.
④ 고충민원의 조사와 처리 및 이와 관련된 시정권고 업무를 수행한다.
⑤ 정당의 당원은 국민권익위원회 위원이 될 수 없다.

| 59. 정보화(행정) 전자정부 | ① 전자정부의 기반 기술 패러다임은 유비쿼터스 컴퓨팅과 네트워크 기술 <u>인터넷의 발전에서 모바일 기술로, 다시 모바일 기술에서 인터넷의 발전 유비쿼터스 컴퓨팅과 네트워크 기술</u>(으)로 진화하고 있다. |

| 60. 행정환류 행정책임 국민권익위원회 | |

①
④

부패방지 및 국민권익위원회 설치와 운영에 관한 법률
제11조(국민권익위원회의 설치)
① 고충민원의 처리와 이에 관련된 불합리한 행정제도를 개선하고, 부패의 발생을 예방하며 부패행위를 효율적으로 규제하도록 하기 위하여 국무총리 소속으로 국민권익위원회(이하 "위원회"라 한다)를 둔다.
제12조(의결사항)
① 다음 각 호의 사항은 감사위원회의에서 결정한다.
　5. 제33조(**시정 등의 요구**)에 따른 시정 등의 요구에 관한 사항
　7. 제34조의2(**권고 등**)제1항에 따른 권고 등에 관한 사항
제15조(위원의 결격사유)
① 다음 각 호의 어느 하나에 해당하는 자는 위원이 될 수 없다.
　1. 대한민국 국민이 아닌 자
　2. 「국가공무원법」제33조(**결격사유**) 각 호의 어느 하나에 해당하는 자
　3. 정당의 당원
　4. 「공직선거법」에 따라 실시하는 선거에 후보자로 등록한 자
② 위원이 제1항 각 호의 어느 하나에 해당하게 된 때에는 당연히 퇴직된다.
제16조(직무상 독립과 신분보장)
① 위원회는 그 권한에 속하는 업무를 독립적으로 수행한다.
② 위원장과 위원의 임기는 각각 3년으로 하되 1차에 한하여 연임할 수 있다.
③ 위원은 다음 각 호의 어느 하나에 해당하는 경우를 제외하고는 그 의사에 반하여 면직 또는 해촉되지 아니한다.
　1. 제15조(**위원의 결격사유**)제1항 각 호의 어느 하나에 해당하는 때
　2. 심신상의 장애로 직무수행이 현저히 곤란하게 된 때
　3. 제17조(**위원의 겸직금지 등**)에 따른 겸직금지의무에 위반한 경우
④ 제3항제2호의 경우에는 전체 위원 3분의 2 이상의 찬성에 의한 의결을 거쳐 위원장의 제청으로 대통령 또는 국무총리가 면직 또는 해촉한다.
제17조(위원의 겸직금지 등)
위원은 재직 중 다음 각 호의 직을 겸할 수 없다.
　1. 국회의원 또는 지방의회의원
　2. 행정기관등과 대통령령으로 정하는 특별한 이해관계가 있는 개인이나 법인 또는 단체의 임·직원

⑤

②

③

② 국민권익위원회 위원의 임기는 3년이며, 연임할 수 없다. <u>1차에 한하여 연임할 수 있다.</u>

2014년도 제02회 행정사 자격시험

1차 시험

제1교시

제1과목	민법(총칙 관련 내용으로 한정)
제2과목	**행정법**
제3과목	**행정학개론(지방자치행정 포함)**

2차 시험

제1교시

제1과목	민법(계약 관련내용으로 한정)
제2과목	행정절차론(행정절차법 포함)

제2교시

제1과목	사무관리론(민원 처리에 관한 법률, 행정업무의 운영 및 혁신에 관한 규정 포함)
제2과목	행정사실무법 - 행정심판사례 - 비송사건절차법

01. 신의성실의 원칙(이하 "신의칙"이라 함)에 관한 설명으로 옳지 않은 것은? (다툼이 있는 경우에는 판례에 의함)
① 신의칙이란 법률관계의 당사자로서 형평에 어긋나거나 신뢰를 버리는 내용 또는 방법으로 권리를 행사하거나 의무를 이행하여서는 아니된다는 추상적 규범을 말한다.
② 신의칙에 관한 제2조는 강행규정이므로 법원은 그 위반 여부를 직권으로 판단할 수 있다.
③ 강행규정을 위반한 행위를 한 사람이 그 무효를 주장하는 것은 특별한 사정이 없으면, 신의칙에 반하지 아니한다.
④ 권리의 행사로 권리자가 얻는 이익보다 상대방이 잃은 이익이 현저하게 크다는 사정만으로 권리남용이 인정된다.
⑤ 본인을 상속한 무권대리인이 무권대리행위의 무효를 주장하는 것은 신의칙에 반한다.

02. 민법 제35조(법인의 불법행위능력)에 관한 설명으로 옳지 않은 것은? (다툼이 있는 경우에는 판례에 의함)
① "법인의 대표자"에는 법인을 실질적으로 운영하면서 법인을 사실상 대표하여 법인의 사무를 집행하는 사람을 포함한다.
② "직무에 관하여"는 행위의 외형상 대표자의 직무행위로 인정할 수 있는 행위이면 된다.
③ 법인의 불법행위가 성립하게 되면 가해행위를 한 대표자는 손해배상책임을 면한다.
④ 비법인사단의 대표자의 행위가 직무에 관한 행위에 해당하지 아니함을 피해자가 알았거나 중대한 과실로 인하여 알지 못한 때에는 비법인사단에 손해배상책임을 물을 수 없다.
⑤ 법인의 목적범위 외의 행위로 인하여 타인에게 손해를 가한 때에는 그 사항의 의결에 찬성하거나 그 의결을 집행한 사원, 이사 및 기타 대표자가 연대하여 배상하여야 한다.

03. 법인에 관한 설명으로 옳지 않은 것은? (다툼이 있는 경우에는 판례에 의함)
① 영리법인은 모두 사단법인이다.
② 감사는 법인의 임의기관이다.
③ 특별한 사정이 없으면, 사단법인의 사원의 지위는 양도 또는 상속할 수 없다.
④ 특별한 사정이 없으면, 사단법인의 해산결의는 총사원 4분의 3 이상의 동의로 한다.
⑤ 법인의 해산과 청산은 청산인이 감독한다.

04. 미성년자 甲이 법정대리인 乙의 동의 없이 자신의 노트북 컴퓨터를 丙에게 매각하였다. 다음 설명 중 옳은 것은?
① 丙은 乙이 추인하기 전에 거절권을 행사할 수 있다.
② 丙이 그 물건을 다시 丁에게 증여한 경우, 甲은 丁을 상대로 매매계약을 취소할 수 있다.
③ 계약체결시에 甲이 미성년자임을 안 丙은 그의 의사표시를 철회할 수 있다.
④ 甲이 속임수로써 乙의 동의가 있는 것으로 믿게 한 경우, 甲은 계약을 원인으로 얻은 모든 이득을 반환하고 계약을 취소할 수 있다.
⑤ 丙은 19세가 된 甲에게 1개월 이상의 기간을 정하여 매매계약을 추인할 것인지 여부의 확답을 촉구할 수 있다.

민법총칙

01. 민법 서론
    신의성실의 원칙(信義則)
       추상적 규범
       사법관계·공법관계 적용
       법원의 직권 고려

    ①②③④⑤ 판례

권리남용 금지의 원칙
   ○ 요건   - 통설: 객관적 요건 + ~~주관적 요건~~
             - 판례: 객관적 요건 + 주관적 요건
      1. 권리의 행사 또는 불행사가 있을 것
      2. 주관적 요건: 권리자의 가해 의사 또는 목적
      3. 객관적 요건: 사회적 목적에 부합하지 않을 것
   ○ 효과: 법률효과 부인, 불법행위책임(위법성이 인정되므로)

④ 권리의 행사로 권리자가 얻는 이익보다 상대방이 잃은 이익이 현저하게 크다는 사정(~~주관적 요건~~)만으로 권리남용이 ~~인정된다~~. 인정되지 않는다(객관적 요건 결여).

02. 권리의 주체 - 법인
    법인의 능력
    법인의 불법행위능력
                                        ③
    ①②④ 판례
                                        ⑤
    ① 법인의 대표기관
    ② 직무 관련성

민법 제35조(법인의 불법행위능력)
① 법인은 이사 기타 대표자가 그 직무에 관하여 타인에게 가한 손해를 배상할 책임이 있다. 이사 기타 대표자는 이로 인하여 자기의 손해배상책임을 면하지 못한다.
② 법인의 목적범위 외의 행위로 인하여 타인에게 손해를 가한 때에는 그 사항의 의결에 찬성하거나 그 의결을 집행한 사원·이사 및 기타 대표자가 연대하여 배상하여야 한다.

③ 법인의 불법행위가 성립하게 되면 가해행위를 한 대표자는 손해배상책임을 ~~면한다~~. 면하지 못한다.

03. 권리의 주체 - 법인
    법인의 감독
    ⑤

민법 제95조(해산·청산의 검사, 감독)
법인의 해산 및 청산은 법원이 검사·감독한다.

민법 제56조(사원권의 양도, 상속금지)
사단법인의 사원의 지위는 양도 또는 상속할 수 없다.
민법 제66조(감사)
법인은 정관 또는 총회의 결의로 감사를 둘 수 있다.
민법 제78조(사단법인의 해산결의)
사단법인은 총사원 4분의 3 이상의 동의가 없으면 해산을 결의하지 못한다. 그러나 정관에 다른 규정이 있는 때에는 그 규정에 의한다.

04. 권리의 주체 - 자연인
    행위능력(제한능력자)
    미성년자
     - 상대방의 철회권: 계약(선의의 상대방)
     - 상대방의 거절권: 단독행위

① 매매 = 계약
   丙은 乙이 추인하기 전에 거절권 ~~철회권~~을 행사할 수 있다.
                                        ⑤

② 丙이 그 물건을 다시 丁에게 증여한 경우, 甲은 ~~丁(제3자)~~ 丙(상대방)을 상대로 매매계약을 취소할 수 있다.
③ 계약체결 시에 甲이 미성년자임을 안 丙은 그의 의사표시를 철회할 수 ~~있다~~. 없다.
④ 甲이 속임수로써 乙의 동의가 있는 것으로 믿게 한 경우, 甲은 계약을 원인으로 얻은 모든 이득을 반환하고 계약을 취소할 수 ~~있다~~. 없다.

민법 제15조(제한능력자의 상대방의 확답을 촉구할 권리)
① 제한능력자의 상대방은 제한능력자가 능력자가 된 후에 그에게 1개월 이상의 기간을 정하여 그 취소할 수 있는 행위를 추인할 것인지 여부의 확답을 촉구할 수 있다. 능력자로 된 사람이 그 기간 내에 확답을 발송하지 아니하면 그 행위를 추인한 것으로 본다.

05. 성년후견, 한정후견, 특정후견에 관한 설명으로 옳지 않은 것은?
① 피성년후견인의 법률행위는 취소할 수 있다.
② 가정법원은 한정후견개시의 심판을 할 때 본인의 의사를 고려하여야 한다.
③ 가정법원이 피한정후견인에 대하여 성년후견개시의 심판을 할 때에는 종전의 한정후견의 종료 심판을 한다.
④ 특정후견은 본인의 의사에 반하여 할 수 있다.
⑤ 특정후견의 심판을 하는 경우에는 특정후견의 기간 또는 사무의 범위를 정하여야 한다.

06. 관습법과 사실인 관습에 관한 설명으로 옳지 않은 것은? (다툼이 있는 경우에는 판례에 의함)
① 관습법은 헌법을 최상위규범으로 하는 전체 법질서에 반하지 않고 정당성과 합리성이 있어야 한다.
② 관습법은 바로 법원(法源)으로서 법령과 같은 효력을 갖는 관습이므로 법령에 저촉하는 관습법도 법칙으로서 효력이 있다.
③ 사실인 관습은 사회의 관행에 의하여 발생한 사회생활규범인 점에서 관습법과 같다.
④ 사실인 관습은 단순한 관행으로서 법률행위의 당사자의 의사를 보충한다.
⑤ 관습법도 사회구성원이 그러한 관행의 법적 구속력에 대하여 확신을 갖지 않게 된 경우 그 법적 규범으로서 효력을 잃는다.

07. 법인의 이사에 관한 설명으로 옳지 않은 것은? (다툼이 있는 경우에는 판례에 의함)
① 이사의 임면에 관한 사항은 정관의 필요적 기재사항이다.
② 이사의 대표권의 제한은 이를 등기하지 않으면 악의의 제3자에게도 대항할 수 없다.
③ 이사가 그의 권한으로 선임한 대리인은 법인의 기관이다.
④ 특별한 사정이 없으면, 법인과 이사의 이익이 상반하는 사항에 관하여는 그 이사는 대표권이 없다.
⑤ 이사의 직무대행자는 원칙적으로 법인의 통상사무에 속하는 행위만을 할 수 있다.

08. 다음 설명 중 옳지 않은 것은? (다툼이 있는 경우에는 판례에 의함)
① 주물과 종물은 모두 동일한 소유자에 속하여야 하므로 법률상 하나의 물건으로 취급된다.
② 권원 없이 타인의 토지에 한 그루의 수목을 식재한 사람은 그 소유권을 잃는다.
③ 물건의 소유자만이 아니라 그 물건의 수익권자도 과실을 수취할 수 있는 권리자이다.
④ 주물 소유자의 상용에 공여되는 물건이라도 주물 그 자체의 효용과 직접 관계없는 물건은 종물이 아니다.
⑤ 물건의 사용대가로 받는 금전 기타의 물건은 수취할 권리의 존속기간 일수의 비율로 취득한다.

05. 권리의 주체 - 자연인
행위능력(제한능력자)
후견

④

민법 제14조의2(특정후견의 심판)
② 특정후견은 본인의 의사에 반하여 할 수 없다.

민법 제9조(성년후견개시의 심판)
② 가정법원은 성년후견개시의 심판을 할 때 본인의 의사를 고려하여야 한다. ②
민법 제10조(피성년후견인의 행위와 취소)
① 피성년후견인의 법률행위는 취소할 수 있다. ①
민법 제12조(한정후견개시의 심판)
② 한정후견개시의 경우에 제9조제2항을 준용한다.
민법 제14조의2(특정후견의 심판)
③ 특정후견의 심판을 하는 경우에는 특정후견의 기간 또는 사무의 범위를 정하여야 한다. ⑤
민법 제14조의3(심판 사이의 관계)
① 가정법원이 피한정후견인 또는 피특정후견인에 대하여 성년후견개시의 심판을 할 때에는 종전의 한정후견 또는 특정후견의 종료 심판을 한다. ③

06. 민법 서론
민법의 법원
성문법원
불문법원: 관습법, 조리, 판례
관습법과 사실인 관습

② 판례: 관습법은 바로 법원(法源)으로서 법령과 같은 효력을 갖는 관습이므로 법령에 저촉하는 관습법도 저촉하지 않는 한 법칙으로서 효력이 있다.
④ 판례: 사실인 관습은 단순한 관행으로서 법령의 효력은 없고 사적 자치가 인정되는 분야에서 법률행위의 해석 기준이나 **법률행위 당사자의 의사를 보충**한다.

07. 권리의 주체 - 법인
법인의 기관 - 이사
① ②

민법 제40조(사단법인의 정관)
사단법인의 설립자는 다음 각호의 사항을 기재한 정관을 작성하여 기명날인하여야 한다.
1. 목적
2. 명칭
3. 사무소의 소재지
4. 자산에 관한 규정
5. 이사의 임면에 관한 규정
6. 사원자격의 득실에 관한 규정
7. 존립시기나 해산사유를 정하는 때에는 그 시기 또는 사유

민법 제41조(이사의 대표권에 대한 제한)
이사의 대표권에 대한 제한은 이를 정관에 기재하지 아니하면 그 효력이 없다.
민법 제43조(재단법인의 정관)
재단법인의 설립자는 일정한 재산을 출연하고 제40조 제1호 내지 제5호의 사항을 기재한 정관을 작성하여 기명날인하여야 한다.
민법 제60조의2(직무대행자의 권한)
① 제52조의2(직무집행정지 등 가처분의 등기)의 직무대행자는 가처분명령에 다른 정함이 있는 경우 외에는 법인의 통상사무에 속하지 아니한 행위를 하지 못한다. 다만, 법원의 허가를 얻은 경우에는 그러하지 아니하다. ⑤
민법 제64조(특별대리인의 선임)
법인과 이사의 이익이 상반하는 사항에 관하여는 이사는 대표권이 없다. 이 경우 전조의 규정에 의하여 특별대리인을 선임하여야 한다. ④

③ 이사가 그의 권한으로 선임한 대리인은 법인의 기관 대리인이다.

08. 권리의 객체 - 물건
주물과 종물
⑤ 법정과실

① 주물과 종물은 모두 동일한 소유자에 속하여야 한다. 하므로 법률상 하나의 물건으로 취급된다. 종물은 주물과는 독립한 물건이다.

09. 불공정한 법률행위에 관한 설명으로 옳지 않은 것은? (다툼이 있는 경우에는 판례에 의함)
① "궁박"은 "급박한 곤궁"을 의미하지만 이는 반드시 경제적 궁박으로 제한되지 않는다.
② 급부와 반대급부간에 현저한 불균형이 있으면 궁박·경솔 또는 무경험으로 인한 법률행위로 추정된다.
③ 불공정한 법률행위에 해당하는지 여부는 법률행위시를 기준으로 판단하여야 한다.
④ 증여와 같이 아무런 대가 없이 의무자가 일방적으로 급부하는 법률행위는 그 공정성 여부를 논의할 수 있는 성질의 법률행위가 되지 아니한다.
⑤ 불공정한 법률행위에 해당하여 무효가 된 때에도 무효행위의 전환이 인정될 수 있다.

10. 「국토의 계획 및 이용에 관한 법률」이 정하는 토지거래허가구역 내의 토지거래행위에 관한 설명으로 옳지 않은 것은? (다툼이 있는 경우에는 판례에 의함)
① 권리의 이전 또는 설정에 관한 토지거래계약은 그에 대한 허가를 받을 때까지는 효력이 전혀 없다.
② 당사자의 일방이 허가신청절차에 협력하지 아니한다면 상대방은 소송으로써 그 이행을 구할 수 있다.
③ 매수인이 대금을 선급하기로 약정하였다면 허가를 받기 전에도 매도인은 대금 미지급을 이유로 계약을 해제할 수 있다.
④ 일단 허가를 받으면 토지거래계약은 처음부터 효력이 있으므로 거래계약을 다시 체결할 필요가 없다.
⑤ 토지매매계약의 무효가 확정되지 않은 상태에서는 매수인은 임의로 지급한 계약금을 부당이득으로 반환을 청구할 수 없다.

11. 법률행위의 해석에 관한 설명으로 옳은 것은? (다툼이 있는 경우에는 판례에 의함)
① 매매계약서에 "계약사항에 대한 이의가 생겼을 때에는 매도인의 해석에 따른다"는 조항을 둔 경우, 법원은 매도인의 해석에 따라 판결하여야 한다.
② 분양약정에서 당사자들이 분양가격의 결정기준으로 합의하였던 기준들에 따른 분양가격의 결정이 불가능하게 된 경우, 새로운 분양가격에 관한 합의가 없으면 매수인은 위 분양약정에 기하여 바로 소유권이전등기절차의 이행을 청구할 수 없다.
③ 당사자가 합의로 지명한 감정인의 감정의견에 따라 보상금을 지급하기로 약정한 경우에는 당사자의 약정 취지에 반하는 감정이 이루어진 때에도 법원은 감정결과에 따라 판결하여야 한다.
④ 어떠한 의무를 부담하는 내용의 기재가 있는 서면에 "최대 노력하겠습니다"라고 기입한 경우 특별한 사정이 없으면 이는 그러한 의무를 법적으로 부담하는 채무자의 의사표시이다.
⑤ 부동산 매매계약에서 당사자가 모두 甲토지를 계약의 목적물로 삼았으나 그 지번 등에 관하여 착오를 일으켜 계약서에 그 목적물을 乙토지로 표시하였다면 乙토지에 관한 매매계약이 성립한 것으로 보아야 한다.

09. 권리의 변동
  법률행위
  법률행위의 목적
  불공정한 법률행위(민법 제104조)
  → 절대적·확정적 무효
    추인 불가
    무효행위 전환 인정(판례)

① ② ③ ④ ⑤ 판례
① 경제적·심리적 궁박
② 급부와 반대급부간에 현저한 불균형이 있으면 궁박·경솔 또는 무경험으로 인한 법률행위로 추정된다. 추정되지 않는다.
　불공정한 법률행위를 주장하는 자가 궁박·경솔·무경험으로 인하여 법률행위가 현저하게 공정을 잃었음을 입증하여야 한다.
④ 불공정한 법률행위는 부당한 재산적 이익을 얻는 행위를 의미하므로(급부 < 반대급부) 무상행위는 불공정한 법률행위가 될 수 없다.
⑤ 무효행위의 전환(민법 제138조)

10. 권리의 변동
  법률행위의 무효·취소
  유동적 무효

① ② ③ ④ ⑤ 판례
① ② ③ ⑤ 유동적 무효
② 허가신청절차 협력 의무 —의무 위배→ 이행청구소송
③ 매수인이 대금을 선급하기로 약정하였다면더라도 허가를 받기 전에도는 매도인은 대금 미지급을 이유로 계약을 해제할 수 있다. 없다.

11. 권리의 변동
  법률행위
  법률행위의 해석

① ② ③ ④ ⑤ 판례

① 매매계약서에 "계약사항에 대한 이의가 생겼을 때에는 매도인의 해석에 따른다"는 조항을 둔 경우, 법원은 매도인의 해석에 따라 판결하여야 한다. 이는 법원의 법률행위 해석권을 구속하지 않는다.
② 법률행위 해석의 범위를 넘어 법원이 개입하여 분양 가격을 결정할 수 없다.
③ 당사자가 합의로 지명한 감정인의 감정의견에 따라 보상금을 지급하기로 약정한 경우에는 당사자의 약정 취지에 반하는 감정이 이루어진 때에도는 법원은 감정결과에 따라 판결하여야 한다. 구속되지 않는다.
④ 어떠한 의무를 부담하는 내용의 기재가 있는 서면에 "최대 노력하겠습니다"라고 기입한 경우 특별한 사정이 없으면 이는 그러한 의무를 법적으로 부담하는 채무자의 의사표시이다. 로 볼 수 없다.
⑤ 자연적 해석: 의사표시가 일치한 의미대로 해석

오표시(誤表示) 무해(無害)의 원칙
　부동산 매매계약에서 당사자가 모두 甲토지를 계약의 목적물로 삼았으나 그 지번 등에 관하여 착오를 일으켜 계약서에 그 목적물을 乙토지로 표시하였다면더라도 乙토지 甲토지에 관한 매매계약이 성립한 것으로 보아야 한다.
　乙토지에 관하여 소유권이전등기가 경료되었다면 원인 없이 경료된 것으로서 무효이다.

12. 통정허위표시에 관한 설명으로 옳은 것은? (다툼이 있는 경우에는 판례에 의함)
① 통정은 상대방과 짜고 함을 의미하지만, 이때 표의자의 상대방이 단순히 진의와 다른 표시가 있다는 사실을 인식하면 충분하다.
② 대리인이 그 권한 안에서 본인의 이름으로 의사표시를 함에 있어서 상대방과 통정하여 진의와 다른 의사를 표시한 경우, 그 의사표시는 본인에게 효력이 생긴다.
③ 허위표시의 당사자가 아닌 사람은 허위표시의 무효로써 허위표시에 기초하여 새로운 법률상 이해관계를 가진 선의의 제3자에게 대항할 수 있다.
④ 상대방과 허위표시로써 성립한 가장채권을 보유한 채권자에 대하여 파산이 선고된 경우 파산관재인은 허위표시의 무효로부터 보호되는 선의의 제3자가 될 수 없다.
⑤ 통정한 허위표시에 의하여 외형상 형성된 법률관계로 생긴 채권을 가압류한 경우, 그 가압류권자는 허위표시에 기초하여 새로운 법률상 이해관계를 가지게 된 제3자에 해당한다.

13. 착오에 관한 설명으로 옳지 않은 것은? (다툼이 있는 경우에는 판례에 의함)
① 법률행위의 일부분에만 착오가 있고 그 법률행위가 가분적이면 그 나머지 부분이라도 유지하려는 당사자의 가정적 의사가 인정되는 경우 그 일부만의 취소도 가능하다.
② 표의자가 착오로 의사표시를 하였으나 그에게 아무런 경제적 불이익이 발생하지 않은 때에는 중요부분의 착오가 되지 아니한다.
③ 법률행위의 중요부분의 착오는 착오가 없었더라면 표의자뿐만 아니라 일반인도 표의자의 처지에서 그러한 의사표시를 하지 않았을 것이라고 생각될 정도로 중요한 것이어야 한다.
④ 등기명의자가 소유권이전등기의 무효를 주장한 종전 소유자의 공동상속인 중 1인을 단독상속인으로 오인하여 소유권환원에 관하여 합의한 경우, 이는 중요부분의 착오이다.
⑤ 채무자의 채무불이행을 원인으로 적법하게 해제된 매매계약도 착오를 이유로 취소될 수 있다.

14. 기간에 관한 설명으로 옳은 것은?
① 기간의 계산에 관한 민법규정은 강행규정이다.
② 연령을 계산할 때에는 출생일을 산입하지 아니한다.
③ 기간을 일, 주, 월 또는 년으로 정한 때에는 기간말일의 개시로 만료한다.
④ 시, 분, 초를 단위로 하는 기간은 자연적 계산방법에 따라 즉시부터 기산한다.
⑤ 기간의 계산에 관한 민법규정은 기산일로부터 소급하여 계산되는 기간의 계산방법에 대하여 적용되지 아니한다.

15. 의사표시의 효력발생시기에 관한 설명으로 옳지 않은 것은? (다툼이 있는 경우에는 판례에 의함)
① 상대방이 있는 의사표시는 상대방에게 도달한 때에 그 효력이 생기는 것이 원칙이다.
② 표의자는 그의 의사표시가 상대방에게 도달하였으나 상대방이 이행에 착수하기 전에는 그 의사표시를 철회할 수 있다.
③ 제한능력자에게 의사를 표시한 사람은 제한능력자의 법정대리인이 의사표시가 도달한 사실을 안 후에는 그 의사표시로써 제한능력자에게 대항할 수 있다.
④ 상대방이 정당한 사유 없이 의사표시의 수령을 거절한 경우에는 그 의사표시는 상대방이 그 내용을 알 수 있는 객관적 상태에 놓여 있는 때에 효력이 생긴다.
⑤ 의사표시의 부도달에 대한 위험은 표의자에게 있다.

12. 권리의 변동
    의사표시
    통정허위표시(민법 제108조)
      무효
      - 무효 주장: 누구든지
      - 유효 주장: 선의의 제3자

① ③ ④ ⑤ 판례

① 통정은 상대방과 짜고 함을 의미하지만고, 이때 표의자의 상대방이 단순히 진의와 다른 표시가 있다는 사실을 인식하면 충분하다. 하는 것만으로는 부족하다.
② 대리인이 그 권한 안에서 본인의 이름으로 의사표시를 함에 있어서 상대방과 통정하여 진의와 다른 의사를 표시한 경우, 그 의사표시는 본인에게 효력이 생긴다. 미치지 않는다.
③ 허위표시의 당사자가 아닌 사람은 허위표시의 무효로써 허위표시에 기초하여 새로운 법률상 이해관계를 가진 선의의 제3자에게 대항할 수 있다. 없다.
④ 상대방과 허위표시로써 성립한 가장채권을 보유한 채권자에 대하여 파산이 선고된 경우 파산관재인은 허위표시의 무효로부터 보호되는 선의의 제3자가 될 수 없다. 있다.

13. 권리의 변동
    의사표시
    착오(민법 제109조)
      - (상대적) 취소
      - 임의규정

① ② ③ ④ ⑤ 판례
⑤ 해제-취소의 이중효(二重效)

④ 등기명의자가 소유권이전등기의 무효를 주장한 종전 소유자의 공동상속인 중 1인을 단독상속인으로 오인하여 소유권 환원에 관하여 합의한 경우, 이는 중요 부분의 착오이다. 에 해당하지 않는다.
  공동상속인 중 1인은 공유물에 대한 보존행위로서 단독으로 공유물에 관한 등기(원인무효)의 말소를 구하거나 소유권이전등기에 관한 합의를 할 수 있으므로, 등기명의자가 공동상속인 중 1인을 단독상속인으로 오인하여 소유권 환원의 합의에 이르렀더라도 이 착오는 합의 내용의 중요 부분에 해당한다고 볼 수 없다.

14. 권리의 변동
    기간

① 판례
④ 민법 제156조(기간의 기산점)
  시, 분, 초 단위 기간
  ─자연적 계산 방법─ → 즉시 기산

① 기간의 계산에 관한 민법규정은 강행규정 임의규정이다.
② 민법 제158조(나이의 계산과 표시): 연령을 계산할 때에는 출생일을 산입하지 아니한다. 산입한다.
③ 민법 제159조(기간의 만료점): 기간을 일, 주, 월 또는 년으로 정한 때에는 기간 말일의 개시 종료로 기간이 만료한다.
⑤ 기간의 계산에 관한 민법규정은 기산일로부터 소급하여 계산되는 기간의 계산방법에 대하여 적용되지 아니한다. 유추 적용된다.
  민법의 기간 계산에 관한 규정은 장래의 기간 계산에 관한 것이나, 소급하여 적용되는 기간의 계산 방법에도 위 규정이 준용된다(통설).

15. 권리의 변동
    의사표시
    효력 발생 시기

② 표의자는 그의 의사표시가 상대방에게 도달하였으나 상대방이 이행에 착수하기 전에는 그 의사표시를 철회할 수 있다. 없다.
  발송 후 도달 전에는 취소할 수 있다.
  도달 후, 상대방 이행 착수 전이라도, 철회할 수 없다.

16. 대리에 관한 설명으로 옳지 않은 것은? (다툼이 있는 경우에는 판례에 의함)
① 매매계약을 체결할 권한을 수여받은 대리인은 특별한 사정이 없으면, 그 매매계약에 따른 중도금과 잔금을 받을 권한을 갖는다.
② 매매계약의 체결과 이행에 관하여 포괄적인 권한을 수여받은 대리인은 특별한 사정이 없으면, 상대방에 대하여 약정된 매매대금의 지급기일을 연기할 권한을 갖는다.
③ 대여금의 영수권한만을 위임받은 대리인은 그 대여금 채무의 일부를 면제하기 위하여는 특별수권이 필요하다.
④ 특별한 사정이 없으면, 예금계약의 체결을 위임받은 자의 대리권에는 그 예금을 담보로 하여 대출을 받거나 이를 처분할 수 있는 권한이 포함되지 않는다.
⑤ 본인을 위하여 금전소비대차와 그 담보를 위한 담보권설정계약을 체결할 권한을 수여받은 대리인은 특별한 사정이 없으면, 금전소비대차계약과 담보권설정계약이 체결된 후에 이를 해제할 권한을 갖는다.

17. 표현대리에 관한 설명으로 옳지 않은 것은? (다툼이 있는 경우에는 판례에 의함)
① 표현대리가 성립하면 본인은 표현대리행위에 대하여 전적으로 책임을 져야 하고, 과실상계의 법리를 유추적용하여 본인의 책임을 경감할 수 없다.
② 대리권 수여의 표시에 의한 표현대리는 본인과 대리행위를 한 사람 사이의 기본적인 법률관계의 성질이나 그 효력의 유무와는 관계없이, 어떤 자가 본인을 대리하여 제3자와 법률행위를 함에 있어 본인이 그 사람에게 대리권을 수여하였다는 표시를 제3자에게 한 경우에 성립한다.
③ 등기신청행위를 기본대리권으로 가진 사람이 대물변제라는 사법행위를 한 경우, 그 대리행위는 기본대리권과 같은 종류의 행위가 아니므로 권한을 넘은 표현대리가 성립할 수 없다.
④ 권한을 넘은 표현대리에서 무권대리인에게 그 권한이 있다고 믿을 만한 정당한 이유가 있는가의 여부는 대리행위 당시를 기준으로 결정하여야 한다.
⑤ 기본적인 어떠한 대리권도 없었던 사람에 대하여 대리권소멸 후의 표현대리는 성립할 수 없다.

18. 소멸시효에 관한 설명으로 옳은 것은? (다툼이 있는 경우에는 판례에 의함)
① 시효의 중단사유가 재판상의 청구인 때에는 중단까지 경과한 시효기간은 이를 산입하지 아니하고 재판이 확정된 때로부터 새로이 시효가 진행한다.
② 건물이 완공되지 않아 소유권이전등기청구권을 행사할 수 없었다는 사유는 그 청구권의 소멸시효의 진행을 막는 법률상의 장애사유가 되지 아니한다.
③ 근저당권설정등기청구권은 피담보채권에 부종하는 청구권이므로 독자적인 시효기간의 적용을 받지 아니한다.
④ 물상보증인이 피담보채무의 부존재를 이유로 제기한 저당권설정등기 말소청구소송에서 저당권자가 청구기각의 판결을 구하였다면 이를 직접 채무자에 대한 재판상 청구로 볼 수 있다.
⑤ 채무자는 소멸시효의 진행이 개시된 이후는 물론 그 이전에도 채무를 승인하여 시효를 중단할 수 있다.

16. 권리의 변동 　　법률행위의 대리	① 매매계약 체결 대리 = 중도금 및 잔금 수령 대리 ② 매매계약 체결 및 이행 관련 포괄적 대리 　　　　　　　　　　　　　= 매매대금 지급기일 연기 대리 ③ 대여금 영수 대리 ≠ 대여금 채무 일부 면제 대리 ④ 예금계약 체결 대리 ≠ 예금 담보 대출 대리 ⑤ 금전소비대차계약 또는 담보권설정계약 체결 대리 　　　　≠ 금전소비대차계약 또는 담보권설정계약 해제 대리 **본인을 위하여 금전소비대차와 그 담보를 위한 담보권설정계약을 체결할 권한을 수여받은 대리인은 특별한 사정이 없으면, 금전소비대차계약과 담보권설정계약이 체결된 후에 이를 해제할 권한을 갖는다. 갖지 않는다.**
17. 권리의 변동 　　법률행위의 대리 　　표현대리: 과실상계 ①②③④⑤ 판례 판례: 기본대리권이 공법상의 행위(등기신청, 영업허가신청 등)에 관한 것이고 표현대리행위가 사법상의 행위(매매, 대물변제 등)라도 민법 제126조(권한을 넘을 표현대리)의 표현대리는 성립한다.	민법 제125조(대리권수여의 표시에 의한 표현대리) 제삼자에 대하여 타인에게 대리권을 수여함을 표시한 자는 그 대리권의 범위내에서 행한 그 타인과 그 제삼자간의 법률행위에 대하여 책임이 있다. 그러나 제삼자가 대리권없음을 알았거나 알 수 있었을 때에는 그러하지 아니하다. 민법 제126조(권한을 넘은 표현대리) 대리인이 그 권한외의 법률행위를 한 경우에 제삼자가 그 권한이 있다고 믿을 만한 정당한 이유가 있는 때에는 본인은 그 행위에 대하여 책임이 있다. 민법 제129조(대리권소멸후의 표현대리) 대리권의 소멸은 선의의 제삼자에게 대항하지 못한다. 그러나 제삼자가 과실로 인하여 그 사실을 알지 못한 때에는 그러하지 아니하다. **③ 등기신청행위를 기본대리권으로 가진 사람이 대물변제라는 사법행위를 한 경우, 그 대리행위는 기본대리권과 같은 종류의 행위가 아니므로라도 권한을 넘은 표현대리가 성립할 수 없다. 있다.**
18. 권리의 변동 　　소멸시효 - 중단·정지 ① 민법 제178조(중단후에 시효진행) ②③④⑤ 판례	② 건물이 완공되지 않아 소유권이전등기청구권을 행사할 수 없었다는 사유는 그 청구권의 소멸시효의 진행을 막는 법률상의 장애 사유가 되지 아니한다. 된다. ③ 근저당권설정등기청구권은 피담보채권에 부종하는 청구권이므로과 별개로 독자적인 시효기간의 적용을 받지 아니한다. 받는다. ④ 물상보증인이 피담보채무의 부존재를 이유로 제기한 저당권설정등기 말소청구소송에서 저당권자가 청구기각의 판결을 구하였다면더라도 이를 직접 채무자에 대한 재판상 청구로 볼 수 있다. 없다. ⑤ 채무자는 소멸시효의 진행이 개시된 이후는 물론 그 이전에도 채무를 승인하여 시효를 중단할 수 있다.

19. 조건에 관한 설명으로 옳지 않은 것은? (다툼이 있는 경우에는 판례에 의함)
① 조건은 법률행위의 효력의 발생 또는 소멸을 장래 발생이 확실한 사실에 의존시키는 법률행위의 부관이다.
② "행정사시험에 합격하면 자동차를 사주겠다."고 약속한 경우 약속 당시 이미 시험에 합격했다면, 이는 조건 없는 증여계약이다.
③ "내일 해가 서쪽에서 뜨면 자동차를 사주겠다."는 내용의 증여계약은 무효이다.
④ 혼인이나 입양 등 가족법상의 법률행위는 원칙적으로 조건과 친하지 않다.
⑤ 조건의 성취로 인하여 불이익을 받을 당사자가 신의성실에 반하여 조건의 성취를 방해한 때에는 상대방은 그 조건이 성취한 것으로 주장할 수 있다.

20. 소멸시효에 관한 설명으로 옳은 것을 모두 고른 것은?

> ㄱ. 기한을 정하지 않은 권리의 소멸시효는 권리가 발생한 때로부터 진행한다.
> ㄴ. 소멸시효는 그 기산일에 소급하여 효력이 생긴다.
> ㄷ. 소멸시효의 중단은 그 당사자 사이에만 효력이 생긴다.
> ㄹ. 시효중단의 효력이 있는 승인에는 상대방의 권리에 관한 처분의 능력이나 권한 있음을 요하지 아니한다.

① ㄱ, ㄴ   ② ㄱ, ㄷ   ③ ㄷ, ㄹ   ④ ㄱ, ㄴ, ㄹ   ⑤ ㄴ, ㄷ, ㄹ

민법총칙

19. 권리의 변동
    법률행위의 부관(조건·기한)

① 조건은 법률행위의 효력의 발생 또는 소멸을 장래 발생이 확실 불확실한 사실에 의존시키는 법률행위의 부관이다.
⑤ 민법 제150조(조건성취, 불성취에 대한 반신의행위)

민법 제151조(불법조건, 기성조건)
① (불법조건) 조건이 선량한 풍속 기타 사회질서에 위반한 것인 때에는 그 법률행위는 무효로 한다.
② (기성조건) 조건이 법률행위의 당시 이미 성취한 것인 경우에는 그 조건이 정지조건이면 조건없는 법률행위로 하고 해제조건이면 그 법률행위는 무효로 한다.
③ (불능조건) 조건이 법률행위의 당시에 이미 성취할 수 없는 것인 경우에는 그 조건이 해제조건이면 조건없는 법률행위로 하고 정지조건이면 그 법률행위는 무효로 한다.

② 기성조건 + 정지조건 = 무조건 법률행위
○ 기성조건 + 해제조건 = 무효인 법률행위
③ 불능조건 + 정지조건 = 무효인 법률행위
○ 불능조건 + 해제조건 = 무조건 법률행위

20. 권리의 변동
    소멸시효

ㄱ.

ㄴ.

ㄷ. 소멸시효의 중단은 그 당사자 및 승계인 사이에만 효력이 생긴다.

ㄹ.

민법 제162조(채권, 재산권의 소멸시효)
① 채권은 10년간 행사하지 아니하면 소멸시효가 완성한다.
② 채권 및 소유권 이외의 재산권은 20년간 행사하지 아니하면 소멸시효가 완성한다.
민법 제165조(판결 등에 의하여 확정된 채권의 소멸시효)
① 판결에 의하여 확정된 채권은 단기의 소멸시효에 해당한 것이라도 그 소멸시효는 10년으로 한다.
② 파산절차에 의하여 확정된 채권 및 재판상의 화해, 조정 기타 판결과 동일한 효력이 있는 것에 의하여 확정된 채권도 전항과 같다.
③ 전2항의 규정은 판결확정당시에 변제기가 도래하지 아니한 채권에 적용하지 아니한다.
민법 제166조(소멸시효의 기산점)
① 소멸시효는 권리를 행사할 수 있는 때로부터 진행한다.
② 부작위를 목적으로 하는 채권의 소멸시효는 위반행위를 한 때로부터 진행한다.
민법 제167조(소멸시효의 소급효)
소멸시효는 그 기산일에 소급하여 효력이 생긴다.
민법 제168조(소멸시효의 중단사유)
소멸시효는 다음 각호의 사유로 인하여 중단된다.
   1. 청구
   2. 압류 또는 가압류, 가처분
   3. 승인
민법 제169조(시효중단의 효력)
시효의 중단은 당사자 및 그 승계인간에만 효력이 있다.
민법 제177조(승인과 시효중단)
시효중단의 효력있는 승인에는 상대방의 권리에 관한 처분의 능력이나 권한있음을 요하지 아니한다.
민법 제178조(중단후에 시효진행)
① 시효가 중단된 때에는 중단까지에 경과한 시효기간은 이를 산입하지 아니하고 중단사유가 종료한 때로부터 새로이 진행한다.
② 재판상의 청구로 인하여 중단한 시효는 전항의 규정에 의하여 재판이 확정된 때로부터 새로이 진행한다.

21. 판례에 의할 때 ( ) 안에 들어갈 행정법의 일반원칙은?

> 국가 산하 '진실·화해를 위한 과거사정리위원회'가 피해자 등의 진실규명신청에 따라 진실규명신청 대상자를 희생자로 확인 또는 추정하는 진실규명결정을 하고 피해자 등이 그 결정에 기초하여 상당한 기간 내에 권리행사를 한 경우, 국가가 소멸시효의 완성을 주장하는 것은 ( )에 반하는 권리남용에 해당하여 허용될 수 없다.

① 부당결부금지원칙 ② 비례원칙 ③ 평등원칙 ④ 신의성실원칙 ⑤ 최소침해원칙

22. 공법상의 법률관계에 해당하는 것은? (다툼이 있는 경우에는 판례에 의함)
① 일반재산인 국유림의 대부
② 조세부과처분이 당연무효임을 전제로 한 이미 납부한 세금의 반환청구
③ 한국마사회의 기수면허 취소
④ 공익사업을 위한 토지 등의 취득 및 보상에 관한 법령에 따른 협의취득
⑤ 국유 일반재산의 무단점유에 대한 변상금부과

23. 재단법인의 정관변경 허가에 관한 다음의 판결 내용에서 ( ) 안에 들어갈 행정행위의 유형은?

> 민법에서 말하는 재단법인의 정관변경 "허가"는 법률상의 표현이 허가로 되어 있기는 하나, 그 성질에 있어 법률행위의 효력을 보충해 주는 것이지 일반적 금지를 해제하는 것이 아니므로, 그 법적 성격은 ( )(이)라고 보아야 한다.

① 하명 ② 면제 ③ 특허 ④ 인가 ⑤ 대리

24. 행정행위의 부관에 관한 설명으로 옳지 않은 것은? (다툼이 있는 경우에는 판례에 의함)
① 행정행위의 부관 가운데 부담은 그 자체로 항고소송의 대상이 될 수 있다.
② 부관부 행정행위에 불복하는 경우 부관이 없는 행정행위를 발급해 줄 것을 구하는 항고소송도 가능하다.
③ 사정변경으로 인하여 당초에 부담을 부가한 목적을 달성할 수 없게 된 경우에는 그 목적 달성에 필요한 범위에서 부담의 내용을 변경할 수 있다.
④ 법정부관에 대해서는 행정행위에 부관을 붙일 수 있는 한계에 관한 일반적인 원칙이 적용되지 않는다.
⑤ 일반적으로 기속행위에는 부관을 붙일 수 없고 부관을 붙였다 하더라도 이는 무효이다.

25. 행정행위의 하자에 관한 설명으로 옳은 것을 모두 고른 것은? (다툼이 있는 경우에는 판례에 의함)

> ㄱ. 하자 있는 행정행위가 당연무효가 되기 위하여는 그 하자가 법규의 중요한 부분을 위반한 중대한 것으로서 객관적으로 명백한 것이어야 한다.
> ㄴ. 처분의 방식으로 문서주의를 규정한 행정절차법 제24조를 위반하여 행하여진 행정청의 처분은 원칙적으로 무효이다.
> ㄷ. 선행처분과 후행처분이 서로 결합하여 하나의 법률효과를 발생시키는 경우, 선행처분에 불가쟁력이 생겼으며 후행처분 자체에는 아무런 하자가 없다고 하더라도, 선행처분의 위법을 이유로 후행처분의 취소를 구할 수 있다.

① ㄱ ② ㄱ, ㄴ ③ ㄱ, ㄷ ④ ㄴ, ㄷ ⑤ ㄱ, ㄴ, ㄷ

21.	행정법 통론 행정법	신의성실의 원칙(판례): 권리행사·의무이행이 형평에 어긋나거나 신뢰를 저버리는 방법으로 이루어지면 안 된다는 추상적 규범으로, 이에 반하면 권리남용에 해당한다.
22.	행정법 통론 행정상 법률관계	①②③④⑤ 판례 사법상 법률관계 ①②③④ 공법상 법률관계 ⑤: 행정소송의 대상이 되는 행정처분

23.	행정작용법
	행정행위
	법률행위적 행정행위
	  - 명령적 행정행위: 면제, 하명, 허가
	  - 형성적 행정행위: 대리, 인가, 특허
		인가: 법률행위 효력 보충
		허가: 일반적 금지의 해제
		
		민법 제46조(재단법인의 목적 기타의 변경)
		재단법인의 목적을 달성할 수 없는 때에는 설립자나 이사는 주무관청의 허가를 얻어 설립의 취지를 참작하여 그 목적 기타 정관의 규정을 변경할 수 있다.
		
		(준법률행위적 행정행위: 공증, 수리, 통지, 확인)

24.	행정작용법 행정행위 (재량 행정행위의) 부관 ①②③④⑤ 판례 ③ 부관의 사후 변경	② 부관부 행정행위에 불복하는 경우 부관이 없는 행정행위를 발급해 줄 것을 구하는 항고소송도 가능하다. 은 허용되지 않는다. 부관부 행정행위 전체의 취소를 구하는 소송은 가능하다. 부관이 없는 행정행위 신청의 거부처분을 대상으로 한 취소소송은 가능하다. ⑤ 기속행위·기속적 재량행위 + 부관 (→ 무효)

25.	행정작용법
	행정행위
	하자: 무효·취소·변경·철회
	
	ㄴ.
	ㄱ. 중대명백설(통설, 판례)
		ㄴ. 문서주의 위반 → 무효
		
		행정절차법 제24조(처분의 방식)
		① 행정청이 처분을 할 때에는 다른 법령등에 특별한 규정이 있는 경우를 제외하고는 문서로 하여야 하며, 다음 각 호의 어느 하나에 해당하는 경우에는 전자문서로 할 수 있다.
		  1. 당사자등의 동의가 있는 경우
		  2. 당사자가 전자문서로 처분을 신청한 경우
		② 제1항에도 불구하고 공공의 안전 또는 복리를 위하여 긴급히 처분을 할 필요가 있거나 사안이 경미한 경우에는 말, 전화, 휴대전화를 이용한 문자 전송, 팩스 또는 전자우편 등 문서가 아닌 방법으로 처분을 할 수 있다. 이 경우 당사자가 요청하면 지체 없이 처분에 관한 문서를 주어야 한다.
		③ 처분을 하는 문서에는 그 처분 행정청과 담당자의 소속·성명 및 연락처(전화번호, 팩스번호, 전자우편주소 등을 말한다)를 적어야 한다.

	선행처분과 후행처분의 독립: 하자의 승계	ㄷ. 선행처분과 후행처분의 결합: 하자의 승계

26. 행정행위의 취소 및 철회에 관한 설명으로 옳지 않은 것은? (다툼이 있는 경우에는 판례에 의함)
① 쟁송취소의 효과는 당연히 소급한다.
② 직권취소의 경우에는 실권의 경우를 제외하고는 취소기간의 제한이 없다.
③ 상급행정청은 하급행정청에 대한 감독권 행사의 일환으로 하급행정청이 한 행정행위를 직접 철회할 수 있다.
④ 취소사유는 행정행위의 성립 당시에 존재하였던 하자이고, 철회사유는 행정행위가 성립된 이후에 새로이 발생한 것으로서 행정행위의 효력을 존속시킬 수 없는 사유이다.
⑤ 철회사유가 존재하는 경우, 별도의 법적 근거가 없더라도 철회할 수 있다.

27. 행정계획에 관한 설명으로 옳지 않은 것은? (다툼이 있는 경우에는 판례에 의함)
① 행정주체는 구체적인 행정계획을 입안·결정함에 있어서 비교적 광범위한 형성의 자유를 가진다.
② 형량명령이란 행정계획을 입안·결정함에 있어서 관련된 이익을 정당하게 형량하여야 한다는 원칙을 말한다.
③ 행정계획의 확정·변경 또는 실효로 인한 국민의 재산상 손실의 보상에 관해서는 행정절차법이 일반적 규정을 두고 있다.
④ 도시·군관리계획은 국민의 권익에 직접 구체적인 영향을 미치는 점에서 항고소송의 대상이 된다.
⑤ 주민은 도시·군관리계획의 입안권자에게 지구단위계획구역의 변경에 관한 도시·군관리계획의 입안을 제안할 수 있다.

28. 행정절차에 관한 설명으로 옳지 않은 것은?
① 지방의회의 승인을 받아 행하는 사항에 대해서는 행정절차법이 적용되지 않는다.
② 행정절차법은 행정계약절차를 규정하고 있지 않다.
③ 신청내용을 모두 그대로 인정하는 처분인 경우에는 행정절차법상 이유제시의무가 면제된다.
④ 법인은 행정절차법상 절차의 당사자가 될 수 있지만, 법인이 아닌 사단은 당사자가 될 수 없다.
⑤ 당사자가 의견진술의 기회를 포기한다는 뜻을 명백히 표시한 경우에는 행정절차법상 의견 청취 절차를 거치지 아니할 수 있다.

29. 공공기관의 정보공개에 관한 법령상 정보공개제도에 관한 설명으로 옳은 것은? (다툼이 있는 경우에는 판례에 의함)
① 정보공개청구권은 자연인에 대해서 인정되며, 법인에게는 인정되지 않는다.
② 자신과 이해관계가 없는 정보를 공익을 위해 공개청구하는 것은 허용되지 않는다.
③ 정보공개거부결정에 대해서는 행정심판을 거치지 아니하고 행정소송을 제기할 수 있다.
④ 정보공개청구의 대상이 되는 문서는 원본이어야 한다.
⑤ 공공기관이 정보공개청구를 받은 날부터 20일이 경과하도록 공개 여부를 결정하지 않은 때에는 정보공개결정이 있는 것으로 본다.

26. 행정작용법
    행정행위
    하자: 무효·취소·철회·변경

③ 상급행정청은 하급행정청에 대한 감독권 행사의 일환으로 하급행정청이 한 행정행위를 직접 철회할 수 있다. 없다.
철회권자: 처분청 감독청
상급행정청: 하급행정청에 대한 철회지시권 철회권

27. 행정작용법
    기타 행정작용
    행정계획

③ 행정계획의 확정·변경 또는 실효로 인한 국민의 재산상 손실의 보상에 관해서는 행정절차법이 일반적 규정을 두고 있다. 있지 않다.

28. 행정절차·(행정)정보
    행정절차

①

②

행정절차법 제3조(적용 범위)
① 처분, 신고, 확약, 위반사실 등의 공표, 행정계획, 행정상 입법예고, 행정예고 및 행정지도의 절차(이하 "행정절차"라 한다)에 관하여 다른 법률에 특별한 규정이 있는 경우를 제외하고는 이 법에서 정하는 바에 따른다.

⑤

③

행정절차법 제3조(적용 범위)
② 이 법은 다음 각 호의 어느 하나에 해당하는 사항에 대하여는 적용하지 아니한다.
  1. 국회 또는 지방의회의 의결을 거치거나 동의 또는 승인을 받아 행하는 사항
행정절차법 제9조(당사자등의 자격) ④
다음 각 호의 어느 하나에 해당하는 자는 행정절차에서 당사자등이 될 수 있다.
  1. 자연인
  2. 법인, 법인이 아닌 사단 또는 재단(이하 "법인등"이라 한다)
  3. 그 밖에 다른 법령등에 따라 권리·의무의 주체가 될 수 있는 자
행정절차법 제22조(의견청취)
④ 제1항부터 제3항까지의 규정에도 불구하고 제21조(처분의 사전 통지)제4항 각 호의 어느 하나에 해당하는 경우와 당사자가 의견진술의 기회를 포기한다는 뜻을 명백히 표시한 경우에는 의견청취를 하지 아니할 수 있다.
행정절차법 제23조(처분의 이유 제시)
① 행정청은 처분을 할 때에는 다음 각 호의 어느 하나에 해당하는 경우를 제외하고는 당사자에게 그 근거와 이유를 제시하여야 한다.
  1. 신청 내용을 모두 그대로 인정하는 처분인 경우
  2. 단순·반복적인 처분 또는 경미한 처분으로서 당사자가 그 이유를 명백히 알 수 있는 경우
  3. 긴급히 처분을 할 필요가 있는 경우

29. 행정절차·(행정)정보
    정보공개

③

정보공개법 제20조(행정소송)
① 청구인이 정보공개와 관련한 공공기관의 결정에 대하여 불복이 있거나 정보공개 청구 후 20일이 경과하도록 정보공개 결정이 없는 때에는 「행정소송법」에서 정하는 바에 따라 행정소송을 제기할 수 있다.

① 정보공개청구권은 자연인에 대해서 인정되며, 법인(, 권리능력 없는 사단·재단, 시민단체 등)에게는도 인정되지 않는다. 인정된다.
② 자신과 이해관계가 없는 정보를 공익을 위해 공개 청구하는 것은 허용되지 않는다. 허용된다.
④ 정보공개청구의 대상이 되는 문서는 원본이어야 한다. 일 필요는 없다.
⑤ 공공기관이 정보공개청구를 받은 날부터 20일이 경과하도록 공개 여부를 결정하지 않은 때에는 정보공개 결정이 있는 것 부작위(으)로 본다.

30. 행정의 실효성확보수단에 관한 설명으로 옳지 않은 것은? (다툼이 있는 경우에는 판례에 의함)
① 건축물 철거와 같은 대체적 작위의무의 위반이 있는 경우 행정청은 대집행과 이행강제금을 선택적으로 활용할 수 있다.
② 과징금은 행정상 의무위반에 대한 제재이므로 과징금부과처분에는 행정절차법이 적용되지 않는다.
③ 대집행에 있어 1차 계고처분 후에 동일한 내용으로 2차 계고처분을 한 경우, 2차 계고처분은 항고소송의 대상이 되는 행정처분이 아니다.
④ 위법건축물에 대하여 철거명령과 계고처분을 계고서라는 1장의 문서로써 동시에 행한 경우에도 건축법에 의한 철거명령과 행정대집행법에 의한 계고처분은 독립하여 존재하는 것으로 각 그 요건을 충족한다.
⑤ 도시공원시설인 매점에 대해 점유자의 점유를 배제하고 그 점유를 이전받는 것은 대집행의 대상이 아니다.

31. 행정벌에 관한 설명으로 옳은 것은? (다툼이 있는 경우에는 판례에 의함)
① 명문의 규정이 있는 경우뿐만 아니라 관련 행정형벌법규의 해석에 의하여 과실행위도 처벌한다는 뜻이 도출되는 경우에는 과실행위에 대해서 행정형벌을 부과할 수 있다.
② 양벌규정에 의한 영업주의 처벌은 금지위반행위자인 종업원의 처벌을 전제로 하는 것이므로 종업원이 무죄인 경우에는 영업주를 처벌할 수 없다.
③ 도로교통법상 경찰서장의 통고처분에 대해서는 행정소송을 통하여 불복할 수 있다.
④ 과태료는 행정벌의 일종이므로 그 과벌절차에는 형사소송법이 적용된다.
⑤ 과실에 의한 질서위반행위에 대해서는 과태료를 부과할 수 없다.

32. 국가배상제도에 관한 설명으로 옳지 않은 것은? (다툼이 있는 경우에는 판례에 의함)
① 국가배상법상 공무원에는 신분상 공무원 외에 널리 공무를 위탁받아 실질적으로 공무에 종사하는 모든 자가 포함된다.
② 국회의 입법작용도 국가배상법상 직무행위에 포함된다.
③ 국가배상의 대상이 되는 손해는 적극적 손해인지 소극적 손해인지를 불문하나, 적어도 재산상의 손해이어야 하며 정신적 손해는 포함되지 않는다.
④ 국가배상법상 공공의 영조물에는 행정주체가 적법한 권원에 기하여 관리하고 있는 공물뿐 아니라 사실상 관리를 하고 있는 것도 포함된다.
⑤ 영조물의 설치·관리자와 비용부담자가 상이한 경우 비용부담자가 부담하는 책임은 국가배상법이 정한 자신의 고유한 배상책임이다.

30. 행정상 실효성 확보 수단 　　　행정강제 　　　새로운 의무이행 확보 수단 ①③④⑤ 판례	① 행정강제: 대집행, 이행강제금 ② 과징금(급부하명, 새로운 의무이행 확보 수단)은 행정상 의무위반에 대한 제재이므로 과징금부과처분에는 행정절차법이 적용되지 않는다. 적용된다. ③ 2차 계고처분: 새로운 철거의무 부과× → 행정처분 ⑤ 도시공원시설인 매점에 대해 점유자의 점유를 배제하고 그 점유를 이전받는 것은 대체적 작위의무에 해당하지 않으므로 대집행의 대상이 아니다.
31. 행정상 실효성 확보 수단 　　　행정벌 ①②③ 판례	① 명문 규정 또는 해석상 과실범도 벌할 뜻이 명확한 경우 외 　→ 형법의 원칙에 따라 고의가 있어야 벌할 수 있다. ② 양벌규정에 의한 영업주의 처벌은 금지위반행위자인 종업원의 처벌을 전제로 하는 것이므로 종업원이 무죄인 경우에는 영업주를 처벌할 수 없다. 것은 아니다. ③ 도로교통법상 경찰서장의 통고처분(≠ 행정처분)에 대해서는 행정소송을 통하여 불복할 수 있다. 없다. ④ 과태료는 행정벌의 일종이므로 일종이지만 형벌은 아니므로 그 과벌절차에는 형사소송법 질서위반행위규제법이 적용된다. ⑤ 과실에 의한 질서위반행위에 대해서는 과태료를 부과할 수 없다. 있다. ┌─────────────────────────────┐ │ 질서위반행위규제법 제7조(고의 또는 과실) │ 고의 또는 과실이 없는 질서위반행위는 과태료를 부과하지 아니한다. └─────────────────────────────┘
32. 행정구제법 　　　행정상 손해전보 　　　행정상 손해배상(국가배상) ①②④⑤ 판례 ④ 국가배상법상 공공의 영조물 　국가 또는 지방자치단체에 의하여 특정 공공의 목적에 공여된 유체물 내지 물적 설비 ⑤	① 국가배상법상 공무원: 일시적·한시적 공무 수탁자 포함 ② 국가배상법상 직무행위: 모든 국가작용(입법·사법·행정) 　(입법행위·입법부작위: 극히 예외적으로 위법성 인정) ③ 국가배상의 대상이 되는 손해(민법상 불법행위책임에서의 손해와 같다)는 적극적 손해인지 소극적 손해인지를 불문하고, 적어도 재산상의 손해이어야 하며 와 정신적 손해는를 포함되지 않는다. 포함한다. ┌─────────────────────────────┐ │ 국가배상법 제6조(비용부담자 등의 책임) │ ① 제2조(배상책임)·제3조(배상기준) 및 제5조(공공시설 등의 하자로 인한 책임)에 따라 국가나 지방자치단체가 손해를 배상할 책임이 있는 경우에 공무원의 선임·감독 또는 영조물의 설치·관리를 맡은 자와 공무원의 봉급·급여, 그 밖의 비용 또는 영조물의 설치·관리 비용을 부담하는 자가 동일하지 아니하면 그 비용을 부담하는 자도 손해를 배상하여야 한다. │ ② 제1항의 경우에 손해를 배상한 자는 내부관계에서 그 손해를 배상할 책임이 있는 자에게 구상할 수 있다. └─────────────────────────────┘

33. 공익사업을 위한 토지 등의 취득 및 보상에 관한 법률상 손실보상의 원칙에 관한 설명으로 옳지 않은 것은?
① 공익사업에 필요한 토지등의 취득 또는 사용으로 인하여 토지소유자나 관계인이 입은 손실은 사업시행자가 보상하여야 한다.
② 손실보상은 개인별로 보상액을 산정할 수 있는 경우에는 토지소유자나 관계인에게 개인별로 하여야 한다.
③ 사업시행자는 동일한 사업지역에 보상시기를 달리하는 동일인 소유의 토지등이 여러 개 있는 경우 토지소유자나 관계인이 요구할 때에는 한꺼번에 보상금을 지급하도록 하여야 한다.
④ 보상액의 산정은 협의에 의한 경우에는 협의 성립 당시의 가격을, 재결에 의한 경우에는 수용 또는 사용의 재결 당시의 가격을 기준으로 한다.
⑤ 보상액을 산정할 경우에 해당 공익사업으로 인하여 토지등의 가격이 변동되었을 때에는 이를 고려한다.

34. 판례에 의할 때 항고소송의 대상이 되는 처분에 해당하지 않는 것은?
① 과세관청의 부가가치세법상 사업자등록의 직권말소행위
② 거부처분 이후에 동일한 내용의 신청에 대해 다시 반복된 거부처분
③ 폐기물관리법령상 폐기물처리업허가 전의 사업계획에 대한 부적정통보
④ 국가인권위원회의 성희롱결정 및 시정조치권고
⑤ 건축주 명의변경신고 수리거부행위

35. 당사자소송에 관한 설명으로 옳은 것은? (다툼이 있는 경우에는 판례에 의함)
① 당사자소송에는 행정청의 소송참가가 허용되지 않는다.
② 당사자소송의 피고는 원칙적으로 처분을 행한 행정청이 된다.
③ 지방소방공무원이 소속 지방자치단체를 상대로 초과근무수당의 지급을 구하는 소송은 당사자소송절차에 따라야 한다.
④ 지방전문직공무원 채용계약의 해지에 대한 불복은 당사자소송이 아니라 항고소송으로 하여야 한다.
⑤ 당사자소송의 제소기간에 대해서는 취소소송의 제소기간에 관한 규정이 준용된다.

36. 지방자치법상 주민소송에 관한 설명으로 옳지 않은 것은?
① 감사청구전치주의를 취하고 있다.
② 행정소송법상 민중소송에 해당한다.
③ 법인 등 단체는 주민소송을 제기할 당사자적격이 없다.
④ 피고는 비위를 저지른 공무원이다.
⑤ 원고는 감사청구를 한 주민이면 1명이라도 가능하다.

33. 행정구제법 　　행정상 손해전보 　　행정상 손실보상 ① 제61조(사업자 보상) ② 제64조(개인별 보상) ③ 제65조(일괄보상)	④	공익사업을 위한 토지 등의 취득 및 보상에 관한 법률 　　　　　　　　　　　　　제67조(보상액의 가격시점 등) ① 보상액의 산정은 협의에 의한 경우에는 협의 성립 당시의 가격을, 재결에 의한 경우에는 수용 또는 사용의 재결 당시의 가격을 기준으로 한다. ② 보상액을 산정할 경우에 해당 공익사업으로 인하여 토지등의 가격이 변동되었을 때에는 이를 고려하지 아니한다. ⑤ 보상액을 산정할 경우에 해당 공익사업으로 인하여 토지 등의 가격이 변동되었을 때에는 이를 고려한다. <u>고려하지 않는다.</u> 　판례: 해당 공공사업과는 무관한 다른 사업의 시행으로 인한 개발이익은 고려한다.
34. 행정구제법 　　행정쟁송 　　**행정소송 - 항고소송**		판례: ①　　　　　처분성 → 항고소송 　　　②③④⑤　처분성 → 항고소송
35. 행정구제법 　　행정쟁송 　　행정소송 　　　- 항고소송 　　　- **당사자소송** 　　　- 민중소송 　　　- 기관소송		① 행정소송법 제16조(제3자의 소송참가): 당사자소송에는 제3자 또는 행정청의 소송참가가 허용되지 않는다. <u>허용된다.</u> ② 행정소송법 제39조(피고적격): 당사자소송의 피고는 원칙적으로 처분을 행한 행정청이 국가·공공단체 그 밖의 권리주체가 된다. ③④ 판례 ④ 지방전문직공무원 채용계약의 해지에 대한 불복은 당사자소송이 아니라 항고소송으로 하여야 한다. ⑤ 당사자소송(제소기간의 제한이 없다)의 제소기간에 대해서는 취소소송의 제소기간에 관한 규정이 준용된다. <u>준용되지 않는다.</u>
36. 행정조직법 　　지방자치법 　　주민소송 ② **행정소송법상 민중소송:** 　주민소송·선거소송·투표소송	① ⑤	지방자치법 제22조(주민소송) ① 제21조(주민의 감사청구)제1항에 따라 공금의 지출에 관한 사항, 재산의 취득·관리·처분에 관한 사항, 해당 지방자치단체를 당사자로 하는 매매·임차·도급 계약이나 그 밖의 계약의 체결·이행에 관한 사항 또는 지방세·사용료·수수료·과태료 등 공금의 부과·징수를 게을리한 사항을 감사 청구한 주민은 다음 각 호의 어느 하나에 해당하는 경우에 그 감사 청구한 사항과 관련이 있는 위법한 행위나 업무를 게을리한 사실에 대하여 해당 지방자치단체의 장(해당 사항의 사무처리에 관한 권한을 소속 기관의 장에게 위임한 경우에는 그 소속 기관의 장을 말한다. 이하 이 조에서 같다)을 상대방으로 하여 소송을 제기할 수 있다. ③ 주민소송 당사자적격: 감사를 청구한(지방자치법 제22조) 　　　　　　　　　　　18세 이상의 주민(지방자치법 제21조) ④ 피고는 비위를 저지른 공무원 <u>지방자치단체의 장</u>이다.

37. 공무원관계에 관한 내용으로 옳지 않은 것은? (다툼이 있는 경우에는 판례에 의함)
① 임용 당시 공무원임용결격사유가 있었다면 비록 국가의 과실에 의하여 임용결격자임을 밝혀내지 못하였다 하더라도 그 임용행위는 당연무효이다.
② 직위해제는 국가공무원법상 징계에 해당한다.
③ 공무원은 소속 상관이 종교중립에 위배되는 직무상 명령을 한 경우에는 따르지 아니할 수 있다.
④ 공무원이 한 사직의 의사표시는 의원면직처분이 있고 난 이후에는 철회나 취소를 할 수 없다.
⑤ 임용결격자가 공무원으로 임용되어 사실상 근무하였다 하더라도 공무원연금법이나 근로기준법 소정의 퇴직금청구를 할 수 없다.

38. 공물의 사용관계에 관한 내용으로 옳지 않은 것은? (다툼이 있는 경우에는 판례에 의함)
① 공공용물에 관하여 적법한 개발행위가 이루어짐으로써 일정 범위의 사람들의 일반사용이 종전에 비하여 제한받게 되었다면 그로 인한 불이익은 일반적으로 손실보상의 대상이 되는 특별한 손실에 해당한다.
② 구체적으로 공물을 사용하지 않고 있는 이상 그 공물의 인접주민이라는 사정만으로는 공물에 대한 고양된 일반사용권이 인정될 수 없다.
③ 하천부지에 대한 점용허가 여부는 관리청의 자유재량에 속하므로 이에 대해서 부관을 붙여 허가할 수 있다.
④ 하천부지의 점용허가를 받은 사람은 그 하천부지를 권원 없이 점유·사용하는 자에 대하여 직접 부당이득의 반환을 구할 수 있다.
⑤ 국유재산의 관리청이 행정재산의 사용·수익 허가를 받은 자에 대하여 하는 사용료 부과는 행정처분이다.

39. 국유재산법상 행정재산에 해당하지 않는 것은?
① 공용재산   ② 일반재산   ③ 공공용재산   ④ 기업용재산   ⑤ 보존용재산

40. 공익사업을 위한 토지 등의 취득 및 보상에 관한 법률에 따른 토지수용에 대한 이의신청 및 행정소송에 관한 설명으로 옳지 않은 것은? (다툼이 있는 경우에는 판례에 의함)
① 이의신청은 행정심판으로서의 성질을 가지며, 이에 관한 규정은 행정심판법에 대한 특별규정이다.
② 수용재결에 불복하여 취소소송을 제기하는 때에는 이의신청을 거친 경우에도 수용재결의 취소를 구하여야 한다.
③ 보상금증감청구소송은 공법상 당사자소송에 해당한다.
④ 보상금증감청구소송을 제기하는 자가 토지소유자일 때에는 사업시행자를 피고로 한다.
⑤ 수용재결에 대한 행정소송이 제기되면 사업의 진행 및 토지의 수용 또는 사용은 정지된다.

37. 행정조직법 공무원법 ①②④⑤ 판례 ③	② 직위해제는 국가공무원법상 징계(국가공무원법 제79조(징계의 종류), 파면·해임·강등·정직·감봉·견책)에 해당한다. **해당하지 않는다.** 국가공무원법 제59조의2(종교중립의 의무) ① 공무원은 종교에 따른 차별 없이 직무를 수행하여야 한다. ② 공무원은 소속 상관이 제1항에 위배되는 직무상 명령을 한 경우에는 이에 따르지 아니할 수 있다.	
38. 특별행정작용법 급부행정법(공물법) ①②③④⑤ 판례	① 공공용물(도로, 공원 등)에 관하여 적법한 개발행위가 이루어짐으로써 일정 범위의 사람들의 일반사용(국가·지방자치단체 등의 공공목적을 위한 개발·관리·보존행위를 방해하지 않는 범위 내에서만 허용된다)이 종전에 비하여 제한받게 되었다면 그로 인한 불이익은 일반적으로 손실보상의 대상이 되는 특별한 손실에 해당한다. **해당하지 않는다.**	
39. 특별행정작용법 국유재산법	국유재산: ② 일반재산, ○ 행정재산 - ① 공용재산 ③ 공공용재산 ④ 기업용재산 ⑤ 보존용재산	
40. 행정구제법 행정상 손해전보 공용수용 ①②③ 판례 ② 수용재결에 대한 이의신청: 임의 절차 ④ 집행부정지 원칙	공익사업을 위한 토지 등의 취득 및 보상에 관한 법률 제83조(이의의 신청) ① 중앙토지수용위원회의 제34조(**재결**)에 따른 재결에 이의가 있는 자는 중앙토지수용위원회에 이의를 신청할 수 있다. ② 지방토지수용위원회의 제34조에 따른 재결에 이의가 있는 자는 해당 지방토지수용위원회를 거쳐 중앙토지수용위원회에 이의를 신청할 수 있다. ③ 제1항 및 제2항에 따른 이의의 신청은 재결서의 정본을 받은 날부터 30일 이내에 하여야 한다. 제85조(행정소송의 제기) ① 사업시행자, 토지소유자 또는 관계인은 제34조에 따른 재결에 불복할 때에는 재결서를 받은 날부터 90일 이내에, 이의신청을 거쳤을 때에는 이의신청에 대한 재결서를 받은 날부터 60일 이내에 각각 행정소송을 제기할 수 있다. 이 경우 사업시행자는 행정소송을 제기하기 전에 제84조에 따라 늘어난 보상금을 공탁하여야 하며, 보상금을 받을 자는 공탁된 보상금을 소송이 종결될 때까지 수령할 수 없다. ② 제1항에 따라 제기하려는 행정소송이 보상금의 증감(增減)에 관한 소송인 경우 그 소송을 제기하는 자가 토지소유자 또는 관계인일 때에는 사업시행자를, 사업시행자일 때에는 토지소유자 또는 관계인을 각각 피고로 한다. ⑤ 수용재결에 대한 행정소송이 제기되면 사업의 진행 및 토지의 수용 또는 사용은 정지된다. **정지되지 않는다.**	

41. 다음에 해당하는 인사관리의 유형은?

> 최근 우리나라 공공부문에 도입된 제도로서 다양한 계층의 공직진출을 확대하기 위한 방안으로 양성평등채용목표제, 장애인의무고용제, 지역인재추천채용제 등을 실시하고 있다.

① 실적주의제 ② 대표관료제 ③ 직업공무원제 ④ 엽관주의제 ⑤ 개방형 임용제

42. 정책결정모형에 관한 설명으로 옳지 않은 것은?
① 합리모형에서는 의사결정자가 정책결정에 있어서 주관적이고 감정적인 요소를 배제하고 합리성에 근거하여 정책을 결정한다.
② 점증모형은 현재 정책에 대한 약간의 변화만을 고려해 정책을 결정하고 시간이 흐름에 따라 환류되는 정보를 분석하여 지속적으로 수정하는 것이다.
③ 쓰레기통 모형은 쿠바 미사일 위기에 따른 미국 정부의 정책결정 과정을 설명하기 위해서 고안되었다.
④ 공공선택 모형에서는 정부를 공공재의 생산자로, 시민들을 공공재의 소비자로 규정한다.
⑤ 앨리슨 모형은 정책결정 과정을 합리모형, 조직과정모형 및 관료정치모형 등으로 분류하고 있다.

43. 행정에 있어서 가외성(Redundancy)에 관한 설명으로 옳지 않은 것은?
① 중첩성이라고도 한다.
② 작고 효율적인 행정개혁을 저해할 수도 있다.
③ 조직의 실패 확률을 감소시켜 안정성을 높여준다.
④ 환경의 불확실성이 커질수록 가외성의 필요성은 감소한다.
⑤ 환경에 대한 조직의 적응성을 높여준다.

44. 우리나라 지방행정에 있어서 주민참여의 실태에 관한 설명으로 옳지 않은 것은?
① 지방자치단체의 예산편성 과정에서 주민참여의 제도화
② 지방행정 통제수단으로서 주민 옴부즈만에 대한 높은 자율성 보장
③ 주민의 이익이 잘 반영되는 직접적인 주민참여의 확대
④ 지방자치단체 관할구역에 주민등록이 되어 있는 외국인의 조례 개폐청구 참여 허용
⑤ 간접적인 주민참여제도로서 행정부 내 도시계획위원회 활동

45. 공무원에 대한 다면평가 방식의 장점과 유용성에 관한 설명으로 옳지 않은 것은?
① 조직구성원 간 원활한 커뮤니케이션을 통해 상호 이해의 폭을 넓힐 수 있다.
② 다면평가를 통해 능력과 성과중심의 인사관리가 이뤄질 경우, 개인의 행태변화에 긍정적인 영향을 미친다.
③ 개인평가에 있어서 다면평가를 통해 인사고과에 대한 객관성과 공정성을 높일 수 있다.
④ 평가결과는 구성원에 대한 보상과 개인별 역량개발 및 교육훈련 등에 활용될 수 있다.
⑤ 다면평가는 조직 내 구성원간의 갈등 해소 및 신뢰성을 제고하고, 그 평가결과는 승진이나 전보, 성과급 지급 등에 활용해야 한다.

행정학개론

41. 인사행정
　　인사행정
　　실적주의제(원칙) + 대표관료제(보완)

① 실적주의제(merit system)
② 대표관료제(representative bureaucracy): 실적주의 수정
③ 직업공무원제(career civil service system)
④ 엽관주의제(spoils system)
⑤ 개방형 임용제(open recruitment system)

42. 정책론
　　정책결정

조직 내의 상황이 조직화된 무질서 상태(무질서 상태, 조직화된 혼란 상태)에 있을 때 적용할 목적으로 개발된 의사결정 모형(이론적 모형)으로 '집합모형'이라고도 한다.

③ 쓰레기통 모형 앨리슨(Alison) 모형(조직관(組織觀)에 따라 정책결정 접근법이 달라진다: 1. 합리모형 2. 조직모형 3. 관료정치모형)은 쿠바 미사일 위기에 따른 미국 정부의 정책결정 과정을 설명하기 위해서 고안되었다.

○ 쓰레기통 모형(garbage can model)
　코헨(Michael D. Cohen)·마치(J. March)·올슨(John P. Olsen)
　정책결정의 4요소(문제, 참여자, 해결책, 선택 기회)가 쓰레기통 속에서와 같이 뒤죽박죽 움직이다가 어떤 계기로 서로 만나게 될 때 이루어진다.

43. 행정학 총론
　　행정가치·지향

가외성(redundancy)　　- 불확실성 대비
　　　　　　　　　　- 여유, 잉여, 중복, 중첩 허용

④ 환경의 불확실성이 커질수록 가외성의 필요성은 감소한다. <u>증가한다.</u>

44. 지방자치론
　　주민참여
　　주민 옴부즈만 - 시민고충처리위원회

② <u>지방행정 통제수단으로서 주민 옴부즈만에 대한 높은 자율성 보장</u>은 임의기구로 자율성이 높다고 할 수 없다.

① 지방재정법 제39조
③ 지방자치법 제18, 21, 22, 25조
④ 주민조례발안에 관한 법률
　　　　제2조(주민조례청구권자)
⑤ 국토계획법 제113조

> 부패방지 및 국민권익위원회의 설치와 운영에 관한 법률
> 　　　　　　　　　제32조(시민고충처리위원회의 설치)
> ① 지방자치단체 및 그 소속 기관에 관한 고충민원의 처리와 행정제도의 개선 등을 위하여 각 지방자치단체에 시민고충처리위원회를 둘 수 있다.
> ② 시민고충처리위원회는 다음 각 호의 업무를 수행한다.
> 　1. 지방자치단체 및 그 소속 기관에 관한 고충민원의 조사와 처리
> 　2. 고충민원과 관련된 시정권고 또는 의견표명
> 　3. 고충민원의 처리과정에서 관련 행정제도 및 그 제도의 운영에 개선이 필요하다고 판단되는 경우 이에 대한 권고 또는 의견표명
> 　　　　　　　　　:

45. 인사행정
　　인사평정
　　다면평가

⑤ 다면평가는 인기투표로 변질되어 <u>조직 내 구성원간의 갈등 해소 및 신뢰성을 제고하고</u> 을 초래하고, 그 평가결과는 승진(2010년 이후 활용되지 않는다)이나 전보, 성과급 지급 등에 <u>참고 자료로만 활용해야 한다.</u>

다면평가는 객관성·공정성·신뢰성을 제고한다.

46. 내부적 행정통제에 해당하지 않는 것은?
① 의회 옴부즈만에 의한 통제
② 계층제 및 인사관리제도를 통한 통제
③ 감사원에 의한 통제
④ 청와대 및 국무총리실에 의한 통제
⑤ 중앙행정부처에 의한 통제

47. 공공행정에 관한 설명으로 옳지 않은 것은?
① 행정은 사회환경과 밀접한 관계를 갖고 있다.
② 행정국가는 정치행정일원론의 입장에서 설명할 수 있다.
③ 행정은 경영보다 엄격한 법적 규제를 받는다.
④ 행정에 있어서 의사결정은 가치체계와 밀접한 관계를 갖고 있다.
⑤ 국민의 권리를 제한하고 의무를 부과하는 것은 행정의 본질과 거리가 멀다.

48. 공공조직 업무개선을 위해 정보통신기술을 활용한 리엔지니어링(Reengineering)에 관한 설명으로 옳지 않은 것은?
① 조직 내 부서별 고도 분업화에 따른 폐단을 극복하기 위한 방안으로 등장하였다.
② 리엔지니어링의 궁극적인 목적은 성과향상과 고객만족의 극대화에 있다.
③ 리엔지니어링에는 조직 및 인력감축이 필수적이다.
④ 리엔지니어링은 프로세스의 변화뿐만 아니라 조직구조나 문화 등 다양한 측면에서의 변화가 요구된다.
⑤ 공공서비스의 비분할성 및 비경합성 등과 같은 특징으로 인해 리엔지니어링 추진이 쉽지 않다.

49. 우리나라 지방자치제도에 관한 설명으로 옳은 것은?
① 시·도를 달리하는 시·군·구간의 자치단체 조합의 설치는 지방의회 의결을 거쳐 시·도지사의 승인을 받아야 한다.
② 자치구가 아닌 행정구 읍·면·동의 명칭과 폐지·분할은 해당 지방의회의 의결로 결정한다.
③ 지방자치단체의 사무 중 단체위임사무는 지방자치단체의 장에게 위임하여 처리하는 사무이다.
④ 중앙행정기관장과 지방자치단체의 장이 의견을 달리하는 사무처리의 조정을 위해 안전행정부 소속하에 협의조정 기구를 둘 수 있다.
⑤ 주민발안제에 있어 사용료의 부과, 행정기구 변경 및 공공시설 설치 반대 등의 사항은 주민에 의한 청구대상이 되지 않는다.

50. 공공부문에서 성과관리 도구로서 균형성과표(BSC, Balanced Scorecard)에 관한 설명으로 옳지 않은 것은?
① 거시적·장기적 측면의 조직문화 형성보다는 순익과 같은 미시적·단기적 목표와 계획 및 전략에 초점을 둔다.
② 성과평가에 구성원의 역량이나 고객의 신뢰를 포함시킬 것을 강조한다.
③ 과정과 결과 및 조직 내·외부적 관점 중 어느 하나보다는 통합적 균형을 추구한다.
④ 성과관리를 위해 조직을 유기적 시스템으로 간주하여 상·하 또는 수평적 연계성을 강조하는 조직 전체적 시각에 관심을 둔다.
⑤ 기존의 성과관리와 마찬가지로 성과지표와 전략과의 연계를 그대로 받아들인다.

46. 행정환류
    행정책임 - 행정통제

    길버트(E. Gilbert): 공식통제, 비공식통제

공식 통제
 - 내부통제: **계층제**, 심사평가, **행정부(처)**, 교차기능조직,
                        독립통제기관(**감사원**, 국민권익위원회)
 - 외부통제: 입법부, 사법부, **옴부즈만**
비공식 통제
 - 내부통제: 공익, 행정윤리, 대표관료제
 - 외부통제: 민중, 언론, 정당, 시민단체, 이익집단

47. 행정학 총론
    행정

① 개방체제
② 행정의 역할 확대, 입법·사법 대비 행정 주도
③ 강한 기속성과 타율성
⑤ 규제(국민의 권리를 제한하고 의무를 부과)는 행정의 본질<u>이다.</u> 과거리가 멀다.

48. 행정환류
    행정개혁

리엔지니어링(reengineering): 절차 재설계
 - 전통적 계층제 조직의 고도 분업 폐단 제거
①②④ 과정·절차 축소·재정비 → 합리적·실천적 전략
                          → 성과 중심, 고객 만족 극대화
③ 리엔지니어링에는 조직 및 인력감축이 필수적이다. 필수적이지 않다.

49. 지방자치론
    주민참여

① 지방자치법 제176조
   (지방자치단체조합의 설립)
② 지방자치법 제7조
   (자치구가 아닌 구와
            읍·면·동 등의 명칭과 구역)
④ 지방자치법 제187조
   (중앙행정기관과
            지방자치단체 간 협의·조정)
⑤ 지방자치법 제19조
   (조례의 제정과 개정·폐지 청구)

① 시·도를 달리하는 시·군·구간의 자치단체 조합의 설치는 지방의회 의결을 거쳐 <u>시·도지사</u> 행정안전부장관의 승인을 받아야 한다.
② 자치구가 아닌 행정구 읍·면·동의 명칭과 폐지·분할은 <u>행정안전부장관의 승인을 받아</u> 해당 지방의회의 의결로 결정한다.
③ 지방자치단체의 사무 중 <u>단체위임사무</u> 기관위임사무는 지방자치단체의 장에게 위임하여 처리하는 사무이다.
④ 중앙행정기관장과 지방자치단체의 장이 의견을 달리하는 사무처리의 조정을 위해 <u>안전행정부</u> 국무총리 소속하에 협의조정기구를 둘 수 있다.
⑤ 주민발안제(주민의 조례개폐청구)에 있어 사용료의 부과, 행정기구 변경 및 공공시설 설치 반대 등의 사항은 주민에 의한 청구대상이 되지 않는다.

50. 행정환류
    행정개혁
    균형성과표

① 균형적 성과관리 전략
   거시적·장기적 측면의 조직문화 형성보다는 과 순익과 같은 미시적·단기적 목표와 계획 및 전략에 초점을 둔다.
③ **통합적 균형** = 전통적 재무 관점 + 고객 관점
                 + 학습 및 성장 관점 + 내부 프로세스 관점

51. 행정부 우위의 현대적 예산원칙에 해당되는 것을 모두 고른 것은?

　　ㄱ. 사전승인의 원칙　　ㄴ. 예산관리수단 확보의 원칙　　ㄷ. 보고의 원칙
　　ㄹ. 엄밀성의 원칙　　ㅁ. 사업계획의 원칙　　ㅂ. 한정성의 원칙
　　ㅅ. 시기신축성의 원칙　　ㅇ. 책임의 원칙　　ㅈ. 명료성의 원칙

① ㄱ, ㄴ, ㄹ, ㅇ, ㅈ　　② ㄱ, ㄷ, ㄹ, ㅁ, ㅇ　　③ ㄴ, ㄷ, ㅁ, ㅅ, ㅇ
④ ㄴ, ㄷ, ㅁ, ㅂ, ㅈ　　⑤ ㄷ, ㄹ, ㅁ, ㅂ, ㅅ

52. 우리나라 공공조직의 팀제(Team System)에 관한 설명으로 옳지 않은 것은?
① 조직의 인력을 신축적으로 운영하고, 실무 차원에서 팀장 및 팀원의 권한을 향상시킨다.
② 조직구성원들의 신속한 의사결정을 저해시킨다.
③ 팀제를 통해 조직구성원의 참여를 제고시키고 개인적 의견반영이 용이하다.
④ 조직의 경직성을 탈피하고 팀 내 전문능력 및 기술을 활용하게 한다.
⑤ 종전 수직적 조직을 수평적 조직으로 전환해 전략적 업무를 수행하는 조직에 적합하다.

53. 우리나라 지방교부세에 관한 설명으로 옳지 않은 것은?
① 지방교부세는 본질적으로 지방자치단체의 공유적 독립재원에 속한다.
② 보통교부세는 사용용도가 정해져 있지 않은 일반재원이다.
③ 지방자치단체간 재정불균형의 조정은 가능하나 중앙정부와 지방자치단체간 수평적 재정균형 기능은 미흡하다.
④ 지방자치단체들은 재정자립도 향상 차원에서 지방교부세의 증액을 위해 노력하고 있다.
⑤ 현행 제도상 보통교부세를 교부받지 않는 지방자치단체도 존재하고 있다.

54. 정책평가의 목적에 관한 설명으로 옳지 않은 것은?
① 목표가 얼마나 잘 충족되었는지 파악할 수 있다.
② 정책 성공과 실패의 원인을 구체적으로 제시할 수 있다.
③ 정책 성공을 위한 원칙 발견과 향상된 연구를 위한 토대를 마련할 수 있다.
④ 목표달성을 위해 사용된 수단과 하위 목표들을 재확인할 수 있다.
⑤ 정책문제의 구조화와 정책담당자의 자율성을 확보하는 데 있다.

55. 공공조직에서 막스 베버(M. Weber)가 제시한 관료제의 주요 특징에 해당되지 않는 것은?
① 업무의 분업구조 속에서 직무에 대한 권한과 관할범위의 규정
② 조직형태에 있어서 명확한 계서제적 구조
③ 권한 및 업무에 있어서 자의성과 개인적 선호가 배제된 문서화된 법규
④ 비개인성(Impersonality)을 배제한 업무수행
⑤ 업무에 있어서 조직구성원의 전문화와 전임화

51. 재무행정(예산)
    예산

전통적 예산원칙	현대적 예산원칙
ㄱ. 사전승인의 원칙 (사전의결·절차성)	ㄴ. 예산관리수단 확보의 원칙 (적절한 수단 구비)
ㄹ. 엄밀성(정확성)의 원칙	ㄷ. 보고의 원칙
ㅂ. 한정성의 원칙	ㅁ. 사업계획의 원칙
ㅈ. 명료성의 원칙	ㅅ. 시기신축성의 원칙
— 공정성의 원칙	ㅇ. (행정부) 책임의 원칙
— 단일성의 원칙	— (행정부) 계획의 원칙
— 완전성의 원칙	— (행정부) 재량의 원칙
— 통일성의 원칙	— 다원적 절차의 원칙
	— 상호교류적 예산기구의 원칙

52. 조직론
    조직구조 - 팀제

① 팀 자율성 보장
② 수평적 조직구조로 **조직구성원들의 신속한 의사결정을 저해시킨다.** 지원한다.
④ 분업보다 협업을 통한 문제해결

53. 지방자치론
    지방재정
    지방교부세 = 의존재원
              ≠ 자주재원

① **지방교부세**: 자주재원 의존재원
② **보통교부세**, 특별교부세, 부동산교부세, 소방안전교부세
④ **지방자치단체들은 재정자립도**(총세입 중 자주재원의 비율) **향상 차원에서 지방교부세의 증액을** 자주재원의 확대를 **위해 노력하고 있다.**
⑤ 1 < 지방재정력지수 → **보통교부세**
        = 기준재정수입액 ÷ 기준재정수요액

54. 정책론
    정책평가

⑤ 문제발견 단계: **정책문제의 구조화**
    → 정책결정 단계: 정책대안 탐색·선택
       → 정책집행 단계: 선택 대안 실행
          → 정책평가 단계: ①②③④

55. 조직론
    조직구조
    관료제
    막스 베버(M. Weber)

관료제(bureaucracy):
   관료(특권적 인간의 집단)를 통해서 지배가 행해지는
              중앙집권국가에 생기는 특정의 행동양식과 의식 상태
   공평성(equity), 합리성(rationality), 몰가치성(value neutrality),
              비개인성(impersonality), 비정의성(impersonalism)
② **계서제**(hierarchy)
④ 비개인성(Impersonality)을 배제한 준수하는 업무수행

56. 신공공관리론과 뉴거버넌스론의 특징이 옳게 연결된 것을 모두 고른 것은?

구분		신공공관리론	뉴거버넌스론
ㄱ	인식론적 기초	신자유주의	공동체주의
ㄴ	관리가치	신뢰	결과
ㄷ	작동원리	경쟁	협력
ㄹ	관료역할	조정자	공공기업가
ㅁ	서비스	민영화, 민간 위탁	시민 및 기업의 참여를 통한 공동공급

① ㄱ, ㄴ, ㄷ   ② ㄱ, ㄴ, ㄹ   ③ ㄱ, ㄷ, ㅁ   ④ ㄴ, ㄹ, ㅁ   ⑤ ㄷ, ㄹ, ㅁ

57. 행정가치에 관한 설명으로 옳지 않은 것은?
① 합법성은 시민권의 신장과 자유권의 옹호가 중요했던 입법국가 시대의 주요 가치이다.
② 신공공관리론에서는 정치적 책임성과 법적 책임성 외에도 시장 책임성을 강조한다.
③ 효과성은 1960년대 발전행정의 사고가 지배적일 때 주된 가치판단 기준이었다.
④ 사회적 능률성은 민주성의 개념으로 이해되는데 신행정론에서 처음 주창된 가치이다.
⑤ 민원처리 과정을 온라인으로 공개함으로써 과정의 투명성을 확보할 수 있다.

58. 다음은 무엇에 관한 설명인가?

> 이것은 정부가 시행하는 규제정책의 실효성을 확보하기 위한 수단으로서 시장지배적 사업자가 남용행위를 한 경우, 또는 불공정거래행위가 있는 경우에 당해 사업자에 대해서 경제적 이익을 박탈하는 제도이다.

① 과징금   ② 부담금   ③ 범칙금   ④ 과태료   ⑤ 수익성 행정행위(면허)의 정지 또는 철회

59. 고전적 조직이론에 입각하여 조직의 명령계통, 통솔의 범위, 기능배분, 권한과 책임의 한계 등을 주요 대상으로 하는 행정개혁의 접근방법은?
① 구조적 접근방법   ② 과정적·기술적 접근방법   ③ 종합적 접근방법
④ 인간관계론적 접근방법   ⑤ 행태적 접근방법

60. 우리나라 정부회계의 장부 기장 방식 중 현금주의와 발생주의에 관한 설명으로 옳지 않은 것은?
① 전통적으로 지방정부의 일반회계는 현금주의를, 중앙정부 기업특별회계는 발생주의 회계방식을 적용하였다.
② 현금주의 회계방식은 경영성과 파악이 용이하며, 발생주의 회계방식은 절차와 운용이 간편하다.
③ 현금주의 회계방식은 이해와 통제가 용이하며, 발생주의 회계방식은 재정 건전성 확보가 용이하다.
④ 현금주의 회계방식은 일반행정 부분에 적용가능하며, 발생주의 회계방식은 사업적 성격이 강한 회계 부분에 적용이 가능하다.
⑤ 현금주의 회계방식은 손해배상 비용이나 부채성 충당금 등에 대한 인식이 어렵지만, 발생주의 회계방식은 미지급비용과 미수수익을 각각 부채와 자산으로 인식한다.

56. 행정학 총론
행정학 이론

○ 뉴거버넌스론
- 로즈(R. A. W. Rhodes)
- 민관협력 네트워크
- 정부실패,
  신공공관리(NPM)에 의한
  시장실패 극복

구분	신공공관리론	뉴거버넌스론
인식론적 기초	신자유주의	공동체주의
관리가치	신뢰 결과	결과 신뢰
작동원리	경쟁	협력
관료역할	조정자 공공기업가	공공기업가 조정자
서비스	민영화, 민간 위탁	공동공급

○ 신공공관리론 - 오스본(D. Osborne), 게블러(T. Gaebler)
- 기업가적 정부
- 신관리주의(반정부, 반조세, 반관료주의),
  기업가적 패러다임, 후기관료적 패러다임

57. 행정학 총론
행정가치·지향

시기	행정이론	행정가치(행정이념)	시대배경
1800년대	관료제이론	합법성	법률적합성	입법국가
1900년대	행정관리론	능률성	투입-산출	초기 행정학
1930년대	통치기능론	민주성	공익 추구	행정국가
1940년대	행태론	합리성	수단 적합성	행정국가
1960년대	발전행정론	효과성	목표 달성도	행정국가
1970년대	신행정론	형평성	소외계층 보호	행정국가
1980년대	신공공관리론	생산성	능률성+효과성	신행정국가
2000년대	뉴거버넌스론	신뢰성	국민의 신뢰	신행정국가

④ 사회적 능률성은 민주성의 개념으로 이해되는데 이해된다.
형평성은 신행정론(1970년대)에서 처음 주창된 가치이다.

58. 행정학 총론
행정환경

① 과징금: 행정법상 의무 위반자에 대한 금전상 제재
② 부담금 = 분담금
   지방공공단체가 부과하는 수익자부담금의 일종
③ 범칙금 ≠ 벌금
   경찰서장이 법규 위반자(경범죄)에게 부과한다.
④ 과태료 ≠ 벌금
   형벌 성질 외 법령위반에 대하여 부과하는 금전벌
⑤ 행정의 실효성 확보 수단

59. 행정환류
행정개혁

① 구조적 접근방법
② 과정적·기술적 접근방법   = 관리·기술적 접근
③ 종합적 접근방법   = 통합적 접근
④ 인간관계론적 접근방법   = ⑤ 행태적 접근방법
○ 문화론적 접근방법
○ 사업 중심적 접근방법   = 산출 중심적 접근

60. 재무행정(예산)
예산과정 - 예산결산

② 현금주의 발생주의 회계방식은 경영성과 파악이 용이하며, 발생주의 현금주의 회계방식은 절차와 운용이 간편하다.

2015년도 제03회 행정사 자격시험

1차 시험

제1교시

- 제1과목 민법(총칙 관련 내용으로 한정)
- 제2과목 **행정법**
- 제3과목 **행정학개론(지방자치행정 포함)**

2차 시험

제1교시

- 제1과목 민법(계약 관련내용으로 한정)
- 제2과목 행정절차론(행정절차법 포함)

제2교시

- 제1과목 사무관리론(민원 처리에 관한 법률, 행정업무의 운영 및 혁신에 관한 규정 포함)
- 제2과목 행정사실무법
  - 행정심판사례
  - 비송사건절차법

01. 신의성실의 원칙에 관한 설명으로 옳은 것은? (다툼이 있으면 판례에 따름)
① 병원은 입원환자의 휴대품 등의 도난을 방지하는데 필요한 적절한 조치를 강구할 신의성실의 원칙상의 보호의무가 없다.
② 채무자의 소멸시효에 기한 항변권의 행사에는 신의성실의 원칙이 적용되지 않는다.
③ 강행법규를 위반한 자가 스스로 그 약정의 무효를 주장하는 것은 특별한 사정이 없는 한 신의성실의 원칙에 반한다.
④ 송전선이 토지 위를 통과하고 있다는 점을 알면서 그 토지를 시가대로 취득한 자의 송전선 철거 청구는 신의성실의 원칙에 반하거나 권리남용으로서 허용될 수 없다.
⑤ 미성년자가 법정대리인의 동의 없이 신용구매계약을 체결한 후에 법정대리인의 동의 없음을 사유로 이를 취소하는 것은 신의성실의 원칙에 반하지 않는다.

02. 민법의 법원(法源)에 관한 설명으로 옳지 않은 것은? (다툼이 있으면 판례에 따름)
① 민사에 관하여 법률에 규정이 없으면 관습법에 의하고 관습법이 없으면 조리에 의한다.
② 헌법에 의하여 체결·공포된 조약이나 일반적으로 승인된 국제법규가 민사에 관한 것이라도 민법의 법원이 될 수 없다.
③ 공동선조와 성과 본을 같이 하는 후손은 성별의 구별 없이 성년이 되면 당연히 종중의 구성원이 된다고 보는 것이 조리에 합당하다.
④ 법령과 같은 효력을 갖는 관습법은 특별한 사정이 없으면 당사자의 주장·증명을 기다릴 필요 없이 법원이 직권으로 이를 확정하여야 한다.
⑤ 헌법을 최상위 규범으로 하는 전체 법질서에 반하는 사회생활규범은 사회의 거듭된 관행으로 생성된 것일지라도 관습법으로서의 효력이 인정될 수 없다.

03. 성년후견, 한정후견, 특정후견에 관한 설명으로 옳은 것은?
① 지방자치단체의 장은 성년후견개시의 원인이 소멸된 경우에는 성년후견종료의 심판을 청구할 수 없다.
② 성년후견인은 피성년후견인의 법률행위가 일용품의 구입 등 일상생활에 필요하고 그 대가가 과도하지 않더라도 그 행위를 취소할 수 있다.
③ 가정법원은 피한정후견인이 한정후견인의 동의를 받아야 하는 행위의 범위를 정할 수 없다.
④ 가정법원은 취소할 수 없는 피성년후견인의 법률행위의 범위를 정할 수 있다.
⑤ 가정법원은 성년후견개시의 심판을 할 때 본인의 의사를 고려할 필요가 없다.

04. 제한능력자의 상대방 보호에 관한 설명으로 옳은 것을 모두 고른 것은?

> ㄱ. 상대방은 제한능력자가 능력자로 된 후에 그에게 유예기간을 정하여 취소할 수 있는 행위에 대한 추인여부의 확답을 원칙적으로 촉구할 수 없다.
> ㄴ. 상대방은 제한능력자가 능력자로 된 후에 그 법정대리인이었던 자에게 취소할 수 있는 행위에 대한 추인여부의 확답을 촉구한 경우 그 촉구는 유효하다.
> ㄷ. 계약 당시에 제한능력자임을 상대방이 알지 못한 경우, 제한능력자가 맺은 계약은 추인이 있을 때까지 상대방이 그 의사표시를 철회할 수 있다.
> ㄹ. 제한능력자가 속임수로써 자기를 능력자로 믿게 한 경우에는 그 행위를 취소할 수 없다.

① ㄱ, ㄴ   ② ㄴ, ㄹ   ③ ㄷ, ㄹ   ④ ㄱ, ㄴ, ㄷ   ⑤ ㄱ, ㄷ, ㄹ

01. 민법 서론
　　신의성실의 원칙(信義則)
　　　　추상적 규범
　　　　사법관계·공법관계 적용
　　　　법원의 직권 고려

①②③④⑤ 판례
① 신의칙상 부수적 주의의무

민법 제2조(신의성실)
① 권리의 행사와 의무는 신의에 좇아 성실히 하여야 한다.
② 권리는 남용하지 못한다.

① 병원은 입원환자의 휴대품 등의 도난을 방지하는데 필요한 적절한 조치를 강구할 신의성실의 원칙상의 보호의무가 없다. 있다.
② 채무자의 소멸시효에 기한 항변권의 행사에는 신의성실의 원칙이 적용되지 않는다. 적용된다.
③ 강행법규를 위반한 자가 스스로 그 약정의 무효를 주장하는 것은 특별한 사정이 없는 한 신의성실의 원칙에 반한다. 반하지 않는다.
④ 송전선이 토지 위를 통과하고 있다는 점을 알면서 그 토지를 시가대로 취득한 자의 송전선 철거 청구는 신의성실의 원칙에 반하거나 권리남용으로서 허용될 수 없다. 에 해당하지 않는다.

02. 민법 서론
　　민법의 법원
　　　　성문법원
　　　　불문법원: 관습법, 조리, 판례

② 헌법에 의하여 체결·공포된 조약이나 일반적으로 승인된 국제법규(국내법과 같은 효력을 갖는다)가 민사에 관한 것이라도면 민법의 법원이 될 수 없다. 된다.

03. 권리의 주체 - 자연인
　　행위능력(제한능력자)
　　후견

민법 제10조
(피성년후견인의 행위와 취소)
① 피성년후견인의 법률행위는 취소할 수 있다.
② 제1항에도 불구하고 가정법원은 취소할 수 없는 피성년후견인의 법률행위의 범위를 정할 수 있다.

① 지방자치단체의 장(본인, 배우자, 4촌 이내의 친족, 성년후견인, 성년후견감독인, 검사 또는 지방자치단체의 장)은 성년후견개시의 원인이 소멸된 경우에는 성년후견종료의 심판을 청구할 수 없다. 있다.
② 성년후견인은 피성년후견인의 법률행위가 일용품의 구입 등 일상생활에 필요하고 그 대가가 과도하지 않더라도 않으면 그 행위를 취소할 수 있다. 없다.
③ 가정법원은 피한정후견인이 한정후견의 동의를 받아야 하는 행위의 범위를 정할 수 없다. 있다.
⑤ 가정법원은 성년후견개시의 심판을 할 때 본인의 의사를 고려할 필요가 없다. 고려하여야 한다.

04. 권리의 주체 - 자연인
　　행위능력
　　제한능력자
　　　- 미성년자(민법 제4조)
　　　- 피성년후견인(민법 제9조)
　　　- 피한정후견인(민법 제12조)

ㄱ. 상대방은 제한능력자가 능력자로 된 후에 그에게 유예기간(1개월 이상)을 정하여 취소할 수 있는 행위에 대한 추인 여부의 확답을 원칙적으로 촉구할 수 없다. 있다.
ㄴ. 상대방은 제한능력자가 능력자로 된 후에 그 법정대리인이었던 자에게 취소할 수 있는 행위에 대한 추인 여부의 확답을 촉구한 경우 그 촉구는 유효하다. 무효이다.
　　추인 여부 확답 촉구의 상대방
　　　- 제한능력자가 능력자가 된 후: 본인
　　　- 제한능력자가 능력자가 되기 전: 법정대리인

05. 법인의 불법행위능력(민법 제35조)에 관한 설명으로 옳지 않은 것은? (다툼이 있으면 판례에 따름)
① 법인을 실질적으로 운영하면서 법인을 사실상 대표하여 법인의 사무를 집행하는 자가 대표자로 등기되어 있지 않은 경우, 그가 그 직무에 관하여 타인에게 손해를 가하더라도 법인의 불법행위가 성립하지 않는다.
② 대표권이 없는 이사는 법인의 기관이기는 하지만 대표기관은 아니기 때문에 그 이사의 행위로 인하여 법인의 불법행위가 성립하지 않는다.
③ 대표자의 행위가 대표자 개인의 사리를 도모하기 위한 것이었다 하더라도 외관상, 객관적으로 직무에 관한 행위라고 인정할 수 있는 것이라면, 특별한 사정이 없는 한 그 직무에 관한 행위에 해당한다.
④ 대표자의 행위가 직무에 관한 행위에 해당하지 아니함을 피해자 자신이 알았거나 또는 중대한 과실로 인하여 알지 못한 경우에는 법인에게 손해배상책임을 물을 수 없다.
⑤ 법인의 목적범위 외의 행위로 타인에게 손해를 가한 경우, 그 사항의 의결에 찬성하거나 그 의결을 집행한 사원, 이사 및 기타 대표자가 연대하여 배상책임을 진다.

06. 민법상 법인의 소멸에 관한 설명으로 옳지 않은 것은? (다툼이 있으면 판례에 따름)
① 법인이 목적 이외의 사업을 하거나 설립허가의 조건에 위반하거나 기타 공익을 해하는 행위를 한 경우, 주무관청은 법인의 설립허가를 취소할 수 있다.
② 청산이 종결한 때에는 청산인은 3주간 내에 이를 등기하고 주무관청에 신고하여야 한다.
③ 청산 중의 법인은 채권신고기간이 경과하더라도 변제기에 이르지 않은 채권에 대해서는 변제할 수 없다.
④ 청산절차에 관한 규정은 모두 제3자의 이해관계에 중대한 영향을 미치는 것으로서 강행규정이다.
⑤ 법인에 대한 청산종결등기가 마쳐졌더라도 청산사무가 종결되지 않는 한 그 범위 내에서 청산법인으로 존속한다.

07. 민법상 법인의 기관에 관한 설명으로 옳은 것은? (다툼이 있으면 판례에 따름)
① 사단법인의 이사와 감사는 필수기관이다.
② 이사가 없거나 결원이 있는 경우에 이로 인하여 손해가 생길 염려가 있는 때에는 법원은 이해관계인이나 검사의 청구에 의하여 직무대행자를 선임하여야 한다.
③ 사단법인의 사원의 지위는 양도 또는 상속할 수 없다는 민법의 규정은 강행규정이므로, 정관으로 이에 반하는 규정을 둘 수 없다.
④ 법인과 이사의 이익이 상반하는 사항에 관하여는 임시이사를 선임하여야 한다.
⑤ 사원총회에서 결의할 수 있는 것은 정관에 다른 규정이 없는 한 총회를 소집할 때 미리 통지한 사항에 한정된다.

05. 권리의 주체 - 법인
법인의 능력
법인의 불법행위능력

⑤

①②③④ 판례
③ 외형상 직무 관련성

민법 제35조(법인의 불법행위능력)
① 법인은 이사 기타 대표자가 그 직무에 관하여 타인에게 가한 손해를 배상할 책임이 있다. 이사 기타 대표자는 이로 인하여 자기의 손해배상책임을 면하지 못한다.
② 법인의 목적범위 외의 행위로 인하여 타인에게 손해를 가한 때에는 그 사항의 의결에 찬성하거나 그 의결을 집행한 사원·이사 및 기타 대표자가 연대하여 배상하여야 한다.

① 법인을 실질적으로 운영하면서 법인을 사실상 대표하여 법인의 사무를 집행하는 자(판례: 명칭, 직위 또는 등기 여부를 불문하고 법인의 대표자로 본다)가 대표자로 등기되어 있지 않은 경우, 그가 그 직무에 관하여 타인에게 손해를 가하더라도 <s>가하면</s> 법인의 불법행위가 성립하지 않는다. 성립한다.
② 대표권이 없는 이사: <s>법인의 대표기관</s> 법인의 기관
 법인의 불법행위책임은 대표기관의 행위를 전제한다.

06. 권리의 주체 - 법인
법인의 소멸

①

③

②

④⑤ 판례

민법 제38조(법인의 설립허가의 취소)
법인이 목적 이외의 사업을 하거나 설립허가의 조건에 위반하거나 기타 공익을 해하는 행위를 한 때에는 주무관청은 그 허가를 취소할 수 있다.

민법 제91조(채권변제의 특례)
① 청산중의 법인은 변제기에 이르지 아니한 채권에 대하여도 변제할 수 있다.
② 전항의 경우에는 조건 있는 채권, 존속기간의 불확정한 채권 기타 가액의 불확정한 채권에 관하여는 법원이 선임한 감정인의 평가에 의하여 변제하여야 한다.

민법 제94조(청산종결의 등기와 신고)
청산이 종결한 때에는 청산인은 3주간내에 이를 등기하고 주무관청에 신고하여야 한다.

③ 청산 중의 법인은 채권신고기간이 경과하더라도 변제기에 이르지 않은 채권에 대해서는<s>도 변제할 수 없다.</s> 있다.

07. 권리의 주체 - 법인
법인의 기관

⑤

민법 제72조(총회의 결의사항)
총회는 전조(제71조, 총회의 소집)의 규정에 의하여 통지한 사항에 관하여서만 결의할 수 있다. 그러나 정관에 다른 규정이 있는 때에는 그 규정에 의한다.

① 사단법인의 이사와 감사(임의기관)는 필수기관이다.
② 민법 제63조(임시이사의 선임): 이사가 없거나 결원이 있는 경우에 이로 인하여 손해가 생길 염려가 있는 때에는 법원은 이해관계인이나 검사의 청구에 의하여 <s>직무대행자</s> 임시이사를 선임하여야 한다.
③ 판례: 사단법인의 사원의 지위는 양도 또는 상속할 수 없다는 민법의 규정은 <s>강행규정</s> 임의규정이므로, 정관으로 이에 반하는 규정을 둘 수 <s>없다.</s> 있다.
④ 민법 제64조(특별대리인의 선임): 법인과 이사의 이익이 상반하는 사항에 관하여는 <s>임시이사를</s> 특별대리인을 선임하여야 한다.

08. 민법상 물건에 관한 설명으로 옳은 것은? (다툼이 있으면 판례에 따름)
① 전기 기타 관리할 수 있는 자연력은 물건이 아니다.
② 주물의 소유자나 이용자의 사용에 공여되고 있으면 주물 그 자체의 효용과 직접 관계가 없는 물건이라도 종물에 해당한다.
③ 입목에 관한 법률에 따른 입목등기를 하지 않은 수목이더라도 명인방법을 갖추면 토지와 독립된 부동산으로서 거래의 객체가 된다.
④ 천연과실은 수취할 권리의 존속기간일수의 비율로 취득한다.
⑤ 당사자는 주물을 처분할 때에 특약으로 종물만을 별도로 처분할 수 없다.

09. 다음 중 행위 그 자체로 법률행위가 아닌 것을 모두 고른 것은?

| ㄱ. 점유의 취득 | ㄴ. 유실물의 습득 | ㄷ. 매장물의 발견 |
| ㄹ. 소유권의 포기 | ㅁ. 무주물의 선점 | |

① ㄱ, ㄴ ② ㄱ, ㄹ, ㅁ ③ ㄴ, ㄷ, ㄹ ④ ㄷ, ㄹ, ㅁ ⑤ ㄱ, ㄴ, ㄷ, ㅁ

10. 의사표시에 관한 설명으로 옳은 것은? (다툼이 있으면 판례에 따름)
① 착오에 의한 의사표시의 취소는 선의의 제3자에게 대항할 수 있다.
② 부동산 매매에서 시가에 관한 착오는 특별한 사정이 없는 한 법률행위의 중요부분에 관한 착오라고 할 수 없다.
③ 채무자의 법률행위가 통정허위표시에 해당되어 무효인 경우에는 채권자취소권의 대상이 되지 않는다.
④ 진의 아닌 의사표시는 상대방이 표의자의 진의 아님을 알았거나 알 수 있었을 경우에 그 효력이 있다.
⑤ 강박이 의사결정의 자유를 완전히 박탈하는 정도에 이르지 않고 이를 제한하는 정도에 그친 경우에 그 의사표시는 무효이다.

11. 허위표시에 기초하여 새로운 법률상의 이해관계를 맺은 자(통정허위표시에서의 제3자)에 해당하지 않는 것은? (다툼이 있으면 판례에 따름)
① 가장매매의 매수인으로부터 목적부동산을 다시 매수하여 소유권이전등기를 마친 자
② 가장매매의 매수인으로부터 매매계약에 의한 소유권이전청구권보전을 위한 가등기를 마친 자
③ 허위표시인 전세권설정계약에 기하여 등기까지 마친 전세권에 대하여 저당권을 취득한 자
④ 허위표시인 근저당권설정계약이 유효하다고 믿고 그 피담보채권에 대하여 가압류한 자
⑤ 채권의 가장양도에서 가장양수인에게 채무를 변제하지 않고 있었던 채무자

민법총칙

08. 권리의 객체 - 물건 　　주물과 종물 　　원물과 과실 ②③⑤ 판례	① 전기 기타 관리할 수 있는 자연력은 물건이다. 아니다. ② 주물의 소유자나 이용자의 사용에 공여되고 있으면더라도 주물 그 자체의 효용과 직접 관계가 없는 물건이라도면 종물에 해당한다. 해당하지 않는다. ④ 천연과실 법정과실은 수취할 권리의 존속기간 일수의 비율로 취득한다.

민법 제98조(물건의 정의)
본법에서 물건이라 함은 유체물 및 전기 기타 관리할 수 있는 자연력을 말한다.
민법 제99조(부동산, 동산)
① 토지 및 그 정착물은 부동산이다.
② 부동산 이외의 물건은 동산이다.

민법 제102조(과실의 취득)
① 천연과실은 그 원물로부터 분리하는 때에 이를 수취할 권리자에게 속한다.
② 법정과실은 수취할 권리의 존속기간일수의 비율로 취득한다.

⑤ 당사자는 주물을 처분할 때에 특약으로 종물만을 별도로 처분할 수 없다. 있다.

민법 제100조(주물, 종물)
① 물건의 소유자가 그 물건의 상용에 공하기 위하여 자기소유인 다른 물건을 이에 부속하게 한 때에는 그 부속물은 종물이다.
② 종물은 주물의 처분에 따른다.　　　　- 임의규정

09. 권리의 변동 　　법률행위 제08회(2020년) 보충 설명 참조	ㄱ, ㄴ, ㄷ, ㅁ.　　사실행위 ㄹ. 소유권의 포기: 법률행위(상대방 없는 단독행위)

10. 권리의 변동 　　의사표시 　　　착오 　　　통정허위표시 　　　비진의표시 　　　사기·강박에 의한 의사표시 ②③⑤ 판례	① 착오에 의한 의사표시의 취소는 선의의 제3자에게 대항할 수 있다. 없다. ③ 채무자의 법률행위가 통정허위표시에 해당되어 무효인 경우에는도 채권자취소권의 대상이 되지 않는다. 된다. ④ 진의 아닌 의사표시는 상대방이 표의자의 진의 아님을 알았거나 알 수 있었을 경우에 그 효력이 있다. 없다. ⑤ 강박이 의사결정의 자유를 완전히 박탈하는 정도에 이르지 않고 이를 제한하는 정도에 그친 경우에 그 의사표시는 무효이다. 취소할 수 있다.

11. 권리의 변동 　　의사표시 　　　통정허위표시(민법 제108조) 　　　　무효 　　　　- 무효 주장: 누구든지 　　　　- 유효 주장: 선의의 제3자	보호받는 (허위표시의 유효를 주장할 수 있는) 선의의 제3자 　1. 허위표시의 당사자 및 포괄승계인 이외의 자로서 　2. 허위표시에 의하여 외형상 형성된 법률관계를 토대로 　　　　　　　　실질적으로 새로운 법률상 이해관계를 맺은 자 　3. 선의의 제3자에 해당하는지를 판단함에는 　　　　　　　　과실 유무는 불문하고 선악 여부만을 따진다. ⑤ 가장양도 이전부터 존재하던 채무자 　→ 허위표시에 기초하여 새로운 법률상 이해관계를 맺은 자 　　(통정허위표시에서의 선의의 제3자)에 해당하지 않는다.

12. 불공정한 법률행위(민법 제104조)에 관한 설명으로 옳지 않은 것은? (다툼이 있으면 판례에 따름)
① 법률행위가 현저하게 공정을 잃은 경우, 그것은 경솔하게 이루어졌거나 궁박한 사정이 있었던 것으로 추정된다.
② 강제경매에서 시가보다 현저하게 낮게 매각된 경우에 불공정한 법률행위가 성립될 수 없다.
③ 불공정한 법률행위가 성립하기 위한 요건인 궁박, 경솔, 무경험은 그 중 일부만 갖추어도 된다.
④ 불공정한 법률행위에서 궁박이란 급박한 곤궁을 의미하는 것으로서 정신적 원인에 기인할 수도 있다.
⑤ 대리행위의 경우에 경솔·무경험은 대리인을 기준으로 판단하고, 궁박 상태에 있었는지 여부는 본인을 기준으로 판단하여야 한다.

13. 표현대리에 관한 설명으로 옳은 것은? (다툼이 있으면 판례에 따름)
① 유권대리에 관한 주장 속에는 무권대리에 속하는 표현대리의 주장이 포함되어 있다고 볼 수 없다.
② 대리권소멸 후의 표현대리에 관한 규정은 법정대리에는 적용되지 않는다.
③ 표현대리가 성립하여 대리행위의 효과가 본인에게 귀속되면 표현대리의 성질이 유권대리로 전환된다.
④ 기본대리권이 월권행위와 관련이 없는 경우에는 권한을 넘은 표현대리는 성립할 여지가 없다.
⑤ 대리권을 추단할 수 있는 직함이나 명칭 등의 사용을 본인이 승낙 또는 묵인하였더라도 대리권 수여의 표시가 있는 것으로 볼 수 없다.

14. 복대리에 관한 설명으로 옳지 않은 것은? (다툼이 있으면 판례에 따름)
① 복대리인은 대리인의 대리인이 아니다.
② 복대리에서도 표현대리가 성립할 수 있다.
③ 복대리인은 본인이나 제3자에 대하여 대리인과 동일한 권리의무가 있다.
④ 복대리인이 선임된 후에 대리인의 대리권이 소멸하더라도 복대리권은 소멸하지 않는다.
⑤ 법정대리인이 부득이한 사유로 복대리인을 선임한 경우, 본인에 대하여 복대리인의 선임 감독에 관한 책임이 있다.

15. 무권대리행위의 추인에 관한 설명으로 옳지 않은 것은? (다툼이 있으면 판례에 따름)
① 추인의 의사표시는 본인으로부터 그에 관한 대리권을 수여받은 임의대리인도 할 수 있다.
② 추인의 의사표시는 무권대리인 뿐만 아니라 무권대리행위의 상대방에 대하여도 할 수 있다.
③ 무권대리행위의 상대방이 계약 당시 무권대리임을 안 경우에는 본인에 대해 추인 여부의 확답을 최고할 수 없다.
④ 추인은 의사표시 전부에 대하여 행하여져야 하고, 그 내용을 변경하여 추인할 경우에는 상대방의 동의가 없는 한 무효이다.
⑤ 본인이 무권대리인에게 무권대리행위를 추인한 경우, 계약 당시에 대리권 없음을 알지 못한 상대방은 그 추인 사실을 알기 전까지 무권대리인과 체결한 계약을 철회할 수 있다.

12. 권리의 변동
　　법률행위
　　　법률행위의 목적
　　　　불공정한 법률행위
　　　　　→ 절대적·확정적 무효
　　　　　　추인 불가
　　　　　　무효행위 전환 인정(판례)

> 민법 제104조(불공정한 법률행위)
> 당사자의 궁박·경솔 또는 무경험으로 인하여 현저하게 공정을 잃은 법률행위는 무효로 한다.

① 법률행위가 현저하게 공정을 잃은 경우, 그것은 경솔하게 이루어졌거나 궁박한 사정이 있었던 것으로 추정된다. <u>추정되지 않는다.</u>
　불공정한 법률행위를 주장하는 자에게 입증책임이 있다.
② **경매**: 민법 제104조, 민법 제608조 적용배제
　　　　　　　　　　　　　　　(차주에 불이익한 약정의 금지)

13. 권리의 변동
　　법률행위의 대리
　　　표현대리
　대리권수여의 표시에 의한 표현대리
　　　　　　　　　　　　(민법 제125조)
　권한을 넘은 표현대리(제126조)
　대리권소멸후의 표현대리(제129조)

①②③④⑤ 판례

② 대리권소멸 후의 표현대리에 관한 규정은 법정대리에는 적용되지 않는다. <u>적용된다.</u>
　민법 제129조(대리권소멸후의 표현대리)는
　　　　　　　　　　　임의대리, 법정대리 모두에 적용된다.
③ 표현대리가 성립하여 대리행위의 효과가 본인에게 귀속되면 표현대리의 성질이 유권대리로 전환된다. <u>전환되는 것은 아니다.</u>
④ 기본대리권이 월권행위와 관련이 없는 경우에는<u>도</u> 권한을 넘은 표현대리는 성립할 여지가 없다. <u>있다.</u>
⑤ 대리권을 추단할 수 있는 직함이나 명칭 등의 사용을 본인이 승낙 또는 묵인하였더라도<u>다면</u> 대리권 수여의 표시가 있는 것으로 볼 수 없다. <u>있다.</u>

14. 권리의 변동
　　법률행위의 대리
　　　복대리

① 복대리인은 본인의 대리인이다.
④ 복대리인이 선임된 후에 대리인의 대리권이 소멸하더라도<u>면</u> 복대리권은 소멸하지 않는다. <u>소멸한다.</u>

15. 권리의 변동
　　법률행위의 대리
　　　무권대리
　　　- 상대방의 최고권: 선악
　　　　　철회권: 선의
　　　- 본인의 추인의 상대방
　　　　　무권대리인
　　　　　무권대리행위의 상대방
　　　　　무권대리행위로 인한 권리
　　　　　　또는 법률관계의 승계인
　　　협의의 무권대리

> 민법 제131조(상대방의 최고권)
> 대리권 없는 자가 타인의 대리인으로 계약을 한 경우에 상대방은 상당한 기간을 정하여 본인에게 추인여부의 확답을 최고할 수 있다. 본인이 그 기간내에 확답을 발하지 아니한 때에는 추인을 거절한 것으로 본다.
> 민법 제134조(상대방의 철회권)
> 대리권없는 자가 한 계약은 본인의 추인이 있을 때까지 상대방은 본인이나 그 대리인에 대하여 이를 철회할 수 있다. 그러나 계약당시에 상대방이 대리권 없음을 안 때에는 그러하지 아니하다.

③ 무권대리행위의 상대방이 계약 당시 무권대리임을 안 경우에는 본인에 대해 추인 여부의 확답을 최고할 수 없다. <u>있다.</u>
　악의의 상대방은 무권대리행위를 철회할 수 없다.

16. 甲이 만 18세인 대학생 乙에게 X 아파트 분양계약체결에 관한 대리권을 수여하였고, 乙은 甲을 대리하여 丙이 분양하는 X 아파트를 3억원에 분양받기로 하는 계약을 체결한 경우에 관한 설명으로 옳지 <u>않은</u> 것은? (다툼이 있으면 판례에 따름)
① 丙은 甲에 대하여 X 아파트 분양계약에 따른 이행을 청구할 수 있다.
② 乙의 법정대리인은 X아파트 분양계약을 법정대리인의 동의가 없다는 이유로 취소할 수 없다.
③ 丙이 X 아파트에 대한 소유권이전등기를 해 주지 않은 경우, 특별한 사정이 없는 한 乙은 甲을 대리하여 계약을 해제할 수 없다.
④ 만일 乙이 무권대리인이었고, 丙이 이를 알지 못하였다면, 丙은 乙에게 계약의 이행을 청구할 수 있다.
⑤ 만일 X아파트 단지 인근에 쓰레기 매립장이 건설예정인 사실을 알고 있는 丙이 乙에게 이를 고지하지 않았다면 이는 부작위에 의한 기망행위가 된다.

17. 법률행위의 조건과 기한에 관한 설명으로 옳지 <u>않은</u> 것은? (다툼이 있으면 판례에 따름)
① 기한의 이익은 포기할 수 있지만, 상대방의 이익을 해하지 못한다.
② 정지조건 있는 법률행위는 조건이 성취한 때로부터 그 효력을 잃는다.
③ 조건의 성취가 미정한 권리의무는 일반규정에 의하여 처분, 상속, 보존 또는 담보로 할 수 있다.
④ 조건부 법률행위에 있어 조건의 내용 자체가 불법적인 것이어서 무효일 경우, 그 조건만을 분리하여 무효로 할 수 없다.
⑤ 불확정한 사실이 발생한 때를 이행기한으로 정한 경우, 그 사실이 발생한 때뿐만 아니라 발생이 불가능하게 된 때에도 이행기한은 도래한 것으로 보아야 한다.

18. 민법상 기간에 관한 설명으로 옳지 <u>않은</u> 것은? (다툼이 있으면 판례에 따름)
① 기간을 일, 주, 월 또는 년으로 정한 때에 그 기간의 초일을 산입하기로 한 당사자 사이의 약정은 유효하다.
② 1996. 6. 5. 08시에 출생한 사람은 2015. 6. 5. 0시부터 성년자가 된다.
③ 월로 정한 기간의 기산일이 공휴일인 경우에는 그 다음 날부터 기산한다.
④ 2015. 5. 31. 09시부터 1개월인 경우, 2015. 6. 30. 24시에 기간이 만료한다.
⑤ 2015. 6. 10. 09시에 甲이 乙에게 자전거를 빌리면서 10시간 후에 반환하기로 한 경우, 甲은 乙에게 2015. 6. 10. 19시까지 반환하여야 한다.

16. 권리의 변동
법률행위의 대리

민법 제117조(대리인의 행위능력)
대리인은 행위능력자임을 요하지 아니한다.

③⑤ 판례

④ 만일 乙(미성년자)이 무권대리인이었고, 丙(상대방)이 이를 알지 못하였다면 못하였다고 하더라도, 丙은 乙에게 계약의 이행을 청구할 수 있다. 없다.

민법 제135조(무권대리인의 상대방에 대한 책임)
① 타인의 대리인으로 계약을 한 자가 그 대리권을 증명하지 못하고 또 본인의 추인을 얻지 못한 때에는 상대방의 선택에 좇아 계약의 이행 또는 손해배상의 책임이 있다.
② 상대방이 대리권 없음을 알았거나 알 수 있었을 때 또는 대리인으로 계약한 자가 행위능력이 없는 때에는 전항의 규정을 적용하지 아니한다.

17. 권리의 변동
법률행위의 부관(조건·기한)

① 민법 제153조
③ 민법 제149조
④⑤ 판례

② 정지조건 있는 법률행위는 조건이 성취한 때로부터 그 효력을 잃는다. 이 생긴다.

민법 제147조(조건성취의 효과)
① 정지조건있는 법률행위는 조건이 성취한 때로부터 그 효력이 생긴다.
② 해제조건있는 법률행위는 조건이 성취한 때로부터 그 효력을 잃는다.
③ 당사자가 조건성취의 효력을 그 성취전에 소급하게 할 의사를 표시한 때에는 그 의사에 의한다.

18. 권리의 변동
기간

①

민법 제155조(본장의 적용범위)
기간의 계산은 법령, 재판상의 처분 또는 법률행위에 다른 정한 바가 없으면 본장의 규정에 의한다.

민법 제156조(기간의 기산점)
기간을 시·분·초로 정한 때에는 즉시로부터 기산한다.
민법 제157조(기간의 기산점)
기간을 일, 주, 월 또는 연으로 정한 때에는 기간의 초일은 산입하지 아니한다. 그러나 그 기간이 오전 영시로부터 시작하는 때에는 그러하지 아니하다.
민법 제158조(나이의 계산과 표시)
나이는 출생일을 산입하여 만(滿) 나이로 계산하고, 연수(年數)로 표시한다. 다만, 1세에 이르지 아니한 경우에는 월수(月數)로 표시할 수 있다.
민법 제159조(기간의 만료점)
기간을 일, 주, 월 또는 년으로 정한 때에는 기간말일의 종료로 기간이 만료한다.
민법 제160조(역에 의한 계산)
① 기간을 주·월 또는 년으로 정한 때에는 역(曆)에 의하여 계산한다.
② 주·월 또는 년의 처음으로부터 기간을 기산하지 아니하는 때에는 최후의 주·월 또는 년에서 그 기산일에 해당한 날의 전일로 기간이 만료한다.
③ 월 또는 년으로 정한 경우에 최종의 월에 해당일이 없는 때에는 그 월의 말일로 기간이 만료한다.

③ 판례: 월로 정한 기간의 기산일이 공휴일인 경우에는 그 다음 날부터 기산한다.

19. 소멸시효의 중단 또는 정지에 관한 설명으로 옳지 않은 것은? (다툼이 있으면 판례에 따름)
① 재판상의 청구는 그 소송이 취하된 경우에는 그로부터 6개월 내에 다시 재판상의 청구 등을 하지 않는 한 소멸시효 중단의 효력이 없다.
② 당연 무효의 가압류·가처분은 소멸시효의 중단사유에 해당하지 않는다.
③ 부부 중 한쪽이 다른 쪽에 대하여 갖는 권리는 혼인관계가 종료된 때부터 6개월 내에는 소멸시효가 완성되지 않는다.
④ 승인은 소멸시효의 진행이 개시된 이후에만 가능하고, 그 이전에는 승인을 하더라도 시효가 중단되지 않는다.
⑤ 시효중단의 효력 있는 승인에는 상대방의 권리에 관한 처분의 능력이나 권한이 있을 것을 요한다.

20. 甲은 토지거래허가구역 내의 X 토지에 대하여 관할관청으로부터 허가를 받지 않고 乙에게 매도하는 계약을 체결하였고, 乙은 계약금을 지급한 경우에 관한 설명으로 옳지 않은 것은? (다툼이 있으면 판례에 따름)
① 甲은 허가를 받기 전에도 특별한 사정이 없는 한 계약금의 배액을 상환하고 적법하게 계약을 해제할 수 있다.
② 甲·乙 쌍방이 허가신청을 하지 않기로 의사표시를 명백히 한 경우에는 X토지에 대한 매매계약은 확정적으로 유효이다.
③ 乙은 매매계약이 확정적으로 무효가 되지 않는 한 계약체결시 지급한 계약금에 대하여 이를 부당이득으로 반환청구할 수 없다.
④ 매매계약과 별개의 약정으로, 甲과 乙은 매매 잔금이 지급기일에 지급되지 않는 경우에 매매계약을 자동해제하기로 정할 수 있다.
⑤ 매매계약을 체결한 이후에 X토지에 대한 토지거래허가구역지정이 해제된 경우, 甲과 乙 사이의 매매계약은 특별한 사정이 없는 한 확정적으로 유효가 된다.

19. 권리의 변동 　　소멸시효 - 중단·정지 　　　　　　　　　　　① 　②④ 판례 　⑤ 시효중단의 효력 있는 승인에는 상대방의 권리에 관한 처분의 능력이나 권한이 있을 것을 요한다. <u>요하지 않는다.</u> 　　　　　　　　　　　⑤ 　　　　　　　　　　　③	민법 170조(재판상의 청구와 시효중단) ① 재판상의 청구는 소송의 각하, 기각 또는 취하의 경우에는 시효중단의 효력이 없다. ② 전항의 경우에 6월내에 재판상의 청구, 파산절차참가, 압류 또는 가압류, 가처분을 한 때에는 시효는 최초의 재판상 청구로 인하여 중단된 것으로 본다. 민법 제171조(파산절차참가와 시효중단) 파산절차참가는 채권자가 이를 취소하거나 그 청구가 각하된 때에는 시효중단의 효력이 없다. 민법 제172조(지급명령과 시효중단) 지급명령은 채권자가 법정기간내에 가집행신청을 하지 아니함으로 인하여 그 효력을 잃은 때에는 시효중단의 효력이 없다. 민법 제173조(화해를 위한 소환, 임의출석과 시효중단) 화해를 위한 소환은 상대방이 출석하지 아니 하거나 화해가 성립되지 아니한 때에는 1월내에 소를 제기하지 아니하면 시효중단의 효력이 없다. 임의출석의 경우에 화해가 성립되지 아니한 때에도 그러하다. 민법 제174조(최고와 시효중단) 최고는 6월내에 재판상의 청구, 파산절차참가, 화해를 위한 소환, 임의출석, 압류 또는 가압류, 가처분을 하지 아니하면 시효중단의 효력이 없다. 민법 제175조(압류, 가압류, 가처분과 시효중단) 압류, 가압류 및 가처분은 권리자의 청구에 의하여 또는 법률의 규정에 따르지 아니함으로 인하여 취소된 때에는 시효중단의 효력이 없다. 민법 제176조(압류, 가압류, 가처분과 시효중단) 압류, 가압류 및 가처분은 시효의 이익을 받은 자에 대하여 하지 아니한 때에는 이를 그에게 통지한 후가 아니면 시효중단의 효력이 없다. 민법 제177조(승인과 시효중단) 시효중단의 효력있는 승인에는 상대방의 권리에 관한 처분의 능력이나 권한있음을 요하지 아니한다. 민법 제180조(재산관리자에 대한 제한능력자의 권리, 부부 사이의 권리와 시효정지) ① 재산을 관리하는 아버지, 어머니 또는 후견인에 대한 제한능력자의 권리는 그가 능력자가 되거나 후임 법정대리인이 취임한 때부터 6개월 내에는 소멸시효가 완성되지 아니한다. ② 부부 중 한쪽이 다른 쪽에 대하여 가지는 권리는 혼인관계가 종료된 때부터 6개월 내에는 소멸시효가 완성되지 아니한다.	
20. 권리의 변동 　　법률행위의 무효·취소 　　유동적 무효	①③④⑤ 판례, 유동적 무효 　- 해약금에 의한 해제: 계약금 배액 상환 후 적법 계약해제 　- 계약금 부당이득반환청구 불가 　- 잔금지급의무 불이행 시 자동해제약정 가능 ② 甲·乙 쌍방이 허가신청을 하지 않기로 의사표시를 명백히 한 경우에는 X토지에 대한 매매계약은 확정적으로 유효 <u>무효</u>이다.	

21. 행정법의 효력에 관한 설명으로 옳은 것은? (다툼이 있으면 판례에 따름)
① 대통령령, 총리령 및 부령은 특별한 규정이 없으면 공포한 날부터 15일이 경과함으로써 효력을 발생한다.
② 법령은 지역적으로 대한민국의 영토전역에 걸쳐 효력을 가지는 것이 원칙이나 예외적으로 일부지역에만 적용될 수 있다.
③ 일반국민의 이해에 직접 관계가 없는 경우 등 특별한 사정이 있는 경우라도 법령의 소급적용은 허용되지 아니한다.
④ 인·허가신청 후 처분 전에 관계법령이 개정 시행된 경우, 행정행위는 신청 당시에 시행중인 법령과 허가기준에 의하여 하는 것이 원칙이다.
⑤ 법령은 대한민국의 영토 내에 있는 모든 사람에게 적용되는 것이 원칙이므로 외국인에 대하여 특칙을 두거나 상호주의가 적용될 수 없다.

22. 행정법의 대상이 되는 행정에 관한 설명으로 옳지 않은 것은?
① 헌법의 구체화법인 행정법의 대상으로서 행정은 권력분립원리에 따라 확립된 개념이다.
② 행정의 목표로서 공익의 개념은 명백한 것이기 때문에 공익의 개념은 시간의 흐름에 따라 변하지 않는 고정적인 것이다.
③ 우리나라의 경우 대통령의 통치행위를 판례에서 인정한 바 있다.
④ 행정을 공법상 행정과 사법상 행정으로 구분하는 주된 실익은 양자에 적용되는 실체법이 다르고, 권리구제 방식 등이 다르기 때문이다.
⑤ 급부행정은 공법적인 방식 외에 사법적인 방식으로도 이루어진다.

23. 행정절차법상 행정상 입법예고에 관한 내용으로 옳은 것을 모두 고른 것은?

> ㄱ. 입법예고의 기준·절차 등에 관하여 필요한 사항은 대통령령으로 정한다.
> ㄴ. 입법내용이 국민의 권리·의무 또는 일상생활과 관련이 없는 경우에도 예고를 하여야 한다.
> ㄷ. 입법예고기간은 예고할 때 정하되, 특별한 사정이 없으면 40일(자치법규는 20일) 이상으로 한다.
> ㄹ. 행정청은 예고된 입법안의 전문에 대한 열람 또는 복사를 요청받았을 때에는 특별한 사유가 없으면 그 요청에 따라야 한다.

① ㄱ, ㄴ   ② ㄴ, ㄷ   ③ ㄷ, ㄹ   ④ ㄱ, ㄷ, ㄹ   ⑤ ㄴ, ㄷ, ㄹ

24. 행정지도에 관한 설명으로 옳지 않은 것은? (다툼이 있으면 판례에 따름)
① 행정지도의 상대방은 해당 행정지도의 방식·내용 등에 관하여 행정기관에 의견 제출을 할 수 있다.
② 행정기관은 행정지도의 상대방이 행정지도에 따르지 아니하였다는 것을 이유로 불이익한 조치를 하여서는 안 된다.
③ 행정지도는 일정한 법적 효과의 발생을 목적으로 하는 처분이다.
④ 법치주의의 붕괴, 책임소재의 불분명으로 인한 책임행정의 이탈 등은 행정지도의 문제점에 해당된다.
⑤ 주무부처 장관의 대학총장들에 대한 학칙시정요구는 규제적·구속적 성격이 강하기 때문에 헌법소원의 대상이 된다.

21. 행정법 통론
   행정법
   효력
   - 인적 효력
   - 시간적 효력
   - 장소적 효력

① 법령 등 공포에 관한 법률
   제13조(시행일)
   제13조의2(법령의 시행유예기간)
③④ 판례

① 대통령령, 총리령 및 부령은 특별한 규정이 없으면 공포한 날부터 ~~15일~~ 20일이 경과함으로써 효력을 발생한다.
② 제주특별자치도 설치 및 국제자유도시 조성을 위한 특별법, 수도권정비계획법 등
③ 일반국민의 이해에 직접 관계가 없는 경우 등 특별한 사정이 있는 경우라도면 법령의 소급적용은 ~~허용되지 아니한다.~~ 예외적으로 허용된다.
④ 인·허가신청 후 처분 전에 관계 법령이 개정 시행된 경우, 행정행위는 신청 당시 ~~인·허가처분 시~~에 시행 중인 법령과 허가 기준에 의하여 하는 것이 원칙이다.
⑤ 법령은 대한민국의 영토 내에 있는 모든 사람에게 적용되는 것이 원칙이므로 국내의 외국인도 적용받지만, 외국인에 대하여 특칙을 두거나 상호주의가 ~~적용될 수 없다.~~ 있다.

22. 행정법 통론
   행정

③ **통치행위**: 사법 심사권 행사 억제

② 행정의 목표로서 공익의 개념은 ~~명백한 것이기 때문에 공익의 개념은 시간의 흐름에 따라 변하지 않는~~ 변하는, ~~고정적~~ 유동적인 것이다.
④ **공법상 행정**: 공법 및 공법원칙, 행정소송
   사법상 행정: 사법 및 사법원칙, 민사소송
⑤ 급부행정은 공법적인 방식(공법상 계약, 행정처분) 외에 사법적인 방식(국고관계, 행정사법)으로도 이루어진다.

23. 행정절차·(행정)정보
   행정절차
   입법예고

ㄷ, ㄹ.

행정절차법 제42조(예고방법)
⑤ 행정청은 예고된 입법안의 전문에 대한 열람 또는 복사를 요청받았을 때에는 특별한 사유가 없으면 그 요청에 따라야 한다.
행정절차법 제43조(예고기간)
입법예고기간은 예고할 때 정하되, 특별한 사정이 없으면 40일(자치법규는 20일) 이상으로 한다.

행정절차법 제41조(행정상 입법예고)
① 법령등을 제정·개정 또는 폐지(이하 "입법"이라 한다)하려는 경우에는 해당 입법안을 마련한 행정청은 이를 예고하여야 한다. 다만, 다음 각 호의 어느 하나에 해당하는 경우에는 예고를 하지 아니할 수 있다. ㄴ.
   1. 신속한 국민의 권리 보호 또는 예측 곤란한 특별한 사정의 발생 등으로 입법이 긴급을 요하는 경우
   2. 상위 법령등의 단순한 집행을 위한 경우
   3. 입법내용이 국민의 권리·의무 또는 일상생활과 관련이 없는 경우
   4. 단순한 표현·자구를 변경하는 경우 등 입법내용의 성질상 예고의 필요가 없거나 곤란하다고 판단되는 경우
   5. 예고함이 공공의 안전 또는 복리를 현저히 해칠 우려가 있는 경우
⑤ 입법예고의 기준·절차 등에 관하여 필요한 사항은 대통령령으로 정한다. ㄱ.

ㄴ. 입법 내용이 국민의 권리·의무 또는 일상생활과 관련이 없는 경우에도는 ~~예고를 하여야 한다.~~ 하지 않을 수 있다.

24. 행정작용법
   기타 행정작용
   행정지도

③ (판례: 행정지도의 처분성 부정) 행정지도는 일정한 법적 효과의 발생을 목적으로 하는 ~~처분이다.~~ 이 아니다.

25. 허가에 관한 설명으로 옳은 것은? (다툼이 있으면 판례에 따름)
① 허가권자는 중대한 공익상의 필요가 없는데도 관계 법령에서 정한 제한사유 이외의 사유를 들어 적법한 건축허가 신청을 거부할 수 없다.
② 허가는 반드시 신청을 전제로 한다.
③ 허가의 취소사유가 발생하면 취소가 가능하지만 일부취소는 불가능하다.
④ 허가가 있으면 당해 허가의 대상이 된 행위에 대한 금지가 해제될 뿐만 아니라 타법에 의한 금지까지 해제된다.
⑤ 인·허가의제 효과를 수반하는 건축신고는 수리를 요하는 신고에 해당하지 않는다.

26. 행정규칙에 관한 설명으로 옳지 않은 것은? (다툼이 있으면 판례에 따름)
① 행정규칙은 원칙적으로 대외적 구속력이 없다.
② 재량준칙이 되풀이 시행되어 행정관행이 성립한 경우 당해 재량준칙에 자기구속력을 인정한다.
③ 행정규칙의 제정에는 법령의 수권을 요하지 않는다.
④ 행정규칙에서 정한 요건을 충족하지 않으면 그 처분은 절차상의 하자로 위법한 처분이 된다.
⑤ 행정규칙은 대외적인 행위가 아니라 행정조직 내부에서의 행위이므로 원칙상 헌법소원의 대상이 되는 공권력 행사가 아니다.

27. 우리나라의 행정절차법상 규정되어 있지 않은 것은?
① 행정상 입법예고 ② 신고 ③ 행정계획 ④ 행정예고 ⑤ 행정지도

28. 행정계획에 관한 설명으로 옳지 않은 것은? (다툼이 있으면 판례에 따름)
① 행정청이 이미 도시계획이 결정·고시된 지역에 대하여 다른 도시계획을 결정·고시한 경우, 특별한 사정이 없는 한 선행 도시계획은 후행 도시계획과 같은 내용으로 적법하게 변경되었다고 할 것이다.
② 행정주체가 행정계획을 입안·결정하는 데에는 광범위한 계획재량을 가지더라도, 행정계획에 관련된 자들의 이익을 공익 상호간과 사익 상호간까지 비교·교량하여야 할 필요는 없다.
③ 국토이용계획은 계획의 확정 후에 어떤 사정의 변동이 있다고 하여 지역주민이나 일반 이해관계인에게 일일이 그 계획의 변경을 신청할 권리를 인정하여 줄 수 없음이 원칙이다.
④ 도시계획구역 내 토지 등을 소유하고 있는 주민은 입안권자에게 도시계획입안을 요구할 수 있는 법규상 또는 조리상의 신청권이 있다.
⑤ 택지개발 예정지구 지정처분은 광범위한 재량행위라고 할 것이므로 그 재량권의 일탈·남용이 없는 이상 그 처분을 위법하다고 할 수 없다.

25. 행정작용법 　행정행위 　　법률행위적 행정행위 　　　명령적 행정행위: 면제, 하명, 허가 　　　형성적 행정행위: 대리, 인가, 특허 　　준법률행위적 행정행위: 　　　　　　공증, 수리, 통지, 확인	① 판례 ② 허가는 반드시 신청을 전제로 한다. <u>하지 않는다.</u> 　인가·특허는 신청을 전제로 한다. ③ 판례: 허가의 취소사유가 발생하면 취소가 가능하지만고 가분적(加分的)이거나 허가대상의 일부만 특정될 수 있는 경우에는 일부취소는도 불가능하다. <u>가능하다.</u> ④ 허가가 있으면 당해 허가의 대상이 된 행위에 대한 금지가 해제될 뿐만 아니라 타법에 의한 금지까지 해제된다. <u>해제되는 것은 아니다.</u> ⑤ 판례: 인·허가의제 효과를 수반하는 건축신고는 수리를 요하는 신고에 해당하지 않는다. <u>해당한다.</u>	
26. 행정작용법 　행정입법 　　법규명령·행정규칙 ①②⑤ 판례	행정규칙 - 행정규칙은 행정조직 내부 규범이다. 　행정조직 내부에서 그 조직과 활동을 규율하기 위해서 발하는 일반적·추상적인 명령으로서 법규적 성격을 갖지 않는다. - 행정규칙은 대외적으로 구속력을 갖지 않는다. 　일반적·추상적인 명령이라는 점에서는 법규명령과 같지만, 일반적으로 국민을 구속하지 않는다는 점에서 법규명령과 구별된다. ④ 행정규칙에서 정한 요건을 충족하지 않으면 그 처분은 절차상의 하자로 위법한 처분이 된다. <u>되지 않는다.</u>	
27. 행정절차·(행정)정보 　행정절차	행정절차법 제3조(적용 범위) ① 처분, 신고, 행정상 입법예고, 행정예고 및 행정지도의 절차(이하 "행정절차"라 한다)에 관하여 다른 법률에 특별한 규정이 있는 경우를 제외하고는 이 법에서 정하는 바에 따른다. ① 처분, 신고, <u>확약, 위반사실 등의 공표, 행정계획,</u> 행정상 입법예고, 행정예고 및 행정지도의 절차(이하 "행정절차"라 한다)에 관하여 다른 법률에 특별한 규정이 있는 경우를 제외하고는 이 법에서 정하는 바에 따른다. 　　　　　　　　　　　　　　　- 2022년 개정 행정강제 행정계약(공법상 계약)	
28. 행정작용법 　기타 행정작용 　　행정계획	①②③④⑤ 판례 ② 행정주체가 행정계획을 입안·결정하는 데에는 광범위한 계획재량을 가지더라도, 행정계획에 관련된 자들의 이익을 공익 상호 간과 사익 상호 간까지 비교·교량하여야 할 필요는 없다. <u>한다.</u>	

29. 공공기관의 정보공개에 관한 법령상 정보공개에 관한 설명으로 옳은 것은? (다툼이 있으면 판례에 따름)
① 공개청구의 대상이 되는 정보는 그 문서가 반드시 원본이어야 한다.
② 권리능력 없는 사단은 정보공개청구권자에 해당하지 않는다.
③ 정보공개청구제도는 행정의 투명성과 적법성을 위한 것이므로 국민의 정보공개청구는 권리의 남용에 해당할 여지가 없다.
④ 외국인은 정보공개청구권이 인정되지 않는다.
⑤ 공공기관이 그 정보를 보유·관리하고 있지 아니한 경우에는 특별한 사정이 없는 한 정보공개거부처분의 취소를 구할 법률상의 이익이 없다.

30. 대집행에 관한 설명으로 옳지 않은 것은? (다툼이 있으면 판례에 따름)
① 행정대집행에 있어서 1차 계고에 이어 2차 계고를 행한 경우, 2차 계고는 새로운 행정처분이다.
② 대집행영장에 의한 통지는 비상시 등 그 절차를 취할 여유가 없는 경우 당해 수속을 거치지 아니하고 대집행을 할 수 있다.
③ 대집행을 실시하기 위하여 지출한 비용은 국세징수법의 예에 의하여 징수할 수 있다.
④ 행정상 의무이행확보수단으로 행정대집행의 절차가 인정되는 경우에는 따로 민사소송의 방법으로 의무이행을 구할 수는 없다.
⑤ 비대체적 부작위의무를 대상으로 하는 행정대집행명령은 위법하다.

31. 행정조사에 관한 설명으로 옳지 않은 것은? (다툼이 있으면 판례에 따름)
① 행정기관의 장은 법령 등에서 규정하고 있는 조사사항을 조사대상자로 하여금 스스로 신고하도록 하는 제도를 운영할 수 있다.
② 행정조사는 법령 등의 위반에 대한 처벌보다는 법령 등을 준수하도록 유도하는 데 중점을 두어야 한다.
③ 행정기관은 유사하거나 동일한 사안에 대하여는 공동조사 등을 실시함으로써 행정조사가 중복되지 아니하도록 하여야 한다.
④ 조사대상자의 자발적인 협조를 얻어 행정조사를 실시하고자 하는 경우 조사대상자는 당해 행정조사를 거부할 수 있다.
⑤ 세무조사결정은 납세의무자의 권리·의무에 직접 영향을 미치는 공권력의 행사에 따른 행정작용이 아니므로 항고소송의 대상이 될 수 없다.

32. 행정소송제도에 관한 설명 중 옳은 것은? (다툼이 있으면 판례에 따름)
① 판례는 예방적 부작위청구소송(예방적 금지소송)을 인정한다.
② 주민소송은 주관적 소송에 해당한다.
③ 현행 행정소송법은 취소소송중심주의를 취하고 있다.
④ 행정처분에 대한 무효확인청구와 취소청구는 선택적 청구로서의 병합은 허용된다.
⑤ 당사자소송의 인정에 있어서는 개별법의 근거가 필요하다.

29. 행정절차·(행정)정보 정보공개	① 공개청구의 대상이 되는 정보는 그 문서가 반드시 원본이어야 한다. 일 필요는 없다.
①②③⑤ 판례	② 권리능력 없는 사단은 정보공개청구권자에 해당하지 않는다. 해당한다.
	③ 정보공개청구제도는 행정의 투명성과 적법성을 위한 것이므로지만 국민의 정보공개청구는 권리의 남용에 해당할 여지가 없다. 있다.
④ 공공기관의 정보공개에 관한 법률 시행령 제3조(외국인의 정보공개 청구)	④ 일정한(외국인 중 국내에 일정한 주소를 두고 거주하거나 학술·연구를 위하여 일시적으로 체류하는 사람이나 국내에 사무소를 두고 있는 법인 또는 단체) 외국인은 정보공개청구권이 인정되지 않는다. 인정된다.
30. 행정상 실효성 확보 수단 행정강제 행정대집행	① 판례: 행정대집행에 있어서 1차 계고에 이어 2차 계고를 행한 경우, 2차 계고는 새로운 행정처분이다. 이 아니다.
31. 행정상 실효성 확보 수단 행정강제 행정조사 ③	행정조사기본법 제4조(행정조사의 기본원칙) ③ 행정기관은 유사하거나 동일한 사안에 대하여는 공동조사 등을 실시함으로써 행정조사가 중복되지 아니하도록 하여야 한다. ④ 행정조사는 법령등의 위반에 대한 처벌보다는 법령등을 준수하도록 유도하는 데 중점을 두어야 한다. 행정조사기본법 제5조(행정조사의 근거) 행정기관은 법령등에서 행정조사를 규정하고 있는 경우에 한하여 행정조사를 실시할 수 있다. 다만, 조사대상자의 자발적인 협조를 얻어 실시하는 행정조사의 경우에는 그러하지 아니하다. 행정조사기본법 제20조(자발적인 협조에 따라 실시하는 행정조사) ① 행정기관의 장이 제5조 단서에 따라 조사대상자의 자발적인 협조를 얻어 행정조사를 실시하고자 하는 경우 조사대상자는 문서·전화·구두 등의 방법으로 당해 행정조사를 거부할 수 있다.
① ② 행정조사기본법 제25조(자율신고제도) ① 행정기관의 장은 법령등에서 규정하고 있는 조사사항을 조사대상자로 하여금 스스로 신고하도록 하는 제도를 운영할 수 있다. ④ 판례:	⑤ 세무조사결정은 납세의무자의 권리·의무에 직접 영향을 미치는 공권력의 행사에 따른 행정작용이 아니므로 으로 항고소송의 대상이 될 수 없다. 된다.
32. 행정구제법 행정쟁송 행정소송 ③ 취소소송중심주의 나머지 소송은 취소소송 규정 준용	① 판례는 예방적 부작위청구소송(예방적 금지소송, 무명항고소송)을 인정한다. 인정하지 않는다. ② 주민소송(민중소송)은 주관적 객관적 소송에 해당한다. ④ 판례: 행정처분에 대한 무효확인청구와 취소청구는 선택적 청구로서의 병합은 허용된다. 허용되지 않는다. - 주의적·예비적 청구로서의 병합 ○ - 선택적 청구로서의 병합 × ⑤ 당사자소송의 인정에 있어서는 개별법의 근거가 필요하다. 필요하지 않다.

33. 행정심판에 관한 설명으로 옳지 않은 것은? (다툼이 있으면 판례에 따름)
① 처분의 취소를 구하는 취지의 처분청에 대한 진정서 제출은 행정심판법 소정의 행정심판청구가 될 수 있다.
② 고시 또는 공고에 의하여 행정처분을 하는 경우, 행정심판 청구기간의 기산일은 고시 또는 공고의 효력발생일이다.
③ 행정심판에 있어서 행정심판위원회는 재결 당시까지 제출된 모든 자료를 종합하여 행정처분의 위법·부당 여부를 판단할 수 있다.
④ 형성적 재결이 있는 경우에는 그 대상이 된 행정처분은 재결 자체에 의하여 당연히 취소되어 소멸된다.
⑤ 행정심판법상 재결의 기속력은 당해 처분에 관하여 재결주문 및 그 전제가 된 요건사실의 인정과 판단뿐만 아니라 이와 직접 관계가 없는 다른 처분에 대하여도 미친다.

34. 행정소송법상 집행정지에 관한 설명으로 옳은 것은?
① 집행정지의 결정 또는 기각의 결정에 대하여는 즉시항고할 수 없다.
② 집행정지는 공공복리에 중대한 영향을 미칠 우려가 있을 때에도 허용된다.
③ 취소소송의 제기는 처분등의 효력이나 그 집행 또는 절차의 속행에 영향을 준다.
④ 처분의 효력정지는 처분등의 집행 또는 절차의 속행을 정지함으로써 목적을 달성할 수 있는 경우에는 허용되지 않는다.
⑤ 긴급한 필요가 있다고 인정할 때에는 본안이 계속되고 있는 법원은 직권에 의하여 처분등의 효력의 전부 또는 일부의 정지를 결정할 수 없다.

35. 지방자치단체의 사무에 관한 설명으로 옳은 것을 모두 고른 것은? (다툼이 있으면 판례에 따름)

ㄱ. 지방의회는 집행기관의 고유권한에 속하는 사항의 행사에 관하여 견제의 범위 내에서 소극적·사후적으로 개입할 수 있을 뿐만 아니라 사전에 적극적으로 개입할 수 있다.
ㄴ. 지방의회는 자치사무에 관하여 법률에 특별한 규정이 없는 한 조례로써 위와 같은 지방자치단체장의 고유권한을 침해하지 않는 범위 내에서 조례를 제정할 수 있다.
ㄷ. 지방의회는 지방자치단체 및 그 장이 위임받아 처리하는 국가사무와 시·도의 사무에 대하여 국회와 시·도 의회가 직접 감사하기로 한 사무도 감사할 수 있다.
ㄹ. 국가사무가 지방자치단체의 장에게 위임된 기관위임사무는 원칙적으로 자치조례의 제정범위에 속하지 않는다.

① ㄱ, ㄷ   ② ㄱ, ㄹ   ③ ㄴ, ㄷ   ④ ㄴ, ㄹ   ⑤ ㄷ, ㄹ

36. 지방의회에 관한 설명으로 옳지 않은 것은? (다툼이 있으면 판례에 따름)
① 지방의회는 지방자치단체의 구성부분으로 헌법이 인정하는 기관이다.
② 지방의회의 사무직원은 지방자치단체장의 추천에 의하여 의장이 임명한다.
③ 지방의회의 회의는 공개가 원칙이지만 의원 3명 이상의 발의로 출석의원 3분의 2 이상이 찬성한 경우에는 공개하지 않을 수 있다.
④ 체포 또는 구금된 지방의회의원이 있으면 관계 수사기관의 장은 지체 없이 해당 의장에게 영장의 사본을 첨부하여 그 사실을 알려야 한다.
⑤ 지방의회는 그 지방자치단체의 사무에 대하여 행정사무감사권 및 조사권을 갖는다.

33. 행정구제법
    행정쟁송
    행정심판

⑤ 판례: 행정심판법상 재결의 기속력은 당해 처분에 관하여 재결주문 및 그 전제가 된 요건사실의 인정과 판단뿐만 아니라 <u>에만 미치고 이와 직접 관계가 없는 다른 처분에 대하여도는 미친다. 미치지 않는다.</u>

34. 행정구제법
    행정쟁송   ③
    행정소송
    집행정지   ⑤

행정소송법 제23조(집행정지)
① 취소소송의 제기는 처분등의 효력이나 그 집행 또는 절차의 속행에 영향을 주지 아니한다.
② 취소소송이 제기된 경우에 처분등이나 그 집행 또는 절차의 속행으로 인하여 생길 회복하기 어려운 손해를 예방하기 위하여 긴급한 필요가 있다고 인정할 때에는 본안이 계속되고 있는 법원은 당사자의 신청 또는 직권에 의하여 처분등의 효력이나 그 집행 또는 절차의 속행의 전부 또는 일부의 정지(이하 "執行停止"라 한다)를 결정할 수 있다. 다만, 처분의 효력정지는 처분등의 집행 또는 절차의 속행을 정지함으로써 목적을 달성할 수 있는 경우에는 허용되지 아니한다.
③ 집행정지는 공공복리에 중대한 영향을 미칠 우려가 있을 때에는 허용되지 아니한다.
⑤ 제2항의 규정에 의한 집행정지의 결정 또는 기각의 결정에 대하여는 즉시항고할 수 있다. 이 경우 집행정지의 결정에 대한 즉시항고에는 결정의 집행을 정지하는 효력이 없다.

③ 집행부정지 원칙
                                ④
                                ②
                                ①

35. 행정조직법
    지방자치법
    지방자치단체 사무
                 지방자치법 제49조

ㄱ. 판례: 지방의회는 집행기관의 고유권한에 속하는 사항의 행사에 관하여 견제의 범위 내에서 소극적·사후적으로 개입할 수 있을 뿐만 <u>아니라 사전에 적극적으로 개입할 수 있다.</u>
ㄷ. 지방의회는 지방자치단체 및 그 장이 위임받아 처리하는 국가사무와 시·도의 사무에 대하여 국회와 시·도 의회가 직접 감사하기로 한 사무도는 감사할 수 있다. <u>없다.</u>

36. 행정조직법
    지방자치법 - 지방의회

①

헌법 제118조
① 지방자치단체에 의회를 둔다.

②

지방자치법 [시행 2014.11.29.]
         제91조(사무처 등의 설치)
① 지방의회에 두는 사무직원의 정수는 조례로 정한다.
② 사무직원은 지방의회의 의장의 추천에 따라 그 지방자치단체의 장이 임명한다. 다만, …

지방자치법 제45조(의원체포 및 확정판결의 통지)
① 수사기관의 장은 체포되거나 구금된 지방의회의원이 있으면 지체 없이 해당 지방의회의 의장에게 영장의 사본을 첨부하여 그 사실을 알려야 한다.   ④
지방자치법 제49조(행정사무 감사권 및 조사권)
① 지방의회는 매년 1회 그 지방자치단체의 사무에 대하여 시·도에서는 14일의 범위에서, 시·군 및 자치구에서는 9일의 범위에서 감사를 실시하고, 지방자치단체의 사무 중 특정 사안에 관하여 본회의 의결로 본회의나 위원회에서 조사하게 할 수 있다.
지방자치법 제75조(회의의 공개 등)
① 지방의회의 회의는 공개한다. 다만, 지방의회의원 3명 이상이 발의하고 출석의원 3분의 2 이상이 찬성한 경우 또는 지방의회의 의장이 사회의 안녕질서 유지를 위하여 필요하다고 인정하는 경우에는 공개하지 아니할 수 있다.   ③
지방자치법 제102조(사무처 등의 설치) [시행 2022. 1. 13.]
③ 제1항과 제2항에 따른 사무처장·사무국장·사무과장 및 직원(이하 제103조, 제104조 및 제118조에서 "사무직원"이라 한다)은 지방공무원으로 본다.

⑤

37. 경찰권발동의 조리상의 한계에 해당하지 않는 것은?
① 사주소불가침의 원칙 ② 경찰비례의 원칙 ③ 경찰공공의 원칙
④ 경찰평등의 원칙 ⑤ 경찰적극목적의 원칙

38. 공물에 관한 설명으로 옳은 것은? (다툼이 있으면 판례에 따름)
① 지방자치단체가 법령상의 의무에 위반하여 국가가 관리하는 자연공물인 바닷가를 매립함과 동시에 준공인가신청 및 준공인가를 하여 지방자치단체에 귀속시키더라도 불법이 아니다.
② 도로점용의 허가는 특정인에게 일정한 내용의 공물사용권을 설정하는 설권행위에 해당하지 않는다.
③ 공유수면의 일부가 사실상 매립되어 대지화되었다 하더라도 공용폐지를 하지 아니하였다면 법률상으로는 여전히 공유수면으로서의 성질을 보유하고 있다고 볼 수 있다.
④ 행정재산은 사법상 거래의 대상이 되지 아니하는 불융통물이지만 관재 당국이 이를 모르고 매각하였다면 그 매매는 유효하다.
⑤ 하천의 점용허가권은 특허에 의한 공물사용권의 일종으로 일정한 특별사용을 청구할 수 있는 대세적 효력이 있는 물권이다.

39. 공용부담 및 공용수용에 관한 설명으로 옳지 않은 것은? (다툼이 있으면 판례에 따름)
① 공용수용은 당사자와의 협력을 기반으로 하기 때문에 최소침해의 원칙이 적용되지 않는다.
② 공용부담이라 함은 일정한 공공복리를 적극적으로 증진하기 위하여 개인에게 부과되는 공법상의 경제적 부담을 말한다.
③ 판례는 공익사업을 위한 토지 등의 취득 및 보상에 관한 법령에 의한 협의취득을 사법상의 법률행위로 본다.
④ 공용수용에 있어서 사업인정고시가 된 후 권리의 변동이 있을 때에는 그 권리를 승계한 자가 보상금 또는 공탁금을 받는다.
⑤ 헌법재판소는 환매권을 헌법상의 재산권보장으로부터 도출되는 것으로 보고 있다.

40. 행정규제기본법에서 규정하고 있는 내용이 아닌 것은?
① 규제 옴부즈만 제도 ② 규제법정주의 ③ 규제영향분석
④ 규제의 등록 ⑤ 규제심사제도

37. 특별행정작용법
　　경찰관 직무집행법
③ 사생활 불가침의 원칙
　　사주소 불가침의 원칙
　　민사관계 불갑섭 원칙

② 경찰비례의 원칙
④ 경찰평등의 원칙
③ 경찰공공의 원칙 - ① 사주소불가침의 원칙
⑤ 경찰적극목적의 원칙
○ 경찰책임의 원칙

38. 특별행정작용법
　　급부행정법(공물법)

①②③④⑤ 판례

① 지방자치단체가 법령상의 의무에 위반하여 국가가 관리하는 자연공물인 바닷가를 매립함과 동시에 준공인가신청 및 준공인가를 하여 지방자치단체에 귀속시키더라도면 불법이 아니다. 불법행위가 될 수 있다.
② 도로점용의 허가는 특정인에게 일정한 내용의 공물사용권을 설정하는 설권행위(특허)에 해당하지 않는다. 해당한다.
④ 행정재산은 사법상 거래의 대상이 되지 아니하는 불융통물이지만므로 관재당국이 이를 모르고 매각하였다면더라도 그 매매는 유효하다. 무효이다.
⑤ 하천의 점용허가권은 특허에 의한 공물사용권의 일종으로 일정한 특별사용을 청구할 수 있는 공법상 채권으로 대세적 효력이 있는 물권이다. 이 아니다.

39. 특별행정작용법
　　공용부담법 - 공용수용

①③⑤ 판례
① 공용수용은 당사자와의 협력을 기반으로 하가 때문에 하나 최소침해의 원칙(비례원칙)이 적용되지 않는다. 적용된다.

40. 행정절차·(행정)정보
　　행정절차
　　행정규제기본법

　　　　　② 규제법정주의

　　　　　④ 규제의 등록

　　　　　③ 규제영향분석

　　　　　⑤ 규제심사제도

① 규제 옴부즈만 제도

행정규제기본법 제4조(규제 법정주의)
① 규제는 법률에 근거하여야 하며, 그 내용은 알기 쉬운 용어로 구체적이고 명확하게 규정되어야 한다.
③ 행정기관은 법률에 근거하지 아니한 규제로 국민의 권리를 제한하거나 의무를 부과할 수 없다.
행정규제기본법 제6조(규제의 등록 및 공표)
① 중앙행정기관의 장은 소관 규제의 명칭·내용·근거·처리기관 등을 제23조(설치)에 따른 규제개혁위원회(이하 "위원회"라 한다)에 등록하여야 한다.
행정규제기본법 제7조(규제영향분석 및 자체심사)
① 중앙행정기관의 장은 규제를 신설하거나 강화(규제의 존속기한 연장을 포함한다. 이하 같다)하려면 다음 각 호의 사항을 종합적으로 고려하여 규제영향분석을 하고 규제영향분석서를 작성하여야 한다.
③ 중앙행정기관의 장은 제1항에 따른 규제영향분석의 결과를 기초로 규제의 대상·범위·방법 등을 정하고 자체규제심사위원회의 심의를 거쳐 그 타당성에 대하여 자체심사를 하여야 한다. 이 경우 관계 전문가 등의 의견을 충분히 수렴하여 심사에 반영하여야 한다.

41. 옴부즈만(ombudsman)제도에 관한 설명으로 옳지 않은 것은?
① 문제해결을 위한 처리과정에 시간이 많이 걸린다.
② 행정권의 남용이나 부당행위로 국민의 권리가 침해되었을 때 구제하는 것을 목적으로 한다.
③ 일반적으로 시민의 고발에 의하여 활동을 개시하지만 자기직권으로 조사활동을 하기도 한다.
④ 우리나라의 국민권익위원회는 옴부즈만제도와 유사하다고 볼 수 있다.
⑤ 스웨덴에서 처음 시행된 이후 현재 유럽을 비롯한 많은 나라에서 활용되고 있는 행정통제 수단이다.

42. 정책결정모형의 하나인 쓰레기통모형(garbage can model)에 관한 설명으로 옳지 않은 것은?
① 조직화된 무정부상태(organized anarchy)에서 이루어지는 의사결정을 설명한다.
② 코헨(M. Cohen), 마치(J. March), 올슨(J. Olson)이 정립한 모형이다.
③ 의사결정의 네 가지 요소인 정책문제, 해결방안, 참여자, 선택기회가 초기부터 서로 강한 상호작용을 통하여 나타나는 의사결정이다.
④ 고도로 불확실한 조직상황에서 이루어지는 의사결정과정을 기술하고 설명하는 모형이다.
⑤ 상하위 계층적 관계를 지니지 않은 참여자들에 의하여 의사결정이 이루어지는 경우에도 적용할 수 있다.

43. 정책집행에서 상향적 접근방법에 관한 설명으로 옳지 않은 것은?
① 정책목표보다는 집행문제의 해결에 초점을 맞춘다.
② 의도하지 않았던 정책의 효과를 분석할 수 있다.
③ 정책집행과정에 대해 정확하게 이해하기 위해서 일선집행관료와 대상 집단의 행태를 고찰한다.
④ 선거직 공무원에 의한 정책결정과 책임이라는 민주주의의 기본가치를 충실하게 반영한다.
⑤ 일선집행관료들이 쉽게 느끼지 못하는 사회적, 경제적, 법적 요인들이 경시되기 쉽다.

44. 공공선택이론에 관하여 설명한 것은?
① 행정현상을 자연·사회·문화적 환경과 관련시켜 이해하며 집합적 행위나 제도를 거시적 수준에서 분석한다.
② 공공서비스의 효율적 공급을 위해 공공부문의 시장경제화를 추구하며 정치 및 행정 현상에 경제학적 분석도구를 적용하여 설명한다.
③ 인간의 주관적 관념, 의식 및 동기의 의미를 이해하는 데에 초점을 맞추어 조직문제에 대한 폭넓은 사고방식과 준거의 틀을 정립한다.
④ 정책결정자가 대안들의 표면화된 가치를 비교할 수 없어 선택이 어려운 상황에서 행하는 의사결정 방법과 전략을 탐구한다.
⑤ 공공서비스 전달 및 공공문제 해결과정에서 정부와 민간부문 간의 협력적 네트워크를 적극 활용한다.

41. 행정환류 　　행정책임 　　　　옴부즈만	⑤ 국민의 이익을 보호하려는 취지에서 1809년 스웨덴에서 시작된 행정감찰관제도이다. ③ 필요한 사항을 조사해 결과를 알려주고 언론을 통해 공표하기도 한다. ④ 옴부즈만은 기능적으로 자율적이고 입법부와 행정부로부터 독립되어 있다. ② 독립적 지위로 조사를 하여 시정을 촉구하거나 건의함으로써 국민의 권리를 구제한다. ① 문제해결을 위한 처리과정에, 사법절차 대비, 시간이 많이 걸린다. <u>걸리지 않아 비용을 절약할 수 있다.</u>
42. 정책론 　　정책결정 　　　　쓰레기통 모형	① 조직화된 무정부상태(organized anarchy) 　　　　　　　　　　　= ④ 고도로 불확실한 조직상황 ② 코헨(Michael D. Cohen), 마치(J. March), 올슨(John P. Olsen) 　정책결정의 4요소(문제, 참여자, 해결책, 선택 기회)가 쓰레기통 속에서와 같이 뒤죽박죽 움직이다가 어떤 계기로 서로 만나게 될 때 이루어진다. 　조직 내의 상황이 조직화된 무질서 상태에 있을 때 적용할 목적으로 개발된 의사결정 모형(이론적 모형)으로 '집합모형이라고도 부른다. ③ 의사결정의 네 가지 요소인 정책문제, 해결방안, 참여자, 선택기회가 초기부터 서로 <u>강한 상호작용을 통하여</u> 우연히 만나게 되어 나타나는 의사결정이다.
43. 정책론 　　정책집행 　　상향적 접근방법: 대상자 관점 모형 　　　- 버먼(Berman), 적응적 집행론 　　　- 립스키(Lipsky), 일선관료제론	① 일관된 정책목표 존재 가능성 부인 ② 지역 간 집행상의 차이 파악에 유리하다. ④ 상향적 접근법은 민주적 정당성이 약한 임명직 공직자에게 과다한 권한을 부여하여 선거직 공무원에 의한 정책결정과 책임이라는 민주주의의 기본가치를 <s>충실하게 반영한다.</s> <u>위배한다.</u> 하향적 접근방법: 결정자 관점 모형 　　- 사바티어(Sabatier), 마즈매니언(Mazmanian) 　　- 영향 요인 발견과 성공적 전략 규명 → 집행이론 구축
44. 행정학 총론 　　행정학 이론 　　　　공공선택이론 　공공문제(정치·행정적 문제)에 대한 　　　　경제학적 방법론(합리적 선택이론)	① 비교행정론, 생태론적 접근법 ② 공공재의 공급(공급자: 정부)과 소비(소비자: 국민) 관계 ③ 현상학 ④ 정책딜레마모형 ⑤ 거버넌스론, 신공공서비스론

45. 사회적 자본(Social Capital)에 관한 설명으로 옳은 것은?
① 귤릭(L. Gulick), 어윅(L. Urwick), 페이욜(H. Fayol) 등이 주장하였다.
② 가치중립적이며 과학적인 탐구를 강조한다.
③ 경제대공황(Great Depression)을 극복하기 위한 방법론을 제시하였다.
④ 사회구성원들 간의 신뢰와 협력을 중시한다.
⑤ 신행정학의 이론 형성에 영향을 끼쳤다.

46. 철의 삼각(iron triangle) 모형에서 동맹을 형성하는 집단들을 모두 고른 것은?

| ㄱ. 언론매체 | ㄴ. 이익집단 | ㄷ. 정당 | ㄹ. 행정기관 | ㅁ. 의회 소관 위원회 |

① ㄱ, ㄴ, ㄷ   ② ㄱ, ㄴ, ㅁ   ③ ㄴ, ㄷ, ㄹ   ④ ㄴ, ㄹ, ㅁ   ⑤ ㄷ, ㄹ, ㅁ

47. 국가공무원법상 규정된 직위해제 사유에 해당되지 않는 자는?
① 직무수행 능력이 부족한 자
② 휴직 사유가 소멸된 후에도 직무에 복귀하지 않은 자
③ 근무성적이 극히 나쁜 자
④ 파면·해임에 해당하는 징계의결이 요구 중인 자
⑤ 정직에 해당하는 징계의결이 요구 중인 자

48. 근무성적 평정시 평정자의 평정기준이 일정치 않아 관대화 및 엄격화 경향이 불규칙하게 나타나는 오류는?
① 체계적 오류(systematic error)
② 연쇄효과로 인한 오류(halo effect error)
③ 선입견에 의한 오류(personal bias error)
④ 집중화 오류(central tendency error)
⑤ 총계적 오류(total error)

49. 예산 관련 제도 중 현재 우리나라에서 채택하고 있지 않은 것은?
① 지방양여금   ② 예산성과금   ③ 지방교부세   ④ 준예산   ⑤ 주민참여예산

50. 품목별예산제도에 관한 설명으로 옳지 않은 것은?
① 예산의 유용이나 남용을 방지하는 데 도움이 된다.
② 투입지향적 예산제도이다.
③ 정부사업의 우선순위 파악이 용이하다.
④ 기획지향적이라기 보다는 통제지향적이다.
⑤ 의회의 예산심의가 용이하다.

45. 행정학 총론 　행정가치·지향 　　사회적 자본(social capital) 　　　호혜주의 　　　상호 신뢰 　　　적극적 참여 　　　협력적 네트워크	① 행정관리학파(1900년대 초반의 고전적 이론) 　**귤릭**(L. Gulick), **어윅**(L. Urwick), **페이욜**(H. Fayol) 등 ② 행태주의: 가치중립적이며 과학적인 탐구를 강조한다. ③ 행정국가: 케인스(Keynes) 이론 기반 공공투자 확대 　**경제대공황**(Great Depression) 극복을 위한 방법론 제시 ④ 사회적 자본(2000년대 초반) ⑤ **신행정학**(1960년대 말)	

46. 정책론
　정책목표·정책의제

철의 삼각모형(= 하위정부 모형)
　- **3자 연합**을 통해 정책이 결정된다.
　　비공식 참여자(이익집단) + 공식 참여자(관료, 의회 소위원회)

47. 인사행정
　공직윤리·부패 - 신분보장·징계

①③④⑤ 직위해제
② 직권면직:
　휴직 사유가 소멸된 후에도 직무에 복귀하지 않은 자

48. 인사행정
　인사평정
　　근무성적평정

① **체계적 오류**(systematic error)
　일관적·지속적 과대·과소 평정
② **연쇄효과**(= 후광효과)로 인한 오류(halo effect error)
④ **집중화 오류**(central tendency error)
　일관적으로 중간 점수대 평정

49. 지방자치론
　지방재정

① **지방양여금**: 2005년 지방양여금법 폐지

④

헌법 제54조
③ 새로운 회계연도가 개시될 때까지 예산안이 의결되지 못한 때에는 정부는 국회에서 예산안이 의결될 때까지 다음의 목적을 위한 경비는 전년도 예산에 준하여 집행할 수 있다.

국가재정법 제49조(예산성과금의 지급 등)
① 각 중앙관서의 장은 예산의 집행방법 또는 제도의 개선 등으로 인하여 수입이 증대되거나 지출이 절약된 때에는 이에 기여한 자에게 성과금을 지급할 수 있으며, 절약된 예산을 다른 사업에 사용할 수 있다.
지방교부세법 제3조(교부세의 종류)
지방교부세(이하 "교부세"라 한다)의 종류는 보통교부세·특별교부세·부동산교부세 및 소방안전교부세로 구분한다.
지방재정법 제39조(지방예산 편성 등 예산과정의 주민 참여)
① 지방자치단체의 장은 대통령령으로 정하는 바에 따라 지방예산 편성 등 예산과정(「지방자치법」 제47조(지방의회의 의결사항)에 따른 지방의회의 의결사항은 제외한다. 이하 이 조에서 같다)에 주민이 참여할 수 있는 제도(이하 이 조에서 "주민참여예산제도"라 한다)를 마련하여 시행하여야 한다.

50. 재무행정(예산)
　예산제도
　　품목별예산제도(LIBS)
　　Line Item Budgeting System

③ 품목별예산제도(통제지향적)는 전형적인 투입 중심 통제예산으로 **정부사업의 우선순위 파악이 용이하다.** 곤란하다.
⑤ △
　품목별예산제도는, 성과주의예산제도(PBS; Performance-based Budgeting System)를 제외한 다른 예산제도 대비, **의회의 예산 심의가 용이하다.**

51. 국가재정법상 기금에 관한 설명으로 옳지 않은 것은?
① 기금관리주체는 지출계획의 주요항목 지출금액의 범위 안에서 대통령령이 정하는 바에 따라 세부항목 지출금액을 변경할 수 있다.
② 정부는 주요항목 단위로 마련된 기금운용계획안을 회계연도 개시 90일 전까지 국회에 제출하여야 한다.
③ 국회는 정부가 제출한 기금운용계획안의 주요항목 지출금액을 증액하거나 새로운 과목을 설치하고자 하는 때에는 미리 정부의 동의를 얻어야 한다.
④ 정부는 기금이 여성과 남성에 미칠 영향을 미리 분석한 보고서를 작성하여야 한다.
⑤ 국가가 특정한 목적을 위하여 특정한 자금을 신축적으로 운용할 필요가 있을 때에 한하여 법률로써 설치한다.

52. 전자정부법에 규정된 전자정부의 원칙으로 행정기관 등이 전자정부의 구현·운영 및 발전을 추진할 때 우선적으로 고려해야 할 사항으로 옳은 것은 모두 몇 개인가?

○ 대민서비스의 전자화 및 국민편익의 증진
○ 행정업무의 혁신 및 생산성·효율성의 향상
○ 정보시스템의 안전성·신뢰성의 확보
○ 개인정보 및 사생활의 보호
○ 행정정보의 공개 및 공동이용의 확대

① 1개 ② 2개 ③ 3개 ④ 4개 ⑤ 5개

53. 미국의 행정개혁과 관련하여 (   ) 안에 들어갈 것으로 알맞은 것은?

(   )에서 제안한 정부재창조의 기본원칙은 관료적 문서주의(red tape) 제거, 고객우선주의, 성과산출을 위한 권한 위임, 기본 원칙으로의 복귀 등이다.

① 시장성 테스트(Market Testing)
② 넥스트 스텝(Next Steps)
③ 국정성과팀(National Performance Review)
④ 클리블랜드위원회(Cleveland Committee)
⑤ 브라운로위원회(Brownlow Commission)

54. 매트릭스 조직에 관한 설명으로 옳지 않은 것은?
① 인력 활용의 측면에서 비용 부담이 크다.
② 신축성과 적응성이 요구되는 불안정하고 급변하는 조직 환경에 효과적인 조직이다.
③ 각 분야의 전문가들 간 수평적 의사소통을 통해 다양한 아이디어가 제시된다.
④ 매트릭스 조직의 사례로 대규모 기업의 사업부제 시스템 등을 들 수 있다.
⑤ 기능구조와 사업구조의 결합을 시도하는 조직이며, 행렬조직이라고도 한다.

51. 재무행정(예산) 예산의 종류 - 기금		⑤ ④ ②정부는 주요항목 단위로 마련된 기금운용계획안을 회계연도 개시 90일 120일 전까지 국회에 제출하여야 한다. ③ ①	국가재정법 제5조(기금의 설치) ① 기금은 국가가 특정한 목적을 위하여 특정한 자금을 신축적으로 운용할 필요가 있을 때에 한정하여 법률로써 설치하되, 정부의 출연금 또는 법률에 따른 민간부담금을 재원으로 하는 기금은 별표 2에 규정된 법률에 의하지 아니하고는 이를 설치할 수 없다. ② 제1항의 규정에 따른 기금은 세입세출예산에 의하지 아니하고 운용할 수 있다. 국가재정법 제26조(성인지 예산서의 작성) ① 정부는 예산이 여성과 남성에게 미칠 영향을 미리 분석한 보고서이하 "성인지(性認知)예산서"라 한다를 작성하여야 한다. 국가재정법 제68조(기금운용계획안의 국회제출 등) ①정부는 제67조(기금운용계획안의 내용)제3항의 규정에 따른 주요항목 단위로 마련된 기금운용계획안을 회계연도 개시 120일 전까지 국회에 제출하여야 한다. 이 경우 중앙관서의 장이 관리하는 기금의 기금운용계획안에 계상된 국채발행 및 차입금의 한도액은 제20조(예산총칙)의 규정에 따른 예산총칙에 규정하여야 한다. 국가재정법 제69조(증액 동의) 국회는 정부가 제출한 기금운용계획안의 주요항목 지출금액을 증액하거나 새로운 과목을 설치하고자 하는 때에는 미리 정부의 동의를 얻어야 한다. 국가재정법 제70조(기금운용계획의 변경) ① 기금관리주체는 지출계획의 주요항목 지출금액의 범위 안에서 대통령령으로 정하는 바에 따라 세부항목 지출금액을 변경할 수 있다.

52. 정보화(행정)
전자정부
			전자정부법 제4조(전자정부의 원칙)
			① 행정기관등은 전자정부의 구현·운영 및 발전을 추진할 때 다음 각 호의 사항을 우선적으로 고려하고 이에 필요한 대책을 마련하여야 한다.
			  1. 대민서비스의 전자화 및 국민편익의 증진
			  2. 행정업무의 혁신 및 생산성·효율성의 향상
			  3. 정보시스템의 안전성·신뢰성의 확보
			  4. 개인정보 및 사생활의 보호
			  5. 행정정보의 공개 및 공동이용의 확대
			  6. 중복투자의 방지 및 상호운용성 증진

53. 행정환류 행정개혁			① 1991, 영국, 강제 경쟁입찰제도 ② 1988, 영국, 정책 수립 기능과 정책집행 기능의 분리 ③ NPR - 클린턴 행정부, 위원장: 앨 고어 부통령 ④ 1910, 미국, 예산제도 필요성 강조 ⑤ 1937, 미국, 대통령의 행정 관리 권한 강화
54. 조직론 조직구조 - 매트릭스조직			- 사업구조와 기능구조의 화학적 결합 조직 - 이중적 명령 권한 체제: 복수의 명령·보고 체계 ① 인력 활용의 측면에서 비용 부담이 크다. 작다.

55. 정치행정일원론에 관한 설명으로 옳지 않은 것은?
① 경제대공황(Great Depression), 뉴딜정책 이후 정부의 적극적 역할이 강조된 시기에 발달되었다.
② 행정에 있어서 정책수립이라는 정치적·가치배분적 기능이 중요시 된다.
③ 정치와 행정은 불가분의 관계에 있으므로 둘은 상호배타적이라기보다 서로 협조적 관계에 있다.
④ 디목(M. E. Dimock), 애플비(P. H. Appleby) 등에 의해 주장되었다.
⑤ 행정에 있어서 절약과 능률을 최고 가치로 추구한다.

56. 현행 우리나라 지방자치법상 지방의회의 권한에 관한 내용으로 옳지 않은 것은?
① 지방의회는 재적의원 3분의 2이상의 출석과 출석의원 3분의 2이상의 찬성으로 그 자치단체장을 불신임 할 수 있다.
② 지방의회는 조례의 제정·개정 및 폐지, 기금의 설치·운용, 청원의 수리와 처리 등에 관한 사항을 의결한다.
③ 지방의회는 매년 1회 그 지방자치단체의 사무에 대하여 시·도에서는 14일의 범위에서, 시·군 및 자치구에서는 9일의 범위에서 감사를 실시한다.
④ 본회의나 위원회는 그 의결로 안건의 심의와 직접 관련된 서류의 제출을 해당 지방자치단체의 장에게 요구할 수 있다.
⑤ 지방자치단체의 장이나 관계 공무원은 지방의회나 그 위원회가 행정사무처리상황의 보고를 요구하면 출석·답변하여야 한다. 다만, 특별한 이유가 있으면 지방자치단체의 장은 관계 공무원에게 출석·답변하게 할 수 있다.

57. 우리나라에서 자치경찰단을 두어 자치경찰제를 실시하고 있는 지방자치단체는?
① 인천광역시   ② 서울특별시   ③ 세종특별자치시   ④ 경상북도 울릉군   ⑤ 제주특별자치도

58. 공무원의 수가 업무량에 관계없이 일정 비율로 증가하는 현상을 무엇이라고 하는가?
① 피터의 원리(Peter principle)   ② 과두제의 철칙(iron law of oligarchy)   ③ 딜론의 원칙(Dillon's rule)
④ 파킨슨의 법칙(Parkinson's law)   ⑤ 세이어의 법칙(Sayre's law)

59. 변혁적 리더십(Transformational Leadership)에 관한 설명으로 옳지 않은 것은?
① 변화를 지향하고 체제 개방적이다.
② 영감과 비전 제시, 공유에 의한 동기유발을 중시한다.
③ 지도자와 부하들 간의 합리적·타산적 교환관계를 중시한다.
④ 기계적 관료제 구조보다는 임시체제에 더 적합하다.
⑤ 리더의 카리스마, 구성원에 대한 지적 자극, 인간적인 관계 등이 어우러져 나타난다.

60. 국고보조금에 관한 설명으로 옳지 않은 것은?
① 지방자치단체의 자율성을 약화시킨다.
② 용도가 정해져 있지 않은 일반재원이다.
③ 중앙정부와 지방정부 간의 수직적 재정 조정제도이다.
④ 중앙정부가 재정여건, 정책목표 등을 고려하여 지원여부를 결정한다.
⑤ 국가 시책을 장려하기 위하여 지원하는 경우도 있다.

55. 행정학 총론 행정환경 정치행정일원론	①②③④ 정치행정일원론(행정국가): 능률성(기계적 능률성) ⑤ 정치행정이원론(윌슨, W. Wilson, 화이트, H. D. White)은 행정에 있어서 절약과 능률을 최고 가치로 추구한다. 민주성(사회적 능률성)	
56. 지방자치론 지방자치단체·사무 지방의회	기관대립형: 불신임권 - 의회해산권 견제와 균형 기관통합형: 불신임권 - 의회해산권 ① 지방의회는 재적의원 3분의 2이상의 출석과 출석의원 3분의 2이상의 찬성으로 그 자치단체장을 불신임 할 수 있다. 없다.	
57. 지방자치론 지방자치단체·사무 자치경찰제	제주특별자치도 설치 및 국제자유도시 조성을 위한 특별법 제88조(자치경찰기구의 설치) ① 제90조(사무)에 따른 자치경찰사무를 처리하기 위하여 「국가경찰과 자치경찰의 조직 및 운영에 관한 법률」 제18조에 따라 설치되는 제주특별자치도자치경찰위원회(이하 "자치경찰위원회"라 한다) 소속으로 자치경찰단을 둔다. ② 자치경찰단의 조직과 자치경찰공무원의 정원 등에 관한 사항은 도조례로 정한다. 국가경찰과 자치경찰의 조직 및 운영에 관한 법률 제18조(시·도자치경찰위원회의 설치) ① 자치경찰사무를 관장하게 하기 위하여 특별시장·광역시장·특별자치시장·도지사·특별자치도지사(이하 "시·도지사"라 한다) 소속으로 시·도자치경찰위원회를 둔다.	
58. 행정학 총론 행정	① 피터의 원리(Peter principle): 무능력자의 승진 한계 ② 과두제의 철칙(iron law of oligarchy): 소수의 다수 지배 　목표 전환을 초래할 수 있다. ③ 딜론의 원칙(Dillon's rule): 　지방정부는 중앙정부의 권한을 넘어설 수 없다. ④ 파킨슨의 법칙(Parkinson's law): 매년 5.7% 증가 ⑤ 세이어의 법칙(Sayre's law): 공사행정이원론·정치행정일원론	
59. 조직론 조직관리 - 리더십	변혁적 리더십: 번스(Burns)와 바스(Bass), 개방적·개혁적·변화적 ③ 거래적 리더십(transactional leadership)은 지도자와 부하들 간의 합리적·타산적 교환관계를 중시한다.	
60. 지방자치론 지방재정 국고보조금	① 자주재원 의존재원 ② 용도가 정해져 있지 않은 정해진 일반재원 특정재원이다. ⑤ 장려적 보조금	

2016년도 제04회 행정사 자격시험

1차 시험

제1교시

- 제1과목   민법(총칙 관련 내용으로 한정)
- 제2과목   행정법
- 제3과목   행정학개론(지방자치행정 포함)

2차 시험

제1교시

- 제1과목   민법(계약 관련내용으로 한정)
- 제2과목   행정절차론(행정절차법 포함)

제2교시

- 제1과목   사무관리론(민원 처리에 관한 법률, 행정업무의 운영 및 혁신에 관한 규정 포함)
- 제2과목   행정사실무법
  - 행정심판사례
  - 비송사건절차법

01. 신의성실의 원칙 등에 관한 설명으로 옳은 것을 모두 고른 것은? (다툼이 있으면 판례에 따름)

> ㄱ. 병원은 병실에의 출입자를 통제·감독하든가 그것이 불가능하다면 입원환자의 휴대품 등의 도난을 방지함에 필요한 적절한 조치를 강구하여 줄 신의칙상의 보호의무가 있다.
> ㄴ. 인지청구권에는 실효의 법리가 적용된다.
> ㄷ. 매매계약체결 후 9년이 지났고 시가가 올랐다는 사정만으로 계약을 해제할만한 사정변경이 있다고 볼 수 없다.
> ㄹ. 실효의 원칙은 항소권과 같은 소송법상의 권리에도 적용될 수 있다.

① ㄱ, ㄷ ② ㄴ, ㄹ ③ ㄱ, ㄴ, ㄹ ④ ㄱ, ㄷ, ㄹ ⑤ ㄱ, ㄴ, ㄷ, ㄹ

02. 권리능력에 관한 설명으로 옳은 것은?
① 2인 이상이 동일한 위난으로 사망한 경우 동시에 사망한 것으로 본다.
② 태아는 모든 법률관계에서 권리의 주체가 될 수 있다.
③ 의사능력이 없는 자는 권리능력도 인정되지 않는다.
④ 외국인은 대한민국의 도선사(導船士)가 될 수 있다.
⑤ 우리 민법은 외국인의 권리능력에 관하여 명문규정을 두고 있지 않다.

03. 성년후견, 한정후견, 특정후견에 관한 설명으로 옳지 않은 것은?
① 가정법원은 한정후견개시의 심판을 직권으로 하지 못한다.
② 한정후견종료의 심판은 장래에 향하여 효력을 가진다.
③ 특정후견은 본인의 의사에 반하여 할 수 있다.
④ 가정법원은 취소할 수 없는 피성년후견인의 법률행위의 범위를 정할 수 있다.
⑤ 정신적 제약으로 사무를 처리할 능력이 지속적으로 결여된 사람에 대하여 지방자치단체의 장도 성년후견개시의 심판을 청구할 수 있다.

04. 부재와 실종에 관한 설명으로 옳지 않은 것은? (다툼이 있으면 판례에 따름)
① 법원이 선임한 재산관리인은 관리할 재산목록을 작성하여야 한다.
② 특별실종의 경우 실종선고를 받은 자는 실종선고일부터 1년의 기간이 만료한 때에 사망한 것으로 본다.
③ 실종자의 범죄 또는 실종자에 대한 범죄의 성부 등은 실종선고와 관계없이 결정된다.
④ 실종선고가 확정되면 선고 자체가 취소되지 않는 한 실종자의 생존 기타 반증을 들어 선고의 효과를 다툴 수 없다.
⑤ 부재자가 스스로 재산관리인을 둔 경우 그 재산관리인은 부재자의 임의대리인이다.

01. 민법 서론
신의성실의 원칙(信義則)
파생 원칙

ㄴ. 인지청구권(일신전속권)에는 실효의 법리가 적용된다. <u>적용되지 않는다.</u>

1. 실효의 원칙
   - 요건
     - 권리행사의 기회가 있었음에도 권리자가 장기간에 걸쳐 권리를 행사하지 아니하였을 것
     - 권리자의 상대방(의무자)이 권리자가 권리를 행사하지 아니할 것으로 믿을 만한 정당한 사유가 있을 것
   - 효과: 권리행사가 신의칙에 위반될 때 권리행사 불허
2. 사정변경의 원칙
   - 요건
     - 당사자가 예견할 수 없었던 법률행위 성립의 기초가 된 사정의 중대한 변경이 있을 것
     - 법률행위의 효과를 유지하는 것이 신의칙에 반할 것
   - 효과: 계약의 내용을 수정하거나 해제·해지
3. 모순행위 금지의 원칙
   - 요건: 선행행위와 후행행위가 상호 모순될 것
   - 효과: 후행행위의 법적 효과 부인

02. 권리의 주체 - 자연인
권리능력

① 민법 제30조(동시사망): 2인 이상이 동일한 위난으로 사망한 경우 동시에 사망한 것으로 본다. <u>추정한다.</u>

② 개별적 보호주의
태아는 모든 법률관계에서 권리의 주체가 될 수 있다. <u>있는 것은 아니다.</u>

③ 의사능력이 없는 자는도 권리능력도은 인정되지 않는다. <u>인정된다.</u>

④ 도선법 제6조
외국인은 대한민국의 도선사(導船士)가 될 수 있다. <u>없다.</u>

03. 권리의 주체 - 자연인
행위능력(제한능력자)
후견

③ 특정후견은 본인의 의사에 반하여 할 수 있다. <u>없다.</u>

> 민법 제14조의2(특정후견의 심판)
> ② 특정후견은 본인의 의사에 반하여 할 수 없다.

04. 권리의 주체 - 자연인
부재와 실종
실종선고

② 특별실종의 경우 실종선고를 받은 자는 실종선고일부터 1년의 기간 <u>실종기간</u>이 만료한 때에 사망한 것으로 본다.

> 민법 제27조(실종의 선고)
> ① 부재자의 생사가 5년간 분명하지 아니한 때에는 법원은 이해관계인이나 검사의 청구에 의하여 실종선고를 하여야 한다.
> ② 전지에 임한 자, 침몰한 선박중에 있던 자, 추락한 항공기 중에 있던 자 기타 사망의 원인이 될 위난을 당한 자의 생사가 전쟁종지 후 또는 선박의 침몰, 항공기의 추락 기타 위난이 종료한 후 1년간 분명하지 아니한 때에도 제1항과 같다.
> 민법 제28조(실종선고의 효과)
> 실종선고를 받은 자는 전조의 기간이 만료한 때에 사망한 것으로 본다.

① 민법 제24조(관리인의 직무)
③ 공법상-사법상 법률관계 종료
④ 판례
⑤ 부재자 재산관리인
   선임자 = 부재자: 임의대리인
   선임자 ≠ 부재자: 법정대리인

05. 민법상 법인의 권리능력과 불법행위능력에 관한 설명으로 옳지 않은 것은? (다툼이 있으면 판례에 따름)
① 법인은 법률의 규정에 좇아 정관으로 정한 목적의 범위내에서 권리와 의무의 주체가 된다.
② 법인의 피용자가 사무집행에 관하여 불법행위를 한 경우, 법인은 민법 제756조의 책임을 부담한다.
③ 법인의 목적범위외의 행위로 인하여 타인에게 손해를 가한 때에는 그 사항의 의결에 찬성하거나 그 의결을 집행한 사원, 이사 및 기타 대표자가 연대하여 배상하여야 한다.
④ 법인의 대표자의 행위가 직무에 관한 행위에 해당하지 아니함을 피해자가 중대한 과실로 인하여 알지 못한 경우에도 법인에게 불법행위책임을 물을 수 있다.
⑤ 민법 제35조제1항의 법인의 대표자에는 그 명칭이나 직위 여하 또는 대표자로 등기되었는지 여부를 불문하고 당해 법인을 실질적으로 운영하면서 법인을 사실상 대표하여 법인의 사무를 집행하는 사람을 포함한다고 해석함이 상당하다.

06. 민법상 법인에 관한 설명으로 옳은 것은?
① 사교 등 비영리를 목적으로 하는 사단은 주무관청의 허가없이 신고만으로 법인을 설립할 수 있다.
② 이사가 없는 경우에 이로 인하여 손해가 생길 염려 있는 경우, 법원은 이해관계인의 청구에 의하여 특별대리인을 선임하여야 한다.
③ 법인이 주사무소소재지를 관할하는 등기소의 관할구역외로 주사무소를 이전하는 경우, 구소재지에서는 3주간내에 이전등기를 하고 신소재지에서는 3주간내에 설립등기사항에 게기한 사항을 등기하여야 한다.
④ 이사의 대표권에 대한 제한은 이를 정관에 기재하지 아니하여도 그 효력이 있다.
⑤ 법인은 정관 또는 총회의 결의로 감사를 두어야 한다.

07. 법인의 정관에 관한 설명으로 옳지 않은 것은? (다툼이 있으면 판례에 따름)
① 법인의 존립시기나 해산사유는 재단법인 정관의 필요적 기재사항이다.
② 사단법인의 정관의 변경은 주무관청의 허가를 얻지 아니하면 그 효력이 없다.
③ 재단법인의 설립자가 그 명칭, 사무소소재지 또는 이사임면의 방법을 정하지 아니하고 사망한 때에는 이해관계인 또는 검사의 청구에 의하여 법원이 이를 정한다.
④ 사단법인의 정관은 정수에 관하여 정관에 다른 규정이 없는 한 총사원 3분의 2 이상의 동의가 있는 때에 한하여 이를 변경할 수 있다.
⑤ 재단법인의 목적을 달성할 수 없는 때에는 설립자나 이사는 주무관청의 허가를 얻어 설립의 취지를 참작하여 그 목적 기타 정관의 규정을 변경할 수 있다.

05. 권리의 주체 - 법인
　　법인의 능력　　　　　　　　①
　　법인의 불법행위능력

②④⑤ 판례　　　　　　　　　③
② 민법 제756조(사용자의 배상책임)

민법 제34조(법인의 권리능력)
법인은 법률의 규정에 좇아 정관으로 정한 목적의 범위내에서 권리와 의무의 주체가 된다.
민법 제35조(법인의 불법행위능력)
② 법인의 목적범위 외의 행위로 인하여 타인에게 손해를 가한 때에는 그 사항의 의결에 찬성하거나 그 의결을 집행한 사원·이사 및 기타 대표자가 연대하여 배상하여야 한다.

④ 법인의 대표자의 행위가 직무에 관한 행위에 해당하지 아니함을 피해자가 (알았거나) 중대한 과실로 인하여 알지 못한 경우에도는 법인에게 불법행위책임을 물을 수 있다. 없다.

06. 권리의 주체 - 법인
　　법인의 설립
　　법인의 기관
　　법인의 정관

③ 민법 제51조(분사무소설치의 등기)

① 사교 등 비영리를 목적으로 하는 사단·재단은 주무관청의 허가를 없어 신고만으로 얻어 법인을 설립할 수 있다.
② 이사가 없는 경우에 이로 인하여 손해가 생길 염려가 있는 경우, 법원은 이해관계인의 청구에 의하여 특별대리인을 임시이사를 선임하여야 한다.
④ 이사의 대표권에 대한 제한은 이를 정관에 기재하지 아니하여도면 그 효력이 있다. 없다.
⑤ 법인은 정관 또는 총회의 결의로 감사를 두어야 한다. 둘 수 있다.

07. 권리의 주체 - 법인
　　법인의 정관

① 법인의 존립시기나 해산사유는 재단법인 정관의 필요적 기재사항이다. 이 아니다.

민법 제43조(재단법인의 정관)
재단법인의 설립자는 일정한 재산을 출연하고 제40조 제1호 내지 제5호의 사항을 기재한 정관을 작성하여 기명날인하여야 한다.

　　　　　　　　　　　　　　　④

　　　　　　　　　　　　　　　②

　　　　　　　　　　　　　　　③

　　　　　　　　　　　　　　　⑤

민법 제40조(사단법인의 정관)
사단법인의 설립자는 다음 각호의 사항을 기재한 정관을 작성하여 기명날인하여야 한다.
　1. 목적
　2. 명칭
　3. 사무소의 소재지
　4. 자산에 관한 규정
　5. 이사의 임면에 관한 규정
　6. 사원자격의 득실에 관한 규정
　7. 존립시기나 해산사유를 정하는 때에는 그 시기 또는 사유
민법 제42조(사단법인의 정관의 변경)
① 사단법인의 정관은 총사원 3분의 2 이상의 동의가 있는 때에 한하여 이를 변경할 수 있다. 그러나 정수에 관하여 정관에 다른 규정이 있는 때에는 그 규정에 의한다.
② 정관의 변경은 주무관청의 허가를 얻지 아니하면 그 효력이 없다.
민법 제44조(재단법인의 정관의 보충)
재단법인의 설립자가 그 명칭, 사무소소재지 또는 이사임면의 방법을 정하지 아니하고 사망한 때에는 이해관계인 또는 검사의 청구에 의하여 법원이 이를 정한다.
민법 제46조(재단법인의 목적 기타의 변경)
재단법인의 목적을 달성할 수 없는 때에는 설립자나 이사는 주무관청의 허가를 얻어 설립의 취지를 참작하여 그 목적 기타 정관의 규정을 변경할 수 있다.

08. 반사회질서의 법률행위에 관한 설명으로 옳지 않은 것은? (다툼이 있으면 판례에 따름)
① 어느 법률행위가 선량한 풍속 기타 사회질서에 위반되어 무효인지의 여부는 법률행위시를 기준으로 판단해야 한다.
② 금전소비대차시 당사자 사이의 경제력 차이로 인하여 사회통념상 허용되는 한도를 초과하여 현저하게 고율의 이자약정이 체결되었다면, 그 허용할 수 있는 한도를 초과하는 부분의 이자약정은 반사회질서의 법률행위로서 무효이다.
③ 부첩관계를 해소하면서 첩의 희생을 위자하고 첩의 장래 생활대책을 마련해 준다는 뜻에서 금원을 지급하기로 한 약정은 공서양속에 반하지 않는다.
④ 의무의 강제에 의하여 얻어지는 채권자의 이익에 비하여 약정된 위약벌이 과도하게 무거운 경우, 그 일부 또는 전부가 공서양속에 반하여 무효로 된다.
⑤ 강제집행을 면할 목적으로 부동산에 허위의 근저당권설정등기를 경료하는 행위는 반사회질서의 법률행위로서 무효이다.

09. 의사표시에 관한 설명으로 옳은 것은?
① 의사표시자가 그 통지를 발송한 후 사망하여도 의사표시의 효력에 영향을 미치지 아니한다.
② 진의 아닌 의사표시에서 상대방이 표의자의 진의아님을 알았거나 알 수 있었을 경우, 표의자는 그 의사표시를 취소할 수 있다.
③ 표의자가 과실로 상대방의 소재를 알지 못하는 경우, 의사표시는 민사소송법 공시송달의 규정에 의하여 송달할 수 있다.
④ 상대방이 있는 의사표시는 상대방이 요지(了知)한 때에 그 효력이 생긴다.
⑤ 상대방 있는 의사표시에 관하여 제3자가 강박을 행한 경우, 상대방이 그 사실을 알았던 경우에 한하여 그 의사표시를 취소할 수 있다.

10. 통정허위표시에 관한 설명으로 옳지 않은 것은? (다툼이 있으면 판례에 따름)
① 통정허위표시는 무효이나, 그 무효로써 선의의 제3자에게 대항하지 못한다.
② 선의의 제3자가 되기 위해서는 선의임에 과실이 없어야 한다.
③ 제3자는 특별한 사정이 없는 한 선의로 추정할 것이므로, 제3자가 악의라는 사실에 관한 주장·입증책임은 그 허위표시의 무효를 주장하는 자에게 있다.
④ 통정허위표시에 의한 매매의 매수인으로부터 매수목적물에 대하여 선의로 저당권을 설정받은 자는 선의의 제3자에 해당된다.
⑤ 통정허위표시로 설정된 전세권에 대하여 선의로 저당권을 취득한 자는 선의의 제3자에 해당된다.

11. 대리에 관한 설명으로 옳은 것은?
① 복대리인은 그 권한 내에서 대리인을 대리한다.
② 임의대리인의 대리권의 범위를 정하지 아니한 경우, 대리인은 보존행위 뿐만 아니라 처분행위도 할 수 있다.
③ 대리인은 본인의 허락이 있어도 부동산 매매에 관하여 자기계약을 체결하지 못한다.
④ 임의대리에서 본인은 원인된 법률관계가 존속하고 있으면, 수권행위를 철회하여 임의대리권을 소멸시킬 수 없다.
⑤ 복대리인은 본인이나 제3자에 대하여 대리인과 동일한 권리의무가 있다.

08.	권리의 변동 　법률행위 　　법률행위의 목적 　　　반사회질서의 법률행위 　　　→ 절대적·확정적 무효	민법 제103조(반사회질서의 법률행위) 선량한 풍속 기타 사회질서에 위반한 사항을 내용으로 하는 법률행위는 무효로 한다. ⑤ 강제집행을 면할 목적으로 부동산에 허위의 근저당권설정등기를 경료하는 행위(公益 私益)는 반사회질서의 법률행위로서 무효이다. 에 해당하지 않는다. ② 진의 아닌 의사표시에서 상대방이 표의자의 진의 아님을 알았거나 알 수 있었을 경우, 표의자는 그 의사표시를 취소할 수 있다. 무효로 한다. ③ 표의자가 과실로 과실 없이 상대방을 알지 못하거나 상대방의 소재를 알지 못하는 경우, 의사표시는 민사소송법 공시송달의 규정에 의하여 송달할 수 있다. ④ 상대방이 있는 의사표시는 상대방이 요지(了知)한 에게 도달한 때에 그 효력이 생긴다. ⑤ 상대방 있는 의사표시에 관하여 제3자가 강박을 행한 경우, 상대방이 그 사실을 알 수 있었거나 알았던 경우에 한하여 그 의사표시를 취소할 수 있다.
09.	권리의 변동 　의사표시 　　효력 발생 시기 ① 민법 제111조(의사표시의 효력발생시기) ② 의사표시자가 그 통지를 발송한 후 사망하거나 제한능력자가 되어도 의사표시의 효력에 영향을 미치지 아니한다.	
10.	권리의 변동 　의사표시 　　통정허위표시 　　　무효 　　　- 무효 주장: 누구든지 　　　- 유효 주장: 선의의 제3자	민법 제108조(통정한 허위의 의사표시) ① 상대방과 통정한 허위의 의사표시는 무효로 한다. ② 전항의 의사표시의 무효는 선의의 제3자에게 대항하지 못한다. ② 선의의 제3자가 되기 위해서는 선의임에 과실이 없어야 한다. 무과실일 필요는 없다(선의이면 족하다).
11.	권리의 변동 　법률행위의 대리	① 복대리인은 그 권한 내에서 대리인 본인을 대리한다. ② 임의대리인의 대리권의 범위를 정하지 아니한 경우, 대리인은 보존행위를 뿐만 아니라 처분행위도 할 수 있다. 민법 제118조(대리권의 범위) 권한을 정하지 아니한 대리인은 다음 각호의 행위만을 할 수 있다. 　1. 보존행위 　2. 대리의 목적인 물건이나 권리의 성질을 변하지 아니하는 범위에서 그 이용 또는 개량하는 행위 ③ 대리인은 본인의 허락이 있어도 있으면 부동산 매매에 관하여 자기계약을 체결하지 못한다. 체결할 수 있다.
	⑤ 민법 제123조(복대리인의 권한) ① 복대리인은 그 권한내에서 본인을 대리한다. ② 복대리인은 본인이나 제삼자에 대하여 대리인과 동일한 권리의무가 있다.	민법 제124조(자기계약, 쌍방대리) 대리인은 본인의 허락이 없으면 본인을 위하여 자기와 법률행위를 하거나 동일한 법률행위에 관하여 당사자 쌍방을 대리하지 못한다. 그러나 채무의 이행은 할 수 있다. ④ 임의대리에서 본인은 원인된 법률관계가 존속하고 있으면 있더라도, 수권행위를 철회하여 임의대리권을 소멸시킬 수 없다. 있다.

12. 표현대리와 협의의 무권대리에 관한 설명으로 옳지 않은 것은? (다툼이 있으면 판례에 따름)
① 유권대리에 관한 주장 속에는 표현대리의 주장이 당연히 포함되어 있다고 볼 수는 없다.
② 처음부터 어떠한 대리권도 없었던 자에 대하여 대리권 소멸 후의 표현대리는 성립할 수 없다.
③ 증권회사로부터 위임받은 고객의 유치, 투자상담 및 권유, 위탁매매약정실적의 제고 등의 업무는 사실행위에 불과하나 이를 기본대리권으로 하여 권한을 넘은 표현대리가 성립할 수 있다.
④ 협의의 무권대리인이 타인의 대리인으로 한 계약은 본인이 이를 추인하지 아니하면 본인에 대하여 효력이 없다.
⑤ 협의의 무권대리행위의 상대방은 계약 당시 무권대리행위임을 안 때에는 본인이나 그 대리인에 대하여 자신의 의사표시를 철회할 수 없다.

13. 甲의 아들인 성년자 乙이 아무런 권한없이 丙에게 甲의 대리인이라고 사칭하고, 甲 소유의 X아파트를 丙에게 매각하였다. 다음 설명 중 옳지 않은 것은? (다툼이 있으면 판례에 따름)
① 乙이 丙에게 X아파트를 매각한 직후 甲이 X아파트를 丁에게 매각하고 소유권이전등기를 경료해 준 이후에, 甲이 乙의 무권대리행위를 추인하더라도 丁은 X아파트의 소유권을 취득한다.
② 甲은 丙에 대하여 적극적으로 추인의 의사가 없음을 표시하여 무권대리행위를 무효로 확정지을 수 있다.
③ 丙이 매매계약 당시 乙에게 대리권이 없음을 알지 못하였던 경우, 丙은 甲의 추인이 있기 전에 乙을 상대로 매매계약을 철회할 수 있다.
④ 丙은 상당한 기간을 정하여 甲에게 X아파트 매매계약의 추인여부의 확답을 최고할 수 있고, 甲이 그 기간내에 확답을 발하지 않으면 추인한 것으로 본다.
⑤ 乙이 자신의 대리권을 증명하지 못하고 甲의 추인을 받지 못한 경우, 乙은 과실이 없어도 丙의 선택에 따라 계약을 이행하거나 손해를 배상할 책임이 있다.

14. 「국토의 계획 및 이용에 관한 법률」상의 토지거래허가구역 내의 토지를 매매한 경우에 관한 설명으로 옳지 않은 것은? (다툼이 있으면 판례에 따름)
① 토지매매계약은 관할관청의 허가를 받아야만 그 효력이 발생하고 그 허가를 받기 전에는 채권적 효력도 발생하지 아니한다.
② 처음부터 토지거래허가를 배제하거나 잠탈하는 내용의 계약일 경우에는 확정적으로 무효로서 유효화될 여지가 없다.
③ 당사자들이 계약상 대금지급의무를 소유권이전등기의무에 선행하여 이행하기로 약정하였더라도, 허가 전이라면 매매대금 미지급을 이유로 계약을 해제할 수 없다.
④ 매도인의 토지거래허가 신청절차 협력의무와 매수인의 매매대금지급의무가 동시이행의 관계에 있는 것은 아니다.
⑤ 계약의 쌍방 당사자는 공동허가신청절차에 협력할 의무가 있지만, 이러한 의무에 일방이 위배하더라도 상대방은 협력의무의 이행을 소구할 수는 없다.

민법총칙

12. 권리의 변동
　　법률행위의 대리
　　　무권대리
　　　표현대리

③ 판례: 증권회사로부터 위임받은 고객의 유치, 투자상담 및 권유, 위탁매매약정실적의 제고 등의 업무는 사실행위에 불과하므로 이를 기본대리권으로 하여 권한을 넘은 표현대리가 성립할 수 있다. 없다.
표현대리 성립은 기본대리권을 전제한다.
사실행위 ≠ 기본대리권

13. 권리의 변동
　　법률행위의 대리
　　　무권대리
　　　　- 상대방의 최고권: 선악
　　　　　　　철회권: 선의
　　　　- 본인의 추인의 상대방
　　　　　무권대리인
　　　　　무권대리행위의 상대방
　　　　　무권대리행위로 인한 권리
　　　　　　　또는 법률관계의 승계인
　　　협의의 무권대리

① 민법 제133조
③ 민법 제134조
④ 민법 제131조
　丙은 … 추인한 추인을 거절한 것으로 본다
⑤ 민법 제135조

민법 제131조(상대방의 최고권)
대리권 없는 자가 타인의 대리인으로 계약을 한 경우에 상대방은 상당한 기간을 정하여 본인에게 그 추인여부의 확답을 최고할 수 있다. 본인이 그 기간내에 확답을 발하지 아니한 때에는 추인을 거절한 것으로 본다.

민법 제132조(추인, 거절의 상대방)
추인 또는 거절의 의사표시는 상대방에 대하여 하지 아니하면 그 상대방에 대항하지 못한다. 그러나 상대방이 그 사실을 안 때에는 그러하지 아니하다.

민법 제133조(추인의 효력)
추인은 다른 의사표시가 없는 때에는 계약시에 소급하여 그 효력이 생긴다. 그러나 제삼자의 권리를 해하지 못한다.

민법 제134조(상대방의 철회권)
대리권없는 자가 한 계약은 본인의 추인이 있을 때까지 상대방은 본인이나 그 대리인에 대하여 이를 철회할 수 있다. 그러나 계약당시에 상대방이 대리권 없음을 안 때에는 그러하지 아니하다.

민법 제135조(상대방에 대한 무권대리인의 책임)
① 다른 자의 대리인으로서 계약을 맺은 자가 그 대리권을 증명하지 못하고 또 본인의 추인을 받지 못한 경우에는 그는 상대방의 선택에 따라 계약을 이행할 책임 또는 손해를 배상할 책임이 있다.
② 대리인으로서 계약을 맺은 자에게 대리권이 없다는 사실을 상대방이 알았거나 알 수 있었을 때 또는 대리인으로서 계약을 맺은 사람이 제한능력자일 때에는 제1항을 적용하지 아니한다.

14. 권리의 변동
　　법률행위의 무효·취소
　　　유동적 무효

①②③④⑤ 판례

② 처음부터 토지거래허가를 잠탈하는 내용의 계약 → 확정적 무효
　허가 요건을 갖추지 못한 매수인이 허가 요건을 갖춘 사람의 명의를 도용하여 매매계약서에 허가 요건을 갖춘 사람을 매수인으로 기재
⑤ 계약의 쌍방 당사자는 공동허가신청절차에 협력할 의무가 있지만고, 이러한 의무에 일방이 위배하더라도면 상대방은 협력의무의 이행을 소구할 수는 없다. 있다.
　매수인은 매도인에 대한 토지거래허가신청절차의 협력의무의 이행청구권을 보전하기 위하여 매도인을 대위하여 제3자 명의의 소유권이전등기의 말소등기절차이행을 구할 수 있다.

15. 물건에 관한 설명으로 옳지 않은 것은? (다툼이 있으면 판례에 따름)
① 민법상 전기(電氣)는 물건이다.
② 주물이 압류된 경우 압류의 효력은 종물에도 미친다.
③ 종물은 주물의 처분에 따른다는 민법 제100조제2항의 규정은 권리 상호간에 적용될 수 없다.
④ 주물을 처분할 때 특약으로 종물을 제외할 수 있고 종물만을 별도로 처분할 수도 있다.
⑤ 법정과실은 수취할 권리의 존속기간일수의 비율로 취득하고, 천연과실은 그 원물로부터 분리하는 때에 이를 수취할 권리자에 속한다.

16. 법률행위의 무효와 취소에 관한 설명으로 옳은 것은? (다툼이 있으면 판례에 따름)
① 무효인 법률행위의 추인은 명시적으로 하여야 하고 묵시적으로는 할 수 없다.
② 법률행위가 취소되면 처음부터 무효인 것으로 되지만, 제한능력자는 그 행위로 인하여 받은 이익이 현존하는 한도에서 상환(償還)할 책임이 있다.
③ 착오에 의한 의사표시를 한 자가 사망한 경우, 그 상속인은 피상속인의 착오를 이유로 취소할 수 없다.
④ 취소권은 추인할 수 있는 날로부터 10년내에 행사하면 된다.
⑤ 법률행위의 일부분이 무효인 경우, 그 무효부분이 없더라도 법률행위를 하였을 것이라고 인정될 때에도 그 전부를 무효로 한다.

17. 법률행위의 조건과 기한에 관한 설명으로 옳은 것은? (다툼이 있으면 판례에 따름)
① 조건성취로 불이익을 받을 자가 고의가 아닌 과실로 신의성실에 반하여 조건의 성취를 방해한 경우, 상대방은 조건이 성취된 것으로 주장할 수 없다.
② 정지조건이 성취되면 법률효과는 그 성취된 때로부터 발생하며, 당사자의 의사로 이를 소급시킬 수 없다.
③ 조건이 선량한 풍속 기타 사회질서에 위반한 것인 때에는 그 조건은 무효로 되지만 그 조건이 붙은 법률행위가 무효로 되는 것은 아니다.
④ "3년 안에 甲이 사망하면 현재 甲이 사용 중인 乙소유의 자전거를 乙이 丙에게 증여한다"는 계약은 조건부 법률행위이다.
⑤ 조건의 성취가 미정한 권리는 일반규정에 의하여 처분할 수 없다.

18. 민법상 기간에 관한 설명으로 옳은 것은? (다툼이 있으면 판례에 따름)
① 월로 정한 기간의 기산일이 공휴일인 경우에는 그 다음 날부터 기산한다.
② 기한을 일, 주, 월 또는 연으로 정한 때에 기간의 초일을 산입하지 아니하는 것은 강행규정이며 당사자의 약정으로 달리 정할 수 없다.
③ 2016. 4. 30. 10시부터 2개월인 경우 2016. 6. 30. 10시로 기간이 만료한다.
④ 사단법인의 사원총회일이 2016. 7. 19. 10시인 경우 늦어도 7. 12. 24시까지 사원에게 총회소집통지를 발신하면 된다.
⑤ 1997. 6. 1. 07시에 출생한 사람은 2016. 6. 1. 0시부터 성년자가 된다.

15. 권리의 객체 - 물건
   주물과 종물
   원물과 과실

③ 종물은 주물의 처분에 따른다는 민법 제100조 제2항의 규정은 권리 상호 간에 적용될 수 없다. 있다(유추 적용).

> 민법 제100조(주물, 종물)
> ① 물건의 소유자가 그 물건의 상용(常用)에 공(供)하기 위하여 자기소유인 다른 물건을 이에 부속하게 한 때에는 부속물은 종물이다.
> ② 종물은 주물의 처분에 따른다.   - 임의규정

16. 권리의 변동
   법률행위의 무효·취소

②

> 민법 제141조(취소의 효과)
> 취소된 법률행위는 처음부터 무효인 것으로 본다. 다만, 제한능력자는 그 행위로 인하여 받은 이익이 현존하는 한도에서 상환(償還)할 책임이 있다.

① 판례: 무효인 법률행위의 추인은 명시적으로 하여야 하고 또한 묵시적으로는도 할 수 없다.
③ 착오에 의한 의사표시를 한 자가 사망한 경우, 그 상속인은 피상속인의 착오를 이유로 취소할 수 없다. 있다.
④ 취소권은 추인할 수 있는 날로부터 10년 3년 내에 행사하면 된다.

> 민법 제146조(취소권의 소멸)
> 취소권은 추인할 수 있는 날로부터 3년내에 법률행위를 한 날로부터 10년내에 행사하여야 한다.

⑤ 법률행위의 일부분이 무효인 경우, 그 무효부분이 없더라도 법률행위를 하였을 것이라고 인정될 때에는도 그 전부를 무효로 한다. 나머지 부분은 무효가 되지 않는다.

17. 권리의 변동
   법률행위의 부관(조건·기한)

④ 정지조건(甲의 사망)부 법률행위

① 판례: 조건성취로 불이익을 받을 자가 고의가 아닌 또는 과실로 신의성실에 반하여 조건의 성취를 방해한 경우, 상대방은 조건이 성취된 것으로 주장할 수 없다. 있다.
② 정지조건이 성취되면 법률효과는 그 성취된 때로부터 발생하며, 당사자의 의사로 이를 소급시킬 수 없다. 있다.
③ 조건이 선량한 풍속 기타 사회질서에 위반한 것인 때에는 그 조건은 무효로 되지만 그 조건이 붙은 법률행위가 무효로 되는 것은 아니다. 조건과 법률행위 모두 무효이다.
⑤ 조건의 성취가 미정한 권리는 일반규정에 의하여 처분할 수 없다. 있다.

18. 권리의 변동
   기간

> 민법 제4조(성년)
> 사람은 19세로 성년에 이르게 된다.
> 민법 제158조(나이의 계산과 표시)
> 나이는 출생일을 산입하여 만(滿) 나이로 계산하고, 연수(年數)로 표시한다. 다만, 1세에 이르지 아니한 경우에는 월수(月數)로 표시할 수 있다.

① 월로 정한 기간의 기산일이 공휴일인 경우에는 그 다음 날부터 기산한다.
② 기한을 일, 주, 월 또는 연으로 정한 때에 기간의 초일을 산입하지 아니하는 것은 강행규정 임의규정이며 당사자의 약정으로 달리 정할 수 없다. 있다.
③ 2016. 4. 30. 10시부터 2개월인 경우 2016. 6. 30. 10시 24시로 기간이 만료한다.
④ 사단법인의 사원총회일이 2016. 7. 19. 10시인 경우 늦어도 7. 12. 24시 7. 11. 24시까지 사원에게 총회소집통지를 발신하면 된다.

19. 소멸시효에 관한 설명으로 옳은 것은? (다툼이 있으면 판례에 따름)
① 물상보증인이 채권자를 상대로 채무자의 채무가 모두 소멸하였다고 주장하면서 근저당권말소청구소송을 제기하였는데 채권자가 피고로서 응소하여 적극적으로 권리를 주장하고 받아들여진 경우에도 그 채권의 소멸시효는 중단되지 않는다.
② 비법인사단이 총유물을 매도한 후 그 대표자가 매수인에게 소유권이전등기의무에 대하여 시효중단의 효력이 있는 승인을 하는 경우에 있어 사원총회의 결의를 거치지 아니하였다면 그 승인은 무효이다.
③ 채권자가 물상보증인의 소유인 부동산에 경료된 근저당권을 실행하기 위하여 경매를 신청한 경우, 그 경매와 관련하여 채무자에게 압류사실이 통지되었는지 여부와 무관하게 소멸시효 중단의 효력이 발생한다.
④ 담보가등기가 경료된 부동산을 양수하여 소유권이전등기를 마친 자는 그 가등기담보권에 의하여 담보된 채권의 채무자가 시효이익을 포기한 경우 독자적으로 시효이익을 주장할 수 없다.
⑤ 대여금 채권의 소멸시효가 진행하는 중 채권자가 채무자 소유의 부동산에 가압류집행을 함으로써 소멸시효의 진행을 중단시킨 경우 그 기입등기일로부터 새롭게 소멸시효기간이 진행한다.

20. 다음 중 3년의 단기소멸시효에 걸리는 채권을 모두 고른 것은? (다툼이 있으면 판례에 따름)

ㄱ. 의사의 치료에 관한 채권
ㄴ. 노역인의 임금 채권
ㄷ. 도급받은 자의 공사에 관한 채권
ㄹ. 2년 후에 원금과 이자를 한꺼번에 받기로 하고 대여한 경우의 이자채권
ㅁ. 상인인 가구상이 판매한 자개장롱의 대금채권

① ㄱ, ㅁ   ② ㄱ, ㄷ, ㅁ   ③ ㄴ, ㄷ, ㄹ   ④ ㄷ, ㄹ, ㅁ   ⑤ ㄱ, ㄴ, ㄷ, ㄹ

19. 권리의 변동
　　소멸시효

①②③④⑤ 판례
① 채무자에 대하여 재판상 청구를 한 것으로 볼 수 없다.

② 비법인사단이 총유물을 매도한 후 그 대표자가 매수인에게 소유권이전등기의무에 대하여 시효중단의 효력이 있는 승인을 하는 경우에 있어 사원총회의 결의를 거치지 아니하였다면 그 승인은 무효이다. 거칠 필요가 없다.
③ 채권자가 물상보증인의 소유인 부동산에 경료된 근저당권을 실행하기 위하여 경매를 신청한 경우, 그 경매와 관련하여 채무자(시효의 이익을 받을 자)에게 압류사실이 통지되었는지 여부와 무관하게 통지되기 전에는 소멸시효 중단의 효력이 발생한다. 발생하지 않는다.
④ 담보가등기가 경료된 부동산을 양수하여 소유권이전등기를 마친 자는 그 가등기담보권에 의하여 담보된 채권의 채무자가 시효이익을 포기한 경우 독자적으로 시효이익을 주장할 수 없다. 있다.
⑤ 대여금 채권의 소멸시효가 진행하는 중 채권자가 채무자 소유의 부동산에 가압류집행을 함으로써 소멸시효의 진행을 중단시킨 경우 그 가입등기일 가압류 절차가 종료한 때로부터 새롭게 소멸시효기간이 진행한다.

20. 권리의 변동
　　소멸시효
　　단기 소멸시효
　　3년 단기 소멸시효

ㄷ. 판례
1회 변제로 소멸하는 소비대차의 원리금
→ 민법 제163조 제1호
　　1년 이내 정기 지급 채권
　　≠ 변제기가 1년 이내 채권
　　　　에 해당하지 않는다.

ㄴ.

민법 제163조(3년의 단기소멸시효)
다음 각호의 채권은 3년간 행사하지 아니하면 소멸시효가 완성한다.
1. 이자, 부양료, 급료, 사용료 기타 1년이내의 기간으로 정한 금전 또는 물건의 지급을 목적으로 한 채권
2. 의사, 조산사, 간호사 및 약사의 치료, 근로 및 조제에 관한 채권
3. 도급 받은 자, 기사 기타 공사의 설계 또는 감독에 종사하는 자의 공사에 관한 채권
4. 변호사, 변리사, 공증인, 공인회계사 및 법무사에 대한 직무상 보관한 서류의 반환을 청구하는 채권
5. 변호사, 변리사, 공증인, 공인회계사 및 법무사의 직무에 관한 채권
6. 생산자 및 상인이 판매한 생산물 및 상품의 대가
7. 수공업자 및 제조자의 업무에 관한 채권

민법 제164조(1년의 단기소멸시효)
다음 각호의 채권은 1년간 행사하지 아니하면 소멸시효가 완성한다.
1. 여관, 음식점, 대석, 오락장의 숙박료, 음식료, 대석료, 입장료, 소비물의 대가 및 체당금의 채권
2. 의복, 침구, 장구 기타 동산의 사용료의 채권
3. 노역인, 연예인의 임금 및 그에 공급한 물건의 대금채권
4. 학생 및 수업자의 교육, 의식 및 유숙에 관한 교주, 숙주, 교사의 채권

21. 행정법의 법원(法源)에 관한 설명으로 옳지 않은 것은? (다툼이 있으면 판례에 따름)
① 행정법의 일반원칙은 법원의 성격을 갖는다.
② 행정법에는 헌법, 민법, 형법과 같은 단일 법전(法典)이 없다.
③ 위법한 행정처분이라 하더라도 수차례에 걸쳐 반복적으로 행해져 행정관행이 되었다면 행정청에 대하여 자기구속력을 갖는다.
④ 대법원의 판례가 법률해석의 일반적인 기준을 제시하였어도 사안이 서로 다른 사건을 재판하는 하급심법원을 직접 기속하는 것은 아니다.
⑤ '남북 사이의 화해와 불가침 및 교류협력에 관한 합의서'는 국가 간 맺은 조약이 아니므로 국내법과 동일한 효력을 가지는 것은 아니다.

22. 다음은 법령 등 공포에 관한 법률상 시행일에 관한 내용이다. ( )에 들어갈 숫자로 옳은 것은?

대통령령, 총리령 및 부령은 특별한 규정이 없으면 공포한 날부터 ( )일이 경과함으로써 효력을 발생한다.

① 10　　② 14　　③ 15　　④ 20　　⑤ 30

23. 사인(私人)의 공법행위로서 신고에 관한 설명으로 옳지 않은 것은? (다툼이 있으면 판례에 따름)
① 법령상 신고사항이 아닌 신고를 수리한 경우, 그 수리는 항고소송의 대상이 되지 않는다.
② 행정청은 필요한 구비서류가 첨부되어 있지 않은 신고서가 제출된 경우에는 지체 없이 상당한 기간을 정하여 신고인에게 보완을 요구하여야 한다.
③ 법상 금지되어 있는 행위를 해제시키는 기능을 갖는 신고의 경우 그 신고 없이 한 행위는 위법하다.
④ 건축법에 따른 착공신고가 반려되었음에도 당해 건축물의 착공을 개시하면 시정명령, 이행강제금, 벌금 등의 대상이 될 우려가 있으므로 행정청의 착공신고 반려행위는 항고소송의 대상이 된다.
⑤ 적법한 요건을 갖추어 당구장업 영업신고를 한 경우 행정청이 그 신고에 대한 수리를 거부하였음에도 영업을 하면 무신고 영업이 된다.

24. 행정입법에 관한 설명으로 옳은 것은? (다툼이 있으면 판례에 따름)
① 법률의 위임에 의해 효력을 갖게 된 법규명령이 법률의 개정으로 위임의 근거가 없어지게 되면 소급하여 무효인 법규명령이 된다.
② 감사원규칙은 총리령·부령과 마찬가지로 헌법에 명시적 근거가 있으므로 법규명령으로서의 효력을 갖는다.
③ 고시는 그 내용에 따라 법규명령 또는 행정규칙에 해당할 수도 있고 행정처분에 해당할 수도 있다.
④ 명령·규칙이 헌법에 위반되는 여부가 재판의 전제가 된 경우에 대법원은 이를 최종적으로 심사할 수 없다.
⑤ 조례에 대한 법률의 위임은 반드시 구체적으로 범위를 정해서만 할 수 있으며 포괄적 위임은 허용되지 않는다.

21. 행정법 통론
    행정법 - 법원(法源)
     - 성문법원
     - 불문법원: 관습법, 판례법, 조리
     - 일반원칙

③④⑤ 판례
③ 위법한 행정처분이라 하더라도 수차례에 걸쳐 반복적으로 행해져 행정관행이 되었다면~~더라도~~ 행정청에 대하여 자기 구속력을 갖는다. 갖지 않는다.
⑤ 남북기본합의서: ~~조약, 법적 구속력~~
　　　　　　　　　공동성명 또는 신사협정(헌법재판소)

22. 행정법 통론
    행정법
    주지 기간

법령 등 공포에 관한 법률 제13조(시행일)
대통령령, 총리령 및 부령은 특별한 규정이 없으면 공포한 날부터 20일이 경과함으로써 효력을 발생한다.

법령 등 공포에 관한 법률 제13조의 2(법령의 시행유예기간)
국민의 권리 제한 또는 의무 부과와 직접 관련되는 법률, 대통령령, 총리령 및 부령은 긴급히 시행하여야 할 특별한 사유가 있는 경우를 제외하고는 공포일부터 적어도 30일이 경과한 날부터 시행되도록 하여야 한다.

23. 행정법 통론
    행정상 법률관계
    사인(私人)의 공법행위

행정요건적 신고
　　　─수리 거부→처분성→항고소송
자체완성적 신고
　　　─수리 거부 ~~→처분성~~ ~~→항고소송~~
　　　　　　　　　　　　　　　　②
①④ 판례
③ 무신고 행위

행위요건적(행정요건적) 신고 = 수리를 요하는 신고
자기완결적(자체완성적) 신고 = 수리를 요하지 않는 신고

행정절차법 제40조(신고)
② 제1항에 따른 신고가 다음 각 호의 요건을 갖춘 경우에는 신고서가 접수기관에 도달된 때에 신고 의무가 이행된 것으로 본다.
　1. 신고서의 기재사항에 흠이 없을 것
　2. 필요한 구비서류가 첨부되어 있을 것
　3. 그 밖에 법령등에 규정된 형식상의 요건에 적합할 것
③ 행정청은 제2항 각 호의 요건을 갖추지 못한 신고서가 제출된 경우에는 지체 없이 상당한 기간을 정하여 신고인에게 보완을 요구하여야 한다.

⑤ 적법한 요건을 갖추어 당구장업 영업신고(자기완결적 신고)를 한 경우 행정청이 그 신고에 대한 수리를 거부하였음에도 영업을 하면 하여도 무신고 영업이 된다. 되지 않는다.

24. 행정작용법
    행정입법
    고시 - 법규명령, 행정규칙, 행정처분 ③
④

헌법 제107조
② 명령·규칙 또는 처분이 헌법이나 법률에 위반되는 여부가 재판의 전제가 된 경우에는 대법원은 이를 최종적으로 심사할 권한을 가진다.

① 법률의 위임에 의해 효력을 갖게 된 법규명령이 법률의 개정으로 위임의 근거가 없어지게 되면 소급하여 ~~그때부터~~ 무효인 법규명령이 된다.
② 감사원규칙(감사원법에 근거)은 총리령·부령과 마찬가지로 달리 헌법에 명시적 근거가 있으므로 없지만 법규명령으로서의 효력을 갖는다.
　　　　　　　　　　　　- 법규명령설: 다수설, 행정규칙설: 소수설
④ 명령·규칙이 헌법에 위반되는 여부가 재판의 전제가 된 경우에 대법원은 이를 최종적으로 심사할 수 없다. 있다.
⑤ 조례에 대한 법률의 위임은 반드시 구체적으로 범위를 정해서만 할 수 있으며 있는 것이 아니라 포괄적 위임은이 허용되지 않는다. 허용된다.

25. 강학상 인가에 해당하는 것은? (다툼이 있으면 판례에 따름)
① 공유수면 매립면허 ② 재단법인 정관변경허가 ③ 하천점용허가
④ 어업면허 ⑤ 발명특허

26. 판례에 의할 때, 선행처분에 취소사유가 있음을 들어 후행처분의 위법을 주장할 수 <u>없는</u> 경우는?

	선행처분	후행처분
①	사업인정처분	수용재결처분
②	대집행 계고처분	대집행영장발부통보처분
③	대집행 계고처분	대집행비용납부명령처분
④	안경사시험합격무효처분	안경사면허취소처분
⑤	친일반민족행위자 결정처분	독립유공자 예우에 관한 법률 적용배제자 결정처분

27. 행정행위의 직권취소와 철회에 관한 설명으로 옳은 것만을 모두 고른 것은? (다툼이 있으면 판례에 따름)

> ㄱ. 행정행위의 취소사유는 행정행위의 성립 당시에 존재하였던 하자를 말하고, 철회사유는 행정행위의 성립 이후에 새로이 발생한 것으로서 행정행위의 효력을 존속시킬 수 없는 사유를 말한다.
> ㄴ. 행정행위를 한 행정청은, 별도의 명시적인 법적 근거가 없다면, 행정행위의 성립에 하자가 있더라도 직권으로 이를 취소할 수 없다.
> ㄷ. 행정행위를 한 행정청은, 별도의 명시적인 법적 근거가 없다면, 원래의 행정행위를 그대로 존속시킬 필요가 없게 된 사정변경이 생겼더라도 이를 철회할 수 없다.

① ㄱ ② ㄴ ③ ㄷ ④ ㄱ, ㄴ ⑤ ㄴ, ㄷ

28. 행정절차에 관한 설명으로 옳지 <u>않은</u> 것은? (다툼이 있으면 판례에 따름)
① 행정청이 처분을 할 때에는 신청 내용을 모두 그대로 인정하는 경우에도 당사자에게 그 근거와 이유를 제시하여야 한다.
② 행정청은 해당 처분의 성질상 의견청취가 현저히 곤란하거나 명백히 불필요하다고 인정될 만한 상당한 이유가 있는 경우에는 처분의 사전통지를 하지 않을 수도 있다.
③ 국가공무원법상 직위해제처분의 경우에는 처분의 사전통지 및 의견청취 등에 관한 행정절차법의 규정이 별도로 적용되지 않는다.
④ 법령상 청문이 요구되는 경우에, 행정처분의 상대방이 청문일시에 불출석하였다는 이유로 청문을 실시하지 아니하고 한 침해적 행정처분은 위법하다.
⑤ 행정청이 처분을 할 때에는 원칙적으로 문서로 해야 하지만, 신속히 처리할 필요가 있거나 사안이 경미한 경우에는 말 또는 그 밖의 방법으로 하는 것도 가능하다.

행정법

25. 행정작용법 　행정행위 　　법률행위적 행정행위 　　　명령적 행위: 면제, 하명, 허가 　　　형성적 행위: 대리, 인가, 특허	강학상 인가·특허·허가·확인 → 실정법상 면허·승인·지정·특허·허가 ① 공유수면 매립면허　　　　　강학상 특허 ② 재단법인 정관변경허가　　　강학상 인가 ③ 하천점용허가　　　　　　　강학상 특허 ④ 어업면허　　　　　　　　　강학상 특허 ⑤ 발명특허　　　　　　　　　강학상 확인 준법률행위적 행정행위: 공증, 수리, 통지, 확인
26. 행정작용법 　행정행위 　　하자: 무효·취소·변경·철회 　　하자의 승계	① 사업인정처분 - 수용재결처분 　사업인정처분의 위법은 사업인정단계에서 다투어야 한다. 　수용재결단계에서는 (쟁송기간이 도과하였으므로) 사업인정처분이 당연무효라고 볼 만한 특단의 사정이 없는 한 그 위법을 이유로 재결의 취소를 구할 수 없다. ⑤ 친일반민족행위자 결정처분 　　　　　　- 독립유공자 예우에 관한 법률 적용배제자 결정처분 선 행정행위와 후 행정행위가 서로 독립하여 별개의 법률효과를 목적으로 하는 경우임에도 예외적으로 행정행위 하자의 승계를 인정했다.
27. 행정작용법 　행정행위 　　하자: 무효·취소·철회·변경 ㄱ, ㄴ, ㄷ. 판례	ㄴ. 행정행위를 한 행정청은, 별도의 명시적인 법적 근거가 ~~없다면 없더라도~~, 행정행위의 성립에 하자가 있더라도~~으면~~ 직권으로 이를 취소할 수 ~~없다.~~ <u>있다.</u> ㄷ. 행정행위를 한 행정청은, 별도의 명시적인 법적 근거가 ~~없다면 없더라도~~, 원래의 행정행위를 그대로 존속시킬 필요가 없게 된 사정변경이 생겼~~더라도~~다면 이를 철회할 수 ~~없다.~~ <u>있다.</u> 행정행위의 직권취소와 철회는 명시적인 법적 근거를 요하지 않는다.
28. 행정절차·(행정)정보 　행정절차 ② 행정절차법 제21조(처분의 사전통지) ③④⑤ 판례 ⑤ 행정절차법 제24조(처분의 방식) 　① 원칙: 문서주의 　② 예외(긴급·경미): 말·기타 방법	① 행정청이 처분을 할 때에는 신청 내용을 모두 그대로 인정하는 경우에~~도는~~ 당사자에게 그 근거와 이유를 ~~제시하여야 한다.~~ <u>제시하지 않아도 된다.</u> 행정절차법 제23조(처분의 이유 제시) ① 행정청은 처분을 할 때에는 다음 각 호의 어느 하나에 해당하는 경우를 제외하고는 당사자에게 그 근거와 이유를 제시하여야 한다. 　1. 신청 내용을 모두 그대로 인정하는 처분인 경우 　2. 단순·반복적인 처분 또는 경미한 처분으로서 당사자가 그 이유를 명백히 알 수 있는 경우 　3. 긴급히 처분을 할 필요가 있는 경우 ② 행정청은 제1항제2호 및 제3호의 경우에 처분 후 당사자가 요청하는 경우에는 그 근거와 이유를 제시하여야 한다.

29. 공공기관의 정보공개에 관한 법령상 정보공개에 관한 설명으로 옳지 않은 것은? (다툼이 있으면 판례에 따름)
① 사립대학교도 정보공개 의무기관인 공공기관에 해당된다.
② 모든 국민은 정보의 공개를 청구할 권리를 가진다.
③ 정보공개청구권자에 해당하는 국민에는 자연인은 물론 법인, 권리능력 없는 사단이나 재단도 포함된다.
④ 정보공개청구는 정보공개청구서를 제출하는 것 외에 말로써도 할 수 있다.
⑤ 정보공개청구자는 공개를 구하는 정보를 공공기관이 보유·관리하고 있을 가능성이 전혀 없지 않다는 점만 입증하면 족하고, 공공기관은 그 정보를 폐기하여 더 이상 보유·관리하고 있지 않다는 항변을 할 수 없다.

30. 이행강제금에 관한 설명으로 옳은 것은? (다툼이 있으면 판례에 따름)
① 이행강제금은 그에 관한 법적 근거가 없더라도 부과할 수 있다.
② 이행강제금에 관한 일반법으로는 건축법이 있다.
③ 건축법상 이행강제금은 반복하여 부과할 수 없다.
④ 이행강제금과 행정벌의 병과는 허용된다.
⑤ 이행강제금은 대체적 작위의무 위반에 대해서는 부과될 수 없다.

31. 질서위반행위규제법상 과태료에 관한 설명으로 옳은 것은? (다툼이 있으면 판례에 따름)
① 과태료 부과에 대해서는 항고소송으로 다툴 수 있다.
② 과태료는 행정벌에 해당하므로 이에는 소멸시효가 인정되지 않는다.
③ 하나의 행위가 둘 이상의 질서위반행위에 해당하는 경우에는 각 질서위반행위에 대하여 정한 과태료를 모두 합산하여 부과한다.
④ 과태료의 부과대상인 질서위반행위에 대해 책임주의 원칙이 적용되고 있다.
⑤ 과태료의 부과·징수 등의 절차에 관해 질서위반행위규제법과 저촉되는 다른 법률의 규정이 있다면 질서위반행위규제법보다 그 법률의 규정이 우선 적용된다.

32. 행정구제제도에 관한 설명으로 옳지 않은 것은? (다툼이 있으면 판례에 따름)
① 행정심판을 권리구제를 위한 필요적 전심절차로 규정하면서도 그 절차에 사법절차를 준용하지 않는 것은 헌법에 위반된다.
② 행정처분에 대해 행정소송으로는 위법성 통제만 가능한 데 반하여, 행정심판으로는 위법성뿐만 아니라 부당성 통제도 가능하다.
③ 처분의 효과가 기간의 경과로 인하여 소멸된 뒤에도 그 처분의 취소로 인하여 회복되는 법률상 이익이 있는 자의 경우에는 취소소송을 제기할 수 있다.
④ 행정소송법상의 당사자소송에는 민사집행법상의 가처분에 관한 규정이 준용된다.
⑤ 행정소송법은 행정소송에 대한 각급 판결에 의하여 명령·규칙이 헌법 또는 법률에 위반된다는 것이 확정된 경우에는 각급 법원은 지체 없이 그 사유를 행정자치부장관에게 통보하도록 규정하고 있다.

29. 행정절차·(행정)정보 　　정보공개 　①③⑤ 판례	⑤ 정보공개청구자는 공개를 구하는 정보를 공공기관이 보유·관리하고 있을 가능성이 전혀 없지 않다는 점만 입증하면 족하고, 공공기관은 그 정보를 폐기하여 더 이상 보유·관리하고 있지 않다는 항변을 할 수 없다. <u>사실을 증명할 책임이 있다.</u>
30. 행정상 실효성 확보 수단 　　행정강제 　　이행강제금 　　- 비대체적 작위의무 불이행 　　- 부작위의무 불이행 　　- 작위의무 위반 ④ ≠ 이중처벌 ④⑤ 판례	① 법률 유보의 원칙 　이행강제금은 그에 관한 법적 근거가 없더라도 <s>있어야</s> 부과할 수 있다. ② 이행강제금에 관한 일반법으로는 <s>건축법이 있다.</s> <u>은 없고 개별법만 있을 뿐이다.</u> ③ 일사부재리 원칙 　건축법상 이행강제금은 반복하여 부과할 수 <s>없다.</s> <u>있다.</u> 건축법 제80조(이행강제금) ⑤ 허가권자는 최초의 시정명령이 있었던 날을 기준으로 하여 1년에 2회 이내의 범위에서 해당 지방자치단체의 조례로 정하는 횟수만큼 그 시정명령이 이행될 때까지 반복하여 제1항 및 제2항에 따른 이행강제금을 부과·징수할 수 있다. ⑤ 이행강제금은 대체적 작위의무 위반에 대해서는 부과될 수 <s>없다.</s> <u>있다.</u>
31. 행정상 실효성 확보 수단 　　행정벌 　　행정질서벌 ① 판례 ② 질서위반행위규제법 제15조 ③ 질서위반행위규제법 제13조 ④ 질서위반행위규제법 제7조 　책임주의 원칙: 고의·과실을 요한다. ⑤ 질서위반행위규제법 제5조	① 과태료 부과에 대해서는 별도의 불복절차가 있으므로 <s>항고소송으로 다툴 수 있다.</s> <u>없다.</u> ② 과태료는 행정벌에 해당하므로 이에는 <u>5년의 소멸시효가 인정되지 않는다.</u> <u>인정된다.</u> 질서위반행위규제법 제15조(과태료의 시효) ① 과태료는 행정청의 과태료 부과처분이나 법원의 과태료 재판이 확정된 후 5년간 징수하지 아니하거나 집행하지 아니하면 시효로 인하여 소멸한다. ② 제1항에 따른 소멸시효의 중단·정지 등에 관하여는 「국세기본법」 제28조(소멸시효의 중단과 정지)를 준용한다. ③ 하나의 행위가 둘 이상의 질서위반행위에 해당하는 경우에는 각 질서위반행위에 대하여 정한 과태료를 <s>모두 합산하여</s> <u>중 가장 중한 과태료를</u> 부과한다. ⑤ 과태료의 부과·징수 등의 절차에 관해 질서위반행위규제법과 저촉되는 다른 법률의 규정이 있다면 질서위반행위규제법보다 그 법률의 규정이 우선 적용된다.
32. 행정구제법 　　행정쟁송 　　행정심판·행정소송	① 필요적 전치주의 ⑤ 행정소송법은 행정소송에 대한 <s>각급 판결</s> <u>대법원 판결</u>에 의하여 명령·규칙이 헌법 또는 법률에 위반된다는 것이 확정된 경우에는 <s>각급 법원</s> <u>대법원</u>은 지체 없이 그 사유를 행정자치부장관에게 통보하도록 규정하고 있다.

33. 행정심판에 관한 설명으로 옳지 않은 것은? (다툼이 있으면 판례에 따름)
① 행정심판에서는 사정재결이 인정되고 있지 않다.
② 행정소송법에는 의무이행소송이 규정되어 있지 않은 반면, 행정심판법에는 의무이행심판이 규정되어 있다.
③ 서울특별시장과 서울특별시의회의 처분 또는 부작위에 대한 심판청구는 중앙행정심판위원회에서 심리·재결한다.
④ '새로운 처분의 처분사유'와 '종전 처분에 관하여 위법한 것으로 재결에서 판단된 사유'가 기본적 사실관계에 있어 동일성이 없다면 새로운 처분은 종전 처분에 대한 재결의 기속력에 저촉되지 않는다.
⑤ 심판청구에 대한 재결이 있으면 그 재결 및 같은 처분 또는 부작위에 대하여 다시 행정심판을 청구할 수 없다.

34. 판례에 의할 때 당사자소송으로 다툴 수 없는 것은?
① 국가에 대한 납세의무자의 부가가치세 환급세액 지급청구소송
② 도시 및 주거환경정비법상 관리처분계획에 대한 행정청의 인가·고시 후 관리처분계획안에 대한 조합총회결의의 효력을 다투는 소송
③ 지방자치단체가 보조금 지급결정을 하면서 일정 기한 내에 보조금을 반환하도록 하는 교부조건을 부가한 경우에 그 지방자치단체가 제기하는 보조금반환청구소송
④ 공익사업을 위한 토지 등의 취득 및 보상에 관한 법률상의 보상금증액청구소송과 보상금감액청구소송
⑤ 공익사업을 위한 토지 등의 취득 및 보상에 관한 법률상 세입자의 주거이전비 보상청구소송

35. 정부조직법상 행정청의 조직과 권한에 관한 설명으로 옳지 않은 것은?
① 행정기관은 법령으로 정하는 바에 따라 그 소관사무의 일부를 보조기관 또는 하급행정기관에 위임할 수 있다.
② 상급행정기관으로부터 사무를 위임받은 하급행정기관은 특히 필요한 경우 법령으로 정하는 바에 따라 위임받은 사무의 일부를 보조기관에 재위임할 수 있다.
③ 행정기관은 법령으로 정하는 바에 따라 그 소관사무 중 조사·검사·검정·관리 업무 등 국민의 권리·의무와 직접 관계되지 아니하는 사무를 지방자치단체가 아닌 단체 또는 개인에게 위탁할 수 있다.
④ 부·처의 장은 그 소관사무의 효율적 추진을 위하여 필요한 경우에는 국무총리에게 소관사무와 관련되는 다른 행정기관의 사무에 대한 조정을 요청할 수 있다.
⑤ 행정기관 또는 소속기관을 설치하거나 공무원의 정원을 증원할 때에는 반드시 예산상의 조치가 병행될 필요는 없다.

33. 행정구제법
    행정쟁송
    행정심판

② 행정심판법 제5조
③ 행정심판법 제6조
④ 판례
⑤ 행정심판법 제51조
    (행정심판 재청구의 금지)
재심판 청구 금지 → 행정소송

① 행정심판에서는 사정재결이 인정되고 있지 않다. 인정된다.
  행정심판 - 사정재결
  행정소송 - 사정판결

> 행정심판법 제44조(사정재결)
> ① 위원회는 심판청구가 이유가 있다고 인정하는 경우에도 이를 인용(認容)하는 것이 공공복리에 크게 위배된다고 인정하면 그 심판청구를 기각하는 재결을 할 수 있다. 이 경우 위원회는 재결의 주문(主文)에서 그 처분 또는 부작위가 위법하거나 부당하다는 것을 구체적으로 밝혀야 한다.
> ② 위원회는 제1항에 따른 재결을 할 때에는 청구인에 대하여 상당한 구제방법을 취하거나 상당한 구제방법을 취할 것을 피청구인에게 명할 수 있다.
> ③ 제1항과 제2항은 무효등확인심판에는 적용하지 아니한다.

34. 행정구제법
    행정쟁송
    행정소송
    당사자소송

② 관리처분계획 인가·고시 후 관리처분계획안에 대한
                    조합총회결의의 효력을 다투는 소송
  판례: 관리처분계획은 인가·고시 후에는 행정처분
       인가·고시 후 관리처분계획의 취소 또는 무효확인의 항고소송

35. 행정조직법
    행정조직법
    행정기관 - 조직·권한

①
②
③
④
⑤

> 정부조직법 제6조(권한의 위임 또는 위탁)
> ① 행정기관은 법령으로 정하는 바에 따라 그 소관사무의 일부를 보조기관 또는 하급행정기관에 위임하거나 다른 행정기관·지방자치단체 또는 그 기관에 위탁 또는 위임할 수 있다. 이 경우 위임 또는 위탁을 받은 기관은 특히 필요한 경우에는 법령으로 정하는 바에 따라 위임 또는 위탁을 받은 사무의 일부를 보조기관 또는 하급행정기관에 재위임할 수 있다.
> ② 보조기관은 제1항에 따라 위임받은 사항에 대하여는 그 범위에서 행정기관으로서 그 사무를 수행한다.
> ③ 행정기관은 법령으로 정하는 바에 따라 그 소관사무 중 조사·검사·검정·관리 업무 등 국민의 권리·의무와 직접 관계되지 아니하는 사무를 지방자치단체가 아닌 법인·단체 또는 그 기관이나 개인에게 위탁할 수 있다.
>
> 정부조직법 제7조(행정기관의 장의 직무권한)
> ⑤ 부·처의 장은 그 소관사무의 효율적 추진을 위하여 필요한 경우에는 국무총리에게 소관사무와 관련되는 다른 행정기관의 사무에 대한 조정을 요청할 수 있다.
>
> 정부조직법 제9조(예산조치와의 병행)
> 행정기관 또는 소속기관을 설치하거나 공무원의 정원을 증원할 때에는 반드시 예산상의 조치가 병행되어야 한다.

⑤ 행정기관 또는 소속기관을 설치하거나 공무원의 정원을 증원할 때에는 반드시 예산상의 조치가 병행될 필요는 없다. 병행되어야 한다.

36. 공무원의 신분관계에 관한 설명으로 옳은 것은? (다툼이 있으면 판례에 따름)
① 국가공무원법상 임용결격사유는 모두 당연퇴직사유에 해당된다.
② 지방공무원법상 정규공무원 임용행위와 시보임용행위는 별도의 임용행위이므로 그 요건과 효력은 개별적으로 판단해야 한다.
③ 직위해제처분이 있은 후 동일한 사유에 대해 다시 해임처분이 있다면 일사부재리의 법리에 어긋난다.
④ 징계의 종류로서 파면과 해임은 둘 다 공무원 신분을 박탈시키며 공직취임 제한기간이 동일하다는 점에 있어서는 차이가 없다.
⑤ 공무원 임용결격사유가 있는지의 여부는 임용당시가 아니라 채용후보자 명부에 등록한 때의 법률을 기준으로 판단해야 한다.

37. 지방자치단체의 주민의 권리에 관한 설명으로 옳은 것을 모두 고른 것은? (다툼이 있으면 판례에 따름)

> ㄱ. 주민투표권은 헌법이 보장하는 기본권 또는 헌법상 제도적으로 보장되는 주관적 공권이다.
> ㄴ. 주민소환에 관한 법률에 따르면 전체 주민소환투표자의 수가 주민소환투표권자 총수의 3분의 1에 미달하는 때에는 개표를 하지 않는다.
> ㄷ. 부담금의 부과·징수 또는 감면에 관한 사항은 조례의 개폐 청구의 대상이 아니다.
> ㄹ. 주민의 감사청구와는 달리 주민소송은 지방자치법상 인정되고 있지 않다.

① ㄱ, ㄴ   ② ㄱ, ㄷ   ③ ㄱ, ㄹ   ④ ㄴ, ㄷ   ⑤ ㄴ, ㄹ

38. 부동산 가격공시 및 감정평가에 관한 법률상 공시지가에 관한 설명으로 옳지 않은 것은? (다툼이 있으면 판례에 따름)
① 개별공시지가는 개발이익환수에 관한 법률에 의한 개발부담금의 부과 그 밖의 다른 법령이 정하는 목적을 위한 지가산정에 사용한다.
② 개별공시지가에 이의가 있는 자는 개별공시지가의 결정·공시일부터 30일 이내에 서면으로 시장·군수 또는 지방자치단체인 구의 구청장에게 이의를 신청할 수 있다.
③ 표준지공시지가는 토지수용에 대한 보상금 산정의 기준이 된다.
④ 표준지공시지가의 결정은 항고소송의 대상인 처분으로 볼 수 없다.
⑤ 표준지공시지가에 이의가 있는 자는 표준지공시지가의 공시일부터 30일 이내에 서면으로 국토교통부장관에게 이의를 신청할 수 있다.

36. 행정조직법 　　공무원법 ① 국가공무원법 제69조(당연퇴직) ②③⑤ 판례 ④ 국가공무원법 제33조(결격사유)		① 국가공무원법상 임용결격사유는 모두 당연퇴직사유에 해당된다. 해당하지 않는다. ③ 직위해제(징계)처분이 있은 후 동일한 사유에 대해 다시 해임(징계)처분이 있다면 일사부재리의 법리에 어긋난다. 어긋나지 않는다. ④ 징계의 종류로서 파면(공직 취임 제한 기간: 5년)과 해임(공직 취임 제한 기간: 3년)은 둘 다 공무원 신분을 박탈시키며 공직 취임 제한 기간이 동일하다는 다르다는 점에 있어서는 차이가 없다. 있다. ⑤ 공무원 임용결격사유가 있는지의 여부는 임용 당시 채용후보자 명부에 등록한 때가 아니라 채용후보자 명부에 등록한 때 임용 당시의 법률을 기준으로 판단해야 한다.
37. 행정조직법 　　지방자치법 　　주민의 권리		ㄱ. 주민투표권은 헌법이 보장하는 기본권 또는 헌법상 제도적으로 보장되는 주관적 공권 법률(주민투표법, 지방자치법)에 의하여 인정되는 권리이다. ㄹ. 주민의 감사청구(지방자치법 제21조)와는 달리 주민소송(지방자치법 제22조)은 지방자치법상 인정되고 있지 않다. 있다.
38. 특별행정작용법 　　국토개발행정법 　　부동산 가격공시에 관한 법률	⑤ ③ ① ②	④ 판례: 표준지공시지가의 결정은 항고소송의 대상인 처분으로 볼 수 없다. 이다. 부동산 가격공시에 관한 법률 제7조 　　　　　　　　　　　　(표준지공시지가에 대한 이의신청) ① 표준지공시지가에 이의가 있는 자는 그 공시일부터 30일 이내에 서면(전자문서를 포함한다. 이하 같다)으로 국토교통부장관에게 이의를 신청할 수 있다. 부동산 가격공시에 관한 법률 제9조(표준지공시지가의 효력) 표준지공시지가는 토지시장에 지가정보를 제공하고 일반적인 토지거래의 지표가 되며, 국가·지방자치단체 등이 그 업무와 관련하여 지가를 산정하거나 감정평가법인등이 개별적으로 토지를 감정평가하는 경우에 기준이 된다. 부동산 가격공시에 관한 법률 제10조(개별공시지가의 결정·공시 등) ① 시장·군수 또는 구청장은 국세·지방세 등 각종 세금의 부과, 그 밖의 다른 법령에서 정하는 목적을 위한 지가산정에 사용되도록 하기 위하여 제25조(시·군·구부동산가격공시위원회)에 따른 시·군·구부동산가격공시위원회의 심의를 거쳐 매년 공시지가의 공시기준일 현재 관할 구역 안의 개별토지의 단위면적당 가격(이하 "개별공시지가"라 한다)을 결정·공시하고, 이를 관계 행정기관 등에 제공하여야 한다. 부동산 가격공시에 관한 법률 　　　　　　　　　　제11조(개별공시지가에 대한 이의신청) ① 개별공시지가에 이의가 있는 자는 그 결정·공시일부터 30일 이내에 서면으로 시장·군수 또는 구청장에게 이의를 신청할 수 있다.

39. 경찰관 직무집행법의 내용으로 옳지 않은 것은?
① 경찰장구란 경찰관이 휴대하여 범인 검거와 범죄 진압 등의 직무 수행에 사용하는 수갑, 포승, 경찰봉, 방패 등을 말한다.
② 경찰관이 보호조치를 하는 경우에 구호대상자가 휴대하고 있는 무기 등 위험을 일으킬 수 있는 물건을 경찰관서에 임시로 영치하여 놓을 수 있다.
③ 경찰관이 불심검문 과정에서 경찰서에 동행할 것을 요구한 경우, 동행을 요구받은 사람은 이를 거절할 수 없다.
④ 경찰관은 불심검문과 관련하여 동행요구에 응해 경찰서로 동행한 사람을 6시간을 초과하여 경찰관서에 머물게 할 수 없다.
⑤ 경찰관의 적법한 직무집행으로 인하여 손실을 입은 경우에 대한 보상은 경찰관 직무집행법에 명문화되어 있다.

40. 국유재산 중 시효취득의 대상이 되는 것은?
① 공용재산   ② 일반재산   ③ 기업용재산   ④ 보존용재산   ⑤ 공공용재산

39. 특별행정작용법
    경찰관 직무집행법

경찰관직무집행법 제3조(불심검문)
② 경찰관은 제1항에 따라 같은 항 각 호의 사람을 정지시킨 장소에서 질문을 하는 것이 그 사람에게 불리하거나 교통에 방해가 된다고 인정될 때에는 질문을 하기 위하여 가까운 경찰서·지구대·파출소 또는 출장소(지방해양경찰관서를 포함하며, 이하 "경찰관서"라 한다)로 동행할 것을 요구할 수 있다. 이 경우 동행을 요구받은 사람은 그 요구를 거절할 수 있다.

③

④

⑥ 경찰관은 제2항에 따라 동행한 사람을 6시간을 초과하여 경찰관서에 머물게 할 수 없다.

경찰관직무집행법 제4조(보호조치 등)

②

③ 경찰관은 제1항의 조치를 하는 경우에 구호대상자가 휴대하고 있는 무기·흉기 등 위험을 일으킬 수 있는 것으로 인정되는 물건을 경찰관서에 임시로 영치(領置)하여 놓을 수 있다.

경찰관직무집행법 제10조(경찰장비의 사용 등)
② 제1항 본문에서 "경찰장비"란 무기, 경찰장구(警察裝具), 경찰착용기록장치, 최루제(催淚劑)와 그 발사장치, 살수차, 감식기구(鑑識機具), 해안 감시기구, 통신기기, 차량·선박·항공기 등 경찰이 직무를 수행할 때 필요한 장치와 기구를 말한다.

경찰관직무집행법 제10조의2(경찰장구의 사용)

①

② 제1항에서 "경찰장구"란 경찰관이 휴대하여 범인 검거와 범죄 진압 등의 직무 수행에 사용하는 수갑, 포승(捕繩), 경찰봉, 방패 등을 말한다.

경찰관직무집행법 제11조의2(손실보상)

⑤

① 국가는 경찰관의 적법한 직무집행으로 인하여 다음 각 호의 어느 하나에 해당하는 손실을 입은 자에 대하여 정당한 보상을 하여야 한다.

③ 경찰관이 불심검문 과정에서 경찰서에 동행할 것을 요구한 경우, 동행을 요구받은 사람은 이를 거절할 수 없다. <u>있다.</u>

40. 특별행정작용법
    국유재산법

② 일반재산: 시효취득
○ 행정재산: ~~시효취득~~

① 공용재산
   국가가 직접 사무용·사업용 또는 공무원의 주거용으로 사용하거나 대통령령으로 정하는 기한까지 사용하기로 결정한 재산

⑤ 공공용재산
   국가가 직접 공공용으로 사용하거나 대통령령으로 정하는 기한까지 사용하기로 결정한 재산

③ 기업용재산
   정부기업이 직접 사무용·사업용 또는 직원의 주거용으로 사용하거나 대통령령으로 정하는 기한까지 사용하기로 결정한 재산

④ 보존용재산
   법령이나 그 밖의 필요에 따라 국가가 보존하는 재산

41. 공식적 수단에 의한 행정통제가 아닌 것은?
① 계층제에 의한 통제　　② 입법부에 의한 통제　　③ 공익가치에 의한 통제
④ 사법부에 의한 통제　　⑤ 국무조정실에 의한 통제

42. 허즈버그(Herzberg)가 제시한 동기요인이 아닌 것은?
① 성취감　　② 책임감　　③ 보수　　④ 안정감　　⑤ 승진

43. 정책유형 중 상징정책에 해당하는 것을 모두 고른 것은?

ㄱ. 선거구의 통폐합	ㄴ. 올림픽 등 국제행사의 유치 및 개최
ㄷ. 국경일의 제정 및 준수	ㄹ. 국공립학교를 통한 교육서비스 제공
ㅁ. 조세 부과 및 징병	

① ㄴ, ㄷ　　② ㄷ, ㄹ　　③ ㄱ, ㄴ, ㄹ　　④ ㄱ, ㄷ, ㄹ　　⑤ ㄴ, ㄷ, ㅁ

44. 예산집행의 신축성을 유지하기 위한 제도적 장치가 아닌 것은?
① 총액계상제도　　② 예산의 이용과 이체　　③ 예산의 전용
④ 예비비　　⑤ 예산의 정기배정

45. 우리나라 공직 혹은 공무원의 분류·관리에 관한 설명으로 옳은 것을 모두 고른 것은?

　ㄱ. 직위분류제를 근간으로 하면서 계급제적 요소를 부분적으로 도입하고 있다.
　ㄴ. 계급제는 사람의 특성에 따라, 직위분류제는 직무의 특성에 따라 공직을 분류한다.
　ㄷ. 계급제는 공무원의 신분보장과 직업공무원제 확립에 유리하며, 직위분류제는 인력 활용의 융통성을 높여준다.
　ㄹ. 고위공무원단에 소속된 공무원은 계급이 없는 대신 담당직무의 등급에 따라 그 지위가 결정된다.
　ㅁ. 전문경력관은 일반직공무원이지만, 계급 구분과 직군·직렬 분류가 적용되지 않는다.

① ㄱ, ㄴ, ㄷ　　② ㄴ, ㄷ, ㄹ　　③ ㄴ, ㄷ, ㅁ　　④ ㄴ, ㄹ, ㅁ　　⑤ ㄷ, ㄹ, ㅁ

46. 우리나라 주민소환제에 관한 설명으로 옳은 것은?
① 주민이 지방정부의 정책결정이나 행정과정에 직접 참여하여 지역의 주요 현안을 함께 협의·결정하는 제도이다.
② 주민소환투표결과의 확정은 주민소환투표권자 총수의 과반수 투표와 유효투표 총수 과반수의 찬성을 요한다.
③ 비례대표선거구 의원을 포함한 지방의회의원과 지방자치단체의 장이 그 대상이 된다.
④ 위법·부당행위, 정치적 무능력, 직무유기, 독단적인 행정운영 등 지방자치제의 폐단을 방지하는데 목적이 있다.
⑤ 주민에게 손해를 입힌 경우, 관련 감사기관에 감사를 청구하여 그 시정을 요구하는 제도이다.

41. 행정환류 　　행정책임 - 행정통제 길버트(E. Gilbert): 공식통제, 비공식통제	공식 통제 　- 내부통제: **계층제**, 심사평가, **행정부(처)**, 교차기능조직, 　　　　　　　　　　　　독립통제기관(감사원, 국민권익위원회) 　- 외부통제: **입법부, 사법부**, 옴부즈만 비공식 통제 　- 내부통제: **공익**, 행정윤리, 대표관료제 　- 외부통제: 민중, 언론, 정당, 시민단체, 이익집단	

42. 조직론 　　조직관리 - 동기이론	동기(만족)요인: 보람, 인정, 성취감, 안정감, 책임감, 직무충실 위생(불만)요인: **보수**, 지위, 상호관계, 정책관리, 직무확장, 　　　　　　　　　　　방침·관행, 감독·기술·작업조건

43. 정책론 　　정책	구성정책:　　　정부기관 신설, ㄱ. **선거구 통폐합** 규제정책:　　　환경오염 규제, 과장광고 규제 분배정책:　　　사회기반시설 구축, ㄹ. **교육서비스 제공** 상징정책:　　　ㄴ. **국제행사 유치·개최**, ㄷ. **국경일 제정·준수** 추출정책:　　　ㅁ. **조세 부과 및 징병**, 토지수용 재분배정책:　　사회보장 정책, 누진세 제도 경쟁적 보호정책: 주파수 사용권 부여 보호적 규제정책: 독과점 규제, 최저임금 보장

44. 재무행정(예산) 　　예산제도	① **총액계상제도**: 편성단계 = 총액, 집행단계 = 세부내역 ② **예산의 이용**: 입법과목(장, 관, 항) 간의 상호융통 　　**예산의 이체**: 중앙관서의 장의 요구에 따른 　　　　　　　　　　　　기획재정부장관의 예산 이전 ③ **예산의 전용**: 행정과목(세항, 목) 간의 상호융통 ⑤ **예산의 정기 배정**: 재정통제장치

45. 인사행정 　　인사행정 　　공직	ㄱ. 직위분류제 <u>계급제</u>를 근간으로 하면서 계급제 <u>직위분류제</u>적 요소를 부분적으로 도입하고 있다. ㄷ. 계급제는 공무원의 신분보장과 직업공무원제 확립에 유리하며, 직위분류제는 인력 활용의 융통성을 높여준다. <u>떨어뜨린다.</u> ㅁ. **전문경력관**: 일반직공무원 중 순환보직 곤란, 장기 재직 필요

46. 지방자치론 　　주민참여 　　주민소환	① 주민투표, 주민공청회, 주민협의회 ② 주민소환투표결과의 확정은 주민소환투표권자 총수의 <s>과반수</s> 1/3 이상의 투표와 유효투표 총수 과반수의 찬성을 요한다. ③ 비례대표선거구 의원을 포함 <u>제외</u>한 지방의회의원과 지방자치단체의 장이 그 대상이 된다. ⑤ 주민감사청구

47. 과학적 관리론과 인간관계론에 관한 설명으로 옳지 않은 것은?
① 과학적 관리론은 비공식적 집단의 역할을 강조하지만, 인간관계론은 공식적 조직의 역할을 중시한다.
② 메이요(Mayo)의 호손(Hawthorne) 실험은 인간관계론의 형성에 영향을 주었다.
③ 인간관계론은 작업환경이나 물리적 조건보다 조직구성원들의 사회심리적 요인을 중시한다.
④ 과학적 관리론과 인간관계론은 생산성 향상을 추구한다는 점에서 유사하다.
⑤ 과학적 관리론은 과업목표의 달성을 위해 체계적인 관리와 통제를 중시하는 관료제 조직에 적합하다.

48. 다음은 무엇에 관한 설명인가?

> 정부가 민간부문과 계약을 통해 공공서비스를 제공하는 방법이다. 이 경우 정부는 공공서비스의 공급결정자가 되고, 민간부문은 그 서비스의 생산·공급자가 된다.

① 성과관리 ② 품질관리 ③ 민간위탁 ④ 책임경영 ⑤ 자조활동

49. 공무원의 강등과 강임에 관한 설명으로 옳은 것은?
① 강등은 직위가 폐직되거나 하위의 직위로 변경되어 과원이 된 경우에 이루어진다.
② 강임은 결원을 보충하는 방법의 하나이다.
③ 강등된 공무원은 상위 직급에 결원이 생기면 우선승진의 대상이 된다.
④ 공무원 본인이 동의하지 않으면 강등할 수 없다.
⑤ 징계의 수단으로 강임이 제도적으로 인정되고 있다.

50. 우리나라 예산심의에 관한 설명으로 옳지 않은 것은?
① 국회는 국가의 예산안을 심의·확정한다.
② 국회는 정부예산에 대한 통제권을 가지므로 정부의 동의없이 지출예산 각항의 금액을 증가할 수 있다.
③ 국회는 회계연도 개시 30일전까지 예산안을 의결하여야 한다.
④ 국회는 정부의 동의없이 새로운 비목을 설치할 수 없다.
⑤ 국회에 제출된 예산안은 소관상임위원회의 예비심사를 거친다.

51. 행정학의 주요이론과 접근방법에 관한 설명으로 옳은 것은?
① 생태론적 접근방법은 행정의 가치지향성과 기술성을 중시하며, 시장원리에 입각한 공공관리에 초점을 둔다.
② 행태론적 접근방법은 행정현상을 자연·사회·문화적 환경과 관련시켜 설명한다.
③ 신행정론은 고객 중심의 행정, 사회적 형평성 등을 강조한다.
④ 체제론적 접근방법은 행정과 환경의 상호작용을 중시하고, 선진국보다 개발도상국의 행정현상을 설명하는데 유용하다.
⑤ 신공공관리론은 상호 신뢰에 기빈한 조정과 협조를 강조하지만, 뉴거버넌스론(New Governance)은 상호 경쟁의 원리를 중시한다.

| | 행정학개론 |

47. 행정학 총론
    행정학 이론

폐쇄적 행정 이론: 생산성 향상 추구 관리 기술

과학적 관리론	인간관계론
경제적·합리적 인간	사회적 인간
공식 구조(기계적 능률성)	비공식 구조(사회적 능률성)
명확한 목표, 반복 훈련	인간 중심 유연성
경제적 보상	비경제적 보상
고전적 행정학(행정관리론)	신고전적 행정학(행태주의)

① 과학적 관리론은 비공식적 공식적 집단의 역할을 강조하지만, 인간관계론은 공식적 비공식적 조직의 역할을 중시한다.

48. 행정학 총론
    행정환경
    민간위탁

④ 책임경영: 시장방식 도입 효율성 추구
⑤ 자조활동: 공공서비스의 제공자와 수혜자가 동일 집단에 소속되어 서로 돕는 봉사활동

49. 인사행정론
    공직윤리·부패 - 신분보장·징계

국가공무원법 제79조(징계의 종류)
징계는 파면·해임·강등·정직·감봉·견책(譴責)으로 구분한다.

국가공무원법 제5조(정의)
4. "강임(降任)"이란 같은 직렬 내에서 하위 직급에 임명하거나 하위 직급이 없어 다른 직렬의 하위 직급으로 임명하거나 고위공무원단에 속하는 일반직 공무원(…)을 고위공무원단 직위가 아닌 하위 직위에 임명하는 것을 말한다.

① 강등 강임은 직위가 폐직되거나 하위의 직위로 변경되어 과원이 된 경우에 이루어진다.
② 결원 보충을 위한 강임
③ 강등 강임된 공무원은 상위 직급에 결원이 생기면 우선승진의 대상이 된다.
④ 공무원 본인이 동의하지 않으면 강등 강임할 수 없다.
⑤ 징계의 수단으로 강임 강등이 제도적으로 인정되고 있다.

50. 재무행정(예산)
    예산과정 - 예산심의

② 국회는 정부예산에 대한 통제권을 가지므로 정부의 동의없이 지출예산 각항의 금액을 증가할 수 있다. 없다.

헌법 제57조
국회는 정부의 동의 없이 정부가 제출한 지출예산 각항의 금액을 증가하거나 새 비목을 설치할 수 없다.

51. 행정학 총론
    행정학 이론

① 생태론적 접근방법 신공공관리론(NPM)은 행정의 가치지향성과 기술성을 중시하며, 시장원리에 입각한 공공관리에 초점을 둔다.
② 행태론적 생태론적 접근방법은 행정현상을 자연·사회·문화적 환경과 관련시켜 설명한다.

③ 신행정론(NPA)
  (New Public Administration):
  미노브룩 회의(1968)
    (Minnowbrook Conference)
  드와이트 왈도(Dwight Waldo)

④ 체제론적 접근방법은 행정과 환경의 상호작용 균형·안정을 중시하고, 선진국보다 개발도상국의 행정 현상을 설명하는 데 유용하다. 유용하지 않다.
⑤ 신공공관리론 뉴거버넌스론(New Governance)은 상호 신뢰에 기반한 조정과 협조를 강조하지만, 뉴거버넌스론(New Governance) 신공공관리론은 상호 경쟁의 원리를 중시한다.

52. 우리나라 지방재정조정제도에 관한 설명으로 옳지 않은 것은?
① 지역 간 재정적 불균형을 시정하는 기능을 한다.
② 거주지역에 관계없이 국민에게 보장해야 하는 최소한의 공공서비스를 제공하기 위한 재원을 확충하는데 도움을 준다.
③ 국가적으로 추진하는 사업을 장려하거나 촉진하는 기능을 수행한다.
④ 긍정적 외부효과가 큰 지방공공재의 공급을 지원하는 기능이 있다.
⑤ 지방행정 수행에 필요한 재정수요를 충족시켜 지방재정자립도 향상에 기여한다.

53. 정책집행에서 대상집단의 불응을 야기하는 원인이 아닌 것은?
① 불명확한 의사전달
② 자원의 부족
③ 정책에 대한 불신
④ 정부의 권위 및 정통성에 대한 부정
⑤ 형사처벌 등 제재의 사용

54. 행정이 추구하는 가치 중 본질적 가치에 해당하는 것은?
① 능률성   ② 형평성   ③ 합법성   ④ 합리성   ⑤ 효과성

55. 조직구조의 기본변수 중 공식화(formalization)에 관한 설명으로 옳지 않은 것은?
① 공식화는 조직 내에 규칙, 절차, 지시 및 의사전달이 명문화된 정도를 의미한다.
② 공식화 수준이 높은 경우, 조직구성원들의 행동이 정형화되어 그들에 대한 통제가 어려워진다.
③ 공식화를 통해 업무처리상 혼란을 방지할 수 있다.
④ 조직환경이 안정적이고 조직규모가 클수록 공식화 수준이 높다.
⑤ 공식화 수준이 너무 높으면, 업무처리에 있어서 조직구성원의 자율성과 창의성이 저해되기도 한다.

56. 정치행정일원론과 정치행정이원론에 관한 설명으로 옳은 것은?
① 정치행정이원론은 행정의 정치적 기능을 강조한다.
② 과학적 관리론은 정치행정일원론의 발전에 기여하였다.
③ 정치행정일원론은 정치와 행정을 엄격히 구분한다.
④ 정치행정이원론은 엽관주의의 폐해를 극복하기 위하여 대두되었다.
⑤ 윌슨(Wilson)은 정치행정일원론의 입장을 견지하였다.

57. 우리나라 제도에 관한 다음 설명 중 옳은 것을 모두 고른 것은?

ㄱ. 법률안은 국회의원과 정부가 제출할 수 있지만, 예산안은 정부만 제출할 수 있다.
ㄴ. 대통령은 국회가 의결한 예산에 대해 재의를 요구할 수 없다.
ㄷ. 법률안과 예산안은 국회에서 의결된 후 공포 절차를 거쳐야 효력이 발생한다.
ㄹ. 국회는 정부예산안에 대한 심의거부권을 가지고 있다.

① ㄱ, ㄴ   ② ㄱ, ㄷ   ③ ㄴ, ㄷ   ④ ㄴ, ㄹ   ⑤ ㄷ, ㄹ

52. 지방자치론 　　지방재정 - 지방재정조정	⑤ 지방행정 수행에 필요한 재정수요를 충족시켜 주지만 자주재원이 아니므로 지방재정자립도 향상에 기여한다. <u>기여하지 못한다.</u>	
53. 정책론 　　정책집행 　　정책순응·불응 ⑤ 순응 **형사처벌 등 제재의 사용**	불응　① 불명확한 의사전달 　　　② 자원의 부족 　　　③ 정책(권위)에 대한 불신 　　　④ 정부의 권위 및 정통성에 대한 부정 　　　　○ 모호한 정책, 부적절한 정책 　　　　○ 순응에 따른 부담 　　　　○ 기존 가치체계와 충돌 　　　　○ 선택적 불응(법적 현실 對 가치관)	
54. 행정학 총론 　　행정가치·지향	본질적 가치: 공익, 복지, 자유, 정의, 평등 수단적 가치: 가외성, 능률성(효율성), 민주성, 생산성, 신뢰성, 　　　　　　　　　　 투명성, 합법성, 합리성, 효과성	
55. 조직론 　　조직구조 - 공식화	② 공식화(법규화, 정형화, 표준화) 수준이 높은 경우, 조직구성원들의 행동이 정형화되어 그들에 대한 통제가 어려워진다. <u>쉬워진다.</u>	
56. 행정학 총론 　　행정환경 　　정치행정일원론·이원론	① <s>정치행정이원론</s> 정치행정일원론은 행정의 정치적 기능을 강조한다. ② 과학적 관리론은 <s>정치행정일원론</s> 정치행정이원론의 발전에 기여하였다. ③ <s>정치행정일원론</s> 정치행정이원론은 정치와 행정을 엄격히 구분한다. ④ 19세기 말 미국 ⑤ 윌슨(Wilson)은 <s>정치행정일원론</s> <u>정치행정이원론</u>의 입장을 견지하였다.	
57. 재무행정(예산) 　　예산	헌법 제52조 국회의원과 정부는 법률안을 제출할 수 있다. 헌법 제54조 ① 국회는 국가의 예산안을 심의·확정한다. ② 정부는 회계연도마다 예산안을 편성하여 회계연도 개시 90일 전까지 국회에 제출하고, 국회는 회계연도 개시 30일 전까지 이를 의결하여야 한다.	
예산안: 국회 의결로 성립한다.	ㄷ. 법률안과 예산안은 국회에서 의결된 후 공포 절차를 거쳐야 효력이 발생한다. ㄹ. 국회는 정부예산안에 대한 심의거부권을 가지고 있다. <u>심사·의결 의무를 부담한다.</u>	

58. 정부3.0에 관한 설명으로 옳지 않은 것은?
① 2010년 이명박 정부에서 처음 실시되었다.
② 정부와 국민 간의 양방향 소통을 중시하며, 국민에게 맞춤형 서비스 제공을 목적으로 한다.
③ 인터넷, 스마트기기, 빅데이터 등 정보통신기술을 적극 활용한다.
④ 투명한 정부, 유능한 정부, 서비스 정부를 목표로 한다.
⑤ 개방, 공유, 소통, 협력을 핵심가치로 한다.

59. 우리나라 지방자치제의 특징이나 내용에 관한 설명으로 옳은 것은?
① 시·군 및 자치구의 장이 법령의 규정에 따라 그 의무에 속하는 국가위임사무의 관리와 집행을 명백히 게을리하고 있다고 인정되면 주무부장관은 그 이행을 직접 명령할 수 있다.
② 시·군 및 자치구의 사무에 관한 그 장의 명령이나 처분이 법령에 위반되거나 현저히 부당하여 공익을 해친다고 인정되면 주무부장관은 그 시정을 직접 명할 수 있다.
③ 시·군 및 자치구에 대하여 지방의회의 의결이 법령에 위반되거나 공익을 현저히 해친다고 판단되면 주무부장관은 직접 재의를 요구할 수 있다.
④ 지방자치단체의 기관구성은 기본적으로 기관대립형을 채택하고 있다.
⑤ 기관위임사무는 주로 전국적 이해관계보다 지방적 이해관계가 큰 사무들이 그 대상이 된다.

60. 점증주의 정책결정모형에 관한 설명으로 옳지 않은 것은?
① 정치적 다원주의 입장에서 이해관계자들의 타협과 조정을 통해 정책결정이 이루어진다.
② 경제적 합리성보다 정치적 합리성을 중요시한다.
③ 계속적·점진적인 방식으로 당면한 정책문제를 해결하고자 한다.
④ 정책의 정치적 실현가능성을 높여주는 장점이 있다.
⑤ 정책결정자의 직관이나 판단력, 창의력 등 초합리적인 요소를 중시하는 규범적·처방적 모형이다.

58. 정보화(행정)	1. 정보공개제도 전면 재정비	
전자정부	2. 공공데이터의 민간 활용 기반 혁신	
정부 3.0	3. 클라우드 기반의 지능형 정부 구현	
소통하는 투명한 정부	4. 협업과 소통을 통한 정부정책 역량 제고	
일 잘하는 유능한 정부	5. 빅데이터를 활용한 과학행정 구현	
국민 중심의 서비스 정부	6. 찾아가는 서비스 및 사각지대 해소	
	7. 개인 맞춤형 통합 서비스 제공	
	8. 민간참여로 서비스 전달체계 혁신	
	① 2010년 2013년 이명박 박근혜 정부에서 처음 실시되었다.	

59. 지방자치론
    지방자치단체·사무

① 시·군 및 자치구의 장(시·도지사)이 법령의 규정에 따라 그 의무에 속하는 국가위임사무의 관리와 집행을 명백히 게을리하고 있다고 인정되면 주무부 장관은 시·도지사(주무부 장관)는 기간을 정하여 그 이행을 직접 명령할 수 있다.

시·도지사(주무부 장관)는 시·군 및 자치구의 장(시·도지사)이 해당 기간에 이행명령을 이행하지 아니하면 해당 지방자치단체의 비용으로 대집행 또는 행정상·재정상 필요한 조치를 할 수 있다.

② 시·군 및 자치구(시·도)의 사무에 관한 그 장의 명령이나 처분이 법령에 위반되거나 현저히 부당하여 공익을 해친다고 인정되면 주무부 장관은 시·도지사(주무부 장관)는 기간을 정하여 서면으로 그 시정을 직접 명할 수 있다.

시·도지사(주무부 장관)는 시·군 및 자치구의 장(시·도지사)이 해당 기간에 이행명령을 이행하지 아니하면 이를 취소하거나 정지할 수 있다.

③ 시·군 및 자치구(시·도)에 대하여 지방의회의 의결이 법령에 위반되거나 공익을 현저히 해친다고 판단되면 주무부 장관은 시·도지사(주무부 장관)는 직접 재의를 요구할 수 있다.

기관대립형: 불심임권 의회해산권
기관통합형: 불심임권 의회해산권

④ 기관대립형: 견제와 균형

⑤ 기관위임사무(법령으로 지방자치단체의 장에게 위임된 사무)는 주로 전국적 지방적 이해관계보다 지방적 전국적 이해관계가 큰 사무들이 그 대상이 된다.

60. 정책론
    정책결정

점증모형(점증주의 정책결정모형)
- 린드블룸(Lindblom), 윌다브스키(Wildavsky)
- 정치적 다원주의
- 정치적 합리성 추구
- 연속적·점진적·개량주의적 이론

⑤ 드로어(Y. Dror)의 최적모형은 정책결정자의 직관이나 판단력, 창의력 등 초합리적인 요소를 중시하는 규범적·처방적 모형이다.

2017년도 제05회 행정사 자격시험

1차 시험

제1교시

- 제1과목   민법(총칙 관련 내용으로 한정)
- 제2과목   행정법
- 제3과목   행정학개론(지방자치행정 포함)

2차 시험

제1교시

- 제1과목   민법(계약 관련내용으로 한정)
- 제2과목   행정절차론(행정절차법 포함)

제2교시

- 제1과목   사무관리론(민원 처리에 관한 법률, 행정업무의 운영 및 혁신에 관한 규정 포함)
- 제2과목   행정사실무법
  - 행정심판사례
  - 비송사건절차법

01. 관습법과 사실인 관습에 관한 설명으로 옳지 않은 것은? (다툼이 있으면 판례에 따름)
① 관습법은 성문법에 대하여 보충적 효력을 가진다.
② 관습법이 성립하기 위해서는 사회구성원의 법적 확신과 인식이 있어야 한다.
③ 사실인 관습은 법원(法源)으로서의 효력이 인정된다.
④ 사실인 관습은 그 존재를 당사자가 주장·증명하여야 한다.
⑤ 사실인 관습은 당사자의 의사가 명확하지 아니한 때에 그 의사를 보충함에 그친다.

02. 신의성실의 원칙에 관한 설명으로 옳지 않은 것은? (다툼이 있으면 판례에 따름)
① 제한능력자의 행위라는 이유로 법률행위를 취소하는 것은 신의성실의 원칙에 위배되지 않는다.
② 강행법규에 위반하여 약정을 체결한 당사자가 그 약정의 무효를 주장하는 것은 신의성실의 원칙에 반하지 아니한다.
③ 무권대리인이 본인을 단독 상속한 경우 본인의 지위에서 추인을 거절하는 것은 신의성실의 원칙에 위배된다.
④ 이사가 회사재직 중 회사의 확정채무를 보증한 후 사임한 경우에 사정변경을 이유로 보증계약을 해지할 수 있다.
⑤ 법원은 당사자의 주장이 없더라도 직권으로 신의성실의 원칙에 위반되는지 여부를 판단할 수 있다.

03. 제한능력자에 관한 설명으로 옳은 것을 모두 고른 것은? (다툼이 있으면 판례에 따름)

ㄱ. 미성년자의 법률행위에 법정대리인의 묵시적 동의가 인정되는 경우에는 미성년자는 제한능력을 이유로 그 법률행위를 취소할 수 없다.
ㄴ. 법정대리인이 취소한 미성년자의 법률행위는 취소시부터 효력을 상실한다.
ㄷ. 피성년후견인의 법률행위 중 일상생활에 필요하고, 대가가 과도하지 아니한 법률행위는 성년후견인이 취소할 수 없다.
ㄹ. 제한능력자가 맺은 계약은 제한능력자 측에서 추인하기 전까지 상대방이 이를 거절할 수 있다.
ㅁ. 제한능력자와 계약을 맺은 선의의 상대방은 제한능력자 측에서 추인하기 전까지 제한능력자를 상대로 그 의사표시를 철회할 수 있다.

① ㄱ, ㄴ, ㄷ   ② ㄱ, ㄷ, ㅁ   ③ ㄱ, ㄹ, ㅁ   ④ ㄴ, ㄷ, ㄹ   ⑤ ㄴ, ㄹ, ㅁ

04. 부재와 실종에 관한 설명으로 옳은 것은? (다툼이 있으면 판례에 따름)
① 실종선고를 받은 사람은 사망한 것으로 추정되므로 반증을 들어 실종선고의 효과를 다툴 수 있다.
② 부재자 재산관리인의 권한초과행위에 대한 법원의 허가 결정은 기왕의 법률행위를 추인하는 방법으로는 할 수 없다.
③ 법원이 선임한 재산관리인은 재산의 보존행위를 하는 경우에 법원의 허가를 얻어야 한다.
④ 부재자 재산관리인으로서 권한초과행위의 허가를 받고 그 선임결정이 취소되기 전에 그 권한에 의하여 이루어진 행위는 부재자에 대한 실종기간이 만료된 뒤에 이루어졌다고 하더라도 유효하다.
⑤ 실종선고 확정 전 실종자를 당사자로 하여 선고된 판결은 효력이 없다.

민법총칙

01. 민법 서론 　민법의 법원 　　성문법원 　　불문법원: 관습법, 조리, 판례	③ 사실인 관습은 법원(法源)으로서의 효력이 인정된다. <u>인정되지 않는다.</u> 　판례: 사적 자치가 인정되는 분야에서 법률행위의 해석 기준이나 법률행위 당사자의 의사를 보충한다.
02. 민법 서론 　신의성실의 원칙(信義則) 　　추상적 규범 　　사법관계·공법관계 적용 　　법원의 직권 고려	①②③⑤ 판례 ④ 이사가 회사재직 중 회사의 확정채무를 보증한 후 사임한 경우에 사정변경을 이유로 보증계약을 해지할 수 있다. <u>없다.</u> 　사정변경을 이유로 해지할 수 있는 보증계약은 채무액이 불확정적이고 계속적 거래로 인한 채무에 대한 보증(한정근보증, 포괄근보증)에 한한다.
03. 권리의 주체 - 자연인 　행위능력 　　제한능력자 　　- 미성년자(민법 제4조) 　　- 피성년후견인(민법 제9조) 　　- 피한정후견인(민법 제12조) 　　　　　　　　　　ㄷ. ㄱ. 판례 ㄴ. 민법 제141조(취소의 효과) 　　　　　　　　　　ㅁ. 　　　　　　　　　　ㄹ.	ㄴ. 법정대리인이 취소한 미성년자의 법률행위는 취소 시 <u>처음부터</u> 효력을 상실한다. ㄹ. 제한능력자가 맺은 계약은 제한능력자 측에서 추인하기 전까지 상대방이 이를 거절 <u>철회</u>할 수 있다. 민법 제10조(피성년후견인의 행위와 취소) ① 피성년후견인의 법률행위는 취소할 수 있다. ④ 제1항에도 불구하고 일용품의 구입 등 일상생활에 필요하고 그 대가가 과도하지 아니한 법률행위는 성년후견인이 취소할 수 없다. 민법 제16조(제한능력자의 상대방의 철회권과 거절권) ① 제한능력자가 맺은 계약은 추인이 있을 때까지 상대방이 그 의사표시를 철회할 수 있다. 다만, 상대방이 계약 당시에 제한능력자임을 알았을 경우에는 그러하지 아니하다. ② 제한능력자의 단독행위는 추인이 있을 때까지 거절할 수 있다. ③ 제1항의 철회나 제2항의 거절의 의사표시는 제한능력자에게도 할 수 있다.
04. 권리의 주체 - 자연인 　부재와 실종 　부재자 재산관리인 　선임자 = 부재자 → 임의대리인 　선임자 ≠ 부재자 → 법정대리인 ①②④⑤ 판례 ④ 부재자 재산관리인 　- 보존·이용·개량: 재산관리인 　- 처분: 가정법원 전·후 허가 　　(≒ 무권대리행위의 추인)	① 실종선고를 받은 사람은 사망한 것으로 추정되므로, <u>실종선고가 취소되지 않는 한</u> 반증을 들어 실종선고의 효과를 다툴 수 있다. <u>없다.</u> ② 부재자 재산관리인의 권한초과행위에 대한 법원의 허가 결정은 (장래의 처분행위뿐 아니라) 기왕의 법률행위를 추인하는 방법으로는 <u>도 할 수 없다. 있다.</u> ③ 민법 제25조(관리인의 권한): 법원이 선임한 재산관리인은 재산의 <u>보존행위</u>(와 물건이나 권리의 성질이 변하지 않는 범위에서 이용 또는 개량행위)를 하는 경우에 법원의 허가를 얻어야 한다. <u>자유롭게 할 수 있다.</u> 　재산의 처분행위는 가정법원의 허가를 받아야 한다. ⑤ 실종선고 확정 전 실종자를 당사자로 하여 선고된 판결은 효력이 없다. <u>유효하다.</u>

05. 비법인사단에 관한 설명으로 옳지 않은 것을 모두 고른 것은? (다툼이 있으면 판례에 따름)

> ㄱ. 비법인사단의 대표자가 직무에 관하여 타인에게 손해를 가한 경우에 비법인사단은 불법행위책임을 부담한다.
> ㄴ. 비법인사단에 이사의 결원이 생긴 경우에는 임시이사 선임에 관한 민법규정이 유추적용되지 않는다.
> ㄷ. 비법인사단에는 대표권 제한 등기에 관한 규정이 적용되지 않는다.
> ㄹ. 비법인사단이 타인 간의 금전채무를 보증하는 행위는 총유물의 관리·처분행위라고 볼 수 있다.
> ㅁ. 비법인사단이 성립되기 이전에 설립 주체인 개인이 취득한 권리의무는 설립 후의 비법인사단에 귀속될 수 있다.

① ㄱ, ㄴ, ㄹ ② ㄱ, ㄷ, ㅁ ③ ㄴ, ㄷ, ㄹ ④ ㄴ, ㄷ, ㅁ ⑤ ㄴ, ㄹ, ㅁ

06. 법인의 불법행위책임에 관한 설명으로 옳지 않은 것은? (다툼이 있으면 판례에 따름)
① 대표권이 없는 이사의 행위로 인하여는 법인의 불법행위가 성립하지 않는다.
② 외형상 법인의 대표자의 직무행위라고 인정할 수 있는 것이라면 그것이 법령규정에 위반한 행위라도 직무에 관한 행위에 해당한다.
③ 법인의 대표자의 행위가 직무에 관한 행위에 해당하지 아니함을 피해자가 중대한 과실로 인하여 알지 못한 경우에 법인은 손해배상책임을 부담하지 않는다.
④ 이사의 대표권에 대한 제한은 정관에 기재하여야 효력이 발생하고, 등기하면 제3자에게 대항할 수 있다.
⑤ 법인의 권리능력을 벗어나는 행위의 효과는 법인에게 귀속되지 않기 때문에 이로 인하여 상대방이 손해를 입었더라도 그 행위를 집행한 대표기관은 책임을 부담하지 않는다.

07. 물건에 관한 설명으로 옳지 않은 것은? (다툼이 있으면 판례에 따름)
① 독립된 부동산으로서의 건물이라고 하기 위하여는 최소한의 기둥과 지붕 그리고 주벽이 이루어지면 된다.
② 주물과 종물을 별도로 처분하는 약정은 효력이 없다.
③ 주물과 다른 사람의 소유에 속하는 물건은 종물이 될 수 없다.
④ 법정과실은 수취할 권리의 존속기간일수의 비율로 취득한다.
⑤ 주물과 종물의 관계에 관한 법리는 주된 권리와 종된 권리 상호간에도 적용된다.

08. 민법상 기간에 관한 설명으로 옳은 것은? (다툼이 있으면 판례에 따름)
① 기간이 오전 0시부터 시작하는 경우라고 하더라도 초일을 산입하지 않는다.
② 기간의 계산에 관하여 법률행위에서 다르게 정하고 있더라도 민법의 기간 계산방법이 우선한다.
③ 초일이 공휴일이라고 해서 다음날부터 기간을 기산하는 것은 아니다.
④ 민법상 기간의 계산에 관한 규정은 공법관계에는 적용되지 않는다.
⑤ 주, 월 또는 연(年)의 처음으로부터 기간을 기산하지 아니하는 때에는 최후의 주, 월 또는 연(年)에서 그 기산일에 해당한 날로 기간이 만료한다.

민법총칙

05. 권리의 주체 - 법인
    권리능력 없는 사단·재단 (비법인사단)

ㄷ.

민법 제60조(이사의 대표권에 대한 제한의 대항요건)
이사의 대표권에 대한 제한은 등기하지 아니하면 제삼자에게 대항하지 못한다.

ㄱ, ㄴ, ㄹ, ㅁ. 판례
ㄴ. 비법인사단에 이사의 결원이 생긴 경우에는 임시이사 선임에 관한 민법규정이 유추 적용되지 않는다. <u>적용된다.</u>
ㄹ. 비법인사단이 타인 간의 금전채무를 보증하는 행위는 총유물의 관리·처분행위라고 볼 수 있다. <u>없다.</u>
ㅁ. 비법인사단이 성립되기 이전에 설립 주체인 개인이 취득한 권리·의무는 (구체적 사정에 따라 발기인 또는 발기인조합에 귀속된다) 설립 후의 비법인사단에 귀속될 수 있다. <u>없다.</u>
발기인 또는 발기인조합에 귀속된 권리·의무는 특별 이전행위(양도·양수, 채무인수)가 있는 경우 법인에 귀속될 수 있다.

06. 권리의 주체 - 법인
    법인의 능력
    법인의 불법행위능력
    ① 대표기관
    ② (외형상) 직무 관련성
    ③ ~~피해자의 중대한 과실~~

①②③④ 판례

민법 제35조(법인의 불법행위능력)
① 법인은 이사 기타 대표자가 그 직무에 관하여 타인에게 가한 손해를 배상할 책임이 있다. 이사 기타 대표자는 이로 인하여 자기의 손해배상책임을 면하지 못한다.
② 법인의 목적범위 외의 행위로 인하여 타인에게 손해를 가한 때에는 그 사항의 의결에 찬성하거나 그 의결을 집행한 사원·이사 및 기타 대표자가 연대하여 배상하여야 한다.

⑤ 법인의 권리능력을 벗어나는 행위의 효과는 법인에게 귀속되지 않기 때문에 이로 인하여 상대방이 손해를 입었더라도 입었다면 그 행위를 집행한 대표기관은 책임을 부담하지 않는다. <u>부담한다.</u>

07. 권리의 객체 - 물건
    주물과 종물

①②③⑤ 판례
④ 민법 제102조(과실의 취득)

② 주물과 종물을 별도로 처분하는 약정은 효력이 없다. <u>있다.</u>

민법 제100조(주물, 종물)
① 물건의 소유자가 그 물건의 상용에 공하기 위하여 자기소유인 다른 물건을 이에 부속하게 한 때에는 부속물은 종물이다.
② 종물은 주물의 처분에 따른다.   - 임의규정

08. 권리의 변동
    기간

민법 제155조(본장의 적용범위)
기간의 계산은 법령, 재판상의 처분 또는 법률행위에 다른 정한 바가 없으면 본장의 규정에 의한다.
민법 제157조(기간의 기산점)
기간을 일, 주, 월 또는 연으로 정한 때에는 기간의 초일은 산입하지 아니한다. 그러나 그 기간이 오전 영시로부터 시작하는 때에는 그러하지 아니하다.

① 기간이 오전 0시부터 시작하는 경우라고 하더라도 초일을 산입하지 않는다. <u>산입한다.</u>
② 기간의 계산에 관하여 법률행위에서 다르게 정하고 있더라도 있다면 민법의 기간 계산방법이 우선한다. <u>우선하지 않는다.</u>
③ 판례
④ 민법상 기간의 계산에 관한 규정은 공법관계에는도 적용되지 않는다. <u>적용된다.</u>
⑤ 주, 월 또는 연(年)의 처음으로부터 기간을 기산하지 아니하는 때에는 최후의 주, 월 또는 연(年)에서 그 기산일에 해당한 날의 전일로 기간이 만료한다.

09. 협의의 무권대리에 관한 설명으로 옳은 것은? (다툼이 있으면 판례에 따름)
① 상대방이 상당한 기간을 정하여 본인에게 무권대리행위의 추인 여부의 확답을 최고한 경우 본인이 그 기간 내에 확답을 발하지 아니한 때에는 추인한 것으로 본다.
② 무권대리행위의 추인은 무권대리인이나 상대방에게 명시적인 방법으로만 할 수 있다.
③ 상대방은 계약 당시에 대리인에게 대리권이 없음을 안 때에도 본인의 추인이 있을 때까지 계약을 철회할 수 있다.
④ 본인이 무권대리행위의 내용을 변경하여 추인한 경우에는 상대방의 동의를 얻지 못하는 한 무효이다.
⑤ 대리인으로서 계약을 맺은 자에게 대리권이 없다는 사실을 알 수 있었던 상대방은 무권대리인에게 계약을 이행할 책임 또는 손해를 배상할 책임을 물을 수 있다.

10. 반사회질서의 법률행위에 관한 설명으로 옳은 것은? (다툼이 있으면 판례에 따름)
① 대물변제계약이 불공정한 법률행위로서 무효인 경우에도 목적부동산의 소유권을 이전받은 선의의 제3자에 대하여는 무효를 주장할 수 없다.
② 반사회질서의 법률행위라도 당사자가 그 무효임을 알고 추인하면 새로운 법률행위로서 유효하다.
③ 형사사건에 관하여 체결된 성공보수약정은 약정액이 통상적으로 용인될 수 있는 수준을 초과하여도 선량한 풍속 기타 사회질서에 위배되지 않는다.
④ 관련 법령에서 정한 한도를 초과하는 부동산 중개수수료 약정은 전부 무효이다.
⑤ 소송에서 증인이 증언을 조건으로 소송의 일방 당사자로부터 통상적으로 용인될 수 있는 수준을 넘어서는 대가를 제공받기로 하는 약정은 무효이다.

11. 법률행위의 목적에 관한 설명으로 옳지 않은 것은? (다툼이 있으면 판례에 따름)
① 불공정한 법률행위가 성립하기 위하여는 궁박·경솔·무경험의 요건이 모두 충족되어야 한다.
② 무상증여는 불공정한 법률행위가 될 수 없다.
③ 해외파견된 근로자가 귀국일로부터 3년간 회사에 근무하여야 하고, 이를 위반한 경우에는 해외파견에 소요된 경비를 배상하여야 한다는 회사의 사규는 반사회질서의 법률행위에 해당하지 않는다.
④ 공익법인이 주무관청의 허가 없이 기본재산을 처분하는 것은 무효이다.
⑤ 도박자금에 제공할 목적으로 금전의 대차를 한 때에는 그 대차계약은 반사회질서의 법률행위로 무효이다.

민법총칙

09. 권리의 변동
　법률행위의 대리
　　무권대리
　　　- 상대방의 최고권: 선악
　　　　　　　　철회권: 선의
　　　- 본인의 추인의 상대방
　　　　무권대리인
　　　　무권대리행위의 상대방
　　　　무권대리행위로 인한 권리
　　　　　　　또는 법률관계의 승계인
　　협의의 무권대리

④ 판례

① 민법 제131조(상대방의 최고권): 상대방이 상당한 기간을 정하여 본인에게 무권대리행위의 추인 여부의 확답을 최고한 경우 본인이 그 기간 내에 확답을 발하지 아니한 때에는 추인한 추인을 거절한 것으로 본다.
② 무권대리행위의 추인은 무권대리인이나 상대방에게 명시적인 방법으로만 할 수 있다. 있는 것이 아니고 묵시적 방법으로도 할 수 있다.
③ 민법 제134조(상대방의 철회권): 상대방은 계약 당시에 대리인에게 대리권이 없음을 안 때에도는 (본인의 추인이 있을 때까지) 계약을 철회할 수 있다. 없다.
⑤ 대리인으로서 계약을 맺은 자에게 대리권이 없다는 사실을 알 수 있었던 상대방은 무권대리인에게 계약을 이행할 책임 또는 손해를 배상할 책임을 물을 수 있다. 없다.

> 민법 제135조(무권대리인의 상대방에 대한 책임)
> ① 타인의 대리인으로 계약을 한 자가 그 대리권을 증명하지 못하고 또 본인의 추인을 얻지 못한 때에는 상대방의 선택에 좇아 계약의 이행 또는 손해배상의 책임이 있다.
> ② 상대방이 대리권 없음을 알았거나 알 수 있었을 때 또는 대리인으로 계약한 자가 행위능력이 없는 때에는 전항의 규정을 적용하지 아니한다.

10. 권리의 변동
　법률행위
　　법률행위의 목적
　　　반사회질서의 법률행위(민법 제103조)
　　　　① 반인륜　② 부정의
　　　　③ 극심한 자유 제한
　　　　④ 생존 기초 재산 처분
　　　　⑤ 사행성　⑥ 불공정
　　　→ 절대적·확정적 무효

② ③ ④ ⑤ 판례

① 대물변제계약이 불공정한 법률행위로서 무효(절대적 무효)인 경우에도는 목적부동산의 소유권을 이전받은 선의의 제3자에 대하여는 도 무효를 주장할 수 없다. 있다.
② 반사회질서의 법률행위라도 (, 강행법규 위반, 불공정한 법률행위)로 무효인 경우 당사자가 그 무효임을 알고 추인하더라도 새로운 법률행위로서 유효하다. 무효행위 추인의 법리가 적용되지 않는다.
③ 형사사건에 관하여 체결된 성공보수약정은 약정액이 통상적으로 용인될 수 있는 수준을 초과하여도 선량한 풍속 기타 사회질서에 위배되지 않는다. 위배된다.
④ 관련 법령에서 정한 한도를 초과하는 부동산 중개수수료 약정은 전부 그 한도를 초과하는 범위에서 무효이다.
⑤ 부정의

11. 권리의 변동
　법률행위
　　법률행위의 목적
　　　불공정한 법률행위(민법 제104조)
　　　→ 절대적·확정적 무효
　　　　추인 불가
　　　　무효행위 전환 인정(판례)

① 불공정한 법률행위가 성립하기 위하여는 궁박·경솔·무경험의 요건이 모두 충족되어야 한다. 중 한 가지만 충족하면 된다.
② 판례: 불공정한 법률행위는 부당한 재산적 이익을 얻는 행위를 의미하므로(급부 < 반대급부) 무상행위는 불공정한 법률행위가 될 수 없다.
④ 공익법인의 기본재산 처분:
　정관변경을 초래하므로 주무관청의 허가가 필요하다.

12. 甲과 乙은 강제집행을 면할 목적으로 서로 통모하여 甲 소유의 X토지를 乙에게 매도하는 내용의 허위 매매계약서를 작성하고, 이에 근거하여 乙 앞으로 소유권이전등기를 마쳤다. 이에 관한 설명으로 옳지 <u>않은</u> 것은? (다툼이 있으면 판례에 따름)
① 甲은 X토지에 대하여 乙 명의의 소유권이전등기의 말소를 청구할 수 있다.
② 乙의 채권자 丙이 乙 명의의 X토지를 가압류하면서 丙이 甲과 乙 사이의 매매계약이 허위표시임을 알았다면 丙의 가압류는 무효이다.
③ 乙이 사망한 경우 甲은 乙의 단독상속인 丁에게 X토지에 대한 매매계약의 무효를 주장할 수 있다.
④ 乙의 채권자 丙이 乙 명의의 X토지를 가압류한 경우 丙이 보호받기 위해서는 선의이고 무과실이어야 한다.
⑤ 乙 명의의 X토지를 가압류한 丙은 특별한 사정이 없는 한 선의로 추정된다.

13. 착오로 인한 의사표시에 관한 설명으로 옳지 <u>않은</u> 것은? (다툼이 있으면 판례에 따름)
① 의사표시의 동기에 착오가 있더라도 당사자 사이에서 그 동기를 의사표시의 내용으로 삼은 경우에는 의사표시의 내용의 착오가 되어 취소할 수 있다.
② 착오로 인한 의사표시에 있어서 표의자에게 중대한 과실이 있는지의 여부에 관한 증명책임은 표의자에게 있다.
③ 근저당권설정계약에서 채무자의 동일성에 관한 착오는 법률행위 내용의 중요부분에 관한 착오에 해당한다.
④ 대리인에 의한 계약체결의 경우 착오의 유무는 대리인을 표준으로 결정한다.
⑤ 당사자는 합의를 통하여 착오로 인한 의사표시 취소에 관한 민법 제109조 제1항의 적용을 배제할 수 있다.

14. 사기, 강박에 의한 의사표시에 관한 설명으로 옳지 <u>않은</u> 것은? (다툼이 있으면 판례에 따름)
① 제3자에 의한 사기행위로 계약을 체결한 경우에는 그 계약을 취소해야만 제3자에 대하여 불법행위로 인한 손해배상을 청구할 수 있다.
② 신의성실의 원칙상 고지의무가 있는 자가 소극적으로 진실을 숨기는 것은 기망행위에 해당한다.
③ 강박에 의하여 의사결정을 스스로 할 수 있는 여지가 완전히 박탈된 상태에서 이루어진 법률행위는 무효이다.
④ 상대방 있는 의사표시에 관하여 제3자가 사기를 행한 경우에는 상대방이 그 사실을 알았거나 알 수 있었을 경우에 한하여 그 의사표시를 취소할 수 있다.
⑤ 강박에 의한 의사표시라고 하려면 상대방이 불법으로 어떤 해악을 고지함으로 인하여 공포를 느끼고 의사표시를 한 것이어야 한다.

15. 법률행위의 대리에 관한 설명으로 옳은 것은? (다툼이 있으면 판례에 따름)
① 권한의 범위가 정해지지 않은 임의대리인은 부패하기 쉬운 농산물을 처분할 수 없다.
② 대리인은 행위능력자이어야 한다.
③ 부동산 입찰절차에서 동일물건에 관하여 이해관계가 다른 2인 이상의 대리인이 된 경우에는 그 대리인이 한 입찰은 무효이다.
④ 예금계약의 체결을 위임받은 자의 대리권에는 당연히 그 예금을 담보로 하여 대출을 받거나 이를 처분할 수 있는 대리권이 포함되어 있다.
⑤ 복대리인은 그 권한내에서 대리인을 대리한다.

민법총칙

12. 권리의 변동
    의사표시
    통정허위표시
      무효
      - 무효 주장: 누구든지
      - 유효 주장: 선의의 제3자

민법 제108조(통정한 허위의 의사표시)
① 상대방과 통정한 허위의 의사표시는 무효로 한다.
② 전항의 의사표시의 무효는 선의의 제3자에게 대항하지 못한다.

④ 乙의 채권자 丙이 乙 명의의 X토지를 가압류한 경우 丙이 보호받기 위해서는 선의이고 무과실이어야 한다. 선의이면 족하다.

13. 권리의 변동
    의사표시
    착오
      (상대적) 취소
      임의규정

①②③⑤ 판례 ④

⑤ 임의규정

민법 제109조(착오로 인한 의사표시)
① 의사표시는 법률행위의 내용의 중요부분에 착오가 있는 때에는 취소할 수 있다. 그러나 그 착오가 표의자의 중대한 과실로 인한 때에는 취소하지 못한다. - 임의규정
② 전항의 의사표시의 취소는 선의의 제3자에게 대항하지 못한다.

민법 제116조(대리행위의 하자)
① 의사표시의 효력이 의사의 흠결, 사기, 강박 또는 어느 사정을 알았거나 과실로 알지 못한 것으로 인하여 영향을 받을 경우에 그 사실의 유무는 대리인을 표준하여 결정한다.

② 착오로 인한 의사표시에 있어서 표의자에게 중대한 과실이 있는지의 여부에 관한 증명책임은 표의자 (표의자의 취소권을 부인하는) 상대방에게 있다.

14. 권리의 변동
    의사표시
    사기·강박에 의한 의사표시 ④
      (상대적) 취소

①③⑤ 판례
② 부작위(침묵)에 의한 기망행위

민법 제110조(사기·강박에 의한 의사표시)
① 사기나 강박에 의한 의사표시는 취소할 수 있다.
② 상대방 있는 의사표시에 관하여 제3자가 사기나 강박을 행한 경우에는 상대방이 그 사실을 알았거나 알 수 있었을 경우에 한하여 그 의사표시를 취소할 수 있다.
③ 전 2항의 의사표시의 취소는 선의의 제3자에게 대항하지 못한다.

① 제3자에 의한 사기행위로 계약을 체결한 경우에는 그 계약을 취소해야만 취소하지 않더라도 제3자에 대하여 불법행위로 인한 손해배상을 청구할 수 있다.

15. 권리의 변동
    법률행위의 대리

③④ 판례
③

민법 제124조(자기계약, 쌍방대리)
대리인은 본인의 허락이 없으면 본인을 위하여 자기와 법률행위를 하거나 동일한 법률행위에 관하여 당사자쌍방을 대리하지 못한다. 그러나 채무의 이행은 할 수 있다.

① 권한의 범위가 정해지지 않은 임의대리인은 부패하기 쉬운 농산물을 처분(보존행위)할 수 없다. 있다.

민법 제118조(대리권의 범위)
권한을 정하지 아니한 대리인은 다음 각호의 행위만 할 수 있다.
  1. 보존행위
  2. 대리의 목적인 물건이나 권리의 성질을 변하지 아니하는 범위에서 그 이용 또는 개량하는 행위

② 대리인은 행위능력자이어야 한다. 임을 요하지 아니한다.
④ 예금계약의 체결을 위임받은 자의 대리권에는 당연히 그 예금을 담보로 하여 대출을 받거나 이를 처분할 수 있는 대리권이 포함되어 있다. 포함된 것은 아니다.
⑤ 복대리인은 그 권한 내에서 대리인 본인을 대리한다.

16. 복대리권의 소멸사유가 아닌 것은?
① 본인의 사망
② 대리인의 파산
③ 복대리인의 파산
④ 대리인의 성년후견의 개시
⑤ 본인의 성년후견의 개시

17. 표현대리에 관한 설명으로 옳지 않은 것은? (다툼이 있으면 판례에 따름)
① 권한을 넘은 표현대리에 있어서 법정대리권은 기본대리권이 될 수 없다.
② 대리행위가 강행법규 위반으로 무효인 경우에는 표현대리가 성립할 수 없다.
③ 유권대리에 관한 주장 속에 표현대리의 주장이 포함되어 있다고 볼 수 없다.
④ 민법 제129조의 대리권 소멸 후의 표현대리로 인정되는 경우에, 그 표현대리의 권한을 넘는 대리행위가 있을 때에는 민법 제126조의 표현대리가 성립될 수 있다.
⑤ 대리권수여의 표시에 의한 표현대리가 성립하려면 대리권 없음에 대하여 상대방이 선의이고 무과실이어야 한다.

18. 조건에 관한 설명으로 옳지 않은 것은?
① 조건의 성취가 미정인 권리의무는 일반규정에 의하여 처분, 상속, 보존 또는 담보로 할 수 있다.
② 조건이 선량한 풍속 기타 사회질서에 위반한 것인 때에는 그 법률행위는 무효로 한다.
③ 당사자가 조건 성취전에 특별한 의사표시를 하지 않으면 조건성취의 효력은 소급효가 없다.
④ 해제조건부 법률행위의 경우 법률행위 당시 조건이 이미 성취할 수 없는 것인 때에는 그 법률행위는 무효이다.
⑤ 조건부 법률행위의 당사자는 조건의 성부가 미정인 동안에 조건의 성취로 인하여 생길 상대방의 이익을 해하지 못한다.

19. 甲은 18세 때 시가 5,000만원에 상당하는 명화(名畵)를 법정대리인인 丙의 동의 없이 乙에게 400만원에 매도하였으나, 그 당시 乙은 甲의 외모로 보아 그가 성년이라고 생각하였다. 현재 甲이 미성년자라고 할 때 다음 설명 중 옳은 것은?
① 甲은 매매계약을 취소할 수 없다.
② 丙은 매매계약을 추인할 수 있으나, 甲은 추인할 수 없다.
③ 乙이 丙에게 1개월 이상의 기간을 정하여 매매계약을 추인할 것인지 확답을 촉구한 경우, 丙이 그 기간 내에 확답을 발송하지 않으면 그 매매계약을 취소한 것으로 본다.
④ 丙이 적법하게 매매계약을 취소한 경우 그 매매계약은 취소한 때로부터 무효인 것으로 본다.
⑤ 甲이 매매대금을 전부 유흥비로 탕진한 후 丙이 매매계약을 적법하게 취소한 경우, 乙은 명화를 반환하고 매매대금 전부를 반환받을 수 있다.

민법총칙

16. 권리의 변동
    법률행위의 대리
    복대리
    대리권 소멸 사유

민법 제127조(대리권의 소멸사유)
대리권은 다음 각호의 사유로 소멸한다.
  1. 본인의 사망
  2. 대리인의 사망, 성년후견의 개시 또는 파산

민법 제128조(임의대리의 종료)
법률행위에 의하여 수여된 대리권은 전조의 경우 외에 그 원인된 법률관계의 종료에 의하여 소멸한다. 법률관계의 종료전에 본인이 수권행위를 철회한 경우에도 같다.

17. 권리의 변동
    법률행위의 대리
    표현대리

②③ 판례

① 권한을 넘은 표현대리에 있어서 법정대리권은 기본대리권이 될 수 없다. 있다.
민법 제126조(권한을 넘을 표현대리)는 임의대리, 법정대리 모두에 적용된다.

18. 권리의 변동
    법률행위의 부관(조건·기한)

기성조건+정지조건=무조건 법률행위
기성조건+해제조건=무효인 법률행위
불능조건+정지조건=무효인 법률행위
불능조건+해제조건=무조건 법률행위

④ 해제조건부 법률행위의 경우 법률행위 당시 조건이 이미 성취할 수 없는 것인 때에는 그 법률행위는 무효이다. 조건 없는 법률행위로 한다.

민법 제151조(불법조건, 기성조건)
① (불법조건) 조건이 선량한 풍속 기타 사회질서에 위반한 것인 때에는 그 법률행위는 무효로 한다.
② (기성조건) 조건이 법률행위의 당시 이미 성취한 것인 경우에는 그 조건이 정지조건이면 조건없는 법률행위로 하고 해제조건이면 그 법률행위는 무효로 한다.
③ (불능조건) 조건이 법률행위의 당시에 이미 성취할 수 없는 것인 경우에는 그 조건이 해제조건이면 조건없는 법률행위로 하고 정지조건이면 그 법률행위는 무효로 한다.

19. 권리의 변동
    법률행위의 무효·취소

②

민법 제143조(추인의 방법, 효과)
① 취소할 수 있는 법률행위는 제140조에 규정한 자가 추인할 수 있고 추인후에는 취소하지 못한다.
민법 제144조(추인의 요건)
① 추인은 취소의 원인이 소멸된 후에 하여야만 효력이 있다.
② 제1항은 법정대리인 또는 후견인이 추인하는 경우에는 적용하지 아니한다.

민법 제140조(법률행위의 취소권자)
취소할 수 있는 법률행위는 제한능력자, 착오로 인하거나 사기·강박에 의하여 의사표시를 한 자, 그의 대리인 또는 승계인만이 취소할 수 있다.

① 甲(미성년자)은 매매계약을 취소할 수 없다. 있다.
③ 민법 제15조(제한능력자의 상대방의 확답을 촉구할 권리)
  乙이 丙에게 1개월 이상의 기간을 정하여 매매계약을 추인할 것인지 확답을 촉구한 경우, 丙이 그 기간 내에 확답을 발송하지 않으면 그 매매계약을 취소 추인한 것으로 본다.
④ 丙이 적법하게 매매계약을 취소한 경우 그 매매계약은 취소한 때로 처음부터 무효인 것으로 본다.
⑤ 甲이 매매대금을 전부 유흥비로 탕진한 후 丙이 매매계약을 적법하게 취소한 경우, (현존이익이 없으므로) 乙은 명화를 반환하고 매매대금 전부를 반환받을 수 있다. 없다.

20. 무효인 법률행위에 관한 설명으로 옳지 않은 것은? (다툼이 있으면 판례에 따름)
① 무효인 재산상 법률행위를 당사자가 무효임을 알고 추인한 경우 제3자에 대한 관계에서도 처음부터 유효한 법률행위가 된다.
② 무효인 법률행위가 다른 법률행위의 요건을 구비한 경우, 당사자가 그 무효를 알았다면 다른 법률행위를 하는 것을 의욕하였으리라고 인정될 때에는 다른 법률행위로서의 효력을 가진다.
③ 무효행위의 추인은 무효원인이 소멸한 후에 하여야 효력이 있다.
④ 무효행위의 추인은 명시적일뿐만 아니라 묵시적으로도 할 수 있다.
⑤ 법률행위의 일부분이 무효인 때에는 그 전부를 무효로 한다. 그러나 그 무효부분이 없더라도 법률행위를 하였을 것이라고 인정될 때에는 나머지 부분은 무효가 되지 아니한다.

21. 취소할 수 있는 법률행위로서 법정추인이 되는 경우가 아닌 것은?
① 취소할 수 있는 행위로부터 생긴 채권에 관하여 취소권자가 상대방에게 이행한 경우
② 취소권자가 취소할 수 있는 행위로 취득한 권리를 전부 양도한 경우
③ 취소권자의 상대방이 이행을 청구하는 경우
④ 취소권자가 채무자로서 담보를 제공하는 경우
⑤ 취소권자가 채권자로서 강제집행 하는 경우

22. 소멸시효에 관한 설명으로 옳은 것은?
① 시효 중단사유가 종료하면 남은 시효기간이 경과함으로써 소멸시효는 완성된다.
② 주된 권리의 소멸시효가 완성되어도 종속된 권리에는 그 영향을 미치지 않는다.
③ 소멸시효중단의 효력은 당사자 사이에서만 효력이 있다.
④ 소멸시효는 특약에 의하여 이를 배제, 연장 또는 가중할 수 있다.
⑤ 판결에 의하여 확정된 채권은 단기의 소멸시효에 해당한 것이라도 그 소멸시효는 10년으로 한다.

23. 1년의 단기소멸시효에 걸리는 채권이 아닌 것은?
① 노역인의 임금 채권　　② 의사의 치료비 채권　　③ 여관의 숙박료 채권
④ 의복의 사용료 채권　　⑤ 음식점의 음식료 채권

24. 소멸시효의 기산점에 관한 설명으로 옳지 않은 것은? (다툼이 있으면 판례에 따름)
① 채무불이행으로 인한 손해배상청구권의 소멸시효는 계약이 성립한 때로부터 진행한다.
② 확정기한부채권의 소멸시효는 그 기한이 도래한 때로부터 진행한다.
③ 정지조건부 권리의 소멸시효는 그 조건이 성취된 때로부터 진행한다.
④ 부작위를 목적으로 하는 채권의 소멸시효는 위반행위를 한 때로부터 진행한다.
⑤ 동시이행의 항변권이 붙은 채권의 소멸시효는 그 이행기로부터 진행한다.

25. 민법상 사단법인 설립시 정관의 필요적 기재사항이 아닌 것은?
① 목적　　② 명칭　　③ 사무소의 소재지
④ 자산에 관한 규정　　⑤ 이사자격의 득실에 관한 규정

민법총칙

20. 권리의 변동 　　법률행위의 무효·취소	① 약정에 의한 채권적·소급적 추인 무효인 재산상 법률행위를 당사자가 무효임을 알고 추인한 경우 제3자에 대한 관계에서도 <u>당사자 사이에서는 처음부터 유효한 법률행위가 된다.</u> <u>로 할 수 있다.</u>	

21. 권리의 변동
　　법률행위의 무효·취소
　　법정추인

① 1 ② 5 ④ 4 ⑤ 6

민법 제145조(법정추인)　　　　　　　　　- 묵시적 추인
취소할 수 있는 법률행위에 관하여 전조의 규정에 의하여 추인할 수 있는 후에 다음 각 호의 사유가 있으면 추인한 것으로 본다. 그러나 이의를 보류한 때에는 그러하지 아니하다.
　1. 전부나 일부의 이행
　2. (취소권자의) 이행의 청구
　3. 경개
　4. 담보의 제공
　5. (취소권자의) 취소할 수 있는 행위로 취득한 권리의 전부나 일부의 양도
　6. 강제집행

22. 권리의 변동
　　소멸시효
① 민법 제178조
② 민법 제183조
③ 민법 제169조
④ 민법 제184조
⑤ 민법 제165조

① 시효 중단 사유가 종료하면 남은 시효기간이 경과함으로써 소멸시효는 완성된다. 중단까지에 경과한 시효기간은 이를 산입하지 아니하고 새로이 진행한다.
② 주된 권리의 소멸시효가 완성되어<u>도면 종속된 권리에는도</u> 그 영향을 미치지 않는다. <u>미친다.</u>
③ 소멸시효 중단의 효력은 당사자 및 <u>승계인</u> 사이에서만 효력이 있다.
④ 소멸시효는 특약에 의하여 이를 배제, 연장 또는 가중할 수 <u>있다.</u> <u>없다.</u>

23. 권리의 변동
　　소멸시효 - 단기 소멸시효

② 의사의 치료비 채권: 3년의 단기 소멸시효(민법 제163조)

24. 권리의 변동
　　소멸시효 - 기산점

①③⑤ 판례
① 채무불이행으로 인한 손해배상청구권의 소멸시효는 <u>계약이 성립한 때</u> <u>채무불이행 시</u>로부터 진행한다.
②④ 민법 제166조(소멸시효의 기산점)

25. 권리의 주체 - 법인
　　법인의 설립
　　사단법인

민법 제40조(사단법인의 정관)
사단법인의 설립자는 다음 각호의 사항을 기재한 정관을 작성하여 기명날인하여야 한다.
　1. 목적
　2. 명칭
　3. 사무소의 소재지
　4. 자산에 관한 규정
　5. 이사의 임면에 관한 규정
　6. 사원자격의 득실에 관한 규정
　7. 존립시기나 해산사유를 정하는 때에는 그 시기 또는 사유

26. 권한의 위임에 관한 설명으로 옳지 않은 것은? (다툼이 있으면 판례에 따름)
① 권한의 위임은 법적 근거를 요하지 않는다.
② 권한의 위임은 위임청의 권한의 일부에 한하여 인정된다.
③ 권한의 위임이 기간의 도래에 의해 종료되면 위임된 권한은 다시 위임기관에 회복된다.
④ 보조기관에게 권한을 위임하는 경우 권한의 위임기관은 그 보조기관의 권한행사를 지휘·감독할 수 있다.
⑤ 권한을 위임 받은 기관은 특히 필요한 경우에는 법령으로 정하는 바에 따라 위임받은 사무의 일부를 하급행정기관에게 재위임할 수 있다.

27. 행정대집행법상 대집행에 관한 설명으로 옳지 않은 것은?
① 비대체적 작위의무의 불이행에 대해서는 대집행이 가능하지 않다.
② 대집행은 대체적 작위의무의 불이행이 있다고 하여 언제든지 인정되는 것은 아니다.
③ 대집행을 실제 수행하는 자는 당해 행정청이어야 하는 것은 아니다.
④ 대집행을 한다는 뜻의 계고는 문서로 하여야 한다.
⑤ 대집행에 대하여는 행정심판을 제기할 수 없다.

28. 행정의 실효성확보수단에 관한 설명으로 옳은 것을 모두 고른 것은? (다툼이 있으면 판례에 따름)

> ㄱ. 이행강제금과 행정벌의 병과는 허용된다.
> ㄴ. 직접강제는 일반적으로 목전에 급박한 행정상 장해를 제거할 필요가 있는 경우에 미리 의무를 명할 시간적 여유가 없는 경우에 사용하는 수단이다.
> ㄷ. 질서위반행위규제법상 질서위반행위의 성립과 과태료 처분은 처분시의 법률에 따른다.
> ㄹ. 도로교통법상 경찰서장의 통고처분은 행정소송의 대상이 되는 처분이 아니다.

① ㄱ, ㄴ ② ㄱ, ㄹ ③ ㄴ, ㄷ ④ ㄴ, ㄹ ⑤ ㄷ, ㄹ

29. 공물과 관련한 설명으로 옳지 않은 것은? (다툼이 있으면 판례에 따름)
① 도로의 지하는 도로법상의 도로점용의 대상이 아니다.
② 공용폐지의 의사표시는 묵시적으로 할 수 있으나 적법한 의사표시이어야 한다.
③ 국유재산법상 행정재산은 시효취득에 관한 민법의 규정에도 불구하고 시효취득의 대상이 되지 않는다.
④ 원래의 행정재산이 공용폐지되어 시효취득의 대상이 된다는 입증책임은 시효취득을 주장하는 자에게 있다.
⑤ 국가배상법상 공공의 영조물은 국가 또는 지방자치단체에 의하여 특정 공공목적에 공여된 유체물 내지 물적 설비를 의미한다.

26. 행정조직법
    행정조직법
    행정권한 - 대리·위임

① 권한의 위임은 법적 근거를 요하지 않는다. 요한다.
　행정권한의 위임 - 권한의 이전 - 법률의 근거
　　　내부위임 - 권한의 이전 - 법률의 근거

27. 행정상 실효성 확보 수단
    행정강제
    행정대집행

①
②
③

1. 대체적 작위의무의 불이행
2. 다른 수단으로 이행 확보 곤란
3. 방치함이 심히 공익을 해할 것

④

⑤

> 행정대집행법 제2조(대집행과 그 비용징수)
> 법률(법률의 위임에 의한 명령, 지방자치단체의 조례를 포함한다. 이하 같다)에 의하여 직접명령되었거나 또는 법률에 의거한 행정청의 명령에 의한 행위로서 타인이 대신하여 행할 수 있는 행위를 의무자가 이행하지 아니하는 경우 다른 수단으로써 그 이행을 확보하기 곤란하고 또한 그 불이행을 방치함이 심히 공익을 해할 것으로 인정될 때에는 당해 행정청은 스스로 의무자가 하여야 할 행위를 하거나 또는 제삼자로 하여금 이를 하게 하여 그 비용을 의무자로부터 징수할 수 있다.
> 행정대집행법 제3조(대집행의 절차)
> ① 전조의 규정에 의한 처분(이하 대집행이라 한다)을 하려함에 있어서는 상당한 이행기한을 정하여 그 기한까지 이행되지 아니할 때에는 대집행을 한다는 뜻을 미리 문서로써 계고하여야 한다. 이 경우 행정청은 상당한 이행기한을 정함에 있어 의무의 성질·내용 등을 고려하여 사회통념상 해당 의무를 이행하는 데 필요한 기간이 확보되도록 하여야 한다.
> 행정대집행법 제7조(행정심판)
> 대집행에 대하여는 행정심판을 제기할 수 있다.

⑤ 대집행에 대하여는 행정심판을 제기할 수 없다. 있다.

28. 행정상 실효성 확보 수단
    행정벌
    행정상 강제

ㄴ. 직접강제 즉시강제는 일반적으로 목전에 급박한 행정상 장해를 제거할 필요가 있는 경우에 미리 의무를 명할 시간적 여유가 없는 경우에 사용하는 수단이다.

> 행정기본법 제30조(행정상 강제)
>   3. 직접강제: 의무자가 행정상 의무를 이행하지 아니하는 경우 행정청이 의무자의 신체나 재산에 실력을 행사하여 그 행정상 의무의 이행이 있었던 것과 같은 상태를 실현하는 것
>   5. 즉시강제: 현재의 급박한 행정상의 장해를 제거하기 위한 경우로서 다음 각 목의 어느 하나에 해당하는 경우에 행정청이 곧바로 국민의 신체 또는 재산에 실력을 행사하여 행정목적을 달성하는 것

ㄱ. ㄹ. 판례
ㄱ. **이행강제금 + 행정벌 ≠ 이중처벌**
ㄹ. **경찰서장 통고처분:**
　　　　　행정처분 → 행정소송

ㄷ. 질서위반행위규제법상 질서위반행위의 성립과 과태료 처분은 처분 행위 시의 법률에 따른다.

29. 특별행정작용법
    급부행정법(공물법)

①②④⑤ 판례

① 도로의 지하는 도로법상의 도로점용의 대상이다. 아 아니다.
③ 시효취득: **행정재산** 일반재산
⑤ 판례: **공공의 영조물**(營造物)
　국가 또는 지방자치단체에 의하여
　　　　특정 공공의 목적에 공여된 유체물 내지 물적 설비

30. 행정심판법상 ( ) 안에 들어갈 용어로 옳은 것은?

> 행정심판위원회는 처분 또는 부작위가 위법·부당하다고 상당히 의심되는 경우로서 처분 또는 부작위 때문에 당사자가 받을 우려가 있는 중대한 불이익이나 당사자에게 생길 급박한 위험을 막기 위하여 임시지위를 정하여야 할 필요가 있는 경우에는 직권으로 또는 당사자의 신청에 의하여 ( )를(을) 결정할 수 있다.

① 집행정지 ② 직접강제 ③ 간접강제 ④ 임시처분 ⑤ 의무이행청구

31. 고시(告示)에 관한 설명으로 옳지 않은 것은? (다툼이 있으면 판례에 따름)
① 고시가 국민의 기본권을 제한하는 내용을 담고 있어 상위법령과 결합하여 대외적 구속력을 가질 때에는 법규명령으로서의 성격을 가진다.
② 고시가 구체적인 규율의 성격을 갖더라도 행정처분에 해당하지 않는다.
③ 고시가 집행행위의 매개 없이 그 자체로서 직접 국민의 구체적인 권리의무를 규율할 때에는 항고소송의 대상이 된다.
④ 고시와 같은 형식으로 입법위임을 할 때에는 법령이 전문적·기술적 사항이나 경미한 사항으로서 업무의 성질상 위임이 불가피한 사항에 한정된다.
⑤ 고시의 규정 내용이 법령의 위임 범위를 벗어난 경우에는 대외적 구속력을 인정할 여지는 없다.

32. 행정소송법상 항고소송의 대상에 해당하지 않는 것을 모두 고른 것은? (다툼이 있으면 판례에 따름)

> ㄱ. 도지사의 혁신도시 최종입지 선정 행위
> ㄴ. 지방의회의장에 대한 불신임의결
> ㄷ. 국가공무원법상의 당연퇴직인사발령
> ㄹ. 병역법상 군의관의 신체등위 판정
> ㅁ. 한국마사회의 기수 면허 취소

① ㄴ, ㄷ ② ㄱ, ㄹ, ㅁ ③ ㄴ, ㄹ, ㅁ ④ ㄱ, ㄷ, ㄹ, ㅁ ⑤ ㄱ, ㄴ, ㄷ, ㄹ, ㅁ

33. 국가공무원법령상 공무원의 징계와 관련된 설명으로 옳은 것은?
① 형벌과 징계벌 사이에는 일사부재리의 원칙이 적용된다.
② 징계 중 파면, 해임, 강등을 중징계라 하고, 정직, 감봉, 견책을 경징계라 한다.
③ 금전의 수수행위에 대한 징계의결 등의 요구는 징계 등의 사유가 발생한 날부터 3년이 지나면 하지 못한다.
④ 징계처분에 대한 행정소송은 소청심사위원회의 심사·결정을 거치지 아니하고도 제기할 수 있다.
⑤ 수사기관에서 수사 중인 사건에 대하여는 수사개시의 통보를 받은 날로부터 징계절차를 진행하지 아니할 수 있다.

30. 행정구제법
    행정쟁송
    행정소송·행정심판

> 행정심판법 제31조(임시처분)
> ① 위원회는 처분 또는 부작위가 위법·부당하다고 상당히 의심되는 경우로서 처분 또는 부작위 때문에 당사자가 받을 우려가 있는 중대한 불이익이나 당사자에게 생길 급박한 위험을 막기 위하여 임시지위를 정하여야 할 필요가 있는 경우에는 직권으로 또는 당사자의 신청에 의하여 임시처분을 결정할 수 있다.
> ② 제1항에 따른 임시처분에 관하여는 제30조(집행정지)제3항부터 제7항까지를 준용한다. 이 경우 같은 조 제6항 전단 중 "중대한 손해가 생길 우려"는 "중대한 불이익이나 급박한 위험이 생길 우려"로 본다.
> ③ 제1항에 따른 임시처분은 제30조제2항에 따른 집행정지로 목적을 달성할 수 있는 경우에는 허용되지 아니한다.

① 집행정지(행정심판법 제30조)
   불이익처분의 효력이나 집행 등을
                    행정쟁송절차가 종결되기 전까지 잠정적으로 정지
② 직접강제: 행정청이 직접 행정상 의무 불이행자에게 실력행사
③ 간접강제(행정소송법 제34조)
   행정소송에서 거부처분취소판결, 부작위위법확인판결 후
                    행정청의 재처분의무 이행 확보
⑤ 의무이행청구: 신청인이 행정청의 의무 이행을 청구

31. 행정작용법
    행정입법
    고시(告示)

② 고시가 구체적인 규율의 성격을 갖더라도 갖는다면 행정처분에 해당하지 않는다. 해당한다.
   판례: 고시 또는 공고(公告)
      - 구체적 규율의 성격: 행정처분
      - 일반적·추상적 성격: 법규명령 또는 행정규칙

32. 행정구제
    행정쟁송
    행정소송- 항고소송

판례: ㄱ. ㄷ. ㄹ. ㅁ.   처분성 → **항고소송**
        ㄴ.   처분성 → **항고소송**

33. 행정조직법
    공무원법
    징계처분
⑤

> 국가공무원법 제83조
>   (감사원의 조사와의 관계 등)
> ② 검찰·경찰, 그 밖의 수사기관에서 수사 중인 사건에 대하여는 제3항에 따른 수사개시 통보를 받은 날부터 징계 의결의 요구나 그 밖의 징계 절차를 진행하지 아니할 수 있다.

① 형벌과 징계벌 (목적·성질이 다르므로 병과할 수 있다) 사이에는 일사부재리의 원칙이 적용된다. 적용되지 않는다.
② 징계 중 파면, 해임, 강등, 정직을 중징계라 하고, 정직, 감봉, 견책을 경징계라 한다.
③ 금전의 수수 행위에 대한 징계 의결 등의 요구는 징계 등의 사유가 발생한 날부터 3년 5년이 지나면 하지 못한다.
   원칙적으로, 금전의 수수 행위에 대한 징계 의결을 제외한, 징계 의결 등의 요구는 징계 등의 사유가 발생한 날부터 3년이 지나면 하지 못한다.
④ 징계처분에 대한 행정소송은 소청심사위원회의 심사·결정을 거치지 아니하고도면 제기할 수 있다. 없다.

34. 국유재산법상 국유재산의 구분과 종류에 관한 다음 설명에서 ( )안에 들어갈 용어가 옳게 연결된 것은?

> 국유재산 중 국가가 직접 사무용으로 사용하는 관공서의 청사는 (ㄱ)에 해당하고, 행정주체에 의해 일반 공중의 사용에 제공된 도로는 (ㄴ)에 해당한다.

① ㄱ: 공용재산   ㄴ: 공공용재산
② ㄱ: 공용재산   ㄴ: 일반재산
③ ㄱ: 공공용재산 ㄴ: 공용재산
④ ㄱ: 공공용재산 ㄴ: 일반재산
⑤ ㄱ: 일반재산   ㄴ: 공공용재산

35. 행정행위의 공정력에 관한 설명으로 옳은 것은? (다툼이 있으면 판례에 따름)
① 행정소송법은 공정력의 실정법적 근거를 명시적으로 인정하고 있다.
② 공정력은 행정행위가 무효인 경우에도 인정된다.
③ 공정력은 행정행위뿐만 아니라 행정의 사실행위에도 인정되는 효력이다.
④ 공정력이란 행정행위가 위법하더라도 취소되지 않는 한 유효한 것으로 통용되는 효력을 의미한다.
⑤ 어떤 행정행위에 공정력이 발생하면 그 처분을 한 처분청이라도 공정력을 부정하지 못한다.

36. 지방자치법령의 내용으로 옳은 것은?
① 조례의 제정청구권은 지방자치단체의 주민의 권리에 해당하지 않는다.
② 비례대표 지방의회의원은 주민소환의 대상자가 된다.
③ 주민소환에 관한 법률은 주민소환사유를 제한하고 있지 않다.
④ 감사청구를 하지 않은 주민도 주민소송의 원고가 될 수 있다.
⑤ 주민소송과 관련한 세부사항은 주민소송법에서 별도로 정하고 있다.

37. 공공기관의 정보공개에 관한 법률상 공공기관에 해당하지 않는 것은? (다툼이 있으면 판례에 따름)
① 국회 ② 지방자치단체 ③ 한국방송공사
④ 지방공기업법에 따른 지방공사 ⑤ 한국증권업협회

38. 법규명령의 통제에 관한 설명으로 옳지 않은 것은? (다툼이 있으면 판례에 따름)
① 일반적·추상적인 법령이나 규칙은 항고소송의 대상이 될 수 없다.
② 행정부가 제정한 규칙이 별도의 집행행위를 기다리지 않고 직접 국민의 기본권을 침해하고 있는 경우에는 헌법소원의 대상이 된다.
③ 법규명령에 대하여는 국회도 직접적으로 통제할 수 있는 방법이 있다.
④ 법규명령에 대한 구체적 규범통제의 최종적 심사권은 헌법재판소에 전속한다.
⑤ 법규명령에 대한 국민의 통제수단으로는 여론·압력단체의 활동 등과 같은 간접적인 수단이 있다.

34. 특별행정작용법
    국유재산법

일반재산		
행정재산	공용재산	공공용재산
	기업용재산	보존용재산

공용재산
  국가가 직접 사무용·사업용 또는 공무원의 주거용으로 사용하거나 대통령령으로 정하는 기한까지 사용하기로 결정한 재산
공공용재산
  국가가 직접 공공용으로 사용하거나 대통령령으로 정하는 기한까지 사용하기로 결정한 재산

35. 행정작용법
    행정행위
     효력(확정력):
       공정력, 집행력, 불가변력, 불가쟁력

행정기본법 제15조(처분의 효력)
처분은 권한이 있는 기관이 취소 또는 철회하거나 기간의 경과 등으로 소멸되기 전까지는 유효한 것으로 통용된다. 다만, 무효인 처분은 처음부터 그 효력이 발생하지 아니한다.

공정력(판례):
  행정행위에 하자가 있더라도 당연무효가 아닌 한 권한 있는 기관에 의하여 취소될 때까지는 잠정적으로 유효한 것으로 통용된다.
  ① 행정소송법 행정기본법은 공정력의 실정법적 근거를 명시적으로 인정하고 있다.
  ② 공정력은 행정행위가 무효인 경우에도 인정된다. 는 인정되지 않는다.
  ③ 공정력은 행정행위뿐만 아니라 행정의 사실행위에도 인정되는 효력이다. 는 인정되지 않는다.
  ⑤ 어떤 행정행위에 공정력이 발생하면 발생하더라도 그 처분을 한 처분청이라도 공정력을 부정하지 못한다. 은 공정력을 부정할 수 있다.

36. 행정조직법
    지방자치법

③ 책임정치 실현 목적

① 조례의 제정청구권은 지방자치단체의 주민의 권리에 해당하지 않는다. 해당한다.
② 비례대표 지방의회의원은 주민소환의 대상자가 된다. 아니다.
④ 감사청구를 하지 않은 주민도 주민소송의 원고가 될 수 있다. 없다.
⑤ 주민소송과 관련한 세부사항은 지방자치법에서 규정하고 주민소송법에서 별도로 정하고 있다. 은 존재하지 않는다.

37. 행정절차·(행정)정보
    정보공개

⑤ 한국증권업협회

행정기본법 제2조(정의)
  1. "공공기관"이란 다음 각 목의 기관을 말한다.
    가. 국가기관
      1) 국회, 법원, 헌법재판소, 중앙선거관리위원회
      2) 중앙행정기관(대통령 소속 기관과 국무총리 소속 기관을 포함한다) 및 그 소속 기관
      3) 「행정기관 소속 위원회의 설치·운영에 관한 법률」에 따른 위원회
    나. 지방자치단체
    다. 「공공기관의 운영에 관한 법률」 제2조(적용대상 등)에 따른 공공기관
    라. 「지방공기업법」에 따른 지방공사 및 지방공단
    마. 그 밖에 대통령령으로 정하는 기관

38. 행정작용법
    행정입법
     법규명령·행정규칙

④ 법규명령에 대한 구체적 규범 통제의 최종적 심사권은 헌법재판소 법원에 전속한다.

39. 준법률행위적 행정행위에 해당하는 것은? (다툼이 있으면 판례에 따름)
① 도시 및 주거환경정비법상 조합설립인가
② 여객자동차운수사업법상 개인택시운송사업면허
③ 선거인명부에의 등록
④ 불법광고물의 철거명령
⑤ 감독청에 의한 공법인의 임원 임명

40. 공공기관의 정보공개에 관한 법률에 의거하여, 甲은 A대학교에 대하여 재학 중인 체육특기생들의 일정기간 동안의 출석 및 성적 관리에 관한 정보공개를 청구하였다. 이에 관한 설명으로 옳은 것은? (다툼이 있으면 판례에 따름)
① 甲은 A대학교와 체육특기생들과는 아무런 이해관계가 없으므로 정보공개청구권을 가지지 아니한다.
② A대학교가 사립대학교라면 정보공개의무를 지는 공공기관에 해당하지 않는다.
③ 甲의 청구에 대하여 A대학교가 제3자의 권리침해를 이유로 하여 비공개 결정을 하였다면 이에 대한 甲의 불복절차는 없다.
④ A대학교 체육특기생 乙이 자신의 정보를 공개하지 아니할 것을 요청한 경우에도, A대학교는 乙에 대한 정보의 공개를 결정할 수 있다.
⑤ 甲의 A대학교에 대한 정보공개청구의 비용은 공익적 차원에서 A대학교가 부담한다.

41. 인가에 관한 설명으로 옳은 것을 모두 고른 것은? (다툼이 있으면 판례에 따름)

> ㄱ. 행정청이 타인의 법률적 행위를 보충하여 그 법률적 효력을 완성시켜 주는 행정행위를 말한다.
> ㄴ. 사립학교법인의 임원에 대한 취임승인행위는 인가에 해당한다.
> ㄷ. 인가는 공법상의 행정처분이다.
> ㄹ. 무효인 기본행위를 인가한 경우 그 기본행위는 유효한 행위로 전환된다.

① ㄱ, ㄴ   ② ㄷ, ㄹ   ③ ㄱ, ㄴ, ㄷ   ④ ㄴ, ㄷ, ㄹ   ⑤ ㄱ, ㄴ, ㄷ, ㄹ

42. 세무서장 甲은 乙회사에 대한 세무조사를 하면서 乙회사의 주요 거래처인 丙회사에게 乙회사와의 거래를 일정기간 중지하여 줄 것을 요청하였다(이하, '이 사건 요청행위'라고 한다). 이로 인하여 乙회사는 경제적인 불이익을 입게 되었다. 이에 관한 설명으로 옳지 않은 것은? (다툼이 있으면 판례에 따름)
① 이 사건 요청행위는 권고 내지 협조를 구하는 권고적 성격의 행위로서 丙의 법률상의 지위에 직접적인 변동을 가져오는 행정처분은 아니다.
② 이 사건 요청행위가 규제적·구속적 성격을 상당히 강하게 가지게 될 경우 헌법소원의 대상이 될 수 있다.
③ 이 사건 요청행위는 乙의 국가배상법상 손해배상청구 요건인 공무원의 직무에 해당하지 않는다.
④ 이 사건 요청행위를 할 때 甲은 그 목적 달성에 필요한 최소한도 내에서 하여야 한다.
⑤ 이 사건 요청행위를 할 때 甲은 丙에게 요청행위의 취지 및 내용과 신분을 밝혀야 한다.

39. 행정작용법 　행정행위 　　법률행위적 행정행위 　　　명령적 행정행위: 면제, 하명, 허가 　　　형성적 행정행위: 대리, 인가, 특허	준법률행위적 행정행위: 공증, 수리, 통지, 확인 　- 특정 사실 또는 법률관계 존·부의 공적 증명 　- 의문·다툼을 전제로 하지 않는 점에서 확인과 구별 ①② 　특허: 권리·능력·포괄적 법률관계 등의 발생·변경·소멸 ③ 　공증 ④ 　하명 ⑤ 　대리
40. 행정절차·(행정)정보 　정보공개 ①②④ 판례	① 甲은 A대학교와 체육특기생들과는 아무런 이해관계가 없으므로 <del>없어도 정보공개청구권을 가지지 아니한다.</del> 갖는다. ② A대학교가 사립대학교라면 정보공개의무를 지는 공공기관에 <del>해당하지 않는다.</del> 해당한다. ③ 甲의 청구에 대하여 A대학교가 제3자의 권리침해를 이유로 하여 비공개 결정을 하였다면 이에 대한 甲의 불복절차는<del>가 없다.</del> 있다. 공공기관의 정보공개에 관한 법률 제21조(제3자의 비공개 요청 등) ① 제11조(**정보공개 여부의 결정**)제3항에 따라 공개 청구된 사실을 통지받은 제3자는 그 통지를 받은 날부터 3일 이내에 해당 공공기관에 대하여 자신과 관련된 정보를 공개하지 아니할 것을 요청할 수 있다. ② 제1항에 따른 비공개 요청에도 불구하고 공공기관이 공개 결정을 할 때에는 공개 결정 이유와 공개 실시일을 분명히 밝혀 지체 없이 문서로 통지하여야 하며, 제3자는 해당 공공기관에 문서로 이의신청을 하거나 행정심판 또는 행정소송을 제기할 수 있다. 이 경우 이의신청은 통지를 받은 날부터 7일 이내에 하여야 한다. ⑤ 정보공개법 제17조(비용 부담): 甲의 A대학교에 대한 정보공개청구의 비용은 공익적 차원에서 <del>A대학교가</del> 甲이 부담한다.
41. 행정작용법 　행정행위 　　형성적 행정행위: 대리, 인가, 특허	ㄹ. 무효인 기본행위를 인가한 경우 그 기본행위는 <del>유효한 행위로 전환된다.</del> 전환되지 않는다. 　인가는 기본행위의 하자를 치유하지 못한다. 　행정청이 제3자의 법률행위(기본행위)를 동의·승인의 형식으로 보충하여 그 법률상 효과를 완성하는 행정행위
42. 행정작용법 　기타 행정작용 　　행정지도(비권력적 사실행위) ③ 이 사건 요청 행위(행정지도)는 乙의 국가배상법상 손해배상청구 요건인 공무원의 직무에 <del>해당하지 않는다.</del> 해당한다.	국가배상법 제2조(배상책임) ① 국가나 지방자치단체는 공무원 또는 공무를 위탁받은 사인(이하 "공무원"이라 한다)이 직무를 집행하면서 고의 또는 과실로 법령을 위반하여 타인에게 손해를 입히거나, 「자동차손해배상 보장법」에 따라 손해배상의 책임이 있을 때에는 이 법에 따라 그 손해를 배상하여야 한다. … ② 제1항 본문의 경우에 공무원에게 고의 또는 중대한 과실이 있으면 국가나 지방자치단체는 그 공무원에게 구상(求償)할 수 있다.

43. 판례에 의할 때 공법상 법률관계에 해당하는 것을 모두 고른 것은?

> ㄱ. 무효인 과세처분에 의한 과오납금반환 채권과 채무
> ㄴ. 국가에 대한 납세의무자의 부가가치세 환급세액 지급청구
> ㄷ. 행정재산을 기부채납한 사인에 대한 그 행정재산의 사용허가
> ㄹ. 공익사업을 위한 토지 등의 취득 및 보상에 관한 법령에 따른 토지의 협의취득

① ㄱ, ㄴ ② ㄱ, ㄷ ③ ㄱ, ㄹ ④ ㄴ, ㄷ ⑤ ㄷ, ㄹ

44. 행정절차법의 내용으로 옳지 않은 것은?
① 행정청에 전자문서로 처분을 신청하는 경우에는 행정청의 컴퓨터 등에 입력한 이후, 입력내용을 문서로 제출한 때 신청한 것으로 본다.
② 상위법령 등의 단순한 집행을 위한 경우에는 입법예고를 하지 아니할 수 있다.
③ 행정상 입법예고기간은 예고할 때 정하되, 특별한 사정이 없으면 40일(자치법규는 20일) 이상으로 한다.
④ 예고된 입법안에 대하여 누구든지 의견을 제출할 수 있다.
⑤ 청문이란 행정청이 어떠한 처분을 하기 전에 당사자등의 의견을 직접 듣고 증거를 조사하는 절차를 말한다.

45. 행정행위의 부관의 한계에 관한 설명으로 옳지 않은 것은? (다툼이 있으면 판례에 따름)
① 부관은 주된 행위와 실질적 관련성을 가져야 한다.
② 부관은 주된 행위의 본질적 목적에 반해서는 안 된다.
③ 부관의 사후변경은 사정변경으로 인하여 당초에 부담을 부가한 목적을 달성할 수 없게 된 경우에 그 목적달성에 필요한 범위내일지라도 허용되지 않는다.
④ 부관의 내용은 비례의 원칙에 적합하여야 한다.
⑤ 부관의 내용은 적법하고 이행가능 하여야 한다.

46. 행정심판에 관한 설명으로 옳은 것은?
① 청구인적격이 없는 자가 제기한 행정심판이라고 하더라도 본안심리를 거쳐서 기각하여야 한다.
② 행정심판의 대상은 행정청의 위법·부당한 처분에 한정되며, 부작위는 대상이 될 수 없다.
③ 대통령의 처분에 대하여는 다른 법률에서 행정심판을 청구할 수 있도록 정한 경우 외에는 행정심판을 청구할 수 없다.
④ 취소심판의 청구기간은 무효등확인심판청구에도 적용한다.
⑤ 법인이 아닌 사단은 대표자나 관리인이 정하여져 있는 경우에도 그 사단의 이름으로 심판청구를 할 수 없다.

43. 행정법 통론
    행정상 법률관계

    ㄱ, ㄹ. 사법상 법률관계
    ㄴ, ㄷ. 공법상 법률관계

44. 행정절차·(행정)정보
    행정절차

    ⑤

    행정절차법 제2조(정의)
    5. "청문"이란 행정청이 어떠한 처분을 하기 전에 당사자등의 의견을 직접 듣고 증거를 조사하는 절차를 말한다.

    행정절차법 제17조(처분의 신청)
    ① 행정청에 처분을 구하는 신청은 문서로 하여야 한다. 다만, 다른 법령등에 특별한 규정이 있는 경우와 행정청이 미리 다른 방법을 정하여 공시한 경우에는 그러하지 아니하다.
    ② 제1항에 따라 처분을 신청할 때 전자문서로 하는 경우에는 행정청의 컴퓨터 등에 입력된 때에 신청한 것으로 본다.   ①
    행정절차법 제41조(행정상 입법예고)
    ① 법령등을 제정·개정 또는 폐지(이하 "입법"이라 한다)하려는 경우에는 해당 입법안을 마련한 행정청은 이를 예고하여야 한다. 다만, 다음 각 호의 어느 하나에 해당하는 경우에는 예고를 하지 아니할 수 있다.
        2. 상위 법령등의 단순한 집행을 위한 경우
    행정절차법 제43조(예고기간)
    입법예고기간은 예고할 때 정하되, 특별한 사정이 없으면 40일(자치법규는 20일) 이상으로 한다.
    행정절차법 제44조(의견제출 및 처리)
    ① 누구든지 예고된 입법안에 대하여 의견을 제출할 수 있다.

    ②

    ③

    ④

45. 행정작용법
    행정행위
    (재량 행정행위의) 부관
    부관의 사후 변경
        1. 법률의 규정
        2. 변경의 유보
        3. 목적 달성 필요
        4. 상대방의 동의

    행정기본법 제17조(부관)
    ③ … 부관을 새로 붙이거나 종전의 부관을 변경할 수 있다.
        1. 법률에 근거가 있는 경우
        2. 당사자의 동의가 있는 경우
        3. 사정이 변경되어 부관을 새로 붙이거나 종전의 부관을 변경하지 아니하면 해당 처분의 목적을 달성할 수 없다고 인정되는 경우
    ④ 부관은 다음 각 호의 요건에 적합하여야 한다.
        1. 해당 처분의 목적에 위배되지 아니할 것
        2. 해당 처분과 실질적인 관련이 있을 것
        3. 해당 처분의 목적을 달성하기 위하여 필요한 최소한의 범위일 것

46. 행정구제
    행정쟁송
    행정소송·행정심판

    ③

    행정심판법 제3조(행정심판의 대상)
    ② 대통령의 처분 또는 부작위에 대하여는 다른 법률에서 행정심판을 청구할 수 있도록 정한 경우 외에는 행정심판을 청구할 수 없다.

    ① 청구인적격이 없는 자가 제기한 행정심판이라고 하더라도 본안심리를 거쳐서 기각하여야 한다. 은 요건심리 후 각하된다.
    ② 행정심판법 제5조: 행정심판의 대상은 행정청의 위법·부당한 처분에 한정되며, 부작위는 대상이 될 수 없다. 이다.
    ④ 행정심판법 제27조: 취소심판의 청구기간은 무효등확인심판청구에도는 적용한다. 적용되지 않는다.
    ⑤ 행정심판법 제14조: 법인이 아닌 사단은 대표자나 관리인이 정하여져 있는 경우에도는 그 사단의 이름으로 심판청구를 할 수 없다. 있다.

47. 행정규칙에 관한 설명으로 옳은 것은? (다툼이 있으면 판례에 따름)
① 행정규칙의 제정에는 일반적으로 법적 근거가 필요하지 않다.
② 대통령령으로 정한 제재적 처분기준은 행정규칙으로서의 성질을 가진다.
③ 행정절차법상 처분의 기준이 되는 재량준칙을 변경하는 경우 이를 공표할 필요가 없다.
④ 재량권 행사의 준칙인 행정규칙에 행정관행이 성립되어 있지 않더라도 행정기관은 그 준칙에 따라야 할 자기구속을 받게 된다.
⑤ 상급 행정기관은 감독권에 근거하여서는 하급 행정기관에 대한 행정규칙을 발할 수 없다.

48. 행정조직에 관한 설명으로 옳지 않은 것은? (다툼이 있으면 판례에 따름)
① 기관위임사무는 법령에 별도의 위임이 없는 한 조례의 규율대상이 되지 않는다.
② 법령상 규칙으로 행정권한을 위임해야 함에도 조례에 의한 위임에 따라 행해진 수임기관의 처분은 당연무효이다.
③ 행정권한의 내부위임임에도 불구하고 수임기관이 자기의 이름으로 처분을 한 경우 항고소송의 피고는 실제로 처분을 한 수임기관이 된다.
④ 행정권한을 위탁받은 공공단체 또는 그 기관이나 사인은 행정절차법상의 행정청에 해당한다.
⑤ 공법인의 경우도 사경제 주체로서 활동하는 경우에는 기본권의 주체가 될 수 있다

49. 행정소송법상 사정판결에 관한 설명으로 옳지 않은 것은?
① 무효확인소송에서는 사정판결을 할 수 없다.
② 사정판결 시 법원은 그 판결의 주문에서 그 처분등이 위법함을 명시하여야 한다.
③ 당사자의 주장이 없더라도 법원은 직권으로 사정판결을 할 수 있다.
④ 사정판결이 있으면 취소소송의 대상인 처분은 당해 처분이 위법함에도 그 효력이 유지된다.
⑤ 사정판결은 기각판결이므로 소송비용은 원고가 부담한다.

50. 경찰관직무집행법의 내용으로 옳지 않은 것은?
① 경찰관은 어떠한 죄를 범하려 하고 있다고 의심할 만한 상당한 이유가 있는 사람에 대하여 정지시켜 질문할 수 있다.
② 경찰관이 불심검문 장소에서 질문하는 것이 교통에 방해가 된다고 인정하여 가까운 경찰서로 동행을 요구한 경우, 동행을 요구받은 사람은 이를 거절할 수 없다.
③ 외국 정부기관 및 국제기구와의 국제협력은 경찰관의 직무에 해당한다.
④ 경찰관은 대테러 작전 등 국가안전에 관련되는 작전을 수행할 때에는 개인화기 외에 공용화기를 사용할 수 있다.
⑤ 경찰장구란 경찰관이 휴대하여 범인 검거와 범죄 진압 등의 직무수행에 사용하는 수갑, 포승 등을 말한다.

47. 행정작용법
행정입법
행정규칙 규율 대상:
  행정조직 내부 사항·내부자

②④ 판례
③ 행정절차법 제20조
  (처분기준의 설정·공표)

② 대통령령(시행령)으로 정한 제재적 처분기준은 행정규칙 ~~법규명령~~으로서의 성질을 가진다.
  부령(시행규칙)으로 정한 제재적 처분기준은 행정규칙으로서의 성질을 가진다.
③ 행정절차법상 처분의 기준이 되는 재량준칙을 변경하는 경우 이를 ~~공표할 필요가 없다.~~ 공표하여야 한다.
④ 재량권 행사의 준칙인 행정규칙에 행정관행이 성립되어 있지 ~~않더라도~~ 않다면 행정기관은 그 준칙에 따라야 할 자기 구속을 ~~받게 된다.~~ 받지 않는다.
⑤ 상급 행정기관은 감독권에 근거하여서는 하급 행정기관에 대한 행정규칙을 발할 수 ~~없다.~~ 있다.

48. 행정조직법
행정조직법

② 판례: 법령상 규칙으로 행정권한을 위임해야 함에도 조례에 의한 위임에 따라 행해진 수임기관의 처분은 ~~당연무효이다.~~ 는 아니다.

49. 행정구제법
행정쟁송
행정소송
사정판결

⑤ 사정판결은 기각판결이므로나 소송비용은 원고가 ~~승소자인 피고행정청~~이 부담한다.

> 행정소송법 제32조(소송비용의 부담)
> 취소청구가 제28조(사정판결)의 규정에 의하여 기각되거나 행정청이 처분등을 취소 또는 변경함으로 인하여 청구가 각하 또는 기각된 경우에는 소송비용은 피고의 부담으로 한다.

50. 특별행정작용법
경찰관 직무집행법

> 경찰관 직무집행법 제2조(직무의 범위)
> 경찰관은 다음 각 호의 직무를 수행한다.
>   1. 국민의 생명·신체 및 재산의 보호
>   2. 범죄의 예방·진압 및 수사
>   2의2. 범죄피해자 보호
>   3. 경비, 주요 인사(人士) 경호 및 대간첩·대테러 작전 수행
>   4. 공공안녕에 대한 위험의 예방과 대응을 위한 정보의 수집·작성 및 배포
>   5. 교통 단속과 교통 위해(危害)의 방지
>   6. 외국 정부기관 및 국제기구와의 국제협력
>   7. 그 밖에 공공의 안녕과 질서 유지

> 경찰관 직무집행법 제3조(불심검문)
> ① 경찰관은 다음 각 호의 어느 하나에 해당하는 사람을 정지시켜 질문할 수 있다.
>   1. 수상한 행동이나 그 밖의 주위 사정을 합리적으로 판단하여 볼 때 어떠한 죄를 범하였거나 범하려 하고 있다고 의심할 만한 상당한 이유가 있는 사람
>   2. 이미 행하여진 범죄나 행하여지려고 하는 범죄행위에 관한 사실을 안다고 인정되는 사람
> ② 경찰관은 … 동행할 것을 요구할 수 있다. 이 경우 동행을 요구받은 사람은 그 요구를 거절할 수 있다.
> 경찰관 직무집행법 제10조의2(경찰장구의 사용)
> ② 제1항에서 "경찰장구"란 경찰관이 휴대하여 범인 검거와 범죄 진압 등의 직무 수행에 사용하는 수갑, 포승(捕繩), 경찰봉, 방패 등을 말한다.
> 경찰관 직무집행법 제10조의4(무기의 사용)
> ③ 대간첩·대테러 작전 등 국가안전에 관련되는 작전을 수행할 때에는 개인화기(個人火器) 외에 공용화기(共用火器)를 사용할 수 있다.

② 경찰관이 불심검문 장소에서 질문하는 것이 교통에 방해가 된다고 인정하여 가까운 경찰서로 동행을 요구한 경우, 동행을 요구받은 사람은 이를 거절할 수 ~~없다.~~ 있다.

51. 발전목표의 설정과 달성을 통해 국가발전을 추진하던 1960년대 발전행정적 사고가 지배적일 때 부각되어 중요시되었던 행정가치는?
① 능률성　② 효과성　③ 합법성　④ 사회적 효율성　⑤ 법적 책임성

52. 신행정학(New Public Administration)이 중요시하여 추구하였던 것은?
① 행정의 탈정치화　② 가치와 사실의 분리　③ 논리실증주의　④ 절약과 능률　⑤ 현실적합성

53. 매트릭스조직에 관한 설명으로 옳은 것은?
① 단일한 명령 및 보고체제를 갖고 있다.
② 하위조직 간 정보 흐름이 활성화된다.
③ 하위조직 간 할거주의가 발생할 경우 조정이 용이하다.
④ 불안정한 환경에 적절하게 대응하지 못한다.
⑤ 복잡한 의사결정을 하지 못한다.

54. 조직구조에 관한 설명으로 옳지 않은 것은?
① 수평구조는 수직적 계층과 부서 간 경계를 실질적으로 제거하고 의사소통을 원활하게 만든 유기적 구조이다.
② 네트워크조직은 높은 독자성을 지닌 조직 단위나 조직들 간에 협력적 연계장치로 구성된 조직으로 조직행위자 간 상호의존성과 관계성이 중요시된다.
③ 사업구조는 특정 산출물별로 운영되므로 고객만족도 제고 및 성과관리에 유리하다.
④ 기계적 구조는 조직의 외부환경이 안정적일 때 채택되며, 의사결정 집권화, 규칙과 절차 준수, 명확한 업무구분이 특징이다.
⑤ 학습조직은 시행착오나 실패를 두려워하여 철저한 사전 준비를 통해 시행착오나 실패의 제로(zero)를 추구한다.

55. 다음 대화에서 요구되는 과장의 리더십은?

국회 국정감사가 종료된 후 ○○부 ○○과의 국정감사 수감 결산 간담회가 열렸다.
A과장이 다른 업무로 불참한 상황에서 직속 상급자인 A과장의 리더십에 대해 과원들의 의견이 표출되었다.
B과원: "과장님이 부하직원들을 좀 더 존중하고 배려하여 주시면 좋겠습니다. 일전에 제가 심한 몸살로 고생하며 근무했는데도 과장님이 한마디 위로도 안하서서 서운했습니다."
C과원: "일방적으로 지시만 하지 마시고 우리들이 창의성을 발휘하도록 지적인 자극을 주시면 좋을텐데…"
D과원: "무엇보다도 과장님이 우리 과의 새로운 비전을 제시하고 우리가 그것을 공유하여 성취하도록 지도하시어 더욱 발전하였으면 합니다."

① 번스(Burns)와 바스(Bass)의 변혁적 리더십
② 블레이크(Blake)와 머튼(Mouton)의 관리망 이론 리더십
③ 피들러(Fiedler)의 상황적응적 리더십
④ 허쉬(Hersey)와 블랜차드(Blanchard)의 삼차원직 리더십
⑤ 유클(Yukl)의 다중연결모형 리더십

51.	행정학 총론 행정가치·지향	발전기능설(발전행정적 사고) - 절대빈곤 해결 목표 - 효과성(effectiveness, 목표 달성도) 강조
52.	행정학 총론 행정학 이론 신행정학 (New Public Administration)	① 행정의 탈정치화: 객관주의 이론(고전행정학, 신공공관리론) ② 가치와 사실의 분리 ③ 논리실증주의: 행태주의 ④ 절약과 능률: 고전행정학 ⑤ 현실적합성: 신행정학
53.	조직론 조직구조 매트릭스조직	① 이중적 명령 권한 체제 　단일한 복수의 명령 및 보고체제를 갖고 있다. ② 미예측 문제발견, 새로운 해결책 강구 ③ 하위조직 간 할거주의가 발생할 경우 조정이 용이하다. 어렵다. ④ 불안정한 환경에 적절하게 대응하지 못한다. 적합하다. ⑤ 복잡한 의사결정을 하지 못한다. 에 유용하다.

54. 조직론
　　조직구조

기계적 조직	학습조직
수직적 계층구조(기능 중심)	수평적 계층구조(과정 중심)
표준화·분업화	분권화·재량권
경쟁	협력
정보집중	정보공유
위계적·경직적 조직문화	적응적 조직문화
통제·관리	수평적 협력, 권한 위임

② 네트워크조직
　결정과 기획 등 핵심 기능만 남기고 기타 집행사업기능을 각각 전문업체에 위탁경영하여 일을 수행하는 조직
⑤ 학습조직은 시행착오나 실패를 두려워하여 철저한 사전 준비를 통해 시행착오나 실패의 제로(zero)를 통해 학습능력과 문제해결능력의 제고를 추구한다.

55. 조직론
　　조직관리
　　리더십

① 번스(Burns)와 바스(Bass)의 변혁적 리더십
　- 섬김의 리더십(servant leadership)　　B
　- 영감적 리더십(inspirational leadership)　D
　- 촉매적 리더십(catalytic leadership)　　C
　- 카리스마적 리더십(charismatic leadership)
② 관리망 이론 리더십: 단합형·과업형·친목형·타협형·무관심형
　　　　　　　　　　　　(이상적)
③ 상황적응적 리더십: 과업지향형·관계지향형
④ 삼차원적 리더십: 과업행동, 관계행동 + 효율성
⑤ 다중연결모형 리더십:
　리더행동(원인변수) —매개변수→ 효과성(결과변수)

56. 특별회계제도에 관한 설명으로 옳은 것은?
① 예산집행부서의 재량을 억제하여 책임성을 제고시킨다.
② 예산단일의 원칙을 준수하는데 유리하다.
③ 특별회계는 행정각부의 명령으로 설치할 수 있다.
④ 예산통일의 원칙의 예외에 해당하는 제도이다.
⑤ 예산제도가 단순해지므로 국가 재정의 통합적 관리에 유리하다.

57. 예산이 성립하지 않을 때 중앙정부가 사용하는 예산제도에 관한 설명으로 옳지 않은 것은?
① 우리나라는 1960년도 이후부터 준예산제도를 채택하고 있다.
② 우리나라는 회계연도 개시 30일 전까지 국회에서 예산안이 의결되지 못하는 경우 준예산을 사용할 수 있다.
③ 우리나라의 제1공화국 때는 가예산제도를 사용했다.
④ 영국, 캐나다, 일본 등은 잠정예산제도를 사용하고 있다.
⑤ 우리나라는 준예산제도를 실제 사용해 본 경험이 없다.

58. 다음에서 설명하는 예산원칙은?

> 국가재정법 제17조
> ① 한 회계연도의 모든 수입을 세입으로 하고, 모든 지출을 세출로 한다.
> ② 제53조에 규정된 사항을 제외하고는 세입과 세출은 모두 예산에 계상하여야 한다.

① 예산총계주의 원칙 ② 예산사전의결의 원칙 ③ 예산통일의 원칙
④ 예산한정성의 원칙 ⑤ 예산공개의 원칙

59. 정책평가의 절차 중 마지막 단계에서 이루어지는 것은?
① 자료의 수집 및 분석 ② 인과모형의 설정 ③ 대상 및 기준의 설정
④ 평가결과의 환류 ⑤ 정책목표의 확인

60. 정책결정모형에 관한 설명으로 옳지 않은 것은?
① 에치오니(Etzioni)는 규범적이지만 비현실적인 합리모형과 현실적이지만 보수적인 점증모형을 절충한 모형을 제시하였다.
② 사이몬(Simon)은 결정자의 인지능력의 한계, 상황의 불확실성 및 시간의 제약 때문에 제한적 합리성 하에서 결정이 이루어진다고 주장한다.
③ 합리모형에서 말하는 합리성은 정치적 합리성이다.
④ 쓰레기통모형에서 가정하는 상황은 불확실성과 혼란이 심한 상태이다.
⑤ 점증모형은 실제의 결정상황에 기초한 현실적이고 기술적인 모형이다.

56. 재무행정(예산) 　　예산의 종류 - 특별회계	① 예산집행부서의 재량을 억제 인정하여 책임성 효율성을 제고시킨다. ② 예산단일의 원칙을 준수하는 데 유리하다. 의 예외에 해당한다. ③ 특별회계는 행정 각부의 명령 법률(으)로 설치할 수 있다. ④ 예산통일의 원칙·예산단일의 원칙의 예외에 해당하는 제도이다. ⑤ 예산제도가 단순 복잡해지므로 국가 재정의 통합적 관리에 유리 불리하다.
57. 재무행정(예산) 　　예산의 종류 　　　　- 본예산 　　　　- 추가경정예산 　　　　- 수정예산 　　　　- 잠정예산 　　　　- 준예산	회계연도(예산 유효기간): 매년 1월 1일 ~ 12월 31일 　정기국회의 심의를 거쳐 확정된 최초의 예산(당초예산) 　예산이 국회를 통과한 이후 예산집행과정에서 다시 제출되는 예산 　예산안이 제출된 이후 국회 의결 이전에 　　　　　　　　기존안의 일부를 수정해 제출한 예산 　회계연도 시작 후 최초 수개월 분의 일정한 금액의 예산을 　　　　　　　　정부가 집행할 수 있게 허가하는 제도 　회계연도 개시 전에 예산이 의결되지 못하는 경우를 대비해 의회가 　　　미리 1개월분 예산만 의결해 정부가 집행할 수 있도록 하는 예산 ② 우리나라는 회계연도 개시 30일 전 개시일까지 국회에서 예산안이 의결되지 못하는 경우 준예산을 사용할 수 있다.
58. 재무행정(예산) 　　예산제도	① 예산총계주의 원칙 = 예산 완전성 원칙 = 예산 포괄성 원칙 　- 세입 = 모든 수입, 세출 = 모든 지출 　- 세입과 세출은 모두 예산에 계상되어야 한다.
59. 정책론 　　정책평가	정책평가 절차(나크미아스, Nachmias) 　　정책목표 인식 　　　대상·기준 설정 　　　　인과모형 설정 　　　　　자료수집 　　　　　　분석·해석 　　　　　　　환류(피드백) 및 활용
60. 정책론 　　정책결정	② 만족화 모형(satisficing model) ③ 합리모형(합리포괄모형)에서 말하는 합리성은 정치적 합리성 정책적 합리성·완전 합리성이다. ⑤ 점증모형: 기술적·실증적·현실적 모형, 정치적 합리성 중시

61. 콥과 로스(Cobb & Ross)가 제시한 정책의제설정 모형에 관한 내용으로 옳지 않은 것은?
① 외부주도형은 다원화되고 민주화된 선진국 정치체제에서 많이 나타나는 유형이다.
② 내부접근형은 고위의사결정자 등에 의해 정부의제가 먼저 설정되고 정책순응을 확보하기 위해 다각적인 홍보 등을 거쳐 최종적으로 정책의제로 채택되는 유형이다.
③ 외부주도형은 정부 바깥에 있는 집단이 사회문제를 정부가 해결해줄 것을 요구하며 정부의제로 채택하도록 하는 유형이다.
④ 내부접근형은 국방, 외교 등 비밀 유지가 필요한 분야의 정책, 또는 강한 반대가 예상됨에도 불구하고 반드시 추진하려는 정책 등에서 찾아볼 수 있다.
⑤ 동원형은 정부의 힘이 강하고 민간부문이 취약한 후진국에서 많이 나타나는 유형이나, 선진국에서도 정치지도자가 특정한 사회문제해결을 주도하는 경우에 나타난다.

62. 다음에서 설명하는 부패의 종류는?

> ○ 부패행위로 규정될 수 있으나 사회구성원의 다수가 어느 정도 용인하는 관례화된 부패로서 사회 체제에 심각한 파괴적 영향을 미치지 않는다.
> ○ 금융위기가 심각함에도 불구하고 국민들의 동요나 기업활동의 위축을 방지하기 위해 금융위기가 전혀 없다고 관련 공무원이 거짓말을 하는 것과 같이 공무원이 사적인 이익을 취하기 위해서가 아니라, 경제안정 등과 같이 공익을 위한 목적으로 행한다.

① 백색 부패 ② 일탈형 부패 ③ 흑색 부패 ④ 제도화된 부패 ⑤ 회색 부패

63. 입법기관이 따로 조치를 취하지 않는 한 정부의 사업 또는 조직이 미리 정한 기간이 지나면 자동적으로 폐지 또는 폐기되도록 하는 제도는?
① 감축관리제 ② 일출제 ③ 목표관리제 ④ 영기준예산제 ⑤ 일몰제

64. 다음에서 설명하는 피터스(Peters)의 거버넌스 정부개혁모형은?

> 정부관료제가 공공봉사 의지를 지닌 대규모의 헌신적인 구성원으로 구성되어 있다는 것을 전제하여, 정부의 내부규제가 제거되거나 축소되면 정부관료제가 훨씬 역동적이고 효율적으로 기능할 것이라고 가정한다.

① 시장 모형(market model)
② 참여 모형(participatory model)
③ 유연 모형(flexible model)
④ 저통제 모형(deregulation model)
⑤ 기업가적 모형(entrepreneurial model)

65. 우리나라 책임운영기관에 관한 설명으로 옳지 않은 것은?
① 경영의 자율성이 부여되는 대신 성과에 대한 책임이 요구된다.
② 우리나라 책임운영기관에는 국립중앙극장, 국립현대미술관, 경찰병원 등이 있다.
③ 책임운영기관의 회계는 특별회계로 하여 예산 운영상의 자율성을 보장하여야 한다.
④ 책임운영기관의 장은 공모를 통해 임기제공무원으로 임용된다.
⑤ 사업적·집행적 성격의 행정서비스 비율이 높은 사무에 적합하다.

61. 정책론
정책목표·정책의제

① 외부주도형(사회문제 → 사회적 쟁점 → 공중의제 → 정부의제)
② 내부접근형(사회문제→정부의제) 동원형(사회문제→정부의제 → 공중의제)은 고위의사결정자 등에 의해 정부의제가 먼저 설정되고 정책순응을 확보하기 위해 다각적인 홍보 등을 거쳐 최종적으로 정책의제(공중의제)로 채택되는 유형이다.

62. 인사행정
공직윤리·부패

① 　　백색부패: 현재 위험 잠재 위험
　　　회색부패: 현재 위험 잠재 위험
　　　흑색부패: 현재 위험 잠재 위험

② 일탈형 부패
　구조화되지 않은 일시적(개인의 윤리적 일탈) 부패
③ 흑색 부패
　사회 체제에 명백하고 심각한 해를 끼치는 부패
④ 제도화된 부패
　죄의식을 못 느끼고 조직의 옹호를 받도록 체제화된 부패
⑤ 회색 부패
　사회 체제에 명백하고 심각한 해를 끼칠 가능성을 지닌 부패

63. 재무행정(예산)
예산제도

⑤ 일몰제(sunset provision, sunset clause)

① 감축관리제에 적합한 예산제도: 영기준예산제(ZBB)
② 일출제: 행정조직·사업 신설 요구 시 입법기관의 엄격 심사
③ 목표관리제(MBO; Management By Objective)
④ 영기준예산제(ZBB; Zero-Based Budgeting):
　신·구 사업을 불문하고
　매년 모든 사업의 타당성을 영(0) 기준에서 분석 후 예산편성

64. 행정학 총론
행정학 이론

피터스의 뉴거버넌스 모형(1996):
　시장모형, 전통모형, 참여모형,
　　　　신축적 모형, 저통제 모형

① 정부의 독점적 지위 타파, 민간 경쟁체제 도입
② 정부의 폐쇄성 타파, 시민참여
③ 정부의 항구성·폐쇄성 타파, 신축성(저비용·조정 능력) 확보
④ 저통제 모형 = 탈규제 모형
⑤ 로즈(Rhodes)의 뉴거버넌스 모형(1996년)

65. 조직론
조직구조
책임운영기관

복수(③④) 정답

중앙책임운영기관의 장은
　　　　정무직공무원으로 임용한다.

책임운영기관의 설치·운영법 제4조(책임운영기관의 설치 및 해제) ① 책임운영기관은 그 사무가 다음 각 호의 기준 중 어느 하나에 맞는 경우에 대통령령으로 설치한다.
　1. 기관의 주된 사무가 사업적·집행적 성질의 행정 서비스를 제공하는 업무로서 성과 측정기준을 개발하여 성과를 측정할 수 있는 사무
　2. 기관 운영에 필요한 재정수입의 전부 또는 일부를 자체적으로 확보할 수 있는 사무

③ 책임운영기관의 회계는 일반회계와 특별회계로 하여 예산 운영상의 자율성을 보장하여야 한다. 나뉜다.
④ 소속책임운영기관의 장은 공모를 통해 임기제공무원으로 임용된다.

66. 행정학의 접근방법 중 포스트모더니즘의 특성이 아닌 것은?
① 상상(imagination) ② 탈영역화(deterritorialization) ③ 은유(metaphor)
④ 과학주의(scientism) ⑤ 해체(deconstruction)

67. 전자정부에 관한 설명으로 옳은 것을 모두 고른 것은?

> ㄱ. 전자정부는 정보통신기술을 활용하여 효율적인 행정, 질 높은 대민서비스, 투명하고 민주적인 정부를 구현하는 실천적인 수단이다.
> ㄴ. 우리나라 전자정부시스템에는 '정부민원포털(민원24)', '국가종합전자조달시스템(나라장터)', '전자통관시스템(UNI-PASS)' 등이 있다.
> ㄷ. 스마트워크센터는 출장지 등 원격지에서 업무가 가능하도록 정보통신기술기반의 원격업무시스템을 갖춘 사무공간을 말한다.
> ㄹ. 행정기관 등의 장은 원격지 간 업무수행을 할 때에는 온라인 영상회의를 우선적으로 활용하도록 노력하여야 한다.

① ㄱ, ㄴ ② ㄷ, ㄹ ③ ㄱ, ㄴ, ㄷ ④ ㄴ, ㄷ, ㄹ ⑤ ㄱ, ㄴ, ㄷ, ㄹ

68. 시장실패의 요인으로 옳지 않은 것은?
① 비용과 편익의 괴리 ② 외부효과의 발생 ③ 공공재의 존재
④ 소득의 불공정한 분배 ⑤ 독과점의 출현

69. 대표관료제(representative bureaucracy)에 관한 설명으로 옳은 것은?
① 대표관료제는 행정의 전문성과 생산성을 강화한다.
② 대표관료제의 발전은 행정의 형평성과 능률성을 제고한다.
③ 대표관료제는 공직사회 내부 구성원 상호 간 견제를 통하여 내적 통제를 강화한다.
④ 대표관료제의 관료들은 정책과정에서 자신이 속한 배경집단의 이익보다는 공익을 추구한다.
⑤ 집단보다는 개인에 역점을 두는 대표관료제는 자유주의와 부합한다.

70. 직위분류제에 관한 설명으로 옳지 않은 것은?
① 동일한 직무에 대한 동일한 보수 지급의 원칙에 부합한다.
② 직무의 내용, 특성, 자격 등 객관적인 기준에 따라 합리적인 인사가 이루어질 수 있다.
③ 조직 내에서 부서 간 협조와 교류를 원활하게 하지 못하는 단점이 있다.
④ 장기적인 발전 가능성이나 잠재력을 중시하는 직업공무원제의 수립에 유용하다.
⑤ 동일 직렬에 장기간 근무를 원칙으로 하기 때문에 행정의 전문화에 기여한다.

행정학개론

| 66. 행정학 총론
행정학 이론 | 포스트모더니즘: ①, ②, ③, ⑤, 타자성(alterity)
④ 과학주의(scientism): 모더니즘 |

67. 정보화(행정)
   전자정부

   ㄱ.

   ㄹ.

> 전자정부법 2조(정의)
> 이 법에서 사용하는 용어의 뜻은 다음과 같다.
> 1. "전자정부"란 정보기술을 활용하여 행정기관 및 공공기관(이하 "행정기관등"이라 한다)의 업무를 전자화하여 행정기관등의 상호 간의 행정업무 및 국민에 대한 행정업무를 효율적으로 수행하는 정부를 말한다.
>
> 전자정부법 제32조(전자적 업무수행 등)
> ① 행정기관등의 장은 행정업무를 수행할 때 정보통신망을 이용한 온라인 영상회의 방식을 활용할 수 있다. 이 경우 행정기관등의 장은 원격지(遠隔地) 간 업무수행을 할 때에는 온라인 영상회의를 우선적으로 활용하도록 노력하여야 한다.
> ② 중앙사무관장기관의 장은 제1항에 따른 온라인 영상회의의 도입 및 활용 등을 위하여 필요한 지원을 할 수 있다.
> ③ 행정기관등의 장은 필요하면 소속 직원으로 하여금 특정한 근무장소를 정하지 아니하고 정보통신망을 이용한 온라인 원격근무를 하게 할 수 있다. 이 경우 행정기관등의 장은 정보통신망에 대한 불법적인 접근의 방지와 그 밖의 보호대책을 마련하여야 한다.
> ④ 행정기관등의 장은 정보통신망을 이용하여 소속 직원에 대한 온라인 원격교육훈련을 실시할 수 있다.
> ⑤ 제1항부터 제4항까지의 전자적 업무수행을 촉진하기 위하여 필요한 사항은 국회규칙, 대법원규칙, 헌법재판소규칙, 중앙선거관리위원회규칙 및 대통령령으로 정한다

68. 행정학 총론
   행정환경
   시장실패(market failure)

   ① 비용과 편익의 괴리(비용과 편익의 절연): 정부실패(government failure)의 원인

69. 인사행정
   인사행정
   대표관료제 representation bureaucracy

   ① 대표관료제는 행정의 전문성과 생산성을 강화한다. 약화한다.
   ② 대표관료제의 발전은 행정의 형평성과 능률성을 제고한다.
   ③ 내부적 통제, 비제도적 통제
   ④ 대표관료제의 관료들은 정책과정에서 자신이 속한 배경집단의 이익 공익보다는 공익 자신이 속한 배경집단의 이익을 추구한다.
   ⑤ 집단 개인보다는 개인 집단에 역점을 두는 대표관료제는 자유주의와 부합 충돌한다.

70. 인사행정
   인사행정
   직위분류제 position classification system

   ④ 계급제(rank system)는 장기적인 발전 가능성이나 잠재력을 중시하는 직업공무원제(career civil service system)의 수립에 유용하다.

71. 우리나라 경력직공무원에 해당하는 사람을 모두 고른 것은?

> ㄱ. 담당업무가 특수하여 자격·신분보장·복무 등에 있어서 개별 특별법이 우선 적용되는 공무원
> ㄴ. 비서관·비서 등 보좌업무 등을 수행하는 공무원
> ㄷ. 기술, 연구 또는 행정 일반에 대한 업무에 종사하는 공무원
> ㄹ. 선거로 취임하는 공무원
> ㅁ. 국회의 동의를 거쳐 임명하는 등 주로 정치적 판단이나 정책결정을 필요로 하는 업무를 담당하는 공무원
> ㅂ. 실적과 자격에 따라 임용되고 그 신분이 보장되며 평생 동안(근무기간을 정하여 임용하는 공무원의 경우에는 그 기간 동안을 말한다) 공무원으로 근무할 것이 예정되는 공무원

① ㄱ, ㄴ, ㄹ   ② ㄱ, ㄷ, ㅂ   ③ ㄴ, ㄷ, ㅁ   ④ ㄴ, ㄹ, ㅁ   ⑤ ㄷ, ㅁ, ㅂ

72. 우리나라 지방자치단체의 자치입법권에 관한 설명으로 옳지 않은 것은?
① 지방자치단체는 법령의 범위 안에서 자치에 관한 규정을 제정할 수 있다.
② 지방자치단체는 지방자치단체의 장에게 위임하여 행하는 국가사무에 관하여 조례를 제정할 수 없다.
③ 지방자치단체는 법률의 구체적인 위임이 없더라도 조례를 위반한 행위에 대하여 벌금을 부과하는 조례를 제정할 수 있다.
④ 특별시·광역시·도·특별자치도는 해당 지역의 환경적 특수성을 고려하여 필요하다고 인정할 때에는 해당 시·도의 조례로 대통령령으로 정하는 환경기준보다 확대·강화된 별도의 환경기준을 설정할 수 있다.
⑤ 교육감은 법령 또는 조례의 범위 안에서 그 권한에 속하는 사무에 관하여 교육규칙을 제정할 수 있다.

73. 지방공기업법상 지방직영기업에 관한 설명으로 옳은 것은?
① 지방자치단체는 지방직영기업을 설치·경영하려는 경우에는 그 설치·운영의 기본사항을 조례로 정하여야 한다.
② 지방자치단체가 새로운 법인을 설립하여 운영하는 간접경영방식이다.
③ 일반회계와는 별도로 예산의 심의·확정에 지방의회의 의결이 필요 없는 특별회계로 운영된다.
④ 「지방공기업법」의 적용을 받기 때문에 「지방자치법」의 적용을 받지 않는다.
⑤ 지방자치단체로부터 독립해 있기 때문에 지방자치단체장의 통제를 받지 않는다.

74. '기초자치단체가 처리하기 어려운 사무는 광역자치단체가 맡고 지방자치단체에서 처리하기 어려운 사무는 중앙정부의 사무로 처리해야 한다'와 관련된 사무배분 원칙은?
① 포괄성의 원칙   ② 종합성의 원칙   ③ 지역성의 원칙   ④ 가외성의 원칙   ⑤ 보충성의 원칙

75. 지방자치법상 명시된 주민직접참여제도로 바르게 묶인 것은?
① 주민투표, 주민감사, 주민발안
② 주민발안, 주민총회, 주민감사청구
③ 주민투표, 주민감사청구, 주민소환
④ 주민소송, 주민소환, 주민총회
⑤ 주민감사, 주민소송, 주민총회

71. 인사행정
   인사행정
   경력직공무원　ㅂ.
      일반직　　　ㄷ.
      특정직　　　ㄱ.

특수경력직
   ㄴ. 별정직: 비서관·비서 등 보좌업무 등을 수행하는 공무원
   ㄹ. 정무직: 선거로 취임하는 공무원
   ㅁ. 정무직: 국회의 동의를 거쳐 임명
      주로 정치적 판단이나 정책결정을 필요로 하는 업무를 담당하는 공무원

72. 지방자치론
   지방자치 - 자치입법권

① 헌법 제117조
② 판례
④ 환경정책기본법 제12조
⑤ 교육자치법 제25조

③ 지방자치단체는 법률의 구체적인 위임이 없더라도 <u>이</u> 조례를 위반한 행위에 대하여 벌금을 부과하는 조례를 제정할 수 <del>있다.</del> **없다.**

> 지방자치법 제28조(조례)
> ① 지방자치단체는 법령의 범위에서 그 사무에 관하여 조례를 제정할 수 있다. 다만, 주민의 권리 제한 또는 의무 부과에 관한 사항이나 벌칙을 정할 때에는 법률의 위임이 있어야 한다.
> ② 법령에서 조례로 정하도록 위임한 사항은 그 법령의 하위 법령에서 그 위임의 내용과 범위를 제한하거나 직접 규정할 수 없다.

73. 지방자치론
   지방재정 - 지방공기업
①

> 지방공기업법 제5조
>   (지방직영기업의 설치)
> 지방자치단체는 지방직영기업을 설치·경영하려는 경우에는 그 설치·운영의 기본사항을 조례로 정하여야 한다.

② 공사·공단은 지방자치단체가 새로운 법인을 설립하여 운영하는 간접경영방식이다.
③ 일반회계와는 별도로 예산의 심의·확정에 지방의회의 의결이 <del>필요 없는</del> **필요한** 특별회계로 운영된다.
④ 「지방공기업법」의 적용을 받기 때문에 <del>받고</del> 동 법에서 <u>규정한 사항 외에는</u> 「지방자치법」, 「지방재정법」 등의 적용을 <del>받지 않는다.</del> **받는다.**
⑤ <u>지방자치단체로부터 독립해 있기 때문에</u> 지방자치단체장의 통제(관리·감독)를 <del>받지 않는다.</del> **받는다.**

74. 지방자치론
   지방자치단체·사무

① 포괄성의 원칙: 단위사무 중·대단위 사무의 포괄적 이양
② 종합성의 원칙: 일선기관(특별 사무) 대비 자치단체(종합 사무) 우선
③ 지역성의 원칙 = 국지성원칙: 관할구역 내로 과세객체 국한
④ 가외성의 원칙: 3심제, 거부권, 양원제, 위원회, 합의제,
   　　　　　　　　　　권력분립, 연방주의, 계선-참모, 견제와 균형
   가외성(redundancy) = 중첩성(overlapping) + 중복성(duplication)
⑤ 소극적 보충성:
   기초자치단체가 할 수 있는 기능은 상급 정부가 관여하지 않는다.
   적극적 보충성:
   　　　　상급 정부는 기초자치단체가 활동할 수 있도록 지원한다.

75. 지방자치론
   주민참여

지방자치법: ① 주민감사, ②④⑤ 주민총회

2018년도 제06회 행정사 자격시험

1차 시험

제1교시

- 제1과목   민법(총칙 관련 내용으로 한정)
- 제2과목   행정법
- 제3과목   행정학개론(지방자치행정 포함)

2차 시험

제1교시

- 제1과목   민법(계약 관련내용으로 한정)
- 제2과목   행정절차론(행정절차법 포함)

제2교시

- 제1과목   사무관리론(민원 처리에 관한 법률, 행정업무의 운영 및 혁신에 관한 규정 포함)
- 제2과목   행정사실무법
    - 행정심판사례
    - 비송사건절차법

01. 자연인의 권리능력에 관한 설명으로 옳은 것은? (다툼이 있으면 판례에 따름)
① 권리능력은 가족관계등록부의 기재로 그 취득이 추정되므로, 그 기재가 진실에 반하는 사정이 있더라도 번복하지 못한다.
② 동시사망이 추정되는 경우에도 대습상속은 인정될 수 있다.
③ 태아인 동안에 부(父)가 교통사고로 사망한 경우, 태아는 살아서 출생하더라도 그 정신적 고통에 대한 위자료를 청구할 수 없다.
④ 태아가 사산된 경우에도 태아인 동안의 권리능력은 인정된다.
⑤ 실종선고를 받은 자는 실종기간이 만료한 때에 사망한 것으로 추정한다.

02. 민법의 법원(法源)인 관습법에 관한 설명으로 옳지 않은 것은? (다툼이 있으면 판례에 따름)
① 관습법이란 사회의 거듭된 관행으로 생성된 사회생활규범이 사회의 법적 확신과 인식에 의하여 법적 규범으로 승인·강행되기에 이른 것을 말한다.
② 어떤 관행이 관습법으로 승인된 이상, 사회구성원들이 그러한 관행의 법적 구속력에 대하여 확신을 갖지 않게 되었더라도, 그 관습법은 법규범으로서의 효력에 영향을 받지 않는다.
③ 관습법의 존재는 당사자의 주장·증명이 없어도 법원이 직권으로 이를 확정할 수 있다.
④ 수목의 집단에 대한 공시방법인 명인방법은 판례에 의하여 확인된 관습법이다.
⑤ 관습법은 법령에 저촉되지 아니하는 한 법칙으로서의 효력이 있다.

03. 민법상 비법인사단에 관한 설명으로 옳지 않은 것은? (다툼이 있으면 판례에 따름)
① 비법인사단의 사원이 집합체로서 물건을 소유할 때에는 총유로 한다.
② 대표자는 비법인사단의 제반 업무처리를 대리인에게 포괄적으로 위임할 수 없다.
③ 대표자 또는 관리인이 있는 비법인사단은 그 사단에 속하는 부동산에 관하여 등기능력을 가진다.
④ 비법인사단 소유의 재산에 대한 대표자의 처분행위가 사원총회의 결의를 거치지 않아 무효가 되더라도, 상대방이 선의인 경우에는 그 처분행위에 대하여 민법 제126조의 표현대리 법리가 준용된다.
⑤ 비법인사단의 대표자가 직무에 관하여 타인에게 손해를 가한 경우, 그 사단은 민법 제35조 제1항의 유추적용에 의하여 그 손해를 배상할 책임이 있다.

04. 피성년후견인에 관한 설명으로 옳은 것은?
① 가정법원은 청구권자의 청구가 없더라도 직권으로 성년후견개시의 심판을 한다.
② 정신적 제약으로 사무처리능력이 일시적으로 결여된 경우, 성년후견개시의 심판을 해야 한다.
③ 법인은 성년후견인이 될 수 없다.
④ 일상생활에 필요하고 그 대가가 과도하지 아니한 피성년후견인의 법률행위는 성년후견인이 취소할 수 없다.
⑤ 가정법원은 청구권자의 청구가 없더라도 피성년후견인의 취소할 수 없는 법률행위의 범위를 임의로 변경할 수 있다.

민법총칙

01. 권리의 주체 - 자연인
　　권리능력

②대습상속(代襲相續)
　상속인이 될 피대습인이 사망하거나 결격자가 된 경우 피대습인의 직계비속이 상속인이 된다.

> 민법 제30조(동시사망)
> 2인 이상이 동일한 위난으로 사망한 경우에는 동시에 사망한 것으로 추정한다.
> 민법 제1001조(대습상속)
> 전조(상속의 순위)제1항제1호와 제3호의 규정에 의하여 상속인이 될 직계비속 또는 형제자매가 상속개시전에 사망하거나 결격자가 된 경우에 그 직계비속이 있는 때에는 그 직계비속이 사망하거나 결격된 자의 순위에 갈음하여 상속인이 된다.

① 권리능력은 가족관계등록부의 기재로 그 취득이 추정되므로 추정되지만, 그 기재가 진실에 반하는 사정이 있더라도 있으면 번복하지 못한다. 번복할 수 있다.
③ 태아인 동안에 부(父)가 교통사고로 사망한 경우, 태아는 살아서 출생하더라도면 그 정신적 고통에 대한 위자료를 청구할 수 없다. 있다.
④ 태아가 사산된 경우에도는 태아인 동안의 권리능력은 인정된다. 인정되지 않는다.
⑤ 실종선고를 받은 자는 실종기간(민법 제27조의 기간)이 만료한 때에 사망한 것으로 추정한다. 본다.

> 민법 제27조(실종의 선고)
> ① 부재자의 생사가 5년간 분명하지 아니한 때에는 법원은 이해관계인이나 검사의 청구에 의하여 실종선고를 하여야 한다.
> ② 전지에 임한 자, 침몰한 선박중에 있던 자, 추락한 항공기 중에 있던 자 기타 사망의 원인이 될 위난을 당한 자의 생사가 전쟁종지 후 또는 선박의 침몰, 항공기의 추락 기타 위난이 종료한 후 1년간 분명하지 아니한 때에도 제1항과 같다.
> 민법 제28조(실종선고의 효과)
> 실종선고를 받은 자는 전조의 기간이 만료한 때에 사망한 것으로 본다.

02. 민법 서론
　　민법의 법원
　　　성문법원
　　　불문법원: 관습법, 조리, 판례

② 판례: 어떤 관행이 관습법으로 승인된 이상 이후, ⓐ 사회구성원들이 그러한 관행의 법적 구속력에 대하여 확신을 갖지 않게 되었더라도 되었다거나 ⓑ 사회를 지배하는 기본적 이념이나 사회질서의 변화로 인하여 그러한 관습법을 적용하여야 할 시점에 있어서의 전체 법질서에 부합하지 않게 되었다면, 그 관습법은 법규범으로서의 효력에 영향을 받지 않는다. 이 부정된다.

03. 권리의 주체 - 법인
　　권리능력 없는 사단(비법인사단)

④ 판례: 비법인사단 소유의 재산에 대한 대표자의 처분행위가 사원총회의 결의를 거치지 않아 무효가 되더라도면, 상대방이 선의인 경우에는도 그 처분행위에 대하여 민법 제126조(권한을 넘은 표현대리)의 표현대리 법리가 준용된다. 준용되지 않는다.
⑤ 민법 제35조(법인의 불법행위능력)

04. 권리의 주체 - 자연인
　　행위능력
　　후견

⑤ 청구권자
　본인, 배우자, 4촌 이내의 친족,
　성년후견인, 성년후견감독인,
　검사 또는 지방자치단체의 장

① 가정법원은 청구권자의 청구가 없더라도 직권으로 청구에 의하여 성년후견개시의 심판을 한다.
② 정신적 제약으로 사무처리능력이 일시적으로 지속적으로 결여된 경우, 성년후견개시의 심판을 해야 한다.
③ 법인은 성년후견인이 될 수 없다. 있다.
⑤ 가정법원은 청구권자의 청구가 없더라도 청구에 의하여 피성년후견인의 취소할 수 없는 법률행위의 범위를 임의로 변경할 수 있다.

05. 민법상 물건에 관한 설명으로 옳지 않은 것은? (다툼이 있으면 판례에 따름)
① 국립공원의 입장료는 법정과실이 아니다.
②「입목에 관한 법률」에 따라 등기된 입목은 그 토지와 독립하여 거래의 객체가 될 수 없다.
③ 장소, 종류, 수량 등이 특정되어 있는 집합물은 양도담보의 대상이 될 수 있다.
④ 주물의 소유자의 사용에 공여되고 있더라도 주물 그 자체의 효용과 직접 관계가 없는 물건은 종물이 아니다.
⑤ 지하에서 용출되는 온천수는 토지의 구성부분일 뿐 그 토지와 독립된 권리의 객체가 아니다.

06. 甲이 乙을 기망하여 乙소유 토지를 丙에게 시가에 비해 현저히 저렴한 가격으로 처분하도록 유인하였고, 이에 따라 乙은 丙과 그 토지에 대한 매매계약을 체결한 후 소유권이전등기를 마쳐주었다. 乙은 甲의 사기를 이유로 丙과의 매매계약을 취소하고자 한다. 이에 관한 설명으로 옳은 것을 모두 고른 것은? (다툼이 있으면 판례에 따름)

> ㄱ. 甲의 기망사실을 丙이 알 수 있었던 경우, 乙은 위 계약을 취소할 수 있다.
> ㄴ. 甲의 사기로 불법행위가 성립하더라도, 乙은 위 계약을 취소하지 않는 한 甲에 대하여 불법행위로 인한 손해배상을 청구할 수 없다.
> ㄷ. 선의의 제3자 丁이 丙으로부터 위 토지를 매수하여 소유권이전등기를 마쳤다면, 그 후 乙이 자신과 丙사이의 매매계약을 취소하여도 이를 근거로 丁명의의 소유권이전등기의 말소를 청구할 수 없다.

① ㄱ ② ㄴ ③ ㄱ, ㄷ ④ ㄴ, ㄷ ⑤ ㄱ, ㄴ, ㄷ

07. 민법상 법인의 대표권에 관한 설명으로 옳지 않은 것은? (다툼이 있으면 판례에 따름)
① 이사의 대표권 제한에 관한 정관의 규정이 등기되어 있지 않으면, 법인은 그 규정으로 악의의 제3자에게도 대항할 수 없다.
② 법인과 이사의 이익상반행위로 특별대리인을 선임하는 경우, 법원은 이해관계인이나 검사의 청구에 의하여 선임하여야 한다.
③ 민법 규정에 의하여 선임된 직무대행자가 그 권한을 정한 규정에 위반하여 법인의 통상 사무 범위를 벗어난 행위를 한 경우, 법인은 선의의 제3자에 대하여 책임을 진다.
④ 대표자의 행위가 직무에 관한 행위에 해당하지 아니함을 피해자가 중과실로 알지 못한 경우에도, 피해자는 법인에게 손해배상책임을 물을 수 있다.
⑤ 법인의 대표에 관하여는 대리에 관한 규정을 준용한다.

08. 민법상 사단법인의 기관에 관한 설명으로 옳지 않은 것은? (다툼이 있으면 판례에 따름)
① 이사의 임면에 관한 사항은 정관의 임의적 기재사항이다.
② 사단법인의 이사는 매년 1회 이상 통상총회를 소집하여야 한다.
③ 이사가 수인인 경우, 정관에 다른 규정이 없으면 법인의 사무집행은 이사의 과반수로써 결정한다.
④ 감사는 필요기관이 아니다.
⑤ 사원총회의 의결사항은 정관에 다른 규정이 없으면, 총회를 소집할 때 미리 통지된 사항에 한한다.

05. 권리의 객체 - 물건
③ 유동 집합물의 양도담보설정계약

① 국립공원의 입장료: 법정과실 수익자 부담 (원칙)
② 「입목에 관한 법률」에 따라 등기된 입목(토지로부터 독립한 부동산)은 그 토지와 독립하여 거래의 객체가 될 수 없다. 있다.

06. 권리의 변동
의사표시
사기·강박에 의한 의사표시
 (상대적) 취소

ㄴ. 甲의 사기로 불법행위가 성립하더라도 면, 乙은 위 계약을 취소하지 않는 한 않더라도 甲에 대하여 불법행위로 인한 손해배상을 청구할 수 없다. 있다.

민법 제110조(사기·강박에 의한 의사표시)
① 사기나 강박에 의한 의사표시는 취소할 수 있다.
② 상대방 있는 의사표시에 관하여 제3자가 사기나 강박을 행한 경우에는 상대방이 그 사실을 알았거나 알 수 있었을 경우에 한하여 그 의사표시를 취소할 수 있다.
③ 전 2항의 의사표시의 취소는 선의의 제3자에게 대항하지 못한다.

07. 권리의 주체 - 법인
법인의 기관
법인의 대표권

민법 제52조의2
 (직무집행정지 등 가처분의 등기)
이사의 직무집행을 정지하거나 직무대행자를 선임하는 가처분을 하거나 그 가처분을 변경·취소하는 경우에는 주사무소와 분사무소가 있는 곳의 등기소에서 이를 등기하여야 한다.

민법 제60조(이사의 대표권에 대한 제한의 대항요건)
이사의 대표권에 대한 제한은 등기하지 아니하면 제3자에게 대항하지 못한다.

민법 제60조의2(직무대행자의 권한)
① 민법 제52조의2의 직무대행자는 가처분명령에 다른 정함이 있는 경우 외에는 법인의 통상사무에 속하지 아니한 행위를 하지 못한다. 다만, 법원의 허가를 얻은 경우에는 그러하지 아니하다.
② 직무대행자가 제1항의 규정에 위반한 행위를 한 경우에도 법인은 선의의 제3자에 대하여 책임을 진다.

④ 대표자의 행위가 직무에 관한 행위에 해당하지 아니함을 피해자가 (알았거나) 중과실로 알지 못한 경우에도는, 피해자는 법인에게 손해배상책임을 물을 수 있다. 없다.

08. 권리의 주체 - 법인
법인의 기관
사단법인
 - 이사: 필요기관
 - 감사: 임의기관

① 이사의 임면에 관한 사항은 정관의 임의적 필요적 기재사항이다.

민법 72조(총회의 결의사항)
총회는 전조(**총회의 소집**)의 규정에 의하여 통지한 사항에 관하여서만 결의할 수 있다. 그러나 정관에 다른 규정이 있는 때에는 그 규정에 의한다.

민법 제40조(사단법인의 정관)
사단법인의 설립자는 다음 각호의 사항을 기재한 정관을 작성하여 기명날인하여야 한다.
 1. 목적
 2. 명칭
 3. 사무소의 소재지
 4. 자산에 관한 규정
 5. 이사의 임면에 관한 규정
 6. 사원자격의 득실에 관한 규정
 7. 존립시기나 해산사유를 정하는 때에는 그 시기 또는 사유

민법 제58조(이사의 사무집행)
② 이사가 수인인 경우에는 정관에 다른 규정이 없으면 법인의 사무집행은 이사의 과반수로써 결정한다.

민법 제66조(감사)
법인은 정관 또는 총회의 결의로 감사를 둘 수 있다.

민법 제69조(통상총회)
사단법인의 이사는 매년 1회 이상 통상총회를 소집하여야 한다.

09. 甲은 乙에게 매매계약체결의 대리권을 수여하였고, 乙은 甲을 대리하여 丙 소유의 토지에 관하여 丙과 매매계약을 체결하였다. 그 계약의 효력이 甲에게 미치는 경우를 모두 고른 것은? (다툼이 있으면 판례에 따름)

> ㄱ. 甲이 피한정후견인 乙에게 대리권을 수여하여 위 계약이 체결된 경우
> ㄴ. 甲이 수권행위를 통하여 乙과 丁이 공동으로 대리하도록 정하였음에도 乙이 단독의 의사결정으로 위 계약을 체결한 경우
> ㄷ. 乙이 위 토지에 대한 丙의 선행 매매사실을 알면서도 丙의 배임적 이중매매행위에 적극 가담하여 위 계약을 체결하였으나 이러한 사실을 甲이 알지 못한 경우

① ㄱ ② ㄷ ③ ㄱ, ㄴ ④ ㄴ, ㄷ ⑤ ㄱ, ㄴ, ㄷ

10. 의사표시의 효력발생에 관한 설명으로 옳지 않은 것은? (다툼이 있으면 판례에 따름)
① 의사표시가 기재된 내용증명우편물이 발송되고 반송되지 아니하면 특별한 사정이 없는 한, 그 무렵에 송달되었다고 볼 수 있다.
② 의사표시의 도달로 인정되려면 사회통념상 상대방이 그 통지를 현실적으로 수령하여 그 내용을 알아야 한다.
③ 의사표시를 받은 상대방이 제한능력자라 하더라도 그의 법정대리인이 그 의사표시가 도달한 사실을 안 후에는 의사표시자는 그 효력을 주장할 수 있다.
④ 의사표시자가 통지를 발송한 후 제한능력자가 되어도 그 의사표시의 효력에 영향을 미치지 아니한다.
⑤ 상대방 있는 의사표시에 관하여 민법은 상대방에게 도달한 때에 그 효력이 생기는 것을 원칙으로 한다.

11. 반사회질서의 법률행위에 관한 설명으로 옳은 것은? (다툼이 있으면 판례에 따름)
① 강제집행을 면할 목적으로 부동산에 허위의 근저당권설정등기를 경료하는 행위는 반사회질서의 법률행위에 해당한다.
② 증인이 증언을 조건으로 소송당사자로부터 통상 용인될 수 있는 수준을 넘는 대가를 받기로 약정하더라도, 증인에게 증언거부권이 있다면 그 약정은 유효하다.
③ 상대방에게 표시되거나 알려진 법률행위의 동기가 사회질서에 반하더라도 반사회질서의 법률행위에 해당될 수 없다.
④ 어떠한 일이 있어도 이혼하지 아니하겠다는 각서를 써 준 경우, 그와 같은 의사표시는 반사회질서의 법률행위가 아니다.
⑤ 법률행위가 사회질서에 반하여 무효인 경우, 그 법률행위를 기초로 하여 권리를 취득한 선의의 제3자에게도 그 무효를 주장할 수 있다.

09. 권리의 변동
법률행위의 대리

ㄷ.

민법 제116조(대리행위의 하자)
① 의사표시의 효력이 의사의 흠결, 사기, 강박 또는 어느 사정을 알았거나 과실로 알지 못한 것으로 인하여 영향을 받을 경우에 그 사실의 유무는 대리인을 표준하여 결정한다.
② 특정한 법률행위를 위임한 경우에 대리인이 본인의 지시에 좇아 그 행위를 한 때에는 본인은 자기가 안 사정 또는 과실로 인하여 알지 못한 사정에 관하여 대리인의 부지(不知)를 주장하지 못한다.

민법 제117조(대리인의 행위능력)
대리인은 행위능력자임을 요하지 아니한다.

ㄱ.

ㄴ. 공동대리의 제한을 위반한 대리인 1인의 단독 대리행위
= 무권대리

10. 권리의 변동
의사표시 효력 발생 시기

⑤

④

①② 판례

③

민법 제111조(의사표시의 효력발생시기)
① 상대방 있는 의사표시는 그 통지가 상대방에 도달한 때로부터 그 효력이 생긴다.
② 표의자가 그 통지를 발한 후 사망하거나 행위능력을 상실하여도 의사표시의 효력에 영향을 미치지 않는다.

민법 제112조(제한능력자에 대한 의사표시의 효력)
의사표시의 상대방이 의사표시를 받은 때에 제한능력자인 경우에는 의사표시자는 그 의사표시로써 대항할 수 없다. 다만, 그 상대방의 법정대리인이 의사표시가 도달한 사실을 안 후에는 그러하지 아니하다.

② 요지(了知)가능상태설
의사표시의 도달로 인정되려면 사회통념상 상대방이 그 통지를 현실적으로 수령하여 그 내용을 알아야 한다. 그 통지 내용을 알 수 있는 객관적 상태에 놓이면 족하다.

11. 권리의 변동
법률행위
법률행위의 목적
반사회질서의 법률행위(민법 제103조)
① 반인륜　　② 부정의
③ 극심한 자유 제한
④ 생존 기초 재산 처분
⑤ 사행성　　⑥ 불공정
→ 절대적·확정적 무효

① 강제집행을 면할 목적으로 부동산에 허위의 근저당권설정등기를 경료하는 행위(公益 私益)는 반사회질서의 법률행위에 해당한다. 해당하지 않는다.
② 증인이 증언을 조건으로 소송당사자로부터 통상 용인될 수 있는 수준을 넘는 대가를 받기로 약정하더라도면, (증인에게 증언거부권이 있다면) 그 약정은 유효하다. 반사회질서의 법률행위에 해당한다.
③ 상대방에게 표시되거나 알려진 법률행위의 동기가 사회질서에 반하더라도면 반사회질서의 법률행위에 해당될 수 없다. 해당한다.
④ 어떠한 일이 있어도 이혼하지 아니하겠다는 각서를 써 준 경우, 그와 같은 의사표시는 반사회질서의 법률행위가 아니다. 에 해당한다.

12. 불공정한 법률행위에 관한 설명으로 옳지 않은 것은? (다툼이 있으면 판례에 따름)
① 당사자의 궁박, 경솔 또는 무경험으로 인하여 현저하게 공정을 잃은 법률행위는 무효이다.
② 불공정한 법률행위에 해당하는지 여부는 법률행위 당시를 기준으로 판단하여야 한다.
③ 불공정한 법률행위가 성립하기 위한 요건인 궁박, 경솔, 무경험은 그 중 일부만 갖추어져도 충분하다.
④ 법률행위가 현저하게 공정을 잃었다고 하여 곧바로 그것이 궁박한 사정으로 인정되는 것은 아니다.
⑤ 급부와 반대급부 사이의 현저한 불균형은 시가와의 차액 또는 시가와의 배율에 따라 일률적으로 판단해야 한다.

13. 형성권의 행사에 해당하는 것을 모두 고른 것은?

┌───┐
│ ㄱ. 무권대리행위에 대한 본인의 추인   │
│ ㄴ. 미성년자의 법률행위에 대한 법정대리인의 취소 │
│ ㄷ. 상계적상에 있는 채무의 대등액에 관한 채무자 일방의 상계 │
│ ㄹ. 채무불이행을 원인으로 한 계약의 해제   │
└───┘

① ㄱ, ㄷ   ② ㄴ, ㄹ   ③ ㄱ, ㄴ, ㄷ   ④ ㄴ, ㄷ, ㄹ   ⑤ ㄱ, ㄴ, ㄷ, ㄹ

14. 조건과 기한에 관한 설명으로 옳지 않은 것은? (다툼이 있으면 판례에 따름)
① 조건이란 법률행위 효력의 발생 또는 소멸을 장래 발생할 것이 확실한 사실에 의존하게 하는 법률행위의 부관을 말한다.
② 조건의 성취로 이익을 받을 당사자가 신의성실에 반하여 조건을 성취시킨 경우, 상대방은 그 조건이 성취하지 아니한 것으로 주장할 수 있다.
③ 조건이 법률행위 당시 이미 성취한 것인 경우, 그 조건이 정지조건이면 조건 없는 법률행위로 한다.
④ 종기(終期) 있는 법률행위는 기한이 도래한 때로부터 그 효력을 잃는다.
⑤ 기한은 채무자의 이익을 위한 것으로 추정한다.

15. 소멸시효완성 후 시효이익의 포기에 관한 설명으로 옳지 않은 것은? (다툼이 있으면 판례에 따름)
① 시효완성 후 시효이익의 포기는 허용되지만, 시효완성 전 시효이익의 포기는 허용되지 않는다.
② 시효이익의 포기는 그 의사표시로 인하여 권리에 직접적인 영향을 받는 상대방에게 도달한 때에 그 효력이 발생한다.
③ 주채무자가 시효이익을 포기하면 보증인에게도 그 효과가 미친다.
④ 시효이익을 포기한 경우에는 그때부터 새로이 소멸시효가 진행한다.
⑤ 시효완성 후 당해 채무의 이행을 채무자가 약정한 경우에는 특별한 사정이 없는 한, 시효이익을 포기한 것으로 보아야 한다.

민법총칙

12. 권리의 변동
    법률행위
    법률행위의 목적
    불공정한 법률행위
    → 절대적·확정적 무효
       무효행위 전환 인정(판례)

민법 제104조(불공정한 법률행위)
당사자의 궁박·경솔 또는 무경험으로 인하여 현저하게 공정을 잃은 법률행위는 무효로 한다.

④ 불공정한 법률행위를 주장하는 자에게 입증책임이 있다.
⑤ 판례: 급부와 반대급부 사이의 현저한 불균형은 시가와의 차액 또는 시가와의 배율에 따라 일률적으로 구체적·개별적 사안에 있어서 일반인의 사회통념에 따라 판단해야 한다.

13. 민법 서론
    권리

형성권 지배권 청구권 항변권
ㄱ, ㄴ, ㄷ, ㄹ. 형성권

14. 권리의 변동
    법률행위의 부관(조건·기한)

① 조건이란 법률행위 효력의 발생 또는 소멸을 장래 발생할 것이 확실 불확실한 사실에 의존하게 하는 법률행위의 부관을 말한다.

민법 제150조(조건성취, 불성취에 대한 반신의행위)
① 조건의 성취로 인하여 불이익을 받을 당사자가 신의성실에 반하여 조건의 성취를 방해한 때에는 상대방은 그 조건이 성취한 것으로 주장할 수 있다.
② 조건의 성취로 인하여 이익을 받을 당사자가 신의성실에 반하여 조건을 성취시킨 때에는 상대방은 그 조건이 성취하지 아니한 것으로 주장할 수 있다.

민법 제151조(불법조건, 기성조건)
① 조건이 선량한 풍속 기타 사회질서에 위반한 것인 때에는 그 법률행위는 무효로 한다.
② 조건이 법률행위의 당시 이미 성취한 것인 경우에는 그 조건이 정지조건이면 조건없는 법률행위로 하고 해제조건이면 그 법률행위는 무효로 한다.
③ 조건이 법률행위의 당시에 이미 성취할 수 없는 것인 경우에는 그 조건이 해제조건이면 조건없는 법률행위로 하고 정지조건이면 그 법률행위는 무효로 한다.

민법 제152조(기한도래의 효과)
① 시기있는 법률행위는 기한이 도래한 때로부터 그 효력이 생긴다.
② 종기있는 법률행위는 기한이 도래한 때로부터 그 효력을 잃는다.

민법 제153조(기한의 이익과 그 포기)
① 기한은 채무자의 이익을 위한 것으로 추정한다.
② 기한의 이익은 이를 포기할 수 있다. 그러나 상대방의 이익을 해하지 못한다.

②
③
④
⑤

15. 권리의 변동
    소멸시효
    시효이익의 포기

①

②③④ 판례
⑤ 묵시적 채무승인 = 시효이익 포기

민법 제184조(시효의 이익의 포기 기타)
① 소멸시효의 이익은 미리 포기하지 못한다.
② 소멸시효는 법률행위에 의하여 이를 배제·연장 또는 가중할 수 없으나, 이를 단축 또는 경감할 수 있다.

③ 주채무자가 시효이익을 포기하면 보증인에게도는 그 효과가 미친다. 미치지 않는다.

16. 허위표시에 관한 설명으로 옳은 것을 모두 고른 것은? (다툼이 있으면 판례에 따름)

> ㄱ. 허위표시의 무효로서 대항할 수 없는 제3자의 범위는 허위표시를 기초로 새로운 법률상 이해관계를 맺었는지에 따라 실질적으로 파악해야 한다.
> ㄴ. 가장매도인이 가장매수인으로부터 부동산을 취득한 제3자에게 자신의 소유권을 주장하려면 특별한 사정이 없는 한, 가장매도인은 그 제3자의 악의를 증명하여야 한다.
> ㄷ. 허위표시를 한 자는 그 의사표시가 무효라는 사실을 주장할 수 없다.

① ㄱ ② ㄴ ③ ㄱ, ㄴ ④ ㄱ, ㄷ ⑤ ㄴ, ㄷ

17. 법정대리인이 복대리인을 선임하는 경우에 관한 설명으로 옳은 것은? (다툼이 있으면 판례에 따름)
① 복대리권은 복임행위가 철회되더라도 소멸되지 않는다.
② 본인의 승낙이 있거나 부득이한 사유가 없으면 복대리인을 선임하지 못한다.
③ 부득이한 사유로 복대리인을 선임한 경우, 본인에 대하여 그 선임·감독에 관한 책임이 있다.
④ 본인의 지명 없이 복대리인을 선임한 경우, 그 불성실함을 알고 본인에 대한 통지나 그 해임을 태만한 때가 아니면 책임이 없다.
⑤ 법정대리인이 대리권 소멸 후에 복대리인을 선임하여 그에게 대리행위를 하게 하였다면 특별한 사정이 없는 한, 민법 제129조의 표현대리가 성립할 수 없다.

18. 무권대리인이 체결한 계약의 추인 및 추인거절에 관한 설명으로 옳지 않은 것은? (다툼이 있으면 판례에 따름)
① 추인은 묵시적인 방법으로도 할 수 있다.
② 기간을 정한 상대방의 최고에 대하여 본인이 그 기간 내에 추인 여부의 확답을 발하지 않으면 추인을 거절한 것으로 본다.
③ 추인의 거절을 이미 알고 있는 상대방에 대해서는 그 거절의 의사표시를 하지 않아도 대항할 수 있다.
④ 무권대리행위를 한 후 본인의 지위를 단독으로 상속한 무권대리인은 선의인 상대방에 대하여 무권대리행위의 추인을 거절하지 못한다.
⑤ 추인은 무권대리행위의 상대방에 대하여는 할 수 있지만, 무권대리행위로 인한 권리의 승계인에 대해서는 할 수 없다.

19. 표현대리에 관한 설명으로 옳지 않은 것은? (다툼이 있으면 판례에 따름)
① 유권대리에 관한 주장에는 표현대리의 주장이 포함되어 있지 않다.
② 강행법규에 위반하여 무효인 행위에 대해서는 표현대리의 법리가 적용되지 않는다.
③ 표현대리가 성립된다고 하여 무권대리의 성질이 유권대리로 전환되는 것은 아니다.
④ 표현대리가 성립하는 경우, 상대방에게 과실이 있으면 과실상계의 법리에 따라 본인의 책임을 경감할 수 있다.
⑤ 대리인이 사자(使者)를 통하여 권한을 넘은 법률행위를 하더라도 민법 제126조의 표현대리가 성립할 수 있다.

민법총칙

16. 권리의 변동
    의사표시
    통정허위표시
    - 무효 주장: 누구든지
    - 유효 주장: 선의의 제3자

민법 제108조(통정한 허위의 의사표시)
① 상대방과 통정한 허위의 의사표시는 무효로 한다.
② 전항의 의사표시의 무효는 선의의 제3자에게 대항하지 못한다.

ㄷ. 허위표시를 한 자는 그 의사표시가 무효라는 사실을 주장할 수 없다. 있다.

17. 권리의 변동
    법률행위의 대리
    복대리

① 대리인의 **복임행위**(수권행위) 철회
③
② ④

민법 제122조
(법정대리인의 복임권과 그 책임)
법정대리인은 그 책임으로 복대리인을 선임할 수 있다. 그러나 부득이한 사유로 인한 때에는 전조제1항에 정한 책임만이 있다.
민법 제123조(복대리인의 권한)
① 복대리인은 그 권한내에서 본인을 대리한다.
② 복대리인은 본인이나 제삼자에 대하여 대리인과 동일한 권리의무가 있다.

민법 제120조(임의대리인의 복임권)
대리권이 법률행위에 의하여 부여된 경우에는 대리인은 본인의 승낙이 있거나 부득이한 사유있는 때가 아니면 복대리인을 선임하지 못한다.
민법 제121조(임의대리인의 복대리인선임의 책임)
① 전조의 규정에 의하여 대리인이 복대리인을 선임한 때에는 본인에 대하여 그 선임감독에 관한 책임이 있다.
② 대리인이 본인의 지명에 의하여 복대리인을 선임한 경우에는 그 부적임 또는 불성실함을 알고 본인에 대한 통지나 그 해임을 태만한 때가 아니면 책임이 없다.

① 복대리권은 복임행위가 철회되더라도면 소멸되지 않는다. 소멸된다.
② **본인의 승낙이 있거나 부득이한 사유가 없으면 법정대리인은 그 책임으로 복대리인을 선임하지 못한다. 선임할 수 있다.**
④ **본인의 지명 없어 법정대리인이 부득이한 사유로 복대리인을 선임한 경우, 그 불성실함을 알고 본인에 대한 통지나 그 해임을 태만한 때가 아니면 책임이 없다.**
⑤ 판례: 법정대리인이 대리권 소멸 후에 복대리인을 선임하여 그에게 대리행위를 하게 하였다면 특별한 사정이 없는 한, 민법 제129조(대리권소멸후의 표현대리)의 표현대리가 성립할 수 없다. 있다.

18. 권리의 변동
    법률행위의 대리
    무권대리
    협의의 무권대리

무권대리
    - 상대방의 최고권: 선악, 철회권: 선의
    - 본인의 추인의 상대방: 무권대리인, 무권대리행위의 상대방,
        무권대리행위로 인한 권리 또는 법률관계의 승계인
⑤ 판례: 상대방·승계인에게 명시적·묵시적 추인
추인은 무권대리행위의 상대방에 대하여는 할 수 있지만 있고, 무권대리행위로 인한 권리의 승계인에 대해서는도 할 수 없다. 있다.

19. 권리의 변동
    법률행위의 대리
    표현대리: 과실상계

①②③⑤ 판례
④ 표현대리가 성립하는 경우, 상대방에게 과실이 있으면 있다고 하더라도 과실상계의 법리에 따라 본인의 책임을 경감할 수 있다. 없다.
⑤ 민법 제126조(권한을 넘은 표현대리)

20. 기간에 관한 설명으로 옳지 않은 것은? (다툼이 있으면 판례에 따름)
① 기간의 계산은 법령, 재판상의 처분 또는 법률행위에 다른 정한 바가 없으면 민법 규정에 의한다.
② 연령이 아닌 기간 계산에서 기간을 월(月)로 정한 경우, 그 기간이 오전 0시로부터 시작하는 때에는 초일을 산입한다.
③ 기간의 초일이 공휴일이라 하더라도 그 기간은 초일부터 기산한다.
④ 기간을 주(週)로 정한 때에는 역(曆)에 의하여 계산한다.
⑤ 기간의 말일이 토요일인 때에는 기간은 그 전일로 만료한다.

21. 법률행위의 취소에 관한 설명으로 옳은 것은? (다툼이 있으면 판례에 따름)
① 취소원인의 진술이 없는 취소의 의사표시는 그 효력이 없다.
② 이미 취소된 법률행위는 무효인 법률행위의 추인의 요건과 효력으로서도 추인할 수 없다.
③ 해제된 계약은 이미 소멸하여 그 효력이 없으므로 착오를 이유로 다시 취소할 수 없다.
④ 취소할 수 있는 법률행위의 추인은 취소권자가 취소할 수 있는 법률행위임을 알고서 추인하여야 한다.
⑤ 민법이 취소권을 행사할 수 있는 기간으로 정한 '추인할 수 있는 날로부터 3년, 법률행위를 한 날로부터 10년'은 소멸시효기간이다.

22. 민법에서 정한 임의대리권의 소멸사유에 해당하지 않는 것은?
① 본인의 사망
② 대리인의 사망
③ 본인의 성년후견 개시
④ 본인과 대리인 사이의 원인된 법률관계의 종료
⑤ 본인과 대리인 사이의 원인된 법률관계의 종료 전 수권행위의 철회

23. 소멸시효의 중단사유에 관한 설명으로 옳지 않은 것은? (다툼이 있으면 판례에 따름)
① 지급명령 신청은 시효중단 사유가 아니다.
② 부동산의 가압류로 중단된 시효는 특별한 사정이 없는 한, 가압류등기가 말소된 때로부터 새로이 진행된다.
③ 채무승인이 있었다는 사실은 이를 주장하는 채권자 측에서 증명하여야 한다.
④ 채무의 일부변제도 채무승인으로서 시효중단사유가 될 수 있다.
⑤ 시효중단의 효력이 있는 승인에는 상대방의 권리에 관한 처분의 능력이나 권한이 있음을 요하지 않는다.

20. 권리의 변동
    기간

②

①

민법 제155조(본장의 적용범위)
기간의 계산은 법령, 재판상의 처분 또는 법률행위에 다른 정한 바가 없으면 본장의 규정에 의한다.

④

③⑤

민법 제157조(기간의 기산점)
기간을 일, 주, 월 또는 연으로 정한 때에는 기간의 초일은 산입하지 아니한다. 그러나 그 기간이 오전 영시로부터 시작하는 때에는 그러하지 아니하다.

민법 제158조(나이의 계산과 표시)
나이는 출생일을 산입하여 만(滿) 나이로 계산하고, 연수(年數)로 표시한다. 다만, 1세에 이르지 아니한 경우에는 월수(月數)로 표시할 수 있다.

민법 제160조(역에 의한 계산)
① 기간을 주, 월 또는 연으로 정한 때에는 역에 의하여 계산한다.
② 주, 월 또는 연의 처음으로부터 기간을 기산하지 아니하는 때에는 최후의 주, 월 또는 연에서 그 기산일에 해당한 날의 전일로 기간이 만료한다.
③ 월 또는 연으로 정한 경우에 최종의 월에 해당일이 없는 때에는 그 월의 말일로 기간이 만료한다.

민법 제161조(공휴일과 기간의 만료점)
기간의 말일이 공휴일(또는 토요일)에 해당한 때에는 그 익일로 만료한다.

⑤ 기간의 말일이 토요일인 때에는 기간은 그 전일 익일로 만료한다.

21. 권리의 변동
    법률행위의 무효·취소

④

민법 제139조(무효행위의 추인)
무효인 법률행위는 추인하여도 그 효력이 생기지 아니한다. 그러나 당사자가 그 무효임을 알고 추인한 때에는 새로운 법률행위로 본다.

① 취소원인의 진술이 없는 취소의 의사표시는 그 효력이 없다. 있다.
② 이미 취소된 법률행위는 무효인 법률행위의 추인의 요건과 효력으로서도 추인할 수 없다. 있다.
③ 해제된 계약은 이미 소멸하여 그 효력이 없으므로더라도 착오를 이유로 다시 취소할 수 없다. 있다.
⑤ 민법이 취소권을 행사할 수 있는 기간으로 정한 '추인할 수 있는 날로부터 3년, 법률행위를 한 날로부터 10년'은 소멸시효기간 제척기간이다.

22. 권리의 변동
    법률행위의 대리
    대리권 소멸 사유

민법 제127조(대리권의 소멸사유)
대리권은 다음 각호의 사유로 소멸한다.
1. 본인의 사망
2. 대리인의 사망, 성년후견의 개시 또는 파산

민법 제128조(임의대리의 종료)
법률행위에 의하여 수여된 대리권은 전조의 경우 외에 그 원인된 법률관계의 종료에 의하여 소멸한다. 법률관계의 종료전에 본인이 수권행위를 철회한 경우에도 같다.

23. 권리의 변동
    소멸시효 - 중단·정지

① 지급명령 신청은 시효중단 사유가 아니다. 사유에 해당한다.

24. 소멸시효에 관한 설명으로 옳지 않은 것은? (다툼이 있으면 판례에 따름)
① 시효의 이익을 받은 자가 소송에서 소멸시효완성 사실을 주장하지 않으면, 그 의사에 반하여 재판할 수 없다.
② 천재 기타 사변으로 인하여 소멸시효를 중단할 수 없는 경우에는 그 사유가 종료한 때에 시효가 완성된다.
③ 부작위를 목적으로 하는 채권의 소멸시효는 위반행위를 한 때로부터 진행한다.
④ 파산절차에 의하여 확정된 채권이 확정 당시에 변제기가 이미 도래한 경우, 그 시효는 10년으로 한다.
⑤ 소멸시효는 그 기산일에 소급하여 효력이 생긴다.

25. 무효인 법률행위에 관한 설명으로 옳지 않은 것은? (다툼이 있으면 판례에 따름)
① 무효행위의 추인은 그 무효 원인이 소멸한 후에 하여야 그 효력이 있다.
② 무효행위의 추인은 원칙적으로 소급효가 없다.
③ 불공정한 법률행위로서 무효인 경우에는 추인에 의하여 유효로 될 수 없다.
④ 불공정한 법률행위로서 무효인 경우에는 무효행위의 전환에 관한 민법 제138조가 적용될 수 없다.
⑤ 토지거래허가구역 내의 토지매매계약에서 토지거래허가를 받기 전에 처음부터 그 허가를 배제하기로 하는 약정은 확정적으로 무효이다.

민법총칙

24. 권리의 변동 소멸시효		
	④	민법 제165조(판결 등에 의하여 확정된 채권의 소멸시효) ① 판결에 의하여 확정된 채권은 단기의 소멸시효에 해당한 것이라도 그 소멸시효는 10년으로 한다. ② 파산절차에 의하여 확정된 채권 및 재판상의 화해, 조정 기타 판결과 동일한 효력이 있는 것에 의하여 확정된 채권도 전항과 같다. ③ 전2항의 규정은 판결확정당시에 변제기가 도래하지 아니한 채권에 적용하지 아니한다. 민법 제166조(소멸시효의 기산점) ① 소멸시효는 권리를 행사할 수 있는 때로부터 진행한다.
① 판례	③	② 부작위를 목적으로 하는 채권의 소멸시효는 위반행위를 한 때로부터 진행한다. 민법 제167조(소멸시효의 소급효)
	⑤	소멸시효는 그 기산일에 소급하여 효력이 생긴다. 민법 제182조(천재 기타 사변과 시효정지)
	②	천재 기타 사변으로 인하여 소멸시효를 중단할 수 없을 때에는 그 사유가 종료한 때로부터 1월내에는 시효가 완성하지 아니한다.
		② 천재 기타 사변으로 인하여 소멸시효를 중단할 수 없는 경우에는 ~~그 사유가 종료한 때에 시효가 완성된다.~~ 그 사유가 종료한 때로부터 1월 내에는 시효가 완성하지 아니한다.

25. 권리의 변동 법률행위의 무효·취소		
		민법 제104조(불공정한 법률행위) 당사자의 궁박·경솔 또는 무경험으로 인하여 현저하게 공정을 잃은 법률행위는 무효로 한다. 민법 제138조(무효행위의 전환)
①③④⑤ 판례		무효인 법률행위가 다른 법률행위의 요건을 구비하고 당사자가 그 무효를 알았더라면 다른 법률행위를 하는 것을 의욕하였으리라고 인정될 때에는 다른 법률행위로서 효력을 가진다. 민법 제139조(무효행위의 추인)
	②	무효인 법률행위는 추인하여도 그 효력이 생기지 아니한다. 그러나 당사자가 그 무효임을 알고 추인한 때에는 새로운 법률행위로 본다.
		④ 불공정한 법률행위로서 무효인 경우에는 무효행위의 전환에 관한 민법 제138조가 적용될 수 ~~없다.~~ 있다.

26. 의사표시를 구성요소로 하는가에 따라 행정행위를 분류할 때 성질이 <u>다른</u> 하나는?
① 면제   ② 특허   ③ 확인   ④ 인가   ⑤ 대리

27. 판례에 의할 때 ( )에 들어갈 것은?

> 토지등소유자가 도시환경정비사업을 시행하는 경우 사업시행인가 신청시 필요한 토지등소유자의 동의는, 개발사업의 주체 및 정비구역 내 토지등소유자를 상대로 수용권을 행사하고 각종 행정처분을 발할 수 있는 행정주체로서의 지위를 가지는 사업시행자를 지정하는 문제이므로, 사업시행인가 신청에 필요한 동의정족수를 토지등소유자가 자치적으로 정하여 운영하는 규약에 정하도록 한 것은 ( )원칙에 위반된다.

① 평등   ② 비례   ③ 법률유보   ④ 신뢰보호   ⑤ 적법절차

28. 지방자치단체의 주민에 관한 설명으로 옳지 <u>않은</u> 것은? (다툼이 있으면 판례에 따름)
① 감사청구한 주민이라면 1인이라도 지방자치법상 주민소송을 제기할 수 있다.
② 주민소환제는 지방자치의 본질적인 내용이라 할 수 없다.
③ 주민투표권은 헌법이 보장하는 참정권이라 할 수 없다.
④ 주민이라 하더라도 공공시설의 설치를 반대하는 사항에 대해서는 조례제정을 청구할 수 없다.
⑤ 주민이 지방의회 본회의 안건 심의 중 방청인으로서 안건에 관하여 발언하는 것은 선거제도를 통한 대표제 원리에 위반되지 않는다.

29. 공익사업을 위한 토지 등의 취득 및 보상에 관한 법률상 사업인정에 관한 설명으로 옳은 것은? (다툼이 있으면 판례에 따름)
① 사업인정은 해당 사업이 토지를 수용할 수 있는 공익사업임을 확인하는 행위일 뿐 형성행위로 볼 수는 없다.
② 사업인정에 대한 쟁송기간이 도과한 경우, 사업인정이 당연무효가 아닌 한 그 위법을 이유로 수용재결의 취소를 구할 수 없다.
③ 사업시행자에게 해당 공익사업을 수행할 의사와 능력이 있는지 여부는 사업인정의 요건이 아니다.
④ 사업인정은 고시한 다음날부터 효력이 발생한다.
⑤ 사업인정 고시가 있은 후에는 다수의 이해관계인이 발생하므로 사업인정이 실효될 수 없다.

30. 국유재산법에서 사용하는 용어의 설명으로 옳은 것은?
① "총괄청"이란 국무총리를 말한다.
② "일반재산"이란 행정재산 외의 모든 국유재산을 말한다.
③ "사용허가"란 행정재산을 국가 외의 자가 일정 기간 유상(무상인 경우는 제외한다)으로 사용·수익할 수 있도록 허용하는 것을 말한다.
④ "대부계약"이란 행정재산을 국가 외의 자가 일정 기간 유상이나 무상으로 사용·수익할 수 있도록 체결하는 계약을 말한다.
⑤ "과징금"이란 사용허가나 대부계약 없이 국유재산을 사용·수익하거나 점유한 자에게 부과하는 금액을 말한다.

26. 행정작용법
    행정행위
    법률행위적 행정행위
    준법률행위적 행정행위

   법률행위적 행정행위   - 행정청의 의사표시에 따른 법적 효과
         명령적 행위: 면제, 하명, 허가
         형성적 행위: 대리, 인가, 특허
   준법률행위적 행정행위   - 법령에 따른 법적 효과
                             공증, 수리, 통지, 확인

27. 행정법 통론
    행정법
    법치행정의 원칙(행정기본법 제8조)

    ③ **법률유보** 원칙: 행정권의 발동은 법률에 근거가 있어야 한다.
    ⑤ **적법절차** 원칙:
       공권력에 의한 국민의 자유와 권리의 침해는
              실정법에 따라 합리적이고 정당한 절차에 의하여야 한다.

28. 행정조직법
    지방자치법
    주민의 권리

    ③ **주민투표권**: 헌법상 권리 법률(지방자치법·주민투표법)상 권리
    ④ 주민조례발안에 관한 법률 제4조
    ⑤ 주민이 지방의회 본회의의 안건 심의 중 방청인으로서 안건에 관하여 발언하는 것은 선거제도를 통한 대표제 원리에 위반되지 않는다. 위반된다.

29. 특별행정작용법
    공용부담법
    공용수용

    > 토지보상법 제2조(정의)
    > 7. "사업인정"이란 공익사업을 토지 등을 수용하거나 사용할 사업으로 결정하는 것을 말한다.

    ① 사업인정은 해당 사업이 토지를 수용할 수 있는 공익사업임을 확인하는 행위일 뿐 특허처분(설권행위)이므로 형성행위로 볼 수는 없다. 있다.
    ② 사업인정에 대한 쟁송기간이 도과한 경우, 불가쟁력이 발생하므로, 사업인정이 당연무효가 아닌 한 그 위법을 이유로 수용재결의 취소를 구할 수 없다.
    ③ 사업시행자에게 해당 공익사업을 수행할 의사와 능력이 있는지 여부는 사업인정의 요건이다. 이 아니다.
    ④ 사업인정은 고시한 다음 날부터 효력이 발생한다.
    ⑤ 사업인정 고시가 있은 후에는 다수의 이해관계인이 발생하므로 사업인정이 실효될 수 없다. 있다.
    판례:
    사업인정 고시일로부터 1년 내에 토지수용위원회에 재결을 신청하지 않으면 익일부터 효력을 상실한다.

30. 특별행정작용법
    국유재산법
    ②

    > 국유재산법 제6조
    > (국유재산의 구분과 종류)
    > ① 국유재산은 그 용도에 따라 행정재산과 일반재산으로 구분한다.
    > ③ "일반재산"이란 행정재산 외의 모든 국유재산을 말한다.

    ① "총괄청"이란 국무총리를 기획재정부장관을 말한다.
    ③ "사용허가"란 행정재산을 국가 외의 자가 일정 기간 유상(무상인 경우는 제외한다 포함)으로 사용·수익할 수 있도록 허용하는 것을 말한다.
    ④ "대부계약"이란 행정재산 일반재산을 국가 외의 자가 일정 기간 유상이나 무상으로 사용·수익할 수 있도록 체결하는 계약을 말한다.
    ⑤ "과징금" "변상금"이란 사용허가나 대부계약 없이 국유재산을 사용·수익하거나 점유한 자에게 부과하는 금액을 말한다.

31. 판례에 의할 때 공법상 법률관계에 해당하는 것을 모두 고른 것은?

   ㄱ. 재개발조합과 조합임원 사이의 해임에 관한 법률관계
   ㄴ. 국가의 부가가치세 환급세액 지급관계
   ㄷ. 국가에서 근무하는 청원경찰의 근무관계
   ㄹ. 일반재산인 국유림의 대부관계

   ① ㄱ, ㄴ   ② ㄱ, ㄷ   ③ ㄱ, ㄹ   ④ ㄴ, ㄷ   ⑤ ㄷ, ㄹ

32. 행정계획에 관한 설명으로 옳은 것은? (다툼이 있으면 판례에 따름)
   ① 행정계획은 헌법소원의 대상이 될 수 없다.
   ② 서로 양립할 수 없는 내용의 도시·군관리계획이 중복되어 결정·고시되었다면 특별한 사정이 없는 한 선행 계획은 후행 계획과 같은 내용으로 적법하게 변경된 것으로 보아야 한다.
   ③ 행정절차법은 행정계획의 수립절차에 대하여 규정하고 있다.
   ④ 국토의 계획 및 이용에 관한 법률에 따른 개발제한구역의 지정·고시는 처분성이 없다.
   ⑤ 행정청은 행정계획을 수립함에 있어 광범위한 형성의 자유를 가지나, 이를 변경함에 있어서는 형성의 자유가 인정되지 않는다.

33. 행정지도에 관한 설명으로 옳지 않은 것은? (다툼이 있으면 판례에 따름)
   ① 주택법에 따라 시장이 사업주체가 건설할 주택을 공업화주택으로 건설하도록 사업주체에게 권고한 것은 행정지도에 해당한다.
   ② 행정절차법은 행정지도에 법적 근거가 요구되는지에 대하여 규정하고 있지 않다.
   ③ 행정기관은 조직법상 주어진 권한의 범위 밖에서도 행정지도를 할 수 있다.
   ④ 행정지도에는 개별법상 명시적 규정의 유무를 불문하고 행정법의 일반원칙이 적용된다.
   ⑤ 사인의 행위가 위법한 행정지도에 따른 것이라는 사유만으로는 위법성이 조각되지 않는다.

34. 행정행위의 부관에 관한 설명으로 옳은 것은? (다툼이 있으면 판례에 따름)
   ① 전기공사 도중 도로를 훼손한 전기회사에 도로보수 공사비를 부담시키는 것은 행정행위의 부관이다.
   ② 부담인 부관이 무효인 경우에도 그 부담의 이행으로 한 사법(私法)상 법률행위가 당연히 무효가 되는 것은 아니다.
   ③ 재량행위에는 법령에 특별한 규정이 없다면 부관을 붙일 수 없다.
   ④ 부담부 행정행위의 경우에는 부담을 이행하여야 주된 행정행위의 효력이 발생한다.
   ⑤ 조건이 성취되어야 행정행위의 효력이 발생하는 부관은 해제조건이다.

31. 행정법 통론
　　행정상 법률관계

ㄱ, ㄴ, ㄷ, ㄹ. 판례
ㄱ, ㄹ. 사법상 법률관계
ㄴ, ㄷ. 공법상 법률관계

32. 행정작용법
　　기타 행정작용
　　행정계획

① 행정계획은 헌법소원의 대상이 될 수 ~~없다.~~ 있다.
③ 행정절차법은 행정계획의 수립절차에 대하여 규정하고 있다.
　(2022년 법률개정)

①②④⑤ 판례

- 법규명령·행정규칙
　일반적·추상적 성격
- 행정처분
　다른 집행행위의 매개 없이 직접 국민의
　구체적인 권리·의무나 법률관계 규율

행정절차법 제3조(적용 범위)
① 처분, 신고, 행정상 입법예고, 행정예고 및 행정지도의 절차(이하 "행정절차"라 한다)에 관하여 다른 법률에 특별한 규정이 있는 경우를 제외하고는 이 법에서 정하는 바에 따른다.
① 처분, 신고, 확약, 위반사실 등의 공표, 행정계획, 행정상 입법예고, 행정예고 및 행정지도의 절차(이하 "행정절차"라 한다)에 관하여 다른 법률에 특별한 규정이 있는 경우를 제외하고는 이 법에서 정하는 바에 따른다.
　　　　　　　　　　　　　　　　- 2022년 개정

④ 국토의 계획 및 이용에 관한 법률에 따른 개발제한구역의 지정·고시는 처분성이 ~~없다.~~ 있다.
⑤ 행정청은 행정계획을 수립함에 있어 광범위한 형성의 자유를 가지나, 이를 변경함에 있어서는~~도~~ 형성의 자유가 ~~인정되지 않는다.~~ 인정된다.

33. 행정작용법
　　기타 행정작용
　　행정지도(비권력적 사실행위)

⑤ 판례

행정절차법 제2조(정의)
이 법에서 사용하는 용어의 뜻은 다음과 같다.
　3 "행정지도"란 행정기관이 그 소관 사무의 범위에서 일정한 행정목적을 실현하기 위하여 특정인에게 일정한 행위를 하거나 하지 아니하도록 지도, 권고, 조언 등을 하는 행정작용을 말한다.

③ 행정기관은 조직법상 주어진 권한의 범위 ~~밖에서도~~ 내에서 행정지도를 할 수 있다.

34. 행정작용법
　　행정행위
　　(재량 행정행위의) 부관

① 전기공사 도중 도로를 훼손한 전기회사에 도로보수 공사비를 부담시키는 것은 ~~행정행위의 부관~~ 손상자부담금이다.
② 판례: 무효인 부담인 부관의 이행으로 한 사법상 법률행위
　　법률행위의 취소사유가 될 수 있으나
　　　　　　　　　　　　당연히 무효가 되는 것은 아니다.
③ 재량행위에는 법령에 특별한 규정이 없다면 ~~없어도~~ 부관을 붙일 수 ~~없다.~~ 있다.
④ 부담부 행정행위의 경우에는 부담을 ~~이행하여야~~ 이행하지 않아도 주된 행정행위의 효력이 발생한다.
⑤ 조건이 성취되어야 행정행위의 효력이 발생하는 부관은 ~~해제조건~~ 정지조건이다.

35. 甲은 과세처분에 따라 부과된 금액을 납부하였으나, 그 과세처분에 하자가 있음을 발견하고 이미 납부한 금액을 반환 받고자 한다. 이에 관한 설명으로 옳지 않은 것은? (다툼이 있으면 판례에 따름)

① 과세처분에 취소사유가 있고 불가쟁력이 발생한 경우, 甲은 이미 납부한 금액을 부당이득반환청구소송을 통해 반환받을 수 없다.
② 과세처분에 불가쟁력이 발생한 경우, 甲이 국가배상청구소송을 제기하더라도 법원은 과세처분의 위법 여부를 판단할 수 없다.
③ 과세처분이 취소소송을 통해 취소된 경우, 甲은 이미 납부한 금액을 부당이득반환청구소송을 통해 반환받을 수 있다.
④ 과세처분이 무효인 경우, 甲은 이미 납부한 금액을 반환받기 위하여 무효확인소송을 제기할 수 있다.
⑤ 과세처분이 무효인 경우, 甲은 이미 납부한 금액을 부당이득반환청구소송을 통해 반환받을 수 있다.

36. ( )에 들어갈 수 있는 것으로 옳은 것을 모두 고른 것은?

> 경찰관 직무집행법에 따르면, 경찰관은 주위 사정을 합리적으로 판단해 볼 때 ( )에 해당하는 것이 명백하고 응급구호가 필요하다고 믿을 만한 상당한 이유가 있는 사람을 발견하였을 때에는 보건의료기관에 긴급구호를 요청하거나 경찰관서에 보호하는 등 적절한 조치를 할 수 있다.

> ㄱ. 자살을 시도하는 사람
> ㄴ. 정신착란을 일으켜 타인의 신체에 위해를 끼칠 우려가 있는 사람
> ㄷ. 술에 취하여 자신의 재산에 위해를 끼칠 우려가 있는 사람
> ㄹ. 부상자로서 적당한 보호자가 없음에도 구호를 거절하는 사람

① ㄱ, ㄴ ② ㄷ, ㄹ ③ ㄱ, ㄴ, ㄷ ④ ㄴ, ㄷ, ㄹ ⑤ ㄱ, ㄴ, ㄷ, ㄹ

37. 행정입법에 관한 설명으로 옳은 것을 모두 고른 것은? (다툼이 있으면 판례에 따름)

> ㄱ. 법규명령은 원칙적으로 구체적 규범통제의 대상이 된다.
> ㄴ. 집행명령은 법률의 명시적 위임규정이 없더라도 제정할 수 있다.
> ㄷ. 법규명령의 위임근거가 되는 법률에 대하여 위헌결정이 선고되면 그 위임에 근거하여 제정된 법규명령도 원칙적으로 효력을 상실한다.
> ㄹ. 위임명령이 법률에서 위임받은 사항에 관하여 대강을 정하고 그 중 특정사항을 범위를 정하여 하위법령에 다시 위임하는 것은 재위임금지의 원칙에 따라 허용되지 않는다.

① ㄱ, ㄴ ② ㄱ, ㄹ ③ ㄷ, ㄹ ④ ㄱ, ㄴ, ㄷ ⑤ ㄴ, ㄷ, ㄹ

35. 행정작용법
　　행정행위
　　　효력(확정력)　- 공정력
　　　　　　　　　- 집행력
　　　　　　　　　- 불가변력
　　　　　　　　　- 불가쟁력

①②④ 판례

불가쟁력(不可爭力)
　행정행위(처분)의 위법성 효력을 다툴 수 없다.
　불가쟁력 발생 행정행위로 인한 손해
　　　→ 부당이득반환청구소송 국가배상청구소송(≠ 효력 다툼)
② 과세처분에 불가쟁력이 발생한 경우, 甲이 국가배상청구소송을 제기하더라도 ~~였다면~~ 법원은 과세처분의 위법 여부를 판단할 수 ~~없다.~~ 있다.
④⑤ 과세처분이 무효인 경우
　④ 보충성을 요건으로 하지 않으므로 → 무효확인소송
　⑤ 공정력이 인정되지 않으므로 → 부당이득반환청구소송

36. 특별행정작용법
　　경찰관 직무집행법

경찰관 직무집행법 제4조(보호조치 등)
① 경찰관은 수상한 행동이나 그 밖의 주위 사정을 합리적으로 판단해 볼 때 다음 각 호의 어느 하나에 해당하는 것이 명백하고 응급구호가 필요하다고 믿을 만한 상당한 이유가 있는 사람(이하 "구호대상자"라 한다)을 발견하였을 때에는 보건의료기관이나 공공구호기관에 긴급구호를 요청하거나 경찰관서에 보호하는 등 적절한 조치를 할 수 있다.
　1. 정신착란을 일으키거나 술에 취하여 자신 또는 다른 사람의 생명·신체·재산에 위해를 끼칠 우려가 있는 사람
　2. 자살을 시도하는 사람
　3. 미아, 병자, 부상자 등으로서 적당한 보호자가 없으며 응급구호가 필요하다고 인정되는 사람. 다만, 본인이 구호를 거절하는 경우는 제외한다.

37. 행정작용법
　　행정입법
　　　재위임금지의 원칙

ㄴ.

ㄱ.

ㄷ. ㄹ. 판례

헌법 제75조
대통령은 법률에서 구체적으로 범위를 정하여 위임받은 사항과 법률을 집행하기 위하여 필요한 사항에 관하여 대통령령을 발할 수 있다.
헌법 제95조
국무총리 또는 행정각부의 장은 소관사무에 관하여 법률이나 대통령령의 위임 또는 직권으로 총리령 또는 부령을 발할 수 있다.
헌법 제107조
② 명령·규칙 또는 처분이 헌법이나 법률에 위반되는 여부가 재판의 전제가 된 경우에는 대법원은 이를 최종적으로 심사할 권한을 가진다.

ㄹ. 위임명령이 법률에서 위임받은 사항에 관하여 대강을 정하고 그 중 특정사항을 범위를 정하여 하위법령에 다시 위임하는 것은 재위임금지의 원칙에 따라 ~~허용되지 않는다.~~ 허용된다.
재위임금지의 원칙= 복위임금지의 원칙
　- 위임명령 제정 형식에 관한 수권법 내용 변경에 해당
　- 법률에서 위임받은 사항에 관하여 그대로 재위임 금지

38. 행정절차에 관한 설명으로 옳은 것은? (다툼이 있으면 판례에 따름)
① 신청에 대한 거부처분은 사전통지의 대상이 된다.
② 국가공무원법상 직위해제처분에는 의견청취에 관한 행정절차법의 규정이 적용된다.
③ 행정절차법상 의견제출을 할 수 있는 이해관계인은 행정청이 직권으로 행정절차에 참여하게 한 자에 한정된다.
④ 국가공무원법상 소청심사위원회가 소청사건을 심사하면서 소청인 또는 대리인에게 진술의 기회를 주지 아니하고 한 결정은 무효이다.
⑤ 무효사유인 절차상 하자는 판결시까지 치유할 수 있다.

39. 행정절차법상 의견청취에 관한 설명으로 옳지 않은 것은? (다툼이 있으면 판례에 따름)
① 고시의 방법으로 불특정 다수인을 상대로 권익을 제한하는 처분을 하는 경우, 행정청은 상대방에게 의견제출의 기회를 주어야 한다.
② 행정청은 법령상 다른 규정이 없는 한, 사인과의 협약을 통해 법령상 요구되는 청문을 생략할 수 없다.
③ 행정청은 법인 설립허가의 취소 시 의견제출기한 내에 당사자등의 신청이 있는 경우에는 청문을 실시하여야 한다.
④ 당사자등은 청문의 통지가 있는 날부터 청문이 끝날 때까지 행정청에 해당 사안의 조사 결과에 관한 문서의 복사를 요청할 수 있다.
⑤ 청문 주재자는 당사자등이 주장하지 아니한 사실에 대하여도 증거조사를 할 수 있다.

40. 행정소송법상 취소소송에 관한 규정 중 무효등확인소송에 준용되지 않는 것은?
① 사정판결   ② 피고경정   ③ 공동소송
④ 행정청의 소송참가   ⑤ 처분변경으로 인한 소의 변경

41. 합의제행정기관에 관한 설명으로 옳은 것을 모두 고른 것은?

> ㄱ. 행정기관에는 그 소관사무의 일부를 독립하여 수행할 필요가 있는 때에는 법률로 정하는 바에 따라 행정위원회 등 합의제행정기관을 둘 수 있다.
> ㄴ. 지방자치단체는 그 소관사무의 일부를 독립하여 수행할 필요가 있으면 법령이나 그 지방자치단체의 조례로 정하는 바에 따라 합의제행정기관을 설치할 수 있다.
> ㄷ. 소청심사위원회는 심사·결정권과 함께 대외적 표시권한을 갖는 행정청이다.
> ㄹ. 중앙노동위원회의 처분에 대한 항고소송의 피고는 중앙노동위원회가 된다.

① ㄱ, ㄴ   ② ㄱ, ㄹ   ③ ㄴ, ㄷ   ④ ㄱ, ㄴ, ㄷ   ⑤ ㄴ, ㄷ, ㄹ

행정법

38. 행정절차 · (행정)정보
    행정절차

①②⑤ 판례
④

국가공무원법 제13조(소청인의 진술권)
① 소청심사위원회가 소청 사건을 심사할 때에는 대통령령등으로 정하는 바에 따라 소청인 또는 제76조(**심사청구와 후임자 보충 발령**)제1항 후단에 따른 대리인에게 진술 기회를 주어야 한다.
② 제1항에 따른 진술 기회를 주지 아니한 결정은 무효로 한다.

① 신청에 대한 거부처분은 사전통지의 대상이 된다. 아니다.

행정절차법 제21조(처분의 사전 통지)
① 행정청은 당사자에게 의무를 부과하거나 권익을 제한하는 처분을 하는 경우에는 미리 다음 각 호의 사항을 당사자등에게 통지하여야 한다.
  1. 처분의 제목
  2. 당사자의 성명 또는 명칭과 주소
  3. 처분하려는 원인이 되는 사실과 처분의 내용 및 법적 근거
  4. 제3호에 대하여 의견을 제출할 수 있다는 뜻과 의견을 제출하지 아니하는 경우의 처리방법
  5. 의견제출기관의 명칭과 주소
  6. 의견제출기한
  7. 그 밖에 필요한 사항

② 국가공무원법상 직위해제처분에는 의견청취에 관한 행정절차법의 규정이 적용된다. 적용되지 않는다.
③ 행정절차법(제2조, 정의)상 의견제출을 할 수 있는 이해관계인은 행정청이 직권으로 행정절차에 참여하게 한 자에 한정된다. 한정되지 않는다.
⑤ 무효 사유인 절차상 하자는 판결시 까지 치유할 수 있다. 치유의 대상이 아니다.

39. 행정절차 · (행정)정보
    행정절차 - 의견 청취
①② 판례
④ 행정절차법 제37조
⑤ 행정절차법 제33조

① 고시의 방법으로 불특정 다수인을 상대로 권익을 제한하는 처분을 하는 경우, 행정청은 상대방에게 의견제출의 기회를 주어야 한다. 하는 것은 아니다.
③ 행정청은 법인 설립허가의 취소 시 의견제출기한 내에 당사자등의 신청이 있는 경우에는 (2022년 개정) 청문을 실시하여야 한다.

40. 행정구제법
    행정쟁송
    행정소송
    취소소송

①사정판결

행정소송법 제38조(준용규정)
① 제9조(**재판관할**), 제10조(**관련청구소송의 이송 및 병합**), 제13조(**피고적격**) 내지 제17조(**행정청의 소송참가**), 제19조(**취소소송의 대상**), 제22조(**소의 변경**) 내지 제26조(**직권심리**), 제29조(**취소판결 등의 효력**) 내지 제31조(**제3자에 의한 재심청구**) 및 제33조(**소송비용에 관한 재판의 효력**)의 규정은 무효등 확인소송의 경우에 준용한다.
    제14조(**피고의 경정**), 제15조(**공동소송**), 제16조(**제3자의 소송참가**), 제23조(**집행정지**), 제24조(**집행정지의 취소**), 제25조(**행정심판기록의 제출명령**), 제30조(**취소판결등의 기속력**)

41. 행정조직법
    행정조직법
    행정기관 - 합의제행정기관

ㄹ. 중앙노동위원회의 처분에 대한 항고소송의 피고는 중앙노동위원회가 중앙노동위원회 위원장이 된다.

42. 권한의 위임과 내부위임에 관한 설명으로 옳은 것은? (다툼이 있으면 판례에 따름)
① 내부위임에는 법적 근거가 필요하다.
② 권한이 위임된 경우 수임기관이 위임기관의 명의로 권한을 행사한다.
③ 내부위임의 경우 수임기관이 자신의 명의로 처분을 하였다면, 위임기관이 항고소송의 피고가 된다.
④ 내부위임의 경우 수임기관이 자신의 명의로 처분을 하였다면, 그 처분의 하자는 원칙적으로 취소사유에 해당한다.
⑤ 행정권한의 위임 및 위탁에 관한 규정에 따르면 수임사무의 처리에 관하여 위임기관은 수임기관에 대하여 사전승인을 받을 것을 요구할 수 없다.

43. 공공기관의 정보공개에 관한 법률의 내용 중 ( )에 들어갈 숫자가 옳게 연결된 것은?

> ○ 공개 대상 정보로서 자신과 관련된 정보에 대하여 공개 청구된 사실을 통지받은 제3자는 그 통지를 받은 날부터 (ㄱ)일 이내에 해당 공공기관에 대하여 자신과 관련된 정보를 공개하지 아니할 것을 요청할 수 있다.
> ○ 공개 대상 정보로서 자신과 관련된 정보의 비공개 요청에도 불구하고 공공기관이 공개결정을 한 때에는 제3자는 공개 결정 이유와 공개 실시일의 통지를 받은 날부터 (ㄴ)일 이내에 해당 공공기관에 이의신청을 할 수 있다.

① ㄱ:3 ㄴ:7   ② ㄱ:3 ㄴ:10   ③ ㄱ:7 ㄴ:7   ④ ㄱ:7 ㄴ:10   ⑤ ㄱ:7 ㄴ:15

44. 판례에 의할 때 항고소송의 대상이 아닌 것은?
① 국세환급금결정
② 세무조사결정
③ 건축신고 반려행위
④ 지방의회의원 징계의결
⑤ 폐기물처리사업계획 부적합통보

45. 행정소송법상 허용되지 않는 것은? (다툼이 있으면 판례에 따름)
① 무효확인소송의 제기와 함께 행하는 집행정지신청
② 무효인 파면처분에 대하여 제기하는 공무원지위확인소송
③ 집행정지 기각결정에 대한 신청인의 즉시항고
④ 적법한 행정심판청구를 각하한 재결을 대상으로 한 취소소송
⑤ 소송참가를 하였지만 패소한 제3자가 제기하는 행정소송법 제31조에 따른 재심청구

46. 행정의 실효성 확보수단에 관한 설명으로 옳은 것을 모두 고른 것은? (다툼이 있으면 판례에 따름)

> ㄱ. 이행강제금부과처분의 상대방이 사망하면 미납된 이행강제금의 납부의무는 상속인에게 승계된다.
> ㄴ. 권원 없이 국유재산에 설치된 시설물에 대하여 대집행을 실시할 수 있는 경우 행정청은 민사소송의 방법으로 그 시설물의 철거를 구할 수 없다.
> ㄷ. 건축법상 시정명령이 없으면 이행강제금을 부과할 수 없다.
> ㄹ. 질서위반행위규제법상 과태료는 고의 또는 과실이 없는 질서위반행위에 대해서도 부과될 수 있다.

① ㄱ, ㄴ   ② ㄱ, ㄷ   ③ ㄱ, ㄹ   ④ ㄴ, ㄷ   ⑤ ㄷ, ㄹ

42. 행정조직법
    행정조직법
    행정권한 - 대리·위임

> 행정권한의 위임 및 위탁에 관한 규정 제7조(사전승인 등의 제한)
> 수임 및 수탁사무의 처리에 관하여 위임 및 위탁기관은 수임 및 수탁기관에 대하여 사전승인을 받거나 협의를 할 것을 요구할 수 없다.

①②③④ 판례
① 내부위임에는 법적 근거가 필요하다. 필요하지 않다.
② 권한이 위임된 경우 수임기관이 위임기관 수임기관의 명의로 권한을 행사한다.
③ 내부위임의 경우 수임기관이 자신의 명의로 처분을 하였다면, 위임기관 수임기관이 항고소송의 피고가 된다.
④ 내부위임의 경우 수임기관이 자신의 명의로 처분을 하였다면, 그 처분의 하자는 원칙적으로 취소사유 무효 사유에 해당한다.

43. 행정절차·(행정)정보
    정보공개

> 공공기관의 정보공개에 관한 법률 제21조(제3자의 비공개 요청 등)
> ① 제11조(정보공개 여부의 결정)제3항에 따라 공개 청구된 사실을 통지받은 제3자는 그 통지를 받은 날부터 3일 이내에 해당 공공기관에 대하여 자신과 관련된 정보를 공개하지 아니할 것을 요청할 수 있다.
> ② 제1항에 따른 비공개 요청에도 불구하고 공공기관이 공개 결정을 할 때에는 공개 결정 이유와 공개 실시일을 분명히 밝혀 지체 없이 문서로 통지하여야 하며, 제3자는 해당 공공기관에 문서로 이의신청을 하거나 행정심판 또는 행정소송을 제기할 수 있다. 이 경우 이의신청은 통지를 받은 날부터 7일 이내에 하여야 한다.
> ③ 공공기관은 제2항에 따른 공개 결정일과 공개 실시일 사이에 최소한 30일의 간격을 두어야 한다.

44. 행정구제법
    행정쟁송
    행정소송 - 항고소송
    ① 판례: 처분성 → 항고소송

45. 행정구제법
    행정쟁송
    행정소송

> 행정소송법 제31조(제3자에 의한 재심청구)
> ① 처분등을 취소하는 판결에 의하여 권리 또는 이익의 침해를 받은 제3자는 자기에게 책임없는 사유로 소송에 참가하지 못함으로써 판결의 결과에 영향을 미칠 공격 또는 방어방법을 제출하지 못한 때에는 이를 이유로 확정된 종국판결에 대하여 재심의 청구를 할 수 있다.
> ② 제1항의 규정에 의한 청구는 확정판결이 있음을 안 날로부터 30일 이내, 판결이 확정된 날로부터 1년 이내에 제기하여야 한다.
> ③ 제2항의 규정에 의한 기간은 불변기간으로 한다.

46. 행정상 실효성 확보 수단
    행정벌

ㄱ. 이행강제금부과처분의 상대방이 사망하면 미납된 이행강제금의 납부 의무는 상속인에게 승계된다. 승계되지 않는다.
ㄹ. 질서위반행위규제법상 과태료는 고의 또는 과실이 없는 질서위반행위에 대해서도 부과될 수 있다. 없다.

ㄴ. 판례
ㄷ.

> 건축법 제80조(이행강제금)
> ① 허가권자는 제79조(위반 건축물 등에 대한 조치 등)제1항에 따라 시정명령을 받은 후 시정기간 내에 시정명령을 이행하지 아니한 건축주등에 대하여는 그 시정명령의 이행에 필요한 상당한 이행기한을 정하여 그 기한까지 시정명령을 이행하지 아니하면 다음 각호의 이행강제금을 부과한다. …

47. 행정상 강제징수에 관한 설명으로 옳지 않은 것은? (다툼이 있으면 판례에 따름)
① 체납자는 공매처분취소소송에서 다른 권리자에 대한 공매통지의 하자를 이유로 공매처분의 취소를 구할 수 있다.
② 한국자산관리공사가 압류재산을 인터넷을 통하여 재공매하기로 한 결정은 항고소송의 대상이 될 수 없다.
③ 압류처분과 공매처분 간에는 하자가 승계된다.
④ 압류처분 후 과세처분의 근거법률이 위헌으로 결정된 경우에 체납자의 압류해제신청을 거부한 행정청의 행위는 위법하다.
⑤ 세무서장이 독촉 또는 납부최고를 하면 국세징수권의 소멸시효는 중단된다.

48. 행정소송의 심리에 관한 설명으로 옳은 것은? (다툼이 있으면 판례에 따름)
① 행정심판기록의 제출명령에 관한 규정은 당사자소송에는 준용되지 않는다.
② 행정소송의 심리에 있어서 직권탐지주의가 원칙이고, 당사자주의·변론주의는 보충적으로 적용된다.
③ 행정소송법 제16조에 따른 소송참가가 허용되지 않는 제3자라 하더라도 민사소송법에 따라 공동소송적 보조참가를 할 수 있다.
④ 관련청구소송을 취소소송에 병합한 경우, 법원은 취소소송이 부적법하더라도 관련청구소송에 대하여 본안판결을 내릴 수 있다.
⑤ 무효확인소송에서 처분의 무효사유에 대한 주장·입증책임은 피고인 행정청이 부담한다.

49. 甲은 수형자로서 A교도소 내에서의 난동을 이유로 교도소장으로부터 10일 간의 금치처분을 받았다. 甲은 교도소장을 상대로 난동 당시 담당 교도관의 근무보고서의 공개를 청구하였으나, 교도소장은 공공기관의 정보공개에 관한 법률 제9조 제1항 제4호에 근거하여 근무보고서의 공개가 교정업무의 수행을 현저히 곤란하게 할 우려가 있다는 사유로 공개를 거부하였다. 이에 관한 설명으로 옳지 않은 것은? (다툼이 있으면 판례에 따름)
① 甲은 취소심판 뿐만 아니라 의무이행심판을 선택적으로 청구할 수 있다.
② 취소심판의 피청구인은 A교도소장이 된다.
③ 甲은 행정심판을 청구하지 않고 곧바로 취소소송을 제기할 수 있다.
④ 甲이 취소심판을 제기하여 인용재결을 받았음에도 교도소장이 재처분의무를 이행하지 않으면 행정심판위원회는 甲의 신청에 따라 간접강제 또는 직접 처분을 할 수 있다.
⑤ 행정심판의 심리과정에서 교도소장은 당초의 처분사유를 사생활의 비밀을 침해할 우려가 있는 정보가 포함되어 있다는 사유로 변경할 수 없다.

50. 국가배상법 제2조에 관한 설명으로 옳지 않은 것은? (다툼이 있으면 판례에 따름)
① 공무원의 직무행위에는 입법작용이 포함된다.
② 헌법재판소 재판관이 청구기간 내에 제기된 헌법소원심판청구 사건에서 청구기간을 오인하여 각하결정을 한 경우 국가배상책임이 성립한다.
③ 중과실에 의한 직무상 불법행위가 있는 경우 가해 공무원의 배상책임이 인정된다.
④ 부작위에 의한 국가배상책임의 성립요건인 직무상 작위의무는 조리에 의해서도 성립할 수 있다.
⑤ 국가공무원이 자신의 승용차를 운전하여 공무수행 중 사람을 치어 사망케 했다면 국가는 자동차손해배상 보장법상 운행자로서 배상책임을 진다.

행정법

47. 행정상 실효성 확보 수단
행정강제 - 강제징수

① 판례: 체납자는 공매처분취소소송에서 다른 권리자에 대한 공매 통지의 하자를 이유로 공매처분의 취소를 구할 수 있다. 없다.

48. 행정구제법
행정쟁송
행정소송 - 심리

②③④⑤ 판례
③ 행정소송법 제16조(제3자의 소송참가)

① 행정소송법 제44조(준용규정): 행정심판기록의 제출명령에 관한 규정은 당사자소송에는 준용되지 않는다. 준용된다.
② 행정소송의 심리에 있어서 직권탐지주의 당사자주의·변론주의가 원칙이고, 당사자주의·변론주의 직권탐지주의는 보충적으로 적용된다.
④ 관련청구소송을 취소소송에 병합한 경우, 법원은 취소소송이 부적법하더라도면 관련청구소송에 대하여 본안판결을 내릴 수 있다. 없다.
⑤ 무효확인소송에서 처분의 무효사유에 대한 주장·입증책임은 피고인 행정청이 원고가 부담한다.

49. 행정구제법
행정쟁송
행정심판

정보공개법 제9조(비공개 대상 정보)
4. 진행 중인 재판에 관련된 정보와 범죄의 예방, 수사, 공소의 제기 및 유지, 형의 집행, 교정(矯正), 보안처분에 관한 사항으로서 공개될 경우 그 직무수행을 현저히 곤란하게 하거나 형사피고인의 공정한 재판을 받을 권리를 침해한다고 인정할 만한 상당한 이유가 있는 정보

④ 甲이 취소심판을 제기하여 인용재결을 받았음에도 교도소장이 재처분의무를 이행하지 않으면 행정심판위원회는 甲의 신청에 따라 간접강제 또는 직접 처분을 할 수 있다.

행정심판법 제49조(재결의 기속력 등)
① 심판청구를 인용하는 재결은 피청구인과 그 밖의 관계 행정청을 기속(羈束)한다.
② 재결에 의하여 취소되거나 무효 또는 부존재로 확인되는 처분이 당사자의 신청을 거부하는 것을 내용으로 하는 경우에는 그 처분을 한 행정청은 재결의 취지에 따라 다시 이전의 신청에 대한 처분을 하여야 한다 - 간접강제(제50조의2)
③ 당사자의 신청을 거부하거나 부작위로 방치한 처분의 이행을 명하는 재결이 있으면 행정청은 지체 없이 이전의 신청에 대하여 재결의 취지에 따라 처분을 하여야 한다. - 직접 처분(제50조)

50. 행정구제법
행정상 손해전보
행정상 손해배상(국가배상)

①②③④⑤ 판례

① 입법·사법·행정
② 국가배상책임(위법성)
④ 법령을 위반하여
법령의 명시적 작위의무
+ 국민의 생명·신체·재산의
위험을 배제할 작위의무

국가배상법 제2조(배상책임)
① 국가나 지방자치단체는 공무원 또는 공무를 위탁받은 사인(이하 "공무원"이라 한다)이 직무를 집행하면서 고의 또는 과실로 법령을 위반하여 타인에게 손해를 입히거나, 「자동차손해배상 보장법」에 따라 손해배상의 책임이 있을 때에는 이 법에 따라 그 손해를 배상하여야 한다. 다만, 군인·군무원·경찰공무원 또는 예비군대원이 전투·훈련 등 직무 집행과 관련하여 전사(戰死)·순직(殉職)하거나 공상(公傷)을 입은 경우에 본인이나 그 유족이 다른 법령에 따라 재해보상금·유족연금·상이연금 등의 보상을 지급받을 수 있을 때에는 이 법 및 「민법」에 따른 손해배상을 청구할 수 없다.
② 제1항 본문의 경우에 공무원에게 고의 또는 중대한 과실이 있으면 국가나 지방자치단체는 그 공무원에게 구상(求償)할 수 있다.

⑤ … 국가는 공무원은 자동차손해배상 보장법상 운행자로서 배상책임을 진다.

51. 막스 베버(M. Weber)가 제시한 관료제에 관한 설명으로 옳지 않은 것은?
① 계층제의 원리를 근간으로 한다.
② 업무수행에 필요한 전문성을 강조한다.
③ 합법적 권위로부터 관료제의 정당성을 찾는다.
④ 개인성(personality)을 고려한 업무처리를 강조한다.
⑤ 규칙과 절차의 강조로 형식주의(red tape)와 같은 역기능이 초래된다.

52. 조직구조의 기본변수에 관한 설명으로 옳지 않은 것은?
① 복잡성은 조직을 구성하는 기구의 분화정도를 의미한다.
② 수평적 복잡성은 조직 내 수직적 계층의 수를 의미한다.
③ 업무수행의 규칙과 절차가 표준화될수록 조직구조의 공식성은 높아진다.
④ 공식화 정도가 높을수록 업무의 예측가능성이 높아진다.
⑤ 의사결정의 권한이 상위층에 집중된 경우 집권화된 조직이라고 한다.

53. 리더십 행동이론에 관한 설명으로 옳은 것은?
① 상황에 따라 리더십의 효과성이 달라진다는 시각에서 리더의 행동을 파악한다.
② 업무 특성과 리더십 스타일 사이의 관계에 초점을 둔다.
③ 리더로 적합한 사람을 선택하는 방법을 연구한다.
④ 리더의 자질을 가진 사람은 어떤 상황에서든 지도자가 될 수 있다고 주장한다.
⑤ 훈련에 의해 효과적인 리더를 양성할 수 있다고 주장한다.

54. 엽관주의에 관한 설명으로 옳지 않은 것은?
① 당파성이나 정치적 요인을 기준으로 공직임용이 이루어진다.
② 개인의 능력, 자격, 업적 등 실적 외의 요인에 의해 공직임용이 이루어진다는 점에서 정실주의와 유사하다.
③ 행정의 일관성, 계속성, 안정성을 저해할 수 있다.
④ 공직의 대규모 경질을 통해 공직에의 참여기회를 확대한다.
⑤ 우리나라는 엽관주의적 성격의 공직임용을 허용하지 않고 있다.

55. 동기부여 과정이론은?
① 브룸(V. Vroom)의 기대이론
② 매슬로우(A. Maslow)의 욕구 5단계론
③ 허즈버그(F. Herzberg)의 2요인 이론
④ 맥그리거(D. McGregor)의 XY이론
⑤ 맥클랜드(D. McClelland)의 성취동기이론

51. 조직론 　　조직구조 　　관료제(bureaucracy)		① 계층제(피라미드) → ② 전문성(분업, 실적) 　　　　　　　　　　　→ ③ 합법적·합리적 권위 ④ ~~개인성(personality)~~ 비개인성(impersonality)을 고려한 업무처리를 강조한다. ⑤ 규칙과 절차의 강조 ―역기능→ 형식주의(red tape)
52. 조직론 　　조직구조 　　기본변수		② 수평적 ~~수직적~~ 복잡성은 조직 내 수직적 계층의 수를 의미한다. 　수평적 복잡성(분화)은 조직 내 업무의 수를 의미한다. ⑤ 집권성: 의사결정 권한의 상위층 집중 정도
53. 조직론 　　조직관리 - 리더십		①② 상황론 ③④ 특성론 ⑤ 행태론, 행동유형론
54. 인사행정 　　인사행정 　　엽관주의(spoils system)		② 정실주의(cronyism) ⑤ 우리나라는 ~~고위직에는~~ 엽관주의적 성격의 공직임용을 허용하지 않고 있다. 부분적으로(정무직 공무원, 별정직 공무원, 공공기관의 장 등) 적용하고 있다.
55. 조직론 　　조직관리 - 동기이론		② 매슬로우(A. Maslow)의 욕구 5단계론 ③ 허즈버그(F. Herzberg)의 욕구 충족 2요인 이론 ④ 맥그리거(D. McGregor)의 XY이론 ⑤ 맥클랜드(D. McClelland)의 성취동기이론
	내용이론　성장모형	○ 앨더퍼(Alderfer)의 ERG(Existence·Relatedness·Growth)이론 ○ 아지리스(Argyris)의 성숙·미성숙 이론 ○ 리커트(Likert)의 체제이론 ○ 머레이(Murray)의 명시적 욕구 이론
	복잡인모형	○ 핵만과 올드햄(Hackman & Oldham)의 직무특성이론 ○ 오유치(Ouchi)의 Z이론 ○ 샤인(Schein)의 복잡요인모형
	과정이론　기대이론	① 브룸(V. Vroom)의 기대이론 ○ 앳킨스(Atkinson)의 기대이론 ○ 조고폴로스(Georgopoulos)의 통로·목적이론 ○ 포터와 롤러(Porter & Lawler)의 업적만족이론
	기타	○ 학습이론 ○ 아담스(Adams)의 공정성이론 ○ 로크(Locke)의 목표설정이론

56. 주인 - 대리인 이론(principal - agent theory)에 관한 설명으로 옳은 것을 모두 고른 것은?

> ㄱ. 주인과 대리인 간 정보의 대칭성을 가정한다.
> ㄴ. 주인과 대리인의 관계에 관한 경제학적 모형에 근거한 이론이다.
> ㄷ. 대리인의 도덕적 해이(moral hazard) 현상을 설명하는데 유용하다.
> ㄹ. 주인과 대리인의 상충적 이해관계로 대리손실(agency loss)이 발생한다.

① ㄱ, ㄴ   ② ㄷ, ㄹ   ③ ㄱ, ㄴ, ㄷ   ④ ㄱ, ㄷ, ㄹ   ⑤ ㄴ, ㄷ, ㄹ

57. 우리나라 국가공무원법상 임용에 관한 설명으로 옳은 것은?
① 강임은 징계처분에 의한 수직적 인사이동이다.
② 전직이란 직렬을 달리하는 임명을 말한다.
③ 실무 수습 중인 채용후보자는 형법에 따른 벌칙을 적용할 때 공무원으로 보지 않는다.
④ 개방형 직위는 해당 기관 내·외부의 공무원 중에서 직무수행 적격자를 선발·임용하는 제도이다.
⑤ 공모 직위는 특정 직위에 결원이 발생하면 공직 내외를 불문하고 공개모집에 의해 적격자를 선발·임용하는 제도이다.

58. 시장실패에 관한 설명으로 옳은 것은?
① 시장에서의 정보 비대칭성은 자원배분의 효율성과는 무관하다.
② 전기·수도와 같은 공공서비스 공급에 정부가 개입하는 이유는 해당 서비스가 비경합성과 비배제성을 지니고 있기 때문이다.
③ 긍정적 외부효과가 존재하는 시장의 경우 과소공급에 따른 비효율성이 초래된다.
④ 코우즈 정리(Coase Theorem)에서는 부정적 외부효과의 해결을 위한 정부의 규제정책을 강조한다.
⑤ 자연독점산업의 경우 경쟁의 촉진이 산업 전체의 생산비용 절감 측면에서 유리하다.

59. 행정이 추구하는 가치에 관한 설명으로 옳은 것은?
① 효율성은 효과성의 필요충분조건이다.
② 형평성은 '최대 다수의 최대 행복'을 강조한다.
③ 월슨(W. Wilson)의 정치행정이원론은 행정의 정책결정권한 및 적극성을 강조한다.
④ 롤스(J. Rawls)의 「정의론」은 사회적으로 최소의 혜택을 받는 사람들에게 차별적 이익을 제공하는 이론적 근거를 제공한다.
⑤ 현대 행정에서 적극적(실질적) 의미의 민주성은 의회의 결정에 대한 철저한 순응과 법치행정을 강조한다.

56. 조직론
조직

주인-대리인이론
- 대리손실(agency loss)
- 역선택(adverse selection)
- 도덕적 해이(moral hazard)

ㄱ. 주인과 대리인 간 정보의 ~~대칭성~~ 비대칭성을 가정한다.

57. 인사행정론
공직윤리·부패 - 신분보장·징계

국가공무원법 제28조의3(전직)
공무원을 전직 임용하려는 때에는 전직시험을 거쳐야 한다. 다만, 대통령령등으로 정하는 전직의 경우에는 시험의 일부나 전부를 면제할 수 있다.

국가공무원법 제28조의5(공모 직위)
① 임용권자나 임용제청권자는 해당 기관의 직위 중 효율적인 정책 수립 또는 관리를 위하여 해당 기관 내부 또는 외부의 공무원 중에서 적격자를 임용할 필요가 있는 직위에 대하여는 공모 직위(公募 職位)로 지정하여 운영할 수 있다.

국가공무원법 제39조(채용후보자의 임용 절차)
④ 임용권자는 채용후보자에 대하여 임용 전에 실무 수습을 실시할 수 있다. 이 경우 실무 수습 중인 채용후보자는 그 직무상 행위를 하거나 「형법」 또는 그 밖의 법률에 따른 벌칙을 적용할 때에는 공무원으로 본다.

국가공무원법 제73조의4(강임)
① 임용권자는 직제 또는 정원의 변경이나 예산의 감소 등으로 직위가 폐직되거나 하위의 직위로 변경되어 과원이 된 경우 또는 본인이 동의한 경우에는 소속 공무원을 강임할 수 있다.

① 강임은 징계처분에 ~~의한 이~~ 아닌 수직적 인사이동이다.
③ 실무 수습 중인 채용후보자는 형법에 따른 벌칙을 적용할 때 공무원으로 ~~보지 않는다.~~ 본다.
④ ~~개방형 직위~~ 공모 직위는 해당 기관 내·외부의 공무원 중에서 직무수행 적격자를 선발·임용하는 제도이다.
⑤ ~~공모 직위~~ 개방형 직위는 특정 직위에 결원이 발생하면 공직 내외를 불문하고 공개모집에 의해 적격자를 선발·임용하는 제도이다.

58. 행정학 총론
행정환경
시장실패(market failure)

③ 부정적 외부효과가 존재하는 시장의 경우 과잉공급에 따른 비효율성이 초래된다.

① 시장에서의 정보 비대칭성은 시장실패의 원인 중 하나로 자원배분의 효율성과는 ~~무관하다.~~ 관련 있다.
② 전기·수도(요금재 = 클럽재, club goods)와 같은 공공서비스 공급에 정부가 개입하는 이유는 해당 서비스가 비경합성과 비배제성을 지니고 있기 규모의 경제(economy of scale) 효과로 인해 자연독점(natural monopoly)이 발생할 수 있기 때문이다.
④ 코우즈 정리(Coase Theorem)에서는 부정적 외부효과의 해결을 위한 ~~정부의 규제정책~~ 시장 내 당사자 간의 자발적 협상을 강조한다.
⑤ 자연독점산업의 경우 경쟁의 촉진이 산업 전체의 생산비용 절감 측면에서 ~~유리~~ 불리하다.

59. 행정학 총론
행정가치·지향

⑤ 적극적 = 실질적
   소극적 = 형식적

① 효율성은 효과성의 ~~필요충분조건이다.~~ 과 별개의 개념이다.
② 형평성은 공리주의는 '최대 다수의 최대 행복'을 강조한다.
③ 윌슨(W. Wilson)의 정치행정이원론은 행정의 ~~정책결정권한 및 적극성~~ 능률적 정책 집행 역할을 강조한다.
④ 기회균등 원칙, 차등의 원칙
⑤ 현대 행정에서 ~~적극적(실질적)~~ 소극적 의미의 민주성은 의회의 결정에 대한 철저한 순응과 법치행정을 강조한다.

60. 성과평가(성과관리)에 관한 설명으로 옳지 않은 것은?
① 전략목표는 성과목표의 상위목표로 기능한다.
② 효과성은 산출(output)보다는 결과(outcome)에 초점을 둔다.
③ 성과평가 논리모형에서 영향(impact)은 프로그램이 의도한 재화와 서비스의 생산량을 의미한다.
④ 교육프로그램의 경우 산출의 질적 성과를 측정하기 위해 만족도와 같은 성과지표를 활용한다.
⑤ 미션과 비전은 구체적이고 경험적인 검증보다는 추상적이고 규범적인 평가차원에서 다루어진다.

61. 행정(학)의 성격에 관한 설명으로 옳지 않은 것은?
① 행정에서 '가치의 권위적 배분'을 강조하는 것은 행정의 정치적 특성을 나타낸다.
② POSDCORB는 행정의 관리적 측면을 강조하는 것이다.
③ 행정학은 실증학문일 뿐만 아니라 가치지향적인 규범학문의 성격도 지닌다.
④ 행정 관료의 정책형성에 대한 영향력 증가는 대의민주제의 정치적 책무성(political accountability)을 강화한다.
⑤ 행정학은 학제간(interdisciplinary) 성격을 갖는다.

62. 우리나라 지방자치단체들 간의 공동사무를 협력·처리하는 방식이 아닌 것은?
① 광역도시계획 수립　　② 행정협의회 구성　　③ 지방자치단체조합 설립
④ 지방자치단체장 협의체 설립　　⑤ 행정구(자치구가 아닌 구) 설치

63. 행정개혁(행정혁신)의 관점에 관한 설명으로 옳은 것은?
① 신공공관리론은 사회적 자본에 기초한 시민의 집단적 역량과 참여를 강조한다.
② 뉴거버넌스 참여주체인 시민사회는 상호의존적 종속관계에 기초한 자율적 교환을 특징으로 한다.
③ 신공공서비스론은 고객으로서의 주민보다는 공론의 장에 참여하는 시민으로서의 주민을 강조한다.
④ 신공공관리론은 현대사회의 난제(wicked problems) 해결을 위해 행정부서들 또는 기관들 사이의 협력을 강조한다.
⑤ 뉴거버넌스 이론은 정부실패가 아닌 시장실패를 바로잡기 위한 처방으로 간주된다.

64. 우리나라의 국민권익위원회에 관한 설명으로 옳지 않은 것은?
① 국무총리 소속으로 설치되어 있으며, 옴브즈만의 일종으로 간주되기도 한다.
② 권고, 의견 표명, 감사 의뢰 등을 할 수 있다.
③ 고충민원의 처리와 그에 관련된 불합리한 행정제도의 개선을 목적으로 한다.
④ 국민권익위원회는 소관 업무의 원활한 수행을 위하여 직속기관으로 시민고충처리위원회를 둔다.
⑤ 국민권익위원회는 중앙행정심판위원회의 운영에 관한 업무를 수행한다.

행정학개론

60. 행정환류
행정개혁 - 성과평가

① 전략목표 = ⑤ 미션과 비전

③ 성과평가 논리모형에서 영향(impact) 산출(output)은 프로그램이 의도한 재화와 서비스의 생산량을 의미한다.
성과평가 논리모형에서 영향(impact)은 산출 이후의 장기적 효과를 의미한다.

61. 행정학 총론
행정 - 체계·특성
규범학문 & 실증학문
간학문적(interdisciplinary)

② 기획(Planning) 조직(Organizing) 지시(Direction) 인사(Staffing) 조정(Co-ordinating) 보고(Reporting) 예산(Budgeting)
④ 행정 관료의 정책 형성에 대한 영향력 증가는 대의민주제의 정치적 책무성(political accountability)을 강화한다. 약화한다.

62. 지방자치론
지방자치단체·사무

⑤ 행정구(자치구가 아닌 구) 설치: 공동사무 협력·처리
자치단체 내 행정 효율성 제고

63. 행정학 총론
행정학 이론

① 신공공관리론 뉴거버넌스론은 사회적 자본에 기초한 시민의 집단적 역량과 참여를 강조한다.
② 뉴거버넌스 참여주체인 시민사회는 상호의존적 종속관계 수평관계에 기초한 자율적 교환을 특징으로 한다.
③ 적극적 시민성(active citizenship)
④ 신공공관리론 뉴거버넌스론은 현대사회의 난제(wicked problems) 해결을 위해 행정부서들 또는 기관들 사이의 협력을 강조한다.
⑤ 뉴거버넌스 이론은 정부실패가 아닌 시장실패를 바로잡기 위한 처방으로 간주된다.

64. 행정환류
행정책임
옴부즈만 - 국민권익위원회

③

제46조(시정의 권고 및 의견의 표명)
제51조(감사의 의뢰)

①

② 부패방지법

⑤

④ 국민권익위원회는 소관 업무의 원활한 수행을 위하여 직속기관으로 각 지방자치단체에 시민고충처리위원회를 둔다. 둘 수 있다.

부패방지 및 국민권익위원회 설치와 운영에 관한 법률
제1조(목적) 이 법은 국민권익위원회를 설치하여 고충민원의 처리와 이에 관련된 불합리한 행정제도를 개선하고, 부패의 발생을 예방하며 부패행위를 효율적으로 규제함으로써 국민의 기본적 권익을 보호하고 행정의 적정성을 확보하며 청렴한 공직 및 사회풍토의 확립에 이바지함을 그 목적으로 한다.
제11조(국민권익위원회의 설치)
① 고충민원의 처리와 이에 관련된 불합리한 행정제도를 개선하고, 부패의 발생을 예방하며 부패행위를 효율적으로 규제하도록 하기 위하여 국무총리 소속으로 국민권익위원회(이하 "위원회"라 한다)를 둔다.
제12조(기능) 위원회는 다음 각호의 업무를 수행한다.
  19. 「행정심판법」에 따른 중앙행정심판위원회의 운영에 관한 사항
제32조(시민고충처리위원회의 설치)
① 지방자치단체 및 그 소속 기관에 관한 고충민원의 처리와 행정제도의 개선 등을 위하여 각 지방자치단체에 시민고충처리위원회를 둘 수 있다.

65. 행정현상에 대한 접근방법의 설명으로 옳은 것은?
① 행태론적 접근방법은 행정현상에 관한 이론의 맥락성과 상대성을 강조한다.
② 체제론적 접근방법은 현상의 전체성보다는 구성부분 사이의 일방적·선형적 인과관계를 강조한다.
③ 사회학적 신제도주의는 제도가 국가나 조직의 경계를 넘어 유사한 형태로 수렴된다고 본다.
④ 전통적인 법적·제도적 접근방법은 제도가 일단 형성되면 일정한 경로를 유지하기 때문에 환경변화에 적응하지 못하는 점을 강조한다.
⑤ 합리적 선택 신제도주의에서는 제도를 개인의 합리적 선택의 일방적 결정요인으로 간주한다.

66. 다음 가정을 기본전제로 하는 이론은?

○ 한 국가는 수많은 지방정부들로 구성되어 있다.
○ 각 지방정부는 주민들의 의사에 따라 지출과 조세에 대한 의사결정을 할 수 있다.
○ 개인들은 비용을 들이지 않고 자유롭게 지역 간 이주가 가능하다.

① 발에 의한 투표(voting with feet)   ② 딜론의 원칙(Dillon's rule)
③ 보충성의 원칙(subsidiary principle)   ④ 쿨리 독트린(Cooley doctrine)   ⑤ 파킨슨 법칙(Parkinson's law)

67. 우리나라의 지방재정조정제도에 관한 설명으로 옳은 것은?
① 대부분의 지방교부세는 '끈이 달린 돈(money with strings)'의 성격을 띤다.
② 많은 경우에 있어 지방교부세는 지방자치단체의 지방비 부담을 요구한다.
③ 조정교부금은 일단 교부되면 해당 지방자치단체의 일반재원처럼 활용된다.
④ 국고보조금은 지방자치단체의 자율성을 강화하기 위해 활용된다.
⑤ 2018년 현재 지방이양사업의 원활한 추진을 위해 운영되는 제도로는 분권교부세가 있다.

68. 실체설의 관점에서 본 공익의 개념에 관한 설명으로 옳은 것은?
① 개인의 사익을 초월한 공익이 존재한다.
② 개인의 사익 추구가 결과적으로 공동체의 선을 최대한 증대시킨다.
③ 공익은 사익의 총합이거나 사익 간의 타협 및 조정과정을 통해 얻어진다.
④ 공익은 민주적 정치체제 내의 개인과 집단 간 정치활동의 결과물이다.
⑤ 여러 사회집단의 대립과 협상과정에서 결과적으로 다수 이익에 일치되는 것이 공익으로 도출된다.

69. 전자정부의 주요 특징에 관한 설명으로 옳지 않은 것은?
① 시민이나 민간조직 등과의 네트워크를 통해 폭 넓은 거버넌스를 구축한다.
② 수요자 중심보다는 공급자 중심의 행정서비스를 강조하는 열린 정부이다.
③ 정부의 정책과정에 대한 국민의 참여와 보편적 접근을 제고한다.
④ 행정업무 절차의 전산화가 항상 행정의 생산성을 보장해주는 것은 아니다.
⑤ 시민 개개인의 프라이버시를 존중하고 보호하기 위해 노력한다.

65. 행정학 총론 　　행정학 이론	① 행태론적 접근방법은 행정 현상에 관한 이론의 맥락성과 상대성 보편적 법칙을 강조한다. ② 체제론적 접근방법은 현상의 전체성보다는 구성부분 사이의 일방적·선형적 인과관계를 을 강조한다. ③ 사회학적 신제도주의: 제도적 동형화 ④ 전통적인 법적·제도적 접근방법(구제도주의)은 신제도주의는 제도가 일단 형성되면 일정한 경로를 유지하기 때문에 환경변화에 적응하지 못하는 점을 강조한다. ⑤ 합리적 선택 신제도주의에서는 제도를 개인의 합리적 선택의 일방적 결정요인으로 과 제도와의 상호작용의 결과로 간주한다.
66. 행정학 총론 　　행정학 이론	① 발에 의한 투표 가설 = 티부가설(Tiebout hypothesis) 　- 선호 서비스를 찾아 자유 이동 　- 새뮤얼슨(Paul A. Samuelson)의 　　　　　　　　중앙정부 차원의 공공재 이론에 대한 반론 ② 딜론의 원칙(Dillon's rule) 　지방정부는 중앙정부의 권한을 넘어설 수 없다. ③ 보충성의 원칙(subsidiary principle) 　중앙정부는 지방정부에 대하여 권력적 우위를 갖는다. ④ 쿨리 독트린(Cooley doctrine) 　지방정부의 자치권은 절대적이다. ⑤ 파킨슨 법칙(Parkinson's law) 　공무원의 수는 업무량과 무관하게 일정 비율로 증가한다.
67. 지방자치론 　　지방재정	① 대부분의 지방교부세는 '끈이 달린 돈(money with strings)'의 성격을 띤다. 용도 제한이 없는 일반재원이다. ② 많은 경우에 있어 지방교부세는 지방자치단체의 지방비 부담을 요구한다. 요구하지 않는다. ④ 국고보조금은 지방자치단체의 자율성을 강화하기 위해 활용된다. 제한할 수 있다. ⑤ 분권교부세: 2015년 보통교부세로 통합
68. 행정학 총론 　　행정가치·지향 - 공익	실체설: ①　　　　　도덕적·규범적 공익의 실체 인정 과정설: ②③④⑤　　공익의 실체 부정
69. 정보화(행정) 　　전자정부	① → ③ ② 수요자 공급자(정부) 중심보다는 공급자 수요자(국민) 중심의 행정 서비스를 강조하는 열린 정부이다. ④ 노인 고객

70. 정책네트워크모형에 관한 설명으로 옳지 않은 것은?
① 자원의존성을 토대로 한 행위자들 간의 교환관계를 중시한다.
② 정책공동체는 이슈네트워크에 비해 개방적이고 유동적인 네트워크로서의 특징을 지닌다.
③ 단순하고 분명하게 정의된 하위정부의 경계와는 달리 이슈네트워크의 경계는 모호하다.
④ 하위정부 모형에서는 소수의 엘리트 행위자들이 특정 정책영역에서 정책결정을 지배하고 있다고 설명한다.
⑤ 이슈네트워크에서는 행위자들 간의 권력배분이 불평등하다.

71. 정책 유형에 관한 설명으로 옳은 것은?
① 리플리와 프랭클린(R. Ripley & G. Franklin)의 경쟁적 규제정책은 배분정책과 규제정책의 성격을 동시에 지니고 있다.
② 리플리와 프랭클린(R. Ripley & G. Franklin)의 보호적 규제정책은 소수를 보호하기 위해 다수를 규제하는 정책이다.
③ 로위(T. Lowi)가 주장하는 배분정책의 가장 큰 특징은 계급 대립의 성격을 지닌다는 것이다.
④ 로위(T. Lowi)의 재분배정책은 수혜자와 비용부담자 간의 갈등이 없다는 점이 특징이다.
⑤ 알몬드와 파우얼(G. Almond & B. Powell)은 정책을 배분, 규제, 재분배, 구성정책으로 분류하였다.

72. 경합성과 배제성을 기준으로 분류한 재화의 유형에 관한 설명으로 옳지 않은 것은?
① 공유재는 경합성과 비배제성을 지니고 있다.
② 유료재(toll goods)는 고속도로나 공원 같이 배제원칙의 적용이 가능한 공공재를 포함한다.
③ 순수공공재의 공급은 정부가 담당하지만 그 비용은 수익자가 자신의 편익에 정비례하여 직접 부담한다.
④ 순수민간재는 경합성과 배제성을 동시에 지니고 있다.
⑤ 공공재의 존재는 시장실패를 초래할 수 있다.

73. 우리나라 국가재정법에서 총괄적으로 규정하고 있는 예산총칙의 사항을 모두 고른 것은?

| ㄱ. 계속비 | ㄴ. 세입세출예산 | ㄷ. 명시이월비 | ㄹ. 국고채무부담행위 |

① ㄱ, ㄴ   ② ㄱ, ㄹ   ③ ㄴ, ㄷ   ④ ㄴ, ㄷ, ㄹ   ⑤ ㄱ, ㄴ, ㄷ, ㄹ

74. 정책평가 연구설계의 타당성에 관한 설명으로 옳은 것은?
① 내적 타당성은 정책변수의 효과에 대한 결론을 일반화시킬 수 있는 범위를 의미한다.
② 외적 타당성은 정책 수단과 결과의 인과관계에 관한 추론의 정확성을 의미한다.
③ 통계적 결론의 타당성은 연구에 사용된 측정도구가 이론적 구성개념과 일치하는 정도를 의미한다.
④ 성숙요인은 내적 타당성을 저해할 수 있다.
⑤ 준실험이 진실험보다 내적 타당성과 외적 타당성이 더 높다.

70. 정책론
    정책목표·정책의제
    정책네트워크모형

① 자원(예산, 인력, 지지, 전문성) 의존성
② 정책공동체는 이슈네트워크에 비해 개방적 폐쇄적이고 유동적인 안정적인 네트워크로서의 특징을 지닌다.
   이슈공동체는 정책공동체에 비해 개방적이고 유동적인 네트워크로서의 특징을 지닌다.
④ 하위정부 모형 = 철의 삼각(iron triangle) 모형
   - 3자 연합(관료·의회 소위원회·이익집단)을 통한 정책결정

71. 정책론
    정책

① 리플리와 프랭클린의 경쟁적 규제정책
   = 배분정책(경쟁력 있는 주체에게 공급 권한 부여)
   + 규제정책(경쟁력 없는 주체에게 공급 권한 제한)
② 리플리와 프랭클린(R. Ripley & G. Franklin)의 보호적 규제정책은 소수 다수를 보호하기 위해 다수 소수를 규제하는 정책이다.
③ 로위(T. Lowi)가 주장하는 배분정책 재분배정책의 가장 큰 특징은 계급 대립의 성격을 지닌다는 것이다.
④ 로위(T. Lowi)의 재분배정책 배분정책은 수혜자와 비용부담자 간의 갈등이 없다는 점이 특징이다.
⑤ 알몬드와 파우얼(G. Almond & B. Powell)은 정책을 배분 분배, 규제, 재분배, 구성 상징정책으로 분류하였다.

72. 행정학 총론
    행정환경

구분	비경합성	경합성
비배제성	공공재	공유재
배제성	유료재	민간재

① 공유재(common goods)
② 유료재(요금재, toll goods) = 클럽재(club goods)
③ 순수공공재의 공급은 정부가 담당하지만 그 비용은 수익자가 자신의 편익에 정비례하여 직접 부담한다.
   → 비배제성(non-excludability)
     → 무임승차자문제(free-rider problem)
④ 민간재(private goods) = 시장재(marketed goods)

73. 재무행정(예산)
    예산과정

국가재정법 제20조(예산총칙)
① 예산총칙에는 세입세출예산·계속비·명시이월비 및 국고채무부담행위에 관한 총괄적 규정을 두는 외에 다음 각 호의 사항을 규정하여야 한다.

74. 정책론
    정책평가

① 내적 타당성 외적 타당성은 정책변수의 효과에 대한 결론을 일반화시킬 수 있는 범위를 의미한다.
② 외적 타당성 내적 타당성은 정책 수단과 결과의 인과관계에 관한 추론의 정확성을 의미한다.
③ 통계적 결론의 타당성 구성적 타당성은 연구에 사용된 측정도구가 이론적 구성개념과 일치하는 정도를 의미한다.

④ 내재적 요인:
   선정요인·**성숙요인**·역사요인

⑤ 준실험이 진실험보다 내적 타당성과 외적 타당성이 더 높다. 그러나 내적 타당성은 낮다.

75. 우리나라 정부예산에 관한 설명으로 옳은 것은?

① 정부는 예산이 여성과 남성에게 미치는 효과를 평가하고, 그 결과를 정부의 예산편성에 반영하기 위하여 노력하여야 한다.
② 예산은 재원 조달 및 배분이라는 관점에서 예산총계와 예산순계로 구분된다.
③ 기능별 분류방식은 세출예산보다는 세입예산의 분류에 적합하다.
④ 예산은 회계 간 중복 거래 금액의 포함 여부에 따라 세입예산과 세출예산으로 구분된다.
⑤ 사업별 분류방식이 조직별 분류방식보다 독립된 행정부서의 예산 상황을 이해하는데 더 유용하다.

75. 재무행정(예산)
    예산의 종류
    정부예산

국가재정법 제16조(예산의 원칙)
정부는 예산을 편성하거나 집행할 때 다음 각 호의 원칙을 준수하여야 한다.
1. 정부는 재정건전성의 확보를 위하여 최선을 다하여야 한다.
2. 정부는 국민부담의 최소화를 위하여 최선을 다하여야 한다.
3. 정부는 재정을 운용할 때 재정지출 및 「조세특례제한법」 제142조의2(조세지출예산서의 작성) 제1항에 따른 조세지출의 성과를 제고하여야 한다.
4. 정부는 예산과정의 투명성과 예산과정에의 국민참여를 제고하기 위하여 노력하여야 한다.
5. 정부는 「성별영향평가법」 제2조(정의) 제1호에 따른 성별영향평가의 결과를 포함하여 예산이 여성과 남성에게 미치는 효과를 평가하고, 그 결과를 정부의 예산편성에 반영하기 위하여 노력하여야 한다.
6. 정부는 예산이 「기후위기 대응을 위한 탄소중립·녹색성장 기본법」 제2조(정의) 제5호에 따른 온실가스(이하 "온실가스"라 한다) 감축에 미치는 효과를 평가하고, 그 결과를 정부의 예산편성에 반영하기 위하여 노력하여야 한다.

①

국가재정법 제17조(예산총계주의)
① 한 회계연도의 모든 수입을 세입으로 하고, 모든 지출을 세출로 한다.
② 제53조(예산총계주의 원칙의 예외)에 규정된 사항을 제외하고는 세입과 세출은 모두 예산에 계상하여야 한다.

국가재정법 제18조(국가의 세출재원)
국가의 세출은 국채·차입금(외국정부·국제협력기구 및 외국법인으로부터 도입되는 차입자금을 포함한다. 이하 같다) 외의 세입을 그 재원으로 한다. 다만, 부득이한 경우에는 국회의 의결을 얻은 금액의 범위 안에서 국채 또는 차입금으로써 충당할 수 있다.

국가재정법 제19조(예산의 구성)
예산은 예산총칙·세입세출예산·계속비·명시이월비 및 국고채무부담행위를 총칭한다.

국가재정법 제21조(세입세출예산의 구분)
① 세입세출예산은 필요한 때에는 계정으로 구분할 수 있다.
② 세입세출예산은 독립기관 및 중앙관서의 소관별로 구분한 후 소관 내에서 일반회계·특별회계로 구분한다.
③ 세입예산은 제2항의 규정에 따른 구분에 따라 그 내용을 성질별로 관·항으로 구분하고, 세출예산은 제2항의 규정에 따른 구분에 따라 그 내용을 기능별·성질별 또는 기관별로 장·관·항으로 구분한다.
④ 예산의 구체적인 분류기준 및 세항과 각 경비의 성질에 따른 목의 구분은 기획재정부장관이 정한다.

② 예산은 재원 조달 및 배분이라는 관점에서 예산총계와 예산순계 세입예산과 세출예산(으)로 구분된다.

③ 기능별 분류방식은 세출예산 세입예산보다는 세입예산 세출예산의 분류에 적합하다.
④ 예산은 회계 간 중복 거래 금액의 포함 여부에 따라 세입예산과 세출예산 예산총계와 예산순계(으)로 구분된다.
⑤ 사업별 분류 방식 조직별 분류 방식이 조직별 분류 방식 사업별 분류 방식보다 독립된 행정부서의 예산 상황을 이해하는데 더 유용하다.

2019년도 제07회 행정사 자격시험

1차 시험

제1교시

제1과목	민법(총칙 관련 내용으로 한정)
제2과목	행정법
제3과목	행정학개론(지방자치행정 포함)

2차 시험

제1교시

제1과목	민법(계약 관련내용으로 한정)
제2과목	행정절차론(행정절차법 포함)

제2교시

제1과목	사무관리론(민원 처리에 관한 법률, 행정업무의 운영 및 혁신에 관한 규정 포함)
제2과목	행정사실무법 - 행정심판사례 - 비송사건절차법

01. 민법의 법원(法源)에 관한 설명으로 옳지 않은 것은? (다툼이 있으면 판례에 따름)
① 관습법은 법률에 대하여 열후적·보충적 성격을 가진다.
② 헌법에 의하여 체결·공포된 조약으로서 민사에 관한 것은 민법의 법원이 된다.
③ 관습법은 원칙적으로 당사자의 주장·입증을 기다림이 없이 법원이 직권으로 이를 확정할 수 있다.
④ 민법 제1조 소정의 '법률'은 헌법이 정하는 절차에 따라서 제정·공포되는 형식적 의미의 법률만을 뜻한다.
⑤ 사회의 거듭된 관행으로 생성된 사회생활규범은 전체 법질서에 반하지 않아야 관습법으로서의 효력이 인정될 수 있다.

02. 신의성실의 원칙에 관한 설명으로 옳은 것은? (다툼이 있으면 판례에 따름)
① 신의성실의 원칙에 반하는지 여부는 당사자의 주장이 없더라도 법원이 직권으로 판단할 수 있다.
② 특정채무를 보증하는 일반보증의 경우에는 채권자의 권리행사가 신의성실의 원칙에 비추어 용납할 수 없는 성질의 것인 때에도 보증인의 책임은 제한될 수 없다.
③ 강행규정에 위반하여 계약을 체결한 자가 스스로 그 계약의 성립을 부정하는 것은 특별한 사정이 없는 한 신의성실의 원칙에 반한다.
④ 종전 토지소유자가 자신의 권리를 행사하지 않았다는 사정은 그 토지의 소유권을 적법하게 취득한 새로운 권리자에게 실효의 원칙을 적용함에 있어서 고려되어야 한다.
⑤ 계약의 성립에 기초가 되지 아니한 사정이 현저히 변경되어 일방당사자가 계약 목적을 달성할 수 없게 된 경우에는 특별한 사정이 없는 한 신의성실의 원칙상 계약을 해제할 수 있다.

03. 민법상 성년후견종료의 심판을 청구할 수 있는 자로 명시되지 않은 자는?
① 성년후견인 ② 성년후견감독인 ③ 지방의회 의장 ④ 4촌 이내의 친족 ⑤ 검사

04. 미성년자 甲은 법정대리인 乙의 동의 없이 자신의 디지털 카메라를 丙에게 매도하는 내용의 계약(이하 '계약')을 丙과 체결하였다. 이에 관한 설명으로 옳은 것은? (다툼이 있으면 판례에 따름)
① 甲이 위 계약을 취소하려는 경우, 乙의 동의의 유무에 대한 증명책임은 甲에게 있다.
② 계약 당시 甲이 미성년자임을 알고 있었던 丙은 乙에 대하여 자신의 의사표시를 철회할 수 있다.
③ 丙이 성년자가 된 甲에게 1개월의 기간을 정하여 계약의 추인 여부의 확답을 촉구한 경우, 甲이 그 기간 내에 확답을 발송하지 않으면 계약을 취소한 것으로 본다.
④ 丙이 미성년자인 甲에게 1개월의 기간을 정하여 계약의 추인 여부의 확답을 촉구한 경우, 甲이 그 기간 내에 확답을 발송하지 않으면 계약을 추인한 것으로 본다.
⑤ 甲이 위조하여 제시한 乙의 동의서를 丙이 신뢰하여 계약을 체결하였다면 乙은 미성년자의 법률행위임을 이유로 계약을 취소할 수 없다.

민법총칙

01. 민법 서론
   민법의 법원
   성문법원
   불문법원: 관습법, 조리, 판례

①③④⑤ 판례
① 판례: 열후적·보충적 효력설
       대등적·변경적 효력설

② 헌법에 의하여 체결·공포된 조약과 일반적으로 승인된 국제법규 (국내법과 같은 효력을 갖는다)로서 민사에 관한 것은 민법의 법원이 된다.
④ 민법 제1조 소정의 '법률'은 헌법이 정하는 절차에 따라서 제정·공포되는 형식적 의미의 법률만을 뜻한다. 뜻하는 것이 아니라 성문법원 전체를 통칭한다.

민법 제1조(법원)
민사에 관하여 법률에 규정이 없으면 관습법에 의하고 관습법이 없으면 조리에 의한다.

02. 민법 서론
   신의성실의 원칙(信義則)
     추상적 규범
     사법관계·공법관계 적용
     법원의 직권 고려

①②③④⑤ 판례

사정변경으로 인한 계약해제:
   계약의 기초가 되었던
            객관적 사정의 현저한 변경

② 특정채무를 보증하는 일반보증의 경우에는 채권자의 권리행사가 신의성실의 원칙에 비추어 용납할 수 없는 성질의 것인 때에도는 보증인의 책임은 (예외적으로) 제한될 수 없다. 있다.
③ 강행규정에 위반하여 계약을 체결한 자가 스스로 그 계약의 성립을 부정하는 것은 특별한 사정이 없는 한 신의성실의 원칙에 반한다. 반하거나 권리남용에 해당한다고 볼 수 없다.
④ 종전 토지소유자가 자신의 권리를 행사하지 않았다는 사정은 그 토지의 소유권을 적법하게 취득한 새로운 권리자에게 실효의 원칙을 적용함에 있어서 고려되어야 한다. 고려하여야 할 것은 아니다.
⑤ 계약의 성립에 기초가 되지 아니한 사정이 현저히 변경되어 일방당사자가 계약 목적을 달성할 수 없게 된 경우에는 특별한 사정이 없는 한 신의성실의 원칙상 계약을 해제할 수 있다. 없다.

03. 권리의 주체 - 자연인
   행위능력(제한능력자)
   후견

민법 제11조(성년후견종료의 심판)
성년후견개시의 원인이 소멸된 경우에는 가정법원은 본인, 배우자, 4촌 이내의 친족, 성년후견인, 성년후견감독인, 검사 또는 지방자치단체의 장의 청구에 의하여 성년후견종료의 심판을 한다.

04. 권리의 주체 - 자연인
   행위능력(제한능력자)
   미성년자
   - 상대방의 철회권: 계약(선의 상대방)
   - 상대방의 거절권: 단독행위

① 甲(미성년자)이 위 계약을 취소하려는 경우, 乙(법정대리인)의 동의의 유무에 대한 증명책임은 甲 丙(상대방)에게 있다.
② 계약 당시 甲이 미성년자임을 알고 있었던 丙은 乙에 대하여 자신의 의사표시를 철회할 수 있다. 없다.
③ 丙이 성년자가 된 甲에게 1개월의 기간을 정하여 계약의 추인 여부의 확답을 촉구한 경우, 甲이 그 기간 내에 확답을 발송하지 않으면 계약을 취소 추인한 것으로 본다.
④ 丙이 미성년자인 甲에게 1개월의 기간을 정하여 계약의 추인 여부의 확답을 촉구한 경우, 甲이 그 기간 내에 확답을 발송하지 않으면 계약을 추인한 것으로 본다. 보지 않는다.
⑤ 민법 제17조(제한능력자의 속임수)

05. 민법 제35조(법인의 불법행위능력)에 관한 설명으로 옳은 것은? (다툼이 있으면 판례에 따름)
① 민법 제35조 소정의 '이사 기타 대표자'에는 대표권 없는 이사가 포함된다.
② 법인의 불법행위가 성립하는 경우, 대표자의 행위가 피해자에 대한 불법행위를 구성한다면 그 대표자도 피해자에 대하여 손해배상책임을 면하지 못한다.
③ 법인의 불법행위가 성립하여 법인이 피해자에게 배상한 경우, 법인은 대표자 개인에 대하여 구상권을 행사할 수 없다.
④ 법인의 대표자의 행위가 직무에 관한 행위에 해당하지 아니함을 피해자가 경과실로 알지 못한 경우 법인의 불법행위책임은 성립하지 않는다.
⑤ 법인의 대표자의 행위가 법령의 규정에 위배된 것이라면 외관상, 객관적으로 직무에 관한 행위라고 인정되더라도 민법 제35조제1항의 직무에 관한 행위에 해당하지 않는다.

06. 민법상 법인의 정관에 관한 설명으로 옳은 것을 모두 고른 것은? (다툼이 있으면 판례에 따름)

> ㄱ. 정관의 변경사항이 등기사항인 경우에는 등기하여야 정관변경의 효력이 생긴다.
> ㄴ. 재단법인의 기본재산에 관한 저당권 설정행위는 특별한 사정이 없는 한 정관의 기재사항을 변경하여야 하는 경우에 해당하지 않는다.
> ㄷ. 사단법인의 정관을 변경하기 위해서는 정관에 다른 규정이 없는 한 사원총회에서 총사원 3분의 2 이상의 동의가 있어야 한다.

① ㄷ   ② ㄱ, ㄴ   ③ ㄱ, ㄷ   ④ ㄴ, ㄷ   ⑤ ㄱ, ㄴ, ㄷ

07. 민법상 법인의 기관에 관한 설명으로 옳지 않은 것은? (다툼이 있으면 판례에 따름)
① 민법상 이사의 임기를 제한하는 규정은 없다.
② 사원총회의 결의는 민법 또는 정관에 다른 규정이 없으면 사원 과반수의 출석과 출석사원의 결의권의 과반수로써 한다.
③ 이사는 정관 또는 총회의 결의로 금지하지 아니한 사항에 한하여 타인으로 하여금 특정한 행위를 대리하게 할 수 있다.
④ 임시이사 선임의 요건인 '이사가 없거나 결원이 있는 경우'란 이사가 전혀 없거나 정관에서 정한 인원수에 부족이 있는 경우를 말한다.
⑤ 정관에 이사의 해임사유에 관한 규정이 있는 경우에는 이사의 중대한 의무위반이 있어도 법인은 정관에서 정하지 아니한 사유로 이사를 해임할 수 없다.

08. 민법상 법인의 소멸에 관한 설명으로 옳지 않은 것은? (다툼이 있으면 판례에 따름)
① 사단법인은 사원총회의 결의로도 해산할 수 있다.
② 법원은 법인의 해산 및 청산을 검사, 감독한다.
③ 법인에 대한 청산종결등기가 경료되었다면 청산사무가 종결되지 않았더라도 그 법인은 소멸한다.
④ 법인이 채무를 완제하지 못하게 된 때에는 이사는 지체없이 파산신청을 하여야 한다.
⑤ 청산인은 청산법인의 능력 범위 내에서 대내적으로 청산사무를 집행하고 대외적으로 청산법인을 대표한다.

05. 권리의 주체 - 법인
   법인의 능력
   법인의 불법행위능력
   ②

민법 제35조(법인의 불법행위능력)
① 법인은 이사 기타 대표자가 그 직무에 관하여 타인에게 가한 손해를 배상할 책임이 있다. 이사 기타 대표자는 이로 인하여 자기의 손해배상책임을 면하지 못한다.

① 민법 제35조 소정의 '이사 기타 대표자'에는 대표권 없는 이사가 포함된다. 포함되지 않는다.
③ 법인의 불법행위가 성립하여 법인이 피해자에게 배상한 경우, 법인은 대표자 개인에 대하여 구상권을 행사할 수 없다. 있다.
④ 법인의 대표자의 행위가 직무에 관한 행위에 해당하지 아니함을 피해자가 (알았거나) 경과실 중과실로 알지 못한 경우 법인의 불법행위책임은 성립하지 않는다.
⑤ 법인의 대표자의 행위가 법령의 규정에 위배된 것이라면도 외관상, 객관적으로 직무에 관한 행위라고 인정되더라도면 민법 제35조제1항의 직무에 관한 행위에 해당하지 않는다. 해당한다.

06. 권리의 주체 - 법인
   법인의 정관
ㄴ. 판례
ㄷ. 민법 제42조

ㄱ. 정관의 변경사항이 등기사항인 경우에는 등기하여야 정관변경의 효력이 생긴다. 제3자에게 대항할 수 있다.
   - 효력요건(민법 제42조): 주무관청의 허가
   - 대항요건(민법 제54조): 등기

07. 권리의 주체 - 법인
   법인의 기관   ③

                        ④

                        ②
①

상법 제383조(원수, 임기)
② 이사의 임기는 3년을 초과하지 못한다.

민법 제62조(이사의 대리인 선임)
이사는 정관 또는 총회의 결의로 금지하지 아니한 사항에 한하여 타인으로 하여금 특정한 행위를 대리하게 할 수 있다.
민법 제63조(임시이사의 선임)
이사가 없거나 결원이 있는 경우에 이로 인하여 손해가 생길 염려 (통상의 이사선임절차에 따라 이사가 선임되기를 기다릴 때에 법인이나 제3자에게 손해가 생길 우려) 있는 때에는 법원은 이해관계인이나 검사의 청구에 의하여 임시이사를 선임하여야 한다.
민법 제75조(총회의 결의방법)
① 총회의 결의는 본법 또는 정관에 다른 규정이 없으면 사원 과반수의 출석과 출석사원의 결의권의 과반수로써 한다.
② 제73조(사원의 결의권)제2항의 경우에는 당해사원은 출석한 것으로 한다.

⑤ 정관에 이사의 해임사유에 관한 규정이 있는 경우에는 이사의 중대한 의무위반이 있어도 있으면 (또는 정상적인 사무집행이 불능하면) 법인은 정관에서 정하지 아니한 사유로 이사를 해임할 수 없다. 있다.

08. 권리의 주체 - 법인
   법인의 소멸

③ 법인에 대한 청산종결등기가 경료되었다면더라도 청산사무가 종결되지 않았더라도다면 그 법인은 소멸한다. 청산법인으로 존속한다.

민법 제77조(해산사유)
② 사단법인은 사원이 없게 되거나 총회의 결의로도 해산한다.
민법 제79조(파산신청)
법인이 채무를 완제하지 못하게 된 때에는 이사는 지체없이 파산신청을 하여야 한다.
민법 제95조(해산, 청산의 검사, 감독)
법인의 해산 및 청산은 법원이 검사, 감독한다.

09. 물건에 관한 설명으로 옳은 것은? (다툼이 있으면 판례에 따름)
① 주물의 구성부분도 종물이 될 수 있다.
② 천연과실은 수취할 권리의 존속기간일수의 비율로 취득한다.
③ 종물은 주물의 처분에 따른다는 민법 제100조제2항은 강행규정이다.
④ 주물 그 자체의 효용과 직접 관계가 없는 물건은 주물 소유자의 사용에 공여되고 있더라도 종물이 아니다.
⑤ 건물의 개수는 공부상의 등록에 의하여만 결정된다.

10. 반사회질서의 법률행위에 관한 설명으로 옳지 않은 것은? (다툼이 있으면 판례에 따름)
① 선량한 풍속 기타 사회질서에 위반한 사항을 내용으로 하는 법률행위는 무효이다.
② 법률행위가 선량한 풍속 기타 사회질서에 위반되는지 여부는 법률행위가 이루어진 때를 기준으로 판단해야 한다.
③ 법률행위의 성립과정에 강박이라는 불법적인 방법이 사용된 경우, 그것만으로는 반사회질서의 법률행위라고 할 수 없다.
④ 다수의 보험계약을 통하여 보험금을 부정취득할 목적으로 체결된 보험계약은 그것만으로는 선량한 풍속 기타 사회질서에 반하지 않는다.
⑤ 양도소득세의 일부를 회피할 목적으로 매매계약서에 실제로 거래한 것보다 낮은 금액을 매매대금으로 기재한 경우, 그것만으로는 그 매매계약이 사회질서에 반하지 않는다.

11. 불공정한 법률행위에 관한 설명으로 옳은 것은? (다툼이 있으면 판례에 따름)
① 증여계약도 불공정한 법률행위가 될 수 있다.
② 급부와 반대급부 사이의 현저한 불균형을 판단함에 있어서 피해 당사자의 궁박, 경솔 또는 무경험의 정도는 고려대상이 아니다.
③ 대리행위의 경우, 경솔과 무경험은 대리인을 기준으로 하여 판단하고 궁박은 본인의 입장에서 판단해야 한다.
④ 피해 당사자가 궁박, 경솔 또는 무경험의 상태에 있었다면 상대방 당사자에게 그와 같은 사정을 알면서 이를 이용하려는 의사가 없어도 불공정한 법률행위가 성립한다.
⑤ 법률행위가 현저하게 공정을 잃은 경우 그것은 당사자의 궁박, 경솔 또는 무경험으로 인한 것으로 추정된다.

12. 착오로 인한 의사표시에 관한 설명으로 옳지 않은 것은? (다툼이 있으면 판례에 따름)
① 장래의 미필적 사실의 발생에 대한 기대나 예상이 빗나간 것에 불과한 것은 착오라고 할 수 없다.
② 표의자가 착오로 인하여 경제적인 불이익을 입은 것이 아니라면 이를 법률행위 내용의 중요부분의 착오라고 할 수 없다.
③ 표의자가 경과실로 인하여 착오에 빠져 법률행위를 하고 그 착오를 이유로 법률행위를 취소하는 것은 위법하다고 할 수 없다.
④ 착오로 인한 의사표시 취소에 관한 민법 제109조제1항의 적용을 당사자의 합의로 배제할 수 있다.
⑤ 의사표시의 착오가 표의자의 중대한 과실로 인한 때에는 상대방이 표의자의 착오를 알고 이용한 경우에도 표의자는 그 의사표시를 취소할 수 없다.

09. 권리의 객체 - 물건

민법 제102조(과실의 취득)
① 천연과실은 그 원물로부터 분리하는 때에 이를 수취할 권리자에게 속한다.
　　　　　　　　　　　　- 분리주의
② 법정과실은 수취할 권리의 존속기간일수의 비율로 취득한다.　- 임의규정

① 주물의 구성 부분도은 종물이 될 수 있다. 없다.
② 천연과실 법정과실은 수취할 권리의 존속기간일수의 비율로 취득한다.
③ 종물은 주물의 처분에 따른다는 민법 제100조(주물, 종물)제2항은 강행규정 임의규정이다.
⑤ 건물의 개수는 공부상의 등록에 의하여만 결정된다. 결정되는 것이 아니다.
　판례:
　사회통념 또는 거래 관념에 따라
　　　　　　　객관적 사정과 주관적 사정을 참작하여 결정된다.

10. 권리의 변동
　법률행위
　법률행위의 목적
　반사회질서의 법률행위
　　→ 절대적·확정적 무효

민법 제103조(반사회질서의 법률행위)
선량한 풍속 기타 사회질서에 위반한 사항을 내용으로 하는 법률행위는 무효로 한다.

④ 판례: 다수의 보험계약을 통하여 보험금을 부정취득할 목적으로 체결된 보험계약은 그것만으로는 선량한 풍속 기타 사회질서에 반하지 않는다. 반하여 무효이다.

11. 권리의 변동
　법률행위
　법률행위의 목적
　불공정한 법률행위(민법 제104조)
　　→ 절대적·확정적 무효
　　　추인 불가

①②③④⑤ 판례
③ 경솔, 무경험: 대리인 기준
　궁박: 본인 기준

① 증여계약도은 불공정한 법률행위가 될 수 있다. 없다.
　불공정한 법률행위는 부당한 재산적 이익을 얻는 행위를 의미하므로(급부 < 반대급부) 무상행위는 불공정한 법률행위가 될 수 없다.
② 급부와 반대급부 사이의 현저한 불균형을 판단함에 있어서 피해 당사자의 궁박, 경솔 또는 무경험의 정도는를 고려 대상이 아니다. 주관적 가치가 아니라 객관적 가치에 의하여 고려하여야 한다.
④ 피해 당사자가 궁박, 경솔 또는 무경험의 상태에 있었다면 상대방 당사자에게 그와 같은 사정을 알면서 이를 이용하려는 의사가 없어도 있어야 불공정한 법률행위가 성립한다.
⑤ 법률행위가 현저하게 공정을 잃은 경우 그것은 당사자의 궁박, 경솔 또는 무경험으로 인한 것으로 추정된다. 추정되지 않는다.
　불공정한 법률행위를 주장하는 자에게 입증책임이 있다.

12. 권리의 변동
　의사표시
　착오(민법 제109조)
　　(상대적) 취소
　　임의규정

①②③④⑤ 판례
① 착오: 표의자의 인식과 대조 사실이 어긋나는 경우
② 착오: 표시와 의사의 객관적으로 현저한 불일치 + 경제적 불이익
⑤ 의사표시의 착오가 표의자의 중대한 과실로 인한 때에는라도 상대방이 표의자의 착오를 알고 이용한 경우에도는 표의자는 그 의사표시를 취소할 수 없다. 있다.

13. 사기, 강박에 의한 의사표시에 관한 설명으로 옳은 것을 모두 고른 것은? (다툼이 있으면 판례에 따름)

> ㄱ. 부작위에 의한 기망행위도 인정될 수 있다.
> ㄴ. 제3자의 사기로 계약을 체결한 경우, 그 계약을 취소하지 않으면 그 제3자에 대하여 손해배상을 청구할 수 없다.
> ㄷ. 부정행위에 대한 고소, 고발은 부정한 이익의 취득을 목적으로 하는 경우에도 위법한 강박행위가 될 수 없다.

① ㄱ   ② ㄴ   ③ ㄱ, ㄷ   ④ ㄴ, ㄷ   ⑤ ㄱ, ㄴ, ㄷ

14. 甲은 자기 소유의 부동산을 1억원에 매도하겠다는 청약을 등기우편으로 乙에게 보냈다. 이에 관한 설명으로 옳지 않은 것은? (다툼이 있으면 판례에 따름)
① 甲의 청약은 乙에게 도달한 때에 효력이 생긴다.
② 甲이 등기우편을 발송한 후 성년후견개시의 심판을 받은 경우, 乙에게 도달한 甲의 청약은 효력이 발생하지 않는다.
③ 甲의 등기우편은 반송되는 등 특별한 사정이 없는 한 乙에게 배달된 것으로 인정하여야 한다.
④ 甲은 등기우편이 乙에게 도달하기 전에 자신의 청약을 철회할 수 있다.
⑤ 甲의 청약이 효력을 발생하기 위해서 乙이 그 내용을 알 것까지는 요하지 않는다.

15. 대리에 관한 설명으로 옳지 않은 것은? (다툼이 있으면 판례에 따름)
① 대리인은 행위능력자임을 요하지 않는다.
② 유언은 대리가 허용되지 않는다.
③ 대리에 있어 본인을 위한 것임을 표시하는 현명은 묵시적으로 할 수는 없다.
④ 임의대리의 경우 그 원인된 법률관계의 종료 전에 본인이 수권행위를 철회할 수 있다.
⑤ 대리인이 수인인 때에는 원칙적으로 각자가 본인을 대리한다.

16. 복대리에 관한 설명으로 옳은 것은?
① 복대리인은 대리인의 대리인이다.
② 법정대리인은 복대리인을 선임하지 못한다.
③ 복대리인의 대리권은 대리인의 대리권의 범위를 넘지 못한다.
④ 임의대리인이 부득이한 사유로 복대리인을 선임한 경우, 본인에 대하여 그 선임감독에 관한 책임이 없다.
⑤ 복대리인이 선임된 후 대리인의 대리권이 소멸하더라도 복대리권은 소멸하지 않는다.

민법총칙

13. 권리의 변동
    의사표시
    사기·강박에 의한 의사표시
    (민법 제110조)
    (상대적) 취소

ㄱ. 신의칙상 고지의무가 있음에도 고지하지 않은 경우
ㄴ. 제3자의 사기로 계약을 체결한 경우, 그 계약을 취소하지 않으면 않더라도 그 제3자에 대하여 손해배상을 청구할 수 없다. 있다.
ㄷ. 부정행위에 대한 고소, 고발은 부정한 이익의 취득을 목적으로 하는 경우에도는 위법한 강박행위가 될 수 없다. 있다.

14. 권리의 변동
    의사표시 ①
    효력 발생 시기

③⑤ 판례
④ 민법 제527조(계약의 청약의 구속력)

민법 제111조(의사표시의 효력발생시기)
① 상대방 있는 의사표시는 그 통지가 상대방에 도달한 때로부터 그 효력이 생긴다.   - 도달주의
② 표의자가 그 통지를 발한 후 사망하거나 행위능력을 상실하여도 의사표시의 효력에 영향을 미치지 않는다.

② 甲이 등기우편을 발송한 후 성년후견개시의 심판을 받은 경우, 乙에게 도달한 甲의 청약은 효력이 발생하지 않는다. 발생한다.

15. 권리의 변동
    법률행위의 대리

① 민법 제117조
④ 민법 제128조

⑤

② 신분행위(혼인, 입양, 유언 등 ↔ 재산행위)는 원칙적으로 대리가 허용되지 않는다.
③ 대리에 있어 본인을 위한 것임을 표시하는 현명(顯名)은 묵시적으로 할 수는 없다. 있다.

민법 제119조(각자대리)
대리인이 수인인 때에는 각자가 본인을 대리한다. 그러나 법률 또는 수권행위에 다른 정하는 바가 있는 때에는 그러하지 아니하다.

16. 권리의 변동
    법률행위의 대리
    복대리

③ 복대리권 ⊂ 대리권

민법 제122조
(법정대리인의 복임권과 그 책임)
법정대리인은 그 책임으로 복대리인을 선임할 수 있다. 그러나 부득이한 사유로 인한 때에는 전조 제1항에 정한 책임만이 있다.
민법 제123조(복대리인의 권한)
① 복대리인은 그 권한내에서 본인을 대리한다.
② 복대리인은 본인이나 제3자에 대하여 대리인과 동일한 권리의무가 있다.

① 복대리인은 대리인 본인의 대리인이다.
② 법정대리인은 복대리인을 선임하지 못한다. 선임할 수 있다.
④ 임의대리인이 부득이한 사유로 복대리인을 선임한 경우, 본인에 대하여 그 선임감독에 관한 책임이 없다. 있다.

민법 제120조(임의대리인의 복임권)
대리권이 법률행위에 의하여 부여된 경우에는 대리인은 본인의 승낙이 있거나 부득이한 사유가 있는 때가 아니면 복대리인을 선임하지 못한다.
민법 제121조(임의대리인의 복대리인 선임의 책임)
① 전조의 규정에 의하여 대리인이 복대리인을 선임한 때에는 본인에게 대하여 그 선임감독에 관한 책임이 있다.
② 대리인이 본인의 지명에 의하여 복대리인을 선임한 경우에는 그 부적임 또는 불성실함을 알고 본인에 대한 통지나 그 해임을 태만한 때가 아니면 책임이 없다.

⑤ 복대리인이 선임된 후 대리인의 대리권이 소멸하더라도면 복대리권은 소멸하지 않는다. 소멸한다.

17. 무권대리에 관한 설명으로 옳지 않은 것은? (다툼이 있으면 판례에 따름)
① 무권대리인이 체결한 계약은 본인이 이를 추인할 수 있다.
② 무권대리인이 체결한 계약의 상대방은 상당한 기간을 정하여 본인에게 추인여부의 확답을 최고할 수 있다.
③ 대리권 없이 타인의 부동산을 매도한 자가 그 부동산을 단독상속한 후 그 대리행위가 무권대리로 무효임을 주장하는 것은 신의칙상 허용될 수 없다.
④ 무권대리행위가 제3자의 기망 등 위법행위로 야기되었더라도 민법 제135조에 따른 무권대리인의 상대방에 대한 책임은 부정되지 않는다.
⑤ 민법 제135조에 따른 무권대리인의 상대방에 대한 책임은 대리권 흠결에 관하여 무권대리인에게 귀책사유가 있어야만 인정된다.

18. 甲이 토지거래허가구역 내의 자신의 토지에 대하여 乙과 매매계약을 체결한 경우에 관한 설명으로 옳은 것은? (다툼이 있으면 판례에 따름)
① 토지거래허가를 받기 전에도 위 계약의 채권적 효력은 발생한다.
② 토지거래허가를 받기 전에도 乙은 甲에게 소유권이전의무 불이행으로 인한 손해배상청구를 할 수 있다.
③ 위 계약 체결 후 토지거래허가를 받은 경우, 위 계약은 특별한 사정이 없는 한 그 허가를 받은 때부터 유효가 된다.
④ 토지거래허가를 받기 전에 甲이 허가신청협력의무의 이행거절의사를 명백히 표시한 경우, 위 계약은 확정적으로 무효가 된다.
⑤ 토지거래허가를 받지 못하여 위 계약이 확정적으로 무효가 된 경우, 그 무효가 됨에 있어 귀책사유가 있는 자는 위 계약의 무효를 주장할 수 없다.

19. 법률행위의 당사자 외에 선의의 제3자에 대하여도 무효를 주장할 수 있는 경우를 모두 고른 것은? (다툼이 있으면 판례에 따름)

| ㄱ. 의사무능력자의 법률행위 | ㄴ. 반사회질서의 법률행위 |
| ㄷ. 무효인 진의 아닌 의사표시 | ㄹ. 통정한 허위의 의사표시 |

① ㄱ, ㄴ   ② ㄱ, ㄷ   ③ ㄷ, ㄹ   ④ ㄱ, ㄴ, ㄹ   ⑤ ㄴ, ㄷ, ㄹ

20. 법률행위의 무효와 취소에 관한 설명으로 옳지 않은 것은? (다툼이 있으면 판례에 따름)
① 무효인 법률행위는 추인하여도 원칙적으로 그 효력이 생기지 않는다.
② 법률행위의 일부분이 무효인 경우에 대하여 규정하고 있는 민법 제137조는 임의규정이다.
③ 취소할 수 있는 법률행위에서 취소권자의 상대방이 그 취소할 수 있는 행위로 취득한 권리를 양도하는 경우 법정추인이 된다.
④ 하나의 법률행위의 일부분에만 취소사유가 있다고 하더라도 그 법률행위가 가분적이거나 그 목적물의 일부가 특정될 수 있다면, 그 나머지 부분이라도 이를 유지하려는 당사자의 가정적 의사가 인정되는 경우 그 일부만의 취소도 가능하다.
⑤ 임차권양도계약과 권리금 계약이 결합하여 경제적·사실적 일체로 행하여진 경우, 그 권리금계약 부분에만 취소사유가 존재하여도 특별한 사정이 없는 한 권리금계약 부분만을 따로 떼어 취소할 수는 없다.

민법총칙

17. 권리의 변동
   법률행위의 대리
   무권대리
     - 상대방의 최고권: 선악
                철회권: 선의
     - 본인의 추인의 상대방
        무권대리인
        무권대리행위의 상대방
        무권대리행위로 인한 권리
          또는 법률관계의 승계인
   협의의 무권대리

⑤ 무과실 책임
민법 제135조에 따른 무권대리인의 상대방에 대한 책임은 대리권 흠결에 관하여 무권대리인에게 귀책사유가 있어야만 인정된다. 인정되는 것이 아니다.

> 민법 제135조(무권대리인의 상대방에 대한 책임)
> ① 타인의 대리인으로 계약을 한 자가 그 대리권을 증명하지 못하고 또 본인의 추인을 얻지 못한 때에는 상대방의 선택에 좇아 계약의 이행 또는 손해배상의 책임이 있다.
> ② 상대방이 대리권 없음을 알았거나 알 수 있었을 때 또는 대리인으로 계약한 자가 행위능력이 없는 때에는 전항의 규정을 적용하지 아니한다.

18. 권리의 변동
    법률행위의 무효·취소
    유동적 무효

①②③④⑤ 판례

① 토지거래허가를 받기 전에도<u>는</u> 위 계약의 채권적 효력은 발생한다. 발생하지 않는다.
② 토지거래허가를 받기 전에도는 乙은 甲에게 소유권이전의무 불이행으로 인한 손해배상청구를 할 수 있다. 없다.
③ 위 계약 체결 후 토지거래허가를 받은 경우, 위 계약은 특별한 사정이 없는 한 <u>그 허가를 받은 때 소급하여 계약 체결 시부터 유효</u>가 된다.
⑤ 토지거래허가를 받지 못하여 위 계약이 확정적으로 무효가 된 경우, 그 무효가 됨에 있어 귀책사유가 있는 자도 위 계약의 무효를 주장할 수 없다. 있다.

19. 권리의 변동
    법률행위의 무효·취소

절대적 무효   ㄱ. ㄴ.
상대적 무효   ㄷ. ㄹ.

20. 권리의 변동
    법률행위의 무효·취소

> 민법 제137조(법률행위의 일부무효)   - 임의규정
> 법률행위의 일부분이 무효인 때에는 그 전부를 무효로 한다. 그러나 그 무효부분이 없더라도 법률행위를 하였을 것이라고 인정될 때에는 나머지 부분은 무효가 되지 아니한다.
> 민법 제139조(무효행위의 추인)
> 무효인 법률행위는 추인하여도 그 효력이 생기지 아니한다. 그러나 당사자가 그 무효임을 알고 추인한 때에는 새로운 법률행위로 본다.
> 민법 제145조(법정추인)   - 묵시적 추인
> 취소할 수 있는 법률행위에 관하여 전조의 규정에 의하여 추인할 수 있는 후에 다음 각 호의 사유가 있으면 추인한 것으로 본다. 그러나 이의를 보류한 때에는 그러하지 아니하다.
>   1. 전부나 일부의 이행
>   2. **(취소권자의)** 이행의 청구
>   3. 경개
>   4. 담보의 제공
>   5. **(취소권자의)** 취소할 수 있는 행위로 취득한 권리의 전부나 일부의 양도
>   6. 강제집행

②④⑤ 판례

③ 취소할 수 있는 법률행위에서 취소권자의 상대방이 취소권자가 그 취소할 수 있는 행위로 취득한 권리를 양도하는 경우 법정추인이 된다.

21. 법률행위의 조건과 기한에 관한 설명으로 옳지 않은 것은? (다툼이 있으면 판례에 따름)
① 기한부 권리는 일반규정에 의하여 처분할 수 있다.
② 조건있는 법률행위의 당사자는 조건의 성부가 미정한 동안에 조건의 성취로 인하여 생길 상대방의 이익을 해하지 못한다.
③ 해제조건있는 법률행위는 조건이 성취한 때로부터 그 효력을 잃지만, 당사자의 의사에 따라 이를 소급하게 할 수 있다.
④ 시기있는 법률행위는 기한이 도래한 때로부터 그 효력이 생긴다.
⑤ 부첩관계의 종료를 해제조건으로 하는 증여계약에서 그 조건은 무효이므로 그 증여계약은 조건없는 법률행위가 된다.

22. 2000년 5월 25일 오후 11시에 출생한 자가 성년이 되는 때는?
① 2018년 5월 25일 오후 11시
② 2019년 5월 25일 오전 0시
③ 2019년 5월 25일 오후 11시
④ 2020년 5월 25일 오전 0시
⑤ 2020년 5월 25일 오후 11시

23. 소멸시효의 대상이 되는 권리를 모두 고른 것은?

| ㄱ. 해제조건부 채권 | ㄴ. 불확정기한부 채권 | ㄷ. 소유권 | ㄹ. 인격권 |

① ㄱ, ㄴ   ② ㄱ, ㄷ   ③ ㄱ, ㄹ   ④ ㄴ, ㄷ   ⑤ ㄴ, ㄹ

24. 민법상 소멸시효에 관한 설명으로 옳은 것은? (다툼이 있으면 판례에 따름)
① 판결에 의하여 확정된 채권은 판결확정당시에 변제기가 도래하지 않아도 10년의 소멸시효에 걸린다.
② 본래의 소멸시효 기산일과 당사자가 주장하는 기산일이 서로 다른 경우에 법원은 당사자가 주장하는 기산일을 기준으로 소멸시효를 계산해야 한다.
③ 소멸시효의 기산점이 되는 '권리를 행사할 수 있는 때'란 권리를 행사하는 데 있어 사실상의 장애가 없는 경우를 말한다.
④ 어떤 권리의 소멸시효기간이 얼마나 되는지에 대해서 법원은 당사자의 주장에 따라 판단하여야 한다.
⑤ 어떤 채권이 1년의 단기소멸시효에 걸리는 경우, 그 채권의 발생원인이 된 계약에 기하여 상대방이 가지는 반대채권도 당연히 1년의 단기소멸시효에 걸린다.

25. 강행규정이 아닌 것은? (다툼이 있으면 판례에 따름)
① 신의성실의 원칙에 관한 민법 제2조
② 권리능력의 존속기간에 관한 민법 제3조
③ 미성년자의 행위능력에 관한 민법 제5조
④ 사단법인의 사원권의 양도, 상속금지에 관한 민법 제56조
⑤ 법인해산 시 잔여재산의 귀속에 관한 민법 제80조

21. 권리의 변동 　법률행위의 부관(조건·기한)	⑤ 부첩관계의 종료를 해제조건으로 하는 증여계약에서 그 조건은 무효이므로 그 증여계약은 조건 없는 법률행위가 된다. <u>무효이다.</u>
22. 권리의 변동 　기간	민법 제4조(성년) 사람은 19세로 성년에 이르게 된다. 민법 제158조(연령의 기산점) 연령계산에는 출생일을 산입한다. **2000년 5월 25일 오후 11시 출생** 　　―19년 후→ 2019년 5월 24일 24시 = 2019년 5월 25일 오전 0시
23. 권리의 변동 　소멸시효 - 대상 적격	ㄷ. **소유권** 항구성　　　ㄹ. **인격권** 비재산권
24. 권리의 변동 　소멸시효	① 판결에 의하여 확정된 채권은 판결확정당시에 변제기가 도래하지 않아도 <u>아니하면</u> 10년의 소멸시효에 걸린다. <u>걸리지 않는다.</u> 민법 제165조(판결등에 의하여 확정된 채권의 소멸시효) ① 판결에 의하여 확정된 채권이 단기의 소멸시효에 해당한 것이라도 그 소멸시효는 10년으로 한다. ② 파산절차에 의하여 확정된 채권 및 재판상의 화해, 조정 기타 판결과 동일한 효력이 있는 것에 의하여 확정된 채권도 전항과 같다. ③ 전2항의 규정은 판결확정 당시에 변제기가 도래하지 아니한 채권에 적용하지 아니한다.
②③④⑤ 판례 ② 변론주의 원칙	③ 소멸시효의 기산점이 되는 '권리를 행사할 수 있는 때'란 권리를 행사하는 데 있어 사실상 <u>법률상의</u> 장애가 없는 경우를 말한다. ④ 어떤 권리의 소멸시효기간이 얼마나 되는지에 대해서 법원은 당사자의 주장에 따라 <u>직권으로</u> 판단하여야 한다. ⑤ 어떤 채권이 1년의 단기소멸시효에 걸리는 경우, 그 채권의 발생원인이 된 계약에 기하여 상대방이 가지는 반대채권도 당연히 1년의 단기소멸시효에 걸린다. <u>걸리는 것은 아니고 일반소멸시효기간(민법 제162조(채권, 재산권의 소멸시효), 10년)의 적용을 받는다.</u>
25. 권리의 변동 　법률행위 　　법률행위의 목적 　　강행법규 　　　법원의 직권 판단 　　　추인 불가 　　　표현대리 준용 불가	민법 제105조(임의규정) 법률행위의 당사자가 법령중의 선량한 풍속 기타 사회질서에 관계없는 규정과 다른 의사를 표시한 때에는 그 의사에 의한다. ④ 임의규정 민법 제56조(사원권의 양도·상속 금지) 사단법인의 사원의 지위는 양도 또는 상속할 수 없다.

26. 통치행위에 해당하지 않는 것은? (다툼이 있으면 판례에 따름)
① 대통령의 서훈취소   ② 사면   ③ 이라크파병결정
④ 남북정상회담의 개최   ⑤ 대통령의 비상계엄선포

27. 행정법의 일반원칙에 관한 설명으로 옳지 않은 것은? (다툼이 있으면 판례에 따름)
① 행정의 자기구속원칙의 인정근거는 평등원칙 또는 신뢰보호원칙이다.
② 행정관행이 위법한 경우 명문의 규정이 없는 한 행정청은 자기구속을 당하지 않는다.
③ 비례의 원칙은 헌법상의 원칙이다.
④ 신뢰보호원칙에서 법률에 대한 신뢰는 신뢰보호의 대상이 되지 않는다.
⑤ 신뢰보호원칙에서 특정 개인에 대한 공적인 견해표명이 있어야 하는 것은 아니다.

28. 행정청은 장사 등에 관한 법령에 따른 납골당설치 신고를 한 甲에게 관계법령에 따른 준수사항을 이행하여야 한다는 것 등을 내용으로 하는 납골당설치 신고사항 이행통지를 하였다. 판례에 따를 때 옳지 않은 것을 모두 고른 것은?

┌───┐
│ ㄱ. 甲에 대한 신고필증 교부는 신고의 필수요건이다.
│ ㄴ. 위 이행통지는 수리처분과 다른 행정처분으로 볼 수 없다.
│ ㄷ. 신고가 위 법령의 모든 요건을 충족한다면 甲은 수리 전에 납골당을 설치할 수 있다.
│ ㄹ. 위 신고가 무효라면 신고수리행위도 무효이다.
└───┘

① ㄱ, ㄴ   ② ㄱ, ㄷ   ③ ㄴ, ㄹ   ④ ㄷ, ㄹ   ⑤ ㄱ, ㄴ, ㄷ

29. 행정입법에 관한 설명으로 옳은 것은? (다툼이 있으면 판례에 따름)
① 헌법이 규정하고 있는 위임입법의 형식은 열거적인 것이다.
② 법규명령이 위임의 근거가 없어 무효라면 나중에 법 개정으로 위임의 근거가 부여되더라도 유효한 법규명령이 될 수 없다.
③ 법 집행기관의 자의적 법집행이 배제되는지 여부는 법규범의 명확성 판단기준이 될 수 없다.
④ 재량준칙의 제정에는 법령상 근거가 필요하다.
⑤ 법령의 위임이 없음에도 법령에 규정된 처분 요건에 해당하는 사항을 부령에서 변경하여 규정한 경우에 그 규정은 국민에 대한 대외적 구속력이 없다.

30. 강학상 허가에 관한 설명으로 옳지 않은 것은? (다툼이 있으면 판례에 따름)
① 반드시 신청을 전제로 하는 것은 아니다.
② 건축허가는 대물적 성질을 갖는 것이어서 그 허가를 할 때에 인적 요소에 관해서는 형식적 심사만 한다.
③ 허가에 붙은 기한이 그 허가된 사업의 성질상 부당하게 짧은 경우에는 그 허가조건의 존속기간으로 보아야 한다.
④ 허가신청 후 처분 전에 관계법령이 개정되었다면 원칙적으로 개정된 법령에 따라 허가 여부를 결정하여야 한다.
⑤ 타법상의 인·허가가 의제되는 허가를 하는 경우, 행정청은 타법상의 인·허가 요건에 대한 심사 없이 허가처분을 할 수 있다.

26. 행정법 통론 　　행정 　　통치행위	통치행위(統治行爲) 　고도의 정치성을 갖는 국가기관의 행위 　법으로 규정되거나 사법심사의 대상으로 적당하지 않음. ① 서훈수여: 통치행위, **서훈취소**: 통치행위(판례)	
27. 행정법 통론 　　행정 　　법원(法源) 　　　- 성문법원 　　　- 불문법원: 관습법, 판례법, 조리 　　　- 일반원칙	신뢰보호의 원칙(행정기본법 제12조) 　- 공적 견해 표명 요건 　　특정 개인에 대한 견해 표명일 필요는 없다. 　- 법령·행정계획에 대한 신뢰도 보호될 수 있다. ①②③⑤ 판례 ④ 신뢰보호원칙에서 법률에 대한 신뢰는 신뢰 보호의 대상이 되지 않 　는다. <u>된다.</u>	
28. 행정법 통론 　　행정상 법률관계 　　사인(私人)의 공법행위 ㄱ, ㄴ, ㄷ, ㄹ. 판례	행정요건적(행위요건적) 신고 = 수리를 요하는 신고 　- 납골당설치 신고: 행정요건적 신고 자기완성적(자체완결적) 신고 = 수리를 요하지 않는 신고 ㄱ. 甲에 대한 신고필증 교부는 신고의 필수요건이다. <u>이 아니다.</u> ㄷ. 신고가 위 법령의 모든 요건을 충족한다면 <u>충족하더라도</u> 甲은 수리 　전에 납골당을 설치할 수 있다. <u>없다.</u>	
29. 행정작용법 　　행정입법 ①②③⑤ 판례	① 헌법이 규정하고 있는 위임입법의 형식은 열거적 <u>예시적</u>인 것이다. ② 법규명령이 위임의 근거가 없어 무효라면 나중에 법 개정으로 위임 　의 근거가 부여되더라도면 (그때부터) 유효한 법규명령이 될 수 없 　다. <u>있다.</u> ③ (예측가능성 및) 법 집행기관의 자의적 법집행이 배제되는지 여부 　는 법규범의 명확성 판단기준이 될 수 없다. <u>있다.</u> ④ 재량준칙(형식상 행정규칙)의 제정에는 법령상 근거가 필요하다. 　<u>필요하지 않다.</u>	
30. 행정작용법 　　행정행위 　　법률행위적 행정행위 　　　- 명령적 행정행위: 면제, 하명, 허가 　　　- 형성적 행정행위: 대리, 인가, 특허 　　준법률행위적 행정행위: 　　　　　　공증, 수리, 통지, 확인	②③④⑤ 판례 ① 허가: **신청 전제**, 인가·특허: 신청 전제 ④ 허가신청 후 처분 전에 관계법령이 개정되었다면, 허가 관청이 허가 　신청을 수리하고도 정당한 이유 없이 처리를 늦추는 바람에 허가 기 　준이 변경된 것이 아니라면, 원칙적으로 개정된 법령에 따라 허가 　여부를 결정하여야 한다. ⑤ 타법상의 인·허가가 의제되는 허가를 하는 경우, 행정청은 타법상 　의 인·허가 요건에 대한 심사 없이 <u>를 거쳐</u> 허가 처분을 할 수 있다. 　<u>하여야 한다.</u>	

31. 행정행위의 효력에 관한 설명으로 옳지 않은 것은? (다툼이 있으면 판례에 따름)
① 내용상 구속력은 행정행위의 실체법상 효력으로 관계인도 구속한다.
② 행정행위에 불가쟁력이 발생하면 판결에서와 같은 기판력이 발생하여 그 처분의 기초가 된 사실관계나 법률적 판단은 확정된다.
③ 행정행위가 당연무효가 아닌 한 권한 있는 기관에 의해 취소되기 전까지 누구도 그 효력을 부인할 수 없는 것은 공정력 때문이다.
④ 행정행위의 위법여부가 민사소송에서 선결문제가 된 경우 민사법원은 그 행정행위의 위법여부를 판단할 수 있다.
⑤ 행정행위의 불가변력은 모든 행정행위에서 발생하는 효력은 아니다.

32. 행정행위의 무효와 취소에 관한 설명으로 옳은 것은? (다툼이 있으면 판례에 따름)
① 하자의 치유는 무효인 행정행위에서만 인정된다.
② 행정심판의 필요적 전치주의가 적용되는 경우 무효확인소송을 제기하려면 무효확인심판의 재결을 거쳐야 한다.
③ 당연무효를 선언하는 의미에서의 취소소송을 제기할 때에는 취소소송의 제소기간을 준수해야 한다.
④ 헌법재판소에 의해 위헌으로 결정된 법률에 근거한 행정행위는 위헌결정이 있기 전에 발령된 행정행위라도 무효이다.
⑤ 불가쟁력이 발생한 과세처분의 근거법률이 후에 위헌으로 결정되었더라도 위헌결정 이후에 행한 그 과세처분에 따른 체납처분은 효력이 있다.

33. 2019. 2. 1. 행정청 甲은 乙에 대하여 2019. 3. 1.부터 2020. 4. 30.까지의 기간을 정하여 도로점용허가처분을 하면서, 매달 100만원의 점용료를 납부할 의무를 명하는 부관을 부가하였다. 그리고 2019. 5. 1. 乙의 도로점용이 교통혼잡을 초래할 경우 도로점용허가를 취소할 수 있다는 부관을 부가하였다. 이 사례에 관한 설명으로 옳은 것은? (취소소송을 제기하는 경우 제소기간은 준수한 것으로 보며, 다툼이 있으면 판례에 따름)
① 매달 100만원의 점용료를 납부하도록 하는 부관은 조건에 해당한다.
② 도로점용허가는 2020. 4. 30. 이후 행정청이 허가취소의 의사표시를 함으로써 효력이 소멸된다.
③ 2019. 3. 1.부터 2020. 4. 30.까지의 기간만의 취소를 구하는 乙의 소송에 대하여 법원은 기각판결을 해야 한다.
④ 매달 100만원의 점용료를 납부하도록 하는 부관이 비례의 원칙에 위배되어 乙이 취소소송을 제기한 경우 법원은 이 부관만을 취소할 수 있다.
⑤ 2019. 5. 1. 甲이 부가한 부관은 乙의 동의가 있더라도 법령의 근거가 없으면 위법하다.

31. 행정작용법
    행정행위
      효력(확정력) - 공정력
                  - 집행력
                  - 불가변력
                  - 불가쟁력

② 행정행위에 불가쟁력이 발생하면 판결에서와 같은 기판력이 발생하여 발생하는 것은 아니므로 그 처분의 기초가 된 사실관계나 법률적 판단은 확정된다. 이 확정되는 것은 아니다.

32. 행정작용법
    행정행위
      하자 - 무효·취소

①③④⑤ 판례

① 하자의 치유는 무효인 취소할 수 있는 행정행위에서만 인정된다.
② 행정심판의 필요적 전치주의가 적용되는 경우라 하더라도 무효확인소송을 제기하려면 무효확인심판의 재결을 거쳐야 한다. 거칠 필요가 없다.
④ 헌법재판소에 의해 위헌으로 결정된 법률에 근거한 행정행위는 위헌결정이 있기 전에 발령된 행정행위라도 무효이다. 라면 취소사유에 해당한다.
⑤ 불가쟁력이 발생한 과세처분의 근거 법률이 후에 위헌으로 결정되었더라도다면 위헌결정 이후에 행한 그 과세처분에 따른 체납처분은 효력이 있다. 없다.

33. 행정작용법
    행정행위
      (재량 행정행위의) 부관

③④⑤ 판례
④ 판례:
    부관 중 부담에 대해서만 독립적 소송 대상이 될 수 있다.

행정기본법 제17조(부관)
① 행정청은 처분에 재량이 있는 경우에는 부관(조건, 기한, 부담, 철회권의 유보 등을 말한다. 이하 이 조에서 같다)을 붙일 수 있다.
② 행정청은 처분에 재량이 없는 경우에는 법률에 근거가 있는 경우에 부관을 붙일 수 있다.
③ 행정청은 부관을 붙일 수 있는 처분이 다음 각 호의 어느 하나에 해당하는 경우에는 그 처분을 한 후에도 부관을 새로 붙이거나 종전의 부관을 변경할 수 있다.
    1. 법률에 근거가 있는 경우
    2. 당사자의 동의가 있는 경우
    3. 사정이 변경되어 부관을 새로 붙이거나 종전의 부관을 변경하지 아니하면 해당 처분의 목적을 달성할 수 없다고 인정되는 경우
④ 부관은 다음 각 호의 요건에 적합하여야 한다.
    1. 해당 처분의 목적에 위배되지 아니할 것
    2. 해당 처분과 실질적인 관련이 있을 것
    3. 해당 처분의 목적을 달성하기 위하여 필요한 최소한의 범위일 것

① 매달 100만원의 점용료를 납부하도록 하는 부관은 조건에 조건이 아닌 부담에 해당한다.
② 도로점용허가는 2020. 4. 30. 이후(점용기간의 만료) 행정청이 허가 취소의 의사표시를 함으로써 하지 않아도 당연히 효력이 소멸한다.
③ 2019. 3. 1.부터 2020. 4. 30.까지의 기간만의 취소를 구하는 乙의 소송에 대하여 법원은 기각 각하판결을 해야 한다.
⑤ 2019. 5. 1. 甲이 부가한 부관은 乙의 동의가 있더라도 법령의 근거가 없으면 위법하다. 를 요하지 않는다.

34. 형성적 행정행위에 해당하는 것을 모두 고른 것은?

> ㄱ. 사인에게 권리를 설정해 주는 행위
> ㄴ. 작위의무를 명하는 행위
> ㄷ. 포괄적 법률관계를 설정하는 행위
> ㄹ. 행정청이 타인의 법률행위를 보충하여 그 효력을 완성시켜주는 행위
> ㅁ. 제3자가 해야 할 행위를 행정기관이 대신하여 행함으로써 제3자가 행한 것과 같은 효과를 발생시키는 행위

① ㄱ, ㄴ, ㅁ ② ㄱ, ㄷ, ㄹ ③ ㄱ, ㄷ, ㄹ, ㅁ ④ ㄴ, ㄷ, ㄹ, ㅁ ⑤ ㄱ, ㄴ, ㄷ, ㄹ, ㅁ

35. 개인정보보호법에 관한 설명으로 옳은 것은?
① 법인의 정보는 이 법의 보호대상이다.
② 사자(死者)의 정보는 이 법의 보호대상이다.
③ 정보처리자는 정보주체와의 계약의 체결을 위하여 불가피한 경우에는 정보주체의 동의 없이 개인정보를 제3자에게 제공할 수 있다.
④ 개인정보처리자가 이 법에 위반한 행위로 정보주체에게 손해를 입힌 경우, 개인정보처리자의 손해배상책임은 무과실책임이다.
⑤ 정보주체의 권리침해행위의 금지·중지를 구하는 단체소송을 제기하려면 법원의 허가를 받아야 한다.

36. 공공기관의 정보공개에 관한 법률에 관한 설명으로 옳지 않은 것은? (다툼이 있으면 판례에 따름)
① 정보공개청구의 대상이 되는 문서는 원본이어야 한다.
② 권리능력 없는 사단은 그 설립목적을 불문하고 이 법에 의한 정보공개청구권을 갖는다.
③ 이미 다른 사람에게 공개되어 널리 알려져 있는 정보도 공개청구의 대상이 될 수 있다.
④ 공공기관이 정보공개청구인이 신청한 공개방법 이외의 방법으로 정보를 공개하기로 결정하였다면, 그 결정에 대하여 항고소송으로 다툴 수 있다.
⑤ 고등교육법에 따른 대학은 정보공개의무를 지는 공공기관이다.

37. 행정대집행법상의 대집행에 관한 설명으로 옳지 않은 것은? (다툼이 있으면 판례에 따름)
① 대집행을 할 수 있는 권한을 가진 행정청은 대집행권한을 타인에게 위탁할 수 있다.
② 대집행을 하려는 경우 상당한 이행기한을 정하여 그 기한까지 이행되지 아니할 때에는 대집행을 한다는 뜻을 미리 문서로써 계고하여야 한다.
③ 관계 법령에 위반하여 장례식장 영업을 하고 있는 자의 장례식장 사용중지의무는 대집행의 대상이 아니다.
④ 토지·건물의 명도의무는 대집행의 대상이 될 수 있다.
⑤ 대집행에 요한 비용은 국세징수법의 예에 의하여 징수할 수 있다.

34. 행정작용법
행정행위
법률행위적 행정행위
준법률행위적 행정행위:
공증, 수리, 통지, 확인

	법률행위적 행정행위	- 명령적 행정행위: 면제, 하명, 허가
		- 형성적 행정행위: 대리, 인가, 특허
ㄱ.	설권행위	특허	형성적 행정행위
ㄴ.		하명	명령적 행정행위
ㄷ.	설권행위	특허	형성적 행정행위
ㄹ.		인가	형성적 행정행위
ㅁ.		대리	형성적 행정행위

35. 행정절차·(행정)정보
개인정보보호

⑤ 개인정보보호법 제54조, 제55조

① 법인의 정보는 이 법의 보호대상이다. 이 아니다.
② 사자(死者)의 정보는 이 법의 보호대상이다. 이 아니다.
③ 정보처리자는 정보 주체와의 계약의 체결을 위하여 불가피한 경우에는라도 정보 주체의 동의 없이 개인정보를 제3자에게 제공할 수 있다. 없다.
④ 개인정보처리자가 이 법에 위반한 행위로 정보 주체에게 손해를 입힌 경우, 개인정보처리자의 손해배상책임은 무과실책임 과실책임이다.

36. 행정절차·(행정)정보
정보공개

①②③④⑤ 판례

① 정보공개청구의 대상이 되는 문서는 원본이어야 한다. 일 필요는 없다.

⑤
> 공공기관의 정보공개에 관한 법률 시행령 제2조(공공기관의 범위)
> 「공공기관의 정보공개에 관한 법률」(이하 "법"이라 한다) 제2조(정의)제3호마목에서 "대통령령으로 정하는 기관"이란 다음 각 호의 기관 또는 단체를 말한다.
> 1. 「유아교육법」, 「초·중등교육법」, 「고등교육법」에 따른 각급 학교 또는 그 밖의 다른 법률에 따라 설치된 학교
> 2. 삭제 〈2021. 6. 22.〉
> 3. 「지방자치단체 출자·출연 기관의 운영에 관한 법률」 제2조(**적용대상 등**)제1항에 따른 출자기관 및 출연기관
> 4. 특별법에 따라 설립된 특수법인
> 5. 「사회복지사업법」 제42조(**보조금 등**)제1항에 따라 국가나 지방자치단체로부터 보조금을 받는 사회복지법인과 사회복지사업을 하는 비영리법인
> 6. 제5호 외에 「보조금 관리에 관한 법률」 제9조(**보조금의 대상 사업 및 기준보조율 등**) 또는 「지방재정법」 제17조(**기부 또는 보조의 제한**)제1항 각 호 외의 부분 단서에 따라 국가나 지방자치단체로부터 연간 5천만원 이상의 보조금을 받는 기관 또는 단체. 다만, 정보공개 대상 정보는 해당 연도에 보조를 받은 사업으로 한정한다.

37. 행정상 실효성 확보 수단
행정강제
행정대집행

④ 토지·건물의 명도의무는 대집행의 대상이 될 수 있다. 없다.
≠ 대체적 작위의무

38. 행정질서벌에 관한 설명으로 옳지 않은 것은?
① 행정청이 질서위반행위에 대하여 과태료를 부과하고자 하는 때에는 당사자에게 사전통지하고, 의견을 제출할 기회를 주어야 한다.
② 질서위반행위의 성립과 과태료 처분은 행위시의 법률에 따른다.
③ 고의 또는 과실이 없는 질서위반행위는 과태료를 부과하지 아니한다.
④ 행정청의 과태료부과행위는 행정소송법상 항고소송의 대상이 된다.
⑤ 법률에 따르지 아니하고는 어떤 행위도 질서위반행위로 과태료를 부과하지 아니한다.

39. 행정심판법상 재결에 해당하지 않는 것은?
① 취소심판에서의 처분취소명령재결
② 취소심판에서의 처분변경명령재결
③ 의무이행심판에서의 처분재결
④ 의무이행심판에서의 처분명령재결
⑤ 무효등확인심판에서의 무효등확인재결

40. 행정소송법상 가구제에 관한 설명으로 옳지 않은 것은?
① 행정심판법에서 인정되는 임시처분제도가 행정소송법에는 없다.
② 집행정지는 공공복리에 중대한 영향을 미칠 우려가 있을 때에는 허용되지 아니한다.
③ 집행정지신청이 인용되려면 취소소송이 제기된 경우에 처분 등이나 그 집행 또는 절차의 속행으로 인하여 생길 중대한 손해를 예방하기 위한 경우이어야 한다.
④ 집행정지의 결정을 신청함에 있어서는 그 이유에 대한 소명이 있어야 한다.
⑤ 처분의 효력정지는 처분 등의 집행 또는 절차의 속행을 정지함으로써 목적을 달성할 수 있는 경우에는 허용되지 아니한다.

41. 행정소송법상 항고소송에 관한 설명으로 옳은 것은?
① 취소소송은 처분등의 취소를 구할 정당한 이익이 있는 자가 제기할 수 있다.
② 취소소송은 다른 법률에 특별한 규정이 없는 한 국가·공공단체 그밖의 권리주체를 피고로 한다.
③ 행정소송법상 항고소송의 종류로는 취소소송, 무효등확인소송, 의무이행소송이 있다.
④ 처분등을 취소하는 확정판결은 당사자 간에 효력이 있고, 제3자에 대하여는 효력이 미치지 아니한다.
⑤ 법원은 필요하다고 인정할 때에는 직권으로 증거조사를 할 수 있고, 당사자가 주장하지 아니한 사실에 대하여도 판단할 수 있다.

38. 행정상 실효성 확보 수단
    행정벌 ②
    행정질서벌
    ⑤

    ③

    ①

39. 행정구제법
    행정쟁송 - 행정심판
    ①처분취소명령재결
    2010년 행정심판법 개정으로 삭제

40. 행정구제법
    행정쟁송
    행정소송 - 가구제(假救濟)

41. 행정구제법
    행정쟁송
    행정소송
    항고소송
     - 취소소송
     - 무효등확인소송
     - 부작위위법확인소송

    ⑤ 직권심리주의

    행정소송법 제26조(직권심리)
    법원은 필요하다고 인정할 때에는 직권으로 증거조사를 할 수 있고, 당사자가 주장하지 아니한 사실에 대하여도 판단할 수 있다.

질서위반행위규제법 제3조(법 적용의 시간적 범위)
① 질서위반행위의 성립과 과태료 처분은 행위 시의 법률에 따른다.
질서위반행위규제법 제6조(질서위반행위 법정주의)
법률에 따르지 아니하고는 어떤 행위도 질서위반행위로 과태료를 부과하지 아니한다.
질서위반행위규제법 제7조(고의 또는 과실)
고의 또는 과실이 없는 질서위반행위는 과태료를 부과하지 아니한다.
질서위반행위규제법 제16조(사전통지 및 의견 제출 등)
① 행정청이 질서위반행위에 대하여 과태료를 부과하고자 하는 때에는 미리 당사자(제11조**(법인의 처리 등)**제2항에 따른 고용주등을 포함한다. 이하 같다)에게 대통령령으로 정하는 사항을 통지하고, 10일 이상의 기간을 정하여 의견을 제출할 기회를 주어야 한다. 이 경우 지정된 기일까지 의견 제출이 없는 경우에는 의견이 없는 것으로 본다.

④ 행정청의 과태료부과행위(과태료부과처분 ≠ 행정처분)는 행정소송법상 항고소송의 대상이 된다. 아니다.

③ 집행정지신청이 인용되려면 취소소송이 제기된 경우에 처분 등이나 그 집행 또는 절차의 속행으로 인하여 생길 중대한 회복하기 어려운 손해를 예방하기 위한 경우이어야 한다.

① 취소소송은 처분등의 취소를 구할 정당한 이익 법률상 이익이 있는 자가 제기할 수 있다.

행정소송법 제12조(원고적격)
취소소송은 처분등의 취소를 구할 법률상 이익이 있는 자가 제기할 수 있다. 처분등의 효과가 기간의 경과, 처분등의 집행 그 밖의 사유로 인하여 소멸된 뒤에도 그 처분등의 취소로 인하여 회복되는 법률상 이익이 있는 자의 경우에는 또한 같다.

② 취소소송은 다른 법률에 특별한 규정이 없는 한 국가·공공단체 그 밖의 권리주체를 처분 행정청을 피고로 한다.

행정소송법 제13조(피고적격)
① 취소소송은 다른 법률에 특별한 규정이 없는 한 그 처분등을 행한 행정청을 피고로 한다. 다만, 처분등이 있은 뒤에 그 처분등에 관계되는 권한이 다른 행정청에 승계된 때에는 이를 승계한 행정청을 피고로 한다.

③ 행정소송법상 항고소송의 종류로는 취소소송, 무효등확인소송, 의무이행소송 부작위위법확인소송이 있다.
④ 대세효(對世效)
처분등을 취소하는 확정판결은 당사자 간에 효력이 있고, 제3자에 대하여는도 효력이 미치지 아니한다. 미친다.

42. 국가배상법에 관한 설명으로 옳은 것은? (다툼이 있으면 판례에 따름)
① 국가배상법 제2조의 공무원이란 국가공무원이나 지방공무원법에 의해 공무원으로서의 신분을 가진 자에 국한한다.
② 국가배상책임에 있어서 공무원에게 중과실이 있는 경우 국가나 지방자치단체는 그 공무원에게 구상할 수 없다.
③ 공공의 영조물의 설치·관리의 하자에는 물적 하자만이 아니라 기능적 하자 또는 이용상 하자도 포함된다.
④ 국가배상책임이 있는 경우에 공무원의 선임·감독을 맡은 자와 공무원의 봉급·급여를 부담하는 자가 동일하지 아니하면 선임·감독을 맡은 자만이 손해를 배상한다.
⑤ 생명·신체의 침해로 인한 국가배상을 받을 권리는 양도할 수 있지만, 압류할 수는 없다.

43. 공익사업을 위한 토지 등의 취득 및 보상에 관한 법률에 따른 손실보상에 관한 설명으로 옳지 않은 것은?
① 손실보상은 다른 법률에 특별한 규정이 있는 경우를 제외하고는 현금지급을 원칙으로 한다.
② 토지소유자가 토지수용위원회의 재결에 불복하여 제기하려는 행정소송이 보상금의 증감(增減)에 관한 소송인 경우 토지수용위원회를 피고로 한다.
③ 공익사업에 필요한 토지등의 취득으로 인하여 토지소유자가 입은 손실은 사업시행자가 보상하여야 한다.
④ 지방토지수용위원회의 재결에 이의가 있는 자는 해당 지방토지수용위원회를 거쳐 중앙토지수용위원회에 이의를 신청할 수 있다.
⑤ 보상액의 산정은 협의에 의한 경우에는 협의 성립 당시의 가격을, 재결에 의한 경우에는 수용 또는 사용의 재결 당시의 가격을 기준으로 한다.

44. 행정소송법에서 규정하고 있는 행정소송의 종류에 해당하지 않는 것은?
① 당사자소송   ② 기관소송   ③ 민중소송   ④ 부작위법확인소송   ⑤ 예방적 금지소송

45. 행정기관 중 합의제 행정기관 혹은 위원회에 관한 설명으로 옳지 않은 것은?
① 중앙행정기관인 위원회의 설치와 직무범위는 법률로 정한다.
② 지방자치단체는 그 소관 사무의 범위에서 조례로 위원회 등의 자문기관을 설치·운영할 수 있다.
③ 심의기관의 결정에는 특별한 규정이 없는 한 법적 구속력이 없다.
④ 헌법에 따라 설치되는 위원회에 대하여는 행정기관 소속 위원회의 설치·운영에 관한 법률을 적용한다.
⑤ 의결권만을 갖는 의결기관인 위원회는 결정된 의사의 대외적 표시권한을 갖지 못한다.

42. 행정구제 　　행정상 손해전보 　　행정상 손해배상(국가배상) ①③ 판례 ⑤ 국가배상법 제4조(양도 등 금지) 생명·신체의 침해로 인한 국가배상을 받을 권리는 양도하거나 압류하지 못한다.	① 국가배상법 제2조(배상책임)의 공무원이란 국가공무원법이나 지방공무원법에 의해 공무원으로서의 신분을 가진 자에 <s>국한한다.</s> 국한하지 않는다. ② 국가배상책임에 있어서 공무원에게 중과실이 있는 경우 국가나 지방자치단체는 그 공무원에게 구상할 수 <s>없다.</s> 있다. ④ 국가배상책임이 있는 경우에 공무원의 선임·감독을 맡은 자와 공무원의 봉급·급여를 부담하는 자가 동일하지 아니하면 <s>선임·감독을 맡은 자만이</s> 와 봉급·급여를 부담하는 자가 공동으로 손해를 배상한다. ⑤ 생명·신체의 침해로 인한 국가배상을 받을 권리는 <s>양도할 수 있지만, 압류할 수는 없다.</s> 양도·압류하지 못한다.	
43. 행정구제법 　　행정상 손해전보 　　행정상 손실보상	② 토지소유자가 토지수용위원회의 재결에 불복하여 제기하려는 행정소송이 보상금의 증감(增減)에 관한 소송인 경우 <s>토지수용위원회</s> 그 소송을 제기하는 자가 토지소유자일 때에는 사업시행자를, 사업시행자일 때에는 토지소유자를 피고로 한다.	
44. 행정구제법 　　행정쟁송 　　**행정소송**	행정소송 (행정소송법 제3조·제4조)	1. 항고소송 2. 당사자소송 3. 민중소송: 선거소송, 투표소송, 주민소송 4. 기관소송	1) 취소소송 2) 무효등확인소송 3) 부작위위법확인소송
45. 행정조직법 　　행정조직법 　　행정기관 　　합의제행정기관 ① 정부조직법 제2조 ② 지방자치법 제130조 ㈜ 　1. 방송통신위원회 　2. 공정거래위원회 　3. 국민권익위원회 　4. 금융위원회 　5. 개인정보보호위원회 　6. 원자력안전위원회 　7. 행정중심복합도시건설청 　8. 새만금개발청	④ 헌법에 따라 설치되는 위원회 및 정부조직법 제2조제2항에 따라 다른 법률에 의하여 중앙행정기관으로 설치되는 위원회에 대하여는 행정기관 소속 위원회의 설치·운영에 관한 법률을 <s>적용한다.</s> 적용하지 않는다. 행정기관 소속 위원회의 설치·운영에 관한 법률 제3조(적용범위) ① 이 법은 다음 각 호의 행정기관 소속 위원회에 대하여 적용한다. 　1. 대통령과 그 소속 기관 　2. 국무총리와 그 소속 기관 　3. 「정부조직법」 제2조(중앙행정기관의 설치와 조직 등)제2항에 따른 중앙행정기관과 그 소속 기관 ② 제1항에도 불구하고 「헌법」에 따라 설치되는 위원회 및 「정부조직법」 제2조제2항에 따라 다른 법률에 의하여 중앙행정기관으로 설치되는 위원회㈜에 대하여는 이 법을 적용하지 아니한다. 다만, 중앙행정기관으로 설치되는 위원회 내에 위원회를 설치·운영하는 경우에는 그러하지 아니하다.	

46. 행정관청 간의 관계에 관한 설명으로 옳은 것은? (다툼이 있으면 판례에 따름)
① 상급관청의 훈령권에는 법령상 근거가 요구된다.
② 대외적 구속력이 없는 훈령을 위반한 조치는 위법하다.
③ 하급행정관청의 권한행사에 대한 상급행정관청의 내부적인 승인·인가는 행정처분이 아니다.
④ '동의'를 의미하는 관계기관의 '협의'의견은 주무관청을 구속하지 않는다.
⑤ 상급관청의 하급관청에 대한 감시권에는 개별적인 법령상 근거를 요한다.

47. 경찰책임에 관한 설명으로 옳은 것은?
① 경찰위험에 책임이 없는 제3자에게 경찰권을 발동하려면 경찰긴급상태의 요건을 갖추어야 한다.
② 물건으로 인한 위험이나 장해로부터 발생하는 경찰책임을 행위책임이라고 한다.
③ 행위책임은 공법적 책임이므로 고의나 과실을 요한다.
④ 사법상 법인은 경찰책임을 부담하지 아니한다.
⑤ 외국인은 경찰책임을 부담하지 아니한다.

48. 공무원의 권리와 의무에 관한 설명으로 옳지 않은 것은? (다툼이 있으면 판례에 따름)
① 지방공무원법에 따라 공무원은 직무수행 시 소속상사의 직무상 명령에 복종하여야 하지만, 이에 대한 의견을 진술할 수 있다.
② 공무원이 보수에 해당하는 금원지급을 구할 경우 해당 보수항목이 국가예산에 계상되어 있어야만 하는 것은 아니다.
③ 지방공무원법에 따른 고충심사의 결정은 행정처분이 아니다.
④ 지급결정된 연금의 지급청구소송은 공법상 당사자소송으로 제기되어야 한다.
⑤ 공무원연금법상 연금수급권은 사회보장수급권과 재산권의 성격을 함께 가진다.

49. 공물에 관한 설명으로 옳은 것은? (다툼이 있으면 판례에 따름)
① 행정재산은 시효취득의 대상이 된다.
② 국유재산법상 행정재산의 사용허가는 사법상 계약의 성질을 가진다.
③ 국유공물은 민사집행법에 의한 강제집행의 대상이 될 수 있다.
④ 국유재산의 무단점유에 대한 변상금의 징수는 재량행위이다.
⑤ 도로부지에는 저당권을 설정할 수 있다.

50. 지방자치단체의 사무에 관한 설명으로 옳지 않은 것은? (다툼이 있으면 판례에 따름)
① 자치사무에 대한 국가의 감독은 적법성 통제에 그친다.
② 조례안으로 지방자치단체 사무의 민간위탁에 관하여 지방의회의 사전 동의를 받도록 하는 것은 위법하지 않다.
③ 자치사무에 있어서 시·도와 시·군·자치구의 사무가 경합하는 경우 시·군·자치구가 먼저 처리한다.
④ 호적사무는 사법적(司法的) 성격이 강한 국가의 사무이다.
⑤ 개별법령에서 조례로 정하도록 위임한 경우 기관위임사무에 대해서도 조례를 정할 수 있다.

46. 행정조직법 　　행정조직법 　　행정기관 ③④ 판례 ③ 행정관청 내부 행위		① 상급관청의 훈령권에는 법령상 근거가 요구된다. 요구되지 않는다. ② 대외적 구속력이 없는 훈령을 위반한 조치는 위법하다. 위법하지 않다. ④ '동의'를 의미하는 관계기관의 '협의'의견은 주무관청을 구속하지 않는다. 구속한다. ⑤ 상급관청의 하급관청에 대한 감시권에는 개별적인 법령상 근거를 요한다. 요하지 않는다.

47. 특별행정작용법
　　경찰관 직무집행법

② 물건으로 인한 위험이나 장해로부터 발생하는 경찰책임을 행위책임 상태책임이라고 한다.
③ 행위책임은 공법적 책임이므로 고의나 과실을 요한다. 요하지 않는다.
④ 사법상 법인은 경찰책임을 부담하지 아니한다. 부담한다.
⑤ 외국인은 경찰책임을 부담하지 아니한다. 부담한다.

48. 행정조직법
　　공무원법

② 판례: 근무조건 법정주의
　　공무원이 보수에 해당하는 금원 지급을 구할 경우 지급 근거의 명시적 법률 규정이 있고 해당 보수 항목이 국가예산에 계상되어 있어야만 하는 것은 아니다. 한다.

49. 특별행정작용법
　　급부행정법(공물법)

⑤

도로법 제4조(사권의 제한)
도로를 구성하는 부지, 옹벽, 그 밖의 시설물에 대해서는 사권(私權)을 행사할 수 없다. 다만, 소유권을 이전하거나 저당권을 설정하는 경우에는 사권을 행사할 수 있다.

① 행정재산은 시효취득의 대상이 된다. 되지 않는다.
② 국유재산법상 행정재산의 사용 허가는 사법상 계약의 성질을 가진다. 공법상 관계로서 특허에 해당한다.
③ 국유공물은 민사집행법에 의한 강제집행의 대상이 될 수 있다. 없다.
④ 국유재산의 무단점유에 대한 변상금의 징수는 재량행위 기속행위이다.

국유재산법 제72조(변상금의 징수)
① 중앙관서의 장등은 무단점유자에 대하여 대통령령으로 정하는 바에 따라 그 재산에 대한 사용료나 대부료의 100분의 120에 상당하는 변상금을 징수한다. 다만, 다음 각 호의 어느 하나에 해당하는 경우에는 변상금을 징수하지 아니한다.

50. 행정조직법
　　지방자치법
　　지방자치단체 사무
　　　　　　　　　　　③
②④⑤ 판례

① 합목적성 통제를 받지 않는다.

지방자치법 제14조(지방자치단체의 종류별 사무배분기준)
③ 시·도와 시·군 및 자치구는 사무를 처리할 때 서로 겹치지 아니하도록 하여야 하며, 사무가 서로 겹치면 시·군 및 자치구에서 먼저 처리한다.

④ 호적사무는 사법적(司法的) 성격이 강한(법원의 감독을 받는다) 국가 지방자치단체의 사무이다.

51. 행정학의 학문적 성격에 관한 설명으로 옳은 것은?
① 행정학의 과학성을 강조하는 사람들은 행정현상의 보편적인 원칙을 인정하지 않는다.
② 행정학에서 기술성은 행태주의에 의해 중요하게 제기되었다.
③ 상대적으로 사이몬(H. A. Simon)은 기술성을, 왈도(D. Waldo)는 과학성을 더 강조하였다.
④ 행정학은 다른 학문으로부터 많은 이론과 지식을 받아들여 종합학문적인 성격을 지니고 있다.
⑤ 1950년대에 공공선택론, 신행정론 등의 영향으로 행정학의 정체성 위기가 처음 등장했다.

52. 행정과 경영의 비교에 관한 설명으로 옳지 않은 것은?
① 행정의 목적은 공익 추구이고, 경영의 목적은 이윤 극대화이다.
② 행정은 경영보다 상대적으로 엄격한 법적 규제를 받는다.
③ 행정은 모든 국민에 대한 평등성이 강조되지만 경영은 이윤 추구 과정에서 고객 간 차별대우가 용인된다.
④ 행정과 경영은 능률성을 추구하는 과정에서 유사한 관리기법을 많이 활용한다.
⑤ 상대적으로 행정은 관리적 측면이 강하게 나타나고 경영은 권력적 측면이 강하게 나타난다.

53. 신공공서비스론에 관한 설명으로 옳은 것은?
① 정부의 역할을 '노젓기'보다는 '방향잡기'로 규정한다.
② 관료는 사회문제를 해결하는 과정에서 협상과 중재 기능을 담당한다.
③ 공익을 행정활동으로 생성되는 부산물로 간주한다.
④ 정부관료제에 경쟁 원리를 도입하여 개혁할 것을 강조한다.
⑤ 기업가적 목표달성을 위하여 폭넓은 행정재량을 허용한다.

54. 신제도주의에 관한 설명으로 옳지 않은 것은?
① 사람의 행태에 대한 연구에서 제도를 중요시한다.
② 사회학적 제도주의는 제도의 범위에 관습과 문화도 포함한다.
③ 공공선택론은 합리적 선택 제도주의의 대표적 이론 중 하나이다.
④ 역사적 제도주의는 각국 정책의 상이성과 효과를 역사적으로 형성된 각국의 제도에서 찾는다.
⑤ 정책 또는 행정환경은 내생변수가 아닌 외생변수로 다룬다.

55. 공직부패에 관한 설명으로 옳은 것은?
① 사회문화적 접근법은 공직부패의 원인에 대하여 문화적 특성, 제도상 결함, 구조상 모순 등 다양한 요인으로 설명한다.
② 체제론적 접근법은 부패의 원인을 주로 개인들의 윤리의식과 자질에서 찾는다.
③ 제도적 접근법에서 행정통제 장치의 미비는 공무원 부패의 주요 원인이다.
④ 백색부패는 부당하게 사익을 추구하는 부패의 유형이다.
⑤ 부패의 제도화 정도에 따라 거래형 부패와 사기형 부패로 나눌 수 있다.

51. 행정학 총론
    행정
    행정학
                과학성 對 기술성

① ② 행정행태론
④ 간학문적(interdisciplinary)

① 행정학의 과학성을 강조하는 사람들은 행정 현상의 보편적인 원칙을 인정하지 않는다. 인정한다.
② 행정학에서 기술성(처방성)은 행태주의 후기행태주의에 의해 중요하게 제기되었다.
③ 상대적으로 사이몬(H. A. Simon)은 기술성 과학성을, 왈도(D. Waldo)는 과학성 기술성을 더 강조하였다.
⑤ 1950년대 1970년대에 공공선택론, 신행정론 등의 영향으로 오스트롬(E. Ostrom)에 의해 행정학의 정체성 위기가 처음 등장했다.

52. 행정학 총론
    행정

② 법치행정
④ 조직관리기법
⑤ 상대적으로 행정은 관리적 권력적 측면이 강하게 나타나고 경영은 권력적 관리적 측면이 강하게 나타난다.

53. 행정학 총론
    행정학 이론
    신공공서비스론(NPS)
                New Public Service

신공공관리론(NPM; New Public Management): ① ④ ⑤
② 관료는 사회문제를 해결하는 과정에서 협상과 중재 및 타협 기능을 담당한다.
③ 공익을 행정활동으로 생성되는 부산물로 의 목적으로 간주한다.

54. 행정학 총론
    행정학 이론
    신제도주의
     - 경제적 신제도주의
     - 정치적 신제도주의
     - 문화적 신제도주의

- 정치적 신제도주의 = 역사적 신제도주의
- 문화적 신제도주의 = 사회학적 신제도주의
- 경제적 신제도주의 = 합리적 선택 신제도주의
                    (= 합리적 선택이론 + 신제도주의)
            공유재이론, 조직경제학, ③ 공공선택론(public choice theory)
② 사회학적 제도주의: 비공식 제도(관습·규범·문화·전통) 중심
    → 제도적 동형화: 조직구조·형태 수렴화
⑤ 정책 또는 행정환경은 내생변수 외생변수가 아닌 외생변수 내생변수로 다룬다.

55. 인사행정
    공직윤리·부패

백색부패: 현재 위험 잠재 위험
회색부패: 현재 위험 잠재 위험
흑색부패: 현재 위험 잠재 위험

① 사회문화적 접근법 체제론적 접근법은 공직부패의 원인에 대하여 문화적 특성, 제도상 결함, 구조상 모순 등 다양한 요인으로 설명한다.
② 체제론적 접근법 도덕적 접근법은 부패의 원인을 주로 개인들의 윤리의식과 자질에서 찾는다.
④ 백색부패는 부당하게 사익을 추구하는 용인할 수 있는 선의의 부패의 유형이다.
⑤ 부패의 제도화 정도에 따라 거래형 제도적 부패와 사기형 우발적(일탈형) 부패로 나눌 수 있다.

56. 투입에 대한 산출의 비율로서 과학적 관리론에서 추구하는 행정가치는?
① 형평성 ② 민주성 ③ 가외성 ④ 능률성 ⑤ 합법성

57. 정책평가에 관한 설명으로 옳지 않은 것은?
① 준실험설계는 실험집단과 통제집단의 동질성을 확보하여야 한다.
② 내적 타당성은 정책 집행 이후 변화가 오직 해당 정책에 기인한 것인지 아닌지를 밝히는 것과 관련된다.
③ 외적 타당성은 정책평가 결과의 일반화 가능성을 의미한다.
④ 평가성 검토(evaluability assessment)는 본격적인 평가를 시작하기 전에 실시하는 것으로 일종의 예비평가라고 볼 수 있다.
⑤ 허위변수는 두 변수 간에 전혀 관계가 없는데도 인과관계가 있는 것처럼 보이게 하는 제3의 변수이다.

58. 다음 설명에 해당하는 정책변동모형은?

> 신념체계에서 규범적 핵심이나 정책 핵심의 변화가 쉽게 나타나지 않기 때문에 정책 목표와 수단에 급격한 변화를 가져오는 근본적 정책변동은 용이하지 않다.

① 정책지지연합모형 ② 정책흐름모형 ③ 정책패러다임변동모형
④ 단절균형모형 ⑤ 이익집단 위상변동모형

59. 시장 실패의 원인으로 옳지 않은 것은?
① 공공재 ② 외부효과 ③ 파생적 외부성 ④ 정보의 비대칭성 ⑤ 불완전한 경쟁

60. 정책결정에 있어서 사이버네틱스 모형에 관한 설명으로 옳지 않은 것은?
① 정책결정과정에서 변수의 단순화를 통해서 불확실성을 통제한다.
② 사전에 설정된 표준운영절차(SOP)의 중요성이 강조된다.
③ 주요 변수의 유지를 위한 적응에 초점을 둔다.
④ 사전에 설정된 고차원 목표의 극대화를 추구한다.
⑤ 의사결정자는 처리할 수 없는 문제에 직면할 경우 표준운영절차(SOP)를 수정·변경·추가하면서 문제를 해결한다.

61. 정부가 도입한 책임운영기관에 관한 설명으로 옳지 않은 것은?
① 기관의 지위에 따라 소속책임운영기관과 중앙책임운영기관으로 구분된다.
② 우리나라는 책임운영기관의 설치·운영에 관한 법률 등에 의해 운영되고 있다.
③ 정부가 사업적·집행적 성격이 강한 기관을 분리시켜 유연한 경영방식을 도입한 것이다.
④ 기관장에게 재량권을 부여하여 자율적인 경영과 그 성과에 대한 책임을 지게 한다.
⑤ 예산편성 및 집행상의 자율권을 확보하기 위하여 특별위원회를 두며, 예산의 전용·이월 등이 허용되지 않는다.

56. 행정학 총론 　　행정가치·지향	③ **가외성**(redundancy): 불확실성 대비 → 여유, 잉여, 중복, 중첩 허용 ④ **능률성**(효율성, efficiency) = 산출 ÷ 투입 　　19세기 말 엽관주의 폐해(비능률, 예산 낭비) 극복 목적 중시	
57. 정책학 　　정책평가	① 준실험설계 <u>진실험설계</u>는 실험집단과 통제집단의 동질성을 확보하여야 한다. 　준실험설계는 <s>무작위 배정</s> <u>작위적 배정</u>으로 표본의 동질성을 확보하지 못한다. ② **내적 타당성** = 정확한 인과관계 ③ **외적 타당성** = 일반화 가능성 ④ **평가성 검토**(평가성 사정) = 예비평가: 평가 범주 확인 ⑤ **허위변수**(spurious variable)	
58. 정책론 　　정책평가 급격한 정책변동: ②④	① **정책지지연합모형** 　　　　　　　　　　= 옹호연합모형(ACF; Advocacy Coalition Framework) 　사바티어(Sabatier) 　참여자의 신념체계 　　- 규범적 핵심: 최상위 수준의 신념 　　- 정책 핵심: 정책목표·정책대안에 대한 인과적 지식 ② **정책흐름모형**(MSF; Multiple Streams Framework) 　　　　　　　　　　= 정책창(policy window) 모형 　킹던(Kingdon) ③ **정책패러다임변동모형**(PCF; Paradigm Change Framework) 　홀(Hall) ④ **단절균형모형**(Punctuated Equilibrium Theory) 　크라스너(Krasner) ⑤ **이익집단 위상변동모형**(Interest Group Standing Changes Model) 　무치아로니(Mucciaroni)	
59. 행정학 총론 　　행정환경 　　시장실패(market failure)	③ **파생적 외부성**(derived externalities): 　　　　　　　　　　　정부실패(government failure)의 원인	
60. 정책론 　　정책결정	**사이버네틱스**(cybernetics) 모형 ↔ 합리모형 　적응적·집단적 의사결정, 불확실성의 통제, 시행착오적 학습 ④ 사전에 설정된 고차원 목표의 극대화를 <s>추구한다.</s> <u>추구하지 않는다.</u> ⑤ Standard Operating Procedure	
61. 조직론 　　조직구조 - 책임운영기관	⑤ 예산편성 및 집행상의 자율권을 확보하기 위하여 특별위원회를 두며, 예산의 전용·이월 등이 <s>허용되지 않는다.</s> <u>허용된다.</u>	

62. 정부조직 중 국무총리 소속기관이 아닌 것은?
① 국민권익위원회 ② 국가과학기술자문회의 ③ 공정거래위원회
④ 원자력안전위원회 ⑤ 금융위원회

63. 국가공무원법상 공무원의 징계에 관한 설명으로 옳지 않은 것은?
① 징계는 파면·해임·강등·정직·감봉·견책으로 구분한다.
② 정직은 1개월 이상 3개월 이하의 기간으로 하고, 그 기간 중 보수는 3분의 2를 감한다.
③ 감봉은 1개월 이상 3개월 이하의 기간 동안 보수의 3분의 1을 감한다.
④ 견책은 전과에 대하여 훈계하고 회개하게 한다.
⑤ 징계로 해임처분을 받은 때부터 3년이 지나지 아니한 자는 공무원으로 임용될 수 없다.

64. 실적주의 인사행정에 관한 설명으로 옳은 것은?
① 공무원의 정치적 중립을 어렵게 한다.
② 행정의 전문성을 저해한다.
③ 개인의 능력이나 실적을 기준으로 임용한다.
④ 빈번한 교체임용을 통해서 관료의 특권화를 막는다.
⑤ 직업공무원제 수립을 저해한다.

65. 직무가 지니는 상대적 가치를 평가하여 임금을 결정하는 보수체계는?
① 직무급 ② 근속급 ③ 직능급 ④ 생활급 ⑤ 성과급

66. ( )에 들어갈 B사무관의 근무 유형은?

△△과 A사무관: ○○과죠? 업무협의 때문에 전화 드렸습니다.
　　　　　　　B사무관님과 통화하고 싶은데요?
○○과 C주무관: 네. B사무관님은 이번 달부터 10시에 출근하고 19시에 퇴근하십니다.
　　　　　　　조금 후 10시 이후에 다시 전화바랍니다.
△△과 A사무관: 아, 알겠습니다. B사무관님께서 ( )를 신청하셨군요.

① 재택근무제 ② 집약근무제 ③ 시차출퇴근제 ④ 재량근무제 ⑤ 원격근무제

67. 정부가 공공사업을 위해 조달하는 재원에 관한 설명으로 옳은 것을 모두 고른 것은?

ㄱ. 조세는 국가가 재정권에 기초해 동원하는 공공재원으로 벌금과 과태료를 포함한다.
ㄴ. 수익자부담금은 형평성차원에서 부담과 편익의 공평한 배분을 보장한다.
ㄷ. 국·공채는 세대 간 공평성을 갖는다.
ㄹ. 민간자본은 주로 산업기반시설 건설에 유치되고 복지시설 건설에는 유치할 수 없다.

① ㄱ, ㄴ ② ㄱ, ㄷ ③ ㄴ, ㄷ ④ ㄴ, ㄹ ⑤ ㄷ, ㄹ

행정학개론

62. 조직론
    조직구조 - 정부조직

    ② **국가과학기술자문회의**: 대통령 직속

> 헌법 제127조
> ① 국가는 과학기술의 혁신과 정보 및 인력의 개발을 통하여 국민경제의 발전에 노력하여야 한다.
> ② 국가는 국가표준제도를 확립한다.
> ③ 대통령은 제1항의 목적을 달성하기 위하여 필요한 자문기구를 둘 수 있다.
> 국가과학기술자문회의법 제1조(목적)
> 이 법은 과학기술의 혁신 등을 위하여 헌법 제127조제3항에 따라 국가과학기술자문회의를 설치하고, 그 조직 및 기능 등에 관하여 필요한 사항을 규정함을 목적으로 한다.

63. 인사행정
    공직윤리·부패 - 신분보장·징계

    중징계: 파면, 해임, 강등, 정직
    경징계: 감봉, 견책

    ② 정직은 … 그 기간 중 보수는 ~~3분의 2를~~ <u>전액</u> 감한다.

> 국가공무원법 제33조(결격사유)
> 다음 각 호의 어느 하나에 해당하는 자는 공무원으로 임용될 수 없다.
>   7. 징계로 파면처분을 받은 때부터 5년이 지나지 아니한 자
>   8. 징계로 해임처분을 받은 때부터 3년이 지나지 아니한 자
> 국가공무원법 제79조(징계의 종류)
> 징계는 파면·해임·강등·정직·감봉·견책(譴責)으로 구분한다.
> 국가공무원법 제80조(징계의 효력)
> ③ 정직은 1개월 이상 3개월 이하의 기간으로 하고, 정직 처분을 받은 자는 그 기간 중 공무원의 신분은 보유하나 직무에 종사하지 못하며 보수는 전액을 감한다.
> ④ 감봉은 1개월 이상 3개월 이하의 기간 동안 보수의 3분의 1을 감한다.
> ⑤ 견책(譴責)은 전과(前過)에 대하여 훈계하고 회개하게 한다.

64. 인사행정
    인사행정 - 실적주의(merit system)

    ①②④ 엽관주의(spoils system)
    ⑤ 직업공무원제 수립을 ~~저해한다.~~ <u>에 기여한다.</u>

65. 인사행정
    인사행정 - 보수체계

    보수 = 기본급(봉급) + 부가급(수당)

    ① **직무급**: 직무 난이도
    ② **근속급**: 연공서열
    ③ **직능급**: 직무수행능력
    ④ **생활급**: 생계비
    ⑤ **성과급**: 성과

66. 인사행정
    인사행정 - 유연근무제도

    ○ 탄력근무제: ② **집약근무제**(압축근무제)   ③ **시차출퇴근제**
                                    ④ **재량근무제** ○ 근무시간선택제
    ⑤ **원격근무제**:   ① **재택근무제** ○ 스마트워크근무제

67. 재무행정(예산)
    예산

    ㄱ. 조세는 국가가 재정권에 기초해 동원하는 공공재원으로 벌금과 과태료(세외수입)를 ~~포함한다.~~ <u>포함하지 않는다.</u>
    ㄹ. 민간자본은 주로 산업기반시설 건설에 유치되고 복지시설 건설에는 ~~도 유치할 수 없다.~~ <u>있다.</u>

68. 정부회계에 관한 설명으로 옳지 않은 것은?
① 복식부기는 거래의 이중성에 따라 장부의 차변과 대변에 각각 계상하고 차변의 합계와 대변의 합계의 일치여부로 자기 검증 기능을 갖는다.
② 미지급비용은 현금주의에서는 인식되지 않으나 발생주의에서는 부채로 인식된다.
③ 현행 정부회계는 발생주의·복식부기 방식을 채택하여 재무제표를 작성한다.
④ 국가회계법상 중앙정부의 대표적 재무제표는 재정상태보고서, 재정운영보고서, 현금흐름보고서, 순자산변동보고서로 구성된다.
⑤ 발생주의·복식부기의 정부회계는 성과중심의 정부개혁에 유용한 정보를 제공한다.

69. 예산의 일반원칙과 예외 사항이 옳게 묶인 것은?
① 사전의결의 원칙 - 목적세
② 공개성의 원칙 - 수입대체경비
③ 통일성의 원칙 - 추가경정예산
④ 한정성의 원칙 - 준예산
⑤ 완전성의 원칙 - 전대차관

70. 지방자치단체의 자치권에 관한 설명으로 옳지 않은 것은?
① 고유권설(지방권설)에서 자치권은 국가와 관계없이 인간이 태어나면서부터 천부의 인권을 갖는 것과 마찬가지로 지방자치단체의 고유한 권리로 본다.
② 전래권설(국권설)에서 자치권은 주권적 통일국가의 통치구조 일환으로 형성된다는 의미에서 국법으로 부여된 권리로 본다.
③ 제도적 보장설은 자치권이 국가의 통치권에서 나오는 것이라고 하면서도, 헌법에 지방자치의 규정을 둠으로써 지방자치제도가 보장된다고 본다.
④ 고유권설(지방권설)은 주로 헤겔(Hegel)의 영향을 받은 독일의 공법학자들에 의하여 주장되었다.
⑤ 제도적 보장설에서의 보장은 지방자치제도의 일반적인 보장이지, 개별적인 지방자치단체의 존립을 계속 보장하는 것은 아니다.

71. 주민투표에 관한 설명으로 옳은 것은?
① 주민투표는 주민의 중요한 권리이기 때문에 의무화하여 위반자에게 벌금 등 제재를 가하는 국가는 없다.
② 항의적 주민투표(protest referendum)는 지방의회에서 의결한 사항에 대하여 그 효력 여부를 결정하는 투표이다.
③ 주민투표는 조례의 제정 또는 개·폐 등에 관하여 주민이 직접 의안을 발의하는 제도이다.
④ 우리나라는 주민투표 결과의 확정을 위해서는 전체 유효투표권자 중 1/4 이상이 투표를 해야 한다.
⑤ 주민투표의 본질은 대의제를 보완하려는 것이 아니라 대체하려는 것이다.

68. 재무행정(예산) 예산과정 - 정부회계	② 예: 유동부채 ④ 국가회계법상 중앙정부의 대표적 재무제표는 <s>재정상태보고서, 재정운영보고서, 현금흐름보고서, 순자산변동보고서</s> 재정상태표, 재정운영표, 순자산변동표로 구성된다. 재무제표에 대한 주석을 포함한다.	
69. 재무행정(예산) 예산	① **사전의결의 원칙** - 목적세 전용, 준예산, 사고이월, 　　　　　　　　　　　　선결처분, 예비비지출, 긴급재정명령 ② **공개성의 원칙** - **수입대체경비** 국방비, 신임예산, 　　　　　　　　　　　　외교활동비, 국가정보원 예산 ③ **통일성의 원칙** - **추가경정예산** 기금, 목적세, 특별회계, 　　　　　　　　　　　　수입대체경비 ④ **한정성**(한계성)**의 원칙** - **준예산** 　- 목적(질적) 한정성 예외: 이용, 전용 　- 규모(양적) 한정성 예외: 예비비, 추가경정예산 　- 시간(시기) 한정성(회계연도 독립 원칙) 예외: 　　　　　　　　　　이월, 계속비, 조상충용, 국고채무부담행위 ⑤ **완전성**(포괄성)**의 원칙**(예산총계주의) 　- 순계예산, 전대차관, 현물출자, 차관물자대, 수입대체경비	
70. 지방자치론 지방자치	③⑤ 제도적 보장설 전래권설(국권설)을 인정하지만, 　　　　　　　　　지방자치제도의 헌법상 보장을 강조한다. ④ <s>고유권설(지방권설)</s> 전래권설(국권설)은 주로 헤겔(Hegel)의 영향을 받은 독일의 공법학자들에 의하여 주장되었다. 전래권설(국권설)에 따르면, 지방자치단체는 국가의 창조물이고 자치권은 국가로부터 부여된 권리이다.	
71. 지방자치론 주민참여 - 주민투표 복수(②④) 정답	① 주민투표는 주민의 중요한 권리이기 때문에 의무화하여 위반자에게 벌금 등 제재를 가하는 국가는 <s>없다.</s> 있다. ③ 주민투표는 조례의 제정 또는 개·폐 등에 관하여 <u>주민투표청구는 주민이 직접 주민투표를 청구하고 지방자치단체장이</u> 의안을 발의하는 제도이다.	

② 주민투표 청구 →
　1. 적극적 주민투표
　2. 항의적 주민투표
④ **1/4 이상 투표** + 유효투표수 과반수 득표

주민투표법 제24조(주민투표결과의 확정)
① 주민투표에 부쳐진 사항은 주민투표권자 총수의 4분의 1 이상의 투표와 유효투표수 과반수의 득표로 확정된다. 다만, 다음 각 호의 어느 하나에 해당하는 경우에는 찬성과 반대 양자를 모두 수용하지 아니하거나, 양자택일의 대상이 되는 사항 모두를 선택하지 아니하기로 확정된 것으로 본다.
　1. 전체 투표수가 주민투표권자 총수의 4분의 1에 미달되는 경우
　2. 주민투표에 부쳐진 사항에 관한 유효득표수가 동수인 경우

⑤ 주민투표의 본질은 대의제를 보완 <s>대체</s>하려는 것이 아니라 <s>대체</s> 보완하려는 것이다.

72. 지방공기업에 관한 설명으로 옳은 것은?
① 일반회계와는 별도로 지방의회의 예산 심의 및 의결이 필요 없는 특별회계로 운영된다.
② 지방공기업법의 적용을 받기 때문에 지방자치법의 적용대상은 아니다.
③ 지방자치단체가 지역주민의 복리증진 등을 목적으로 직접 설치·경영하거나 법인을 설립하여 경영하는 기업이다.
④ 지방자치단체로부터 독립해 있기 때문에 지방자치단체의 통제를 받지 않는다.
⑤ 지방공사 및 지방공단에 소속된 직원은 신분이 지방공무원이다.

73. 우리나라 전자정부에 관한 설명으로 옳지 않은 것은?
① 수요자 중심보다는 공급자 중심의 행정서비스를 강조한다.
② 정부의 정책과정과 업무절차에 대한 투명성과 접근성을 높인다.
③ 국민과의 소통과 협력을 확대하고, 24시간 행정서비스를 제공한다.
④ 스마트워크센터를 통해 시·공간 제약없이 유연한 근무를 가능하게 한다.
⑤ 인터넷이나 DB기술 활용을 통해 부서 간 효율적인 정보교류가 가능하다.

74. 행정개혁 저항에 대한 사회적·규범적 극복방안으로 옳은 것을 모두 고른 것은?

| ㄱ. 교육훈련 | ㄴ. 임용상 불이익 방지 | ㄷ. 경제적 보상 |
| ㄹ. 긴장조성 | ㅁ. 의사소통과 참여 촉진 | |

① ㄱ, ㄹ   ② ㄱ, ㅁ   ③ ㄴ, ㄷ   ④ ㄴ, ㄹ   ⑤ ㄷ, ㅁ

75. 오스본(D. Osborne)과 플래스트릭(P. Plastrik)의 '기업가 정부'를 만들기 위한 다섯 가지 전략에 관한 설명으로 옳지 않은 것은?
① 핵심전략: 공공조직의 목표를 대상으로 하고 목표, 역할, 정책방향의 명료화 추구
② 성과전략: 업무유인의 개선을 위해 경쟁을 도입하고 성과관리 추진
③ 고객전략: 정부조직의 책임을 대상으로 고객에 대한 정부의 책임확보 및 고객에 의한 선택의 확대 추구
④ 통제전략: 권력을 대상으로 하고 집권화를 추구
⑤ 문화전략: 조직문화를 대상으로 구성원의 가치, 규범, 태도 그리고 기대를 바꾸려는 것

72. 지방자치론
    지방재정
    지방공기업

    ③ 지방공기업
    - 직접 설치, 경영
    - 법인 설립, 경영

① 일반회계와는 별도로 지방의회의 예산 심의 및 의결이 필요 없는 ~~필요한~~ 특별회계로 운영된다.
② 지방공기업법의 적용을 받~~기~~고 때문에 ~~받고~~ 동 법에서 규정한 사항 외에는 지방자치법, 지방재정법 등의 적용 대상은 아니다. 적용 대상이다.
④ 지방자치단체로부터 독립해 있~~기~~고 때문에 지방자치단체장의 통제(관리·감독)를 받지 않는다. 받는다.
⑤ 지방공사 및 지방공단에 소속된 직원은 신분이 지방공무원이다. 이 아니다.

73. 정보화(행정)
    전자정부

전자정부법 제4조(전자정부의 원칙)
① 행정기관등은 전자정부의 구현·운영 및 발전을 추진할 때 다음 각 호의 사항을 우선적으로 고려하고 이에 필요한 대책을 마련하여야 한다.
　1. 대민서비스의 전자화 및 국민편익의 증진
　2. 행정업무의 혁신 및 생산성·효율성의 향상
　3. 정보시스템의 안전성·신뢰성의 확보
　4. 개인정보 및 사생활의 보호
　5. 행정정보의 공개 및 공동이용의 확대
　6. 중복투자의 방지 및 상호운용성 증진

① 수요자 공급자(정부) 중심보다는 공급자 수요자(국민) 중심의 행정 서비스를 강조한다.
② → ③

74. 행정환류
    행정개혁

에치오니(A. Etzioni)의 **행정개혁 저항 극복**
- 강제·물리적 방법: 명령·위협·제재, 단기적·피상적 해결
　　　　　　　　　　　　　　　　　ㄹ. 긴장 조성
- 공리·기술적 방법: 손실보상, 시기 조절
　　　　　　　ㄴ. 임용상 불이익 방지　ㄷ. 경제적 보상
- 사회·규범적 방법: 자발적 협력과 수용 유도, 근본적 해결
　　　　　　　ㄱ. 교육훈련　ㅁ. 의사소통과 참여 촉진

75. 행정학 총론
    행정학 이론
    신공공관리론(NPM)
    　　New Public Management

기업가적 정부(entrepreneurial government)
　　　　　　　오스본(D. Osborne)과 플래스트릭(P. Plastrik)
5C Strategy
　Core strategy　　　　핵심전략　　　구체적 목표 설정
　Consequence strategy　결과(성과)전략　성과관리
　Customer strategy　　고객전략　　　고객주의
　Controls strategy　　 통제전략　　　분권화
　Culture strategy　　　문화전략　　　기업가 정신
④ 통제전략: 권력을 대상으로 하고 ~~집권화~~ 분권화를 추구

2020년도 제08회 행정사 자격시험

1차 시험

제1교시

- 제1과목: 민법(총칙 관련 내용으로 한정)
- 제2과목: 행정법
- 제3과목: 행정학개론(지방자치행정 포함)

2차 시험

제1교시

- 제1과목: 민법(계약 관련내용으로 한정)
- 제2과목: 행정절차론(행정절차법 포함)

제2교시

- 제1과목: 사무관리론(민원 처리에 관한 법률, 행정업무의 운영 및 혁신에 관한 규정 포함)
- 제2과목: 행정사실무법
  - 행정심판사례
  - 비송사건절차법

01. 관습법과 사실인 관습에 관한 설명으로 옳은 것은? (다툼이 있으면 판례에 따름)

> ㄱ. 관습법은 사회의 거듭된 관행으로 생성된 사회생활규범이 법적 확신과 인식에 의하여 법적 규범으로 승인된 것이다.
> ㄴ. 종래 관습법으로 승인되었더라도 그 관습법을 적용하여야 할 시점에서 전체 법질서에 부합하지 않게 되었다면 법적 규범으로서의 효력이 부정된다.
> ㄷ. 사실인 관습은 법령으로서의 효력이 없는 단순한 관행으로서 당사자의 의사를 보충하는데 그친다.

① ㄱ　　② ㄱ, ㄴ　　③ ㄱ, ㄷ　　④ ㄴ, ㄷ　　⑤ ㄱ, ㄴ, ㄷ

02. 신의성실의 원칙(이하 "신의칙"이라 한다)에 관한 설명으로 옳지 않은 것은? (다툼이 있으면 판례에 따름)
① 신의칙은 당사자의 주장이 없어도 법원이 직권으로 판단할 수 있다.
② 일반 행정법률관계에 관한 관청의 행위에 대하여 신의칙은 특별한 사정이 있는 경우 예외적으로 적용될 수 있다.
③ 사용자는 특별한 사정이 없는 한 근로계약에 수반되는 신의칙상의 부수적 의무로서 피용자의 안전에 대한 보호의무를 부담한다.
④ 숙박업자는 신의칙상 부수적 의무로서 투숙객의 안전을 배려할 보호의무를 부담한다.
⑤ 항소권과 같은 소송법상의 권리에는 신의칙 내지 실효의 원칙이 적용될 수 없다.

03. 부부 사이인 甲과 그의 아이 丙을 임신한 乙은 A의 과실로 교통사고를 당했다. 이에 관한 설명으로 옳은 것을 모두 고른 것은? (다툼이 있으면 판례에 따름)

> ㄱ. 이 사고로 丙이 출생 전 乙과 함께 사망하였더라도 丙은 A에 대하여 불법행위로 인한 손해배상청구권을 가진다.
> ㄴ. 사고 후 살아서 출생한 丙은 A에 대하여 甲의 부상으로 입게 될 자신의 정신적 고통에 대한 위자료를 청구할 수 있다.
> ㄷ. 甲이 사고로 사망한 후 살아서 출생한 丙은 甲의 A에 대한 불법행위로 인한 손해배상청구권을 상속받지 못한다.

① ㄱ　　② ㄴ　　③ ㄷ　　④ ㄱ, ㄴ　　⑤ ㄴ, ㄷ

04. 제한능력자에 관한 설명으로 옳지 않은 것은? (다툼이 있으면 판례에 따름)
① 미성년자가 법정대리인의 동의를 얻은 법률행위를 하기 전에는 법정대리인은 그가 한 동의를 취소할 수 있다.
② 미성년자는 자신의 노무제공에 따른 임금청구를 단독으로 할 수 있다.
③ 미성년자는 타인의 대리인으로서 단독으로 유효한 대리행위를 할 수 있다.
④ 피한정후견인은 적극적인 속임수로써 법정대리인의 동의가 있는 것으로 믿게 한 경우, 그 법률행위를 취소할 수 없다.
⑤ 가정법원은 성년후견개시의 심판을 할 때 본인의 의사를 고려할 필요는 없다.

민법총칙

01. 민법 서론
   민법의 법원
      성문법원
      불문법원: 관습법, 조리, 판례
   관습법과 사실인 관습

   ㄱ, ㄴ, ㄷ. 판례

ㄴ. 종래 관습법으로 승인되었더라도 사회구성원들이 그러한 관행의 법적 구속력에 대하여 확신을 갖지 않게 되었다거나, 그 관습법을 적용하여야 할 시점에서 사회를 지배하는 기본적 이념이나 사회질서의 변화로 인하여 그러한 관습법이 전체 법질서에 부합하지 않게 되었다면 법적 규범으로서의 효력이 부정된다.

ㄷ. 사실인 관습은 법령으로서의 효력이 없는 단순한 관행으로서 사적 자치가 인정되는 분야에서, 임의법규에 우선하여, 법률행위의 해석 기준이나 법률행위 당사자의 의사를 보충하는데 그친다.

02. 민법 서론
   신의성실의 원칙(信義則)
      추상적 규범
      사법관계·공법관계 적용
      법원의 직권 고려

① 강행법규 위반: 권리남용, 신의칙 위반
② 공법관계
③④ 신의칙상 부수적 의무
⑤ 항소권과 같은 소송법상의 권리에는도 신의칙 내지 신의칙의 파생원칙인 실효의 원칙이 적용될 수 없다. 있다.

03. 권리의 주체 - 자연인
   권리능력
   태아

   ㄱ, ㄴ, ㄷ. 판례

   태아의 권리능력을 인정하는 예외적 경우

ㄱ. 태아가 출생 전 사망하였다면 손해배상청구권의 주체가 되지 못한다.
ㄴ, ㄷ. 태아가 출생하였다면 출생 시기로 소급하여 권리능력을 인정한다.

민법 제762조(손해배상청구권에 있어서의 태아의 지위)
태아는 손해배상청구권에 관하여는 이미 출생한 것으로 본다.
민법 제1000조(상속의 순위)
③ 태아는 상속순위에 관하여는 이미 출생한 것으로 본다.

04. 권리의 주체 - 자연인
   행위능력   ①
   제한능력자
      - 미성년자(민법 제4조)
      - 피성년후견인(민법 제9조)
      - 피한정후견인(민법 제12조) ⑤

   ②

   근로기준법 제68조(임금의 청구)
   미성년자는 독자적으로 임금을 청구할 수 있다.

                              ④
                              ③

민법 제7조(동의와 허락의 취소)
법정대리인은 미성년자가 아직 법률행위를 하기 전에는 전2조 - 제5조(미성년자의 능력), 제6조(처분을 허락한 재산) - 의 동의와 허락을 취소할 수 있다.
민법 제9조(성년후견개시의 심판)
② 가정법원은 성년후견개시의 심판을 할 때 본인의 의사를 고려하여야 한다.
민법 제12조(한정후견개시의 심판)
② 한정후견개시의 경우에 제9조제2항을 준용한다.
민법 제17조(제한능력자의 속임수)
① 제한능력자가 속임수로써 자기를 능력자로 믿게 한 경우에는 그 행위를 취소할 수 없다.
② 미성년자나 피한정후견인이 속임수로써 법정대리인의 동의가 있는 것으로 믿게 한 경우에도 제1항과 같다.
민법 제117조(대리인의 행위능력)
대리인은 행위능력자임을 요하지 아니한다.

⑤ 가정법원은 성년후견개시의 심판을 할 때 본인의 의사를 고려할 필요는 없다. 고려하여야 한다.

05. 민법상 비법인사단에 관한 설명으로 옳지 <u>않은</u> 것은? (다툼이 있으면 판례에 따름)
① 이사가 없거나 결원이 있는 경우 임시이사의 선임에 관한 민법 제63조 규정은 비법인사단에도 유추적용될 수 있다.
② 비법인사단의 사원이 집합체로서 물건을 소유할 때에는 총유로 한다.
③ 비법인사단이 타인 간의 금전채무를 보증하는 행위는 총유물의 관리·처분행위로 볼 수 없다.
④ 비법인사단에서 사원의 지위는 규약이나 관행에 의하여 양도 또는 상속될 수 없다.
⑤ 비법인사단의 대표자가 직무에 관하여 타인에게 손해를 가한 경우, 민법 제35조제1항의 유추적용에 의해 비법인사단은 그 손해를 배상할 책임이 있다.

06. 민법 제35조(법인의 불법행위능력)에 관한 설명으로 옳은 것은? (다툼이 있으면 판례에 따름)
① 대표권이 없는 이사가 직무행위로 타인에게 손해를 가한 경우 법인은 불법행위책임을 진다.
② 법인의 불법행위책임이 성립하는 경우 가해행위를 한 대표기관은 손해배상책임을 면한다.
③ 외형상 대표자의 직무행위로 인정되더라도 법령에 위반한 행위는 직무에 관한 행위가 아니다.
④ 대표자의 행위가 직무행위에 해당하지 않음을 피해자가 중대한 과실로 알지 못한 경우에는 법인에게 손해배상책임을 물을 수 없다.
⑤ 법인의 불법행위책임에는 과실상계의 법리가 적용되지 않는다.

07. 민법상 사단법인에 관한 설명으로 옳지 <u>않은</u> 것은? (다툼이 있으면 판례에 따름)
① 이사는 원칙적으로 법인의 제반 업무처리를 대리인에게 포괄적으로 위임할 수 있다.
② 정관의 규범적 의미와 다른 해석이 사원총회의 결의에 의해 표명되었더라도 이는 법원을 구속하는 효력이 없다.
③ 이사의 임면에 관한 사항은 정관의 임의적 기재사항이다.
④ 이사회의 결의사항에 이해관계가 있는 이사는 의결권이 없다.
⑤ 민법상 청산절차에 관한 규정에 반하는 잔여재산 처분행위는 특단의 사정이 없는 한 무효이다.

08. 민법상 물건에 관한 설명으로 옳지 <u>않은</u> 것은? (다툼이 있으면 판례에 따름)
① 건물의 개수(個數)를 결정함에 있어서 건축자나 소유자의 의사 등 주관적 사정은 고려되지 않는다.
② 주물 소유자의 상용에 공여되고 있더라도 주물 그 자체의 효용과 직접 관계없는 물건은 종물이 아니다.
③ 당사자는 특약으로 주물과 종물을 별도로 처분할 수 있다.
④ 국립공원의 입장료는 민법상 과실(果實)이 아니다.
⑤ 주물의 소유자가 아닌 다른 사람의 소유에 속하는 물건은 종물이 될 수 없다.

05. 권리의 주체 - 법인
    권리능력 없는 사단(비법인사단)   ⑤

③ 판례: 단순 채무부담행위
                                ①

                                ②

민법 제35조(법인의 불법행위능력)   - 강행규정
① 법인은 이사 기타 대표자가 그 직무에 관하여 타인에게 가한 손해를 배상할 책임이 있다. 이사 기타 대표자는 이로 인하여 자기의 손해배상책임을 면하지 못한다.
민법 제63조(임시이사의 선임)
이사가 없거나 결원이 있는 경우에 이로 인하여 손해가 생길 염려 있는 때에는 법원은 이해관계인이나 검사의 청구에 의하여 임시이사를 선임하여야 한다.
민법 제275조(물건의 총유)
① 법인이 아닌 사단의 사원이 집합체로서 물건을 소유할 때에는 총유로 한다.

④ 판례: 비법인사단에서 사원의 지위는 규약이나 관행에 의하여 양도 또는 상속될 수 없다. 있다.

06. 권리의 주체 - 법인
    법인의 능력
                부진정 연대채무

④ 과실상계

① 대표권이 없는 있는 이사가 직무행위로 타인에게 손해를 가한 경우 법인은 불법행위책임을 진다.
② 법인의 불법행위책임이 성립하는 경우 가해행위를 한 대표기관은 손해배상책임을 면한다. 면하지 못한다.
③ (외형상) 직무 관련성
외형상 대표자의 직무행위로 인정되더라도면 법령에 위반한 행위는도 직무에 관한 행위가 아니다. 에 해당한다.
⑤ 법인의 불법행위책임에는 과실상계의 법리가 적용되지 않는다. 적용된다.

07. 권리의 주체 - 법인
    법인의 설립 - 사단법인

① **포괄적 위임** 특정 행위 대리
②④ 판례
③ 이사의 임면 - 임명(선임)과 면직(해임) - 에 관한 사항은 정관의 임의적 필요적 기재사항이다.
⑤ 청산절차에 관한 규정 = 강행규정

민법 제40조(사단법인의 정관)
사단법인의 설립자는 다음 각호의 사항을 기재한 정관을 작성하여 기명날인하여야 한다.
  1. 목적
  2. 명칭
  3. 사무소의 소재지
  4. 자산에 관한 규정
  5. 이사의 임면에 관한 규정
  6. 사원자격의 득실에 관한 규정
  7. 존립시기나 해산사유를 정하는 때에는 그 시기 또는 사유
민법 제62조(이사의 대리인 선임)
이사는 정관(재단) 또는 총회의 결의(사단)로 금지하지 아니한 사항에 한하여 타인으로 하여금 특정한 행위를 대리하게 할 수 있다.

08. 권리의 객체 - 물건
①②③④⑤ 판례
③ 임의규정
④ 수익자 부담 (원칙)

① 건물의 개수(個數)를 결정함에 있어서 건축자나 소유자의 의사 등 주관적 사정은 고려되지 않는다. 을 고려한다.
공부상의 등록에 의하여 결정되는 것이 아니라 사회통념 또는 거래 관념에 따라 객관적 사정과 주관적 사정을 참작하여 결정된다.

09. 반사회적 법률행위에 관한 설명으로 옳지 않은 것은? (다툼이 있으면 판례에 따름)

① 해외파견 근로자의 귀국 후 일정기간 소속회사에 근무토록 한 약정은 특별한 사정이 없는 한 반사회적 법률행위라고 볼 수 없다.
② 반사회적 법률행위로서 무효인 계약은 당사자가 무효임을 알고 추인하여도 원칙적으로는 새로운 법률행위로 볼 수 없다.
③ 매매계약의 동기가 반사회적이고 그 동기가 외부에 표시된 경우 그 매매계약은 무효이다.
④ 어느 법률행위가 선량한 풍속 기타 사회질서에 위반하는지는 특별한 사정이 없는 한 그 법률행위 당시를 기준으로 판단한다.
⑤ 수사기관에서 허위진술의 대가를 지급하기로 한 약정은 그 대가가 적정하다면 반사회적 법률행위에 해당하지 않는다.

10. 강행법규에 위반한 법률행위에 관한 설명으로 옳은 것은? (다툼이 있으면 판례에 따름)

① 강행법규에 위반한 자가 스스로 그 약정의 무효를 주장하는 것은 특별한 사정이 없는 한 신의칙에 반한다.
② 형사사건에 대한 의뢰인과 변호사의 성공보수약정은 강행법규위반으로서 무효일 뿐 반사회적 법률행위는 아니다.
③ 부동산을 등기하지 않고 순차적으로 매도하는 중간생략등기합의는 강행법규에 위반하여 무효이다.
④ 개업공인중개사가 중개의뢰인과 직접 거래하는 행위를 금지하는 공인중개사법 규정은 강행규정이 아니라 단속규정이다.
⑤ 강행법규를 위반하여 무효인 계약에 대해서는 그 상대방의 선의, 무과실에 따라 표현대리 법리가 적용된다.

11. 비진의 표시에 관한 설명으로 옳은 것은? (다툼이 있으면 판례에 따름)

① 비진의표시에서 '진의'는 표의자가 진정으로 마음 속에서 바라는 사항을 뜻한다.
② 비진의표시에서 '진의'는 특정한 내용의 의사표시를 하고자 하는 표의자의 생각을 의미하는 것은 아니다.
③ 표의자가 진정 마음에서 바라지는 아니하였더라도 당시의 상황에서는 최선이라고 판단하여 의사표시를 하였다면 비진의표시는 아니다.
④ 표의자가 강박에 의하여 증여를 하기로 하고 그에 따른 증여의 의사표시를 하였더라도, 재산을 강제로 빼앗긴다는 본심이 잠재되어 있다면 그 증여는 비진의 표시에 해당한다.
⑤ 공무원의 사직의 의사표시와 같은 공법행위에서 비진의 표시에 관한 민법의 규정이 적용된다.

09. 권리의 변동
   법률행위
   법률행위의 목적
   반사회질서의 법률행위(민법 제103조)
   → 절대적·확정적 무효
      추인 불가

①②③④⑤ 판례

① 반사회질서의 법률행위 불공정한 법률행위
   경비반환채무의 면제기간 → 근로기준법 위배×

> 근로기준법 제21(전차금 상계의 금지)
> 사용자는 전차금(前借金)이나 그 밖에 근로할 것을 조건으로 하는 전대(前貸)채권과 임금을 상계하지 못한다.

⑤ 수사기관에서 허위진술의 대가를 지급하기로 한 약정은 그 대가가 적정하다면 ~~그 대가의 상당성 여부를 판단할 필요 없이 반사회적 법률행위에 해당하지 않는다.~~ 해당한다.

10. 권리의 변동
    법률행위
    법률행위의 목적
    강행법규- 반사회질서의 법률행위
              (민법 제103조)
    - 불공정한 법률행위(민법 제104조)
    —위반→ 절대적·확정적 무효

①②③④⑤ 판례

① 강행법규에 위반한 자가 스스로 그 약정의 무효를 주장하는 것은 특별한 사정이 없는 한 ~~신의칙에 반한다.~~ 반하지 않는다.
② 형사사건에 대한 의뢰인과 변호사의 성공보수약정은 강행법규위반 으로서 ~~무효일 뿐 반사회적 법률행위는 아니다.~~ 에 해당한다.
③ 부동산을 등기하지 않고 순차적으로 매도하는 중간생략등기합의 (미등기전매)는 강행법규에 위반하여 무효이다. 형사처벌의 대상이나 사법상의 효력이 무효로 되지는 않는다.
⑤ 강행법규를 위반하여 무효인 계약에 대해서는 ~~그 상대방의 선의, 무과실에 따라 표현대리 법리가 적용된다.~~ 적용되지 않는다.

11. 권리의 변동
    의사표시
    비진의표시
     - 유효
     - (상대적) 무효:
        상대방이 표의자의 진의 아님을 알 았거나 알 수 있었을 경우

①②③④⑤ 판례

> 민법 제107조(진의 아닌 의사표시)
> ① 의사표시는 표의자가 진의아님을 알고 한 것이라도 그 효력이 있다. 그러나 상대방이 표의자의 진의아님을 알았거나 이를 알 수 있었을 경우에는 무효로 한다.
> ② 전항의 의사표시의 무효는 선의의 제삼자에게 대항하지 못한다.

① 비진의표시에서 '진의'는 ~~표의자가 진정으로 마음 속에서 바라는 사항~~ 의사표시를 하고자 하는 특정한 내용에 관한 표의자의 생각을 뜻한다.
② 비진의표시에서 '진의'는 특정한 내용의 의사표시를 하고자 하는 표의자의 생각을 ~~의미하는 것은 아니다.~~ 의미한다.
④ 표의자가 강박에 의하여 증여를 하기로 하고 그에 따른 증여의 의사표시를 하였~~더라도~~다면, 재산을 강제로 뺏긴다는 본심이 잠재되어 있~~다면~~더라도 그 증여는 ~~비진의 표시에 해당한다.~~ 해당하지 않는다.
⑤ (신분행위와) 공무원의 사직의 의사표시와 같은 공법행위에서 비의 표시에 관한 민법의 규정이 ~~적용된다.~~ 적용되지 않는다.

12. 통정허위표시에 기하여 새롭게 이해관계를 맺은 제3자에 해당하지 않는 사람은? (다툼이 있으면 판례에 따름)
① 통정허위표시인 매매계약에 기하여 부동산 소유권을 취득한 양수인으로부터 그 부동산을 양수한 사람
② 통정허위표시인 채권양도계약의 양도인에 대하여 채무를 부담하고 있던 사람
③ 통정허위표시인 저당권 설정행위로 취득된 저당권의 실행으로 그 목적인 부동산을 경매에서 매수한 사람
④ 통정허위표시인 금전소비대차계약에서 대주가 파산한 경우 파산관재인으로 선임된 사람
⑤ 통정허위표시에 의하여 부동산 소유권을 취득한 양수인과 매매계약을 체결하고 소유권이전등기청구권 보정을 위한 가등기를 마친 사람

13. 착오의 의사표시에 관한 설명으로 옳지 않은 것은? (다툼이 있으면 판례에 따름)
① 동기의 착오를 이유로 취소하려면 당사자 사이에 등기를 의사표시의 내용으로 하는 합의가 필요하다.
② 착오를 이유로 취소하기 위해서는 일반인이 표의자라면 그러한 의사표시를 하지 않았을 정도의 중요부분에 착오가 있어야 한다.
③ 착오를 이유로 취소할 수 없는 중대한 과실은 표의자의 직업 등에 비추어 보통 요구되는 주의를 현저히 결여한 것을 의미한다.
④ 매매계약이 적법하게 해제된 후에도 착오를 이유로 그 매매계약을 취소할 수 있다.
⑤ 상대방의 기망으로 표시상의 착오에 빠진 자의 행위에 대하여 착오취소의 법리가 적용된다.

14. 당사자 일방으로부터 부동산 매매계약의 체결에 관한 대리권만 수여받은 대리인이 특별한 사정이 없는 한 할 수 있는 행위에 해당하는 것은? (다툼이 있으면 판례에 따름)
① 매도인을 대리하여 중도금이나 잔금을 수령하는 행위
② 매도인을 대리하여 약정된 매매대금의 지급기일을 연기해주는 행위
③ 매도인을 대리하여 잔금채권을 담보로 대출을 받는 행위
④ 매수인을 대리하여 매매계약을 해제하는 행위
⑤ 매수인을 대리하여 매매목적 부동산을 처분하는 행위

15. 표현대리에 관한 설명으로 옳지 않은 것은? (다툼이 있으면 판례에 따름)
① 민법 제125조의 표현대리가 성립하기 위한 대리권 수여의 표시는 사회통념상 대리권을 추단할 수 있는 직함의 사용을 승낙한 경우도 포함된다.
② 대리인이 복대리인을 통하여 대리권의 범위를 넘는 법률행위를 한 경우에도 권한을 넘은 표현대리에 관한 민법 제126조가 적용된다.
③ 표현대리가 성립하여 본인이 이행책임을 지는 경우, 상대방에게 과실이 있으면 과실상계의 법리를 적용하여 본인의 책임을 경감할 수 있다.
④ 대리권 소멸 후의 표현대리가 인정된 경우에 그 표현대리의 권한을 넘는 대리행위가 있으면 권한을 넘은 표현대리가 성립할 수 있다.
⑤ 권한을 넘은 표현대리에 관한 민법 제126조는 임의대리뿐만 아니라 법정대리에도 적용된다.

민법총칙

12. 권리의 변동 　의사표시 　　통정허위표시 　　　무효 　　　- 무효 주장: 누구든지 　　　- 유효 주장: 선의의 제3자 ①②③④⑤ 판례	민법 제108조(통정한 허위의 의사표시) ① 상대방과 통정한 허위의 의사표시는 무효로 한다. ② 전항의 의사표시의 무효는 선의의 제3자에게 대항하지 못한다. 보호받는(허위표시의 유효를 주장할 수 있는) 선의의 제3자 　1. 허위표시의 당사자 및 포괄승계인 이외의 자로서 　2. 허위표시에 의하여 외형상 형성된 법률관계를 토대로 실질적으로 새로운 법률상 이해관계를 맺은 자 　3. 선의의 제3자에 해당하는지를 판단함에는 과실 유무는 불문하고 선악 여부만을 따진다. ② 가장 **채권양도계약** 이전부터 존재하던 **채무자** 　→ 허위표시에 기초하여 새로운 법률상의 이해관계를 맺은 자(통정허위표시에서의 제3자)에 해당하지 않는다.
13. 권리의 변동 　의사표시 　　착오(민법 제109조) 　　　(상대적) 취소 　　　임의규정	①②③④⑤ 판례 ①동기의 착오를 이유로 취소하려면 당사자 사이에 등기를 의사표시의 내용으로 하는 합의가 필요하다. <u>필요한 것은 아니다.</u> 　법률행위의 중요 부분의 착오로 법률행위를 취소하기 위해서는 동기를 의사표시의 내용으로 삼을 것을 상대방에게 표시하고 의사표시의 해석상 법률행위의 내용으로 되어 있다고 인정되면 충분하다. ⑤ **표시상의 착오**: 강학상 기명날인의 착오 또는 서명의 착오
14. 권리의 변동 　법률행위의 대리	① 매매계약 체결 대리 = 중도금 또는 잔금 수령 대리 ②③④⑤ 별도의 수권(授權)행위 필요
15. 권리의 변동 　법률행위의 대리 　　표현대리: 과실상계 ①②③④⑤ 판례	민법 제125조(대리권수여의 표시에 의한 표현대리) 제삼자에 대하여 타인에게 대리권을 수여함을 표시한 자는 그 대리권의 범위내에서 행한 그 타인과 그 제삼자간의 법률행위에 대하여 책임이 있다. 그러나 제삼자가 대리권없음을 알았거나 알 수 있었을 때에는 그러하지 아니하다. 민법 제126조(권한을 넘은 표현대리) 대리인이 그 권한외의 법률행위를 한 경우에 제삼자가 그 권한이 있다고 믿을 만한 정당한 이유가 있는 때에는 본인은 그 행위에 대하여 책임이 있다. 민법 제129조(대리권소멸후의 표현대리) 대리권의 소멸은 선의의 제삼자에게 대항하지 못한다. 그러나 제삼자가 과실로 인하여 그 사실을 알지 못한 때에는 그러하지 아니하다. ③ 표현대리가 성립하여 본인이 이행책임을 지는 경우, 상대방에게 과실이 있으면 있다고 하더라도 과실상계의 법리를 적용하여 본인의 책임을 경감할 수 있다. <u>없다.</u>

16. 대리권 없는 乙이 甲을 대리하여 甲 소유 X건물에 대하여 丙과 매매계약을 체결하였다. 표현대리가 성립하지 않는 경우 이에 관한 설명으로 옳은 것은? (다툼이 있으면 판례에 따름)
① 계약체결 당시 乙이 무권대리인임을 丙이 알았다면 丙은 甲에게 추인 여부의 확답을 최고할 수 없다.
② 甲은 丙에 대하여 계약을 추인할 수 있으나 乙에 대해서는 이를 추인할 수 없다.
③ 계약체결 당시 乙이 무권대리인임을 丙이 알았더라도 甲이 추인하기 전이라면 丙은 乙을 상대로 의사표시를 철회할 수 있다.
④ 甲이 추인을 거절한 경우, 丙의 선택으로 乙에게 이행을 청구하였으나 이를 이행하지 않은 乙은 丙에 대하여 채무불이행에 따른 손해배상책임을 진다.
⑤ 甲이 사망하여 乙이 단독상속한 경우 乙은 본인의 지위에서 위 계약의 추인을 거절할 수 있다.

17. 법률행위의 무효에 관한 설명으로 옳지 않은 것은? (다툼이 있으면 판례에 따름)
① 법률행위의 일부가 무효인 때에는 원칙적으로 그 전부를 무효로 한다.
② 무효인 법률행위에 따른 법률효과를 침해하는 것처럼 보이는 채무불이행이 있다면 채무불이행으로 인한 손해배상을 청구할 수 있다.
③ 불공정한 법률행위로서 무효인 경우 무효행위의 전환에 관한 민법 제138조가 적용될 수 있다.
④ 법률행위가 불성립하는 경우 무효행위의 추인을 통해 유효로 전환할 수 없다.
⑤ 무효행위의 추인은 그 무효 원인이 소멸한 후에 하여야 효력이 있다.

18. 법률행위의 취소에 관한 설명으로 옳지 않은 것은? (다툼이 있으면 판례에 따름)
① 제한능력을 이유로 법률행위가 취소되면 제한능력자는 그 행위로 인해 받은 이익이 현존하는 한도에서 상환할 책임이 있다.
② 취소권은 추인할 수 있는 날로부터 3년내에, 법률행위를 한 날로부터 10년내에 행사하여야 한다.
③ 취소할 수 있는 법률행위는 추인에 의하여 유효한 것으로 확정된다.
④ 취소된 법률행위는 원칙적으로 처음부터 무효인 것으로 본다.
⑤ 미성년자가 한 법률행위는 그가 단독으로 유효하게 취소할 수 없다.

19. 무효 또는 취소할 수 있는 법률행위의 추인에 관한 설명으로 옳은 것은? (다툼이 있으면 판례에 따름)
① 무효인 계약은 계약당사자가 무효임을 알고 추인한 경우 계약성립시부터 새로운 법률행위를 한 것으로 본다.
② 불공정한 법률행위로서 무효인 경우 당사자가 무효임을 알고 추인하면 그 법률행위는 유효로 된다.
③ 무권리자가 타인의 권리를 처분하는 행위는 권리자가 이를 알고 추인하여도 그 처분의 효력이 발생하지 않는다.
④ 취소할 수 있는 법률행위를 추인할 수 있는 자는 그 법률행위의 취소권자이다.
⑤ 피성년후견인은 취소할 수 있는 법률행위를 단독으로 유효하게 추인할 수 있다.

민법총칙

16. 권리의 변동
    법률행위의 대리
    무권대리
    - 상대방의 최고권: 선악
      철회권: 선의
    - 본인의 추인의 상대방
      무권대리인
      무권대리행위의 상대방
      무권대리행위로 인한 권리
          또는 법률관계의 승계인
    협의의 무권대리

① 계약체결 당시 乙이 무권대리인임을 丙이 알았다면더라도 丙은 甲에게 추인 여부의 확답을 최고할 수 없다. 있다.
② 甲(본인)은 丙(상대방)에 대하여 계약을 추인할 수 있으나고 乙(무권대리인)에 대해서는도 이를 추인할 수 없다. 있다.
③ 계약체결 당시 乙이 무권대리인임을 丙이 알았더라도다면 甲이 추인하기 전이라면 丙은 乙을 상대로 의사표시를 철회할 수 있다. 없다.
④ 판례: 본인의 추인 거절 시, 무권대리인은 손해배상책임을 진다.
⑤ 신의성실의 원칙, 금반언(禁反言)의 원칙
甲이 사망하여 乙이 단독상속한 경우 乙은 본인의 지위에서 위 계약의 추인을 거절할 수 있다. 없다.

17. 권리의 변동
    법률행위의 무효·취소

② 무효인 법률행위에 따른 법률효과를 침해하는 것처럼 보이는 채무불이행이 있다면 있다고 하더라도 법률효과의 침해에 따른 손해는 없는 것이므로 채무불이행으로 인한 손해배상을 청구할 수 있다. 없다.

18. 권리의 변동
    법률행위의 무효·취소

⑤ 미성년자가 한 법률행위는 그가 단독으로 유효하게 취소할 수 없다. 있다.

④
①

③

②

민법 제140조(법률행위의 취소사유)
취소할 수 있는 법률행위는 제한능력자, 하자있는 의사표시를 한 자, 그 대리인 또는 승계인에 한하여 취소할 수 있다.
민법 제141조(취소의 효과)
취소된 법률행위는 처음부터 무효인 것으로 본다. 다만, 제한능력자는 그 행위로 인하여 받은 이익이 현존하는 한도에서 상환(償還)할 책임이 있다.
민법 제143조(추인의 방법, 효과)
① 취소할 수 있는 법률행위는 제140조에 규정한 자가 추인할 수 있고 추인후에는 취소하지 못한다.
민법 제146조(취소권의 소멸)
취소권은 추인할 수 있는 날로부터 3년내에 법률행위를 한 날로부터 10년내에 행사하여야 한다.

19. 권리의 변동
    법률행위의 무효·취소
    추인

④

민법 제143조(추인의 방법, 효과)
① 취소할 수 있는 법률행위는 제140조(법률행위의 취소사유)에 규정한 자가 추인할 수 있고 추인후에는 취소하지 못한다.

① 무효인 계약은 계약당사자가 무효임을 알고 추인한 경우 계약성립시부터 추인한 때로부터 새로운 법률행위를 한 것으로 본다.
② 불공정한 법률행위로서 무효인 경우 당사자가 무효임을 알고 추인하면더라도 그 법률행위는 유효로 된다. 되지 않는다.
③ 무권리자가 타인의 권리를 처분하는 행위는 권리자가 이를 알고 추인하여도면 그 처분의 효력이 발생하지 않는다. 발생한다.
⑤ 피성년후견인 제한능력자·피한정후견인은 취소할 수 있는 법률행위를 단독으로 유효하게 추인할 수 있다.
피성년후견인: 추인 불가(단독, 법정대리인 동의 불문)

20. 조건과 기한에 관한 설명으로 옳은 것은?
① 기한은 채권자의 이익을 위한 것으로 본다.
② 정지조건은 법률행위 효력의 발생을 장래의 확실한 사실에 의존케 하는 조건이다.
③ 해제조건은 법률행위 효력의 발생을 장래의 불확실한 사실에 의존케 하는 조건이다.
④ 불법조건이 붙은 법률행위는 원칙적으로 불법조건을 제외한 나머지는 유효하다.
⑤ 시기있는 법률행위는 기한이 도래한 때로부터 그 효력이 생긴다.

21. 甲은 乙에게 1천만 원을 빌려주면서 대여기간을 각 대여일로부터 1개월로 약정하였다. 민법의 기간에 관한 규정에 따를 때 변제기가 옳은 것을 모두 고른 것은? (8월 15일 외에는 평일을 전제로 함)

> ㄱ. 대여일: 1월 31일 14시, 변제기: 2월 28일(윤년 아님) 24시
> ㄴ. 대여일: 3월 14일 17시, 변제기: 4월 14일 17시
> ㄷ. 대여일: 7월 15일 17시, 변제기: 8월 15일(공휴일)의 익일인 8월 16일 24시

① ㄷ ② ㄱ, ㄴ ③ ㄱ, ㄷ ④ ㄴ, ㄷ ⑤ ㄱ, ㄴ, ㄷ

22. 소멸시효와 제척기간에 관한 설명으로 옳지 않은 것은? (다툼이 있으면 판례에 따름)
① 권리자의 청구로 소멸시효가 중단된 경우 그때까지 경과된 기간은 시효기간에 산입된다.
② 소멸시효가 완성되면 그 기산일에 소급하여 권리소멸의 효과가 생긴다
③ 소멸시효의 이익을 포기하기 위해서는 원칙적으로 소멸시효의 완성사실을 알아야 한다.
④ 제척기간의 기산점은 특별한 사정이 없는 한 원칙적으로 권리가 발생한 때이다.
⑤ 제척기간은 그 성질상 기간의 중단이 있을 수 없다.

23. 민법상 소멸시효에 관한 설명으로 옳은 것을 모두 고른 것은? (다툼이 있으면 판례에 따름)

> ㄱ. 소유권은 재산권이므로 소멸시효의 대상이 된다.
> ㄴ. 음식점의 음식대금채권의 소멸시효는 1년이다.
> ㄷ. 점유자가 점유를 상실하면 그때로부터 점유권의 소멸시효가 진행된다.

① ㄱ ② ㄴ ③ ㄷ ④ ㄴ, ㄷ ⑤ ㄱ, ㄴ, ㄷ

24. 민법상 원칙적으로 적용되는 소멸시효의 기산점에 관한 설명으로 옳지 않은 것은? (다툼이 있으면 판례에 따름)
① 변제기가 확정기한인 때에는 그 기한이 도래한 때부터 기산된다.
② 변제기가 불확정기한인 때에는 채권자가 기한도래의 사실을 안 때부터 기산된다.
③ 기한의 정함이 없는 채권은 그 채권이 발생한 때부터 기산된다.
④ 부작위를 목적으로 하는 채권의 소멸시효는 위반행위를 한 때부터 진행된다.
⑤ 정지조건부 채권은 조건이 성취된 때부터 기산된다.

민법총칙

| 20. 권리의 변동 법률행위의 부관(조건·기한) | ① 기한은 채권자 채무자의 이익을 위한 것으로 본다. ② 정지조건은 법률행위 효력의 발생을 장래의 확실 불확실한 사실에 의존케 하는 조건이다. ③ 해제조건은 법률행위 효력의 발생 소멸을 장래의 불확실한 사실에 의존케 하는 조건이다. ④ 불법조건이 붙은 법률행위는 원칙적으로 불법조건을 제외한 나머지는 유효하다. 조건과 법률행위 전부 무효이다. |

① 민법 제153조
④ 민법 제151조
⑤ 민법 제152조

21. 권리의 변동
   기간

ㄱ. 기산점: 2월 1일 0시

ㄴ. 대여일: 3월 14일 17시
   기산점: 3월 15일 0시
                          - 초일불산입원칙
   변제기: 4월 14일 24시 17시

ㄷ. 기산점: 7월 16일 0시

민법 제159조(기간의 만료점)
기간을 일, 주, 월 또는 연으로 정한 때에는 기간말일의 종료로 기간이 만료한다.

민법 제160조(역에 의한 계산)
① 기간을 주·월 또는 년으로 정한 때에는 역(歷)에 의하여 계산한다.
② 주·월 또는 년의 처음으로부터 기간을 기산하지 아니하는 때에는 최후의 주·월 또는 년에서 그 기산일에 해당한 날의 전일로 기간이 만료한다.
③ 월 또는 년으로 정한 경우에 최종의 월에 해당일이 없는 때에는 그 월의 말일로 기간이 만료한다.

| 22. 권리의 변동 소멸시효·제척기간 | ② ① ⑤ 판례 | 민법 제167조(소멸시효의 소급효) 소멸시효는 그 기산일에 소급하여 효력이 생긴다. 민법 제178조(중단후의 시효진행) ① 시효가 중단된 때에는 중단까지에 경과한 시효기간은 이를 산입하지 아니하고 중단사유가 종료한 때로부터 새로이 진행한다. |

① 권리자의 청구로 소멸시효가 중단된 경우 그때까지 경과된 기간은 시효기간에 산입된다. 산입하지 않는다.
④ 제척기간 기산점: 권리가 발생한 때
   소멸시효 기산점: 권리를 행사할 수 있는 때

| 23. 권리의 변동 소멸시효 | ㄱ. 소유권(완전물권, 항구성)은 재산권이므로 소멸시효의 대상이 된다. 되지 않는다. ㄷ. 점유자가 점유를 상실하면 그때로부터 점유권의 소멸시효가 진행된다. 진행되지 않는다. |

점유권은 사실 상태(점유)에 따르는 물권으로 소멸시효에 걸리지 않는다.

민법 제164조(1년의 단기소멸시효)
다음 각호의 채권은 1년간 행사하지 아니하면 소멸시효가 완성한다.
1. 여권, 음식점, 대석, 오락장의 숙박료, 음식료, 대석료, 입장료, 소비물의 대가 및 체당금의 채권

ㄴ.

| 24. 권리의 변동 소멸시효 - 기산점 | ② 변제기가 불확정기한인 때에는 채권자가 기한도래의 사실을 안 때 기한이 객관적으로 도래한 때부터 기산된다. |

25. 법률행위 해석에 관한 설명으로 옳지 않은 것은? (다툼이 있으면 판례에 따름)

① 일반적으로 계약의 당사자가 누구인지는 그 계약에 관여한 당사자의 의사해석의 문제에 해당한다.
② 의사표시의 해석은 당사자가 그 표시행위에 부여한 객관적인 의미를 명백하게 확정하는 것이다.
③ 표의자와 그 상대방이 생각한 의미가 서로 다른 경우, 합리적인 상대방의 시각에서 표의자가 표시한 내용을 어떻게 이해하였는지 고려하여 객관적·규범적으로 해석하여야 한다.
④ 법률행위의 내용이 처분문서로 작성된 경우 문서에 부여된 객관적 의미와 관계없이 원칙적으로 당사자의 내심적 의사에 구속되어 그 내용을 해석하여야 한다.
⑤ 법률행위의 내용이 처분문서로 작성된 경우 문언의 객관적인 의미가 명확하다면, 특별한 사정이 없는 한 문언대로 의사표시의 존재와 내용을 인정하여야 한다.

25. 권리의 변동
　　법률행위
　　　법률행위의 해석

③ 규범적 해석: 상대방 입장에서 객관적·규범적 의미를 밝힘.
④ 문언해석(문리해석)

　법률행위의 내용이 처분문서로 작성된 경우 문서에 부여된 객관적 의미와 관계없이 원칙적으로 당사자의 내심적 의사에 구속되어 그 내용을 해석하여야 한다.

⑤ 문언해석(문리해석)
○ 자연적 해석: 의사표시가 일치한 의미대로 해석
○ 보충적 해석: 가상적 의사를 통해 흠결을 메움.
○ 통일적 해석

보충
　법률사실

용태	외부적 용태(행위)			
		적법행위	법률행위	계약
				단독행위
			준법률행위	표현행위
				사실행위
		위법행위	채무불이행	
			불법행위	
	내부적 용태(의식)			
		선의·악의, 소유의사, 반대의사		
사건	부합, 부당이득, 건물의 멸실, 시간의 경과			

26. 법규명령에 관한 설명으로 옳지 않은 것은? (다툼이 있으면 판례에 따름)
① 법률이 자치법적 사항을 공법적 단체의 정관에 위임하는 경우에는 포괄적 위임금지원칙이 적용되지 않는다.
② 행정입법부작위는 부작위위법확인소송의 대상이 된다.
③ 행정입법이 대법원에 의하여 위법하다는 관점이 있더라도 일반적으로 그 효력이 상실되는 것은 아니다.
④ 집행명령은 상위 법령의 수권 없이 제정될 수 있다.
⑤ 제재적 처분기준이 부령의 형식으로 규정되어 있는 때에는 국민에게 법적 구속력이 없다.

27. 행정지도에 관한 설명으로 옳지 않은 것은? (다툼이 있으면 판례에 따름)
① 행정지도는 상대방의 협력을 전제로 법적 효과의 발생을 목적으로 하는 행정청의 의사표시이다.
② 행정지도의 상대방은 해당 행정지도의 방식·내용에 관하여 행정기관에 의견제출을 할 수 있다.
③ 행정기관은 상대방이 행정지도에 따르지 않았다는 이유로 불이익한 조치를 하여서는 아니 된다.
④ 행정지도를 하는 자는 상대방에게 행정지도의 취지 및 내용과 신분을 밝혀야 한다.
⑤ 행정지도는 국가배상법 제2조의 직무행위에 해당된다.

28. 행정대집행법상 대집행의 요건이 아닌 것은?
① 공법상 의무의 불이행이 있을 것
② 불이행된 의무를 타인이 대신하여 행할 수 있을 것
③ 의무를 명하는 처분에 불가쟁력이 발생하였을 것
④ 다른 수단으로써 의무 이행의 확보가 곤란할 것
⑤ 의무불이행을 방치하는 것이 심히 공익을 해할 것

29. 질서위반행위규제법의 내용으로 옳지 않은 것은?
① 행정청이 부과한 과태료는 부과처분이 확정된 후 5년간 징수하지 아니하면 시효로 인하여 소멸한다.
② 질서위반행위의 성립과 과태료 처분은 처분 시의 법률에 따른다.
③ 고의 또는 과실이 없는 질서위반행위는 과태료를 부과하지 않는다.
④ 2인 이상이 질서위반행위에 가담한 때에는 각자가 질서위반행위를 한 것으로 본다.
⑤ 행정청의 과태료 부과에 대해 당사자의 이의제기가 있는 경우에는 행정청의 과태료 부과처분은 효력을 상실한다.

30. 행정행위의 직권취소에 관한 설명으로 옳지 않은 것은? (다툼이 있으면 판례에 따름)
① 직권취소는 별도의 법적 근거가 없어도 가능하다.
② 직권취소는 당해 처분의 취소소송 계속 중에도 할 수 있다.
③ 수익적 행정행위의 직권취소에 대한 직권취소는 인정되지 않는다.
④ 수익적 행정행위의 직권취소는 제한될 수 있다.
⑤ 수익적 행정행위의 직권취소의 소급효는 제한될 수 있다.

26. 행정작용법 　　행정입법 　　법규명령·행정규칙	①②③⑤ 판례 ① **포괄적 위임입법 금지의 원칙**(헌법 제75조) ② **행정입법부작위**(국민의 구체적인 권리·의무에 직접적 변동을 초래하지 않는다)는 부작위위법확인소송(항고소송: 구체적 권리·의무에 관한 분쟁)의 대상이 된다. <u>아니다.</u>	
27. 행정작용법 　　기타 행정작용 　　행정지도(비권력적 사실행위)	비권력적 사실행위 → 처분성× → 항고소송 대상× ① **행정지도**는 비권력적 사실행위로 상대방의 협력을 전제로 법적 효과의 발생을 목적으로 하는 행정청의 의사표시이다. <u>가 아니다.</u>	
28. 행정상 실효성 확보 수단 　　행정강제 　　**행정대집행 요건** 　　　① 공법상 의무 불이행 　　　② 대체적 작위의무 　　　④ 보충성 　　　⑤ 비례성	행정대집행법 제2조(대집행과 그 비용징수) 법률(법률의 위임에 의한 명령, 지방자치단체의 조례를 포함한다. 이하 같다)에 의하여 직접명령되었거나 또는 법률에 의거한 행정청의 명령에 의한 행위로서 타인이 대신하여 행할 수 있는 행위를 의무자가 이행하지 아니하는 경우 다른 수단으로써 그 이행을 확보하기 곤란하고 또한 그 불이행을 방치함이 심히 공익을 해할 것으로 인정될 때에는 당해 행정청은 스스로 의무자가 하여야 할 행위를 하거나 또는 제삼자로 하여금 이를 하게 하여 그 비용을 의무자로부터 징수할 수 있다.	
29. 행정상 실효성 확보 수단 　　행정벌 　　행정질서벌 　　　　　　　　　　　　② 　　　　　　　　　　　　③ 　　　　　　　　　　　　④ 　　　　　　　　　　　　① 　　　　　　　　　　　　⑤	② 질서위반행위의 성립과 과태료 처분은 <s>처분</s> **행위** 시의 법률에 따른다. 질서위반행위규제법 제3조(법 적용의 시간적 범위) ① 질서위반행위의 성립과 과태료 처분은 행위 시의 법률에 따른다. 질서위반행위규제법 제7조(고의 또는 과실) 고의 또는 과실이 없는 질서위반행위는 과태료를 부과하지 아니한다. 질서위반행위규제법 제12조(다수인의 질서위반행위 가담) ① 2인 이상이 질서위반행위에 가담한 때에는 각자가 질서위반행위를 한 것으로 본다. 질서위반행위규제법 제15조(과태료의 시효) ① 과태료는 행정청의 과태료 부과처분이나 법원의 과태료 재판이 확정된 후 5년간 징수하지 아니하거나 집행하지 아니하면 시효로 인하여 소멸한다. 질서위반행위규제법 제20조(이의제기) ② 제1항에 따른 이의제기가 있는 경우에는 행정청의 과태료 부과처분은 그 효력을 상실한다.	
30. 행정작용법 　　행정행위 　　하자: 무효·취소 - 직권취소	③ 수익적 행정행위의 직권취소에 대한 직권취소는 인정되지 않는다. 　<u>인정된다.</u> 영업허가 후 영업 → 직권취소: 영업 금지(부담적 처분) 　　　　　　　　　　　　　→ 직권취소의 직권취소: 영업 재개 ⑤ 귀책 사유× → 장래효	

31. 행정행위의 부관에 관한 설명으로 옳지 않은 것은? (다툼이 있으면 판례에 따름)
① 법률의 근거 없이 기속행위에 그 효과를 제한하는 부관을 붙인 경우 그 부관은 무효이다.
② 사정변경으로 인하여 당초에 부담을 부가한 목적을 달성할 수 없게 된 경우 그 목적 달성에 필요한 범위 내에서 부담의 사후변경이 허용된다.
③ 법률이 예정하는 행정행위의 효과를 일부 배제하는 부관도 인정된다.
④ 다른 부관과 달리 부담은 독립하여 행정소송의 대상이 될 수 있다.
⑤ 부담의 내용을 미리 협약의 형식으로 정한 다음 처분을 하면서 이를 부담으로 부가하는 것은 허용되지 않는다.

32. 행정행위 하자승계론의 전제요건에 해당하지 않는 것은?
① 선행행위와 후행행위가 모두 처분일 것
② 선행행위에 무효가 아닌 취소사유의 하자가 존재할 것
③ 선행행위에 불가쟁력이 발생하였을 것
④ 후행행위는 하자가 없는 적법한 행위일 것
⑤ 후행행위가 선행행위에 대하여 내용적 구속력이 있을 것

33. 법치행정원리에 관한 설명으로 옳은 것은?
① 법률우위의 원칙에서 말하는 법률은 국회가 제정한 형식적 의미의 법률만을 말한다.
② 법률우위의 원칙은 사법형식의 행정작용에는 적용되지 않는다.
③ 법률우위의 원칙에 위반한 행정행위는 무효이다.
④ 법률유보의 원칙에서 말하는 법률에는 법률의 위임에 의해 제정된 법규명령도 포함된다.
⑤ 법률유보의 범위와 관련하여 본질성설에 따르는 경우 행정입법에의 위임은 금지된다.

34. 대물적 허가를 받아 영업을 하는 甲은 자신의 영업을 乙에게 양도하고자 乙과 영업의 양도양수계약을 체결하고 관련 법에 따라 관할 A행정청에 지위승계신고를 하였다. 이에 관한 설명으로 옳은 것을 모두 고른 것은? (다툼이 있으면 판례에 따름)

> ㄱ. 적법한 지위승계신고를 하였다면 A행정청이 수리를 거부하더라도 乙에게 영업양수의 효과가 발생한다.
> ㄴ. 지위승계신고가 있기 전에 A행정청이 위 영업허가를 취소하려는 경우 허가취소의 상대방은 甲이 된다.
> ㄷ. 甲과 乙 사이의 영업양도·양수계약이 무효라면 지위승계신고가 수리되더라도 乙에게 영업양수의 효과가 발생하지 않는다.
> ㄹ. 영업양도·양수가 유효하더라도 명문의 규정이 없는 한 양도 전 甲의 위반행위를 이유로 乙에 대하여 제재처분을 할 수는 없다.

① ㄱ ② ㄴ ③ ㄷ ④ ㄴ, ㄷ ⑤ ㄱ, ㄴ, ㄷ

31. 행정작용법 　　행정행위 　　(재량 행정행위의) 부관 　①②③④⑤ 판례	① 기속행위, 기속적 재량행위: ~~부관(→ 무효)~~ ② 부담의 사후변경(행정기본법 제17조, 부관) ③ 법률효과 일부 배제 = 내용상 제한 부관 ④ 부담 = 행정쟁송(행정소송)의 대상 ⑤ 부담의 내용을 미리 협약의 형식으로 정한 다음 처분을 하면서 이를 부담으로 부가하는 것은 ~~허용되지 않는다.~~ <u>허용된다.</u>	
32. 행정작용법 　　행정행위 　　하자: 무효·취소 　　하자의 승계	행정행위 하자의 승계 　선 행정행위에 불가쟁력이 발생하였음에도 불구하고 　　　　후 행정행위에서 선 행정행위의 위법성을 다툴 수 있다. 　1. 선 행정행위와 후 행정행위가 모두 　　　　항고소송의 대상이 되는 행정처분에 해당한다. 　2. 선 행정행위에 취소사유에 해당하는 하자가 존재한다. 　3. 후 행정행위는 정상적 처분이다. ② 선행행위 = 무효 → 후행행위 = 무효 ~~⑤ 후행행위가 선행행위에 대하여 내용적 구속력이 있을 것~~	
33. 행정법 통론 　　행정법 　　법치행정의 원칙(행정기본법 제8조) 　　- <u>법률</u> 우위의 원칙 　　　= 불문법 + 형식적 의미의 법률 　　- <u>법률</u> 유보의 원칙 　　　= 국회 제정 형식적 의미의 법률	① 법률 우위의 원칙에서 말하는 법률은 국회가 제정한 형식적 의미의 법률만을 ~~말한다.~~ <u>의미하지 않는다.</u> ② 법률 우위의 원칙은 사법형식의 행정작용에~~도 적용되지 않는다.~~ <u>적용된다.</u> ③ 법률 우위의 원칙에 위반한 행정행위는 ~~무효이다.~~ <u>위법하다(무효 또는 취소).</u> ⑤ 법률유보의 범위와 관련하여 본질성설 <del>의회유보론(의회유보의 원칙)</del>에 따르는 경우 행정입법에의 위임은 금지된다. 법률유보의 범위와 관련하여 본질성설(중요사항유보설, 통설)에 따르는 경우 행정입법에의 위임은 허용된다.	
34. 행정법 통론 　　행정상 법률관계 　　사인(私人)의 공법행위 　ㄱ. ㄴ. ㄷ. ㄹ. 판례	대물적 허가의 지위 승계 　- 위법성 이전 　- 행정요건적(행위요건적) 신고 = 수리를 요하는 신고 　　　　　　　　　　　　　 ─ 수리× → 승계(영업 양수) 효과× ㄱ. 적법한 지위승계신고를 ~~하였다면~~ <u>하였더라도</u> A행정청이 수리를 ~~거부하더라도~~ <u>거부하면</u> 乙에게 영업양수의 효과가 ~~발생한다.~~ <u>발생하지 않는다.</u> ㄹ. 영업양도·양수가 유효~~하더라도~~<u>하면</u> 명문의 규정이 ~~없는 한~~ <u>없더라도</u> 양도 진 甲의 위반행위를 이유로 乙에 대하여 제재처분을 할 수는 ~~없다.~~ <u>있다.</u>	

35. 공공기관의 정보공개에 관한 법률에 따른 정보공개제도에 관한 설명으로 옳지 않은 것은? (다툼이 있으면 판례에 따름)
① 공개를 청구하는 정보는 사회일반인의 관점에서 청구대상정보의 내용과 범위를 알 수 있을 정도로 특정되어야 한다.
② 공개청구한 정보를 공공기관이 보유·관리하고 있지 않은 경우에는 특별한 사정이 없는 한 해당 정보에 대한 공개거부처분의 취소를 구할 법률상의 이익이 있다.
③ 정보공개청구의 목적이 오로지 담당공무원을 괴롭힐 목적인 경우처럼 권리의 남용이 명백한 경우에는 정보공개청구권의 행사가 허용되지 않는다.
④ 비공개결정에 대해 이의신청을 거친 경우에는 행정심판을 제기할 수 없다.
⑤ 청구인이 신청한 공개방법 이외의 방법으로 정보를 공개하기로 결정한 경우 청구인은 그에 대하여 항고소송으로 다툴 수 있다.

36. 행정절차에 관한 설명으로 옳은 것은? (다툼이 있으면 판례에 따름)
① 행정청은 신청 내용을 모두 그대로 인정하는 처분을 하는 경우에도 당사자에게 이유제시를 하여야 한다.
② 행정청과 당사자가 청문절차를 배제하기로 협약을 체결하였다면 청문절차를 거치지 않아도 되는 예외적 경우에 해당한다.
③ 행정처분에 실체적 위법이 없는 한 절차적 하자만으로 독립된 취소사유가 되지 못한다.
④ 이유제시의 하자는 치유의 대상이 될 수 없다.
⑤ 행정절차법상 불복방법에 대한 고지절차에 관한 규정을 위반하였다고 하여 그러한 이유만으로 처분이 위법하게 되는 것은 아니다.

37. 행정절차법이 규율 대상으로 명시하고 있는 것은?
① 행정지도절차   ② 공법상 계약체결절차   ③ 행정계획확정절차
④ 행정조사절차   ⑤ 확약절차

38. A장관을 주무부장관으로 하는 국가사무인 X사무가 법령에 의해 B지방자치단체의 장에게 위임되었다. X사무의 처리에 관한 설명으로 옳은 것은? (다툼이 있으면 판례에 따름)
① 법령이 X사무에 대해 조례에 위임하는 경우 포괄적 위임도 가능하다.
② A장관은 X사무의 처리가 위법한 경우에 한하여 B지방자치단체의 장을 감독할 수 있다.
③ A장관이 X사무의 처리에 관하여 시정명령을 발한 경우 B지장자치단체의 장은 이에 대해 대법원에 제소할 수 있다.
④ B지방자치단체의 장이 X사무를 처리하면서 불법행위를 하여 국가배상책임이 성립하는 경우 B 지장자치단체도 배상책임이 있다.
⑤ A장관이 X사무의 해태를 이유로 직무이행명령을 발한 경우 B지방자치단체의 장은 이에 대해 대법원에 제소할 수 없다.

35. 행정절차·(행정)정보
    정보공개

①②③⑤ 판례

④ 비공개결정에 대해 이의신청을 거친 경우에는 (이와 상관 없이) 행정심판을 제기할 수 없다. 있다.

> 행정절차법 제19조(행정심판)
> ① 청구인이 정보공개와 관련한 공공기관의 결정에 대하여 불복이 있거나 정보공개 청구 후 20일이 경과하도록 정보공개 결정이 없는 때에는 「행정심판법」에서 정하는 바에 따라 행정심판을 청구할 수 있다. 이 경우 국가기관 및 지방자치단체 외의 공공기관의 결정에 대한 감독행정기관은 관계 중앙행정기관의 장 또는 지방자치단체의 장으로 한다.

36. 행정절차·(행정)정보
    행정절차

②③④⑤ 판례

① 행정청은 신청 내용을 모두 그대로 인정하는 처분을 하는 경우에도는 당사자에게 이유 제시를 하여야 한다. 하지 않아도 된다.

> 행정절차법 제23조(처분의 이유 제시)
> ① 행정청은 처분을 할 때에는 다음 각 호의 어느 하나에 해당하는 경우를 제외하고는 당사자에게 그 근거와 이유를 제시하여야 한다.
>   1. 신청 내용을 모두 그대로 인정하는 처분인 경우
>   2. 단순·반복적인 처분 또는 경미한 처분으로서 당사자가 그 이유를 명백히 알 수 있는 경우
>   3. 긴급히 처분을 할 필요가 있는 경우
> ② 행정청은 제1항제2호 및 제3호의 경우에 처분 후 당사자가 요청하는 경우에는 그 근거와 이유를 제시하여야 한다.

37. 행정절차·(행정)정보
    행정절차
        제03회(2015년) 27번 참조
        제06회(2018년) 32번 참조
        제09회(2021년) 42번 참조
    처분, 신고, 행정상 입법예고,
                행정예고 및 행정지도
    (+ 2022년 법률 개정으로 추가)
    확약, 위반사실 등의 공표, 행정계획

② 행정청과 당사자가 청문절차를 배제하기로 협약을 체결하였다면더라도 청문절차를 거치지 않아도 되는 예외적 경우에 해당한다. 해당하지 않는다.

③ 행정처분에 실체적 위법이 없는 한 없다고 하더라도 절차적 하자만으로 독립된 취소사유가 되지 못한다. 될 수 있다.

④ 이유 제시의 하자(절차적 하자)는 제한적으로 치유의 대상이 될 수 없다. 있다.

38. 행정조직법
    지방자치법
    지방자치사무

①③④ 판례
② 위임사무에 대한 국가기관의
            합법성·합목적성 감독
⑤ 지방자치법 제189조
    (지방자치단체의 장에 대한 직무이행명령)

① 법령이 X사무에 대해 조례에 위임하는 경우 포괄적 위임도 가능하다. 은 불가능하다.

② A장관은 X사무의 처리가 위법·부당한 경우에 한하여 B지방자치단체의 장을 감독할 수 있다.

③ A장관이 X사무의 처리에 관하여 시정명령을 발할 경우 B지장자치단체의 장은 이에 대해 대법원에 제소할 수 있다. 발할 수 없다.

⑤ A장관이 X사무의 해태를 이유로 직무이행명령을 발한 경우 B지방자치단체의 장은 이행명령서 접수일부터 15일 이내에 이에 대해 대법원에 제소할 수 없다. 있다.

39. 지방자치제도에 관한 설명으로 옳지 않은 것은? (다툼이 있으면 판례에 따름)
① 제주특별자치도와 세종특별자치시는 지방자치법상 특별지방자치단체에 해당한다.
② 외국인도 지방자치단체의 주민의 지위를 가질 수 있다.
③ 지방자치법상 주민소송은 객관적 소송으로서 민중소송에 해당한다.
④ 비례대표 지방의회의원에 대해서는 주민소환을 할 수 없다.
⑤ 이행강제금의 부과·징수를 게을리 한 행위는 주민소송의 대상이 되는 공금의 부과·징수를 게을리 한 행위에 해당한다.

40. 공물에 관한 설명으로 옳은 것은? (다툼이 있으면 판례에 따름)
① 어떤 토지의 지목이 도로이고 국유재산대장에 등재되어 있다면 그 토지는 도로로서 행정재산에 해당한다고 보아야 한다.
② 공용폐지의 의사표시는 묵시적인 방법으로도 가능하므로 행정재산이 본래의 용도에 제공되지 않는 상태에 있다면 묵시적인 공용폐지가 있다고 보아야 한다.
③ 행정재산은 사법상 거래의 대상이 되지 아니하는 불융통물이므로 관계 당국이 이를 모르고 매각하였더라도 그 매매는 당연무효이다.
④ 적법한 개발행위로 인하여 공공용물의 일반사용이 종전에 비하여 제한을 받게 되었다면 특별한 사정이 없는 한 그로 인한 불이익은 손실보상의 대상이 된다.
⑤ 특허에 의한 공물사용권은 공물의 관리주체에 대해 특별사용을 청구할 수 있는 채권에 그치는 것이 아니라 대세적 효력이 있는 물권이다.

41. 행정쟁송에 있어 가구제에 관한 설명으로 옳지 않은 것은? (다툼이 있으면 판례에 따름)
① 행정심판법상 임시처분은 집행정지로 목적을 달성할 수 없는 경우에 적용된다.
② 행정심판법상 임시처분은 당사자의 신청이 있는 경우에만 할 수 있다.
③ 취소소송에서는 민사집행법상의 가처분이 인정되지 않는다.
④ 취소소송상 집행정지의 신청은 적법한 본안소송이 계속 중일 것을 요한다.
⑤ 당사자소송에서는 행정소송법상의 집행정지가 인정되지 않는다.

42. 행정심판에 관한 설명으로 옳은 것은? (다툼이 있으면 판례에 따름)
① 행정심판법 재결에는 특별한 사유가 없는 한 불가변력이 발생하지 않는다.
② 취소심판에는 처분사유의 추가·변경이 허용되지 않는다.
③ 행정심판법은 무효등확인심판에서는 사정재결을 할 수 없음을 명문으로 규정하고 있다.
④ 청구인은 행정심판청구서를 피청구인인 행정청에 제출할 수 없다.
⑤ 행정심판법상 처분의 부존재확인심판은 허용되지 않는다.

39. 행정조직법
   지방자치법
   지방자치단체
   - 보통지방자치단체
     광역지방자치단체
     기초지방자치단체
   - 특별지방자치단체

> 지방자치법 제199조(설치)
> ① 2개 이상의 지방자치단체가 공동으로 특정한 목적을 위하여 광역적으로 사무를 처리할 필요가 있을 때에는 특별지방자치단체를 설치할 수 있다. …

① 제주특별자치도와 세종특별자치시는 지방자치법상 특별지방자치단체 일반(보통)지방자치단체에 해당한다.
③ 민중소송: 선거소송, 투표소송, 주민소송

40. 특별행정작용법
    급부행정법(공물법)

①②③④⑤ 판례

① 어떤 토지의 지목이 도로이고 국유재산대장에 등재되어 있다면 있다고 하여 그 토지는 도로로서 행정재산에 해당한다고 보아야 한다. 하는 것은 아니다.
② 공용폐지의 의사표시는 묵시적인 방법으로도 가능하므로 가능하나 행정재산이 본래의 용도에 제공되지 않는 상태에 있다면 있다고 하여 묵시적인 공용폐지가 있다고 보아야 한다. 하는 것은 아니다.
④ 적법한 개발행위로 인하여 공공용물(도로, 공원 등)의 일반사용(국가·지방자치단체 등의 공공목적을 위한 개발·관리·보존행위를 방해하지 않는 범위 내에서만 허용된다)이 종전에 비하여 제한을 받게 되었다면더라도 특별한 사정이 없는 한 그로 인한 불이익은 손실보상의 대상이 된다. 되는 특별한 손실에 해당하지 않는다.
⑤ 특허에 의한 공물사용권은 공물의 관리주체에 대해 특별사용을 청구할 수 있는 채권에 그치는 것이 아니라 그처 대세적 효력이 있는 물권이다. 이 아니다.

41. 행정구제법
    행정쟁송
    가구제(假救濟)

③ 취소소송: 가처분
⑤ 당사자소송: 집행정지

② 행정심판법상 임시처분은 당사자의 신청이 있는 경우에만 또는 직권으로 할 수 있다.

> 행정심판법 제31조(임시처분)
> ① 위원회는 처분 또는 부작위가 위법·부당하다고 상당히 의심되는 경우로서 처분 또는 부작위 때문에 당사자가 받을 우려가 있는 중대한 불이익이나 당사자에게 생길 급박한 위험을 막기 위하여 임시지위를 정하여야 할 필요가 있는 경우에는 직권으로 또는 당사자의 신청에 의하여 임시처분을 결정할 수 있다.

42. 행정구제법
    행정쟁송
    행정심판
   행정심판법 제44조(사정재결)
   ③ 무효등확인심판: 사정재결×
     - 무효확인심판
     - 유효확인심판
     - 실효확인심판
     - 존재확인심판

① 행정심판법 재결(확인, 준법률적 행정행위)에는 특별한 사유가 없는 한 불가변력이 발생하지 않는다. 발생한다.
② 취소심판에는 처분사유의 추가·변경이 허용되지 않는다. 허용된다.
④ 청구인은 행정심판청구서를 피청구인인 행정청(또는 행정심판위원회)에 제출할 수 없다. 있다.
⑤ 행정심판법상 처분의 부존재확인심판은 허용되지 않는다. 허용된다.

43. 국가배상에 관한 설명으로 옳지 않은 것은? (다툼이 있으면 판례에 따름)
① 국가가 국가배상책임을 이행한 경우 공무원에게 경과실이 있으면 국가는 그 공무원에게 구상할 수 없다.
② 국가배상법 제5조에서는 점유자에게 과실이 없는 경우 점유자의 책임이 면책되는 규정이 없다.
③ 국가배상청구소송은 배상심의회에 배상신청을 하지 아니하고도 제기할 수 있다.
④ 부작위에 의한 국가배상책임은 조리상 작위의무를 위반한 경우에는 성립하지 않는다.
⑤ 공무원의 고의·중과실에 의한 불법행위로 국가배상책임이 성립하는 경우 가해 공무원 개인은 그로 인한 손해배상책임을 부담한다.

44. 공익사업을 위한 토지 등의 취득 및 보상에 관한 법률의 내용에 관한 설명으로 옳은 것은? (다툼이 있으면 판례에 따름)
① 수용재결 신청 전 협의에 의한 취득은 사법상의 법률행위에 해당한다.
② 사업인정은 고시된 날부터 7일이 경과한 날에 효력을 발생한다.
③ 수용재결은 행정심판 재결의 일종으로서 행정심판법상 재결의 기속력 규정이 준용된다.
④ 수용재결에 대해 이의재결을 거쳐 취소소송을 제기하는 경우 이의재결을 소송의 대상으로 하여야 한다.
⑤ 보상금액에 불복하여 사업시행자가 제기하는 보상금감액청구소송은 민사소송에 해당하므로 토지소유자 또는 관계인을 피고로 한다.

45. 취소소송에 적용되는 행정소송법 규정 중 무효등확인소송에 준용되지 않는 것은?
① 행정심판기록의 제출명령
② 관련청구소송의 병합
③ 집행정지
④ 처분변경으로 인한 소의 변경
⑤ 간접강제

46. 항고소송의 피고에 관한 설명으로 옳지 않은 것은? (다툼이 있으면 판례에 따름)
① 처분이 있은 뒤에 그 처분에 관계되는 권한이 다른 행정청에 승계된 때에는 이를 승계한 행정청을 피고로 한다.
② 공정거래위원회의 처분에 대한 항고소송의 피고는 공정거래위원회가 된다.
③ 조례에 대한 무효확인소송의 경우 해당 지방의회의 의장이 피고가 된다.
④ 원고가 피고를 잘못 지정한 때에는 법원은 원고의 신청에 의하여 결정으로써 피고의 경정을 허가할 수 있다.
⑤ 소의 종류의 변경 시에도 피고의 경정이 인정된다.

47. 甲의 도로점용허가 신청에 대하여 처분청 X는 거부처분을 하였다. 이에 관한 설명으로 옳은 것을 모두 고른 것은? (다툼이 있으면 판례에 따름)

> ㄱ. 甲은 거부처분취소심판이나 의무이행심판을 제기할 수 있다.
> ㄴ. 만약, X가 거부처분에 앞서 사전통지를 하지 않았다면 그 거부처분에는 절차상 하자가 있다.
> ㄷ. 甲이 거부처분취소소송을 제기하여 인용판결이 확정되었다면 X는 도로점용허가를 발령하여야 한다.
> ㄹ. 甲이 거부처분취소소송을 제기하여 인용판결이 상고심에서 확정되었음에도 X가 아무런 조치를 취하지 아니하면 상고심 법원은 甲의 신청에 의해 간접강제 결정을 할 수 있다.

① ㄱ   ② ㄱ, ㄷ   ③ ㄱ, ㄹ   ④ ㄴ, ㄷ   ⑤ ㄴ, ㄹ

43. 행정구제법
    행정상 손해전보
    행정상 손해배상(국가배상)
                                    ①
점유자 면책
    - 국가배상법상 영조물 하자 책임
    - 민법상 공작물 책임
②④⑤ 판례
③

국가배상법 제9조
        (소송과 배상신청의 관계)
이 법에 따른 손해배상의 소송은 배상심의회(이하 "심의회"라 한다)에 배상신청을 하지 아니하고도 제기할 수 있다.

국가배상법 제5조(공공시설 등의 하자로 인한 책임)
① 도로·하천, 그 밖의 공공의 영조물(營造物)의 설치나 관리에 하자(瑕疵)가 있기 때문에 타인에게 손해를 발생하게 하였을 때에는 국가나 지방자치단체는 그 손해를 배상하여야 한다. 이 경우 제2조(배상책임) 제1항 단서, 제3조(배상기준) 및 제3조의2(공제액)를 준용한다.
② 제1항을 적용할 때 손해의 원인에 대하여 책임을 질 자가 따로 있으면 국가나 지방자치단체는 그 자에게 구상할 수 있다.

민법 제758조(공작물등의 점유자, 소유자의 책임)
① 공작물의 설치 또는 보존의 하자로 인하여 타인에게 손해를 가한 때에는 공작물점유자가 손해를 배상할 책임이 있다. 그러나 점유자가 손해의 방지에 필요한 주의를 해태하지 아니한 때에는 그 소유자가 손해를 배상할 책임이 있다.
③ 전2항의 경우 점유자 또는 소유자는 그 손해의 원인에 대한 책임 있는 자에 대하여 구상권을 행사할 수 있다.

④ 부작위에 의한 국가배상책임은 조리상 작위의무를 위반한 경우에는도 성립하지 않는다. 성립한다.

44. 행정구제법
    행정상 손실보상
① 판례: 사법상 계약
  통설: 공법상 계약

② 사업인정은 고시된 날부터 7일이 경과한 날에 효력을 발생한다.
③ 수용재결(대리, 준법률행위적 행정행위) 이의재결은 행정심판 재결의 일종으로서 행정심판법상 재결의 기속력 규정이 준용된다.
④ 원처분주의
   수용재결에 대해 이의재결을 거쳐 취소소송을 제기하는 경우 피고적격은 토지수용위원회이며 이의재결 수용재결을 소송의 대상으로 하여야 한다.
⑤ 보상금액에 불복하여 사업시행자가 제기하는 보상금감액청구소송은 민사소송 형식적 당사자소송에 해당하므로 토지소유자를 또는 관계인을 피고로 한다.

45. 행정구제법
    행정쟁송
    행정소송 - 취소소송
            제06회(2018년) 40번 참조
⑤ 간접강제

46. 행정구제법
    행정쟁송
    행정소송 - 항고소송

③ 조례에 대한 무효확인소송의 경우 해당 지방의회의 의장 지방자치단체의 장이 피고가 된다.

47. 행정구제
    행정쟁송
    행정소송
    거부처분

ㄴ, ㄷ. 판례
ㄹ. 행정소송법 제34조
      (거부처분취소판결의 간접강제)

ㄴ. 만약, X가 거부처분에 앞서 사전통지를 하지 않았다면더라도 그 거부처분에는 절차상 하자가 있다. 없다.
ㄷ. 甲이 거부처분취소소송을 제기하여 인용판결이 확정되었다면 X는 도로점용허가를 발령하여야 한다. 발령하지 않고 다른 사유로 다시 거부처분을 할 수 있다.
ㄹ. 甲이 거부처분취소소송을 제기하여 인용판결이 상고심에서 확정되었음에도 X가 아무런 조치를 위하기 아니하면 상고심 법원 1심 수소법원은 甲의 신청에 의해 간접강제 결정을 할 수 있다.

48. 행정권한의 대리와 위임에 관한 설명으로 옳지 않은 것은? (다툼이 있으면 판례에 따름)
① 임의대리에서 대리관청이 대리관계를 밝히고 처분을 한 경우 피대리관청이 처분청으로서 항고소송의 피고가 된다.
② 법정대리는 특별한 규정이 없는 한 피대리관청의 권한 전부에 미친다.
③ 권한을 내부위임 받은 수임행정청은 위임행정청의 이름으로 권한을 행사하여야 한다.
④ 권한의 내부위임은 법률의 근거가 없어도 가능하다.
⑤ 권한의 일부에 대한 위임뿐만 아니라 권한 전부의 위임도 가능하다.

49. 국가공무원법상 소청에 관한 설명으로 옳은 것은?
① 소청을 통해 위법한 거부처분에 대하여 의무이행을 구하는 심사청구를 할 수 없다.
② 징계처분에 대해 소청심사위원회의 심사·결정을 거치지 아니하면 행정소송을 제기할 수 없다.
③ 소청심사위원회가 소청인에게 진술기회를 주지 아니하고 내린 결정은 취소사유의 하자가 있다.
④ 징계처분에 대한 소청에 대하여는 불이익변경금지원칙이 적용되지 아니한다.
⑤ 행정기관소속 공무원의 소청을 심사하는 소청심사위원회는 법제처에 둔다.

50. 국가공무원의 법률관계에 관한 설명으로 옳지 않은 것은? (다툼이 있으면 판례에 따름)
① 공무원임용에 결격사유가 있는지의 여부는 임용 당시에 시행되던 법률을 기준으로 판단하여야 한다.
② 공무원은 임용장이나 임용통지서에 적힌 날짜에 임용된 것으로 본다.
③ 공무원임용 결격사유가 있는 자를 공무원에 임명하는 행위는 당연무효이다.
④ 국가공무원법상의 직위해제처분에는 사전통지에 관한 행정절차법 규정이 적용된다.
⑤ 당연퇴직의 사실을 알리는 통지행위는 행정소송법상 처분에 해당하지 않는다.

48. 행정조직법 　　행정조직법 　　행정권한 - 대리·위임	①③④ 판례 ④ ~~권한의 위임:~~ 법률의 근거 　　권한의 내부위임: 법률의 근거 ⑤ 권한의 일부에 대한 위임뿐만 아니라 ~~은 허용되나~~ 권한 전부의 위임 　도은 권한 분배의 원칙에 반하여 <s>가능하다.</s> 허용되지 않는다.
49. 행정조직법 　　공무원법 　　소청 　　　　　② 소청(심사)전치주의 ① 국가공무원법 제14조 ③ 국가공무원법 제13조 ④ 국가공무원법 제14조 ⑤ 국가공무원법 제9조	① 소청을 통해 위법한 거부처분에 대하여 의무 이행을 구하는 심사청구를 할 수 <s>없다.</s> 있다. 국가공무원법 제16조(행정소송과의 관계) ① 제75조(처분사유 설명서의 교부)에 따른 처분, 그 밖에 본인의 의사에 반한 불리한 처분이나 부작위(不作爲)에 관한 행정소송은 소청심사위원회의 심사·결정을 거치지 아니하면 제기할 수 없다. ③ 소청심사위원회가 소청인에게 진술 기회를 주지 아니하고 내린 결정은 <s>취소사유의 하자가 있다.</s> 무효이다. ④ 징계처분에 대한 소청에 대하여는 불이익변경금지원칙이 <s>적용되지 아니 한다.</s> 적용된다. ⑤ 행정기관소속 공무원의 소청을 심사하는 소청심사위원회는 <s>법제처</s> 인사혁신처에 둔다.
50. 행정조직법 　　공무원법　　　　　② ①③④⑤ 판례	공무원임용령 제6조(임용 시기) ① 공무원은 임용장이나 임용통지서에 적힌 날짜에 임용된 것으로 보며, 임용일자를 소급해서는 아니 된다. ② 사망으로 인한 면직은 사망한 다음 날에 면직된 것으로 본다. ③ 임용할 때에는 임용일자까지 그 임용장 또는 임용통지서가 임용될 사람에게 도달할 수 있도록 발령하여야 한다. ④ 국가공무원법상의 직위해제처분에는 사전통지 및 의견청취에 관한 행정절차법 규정이 <s>적용된다.</s> 적용되지 않는다.
45. 보충 　　행정구제법 　　행정쟁송 　　행정소송 - 취소소송 간접강제 　- 거부처분취소소송 　- 부작위위법확인소송	행정소송법 제38조(준용규정) ① 제9조(재판관할), 제10조(관련청구소송의 이송 및 병합), 제13조(피고적격) 내지 제17조(행정청의 소송참가), 제19조(취소소송의 대상), 제22조(소의 변경) 내지 제26조(직권심리), 제29조(취소판결등의 효력) 내지 제31조(제3자에 의한 재심청구) 및 제33조(소송비용에 관한 재판의 효력)의 규정은 무효등 확인소송의 경우에 준용한다. 　제14조(피고의 경정), 제15조(공동소송), 제16조(제3자의 소송참가), 제23조(집행정지), 제24조(집행정지의 취소), 제25조(행정심판기록의 제출명령), 제30조(취소판결등의 기속력)

51. 행정에 관한 설명으로 옳지 <u>않은</u> 것은?
① 공익을 지향하며 공공문제의 해결이라는 공공 목적을 달성한다.
② 공공서비스를 생산하고 공급하며 배분하는 모든 활동을 의미한다.
③ 오늘날에는 정부가 공공서비스의 생산 및 공급을 독점한다.
④ 참여와 협력이라는 거버넌스 개념을 지향해가고 있다.
⑤ 공공서비스의 생산·분배 과정에서 국민의 의견을 존중하고 국민에 대해 책임을 다해야 한다.

52. 다음 내용과 밀접한 관련이 있는 이론은?

○ 관료의 사익추구 ○ 예산극대화 ○ 지대추구행위 ○ 정치·행정 현상의 경제학적 분석

① 체제이론   ② 거버넌스이론   ③ 신행정학이론   ④ 공공선택이론   ⑤ 포스트모더니즘이론

53. 리그스(F. W. Riggs)의 프리즘적 모형(Prismatic Model)에 관한 설명으로 옳지 <u>않은</u> 것은?
① 개발도상국의 행정체제를 설명하기 위한 이론적 모형이다.
② 프리즘적 사회는 농업사회에서 산업사회로 넘어가는 과도기적 사회를 말한다.
③ 프리즘적 사회의 특징은 형식주의, 정실주의, 이질혼합성을 둘 수 있다.
④ 생태론적 접근방법에 의해 설명된다.
⑤ 농업사회에서 지배적인 행정 모형을 사랑방 모형(Sala Model)이라 한다.

54. 옴부즈만(Ombudsman) 제도에 관한 설명으로 옳지 <u>않은</u> 것은?
① 국민의 이익을 보호하려는 취지에서 1809년 스웨덴에서 시작된 행정감찰관제도이다.
② 필요한 사항을 조사해 결과를 알려주고 언론을 통해 공표하기도 한다.
③ 옴부즈만은 기능적으로 자율적이고 입법부와 행정부로부터 독립되어 있다.
④ 독립적 지위를 가진 사람이 조사를 하여 시정을 촉구하거나 건의함으로써 국민의 권리를 구제한다.
⑤ 옴부즈만과 유사한 국민권익위원회는 법원이 내린 결정 처분에 대해 시정조치, 권고, 취소를 결정한다.

55. 행정통제의 유형 중 내부통제로 옳은 것은?
① 국민에 의한 통제   ② 이익집단에 의한 통제   ③ 사법부에 의한 통제
④ 감사원에 의한 통제   ⑤ 입법부에 의한 통제

56. 정책의 기능과 유형에 관한 설명으로 옳지 <u>않은</u> 것은?
① 정책은 정치적·행정적 과정으로서 단순하고 정태적 과정을 거친다.
② 정책 자체가 하나의 행동노선을 담고 있기 때문에 그에 관련된 개인들의 행동을 위한 지침역할을 한다.
③ 정책은 변동과 안정을 야기하기도 하며 사회의 이익을 조정·통합하기도 한다.
④ 리플리와 프랭클린(R. Ripley & G. Franklin)의 경쟁적 규제정책은 배분정책과 규제정책의 성격을 동시에 지니고 있다.
⑤ 국경일 제정, 국기 게양 등은 국민적 통합을 위하여 정치적인 목적으로 사용하는 상징정책의 예이다.

51. 행정학 총론 　　행정	① 사회문제 해결을 통한 공익 추구 ③ 시민(사회)과 협동 　　오늘날에는 정부가 공공서비스의 생산 및 공급을 독점한다. <u>독점하지 않는다.</u>	
52. 행정학 총론 　　행정학 이론 　　공공선택이론	① 개방체제 관점 ③ 실증주의·행태주의에 반발, 능동적·고객중심·정책지향적 행정 ⑤ 구성주의·다원주의·상대주의·해방주의	
53. 행정학 총론 　　행정학 이론 　　생태론적 접근	⑤ <u>농업사회 ① 개발도상국(② 과도기적 사회)</u>에서 지배적인 행정 모형을 사랑방 모형(Sala Model)이라 한다. 　사랑방 모형(Sala Model): 공사(公私) 혼재 부정적 관료제 　→ ③ 프리즘적 사회(prismatic society): 　　　　　　　형식주의, 정실주의, 이질혼합성	
54. 행정환류 　　행정책임 　　옴부즈만	① 스웨덴에서 처음 시행된 이후 현재 유럽을 비롯한 많은 나라에서 활용되고 있는 행정통제 수단이다. ② 일반적으로 시민의 고발에 의하여 활동을 개시하지만 자기직권으로 조사활동을 하기도 한다. ③ 우리나라의 국민권익위원회는 옴부즈만제도와 유사하다고 볼 수 있다. ④ 행정권의 남용·부당행위로 국민의 권리가 침해되었을 때 구제하는 것을 목적으로 한다. ⑤ 옴부즈만과 유사한 국무총리 소속 국민권익위원회는 법원이 내린 결정 처분에 대해 시정조치, 권고, 취소를 <del>결정 한다.</del> <u>요구할 수 있다.</u>	
55. 행정환류 　　행정책임 - 행정통제 길버트(E. Gilbert): 공식통제, 비공식통제	공식 통제 　- 내부통제: 계층제, 심사평가, 행정수반, 교차기능조직, 　　　　　　　독립통제기관(**감사원**, 국민권익위원회) 　- 외부통제: **입법부, 사법부**, 옴부즈만 비공식 통제 　- 내부통제: O공익, 행정윤리, 대표관료제 　- 외부통제: **민중**, 언론, 정당, 시민단체, **이익집단**	
56. 정책론 　　정책	① 정책은 정치적·행정적 과정으로서 <del>단순</del> 복잡하고 <del>정태적</del> 동태적 과정을 거친다. ④ 리플리와 프랭클린의 경쟁적 규제정책 　　　　　= 배분정책(경쟁력 있는 주체에게 공급 권한 부여) 　　　　　+ 규제정책(경쟁력 없는 주체에게 공급 권한 제한) 　리플리와 프랭클린의 보호적 규제정책: 다수 보호, 소수 규제	

57. 시장실패의 요인으로 옳은 것을 모두 고른 것은?

ㄱ. 불완전한 경쟁	ㄴ. 비용과 수입의 절연
ㄷ. 정보의 불충분성	ㄹ. 내부조직목표와 사회적 목표의 괴리
ㅁ. 파생적 외부효과	ㅂ. 외부효과

① ㄱ, ㄷ, ㅂ   ② ㄱ, ㄹ, ㅁ   ③ ㄱ, ㄹ, ㅂ   ④ ㄴ, ㄷ, ㅁ   ⑤ ㄴ, ㄹ, ㅁ

58. 전자정부와 행정의 변화에 관한 설명으로 옳은 것은?
① 정보행정은 정보기술을 활용하여 수요자중심으로 행정서비스를 개선한다.
② 전자정부는 단순히 정보기술에 의하여 정부의 업무처리 방식만을 변화시킨다.
③ 정보정책은 행정업무를 전자화하는 것으로 행정업무처리 재설계와는 관계가 없다.
④ 전자정부는 정보기술을 활용하여 업무처리 전반을 혁신시켜야 하기 대문에 실무보다는 이론이 강조되는 분야이다.
⑤ 전자정부는 행정부문에 정보기술의 도입 및 활용에 초점을 두기보다 정보기술 그 자체를 연구의 대상으로 한다.

59. 로위(T. Rowi)의 정책유형에 해당하는 것을 모두 고른 것은?

| ㄱ. 분배정책 | ㄴ. 규제정책 | ㄷ. 보호적 규제정책 |
| ㄹ. 자율규제정책 | ㅁ. 재분배정책 | ㅂ. 구성정책 |

① ㄱ, ㄴ, ㄷ, ㄹ   ② ㄱ, ㄴ, ㅁ, ㅂ   ③ ㄱ, ㄹ, ㅁ, ㅂ
④ ㄱ, ㄹ, ㅁ, ㅂ   ⑤ ㄷ, ㄹ, ㅁ, ㅂ

60. 베버(M. Weber)가 제시한 관료제의 특징으로 옳지 않은 것은?
① 합법적으로 제정한 법규에 근거를 두고 운영된다.
② 권한과 책임이 명백한 계층제 구조로 이루어진다.
③ 관료는 임수수행을 구두가 아니라 문서로 한다.
④ 임무수행에 필요한 전문적 훈련을 받은 사람들이 관료로 채용된다.
⑤ 임무수행은 인격성(persnality)과 비합리성이 중시된다.

61. 조직목표 변동에 관한 설명으로 옳지 않은 것은?
① 원래의 목표가 다른 목표로 전환되는 것이 목표의 대치 또는 전환이다.
② 목표가 달성되었거나 달성이 불가능한 경우 본래의 목표를 새로운 목표로 교체하는 것이 목표의 승계이다.
③ 동종목표의 수 또는 이종목표가 늘어나는 것이 목표의 추가이다.
④ 동종 또는 이종 목표의 수나 범위가 줄어드는 것이 목표의 축소이다.
⑤ 미헬스(R. Muhels)의 과두제 철칙(iron law of obligation)은 목표의 추가 현상을 설명한 것이다.

57. 행정학 총론 　　행정환경 　　시장실패	시장실패(market failure)의 원인 　ㄱ. 불완전한 경쟁 　ㄷ. 정보의 불충분성 　ㅂ. 외부효과 　─ 공공재 정부실패(government failure)의 원인 　ㄴ. 비용과 수입의 절연(괴리) 　ㄹ. 내부조직목표와 사회적 목표의 괴리(내부성, internalities) 　ㅁ. 파생적 외부효과(derived externalities) 　─ X-비효율성(관료제에서 발생하는 비효율성) 　─ 권력의 편재(권력 특혜·남용)	
58. 정보화(행정) 　　전자정부	② 전자정부는 단순히 정보기술에 의하여 정부의 업무처리 방식만을 및 전자 거버넌스를 변화시킨다. ③ 정보정책은 행정업무를 전자화하는 것으로 행정업무처리 재설계와는 관계가 없다. <u>수단이다.</u> ④ 전자정부는 정보기술을 활용하여 업무처리 전반을 혁신시켜야 하기 대문에 실무보다는 및 이론이 강조되는 분야이다. <u>모두 고려해야 한다.</u> ⑤ 전자정부는 행정부문에 정보기술의 도입 및 활용에 초점을 두기보다 정보기술 그 자체를 연구의 대상으로 한다. <u>두어야 한다.</u>	
59. 정책론 　　정책	**로위(T. Lowi)** 　규제정책, 분배정책, 재분배정책, 구성정책 리플리(R. Ripley)와 프랭클린(G. Franklin) 　분배정책, 재분배정책, 경쟁적 규제정책, 보호적 규제정책 아몬드(G. Almond)와 포웰(B. Powell) 　규제정책, 분배정책, 상징정책, 추출정책 솔리스버리(Salisbury) 　규제정책, 분배정책, 재분배정책, 자율규제정책	
60. 조직론 　　조직구조 　　관료제	① 법규에 의한 지배 ③ 문서주의 ⑤ 임무수행은 인격성(persnality) <u>비정의성(impersonality)</u>과 비합리성 <u>합리성(rationality)</u>이 중시된다.	
61. 조직론 　　조직	⑤ 미헬스(R. Muhels)의 과두제 철칙(iron law of obligation)은 목표의 추가 현상을 <u>집권화</u>를 설명한 것이다. 　→ ① 목표의 대치, 왜곡, 전환 　→ 1차 목표(종국적 가치) 외면, 2차 목표(수단적 가치) 집착	

62. 허즈버그(F. Herzberg)가 제시한 위생요인이 아닌 것은?
① 인정감   ② 봉급   ③ 대인관계   ④ 근무조건   ⑤ 조직정책

63. 우리나라 공무원 분류 중 특수경력직 공무원에 해당되지 않는 것은?
① 국회의원   ② 헌법재판소 헌법연구관   ③ 대통령 비서실장
④ 국민권익위원회 위원장   ⑤ 감사원 사무차장

64. 우리나라 공무원 시보임용제도에 관한 설명으로 옳지 않은 것은?
① 공무원시험에 합격한 사람들의 공직 적격성을 심사하고 공무원 실무능력 배양을 위해 존재한다.
② 국가공무원법에 의하면 공무원의 시보기간은 3개월이다.
③ 시보기간 중 근무성적이 좋으면 정규직공무원으로 임용한다.
④ 시보기간 중 교육훈련 성적이 나쁘거나 공무원으로서의 자질이 부족하다고 판단되는 경우 면직될 수 있다.
⑤ 시보기간 중 휴직한 기간, 직위해제 기간 및 징계에 따른 정직이나 감봉 처분을 받은 기간은 시보 임용 기간에 산입되지 않는다.

65. 우리나라 책임운영기관에 관한 설명으로 옳은 것은?
① 2009년 이명박 정부에서 처음으로 도입되었다.
② 조직, 예산 등의 운영상 자율성이 책임운영기관장이 아닌 주무부처 장관에게 부여되어 있다.
③ 중앙책임운영기관으로 특허청이 있다.
④ 소속책임운영기관에 대한 종합평가는 기획재정부가 주관한다.
⑤ 소속책임운영기관과 소속중앙행정기관 간 공무원의 인사교류는 불가능하다.

66. 공무원 A는 주5일 대중교통으로 출퇴근 한다. 코로나19 사태로 인해 재택근무를 하고 싶으나 그가 맡은 업무는 정형적이면서도 보안을 유지해야 하는 특성이 있어 집에서 일할 수 없고 반드시 주5일 출근을 해야만 한다. 대중교통 이용 시 사람들과의 접촉을 최소화하기 위하여 A가 택할 수 있는 가장 적합한 탄력근무 방식으로 묶인 것은?

| ㄱ. 시간선택제 전환근무 | ㄴ. 시차출퇴근제 | ㄷ. 원격근무제 |
| ㄹ. 재량근무제 | ㅁ. 근무시간선택제 | |

① ㄱ, ㄴ   ② ㄱ, ㄹ   ③ ㄴ, ㅁ   ④ ㄷ, ㄹ   ⑤ ㄷ, ㅁ

행정학개론

62. 조직론 　　조직관리 - 동기이론	동기(만족)요인: 보람, **인정**, 성취감, 안정감, 책임감, 직무충실 위생(불만)요인: 보수, 지위, 상호관계, 정책관리, 직무확장, 　　　　　　　　　　　　　　　방침·관행, 감독·기술·작업조건
63. 인사행정 　　인사행정 - 특수경력직 　　　　　　정무직 ①③④ 　　　　　　별정직 복수(②, ⑤) 정답	경력직　⑤ 일반직: **감사원 사무차장** 　　　　②특정직: **헌법재판소 헌법연구관** 　　　　　법관, 검사, 외무공무원, 경찰공무원, 소방공무원, 　　　　　교육공무원, 군인, 군무원, 국가정보원 직원, 경호공무원
64. 인사행정 　　인사행정 　　　　시보임용 　　　　　　　　　　　② 　　　　　　　　　　　③ 　　　　　　　　　　　⑤ 　　　　　　　　　　　④	국가공무원법 제29조(시보 임용) ① 5급 공무원(제4조(**일반직공무원의 계급 구분 등**)제2항에 따라 같은 조 제1항의 계급 구분이나 직군 및 직렬의 분류를 적용하지 아니하는 공무원 중 5급에 상당하는 공무원을 포함한다. 이하 같다)을 신규 채용하는 경우에는 1년, 6급 이하의 공무원을 신규 채용하는 경우에는 6개월간 각각 시보(試補)로 임용하고 그 기간의 근무성적·교육훈련성적과 공무원으로서의 자질을 고려하여 정규 공무원으로 임용한다. 다만, 대통령령등으로 정하는 경우에는 시보 임용을 면제하거나 그 기간을 단축할 수 있다. ② 휴직한 기간, 직위해제 기간 및 징계에 따른 정직이나 감봉 처분을 받은 기간은 제1항의 시보 임용 기간에 넣어 계산하지 아니한다. ③ 시보 임용 기간 중에 있는 공무원이 근무성적·교육훈련성적이 나쁘거나 이 법 또는 이 법에 따른 명령을 위반하여 공무원으로서의 자질이 부족하다고 판단되는 경우에는 제68조(**집단 행위의 금지**)와 제70조(**직권 면직**)에도 불구하고 면직시키거나 면직을 제청할 수 있다. 이 경우 구체적인 사유 및 절차 등에 필요한 사항은 대통령령등으로 정한다. ② 국가공무원법에 의하면 공무원의 시보기간은 3개월 **6개월** 또는 1년이다.
65. 조직론 　　조직구조 - 책임운영기관 ③ (유일) 중앙책임운영기관: 특허청	① 2009년 이명박 **1999년 김대중** 정부에서 처음으로 도입되었다(책임운영기관의 설치·운영에 관한 법률). ② 조직, 예산 등의 운영상 자율성이 책임운영기관장 주무부처 장관이 아닌 주무부처 장관 **책임운영기관장**에게 부여되어 있다. ④ 소속책임운영기관에 대한 종합평가는 기획재정부 **행정안전부(책임운영기관운영위원회)**가 주관한다. ⑤ 소속책임운영기관과 소속중앙행정기관 간 공무원의 인사교류는 불가능 **가능**하다.
66. 인사행정 　　인사행정 - 유연근무제도 ㄱ. 시간선택제 전환근무(part-time work)	탄력근무제: ㄴ. 시차출퇴근제　ㄹ. 재량근무제　ㅁ. 근무시간선택제 　　　　　　　　　　　　　　▷ 집약근무제(압축근무제) ㄷ. 원격근무제: 　　▷ 재택근무제　▷ 스마트워크근무제

67. 우리나라가 시행 중인 재정관리혁신 조치의 하나인 예비타당성 조사에 관한 설명으로 옳지 않은 것은?
① 대규모 공공투자사업의 타당성을 분석하고 그 결과에 따라 재정사업의 신규투자 여부를 결정한다.
② 2000회계연도 예산을 편성할 때부터 적용되었다.
③ 한국개발연구원, 한국조세재정연구원 등 법령으로 정하는 지정기준을 갖춘 전문기관이 수행할 수 있다.
④ 정책성 분석을 배제하고 경제성 분석에 집중한다.
⑤ 이 제도 도입 이전인 1994년부터 무분별한 사업비 증가를 방지하려는 총사업비관리제도가 운영되고 있다.

68. 예산제도의 등장 순으로 옳게 나열한 것은?

| ㄱ. 영기준예산 | ㄴ. 계획예산(PPBS) | ㄷ. 품목별예산 |
| ㄹ. 성과주의예산 | ㅁ. 결과지향예산 | |

① ㄱ-ㄷ-ㄴ-ㄹ-ㅁ
② ㄷ-ㄱ-ㄹ-ㄴ-ㅁ
③ ㄷ-ㄹ-ㄴ-ㄱ-ㅁ
④ ㄹ-ㄱ-ㅁ-ㄷ-ㄴ
⑤ ㄹ-ㄷ-ㄱ-ㄴ-ㅁ

69. 성인지예산제도에 관한 설명으로 옳지 않은 것은?
① 2010회계연도부터 우리나라 정부예산에 실제 시행되었다.
② 예산이 남성이 아니라 여성에게 미치는 효과를 분석하여 양성평등을 위한 예산집행을 추구한다.
③ 성인지 예산서에는 성평등 기대효과, 성과목표, 성별 수혜분석 등을 포함하여야 한다.
④ 양성평등을 위한 정책의 결과(성인지예산서 작성)와 과정(예산의 성별 영향 분석과정)을 동시에 추구한다.
⑤ 예산과정에 대한 성 주류화의 적용으로 양성평등을 위한 실질적인 예산배분의 변화를 추구한다.

67. 재무행정(예산)
   예산제도
   예비타당성 조사
      기재부: 경제성·정책성 분석
   타당성 조사
      주무부처: 기술성 분석

④ 정책성 분석을 배제하고 과 경제성 분석에 집중한다.

국가재정법 제13조(예비타당성조사)
① 삭제 〈2014. 4. 1.〉
② 삭제 〈2014. 4. 1.〉
③ 중앙관서의 장이 법 제38조(**예비타당성조사**)제3항에 따라 예비타당성조사를 신청하는 경우에는 사업의 명칭·개요·필요성 등을 명시한 예비타당성조사 요구서를 기획재정부장관에게 제출하여야 한다.
④ 기획재정부장관은 제3항의 요구에 따라 또는 직권으로 해당 사업 관련 중·장기 투자계획과의 부합성 및 사업추진의 시급성 등을 검토한 후 관계 전문가의 자문을 거쳐 예비타당성조사의 실시 여부를 결정하여야 한다.
⑤ 기획재정부장관은 제4항에 따라 예비타당성조사를 실시하기로 결정한 경우에는 조사대상사업의 경제성 및 정책적 필요성 등을 종합적으로 검토하여 그 타당성 여부를 판단하고, 그 결과를 공개하여야 한다.
⑥ 삭제

68. 재무행정(예산)
   예산제도
   Line Item Budgeting
   Performance-based Budgeting
   Planning Programming Budgeting
   Zero-Based Budgeting
   New Performance-Based Budgeting

ㄷ. 품목별예산(LIBS): 1920년대
  ㄹ. 성과주의예산(PBS): 1950년대
    ㄴ. 계획예산(PPBS): 1960년대
      ㄱ. 영기준예산(ZBB): 1970년대
        ㅁ. 결과지향예산(NPBS): 1990년대

69. 재무행정(예산)
   예산의 종류
   성인지예산

① 2006년 제정된 성인지예산의 법적 근거가 마련
   2010년부터 성인지예산서와 성인지결산서 의무적 제출
② 예산이 남성이 아니라 여성 여성과 남성에게 미치는 효과를 분석하여 양성평등을 위한 예산집행을 추구한다.

②

③④

국가재정법 제16조(예산의 원칙)
정부는 예산을 편성하거나 집행할 때 다음 각 호의 원칙을 준수하여야 한다.
   5. 정부는 「성별영향평가법」 제2조(정의)제1호에 따른 성별영향평가의 결과를 포함하여 예산이 여성과 남성에게 미치는 효과를 평가하고, 그 결과를 정부의 예산편성에 반영하기 위하여 노력하여야 한다.
국가재정법 제26조(성인지 예산서의 작성)
① 정부는 예산이 여성과 남성에게 미칠 영향을 미리 분석한 보고서[이하 "성인지(性認知)예산서"라 한다]를 작성하여야 한다.
② 성인지 예산서에는 성평등 기대효과, 성과목표, 성별 수혜분석 등을 포함하여야 한다.
③ 성인지 예산서의 작성에 관한 구체적인 사항은 대통령령으로 정한다.

⑤ 성 주류화(gender mainstreaming): 여성의 동등 참여

70. 2018년 전국동시지방선거 개표 후에 한 팀원들이 티타임에 나눈 대화이다. 다음 2018년 전국동시지방선거 당시 대화자들의 주민등록지를 고려할 때, 대화내용이 우리나라 지방자치의 실제와 맞지 <u>않는</u> 사람은?

> ○ 세종특별자치시: A, D   ○ 서울특별시 관악구: B
> ○ 성남시 분당구: C   ○ 대전광역시 유성구: E

① A: "제가 투표한 후보가 시장으로 당선되었는데 서울특별시장과 동급 자치계층 시장이라고 우쭐대더군요."
② B: "제 고향 제주시에 사시는 부모님은 원하시는 후보들이 제주시의원과 제주도의원으로 당선되었다네요. 제가 보기에도 역량 있는 지역일꾼들로 고향 발전이 기대됩니다."
③ C: "분당구는 웬만한 시 규모 이상의 인구가 사는데 구의원 선거투표하려니 투표대상이 아니라고 해서 당황했어요. 제정신 차려서 성남시의원과 경기도의원 후보들 중 제대로 된 인물에 투표했습니다."
④ D: "제 고향은 기장군입니다. 그곳 친구들 말을 들어보니 기장구의원과 부산시의원이 잘 선출되어 제 고향 발전도 기대됩니다."
⑤ E: "저는 대전광역시 유성구에 사는데 시의원은 내가 투표한 분이, 구의원은 내가 투표하지 않은 분이 당선되었어요."

71. 우리나라의 지방세가 <u>아닌</u> 것은?
① 종합부동산세   ② 담배소비세   ③ 재산세   ④ 취득세   ⑤ 레저세

72. 중층의 국가공동체 조직에서 하급단위가 잘 처리할 수 있는 업무를 상급단위에서 직접 처리하면 안된다는 원칙은?
① 딜론(Dilon)의 원칙   ② 법률유보의 원칙   ③ 충분재정의 원칙
④ 보충성의 원칙   ⑤ 포괄성의 원칙

73. 신공공관리(New Public Management)에 관한 설명으로 옳지 <u>않은</u> 것은?
① 정부는 시민을 위해 정부서비스의 품질을 향상시켜야 한다.
② 자원배분의 투명성을 높이고 거래비용을 최소화해야 한다.
③ 정부의 기능을 민간화하고 지출을 팽창시켜야 한다.
④ 공공관리와 시민에 대한 공공서비스 공급의 효율화를 위해 시장기제를 도입해야 한다.
⑤ 정부서비스 공급의 관리는 산출·성과지향적이어야 한다.

74. 행정개혁의 접근방법에 관한 설명으로 옳은 것은?
① 구조적 접근방법은 행태과학의 지식과 기법을 활용한다.
② 과정적 접근방법이 관심을 갖는 개혁대상은 분권화의 수준개선과 조직의 기능이다.
③ 과정적 접근방법은 바람직한 문화변동을 추진한다.
④ 구조적 접근방법이 갖는 관심은 통솔범위의 조정, 권한배분의 개편 등을 대상으로 한다.
⑤ 통합적 접근방법은 폐쇄체제에 입각하여 개혁대상을 포괄적으로 관찰하는 것이다.

70. 지방자치론
    지방자치단체·사무

① 세종시: 광역자치단체, 단층제(세종시의원 ~~기초의회의원~~)
② 제주도: 광역자치단체, 단층제(제주도의원 ~~제주시의원~~)
　　　　　　제주시(행정시): 도지사가 제주시장(행정시장) 임명
③ 성남시: 대도시(50만명 이상), 행정구(분당구, 수정구, 중원구)
④ 기장군: 기초자치단체, 기장군의원·부산시의원
⑤ 유성구: 기초자치단체, 유성구의원·대전시의원

71. 지방자치론
    지방재정

국세　　내국세　　직접세: 소득세 법인세, 종합부동산세 등
　　　　　　　　　간접세: 인지세, 부가가치세 등
　　　　　　　　　목적세: 교육세, 농어촌특별세 등
　　　　관세

72. 지방자치론
    지방자치단체·사무

① 딜론의 원칙(Dillon's rule)
　　지방정부는 중앙정부의 권한을 넘어설 수 없다.
② 법률유보의 원칙
　　국민의 권리를 제한하거나 의무를 부과하는 사항은
　　　　　　　　　　　　　　　　　　　　　법률로 규정하여야 한다.
③ 충분재정의 원칙
　　지방자치를 위한 충분한 재정이 확보되어야 한다.

④ 보충성의 원칙

> 지방자치법 제11조(사무배분의 기본원칙)
> ② 국가는 제1항에 따라 사무를 배분하는 경우 지역주민생활과 밀접한 관련이 있는 사무는 원칙적으로 시·군 및 자치구의 사무로, 시·군 및 자치구가 처리하기 어려운 사무는 시·도의 사무로, 시·도가 처리하기 어려운 사무는 국가의 사무로 각각 배분하여야 한다.

⑤ 포괄성의 원칙
　　특별지방행정기관과 지방자치단체의 업무가 경합할 때
　　　　　　　　　　　　　　　　가급적 지방자치단체에 업무를 배정한다.

73. 행정학 총론
    행정학 이론
    신공공관리론(NPM)
    New Public Management

③ 작고 능률적인 정부
　　정부의 기능을 민간화하고 지출을 ~~팽창~~ 감소시켜야 한다.
⑤ 성과 중심 관리: 업무수행 통제 ~~재량~~

74. 행정환류
    행정개혁

① 구조적 ~~행태적~~ 접근방법은 행태과학의 지식과 기법을 활용한다.
② 과정적 ~~구조적~~ 접근방법이 관심을 갖는 개혁대상은 분권화의 수준 개선과 조직의 기능이다.
③ 과정적 ~~문화론적~~ 접근방법은 바람직한 문화변동을 추진한다.
④ 구조적 접근방법: 조직 내 공식적 구조에 초점
⑤ 통합적 접근방법은 ~~폐쇄체제~~ 개방체제에 입각하여 개혁대상을 포괄적으로 관찰하는 것이다.

75. 행정개념에 관한 설명으로 옳지 않은 것은?

① 행정의 실체와 역할은 정부를 둘러싼 정치적·사회적·문화적 환경 등의 다양한 환경 속에서 규정된다.
② 행정의 영역과 범위는 명확하게 설정되고 있지 않으며 그 한계도 분명하지 않아서 고도로 체계화된 개념화는 어렵다.
③ 행정에 대한 연구대상의 선택이나 연구방법의 변화에 따라 다르게 이해되어 왔다.
④ 행정개념이 기능개념이기 때문에 기능 변화와 다양화에 따라 여러 시각으로 설명될 수는 없다.
⑤ 오늘날에는 행정에 대한 개념 해석이 계속 확대되고 있다.

75. 행정학 총론
    행정

③ 개방 개체 관점
④ 행정개념이 기능개념이기 때문에 기능 변화와 다양화에 따라 여러 시각으로 설명될 수는 없다. 있다.

보충
67. 68. 69.
    재무행정(예산)
        예산
        예산제도
        예산과정
        예산의 종류

국가재정법 제1조(목적)
이 법은 국가의 예산·기금·결산·성과관리 및 국가채무 등 재정에 관한 사항을 정함으로써 효율적이고 성과 지향적이며 투명한 재정운용과 건전재정의 기틀을 확립하고 재정운용의 공공성을 증진하는 것을 목적으로 한다.

국가재정법 제2조(회계연도)
국가의 회계연도는 매년 1월 1일에 시작하여 12월 31일에 종료한다.

국가재정법 제3조(회계연도 독립의 원칙)
각 회계연도의 경비는 그 연도의 세입 또는 수입으로 충당하여야 한다.

국가재정법 제4조(회계구분)
① 국가의 회계는 일반회계와 특별회계로 구분한다.
② 일반회계는 조세수입 등을 주요 세입으로 하여 국가의 일반적인 세출에 충당하기 위하여 설치한다.
③ 특별회계는 국가에서 특정한 사업을 운영하고자 할 때, 특정한 자금을 보유하여 운용하고자 할 때, 특정한 세입으로 특정한 세출에 충당함으로써 일반회계와 구분하여 회계처리할 필요가 있을 때에 법률로써 설치하되, 별표 1에 규정된 법률에 의하지 아니하고는 이를 설치할 수 없다.

국가재정법 제16조(예산의 원칙)
정부는 예산을 편성하거나 집행할 때 다음 각 호의 원칙을 준수하여야 한다.
1. 정부는 재정건전성의 확보를 위하여 최선을 다하여야 한다.
2. 정부는 국민부담의 최소화를 위하여 최선을 다하여야 한다.
3. 정부는 재정을 운용할 때 재정지출 및 「조세특례제한법」 제142조의2(조세지출예산서의 작성)제1항에 따른 조세지출의 성과를 제고하여야 한다.
4. 정부는 예산과정의 투명성과 예산과정에의 국민참여를 제고하기 위하여 노력하여야 한다.
5. 정부는 「성별영향평가법」제2조(정의)제1호에 따른 성별영향평가의 결과를 포함하여 예산이 여성과 남성에게 미치는 효과를 평가하고, 그 결과를 정부의 예산편성에 반영하기 위하여 노력하여야 한다.
6. 정부는 예산이 「기후위기 대응을 위한 탄소중립·녹색성장 기본법」 제2조(정의)제5호에 따른 온실가스(이하 "온실가스"라 한다) 감축에 미치는 효과를 평가하고, 그 결과를 정부의 예산편성에 반영하기 위하여 노력하여야 한다.

국가재정법 제17조(예산총계주의)
① 한 회계연도의 모든 수입을 세입으로 하고, 모든 지출을 세출로 한다.
② 제53조(**예산총계주의 원칙의 예외**)에 규정된 사항을 제외하고는 세입과 세출은 모두 예산에 계상하여야 한다.

2021년도 제09회 행정사 자격시험

1차 시험

제1교시

제1과목	민법(총칙 관련 내용으로 한정)
제2과목	**행정법**
제3과목	**행정학개론(지방자치행정 포함)**

2차 시험

제1교시

제1과목	민법(계약 관련내용으로 한정)
제2과목	행정절차론(행정절차법 포함)

제2교시

제1과목	사무관리론(민원 처리에 관한 법률, 행정업무의 운영 및 혁신에 관한 규정 포함)
제2과목	행정사실무법 - 행정심판사례 - 비송사건절차법

01. 다음 중 형성권이 아닌 것은?
① 물권적 청구권　② 취소권　③ 추인권　④ 동의권　⑤ 계약해지권

02. 권리남용에 관한 설명으로 옳지 않은 것은? (다툼이 있으면 판례에 따름)
① 확정판결에 따른 강제집행도 특별한 사정이 있으면 권리남용이 될 수 있다.
② 주로 자기의 채무 이행만을 회피할 목적으로 동시이행항변권을 행사하는 경우에 그 항변권의 행사는 권리남용이 될 수 있다.
③ 권리남용이 인정되기 위해서는 권리행사로 인한 권리자의 이익과 상대방의 불이익 사이에 현저한 불균형이 있어야 한다.
④ 권리남용이 불법행위가 되어 발생한 손해배상청구권은 1년의 단기소멸시효가 적용된다.
⑤ 토지소유자의 건물 철거 청구가 권리남용으로 인정된 경우라도 토지소유자는 그 건물의 소유자에 대해 그 토지의 사용대가를 부당이득으로 반환청구할 수 있다.

03. 제한능력자에 관한 설명으로 옳지 않은 것은?
① 권리만을 얻는 법률행위는 미성년자가 단독으로 할 수 있다.
② 미성년자가 법정대리인으로부터 허락을 얻은 특정한 영업에 관하여는 성년자와 동일한 행위능력이 있다.
③ 법정대리인이 미성년자에게 한 특정한 영업의 허락을 취소하는 경우 그 취소로 선의의 제3자에게 대항할 수 있다.
④ 제한능력자의 상대방은 계약 당시 제한능력자임을 알았을 경우에는 그 의사표시를 철회할 수 없다.
⑤ 상대방이 거절의 의사표시를 할 수 있는 경우 제한능력자를 상대로 그 의사표시를 할 수 있다.

04. 부재에 관한 설명으로 옳지 않은 것은?
① 부재자가 정한 재산관리인의 권한이 부재자의 부재 중에 소멸한 때에는 법원은 이해관계인이나 검사의 청구에 의하여 재산관리에 관하여 필요한 처분을 명하여야 한다.
② 부재자가 재산관리인을 정한 경우 부재자의 생사가 분명하지 아니하게 되어 이해관계인이 청구를 하더라도 법원은 그 재산관리인을 개임할 수 없다.
③ 부재자의 생사가 분명하지 아니한 경우 부재자가 정한 재산관리인이 권한을 넘는 행위를 할 때에는 법원의 허가를 얻어야 한다.
④ 법원이 선임한 재산관리인은 관리할 재산목록을 작성하여야 한다.
⑤ 법원이 선임한 재산관리인에 대하여 법원은 부재자의 재산으로 상당한 보수를 지급할 수 있다.

05. 법인에 관한 설명으로 옳은 것을 모두 고른 것은?

> ㄱ. 임시이사는 법인과 이사의 이익이 상반하는 사항에 관하여 선임되는 법인의 기관이다.
> ㄴ. 법인의 이사가 여러 명인 경우에는 정관에 다른 규정이 없으면 법인의 사무집행은 이사의 과반수로써 결정한다.
> ㄷ. 법인의 대표에 관하여는 대리에 관한 규정을 준용한다.
> ㄹ. 이사는 정관 또는 총회의 결의로 금지하지 아니한 사항에 한하여 타인으로 하여금 특정한 행위를 대리하게 할 수 있다.

① ㄱ, ㄴ　② ㄷ, ㄹ　③ ㄱ, ㄴ, ㄷ　④ ㄴ, ㄷ, ㄹ　⑤ ㄱ, ㄴ, ㄷ, ㄹ

01. 민법 서론 　　권리	형성권: 권리자의 의사표시만으로 효과가 발생한다. ① 물권적 청구권: 청구권 　　소유물반환청구권, 소유물방해제거청구권, 소유물방해예방청구권
02. 민법 서론 　　권리남용 금지의 원칙 　　　- 법률효과 부인 　　　- (위법성이 인정되므로) 　　　　　→ 불법행위책임 ①②③ 판례	④ 권리남용이 불법행위가 되어 발생한 손해배상청구권은 1년의 단기 소멸시효가 적용된다. 손해 및 가해자를 안 날로부터 3년, 불법행위를 한 날로부터 10년간 행사하지 아니하면 시효로 인하여 소멸한다. 민법 제766조(손해배상청구권의 소멸시효) ① 불법행위로 인한 손해배상의 청구권은 피해자나 그 법정대리인이 그 손해 및 가해자를 안 날로부터 3년간 이를 행사하지 아니하면 시효로 인하여 소멸한다. ② 불법행위를 한 날로부터 10년을 경과한 때에도 전항과 같다.
03. 권리의 주체 - 자연인 　　행위능력 　　제한능력자 　　　- 미성년자(민법 제4조) 　　　- 피성년후견인(민법 제9조) 　　　- 피한정후견인(민법 제12조)	③ 법정대리인이 미성년자에게 한 특정한 영업의 허락을 취소하는 경우 그 취소로 선의의 제3자에게 대항할 수 있다. 없다. 민법 제8조(영업의 허가) ① 미성년자가 법정대리인으로부터 허락을 얻은 특정한 영업에 관하여는 성년자와 동일한 행위능력이 있다. ② 법정대리인은 전항의 허락을 취소 또는 제한할 수 있다. 그러나 선의의 제3자에게 대항하지 못한다.
04. 권리의 주체 - 자연인 　　부재와 실종 　　부재자 재산관리인 ① 민법 제22조 ③ 민법 제25조 ④ 민법 제24조 ⑤ 민법 제26조	② 부재자가 재산관리인을 정한 경우 부재자의 생사가 분명하지 아니하게 되어 이해관계인이 청구를 하더라도면 법원은 그 재산관리인을 개임할 수 없다. 있다. 민법 제23조(관리인의 개임) 부재자가 재산관리인을 정한 경우에 부재자의 생사가 분명하지 아니한 때에는 법원은 재산관리인, 이해관계인 또는 검사의 청구에 의하여 재산관리인을 개임할 수 있다.
05. 권리의 주체 - 법인 　　법인의 기관 　　임시이사, 특별대리인 ㄴ. 민법 제58조 ㄷ. 민법 제59조 ㄹ. 민법 제62조	민법 제63조(임시이사의 선임) 이사가 없거나 결원이 있는 경우에 이로 인하여 손해가 생길 염려가 있는 때에는 이해관계인이나 검사의 청구에 의하여 임시이사를 선임하여야 한다. 민법 제64조(특별대리인의 선임) 법인과 이사의 이익이 상반하는 사항에 관하여는 이사는 대표권이 없다. 이 경우 전조의 규정에 의하여 특별대리인을 선임하여야 한다. ㄱ. 임시이사는 특별대리인은 법인과 이사의 이익이 상반하는 사항에 관하여 선임되는 법인의 기관이다.

06. 사단법인 甲의 대표자 乙이 직무에 관한 불법행위로 丙에게 손해를 가하였다. 甲의 불법행위능력(민법 제35조)에 관한 설명으로 옳지 <u>않은</u> 것은? (다툼이 있으면 판례에 따름)
① 甲의 불법행위가 성립하여 甲이 丙에게 손해를 배상하면 甲은 乙에게 구상할 수 있다.
② 乙이 법인을 실질적으로 운영하면서 사실상 대표하여 사무를 집행하였더라도 대표자로 등기되지 않았다면 민법 제35조에서 정한 '대표자'에 해당하지 않는다.
③ 甲의 불법행위책임은 그가 乙의 선임·감독에 주의를 다하였음을 이유로 면책되지 않는다.
④ 乙의 행위가 외형상 대표자의 직무행위로 인정되는 경우라면 그것이 乙개인의 이익만을 도모하기 위한 것이라도 직무에 관한 행위에 해당한다.
⑤ 乙이 청산인인 경우에도 甲의 불법행위책임이 성립할 수 있다.

07. 법인에 관한 설명으로 옳지 <u>않은</u> 것은?
① 영리 아닌 사업을 목적으로 하는 재단은 주무관청의 허가를 얻어 이를 법인으로 할 수 있다.
② 법인은 그 주된 사무소의 소재지에서 설립등기를 함으로써 성립한다.
③ 법인은 법률의 규정에 좇아 정관으로 정한 목적의 범위 내에서 권리와 의무의 주체가 된다.
④ 재단법인의 존립시기는 정관의 필요적 기재사항이다.
⑤ 재단법인의 설립자가 그 명칭만 정하지 아니하고 사망한 때에는 이해관계인 또는 검사의 청구에 의하여 법원이 이를 정한다.

08. 물건에 관한 설명으로 옳지 <u>않은</u> 것은? (다툼이 있으면 판례에 따름)
① 관리할 수 있는 자연력은 동산이다.
② 분묘에 안치되어 있는 선조의 유골은 그 제사주재자에게 승계된다.
③ 금전은 동산이다.
④ 주물을 점유에 의하여 시효취득하여도 종물을 점유하지 않았다면 그 효력은 종물에 미치지 않는다.
⑤ 권리의 과실(果實)은 민법상 과실(果實)이다.

09. 반사회적 법률행위에 관한 설명으로 옳지 <u>않은</u> 것은? (다툼이 있으면 판례에 따름)
① 형사사건의 변호사 성공보수약정은 반사회적 법률행위이다.
② 아버지 소유의 부동산이 이미 제3자에게 매도되어 제3자로부터 등기독촉을 받고 있는 사정을 잘 알고 있는 아들이 그 아버지로부터 그 부동산을 증여받은 경우, 그 증여는 반사회적 법률행위이다.
③ 살인을 포기할 것을 조건으로 한 증여는 반사회적 법률행위가 아니다.
④ 부부간에 어떠한 일이 있어도 이혼하지 않겠다는 합의는 반사회적 법률행위이다.
⑤ 수사기관에서 참고인으로 허위진술하는 대가로 돈을 받기로 한 약정은 반사회적 법률행위이다.

민법총칙

06. 권리의 주체 - 법인
　　법인의 능력
　　법인의 불법행위능력

② 판례: 乙이 법인을 실질적으로 운영하면서 사실상 대표하여 사무를 집행하였더라도다면 대표자로 등기되지 않았다면더라도 민법 제35조(법인의 불법행위능력)에서 정한 '대표자'에 해당하지 않는다. 해당한다.

07. 권리의 주체 - 법인
　　법인의 설립

④ 재단법인의 존립시기는 정관의 필요적 기재사항이다. 이 아니다.

① 민법 제32조
② 민법 제33조
③ 민법 제34조
⑤ 민법 제44조

> 민법 제40조(사단법인의 정관)
> 사단법인의 설립자는 다음 각호의 사항을 기재한 정관을 작성하여 기명날인하여야 한다.
> 　1. 목적
> 　2. 명칭
> 　3. 사무소의 소재지
> 　4. 자산에 관한 규정
> 　5. 이사의 임면에 관한 규정
> 　6. 사원자격의 득실에 관한 규정
> 　7. 존립시기나 해산사유를 정하는 때에는 그 시기 또는 사유
> 민법 제43조(재단법인의 정관)
> 재단법인의 설립자는 일정한 재산을 출연하고 제40조 제1호 내지 제5호의 사항을 기재한 정관을 작성하여 기명날인하여야 한다.

08. 권리의 객체 - 물건
　　주물과 종물
　　원물과 과실

　　　　　　　　① ③
② 판례
④ 점유를 요건으로 하는 권리(질권, 유치권, 시효취득)의 경우, 권리의 성질상, 주물만을 점유하면 종물에 대해서는 권리가 인정되지 않는다.

> 민법 제98조(물건의 정의)
> 본법에서 물건이라 함은 유체물 및 전기 기타 관리할 수 있는 자연력을 말한다.
> 민법 제99조(부동산, 동산)
> ① 토지 및 그 정착물은 부동산이다.
> ② 부동산 이외의 물건은 동산이다.
> 민법 제102조(과실의 취득)
> ① 천연과실은 그 원물로부터 분리하는 때에 이를 수취할 권리자에게 속한다.
> ② 법정과실은 수취할 권리의 존속기간일수의 비율로 취득한다.

⑤ 권리의 과실(果實)은 민법상 과실(果實)이다. 이 아니다.
　민법은 권리의 과실을 인정하지 않는다.

09. 권리의 변동
　　법률행위 - 법률행위의 목적
　　반사회질서의 법률행위
　　　① 반인륜　② 부정의
　　　③ 극심한 자유 제한
　　　④ 생존 기초 재산 처분
　　　⑤ 사행성　⑥ 불공정
　→ 절대적·확정적 무효

> 민법 제103조(반사회질서의 법률행위)
> 선량한 풍속 기타 사회질서에 위반한 사항을 내용으로 하는 법률행위는 무효로 한다.

① ② ⑤ 부정의
③ 반인륜
살인을 포기할 것을 조건(반사회질서의 조건)으로 한 증여는 반사회적 법률행위가 아니다. 에 해당한다.
④ 극심한 자유 제한

10. 甲이 乙에게 X부동산을 허위표시로 매도하고 이전등기를 해 주었다. 이에 관한 설명으로 옳지 <u>않은</u> 것은? (다툼이 있으면 판례에 따름)
① 甲은 乙을 상대로 매매대금의 지급을 청구할 수 없다.
② 甲은 乙을 상대로 X부동산의 반환을 구할 수 있다.
③ 만약 乙과 X부동산에 대해 저당권설정계약을 체결하고 저당권설정등기를 한 丙이 허위표시에 대해 선의인 경우, 甲은 그 저당권등기의 말소를 구할 수 없다.
④ 만약 乙명의로 등기된 X부동산을 가압류한 丙이 허위표시에 대해 선의이지만 과실이 있는 경우, 甲은 丙에 대하여 가압류의 무효를 주장할 수 없다.
⑤ 만약 X부동산이 乙로부터 丙, 丙으로부터 丁에게 차례로 매도되어 각기 그 명의로 이전등기까지 된 경우, 허위표시에 대해 丙이 악의이면 丁이 선의이더라도 甲은 丁 명의 이전등기의 말소를 구할 수 있다.

11. 착오에 관한 설명으로 옳지 <u>않은</u> 것은? (다툼이 있으면 판례에 따름)
① 법률행위의 내용의 중요부분에 착오가 있으면 취소할 수 있는 것이 원칙이다.
② 1심 판결에서 패소한 자가 항소심 판결 선고 전에 패소를 예상하고 법률행위를 하였으나 이후 항소심에서 승소판결이 선고된 경우 착오를 이유로 그 법률행위를 취소할 수 있다.
③ 의사표시의 착오가 표의자의 중대한 과실로 발생하였으나 상대방이 표의자의 착오를 알고 이용한 경우 표의자는 의사표시를 취소할 수 있다.
④ 착오한 표의자의 중대한 과실 유무에 관한 증명책임은 의사표시를 취소하게 하지 않으려는 상대방에게 있다.
⑤ 착오자의 착오로 인한 취소로 상대방이 손해를 입게 되더라도, 착오자는 불법행위로 인한 손해배상책임을 부담하지 않는다.

12. 사기에 의한 의사표시에 관한 설명으로 옳지 <u>않은</u> 것은? (다툼이 있으면 판례에 따름)
① 상대방이 기망하였으나 표의자가 기망되지 않고 의사표시를 하였다면 기망을 이유로 그 의사표시를 취소할 수 없다.
② 제3자가 행한 사기로 계약을 체결한 경우 상대방이 그 사실을 알았거나 알 수 있었을 경우에 한하여 그 계약을 취소할 수 있다.
③ 상대방의 대리인이 사기를 행하여 계약을 체결한 경우 그 대리인은 '제3자에 의한 사기'에서의 '제3자'에 해당되지 않는다.
④ 상대방이 사용자책임을 져야 할 관계에 있는 피용자가 사기를 행하여 계약을 체결한 경우 그 피용자는 '제3자에 의한 사기'에서의 '제3자'에 해당한다.
⑤ '제3자에 의한 사기'로 계약을 체결한 피기망자는 그 계약을 취소하지 않은 상태에서 그 제3자에 대하여 불법행위로 인한 손해배상청구를 할 수 없다.

민법총칙

10. 권리의 변동
    의사표시
    통정허위표시 ①②
    　무효 ③
    　- 무효 주장: 누구든지
    　- 유효 주장: 선의의 제3자

    ④ 판례: 선의 무과실

    > 민법 제108조(통정한 허위의 의사표시)
    > ① 상대방과 통정한 허위의 의사표시는 무효로 한다.
    > ② 전항의 의사표시의 무효는 선의의 제3자에게 대항하지 못한다.

    ② **통정허위표시 ≠ 반사회질서의 법률행위**
    　∴ 불법원인급여(민법 제746조)에 해당하지 않는다.
    　　　　　　　　　　　　　　　　→ 반환을 구할 수 있다.

    ⑤ 만약 X부동산이 乙로부터 丙, 丙으로부터 丁에게 차례로 매도되어 각기 그 명의로 이전등기까지 된 경우, 허위표시에 대해 丙이 악의어면라도 丁이 선의이더라도면 甲은 丁 명의 이전등기의 말소를 구할 수 있다. <u>없다.</u>

11. 권리의 변동
    의사표시
    착오 ①
    　(상대적) 취소
    　임의규정

    ②③④⑤ 판례

    > 민법 제109조(착오로 인한 의사표시)
    > ① 의사표시는 법률행위의 내용의 중요부분에 착오가 있는 때에는 취소할 수 있다. 그러나 그 착오가 표의자의 중대한 과실로 인한 때에는 취소하지 못한다.
    > ② 전항의 의사표시의 취소는 선의의 제3자에게 대항하지 못한다.

    ② **1심 판결에서 패소한 자가 항소심 판결 선고 전에 패소를 예상하고 법률행위를 하였으나 이후 항소심에서 승소판결이 선고된 경우 착오를 이유로 그 법률행위를 취소할 수 있다. <u>없다.</u>**
    　장래의 미필적 사실의 발생에 대한 기대나 예상이 빗나간 것에 불과한 것은 착오라고 할 수 없다.

12. 권리의 변동
    의사표시
    사기·강박에 의한 의사표시
    　(상대적) 취소
    ②

    ③④⑤ 판례

    ① 기망행위와 의사표시 간에 인과관계가 존재하지 않으므로

    > 민법 제110조(사기·강박에 의한 의사표시)
    > ① 사기나 강박에 의한 의사표시는 취소할 수 있다.
    > ② 상대방 있는 의사표시에 관하여 제3자가 사기나 강박을 행한 경우에는 상대방이 그 사실을 알았거나 알 수 있었을 경우에 한하여 그 의사표시를 취소할 수 있다.
    > ③ 전 2항의 의사표시의 취소는 선의의 제3자에게 대항하지 못한다.

    ③ **대리인 ≠ 제3자**
    　상대방과 동일시할 수 있는 자(대리인 등)의 사기·강박은 민법 제110조 제2항의 '제3자의 사기·강박'에 해당하지 않는다.
    ④ **피용자 = 제3자**
    ⑤ '제3자에 의한 사기'로 계약을 체결한 피기망자는 그 계약을 취소하지 않은 상태에서 그 제3자에 대하여 불법행위로 인한 손해배상청구를 할 수 없다. <u>있다.</u>

13. 대리행위에 관한 설명으로 옳은 것은? (다툼이 있으면 판례에 따름)
① 미성년자 甲의 법정대리인 乙이 제3자 丙의 이익만을 위한 대리행위를 하고 그 사정을 상대방 丁이 알고 있었다면, 그 대리행위는 甲에게 효과가 없다.
② 매매위임장을 제시하고 매매계약을 체결하면서 계약서에 대리인의 성명만 기재하는 경우, 특단의 사정이 없는 한 그 계약은 본인에게 효력이 없다.
③ 특정한 법률행위를 위임한 경우에 대리인이 본인의 지시에 좇아 그 행위를 한 때에는 본인은 자기가 안 사정에 관하여 대리인의 부지(不知)를 주장할 수 있다.
④ 하나의 물건에 대해 본인과 대리인이 각각 계약을 체결한 경우, 대리인이 체결한 계약은 무효이다.
⑤ 본인은 임의대리인이 제한능력자라는 이유로 대리행위를 취소할 수 있다.

14. 임의대리에 관한 설명으로 옳지 않은 것은? (다툼이 있으면 판례에 따름)
① 권한을 정하지 아니한 대리인은 대리의 목적물에 대해 모든 개량행위를 할 수 있다.
② 대리권은 그 권한에 부수하여 필요한 한도에서 상대방의 의사표시를 수령하는 수령대리권을 포함하는 것이 원칙이다.
③ 수권행위는 묵시적인 의사표시로 할 수 있다.
④ 대리권의 존속 중 원인된 법률관계가 종료하기 전에는 본인은 수권행위를 철회할 수 있다.
⑤ 대리인에 대한 성년후견의 개시는 대리권의 소멸사유이다.

15. 미성년자 甲의 법정대리인 乙이 복대리인 丙을 선임한 경우에 관한 설명으로 옳지 않은 것은?
① 乙은 항상 복임권이 있다.
② 丙도 법정대리인의 지위를 가진다.
③ 乙이 부득이한 사유로 丙을 선임한 경우라면 甲에 대하여 그 선임감독에 관한 책임이 있다.
④ 乙이 사망한 경우 丙의 복대리인의 지위는 원칙적으로 소멸한다.
⑤ 丙은 자신이 수령한 법률행위의 목적물을 乙에게 인도할 의무가 있다.

16. 대리에 관한 설명으로 옳은 것을 모두 고른 것은?

> ㄱ. 계약의 무권대리에 대한 추인은 다른 의사표시가 없으면 추인한 때부터 그 효력이 생긴다.
> ㄴ. 무권대리의 상대방이 상당한 추인기간을 설정한 경우, 그 기간 내에 본인이 확답을 발하지 않은 때에는 추인한 것으로 본다.
> ㄷ. 대리인이 수인인 경우 각자가 본인을 대리하는 것이 원칙이다.
> ㄹ. 채무의 이행의 경우 본인의 허락이 없어도 쌍방대리는 유효하다.

① ㄱ, ㄴ   ② ㄱ, ㄷ   ③ ㄴ, ㄷ   ④ ㄴ, ㄹ   ⑤ ㄷ, ㄹ

13. 권리의 변동
    법률행위의 대리

① 대리권의 남용: 민법 제107조 1항 단서 유추 적용설
② 매매위임장을 제시하고 매매계약을 체결하면서 계약서에 대리인의 성명만 기재하는 경우, 특단의 사정이 없는 한 그 계약은 본인에게 효력이 없다. 있다.
③ 특정한 법률행위를 위임한 경우에 대리인이 본인의 지시에 좇아 그 행위를 한 때에는 본인은 자기가 안 사정에 관하여 대리인의 부지(不知)를 주장할 수 있다. 없다.
④ 하나의 물건에 대해 본인과 대리인이 각각 계약을 체결한 경우, 대리인이 체결한 계약은 무효이다. 유효하다.
   본인의 행위와 대리인의 대리행위는 경합한다.
⑤ 본인은 임의대리인이 제한능력자라는 이유로 대리행위를 취소할 수 있다. 없다.

민법 107조(진의 아닌 의사표시)
① 의사표시는 표의자가 진의아님을 알고 한 것이라도 그 효력이 있다. 그러나 상대방이 표의자의 진의아님을 알았거나 이를 알 수 있었을 경우에는 무효로 한다.

14. 권리의 변동
    법률행위의 대리
    임의대리

① 권한을 정하지 아니한 대리인은 … 모든 개량행위를 할 수 있다. 있는 것은 아니다.
② 판례
③ 명시적·묵시적 의사표시
⑤
④

민법 제118조(대리권의 범위)
권한을 정하지 아니한 대리인은 다음 각호의 행위만을 할 수 있다.
   1. 보존행위
   2. 대리의 목적인 물건이나 권리의 성질을 변하지 아니하는 범위에서 그 이용 또는 개량하는 행위
민법 제127조(대리권의 소멸사유)
대리권은 다음 각호의 사유로 소멸한다.
   1. 본인의 사망
   2. 대리인의 사망, 성년후견의 개시 또는 파산
민법 제128조(임의대리의 종료)
법률행위에 의하여 수여된 대리권은 전조의 경우 외에 그 원인된 법률관계의 종료에 의하여 소멸한다. 법률관계의 종료전에 본인이 수권행위를 철회한 경우에도 같다.

15. 권리의 변동
    법률행위의 대리
    복대리

② 丙도은 법정대리인 임의대리인의 지위를 가진다.
   복대리인은 언제나(법정대리인의 복대리인 또는 임의대리인의 복대리인) 임의대리인이다.

16. 권리의 변동
    법률행위의 대리
    무권대리
     - 상대방의 최고권: 선악
              철회권: 선의
     - 본인의 추인의 상대방
        무권대리인
        무권대리행위의 상대방
        무권대리행위로 인한 권리
        또는 법률관계의 승계인
     협의의 무권대리

ㄱ. 계약의 무권대리에 대한 추인은 다른 의사표시가 없으면 추인한 때부터 계약 시에 소급하여 그 효력이 생긴다.
ㄴ. 무권대리의 상대방이 상당한 추인기간을 설정한 경우, 그 기간 내에 본인이 확답을 발하지 않은 때에는 추인한 추인을 거절한 것으로 본다.

민법 제119조(각자대리)
대리인이 수인인 때에는 각자가 본인을 대리한다. 그러나 법률 또는 수권행위에 다른 정한 바가 있는 때에는 그러하지 아니하다.
민법 제124조(자기계약, 쌍방대리)
대리인은 본인의 허락이 없으면 본인을 위하여 자기와 법률행위를 하거나 동일한 법률행위에 관하여 당사자쌍방을 대리하지 못한다. 그러나 채무의 이행은 할 수 있다.

17. 권한을 넘은 표현대리(민법 제126조)에 관한 설명으로 옳지 않은 것은? (다툼이 있으면 판례에 따름)
① 권한을 넘은 대리행위와 기본대리권이 반드시 동종의 것이어야 하는 것은 아니다.
② 대리인이 사술을 써서 대리행위의 표시를 하지 아니하고 단지 본인의 성명을 모용하여 자기가 본인인 것처럼 기망하여 본인 명의로 직접 법률행위를 한 경우에는 특별한 사정이 없는 한 권한을 넘은 표현대리는 성립할 수 없다.
③ 권한을 넘은 표현대리에 관한 규정에서의 제3자에는 당해 표현대리행위의 직접 상대방이 된 자 외에 전득자도 포함된다.
④ 권한을 넘은 표현대리에 있어서 정당한 이유의 유무는 대리행위 당시를 기준으로 하여 판단한다.
⑤ 복임권이 없는 대리인이 선임한 복대리인의 대리권도 권한을 넘은 표현대리에서의 기본 대리권이 될 수 있다.

18. 계약에 대한 무권대리에 관한 설명으로 옳은 것은? (다툼이 있으면 판례에 따름)
① 범죄가 되는 무권대리행위에 대하여 장기간 형사고소를 하지 아니하였다는 사실만으로 묵시적인 추인이 있었다고 볼 수 있다.
② 본인이 추인을 거절하더라도 상대방은 철회권을 행사할 수 있다.
③ 본인이 무권대리행위의 일부에 대해 추인을 한 경우, 그에 대하여 상대방의 동의를 얻으면 유효하다.
④ 본인이 무권대리인에게 한 추인의 의사표시는 항상 효력이 없다.
⑤ 무권대리인의 계약상대방에 대한 책임(민법 제135조 제1항)은 대리권의 흠결에 관하여 대리인에게 과실이 있어야 인정된다.

19. 무권대리와 표현대리에 관한 설명으로 옳지 않은 것은? (다툼이 있으면 판례에 따름)
① 유권대리에 관한 주장 속에는 무권대리에 속하는 표현대리의 주장이 포함되어 있다고 볼 수 없다.
② 표현대리가 성립하는 경우, 상대방에게 과실이 있어도 과실상계의 법리를 유추적용하여 본인의 책임을 경감할 수 없다.
③ 대리행위가 강행법규 위반으로 무효인 경우 표현대리 법리가 적용되지 않는다.
④ 상대방은 계약 당시에 대리인에게 대리권이 없음을 안 때에는 계약을 철회할 수 없다.
⑤ 제한능력자인 무권대리인은 민법 제135조 제1항에 따라 계약을 이행할 책임 또는 손해를 배상할 책임이 있다.

20. 법률행위의 무효에 관한 설명으로 옳은 것은? (다툼이 있으면 판례에 따름)
① 법률행위의 일부분이 무효이면 그 일부분만 무효로 되는 것이 원칙이다.
② 의사무능력을 이유로 법률행위가 무효인 경우 의사무능력자는 이익의 현존여부를 불문하고 받은 이익 전부를 반환하여야 한다.
③ 무효인 법률행위에 대해 당사자가 무효임을 알고 추인하면 그 법률행위는 소급하여 유효하게 되는 것이 원칙이다.
④ 불공정한 법률행위로서 무효인 경우 그 무효인 법률행위는 추인에 의하여 유효로 될 수 없다.
⑤ 반사회적 법률행위로서 무효인 경우 그 무효로 선의의 제3자에게 대항할 수 없다.

17. 권리의 변동
　　법률행위의 대리
　　　표현대리

대리권수여의 표시에 의한 표현대리
　　　　　　　　　　(민법 제125조)
권한을 넘은 표현대리(제126조)
대리권소멸후의 표현대리(제129조)

18. 권리의 변동
　　법률행위의 대리
　　　무권대리
　　　　- 상대방의 최고권: 선악
　　　　　　　철회권: 선의
　　　　- 본인의 추인의 상대방
　　　　　　무권대리인
　　　　　　무권대리행위의 상대방
　　　　　　무권대리행위로 인한 권리
　　　　　　　　　또는 법률관계의 승계인
　　협의의 무권대리

①③⑤ 판례

　　　　　　　　　　무과실책임

19. 권리의 변동
　　법률행위의 대리
　　　무권대리
　　　표현대리

20. 권리의 변동
　　법률행위의 무효·취소

②④ 판례

민법 제126조(권한을 넘은 표현대리)
대리인이 그 권한 외의 법률행위를 한 경우에 제3자가 그 권한이 있다고 믿을 만한 정당한 이유가 있는 때에는 본인은 그 행위에 대하여 책임이 있다.

③ 권한을 넘은 표현대리에 관한 규정에서의 제3자에는 당해 표현대리 행위의 직접 상대방이 된 자 외에 전득자도 포함된다. 에 한한다.
⑤ 판례: 복대리인 선임권이 없는 대리인에 의하여 선임된 복대리인의 권한도 기본대리권이 될 수 있다.

① 범죄가 되는 무권대리행위에 대하여 장기간 형사고소를 하지 아니하였다는 사실만으로 묵시적인 추인이 있었다고 볼 수 있다. 없다.
② 본인이 추인을 거절하더라도면 상대방은 철회권을 행사할 수 있다. 없다.

민법 제134조(상대방의 철회권)
대리권 없는 자가 한 계약은 본인의 추인이 있을 때까지 상대방은 본인이나 그 대리인에 대하여 이를 철회할 수 있다. 그러나 계약 당시에 상대방이 대리권 없음을 안 때에는 그러하지 아니하다.

④ 본인이 무권대리인에게 한 추인의 의사표시는 항상 상대방이 그 사실을 안 때에는 효력이 없다. 있다.

민법 제132조(추인·거절의 상대방)
추인 또는 거절의 의사표시는 상대방에 대하여 하지 아니하면 그 상대방에 대항하지 못한다. 그러나 상대방이 그 사실을 안 때에는 그러하지 아니하다.

⑤ 무권대리인의 계약상대방에 대한 책임(민법 제135조 제1항)은 대리권의 흠결에 관하여 대리인에게 과실이 있어야 없어도 인정된다.

⑤ 제한능력자인 무권대리인은 민법 제135조(상대방에 대한 무권대리인의 책임) 제1항에 따라 계약을 이행할 책임 또는 손해를 배상할 책임이 있다. 없다.

① 민법 제137조: 법률행위의 일부분이 무효이면 그 일부만 무효로 되는 것이 원칙이다. 그 전부를 무효로 한다.
② 의사무능력을 이유로 법률행위가 무효인 경우 의사무능력자는 이익의 현존여부를 불문하고 받은 이익 전부를 이익이 현존하는 한도에서 반환하여야 한다.
③ 민법 제139조: 무효인 법률행위에 대해 당사자가 무효임을 알고 추인하면 그 법률행위는 소급하여 유효하게 되는 것이 원칙이다. 새로운 법률행위로 본다.
⑤ 반사회적 법률행위로서 무효인 경우 그 무효로 선의의 제3자에게 대항할 수 없다. 있다.

21. 법률행위의 취소에 관한 설명으로 옳지 않은 것은? (다툼이 있으면 판례에 따름)
① 제한능력자도 단독으로 취소권을 행사할 수 있다.
② 법률행위의 취소로 무효가 된 그 법률행위는 무효행위의 추인의 법리에 따라 추인할 수 없다.
③ 근로계약이 취소된 경우 이미 제공된 근로자의 노무를 기초로 형성된 취소 이전의 법률관계는 소급하여 효력을 잃지 않는다.
④ 취소권자가 추인할 수 있은 후에 이의를 보류한 상태에서 취소할 수 있는 계약을 이행한 때에는 법정추인이 되지 않는다.
⑤ 계약이 해제된 후에도 해제의 상대방은 해제로 인한 불이익을 면하기 위하여 취소권을 행사하여 계약 전체를 무효로 돌릴 수 있다.

22. 기간에 관한 설명으로 옳지 않은 것은? (다툼이 있으면 판례에 따름)
① 계약 기간의 기산점을 오는 7월 1일부터 기산하여 주(週)로 정한 때에는 기간의 초일은 산입하지 아니한다.
② 기간을 시(時)로 정한 때에는 즉시로부터 기산한다.
③ 기간을 월(月)로 정한 경우에 최종의 월에 해당일이 없는 때에는 그 월의 말일로 기간이 만료한다.
④ 기간의 말일이 토요일 또는 공휴일에 해당한 때에는 기간은 그 익일로 만료한다.
⑤ 정년이 60세라 함은 만 60세에 도달하는 날을 말하는 것이라고 보는 것이 상당하다.

23. 소멸시효에 관한 설명으로 옳지 않은 것은? (다툼이 있으면 판례에 따름)
① 시효기간 만료로 인한 권리의 소멸은 시효의 이익을 받은 자가 시효완성의 항변을 하지 않으면 그 의사에 반하여 재판할 수 없다.
② 시효를 원용할 수 있는 사람은 권리의 소멸에 의하여 직접 이익을 받는 사람에 한정된다.
③ 시효가 완성된 채권의 시효이익을 채무자가 포기하면 포기한 때로부터 그 채권의 시효가 새로 진행한다.
④ 시효는 법률행위에 의하여 이를 배제하거나 경감할 수 없다.
⑤ 시효는 그 기산일에 소급하여 효력이 생긴다.

24. 소멸시효에 관한 설명으로 옳지 않은 것은? (다툼이 있으면 판례에 따름)
① 채권 및 소유권 이외의 재산권은 10년간 행사하지 아니하면 시효가 완성한다.
② 점유권은 시효에 걸리지 아니한다.
③ 시효는 권리행사에 법률상의 장애사유가 없는 때로부터 진행한다.
④ 정지조건부 권리는 조건이 성취된 때부터 시효가 진행된다.
⑤ 부작위를 목적으로 하는 채권의 시효는 위반행위를 한 때로부터 진행한다.

민법총칙

21. 권리의 변동 　　법률행위의 무효·취소 ① 민법 제140조 ②③⑤ 판례 　　　　　　　　　　④	② 법률행위의 취소로 무효가 된 그 법률행위는 무효행위의 추인의 법리에 따라 추인할 수 <u>없다. 있다.</u> 민법 제145조(법정추인) 취소할 수 있는 법률행위에 관하여 전조**(추인의 요건)**의 규정에 의하여 추인할 수 있는 후에 다음 각호의 사유가 있으면 추인한 것으로 본다. 그러나 이의를 보류한 때에는 그러하지 아니하다.
22. 권리의 변동 　　기간 　　　　　　　　　② 　　　　　　　　　① 미래의 시점(오는 7월 1일부터)을 표시하는 경우 오전 0시부터 시작하는 것으로 본다. ⑤ 판례 　　　　　　　　　③ 　　　　　　　　　④	민법 제156조(기간의 기산점) 기간을 시, 분, 초로 정한 때에는 즉시로부터 기산한다. 민법 제157조(기간의 기산점) 기간을 일주월 또는 년으로 정한 때에는 기간의 초일은 산입하지 아니한다. 그러나 그 기간이 오전 영시로부터 시작하는 때에는 그러하지 아니하다. 민법 제160조(역에 의한 계산) ① 기간을 주, 월 또는 연으로 정한 때에는 역에 의하여 계산한다. ② 주, 월 또는 연의 처음으로부터 기간을 기산하지 아니하는 때에는 최후의 주, 월 또는 연에서 그 기산일에 해당한 날의 전일로 기간이 만료한다. ③ 월 또는 연으로 정한 경우에 최종의 월에 해당일이 없는 때에는 그 월의 말일로 기간이 만료한다. 민법 제161조(공휴일 등과 기간의 만료점) 기간의 말일이 토요일 또는 공휴일에 해당한 때에는 기간은 그 익일로 만료한다.
23. 권리의 변동 　　소멸시효　　　　⑤ ①②③ 판례	민법 제167조(소멸시효의 소급효) 소멸시효는 그 기산일에 소급하여 효력이 생긴다. 민법 제184조(시효의 이익의 포기 기타) ① 소멸시효의 이익은 미리 포기하지 못한다. ② 소멸시효는 법률행위에 의하여 이를 배제·연장 또는 가중할 수 없으나, 이를 단축 또는 경감할 수 있다. ④ 시효는 법률행위에 의하여 이를 배제하거나 경감할 수 <u>없다. 있다.</u>
24. 권리의 변동 　　소멸시효 　　　　　　　　　① ① 채권 및 소유권 이외의 재산권은 <u>10년 20년</u>간 행사하지 아니하면 시효가 완성한다. 　　　　　　　　　③ 　　　　　　　　　⑤ ④ 판례	민법 제162조(채권, 재산권의 소멸시효) ① 채권은 10년간 행사하지 아니하면 소멸시효가 완성한다. ② 채권 및 소유권 이외의 재산권은 20년간 행사하지 아니하면 소멸시효가 완성한다. 민법 제166조(소멸시효의 기산점) ① 소멸시효는 권리를 행사할 수 있는 때로부터 진행한다. ② 부작위를 목적으로 하는 채권의 소멸시효는 위반행위를 한 때로부터 진행한다.

25. 소멸시효의 중단에 관한 설명으로 옳지 않은 것은? (다툼이 있으면 판례에 따름)

① 채무자가 제기한 소에 대하여 채권자가 응소하여 그 소송에서 적극적으로 권리를 주장하고 그것이 받아들여진 경우 재판상의 청구가 될 수 있다.
② 시효완성 전에 한 채무의 일부변제는 특별한 사정이 없는 한 시효중단사유가 될 수 있다.
③ 현존하지 않는 장래의 채권을 시효진행이 개시되기 전에 미리 승인하는 것도 허용된다.
④ 임의출석의 경우에 화해가 성립되지 아니한 때에는 1월내에 소를 제기하지 아니하면 시효중단의 효력이 없다.
⑤ 시효의 중단은 당사자 및 그 승계인 사이에만 효력이 있는 것이 원칙이다.

25. 권리의 변동
　　소멸시효 - 중단·정지

①②③ 판례

⑤

④

③ 현존하지 않는 장래의 채권을 시효진행이 개시되기 전에 미리 승인하는 것도은 허용된다. 허용되지 않는다.

민법 제169조(시효중단의 효력)
시효의 중단은 당사자 및 그 승계인간에만 효력이 있다.
민법 173조(화해를 위한 소환, 임의출석과 시효중단)
화해를 위한 소환은 상대방이 출석하지 아니 하거나 화해가 성립되지 아니한 때에는 1월내에 소를 제기하지 아니하면 시효중단의 효력이 없다. 임의출석의 경우에 화해가 성립되지 아니한 때에도 그러하다.

보충
21. 25.
　　권리의 변동
　　법률행위의 무효·취소

민법 제137조(법률행위의 일부무효)
법률행위의 일부분이 무효인 때에는 그 전부를 무효로 한다. 그러나 그 무효부분이 없더라도 법률행위를 하였을 것이라고 인정될 때에는 나머지 부분은 무효가 되지 아니한다.
민법 제138조(무효행위의 전환)
무효인 법률행위가 다른 법률행위의 요건을 구비하고 당사자가 그 무효를 알았더라면 다른 법률행위를 하는 것을 의욕하였으리라고 인정될 때에는 다른 법률행위로서 효력을 가진다.
민법 제139조(무효행위의 추인)
무효인 법률행위는 추인하여도 그 효력이 생기지 아니한다. 그러나 당사자가 그 무효임을 알고 추인한 때에는 새로운 법률행위로 본다.

민법 제140조(법률행위의 취소권자)
취소할 수 있는 법률행위는 제한능력자, 착오로 인하거나 사기·강박에 의하여 의사표시를 한 자, 그의 대리인 또는 승계인만이 취소할 수 있다.
민법 제141조(취소의 효과)
취소된 법률행위는 처음부터 무효인 것으로 본다. 다만, 제한능력자는 그 행위로 인하여 받은 이익이 현존하는 한도에서 상환(償還)할 책임이 있다.
민법 제142조(취소의 상대방)
취소할 수 있는 법률행위의 상대방이 확정한 경우에는 그 취소는 그 상대방에 대한 의사표시로 하여야 한다.
민법 제143조(추인의 방법, 효과)
① 취소할 수 있는 법률행위는 제140조에 규정한 자가 추인할 수 있고 추인후에는 취소하지 못한다.
② 전조의 규정은 전항의 경우에 준용한다.
민법 제144조(추인의 요건)
① 추인은 취소의 원인이 소멸된 후에 하여야만 효력이 있다.
② 제1항은 법정대리인 또는 후견인이 추인하는 경우에는 적용하지 아니한다.
민법 제145조(법정추인)
취소할 수 있는 법률행위에 관하여 전조의 규정에 의하여 추인할 수 있는 후에 다음 각호의 사유가 있으면 추인한 것으로 본다. 그러나 이의를 보류한 때에는 그러하지 아니하다.
　1. 전부나 일부의 이행
　2. 이행의 청구
　3. 경개
　4. 담보의 제공
　5. 취소할 수 있는 행위로 취득한 권리의 전부나 일부의 양도
　6. 강제집행
민법 제146조(취소권의 소멸)
취소권은 추인할 수 있는 날로부터 3년내에 법률행위를 한 날로부터 10년내에 행사하여야 한다.

26. 행정의 법원칙 중 행정기본법에 명문으로 규정하고 있는 것이 아닌 것은?
① 행정의 자기구속의 원칙 ② 부당결부금지의 원칙
③ 성실의무 및 권한남용금지의 원칙 ④ 비례의 원칙
⑤ 평등의 원칙

27. 법령등 시행일의 기간 계산에 관한 설명으로 옳은 것을 모두 고른 것은?

> ㄱ. 법령등을 공포한 날부터 시행하는 경우에는 공포한 날을 시행일로 한다.
> ㄴ. 법령등을 공포한 날부터 일정 기간이 경과한 날부터 시행하는 경우 법령을 공포한 날을 첫날에 산입하지 아니한다.
> ㄷ. 법령등을 공포한 날부터 일정 기간이 경과한 날부터 시행하는 경우 그 기간의 말일이 토요일 또는 공휴일인 때에는 그 말일로 기간이 만료한다.
> ㄹ. 대통령령은 특별한 규정이 없으면 공포한 날부터 10일이 경과함으로써 효력을 발생한다.

① ㄱ, ㄴ ② ㄱ, ㄹ ③ ㄷ, ㄹ ④ ㄱ, ㄴ, ㄷ ⑤ ㄴ, ㄷ, ㄹ

28. 행정입법에 관한 설명으로 옳지 않은 것은? (다툼이 있으면 판례에 따름)
① 재량준칙은 일반적으로 행정조직 내부에서만 효력을 가질 뿐 대외적인 구속력을 갖는 것은 아니다.
② 재량권 행사의 준칙인 행정규칙이 정한 바에 따라 되풀이 시행되어 행정관행이 형성되어 행정기관이 그 상대방에 대한 관계에서 그 규칙에 따라야 할 자기구속을 당하게 되는 경우에는 헌법소원의 대상이 될 수 있다.
③ 법원이 구체적 규범통제를 통해 위헌·위법으로 선언할 심판대상은 원칙적으로 해당 규정 전체이고, 재판의 전제성이 인정되는 조항에 한정되지 않는다.
④ 헌법이 인정하고 있는 위임입법의 형식은 예시적인 것으로 보아야 한다.
⑤ 보건복지부 고시인 약제급여·비급여목록 및 급여상한금액표에 대해서는 취소소송으로 다툴 수 있다.

29. 재량행위와 기속행위에 관한 설명으로 옳은 것은? (다툼이 있으면 판례에 따름)
① 공유수면 관리 및 매립에 관한 법률상 공유수면 점용허가는 기속행위이다.
② 재외동포에 대한 사증발급과 관련한 재량권 불행사는 그 자체로 재량권 일탈·남용에 해당하지 않으므로 해당 처분을 취소하여야 할 위법사유가 되지 않는다.
③ 국토의 계획 및 이용에 관한 법률에 의하여 지정된 도시지역 안에서 토지의 형질변경행위를 수반하는 건축허가의 법적 성질은 기속행위이다.
④ 법령상 감경사유가 있는 경우 이를 전혀 고려하지 않은 과징금 부과처분은 위법하다.
⑤ 행정청이 제재처분 양정을 하면서 이익형량을 하였다면 그 양정에 정당성·객관성이 결여된 경우라도 위법은 아니다.

26. 행정법 통론
    행정법
    법원(法源)
     - 성문법원
     - 불문법원: 관습법, 판례법, 조리
     - 일반원칙

    ①자기구속의 원칙

    행정기본법 제8조(법치행정의 원칙)
    행정작용은 법률에 위반되어서는 아니 되며, 국민의 권리를 제한하거나 의무를 부과하는 경우와 그 밖에 국민생활에 중요한 영향을 미치는 경우에는 법률에 근거하여야 한다.

    행정기본법 제9조(평등의 원칙)
    행정청은 합리적 이유 없이 국민을 차별하여서는 아니 된다.
    행정기본법 제10조(비례의 원칙)
    행정작용은 다음 각 호의 원칙에 따라야 한다.
    1. 행정목적을 달성하는 데 유효하고 적절할 것
    2. 행정목적을 달성하는 데 필요한 최소한도에 그칠 것
    3. 행정작용으로 인한 국민의 이익 침해가 그 행정작용이 의도하는 공익보다 크지 아니할 것
    행정기본법 제11조(성실의무 및 권한남용금지의 원칙)
    ① 행정청은 법령등에 따른 의무를 성실히 수행하여야 한다.
    ② 행정청은 행정권한을 남용하거나 그 권한의 범위를 넘어서는 아니 된다.
    행정기본법 제12조(신뢰보호의 원칙)
    ① 행정청은 공익 또는 제3자의 이익을 현저히 해칠 우려가 있는 경우를 제외하고는 행정에 대한 국민의 정당하고 합리적인 신뢰를 보호하여야 한다.
    ② 행정청은 권한 행사의 기회가 있음에도 불구하고 장기간 권한을 행사하지 아니하여 국민이 그 권한이 행사되지 아니할 것으로 믿을 만한 정당한 사유가 있는 경우에는 그 권한을 행사해서는 아니 된다. 다만, 공익 또는 제3자의 이익을 현저히 해칠 우려가 있는 경우는 예외로 한다.
    행정기본법 제13조(부당결부금지의 원칙)
    행정청은 행정작용을 할 때 상대방에게 해당 행정작용과 실질적인 관련이 없는 의무를 부과해서는 아니 된다.

27. 행정법 통론
    행정법
    효력(행정기본법)

    ㄹ. 대통령령은 특별한 규정이 없으면 공포한 날부터 <s>10일</s> 20일이 경과함으로써 효력을 발생한다.

28. 행정작용법
    행정입법
    법규명령·행정규칙

    ③ 법원이 구체적 규범 통제를 통해 위헌·위법으로 선언할 심판 대상은 원칙적으로 해당 규정 전체이고, 재판의 전제성이 인정되는 조항에 <s>한정되지 않는다.</s> 한정된다.

29. 행정작용법
    행정행위
    재량행위·기속행위

    ①②③④⑤ 판례

    ① 공유수면 관리 및 매립에 관한 법률상 공유수면 점용허가는 <s>기속행위</s> 재량행위이다.
    ② 재외동포에 대한 사증발급과 관련한 재량권 불행사는 그 자체로 재량권 일탈·남용에 해당하지 <s>않으므로 해당하여</s> 해당 처분을 취소하여야 할 위법 사유가 되지 <s>않는다.</s> 된다.
    ③ 국토의 계획 및 이용에 관한 법률에 의하여 지정된 도시지역 안에서 토지의 형질변경행위를 수반하는 건축허가의 법적 성질은 <s>기속행위</s> 재량행위이다.
    ⑤ 행정청이 제재처분 양정을 하면서 이익형량을 하였다면 그 양정에 정당성·객관성이 결여된 경우라도 재량권 일탈·남용으로 <s>위법은 아니다.</s> 위법 사유가 된다.

30. A시장은 甲소유 토지의 일부를 기부채납하는 조건(강학상 부담으로 본다)으로 甲이 신청한 개발제한구역 내의 토지형질변경행위허가를 한 후 甲과 기부채납 이행을 위한 증여계약을 체결하였다. 이에 관한 설명으로 옳지 <u>않은</u> 것은? (다툼이 있으면 판례에 따름)
① 甲이 기부채납을 불이행할 경우, A시장은 토지형질변경행위허가를 철회할 수 있다.
② 甲은 기부채납의 부관만을 대상으로 하여 취소소송을 제기할 수 있다.
③ 기부채납의 부관이 당연무효이거나 취소되지 아니한 이상 甲은 위 부관으로 인한 증여계약의 중요부분의 착오를 이유로 증여계약을 취소할 수 없다.
④ 토지형질변경행위허가를 함에 있어 부관을 붙일 필요가 있는지의 유무 등을 판단함에 있어서는 A시장에게 재량의 여지가 있다.
⑤ A시장은 토지형질변경행위허가를 한 후에는 甲의 동의가 있는 경우라도 부관을 새로 붙일 수 없다.

31. 행정행위의 법적 성질을 바르게 연결한 것은? (다툼이 있으면 판례에 따름)

> ㄱ. 구 「자동차관리법」상 자동차정비조합설립인가
> ㄴ. 구 「도시계획법」상 개발제한구역 내의 건축허가
> ㄷ. 「기부금품모집규제법」상 기부금품모집허가

① ㄱ: 인가, ㄴ: 예외적 허가, ㄷ: 특허
② ㄱ: 인가, ㄴ: 허가, ㄷ: 특허
③ ㄱ: 인가, ㄴ: 예외적 허가, ㄷ: 허가
④ ㄱ: 특허, ㄴ: 인가, ㄷ: 허가
⑤ ㄱ: 허가, ㄴ: 특허, ㄷ: 인가

32. 처분의 취소 또는 변경에 관한 설명으로 옳은 것은? (다툼이 있으면 판례에 따름)
① 처분의 위법은 직권취소의 사유가 되지만, 처분의 부당은 직권취소의 사유가 되지 않는다.
② 수익적 처분의 직권취소 필요성에 관한 증명책임은 처분의 상대방에 있다.
③ 수익적 처분에 대한 직권취소의 경우에는 행정절차법상 사전통지가 필요하지 않다.
④ 행정청은 행정소송이 계속되고 있는 때에는 직권으로 해당 처분을 변경할 수 없다.
⑤ 산업재해보상보험법상 연금지급결정을 취소하는 처분이 적법하다고 하여 그에 터 잡은 징수처분이 반드시 적법한 것은 아니다.

33. A시는 조례에 근거하여 甲회사와 생활폐기물수집·운반대행위탁계약을 체결하였다. 이 계약에 관한 설명으로 옳은 것은? (다툼이 있으면 판례에 따름)
① 사법상 계약으로 계약자유의 원칙이 적용된다.
② 국가를 당사자로 하는 계약에 관한 법률이 적용된다.
③ 계약의 체결에 관한 다툼은 공법상 당사자소송에 의한다.
④ 계약절차에는 행정절차법이 적용된다.
⑤ 계약의 해지 통보에 관한 다툼은 취소소송에 의한다.

30. 행정작용법 　　행정행위 　　(재량 행정행위의) 부관		⑤ 사후부관 　A시장은 토지형질변경행위허가(재량행위)를 한 후에는 甲의 동의 가 있는 <u>경우라도</u> <s>있으면</s> 부관을 새로 붙일 수 <s>없다.</s> <u>있다.</u> 　부관은 재량 행정행위에 붙일 수 있다. 　부관을 붙이기로 판단하는 것도 재량행위에 속한다.
31. 행정작용법 　　행정행위 　　법률행위적 행정행위 　　준법률행위적 행정행위: 　　　　공증, 수리, 통지, 확인		법률행위적 행정행위 　- 명령적 행정행위: 하명, 허가, 면제 　- 형성적 행정행위: 대리, 인가, 특허 ㄱ. 인가 ㄴ. 예외적 허가, 재량행위 ㄷ. 허가
32. 행정작용법 　　행정행위 　　하자: 무효·취소·변경·철회		① 처분의 위법은 직권취소의 사유가 되지만고, 처분의 부당은<u>도</u> 직권 　취소의 사유가 <s>되지 않는다.</s> <u>된다.</u> 　행정기본법 제18조(위법 또는 부당한 처분의 취소) 　① 행정청은 위법 또는 부당한 처분의 전부나 일부를 소급하여 취 　소할 수 있다. 다만, 당사자의 신뢰를 보호할 가치가 있는 등 정당 　한 사유가 있는 경우에는 장래를 향하여 취소할 수 있다.
②⑤ 판례		② 수익적 처분의 직권취소 필요성에 관한 증명 책임은 <s>처분의 상대방</s> 　<u>처분 행정청</u>에 있다. ③ 수익적 처분에 대한 직권취소의 경우에는 행정절차법상 사전통지 　가 <s>필요하지 않다.</s> <u>필요하다.</u> 　행정절차법 제21조(처분의 사전 통지) 　① 행정청은 당사자에게 의무를 부과하거나 권익을 제한하는 처분 　을 하는 경우에는 미리 다음 각 호의 사항을 당사자등에게 통지하 　여야 한다. ④ 행정청은 행정소송이 계속되고 있는 때에는<u>도</u> 직권으로 해당 처분 　을 변경할 수 <s>없다.</s> <u>있다.</u> 　행정소송법 제22조(처분변경으로 인한 소의 변경) 　① 법원은 행정청이 소송의 대상인 처분을 소가 제기된 후 변경한 　때에는 원고의 신청에 의하여 결정으로써 청구의 취지 또는 원인의 　변경을 허가할 수 있다.
33. 행정작용법 　　기타 행정작용 　　사법상 계약(사법관계) ①③⑤ 판례		② 국가를 당사자로 하는 계약에 관한 법률이 <s>적용된다.</s> <u>적용되지 않는다.</u> ③ 계약의 체결에 관한 다툼은 <s>공법상 당사자소송</s> <u>민사소송</u>에 의한다. ④ 계약절차에는 행정절차법이 <s>적용된다.</s> <u>적용되지 않는다.</u> ⑤ 계약의 해지 통보에 관한 다툼은 <s>취소소송</s> <u>민사소송</u>에 의한다.

34. 행정절차법이 정하고 있는 적용제외 대상이 아닌 것은?
① 국가안전보장·국방·외교 또는 통일에 관한 사항 중 행정절차를 거칠 경우 국가의 중대한 이익을 현저히 해칠 우려가 있는 사항
② 감사원이 감사위원회의 결정을 거쳐 행하는 사항
③ 심사청구, 해양안전심판, 조세심판, 특허심판, 행정심판, 그 밖의 불복절차에 따른 사항
④ 국회 또는 지방의회의 의결을 거치거나 동의 또는 승인을 받아 행하는 사항
⑤ 처분의 전제가 되는 사실이 경찰의 수사에 의하여 객관적으로 증명된 사항

35. 행정절차법상 처분절차에 관한 설명으로 옳지 않은 것은?
① 처분을 할 때 해당 처분의 영향이 광범위하여 널리 의견을 수렴할 필요가 있다고 행정청이 인정하는 경우에는 공청회를 개최한다.
② 행정청은 인허가 등의 취소 시 의견제출기한 내에 당사자등의 신청이 있는 경우에는 청문을 한다.
③ 청문·공청회 또는 의견제출을 거쳤을 때에는 신속히 처분하여 해당 처분이 지연되지 아니하도록 하여야 한다.
④ 행정청은 처분을 할 때에는 이해관계인에게 그 근거와 이유를 제시하여야 한다.
⑤ 행정청은 처분을 신속히 처리할 필요가 있거나 사안이 경미한 경우에는 말 또는 그 밖의 방법으로 할 수 있다.

36. 공공기관의 정보공개에 관한 법률에 관한 설명으로 옳은 것은? (다툼이 있으면 판례에 따름)
① 국내에 학술·연구를 위하여 일시적으로 체류하는 외국인은 정보공개를 청구할 권리가 없다.
② 공개 청구한 정보가 비공개대상인 부분과 공개 가능한 부분이 혼합되어 있는 경우 부분 공개는 할 수 없다.
③ 사립대학교는 정보공개의무를 지는 공공기관에 해당하지 않는다.
④ 정보공개를 요구받은 공공기관이 공개를 거부하는 경우에는 비공개사유에 해당하는지를 주장·입증하지 아니한 채 개괄적인 사유만을 들어 공개를 거부할 수 없다.
⑤ 청구인은 공공기관의 비공개 결정에 대하여 불복이 있는 경우 이의신청 절차를 거치지 아니하고는 행정심판을 청구할 수 없다.

37. 판례에 의할 때 공공기관의 정보공개에 관한 법률에 관한 설명으로 옳은 것을 모두 고른 것은?

| ㄱ. 학교폭력대책자치위원회의 회의록은 '공개될 경우 업무의 공정한 수행에 현저한 지장을 초래한다고 인정할 만한 상당한 이유가 있는 정보'에 해당한다. |
| ㄴ. 의사결정과정에 제공된 회의관련자료나 의사결정과정이 기록된 회의록은 의사가 결정되거나 의사가 집행된 경우에는 더 이상 의사결정과정에 있는 사항 그 자체라고는 할 수 없으나, 의사결정과정에 있는 사항에 준하는 사항으로서 비공개대상정보에 포함될 수 있다. |
| ㄷ. '진행 중인 재판에 관련된 정보'에 해당한다는 사유로 정보공개를 거부하기 위하여는 반드시 그 정보가 진행 중인 재판의 소송기록 자체에 포함되어야 한다. |

① ㄱ ② ㄴ ③ ㄱ, ㄴ ④ ㄴ, ㄷ ⑤ ㄱ, ㄴ, ㄷ

34. 행정절차·(행정)정보
행정절차

9. 「병역법」에 따른 징집·소집, 외국인의 출입국·난민인정·귀화, 공무원 인사 관계 법령에 따른 징계와 그 밖의 처분, 이해 조정을 목적으로 하는 법령에 따른 알선·조정·중재(仲裁)·재정(裁定) 또는 그 밖의 처분 등 해당 행정작용의 성질상 행정절차를 거치기 곤란하거나 거칠 필요가 없다고 인정되는 사항과 행정절차에 준하는 절차를 거친 사항으로서 대통령령으로 정하는 사항

행정절차법 제3조(적용 범위)
② 이 법은 다음 각 호의 어느 하나에 해당하는 사항에 대하여는 적용하지 아니한다.
1. <u>국회 또는 지방의회의 의결을 거치거나 동의 또는 승인을 받아 행하는 사항</u>
2. 법원 또는 군사법원의 재판에 의하거나 그 집행으로 행하는 사항
3. 헌법재판소의 심판을 거쳐 행하는 사항
4. 각급 선거관리위원회의 의결을 거쳐 행하는 사항
5. <u>감사원이 감사위원회의의 결정을 거쳐 행하는 사항</u>
6. 형사(刑事), 행형(行刑) 및 보안처분 관계 법령에 따라 행하는 사항
7. <u>국가안전보장·국방·외교 또는 통일에 관한 사항 중 행정절차를 거칠 경우 국가의 중대한 이익을 현저히 해칠 우려가 있는 사항</u>
8. <u>심사청구, 해양안전심판, 조세심판, 특허심판, 행정심판, 그 밖의 불복절차에 따른 사항</u>

35. 행정절차·(행정)정보
행정절차 - 청문 ①

② 2022년 법률 개정으로 의무적 청문 대상
④ 행정절차법 제23조
⑤ 행정절차법 제24조

③

행정절차법 제22조(의견청취)
① 행정청이 처분을 할 때 다음 각 호의 어느 하나에 해당하는 경우에는 청문을 한다.
1. 다른 법령등에서 청문을 하도록 규정하고 있는 경우
2. 행정청이 필요하다고 인정하는 경우
3. 다음 각 목의 처분을 하는 경우
 가. 인허가 등의 취소
 나. 신분·자격의 박탈
 다. 법인이나 조합 등의 설립허가의 취소
⑤ 행정청은 청문·공청회 또는 의견제출을 거쳤을 때에는 신속히 처분하여 해당 처분이 지연되지 아니하도록 하여야 한다.

④ 행정청은 처분을 할 때에는 **이해관계인** 당사자에게 그 근거와 이유를 제시하여야 한다.

36. 행정절차·(행정)정보
정보공개

④ 정보공개법 제9조(비공개 대상 정보)의 비공개 사유에 해당함을 주장·입증하여야 한다.

① 국내에 학술·연구를 위하여 일시적으로 체류하는 외국인은 정보공개를 청구할 권리가 ~~없다.~~ <u>있다.</u>
② 공개 청구한 정보가 비공개대상인 부분과 공개 가능한 부분이 혼합되어 있는 경우 부분 공개는 ~~할 수 없다.~~ <u>있다.</u>
③ 사립대학교는 정보공개의무를 지는 공공기관에 ~~해당하지 않는다.~~ <u>해당한다.</u>
⑤ 청구인은 공공기관의 비공개 결정에 대하여 불복이 있는 경우 이의신청 절차를 거치지 아니하고는 행정심판을 청구할 수 ~~없다.~~ <u>있다.</u>

37. 행정절차·(행정)정보
정보공개

ㄷ. '진행 중인 재판에 관련된 정보'에 해당한다는 사유로 정보공개를 거부하기 위하여는 반드시 그 정보가 진행 중인 재판의 소송기록 자체에 포함되어야 ~~한다.~~ <u>하는 것은 아니다.</u>

38. 행정대집행법상 대집행에 관한 설명으로 옳은 것은? (다툼이 있으면 판례에 따름)
① 철거대집행 계고처분 후 행한 제2차 계고는 대집행기한의 연기통지가 아니라 새로운 철거의무를 부과한 것이다.
② 철거명령과 계고처분은 계고서라는 명칭의 1장의 문서로 이루어질 수 있다.
③ 대집행은 처분청 스스로 하여야 하며, 대집행 권한을 제3자에게 위임·위탁할 수 없다.
④ 후행처분인 대집행영장발부통보처분의 취소소송에서, 선행처분인 계고처분의 위법을 이유로 대집행영장발부통보처분이 위법하다는 주장을 할 수 없다.
⑤ 행정청이 대집행의 방법으로 건물철거의무의 이행을 실현할 수 있는 경우, 건물철거 대집행 과정에서 부수적으로 건물의 점유자들에 대한 퇴거 조치를 할 수 없다.

39. 행정의 실효성 확보수단에 관한 설명으로 옳은 것은? (다툼이 있으면 판례에 따름)
① 건축법상 이행강제금 부과처분은 항고소송으로 다툴 수는 없다.
② 이행강제금은 대체적 작위의무의 위반에 대하여 부과될 수 없다.
③ 건축법상 이행강제금의 납부의무는 상속인에게 승계될 수 없는 일신전속적인 성질의 것이다.
④ 대집행에 요한 비용은 국세징수법의 예에 의하여 징수할 수 없다.
⑤ 병무청장이 병역법에 따라 병역의무 기피자의 인적사항을 인터넷 홈페이지에 공개하는 결정은 항고소송의 대상이 되는 행정처분이 아니다.

40. 행정권한의 위임 등에 관한 설명으로 옳지 않은 것은? (다툼이 있으면 판례에 따름)
① 행정권한의 위임은 법률에 규정된 행정기관의 장의 권한 중 일부를 그 보조기관 또는 하급행정기관의 장이나 지방자치단체의 장에게 맡겨 그의 권한과 책임 아래 행사하도록 하는 것이다.
② 행정권한의 내부위임은 법률이 위임을 허용하고 있지 아니한 경우에도 행정관청의 내부적인 사무처리의 편의를 도모하기 위하여 그의 보조기관 또는 하급행정관청으로 하여금 그의 권한을 사실상 행사하게 하는 것이다.
③ 위임기관은 수임기관의 수임사무 처리에 대하여 지휘·감독하고, 그 처리가 위법하거나 부당하다고 인정될 때에는 이를 취소하거나 정지시킬 수 있다.
④ 수임사무의 처리에 관하여 위임기관은 수임기관에 대하여 사전승인을 받거나 협의를 할 것을 요구할 수 없다.
⑤ 행정기관은 위임을 받은 사무의 전부 또는 일부를 보조기관 또는 하급행정기관에 재위임할 수 없다.

41. 행정기관에 관한 설명으로 옳지 않은 것은? (다툼이 있으면 판례에 따름)
① 법령에 따라 행정권한을 위탁받은 사인은 행정청이 될 수 없다.
② 행정에 관한 의사를 결정하여 표시하는 국가 또는 지방자치단체의 기관은 행정청이다.
③ 지방자치단체는 그 소관 사무의 일부를 독립하여 수행할 필요가 있으면 법령이나 그 지방자치단체의 조례로 정하는 바에 따라 합의제행정기관을 설치할 수 있다.
④ 행정기관의 장은 소관사무를 통할하고 소속공무원을 지휘·감독한다.
⑤ 정부조직법은 합의제행정기관의 설치에 관한 법적 근거를 두고 있다.

행정법

38. 행정상 실효성 확보 수단 　　행정강제 　　행정대집행	① 철거대집행 계고처분 후 행한 제2차 계고(행정처분 기한의 연기통지)는 대집행기한의 연기통지가 아니라 ~~이고 새로운 철거의무를 부과한 것이다.~~ 것이 아니다. ③ 타자집행 　대집행은 처분청 스스로 하여야 하며, 대집행 권한을 제3자에게 위임·위탁할 수 ~~없다.~~ 있다.
①②④⑤ 판례 ② 행정대집행법 제2조 　　　(대집행과 그 비용징수)	④ 후행처분인 대집행영장발부통보처분의 취소소송에서, 선행처분인 계고처분의 위법을 이유로 대집행영장발부통보처분이 위법하다는 주장을 할 수 ~~없다.~~ 있다. ⑤ 행정청이 대집행의 방법으로 건물철거의무의 이행을 실현할 수 있는 경우, 건물철거 대집행 과정에서 부수적으로 건물의 점유자들에 대한 퇴거 조치를 할 수 ~~없다.~~ 있다.
39. 행정상 실효성 확보 수단 　　행정강제	① 건축법상 이행강제금 부과처분은 항고소송으로 다툴 수는 ~~없다.~~ 있다. ② 이행강제금은 대체적 작위의무의 위반에 대하여 부과될 수 ~~없다.~~ 있다.
①②③⑤ 판례 ③ 이행강제금 납부 의무: 　　상속 ∵ 일신전속적 의무	④ 행정대집행법 제6조(비용징수): 대집행에 요한 비용은 국세징수법의 예에 의하여 징수할 수 ~~없다.~~ 있다. ⑤ 병무청장이 병역법에 따라 병역의무 기피자의 인적사항을 인터넷 홈페이지에 공개하는 결정은 항고소송의 대상이 되는 행정처분이 ~~다.~~ 아니다.
40. 행정조직법 　　행정조직법 　　행정권한 - 대리·위임	⑤ 행정기관은 위임을 받은 사무의 전부 또는 일부를 보조기관 또는 하급행정기관에 재위임할 수 ~~없다.~~ 있다.
① 행정권한의 위임 및 위탁에 　　　관한 규정 제2조(정의) ② 판례 ③ 행정위임위탁규정 제6조(지휘·감독) ④ 행정위임위탁규정 제7조 　　　(사전승인 등의 제한)	정부조직법 제6조(권한의 위임 또는 위탁) ① 행정기관은 법령으로 정하는 바에 따라 그 소관사무의 일부를 보조기관 또는 하급행정기관에 위임하거나 다른 행정기관·지방자치단체 또는 그 기관에 위탁 또는 위임할 수 있다. 이 경우 위임 또는 위탁을 받은 기관은 특히 필요한 경우에는 법령으로 정하는 바에 따라 위임 또는 위탁을 받은 사무의 일부를 보조기관 또는 하급행정기관에 재위임할 수 있다. ② 보조기관은 제1항에 따라 위임받은 사항에 대하여는 그 범위에서 행정기관으로서 그 사무를 수행한다. ③ 행정기관은 법령으로 정하는 바에 따라 그 소관사무 중 조사·검사·검정·관리 업무 등 국민의 권리·의무와 직접 관계되지 아니하는 사무를 지방자치단체가 아닌 법인·단체 또는 그 기관이나 개인에게 위탁할 수 있다.
41. 행정조직법 　　행정조직법 　　행정기관	① 공무수탁사인(公務受託私人) 　법령에 따라 행정권한을 위탁받은 사인은 행정청이 될 수 ~~없다.~~ 있다.

42. 행정절차법에서 규정하고 있지 않은 것은?
① 신고   ② 공법상 계약   ③ 행정지도   ④ 행정예고   ⑤ 행정상 입법예고

43. 판례에 의할 때 항고소송의 대상인 것을 모두 고른 것은?

> ㄱ. 어업권 면허에 선행하는 우선순위결정
> ㄴ. 「농지법」상 이행강제금 부과처분
> ㄷ. 구 「청소년보호법」상 청소년유해매체물 결정 및 고시처분
> ㄹ. 두밀분교를 폐교하는 경기도의 조례

① ㄱ, ㄴ   ② ㄱ, ㄷ   ③ ㄴ, ㄷ   ④ ㄴ, ㄹ   ⑤ ㄷ, ㄹ

44. 행정심판법에 관한 설명으로 옳은 것은?
① 행정심판위원회는 당사자의 동의가 없더라도 심판청구의 신속하고 공정한 해결을 위하여 조정을 할 수 있다.
② 행정심판위원회는 사정재결시 그 재결의 주문에서 그 처분 또는 부작위가 위법하거나 부당하다는 것을 구체적으로 밝혀야 한다.
③ 집행정지로 목적을 달성할 수 있는 경우에도 임시처분이 허용된다.
④ 처분청이 심판청구기간을 법정기간보다 긴 기간으로 잘못 고지한 경우, 심판청구기간은 당해 처분이 있는 날부터 180일이 된다.
⑤ 행정심판위원회는 심판청구의 대상이 되는 처분보다 청구인에게 불리한 재결을 할 수 있다.

45. 공익사업을 위한 토지 등의 취득 및 보상에 관한 법률에 관한 설명으로 옳지 않은 것은? (다툼이 있으면 판례에 따름)
① 사업인정처분이 당연무효이면 그것이 유효함을 전제로 이루어진 수용재결도 무효이다.
② 수용재결에 대한 이의신청은 행정소송을 하기 위한 필수적인 전심절차이다.
③ 수용재결에 대한 취소소송의 제기는 사업의 진행 및 토지의 수용 또는 사용을 정지시키지 아니한다.
④ 토지소유자가 보상금 증액청구소송을 제기할 경우 사업시행자를 피고로 하여야 한다.
⑤ 보상금증감청구소송의 제기기간은 이의신청을 거친 경우 이의신청에 대한 재결서를 받은 날부터 60일 이내이다.

46. 국가배상법 제2조 제1항 단서의 이중배상금지에 관한 설명으로 옳지 않은 것은? (다툼이 있으면 판례에 따름)
① 피해자가 군인·군무원·경찰공무원 또는 예비군대원이어야 한다.
② 병역법상 공익근무요원은 군인에 해당하여 이중배상이 금지되는 자에 속한다.
③ 전투·훈련 또는 이에 준하는 직무집행 뿐만 아니라 일반 직무집행에 관하여도 적용된다.
④ 전투훈련 중 민간인이 군인과 공동불법행위를 한 경우 민간인은 자신의 부담 부분만을 피해 군인에게 배상하면 된다는 것이 대법원판례의 입장이다.
⑤ 전투·훈련 등 직무집행과 관련하여 전사·순직하거나 공상을 입은 손해에 한한다.

42. 행정절차·(행정)정보
　　행정절차

　　행정강제
　　행정계약(공법상 계약)

행정절차법 제3조(적용 범위)
① 처분, 신고, 행정상 입법예고, 행정예고 및 행정지도의 절차(이하 "행정절차"라 한다)에 관하여 다른 법률에 특별한 규정이 있는 경우를 제외하고는 이 법에서 정하는 바에 따른다.
① 처분, 신고, 확약, 위반사실 등의 공표, 행정계획, 행정상 입법예고, 행정예고 및 행정지도의 절차(이하 "행정절차"라 한다)에 관하여 다른 법률에 특별한 규정이 있는 경우를 제외하고는 이 법에서 정하는 바에 따른다.
- 2022년 개정

43. 행정구제법
　　행정쟁송
　　행정소송 - 항고소송

판례: ㄱ, ㄴ. 처분성 → 항고소송
　　　ㄷ, ㄹ. 처분성 → 항고소송

44. 행정구제법
　　행정쟁송
　　행정심판
　②

행정심판법 제44조(사정재결)
① … 이 경우 위원회는 재결의 주문(主文)에서 그 처분 또는 부작위가 위법하거나 부당하다는 것을 구체적으로 밝혀야 한다.

① 행정심판법 제43조의2(조정): 행정심판위원회는 당사자의 동의가 없더라도 있으면 심판청구의 신속하고 공정한 해결을 위하여 조정을 할 수 있다.
③ 보충성 원칙
　행정심판법 제31조(임시처분): 집행정지로 목적을 달성할 수 있는 경우에도는 임시처분이 허용된다. 허용되지 않는다.
④ 행정심판법 제27조(심판청구의 기간): 처분청이 심판청구기간을 법정기간(90일)보다 긴 기간으로 잘못 고지한 경우, 심판청구기간은 당해 처분이 있은 날부터 180일이 된다. 고지 기간으로 한다.
⑤ 불이익변경금지 원칙
　행정심판법 제47조(재결의 범위): 행정심판위원회는 심판청구의 대상이 되는 처분보다 청구인에게 불리한 재결을 할 수 있다. 없다.

45. 행정구제법
　　행정상 손해전보
　　행정상 손실보상

② 수용재결에 대한 이의신청(준사법적 절차: 특별행정심판의 성질)은 행정소송을 하기 위한 필수적인 전심절차이다. 가 아닌 임의 절차이다.

46. 행정구제
　　행정상 손해전보
　　이중배상금지

②③④ 판례

② 병역법상 공익근무요원은 군인에 해당하여 해당하지 않아 이중배상이 금지되는 자에 속한다. 속하지 않는다.

국가배상법 제2조(배상책임)
① 국가나 지방자치단체는 공무원 또는 공무를 위탁받은 사인(이하 "공무원"이라 한다)이 직무를 집행하면서 고의 또는 과실로 법령을 위반하여 타인에게 손해를 입히거나, 「자동차손해배상 보장법」에 따라 손해배상의 책임이 있을 때에는 이 법에 따라 그 손해를 배상하여야 한다. 다만, 군인·군무원·경찰공무원 또는 예비군대원이 전투·훈련 등 직무 집행과 관련하여 전사(戰死)·순직(殉職)하거나 공상(公傷)을 입은 경우에 본인이나 그 유족이 다른 법령에 따라 재해보상금·유족연금·상이연금 등의 보상을 지급받을 수 있을 때에는 이 법 및 「민법」에 따른 손해배상을 청구할 수 없다.
② 제1항 본문의 경우에 공무원에게 고의 또는 중대한 과실이 있으면 국가나 지방자치단체는 그 공무원에게 구상(求償)할 수 있다.

47. 신청에 대한 거부처분에 관한 설명으로 옳은 것은? (다툼이 있으면 판례에 따름)
① 거부처분은 당사자의 권익을 제한하는 처분에 해당하므로 원칙적으로 행정절차법상 사전통지의 대상이 된다.
② 거부처분에 대하여는 행정소송법상 집행정지를 구할 이익이 있어 집행정지가 허용된다.
③ 거부처분의 취소판결의 취지에 따라 행정청이 처분을 하지 않는 경우, 당사자는 수소법원에 직접강제를 신청할 수 있다.
④ 거부처분이 성립되려면 신청인에게 그 행위발동을 요구할 법규상 또는 조리상 신청권이 있어야 한다.
⑤ 거부처분에 대하여는 행정소송법상 명문의 규정으로 의무이행소송이 허용된다.

48. 지방자치법상 주민소송에 관한 설명으로 옳지 않은 것은? (다툼이 있으면 판례에 따름)
① 주민소송을 제기하기 전에 주민감사청구를 거쳐야 한다.
② 지방의회의원에게 손해배상청구를 할 것을 요구하는 주민소송은 인정되지 않는다.
③ 공금의 부과·징수 업무를 게을리한 사실의 위법 확인을 요구하는 주민소송은 인정된다.
④ 행정처분인 해당 행위의 취소를 요구하는 주민소송은 인정된다.
⑤ 주민소송의 대상이 되는 위법한 행위나 해태사실은 감사청구한 사항과 동일할 필요는 없고 관련성이 있으면 된다.

49. 국가공무원법상 징계처분과 소청 등에 관한 설명으로 옳지 않은 것은? (다툼이 있으면 판례에 따름)
① 공무원에 대한 직위해제처분은 징계처분이다.
② 직위해제처분과 그 후속 직권면직처분은 별개 독립의 처분으로 일사부재리원칙에 위배되지 않는다.
③ 소청심사위원회가 소청 사건을 심사할 때 소청인에게 진술 기회를 주지 아니한 결정은 무효이다.
④ 소청심사위원회의 결정은 처분 행정청을 기속한다.
⑤ 소청심사위원회의 결정은 그 이유를 구체적으로 밝힌 결정서로 하여야 한다.

50. 국유재산법에 관한 설명으로 옳지 않은 것은? (다툼이 있으면 판례에 따름)
① 행정재산의 사용허가기간은 원칙상 5년 이내로 한다.
② 일반재산은 민법상 시효취득의 대상이 되지 아니한다.
③ 행정재산에는 사권을 설정하지 못한다.
④ 보존용재산은 법령이나 그 밖의 필요에 따라 국가가 보존하는 재산이다.
⑤ 중앙관서의 장은 사용허가한 행정재산을 국가가 직접 공용으로 사용하기 위하여 필요하게 된 경우에는 사용허가를 철회할 수 있다.

47. 행정구제
　　행정쟁송
　　행정소송
　　거부처분

①②④ 판례
행정심판: 직접처분 간접강제
행정소송: 직접처분 간접강제

① 거부처분은 당사자의 권익을 제한하는 처분에 해당하므로 해당하지 않으므로 원칙적으로 행정절차법상 사전통지의 대상이 된다. 아니다.
② 거부처분에 대하여는 행정소송법상 집행정지를 구할 이익이 있어 없어 집행정지가 허용된다. 허용되지 않는다.
③ 행정소송법 제34조(거부처분취소판결의 간접강제)
　거부처분의 취소판결의 취지에 따라 행정청이 처분을 하지 않는 경우, 당사자는 수소법원에 직접강제 간접강제를 신청할 수 있다.
⑤ 거부처분에 대하여는 행정소송법상 명문의 규정으로 의무이행소송이 허용된다. 허용되지 않는다.

48. 행정조직법
　　지방자치법
　　주민소송

① 지방자치법 제22조(주민소송)
② 지방의회의원에게 손해배상청구를 할 것을 요구하는 주민소송은 인정되지 않는다. 인정된다.
⑤ 판례

지방자치법 제22조(주민소송)
② 제1항에 따라 주민이 제기할 수 있는 소송은 다음 각 호와 같다.
　1. 해당 행위를 계속하면 회복하기 어려운 손해를 발생시킬 우려가 있는 경우에는 그 행위의 전부나 일부를 중지할 것을 요구하는 소송
　2. 행정처분인 해당 행위의 취소 또는 변경을 요구하거나 그 행위의 효력 유무 또는 존재 여부의 확인을 요구하는 소송
　3. 게을리한 사실의 위법 확인을 요구하는 소송
　4. 해당 지방자치단체의 장 및 직원, 지방의회의원, 해당 행위와 관련이 있는 상대방에게 손해배상청구 또는 부당이득반환청구를 할 것을 요구하는 소송. 다만, 그 지방자치단체의 직원이 「회계관계직원 등의 책임에 관한 법률」 제4조(회계관계직원의 변상책임)에 따른 변상책임을 져야 하는 경우에는 변상명령을 할 것을 요구하는 소송을 말한다.

49. 행정조직법
　　공무원법
　　징계처분·소청

① 공무원에 대한 직위해제처분은 징계처분이다. 이 아니다.

50. 특별행정작용법
　　국유재산법

③

①

② 행정재산 일반재산은 민법상 시효취득의 대상이 되지 아니한다. 된다.

⑤

국유재산법 제11조(사권 설정의 제한)
① 사권(私權)이 설정된 재산은 그 사권이 소멸된 후가 아니면 국유재산으로 취득하지 못한다. 다만, 판결에 따라 취득하는 경우에는 그러하지 아니하다.
② 국유재산에는 사권을 설정하지 못한다. 다만, 일반재산에 대하여 대통령령으로 정하는 경우에는 그러하지 아니하다.
국유재산법 제35조(사용허가기간)
① 행정재산의 사용허가기간은 5년 이내로 한다. 다만, 제34조(사용료의 감면)제1항제1호의 경우에는 사용료의 총액이 기부를 받은 재산의 가액에 이르는 기간 이내로 한다.
국유재산법 제36조(사용허가의 취소와 철회)
② 중앙관서의 장은 사용허가한 행정재산을 국가나 지방자치단체가 직접 공용이나 공공용으로 사용하기 위하여 필요하게 된 경우에는 그 허가를 철회할 수 있다.

51. 행정이 국가발전이라는 목표를 달성하기 위해 정치를 비롯하여 경제·사회의 변동을 주도해 나가야 한다는 행정학설은?
① 행정관리설　　② 행정목적실현설　　③ 행정행태설　　④ 발전기능설　　⑤ 법함수설

52. 미국 행정학의 형성과 발달과정에 관한 설명으로 옳지 않은 것은?
① 1883년 제정된 펜들턴법(Pendleton Act)에 의해 엽관제 인사제도가 도입되었다.
② 1887년 윌슨(W. Wilson)은 "행정의 연구(The Study of Administration)"에서 행정의 본질을 관리로 파악하였다.
③ 1920년대에서 1930년대에 걸쳐 능률에 기초한 관리를 주장하는 정통 행정학의 모습을 갖추게 되었다.
④ 1930년대 이후 등장한 정치행정일원론은 행정의 정책형성 기능을 중시하였다.
⑤ 1940년대 이후 행태주의는 행정학의 과학화를 위하여 사실판단적인 것만을 연구대상으로 삼았다.

53. 신공공서비스론에 관한 설명으로 옳은 것은?
① 행정의 민주성보다는 시장논리에 따라 생산성이나 효율성을 강조한다.
② 관료는 사회문제를 해결하는 과정에서 협상과 중재 기능을 담당한다.
③ 공익을 행정활동으로 생성되는 부산물로 간주한다.
④ 기업가적 목표달성을 위한 광범위한 행정재량을 인정한다.
⑤ 상명하복하는 관료적 조직구조와 고객에 대한 규제와 통제를 선호한다.

54. 행정이론에 관한 설명으로 옳지 않은 것은?
① 신행정론은 관료들이 정책결정을 해야만 한다는 적극적 정치행정일원론을 주장한다.
② 공공선택이론은 집권적 관료제가 공공서비스를 제공하는데 있어서 유일한 최선의 방안은 아니라고 한다.
③ 포스트모더니즘 행정이론은 사회적 맥락에 대한 고려 없이 보편적 이론을 발견하고자 하는 실증주의를 배격한다.
④ 신공공관리론은 고객의 개인적 이익이 아닌 시민 전체로서의 공익에 대한 책임성과 대응성을 강조한다.
⑤ 신제도주의 이론은 제도가 개인행위를 제약하지만, 개인 간 상호작용의 결과로 제도가 변화될 수도 있다고 본다.

55. 행정통제의 유형 중 외부통제에 해당하지 않는 것은?
① 입법부에 의한 통제　　　　　　② 사법부에 의한 통제
③ 시민참여에 의한 통제　　　　　④ 이익집단에 의한 통제
⑤ 계층제 및 인사관리제도를 통한 통제

51. 행정학 총론	① **행정관리설** 정치행정이원론, 능률적 관리·집행 원리 발견
행정	② **행정목적실현설**
행정법학적 학설	행정 = 법의 규제 아래 공익을 실행하는 지속적 국가 활동
	③ **행정행태설**
	행정 = 공동목표 달성을 위한 합리적 집단적 협동 행동
	④ **발전기능설** 정치행정일원론(행정우위론), 개발기능설
행정법학적 학설	⑤ **법함수설** 행정의 선험적 개념 부정
행정법학적 학설	○ 삼권분립적공제설

52. 행정학 총론	① 1883년 제정된 펜들턴법(Pendleton Act)에 의해 엽관제 <u>실적제</u> 인사 제도가 도입되었다.
행정	② 행정관리론, 정치행정이원론
	③ **정통 행정학**(주류 행정학, 고전 행정학, 기술적 행정학)
	행정의 능률성(기계적 효율성) 추구
	Wilson, White, Gulick, Taylor, Ford

53. 행정학 총론	신공공관리론(NPM; New Public Management): ①④
행정학 이론	신공공서비스론(NPS): 공익 = 행정 활동의 목표
신공공서비스론(NPS)	② **관료** = 촉매자
New Public Service	③ **공익을 행정활동으로 생성되는 부산물로**(NPM) <u>의 목적으로</u> 간주한다.
	⑤ 전통적 행정이론

54. 행정학 총론	② **공공선택이론**: 집권적 관료제 → 사익 추구
행정학 이론	④ **신공공관리론**(NPM)은 고객의 개인적 이익이 아닌 시민 전체로서의 공익에 대한 책임성과 대응성을 강조한다.
	- 행정재량
	- 민주성 생산성 효율성
	- 시민을 고객(자율적 소비자)으로 간주한다.
	신공공관리론 신공공서비스론(NPS)은 고객의 개인적 이익이 아닌 시민 전체로서의 공익에 대한 책임성과 대응성을 강조한다.
	⑤ **신제도주의 이론**: 제도 = 독립변수 & 종속변수

55. 행정환류	공식 통제
행정책임 - 행정통제	- 내부통제: **계층제**, 심사평가, 행정부(처), 교차기능조직,
	독립통제기관(감사원, 국민권익위원회)
길버트(E. Gilbert): 공식통제, 비공식통제	- 외부통제: **입법부, 사법부,** 옴부즈만
	비공식 통제
	- 내부통제: 공익, 행정윤리, 대표관료제
	- 외부통제: 민중, 언론, 정당, **시민단체, 이익집단**

56. 내부고발에 관한 설명으로 옳지 않은 것은?
① 내부고발의 대상은 일반적으로 조직 내에서 행해진 비윤리적 행위이다.
② 내부고발의 대상이 되는 문제를 조직 내에서 해결할 장치가 없거나 제대로 작동되지 않을 때 주로 일어난다.
③ 내부고발은 조직 내부의 비리를 대외적으로 폭로하는 외부적 행위이다.
④ 내부고발제 실시로 조직 내에서 부패에 대한 경각심 확대와 부패 억제 효과가 기대된다.
⑤ 현재 우리나라에는 내부고발자를 보호하는 관련 법률이 없다.

57. 정책평가에 관한 설명으로 옳지 않은 것은?
① 총괄평가는 정책집행이 이루어지는 과정을 평가하는 활동으로 형성평가라고도 한다.
② 정책평가의 외적 타당성은 정책평가 결과의 일반화 가능성을 의미한다.
③ 정책평가의 내적 타당성은 정책이 집행된 이후에 나타나는 변화가 정책에 기인한 것인지, 다른 요인 때문인지를 밝히는 것과 관련된다.
④ 정책평가의 신뢰도는 동일한 측정도구를 반복해서 사용했을 때 동일한 결과를 얻을 확률을 의미한다.
⑤ 정책평가의 내적 타당성을 저해하는 요인으로 선정요인, 성숙요인, 역사요인 등을 들 수 있다.

58. 정책의제설정에 관한 설명으로 옳지 않은 것은?
① 공중의제는 사회문제 혹은 사회적 쟁점이 한 단계 더 나아가 일반 공중의 주목을 받게 된 의제를 말한다.
② 외부주도형은 공중의제화를 억제하기 때문에 일종의 음모형에 해당한다.
③ 동원형은 사회문제가 정부의제로 먼저 채택되고, 정부의 의도적인 노력에 의해서 공중의제로 확산되는 경우를 말한다.
④ 내부접근형은 선진국의 경우, 특수 이익집단이 비밀리에 정부의 혜택을 보려는 외교·국방정책 등에서 주로 나타난다.
⑤ 위기나 재난 등 극적 사건은 사회문제를 정부의제화 시키는 점화장치에 해당된다.

59. 정책집행연구 중 하향적 접근방법에 관한 설명으로 옳지 않은 것은?
① 집행에 영향을 주는 집행관료와 이해관계집단 등 다양한 행위자들의 생각과 상호작용을 현장감 있게 분석할 수 있다.
② 정책집행을 정책결정과정에서 채택된 정책목표를 달성하는 과정으로 본다.
③ 바람직한 정책집행이 일어날 수 있는 규범적 처방을 정책결정자에게 제시해주는데 관심을 갖는다.
④ 유능하고 헌신적인 관료가 집행을 담당하여야 효과적인 정책집행이 가능하다고 한다.
⑤ 효과적인 정책집행을 위하여 조직화된 이익집단, 강력한 리더십 등이 있어야 한다고 한다.

행정학개론

56. 인사행정 　　공직윤리·부패 　　내부고발	⑤ 현재 우리나라에는 내부고발자를 보호하는 관련 법률(부패방지 및 국민권익위원회의 설치와 운영에 관한 법률, 공익신고자보호법, 국가공무원법 제17조의2)이 없다. **있다.** 국가공무원법 제17조의2(위법·부당한 인사행정 신고) ① 누구든지 위법 또는 부당한 인사행정 운영이 발생하였거나 발생할 우려가 있다고 인정되는 경우에는 중앙인사관장기관의 장에게 신고할 수 있다. ② 누구든지 제1항에 따른 신고를 하지 못하도록 방해하거나 신고를 취하하도록 강요해서는 아니 되며, 신고자에게 신고를 이유로 불이익조치를 해서는 아니 된다. ③ 제1항 및 제2항에 따른 신고의 절차·방법 및 신고의 처리 등에 필요한 사항은 대통령령등으로 정한다.
57. 정책론 　　정책평가	① 총괄평가 <u>과정평가</u>는 정책집행이 이루어지는 과정을 평가하는 활동으로 형성평가라고도 한다. 　총괄평가는 정책집행 종료 후 정책의 목적, 성과·효과를 평가하는 것을 말한다. ② 정책평가의 외적 타당성(평가 결과 일반화 정도) ⑤ 정책평가의 내적 타당성(인과적 추론의 정확성)을 저해하는 요인으로 선정요인(선발요소), 성숙요인(성숙효과), 역사요인(사건효과), 상실요인, 회귀(인공)요인 등을 들 수 있다. ○ 구성적 타당성(측정도구가 구성개념과 일치하는 정도)
58. 정책론 　　정책목표·정책의제	① 사회문제(공공문제) → 사회적 쟁점 → 공중의제 　　　　　　　　　　　　　→ 정부의제(정책의제, 공식 의제, 제도적 의제) ② 외부주도형 <u>내부접근형</u>(내부주도형)은 공중의제화를 억제하기 때문에 일종의 음모형에 해당한다. 　**외부주도형**: 국민에 의한 정책의제 채택 ③ 동원형: 정부의제 → 공중의제 ⑤ 콥(Cobb), 엘더(Elder)
59. 정책론 　　정책집행	하향적 접근방법: 결정자 관점 모형: ②③④⑤ 　- 사바티어(Sabatier), 마즈매니언(Mazmanian) 　- 영향 요인 발견과 성공적 전략 규명 → 집행이론 구축 상향적 접근방법: 대상자 관점 모형 　- 버만(Berman)의 적응적 집행론 　- 립스키(Lipsky)의 일선관료제론 ① 상향적 접근방법은 집행에 영향을 주는 집행관료와 이해관계집단 등 다양한 행위자들의 생각과 상호작용을, 인과론적 설명과 기술(description)을 통해, 현장감 있게 분석할 수 있다.

60. 다음 내용과 밀접한 관련이 있는 정책대안의 미래예측 기법은?

| ○ 선택적 익명　○ 식견 있는 다수의 참여　○ 양극화된 통계처리　○ 구조화된 갈등유도 |

① 시계열분석기법　② 시뮬레이션　③ 정책델파이　④ 교차영향분석　⑤ 실현가능성분석

61. 허즈버그(F. Herzberg)의 동기·위생 2요인이론에 관한 설명으로 옳은 것은?
① 인간의 욕구를 계층적 구조로 나누어 설명한다.
② 하위계층의 욕구가 충족되어야 상위계층의 욕구가 나타나기 시작한다.
③ 모든 욕구는 충족되면 동기부여로 이어진다.
④ 동기요인에는 보수, 신분보장, 작업조건, 대인관계 등이 포함된다.
⑤ 위생요인은 주로 생리적 욕구, 안전욕구 등을 만족시키는 요인들이다.

62. 인간관계론에 관한 설명으로 옳지 않은 것은?
① 비공식적 집단의 역할을 강조한다.
② 메이요(E. Mayo)의 호손(Hawthorne) 실험은 인간관계론의 형성에 영향을 주었다.
③ 인간을 생존에 대한 기본적인 욕구에 의해 동기 부여되는 것으로 본다.
④ 과학적 관리론과 마찬가지로 생산성 향상을 추구한다.
⑤ 작업환경이나 물리적 조건보다 조직구성원의 사회심리적 요인을 중시한다.

63. 행정조직에 관한 설명으로 옳은 것은?
① 위원회 조직은 결정권한의 최종 책임이 기관장 한 사람에게 집중되어 있는 조직이다.
② 방송통신위원회, 공정거래위원회와 같은 행정위원회는 결정권한을 갖고 있으며 집행까지 책임을 진다.
③ 책임운영기관은 중앙통제 중심의 관료제적 성격을 갖는 조직으로 실제 일을 맡아 집행하는 사람들에게 재량권을 부여하지 않는다.
④ 책임운영기관은 수익성보다는 정부기능이 갖고 있는 공익성만을 강조하며, 효율성보다는 사회적 형평성을 관리의 주요 가치로 삼는다.
⑤ 애드호크라시는 현대의 복잡하고 불확실한 환경에서 발생하는 문제에 신속하게 대응하지 못한다.

64. 관료제의 특징으로 옳지 않은 것은?
① 분업구조　② 계층구조　③ 문서화된 법규　④ 실적주의　⑤ 정의적(personal) 업무 처리

65. 인사행정제도에 관한 설명으로 옳지 않은 것은?
① 실적제는 개인의 객관적인 능력·자격·성적을 기준으로 공무원을 하는 제도이다.
② 직업공무원제도는 계급제, 일반능력자 중심의 임용, 신분보장 등을 토대로 한다.
③ 계급제는 직무를 기준으로 직무의 난이도와 책임도에 따라 직위를 분류하는 제도이다.
④ 엽관제는 정당에 대한 공헌도와 충성심에 입각하여 공무원을 임용하는 제도이다.
⑤ 대표관료제는 국민에 대한 대응성과 공직 임용의 사회적 형평성을 제고시키려는 목적을 지닌 제도이다.

60. 정책론 　　정책결정		③ 정책델파이(Policy Delphi) 　　○ 선택적 익명성: 초기 익명성 보장 → 후기 공개 토론 　　○ 양극화된 통계처리: 의견 차이 부각 　　○ 식견 있는 다수의 참여 　　○ 구조화된 갈등 유도: 유도된 의견대립

61. 조직론
　　조직관리 - 동기이론

동기·위생 2요인 이론
　- 동기(만족)요인
　- 위생(불만)요인

① 성장모형(매슬로우(A. Maslow)의 욕구 5단계론, 앨더퍼(Alderfer)의 ERG(Existence·Relatedness·Growth)이론)은 인간의 욕구를 계층적 구조로 나누어 설명한다.
② (내용이론 중) 성장모형에 따르면 하위계층의 욕구가 충족되어야 상위계층의 욕구가 나타나기 시작한다.
③ 모든 욕구는 동기요인이 충족되면 동기부여로 이어진다.
④ 동기요인 위생요인에는 보수, 신분보장, 작업조건, 대인관계 등이 포함된다.

62. 행정학 총론
　　행정학 이론
　　과학적 관리론·인간관계론

② 메이요(E. Mayo)의 호손(Hawthorne) 실험은, 조직관리의 비공식적 요인을 강조하는 계기가 되었고, 인간관계론의 형성에 영향을 주었다.
③ 과학적 관리론은 인간을 생존에 대한 기본적인 욕구에 의해 동기 부여되는 것으로 본다.

63. 조직론
　　조직구조 - 행정조직

② 행정관청의 지위

① 위원회 조직은 분권적 조직이므로 결정권한의 최종 책임이 기관장 한 사람에게 집중되어 있는 있지 않은 조직이다.
③ 책임운영기관은 중앙통제 중심의 관료제적 성격을 갖는 조직으로 실제 일을 맡아 집행하는 사람들에게 재량권을 부여하지 않는다. 부여한다.
④ 책임운영기관은 수익성보다는 정부기능이 갖고 있는 및 공익성만을 강조하며, 효율성보다는 과 사회적 형평성을 관리의 주요 가치로 삼는다.
⑤ 애드호크라시(Adhocracy, 다양한 분야의 전문가가 문제를 해결하기 위해 수행하는 임시적 조직 구조)는 현대의 복잡하고 불확실한 환경에서 발생하는 문제에 신속하게 대응하지 못한다. 대응한다.

64. 조직론
　　조직구조 - 관료제

① 분업구조　② 계층구조　③ 문서화된 법규　④ 실적주의
○ 비정의적(impersonal) 업무처리

65. 인사행정
　　인사행정

③ 계급제 직위분류제는 직무를 기준으로 직무의 난이도와 책임도에 따라 직위를 분류하는 제도이다.
계급제는 공무원의 능력·학력을 기준으로 계급을 분류한다.

66. 국가공무원법상 우수 공무원으로 특별승진임용하거나 일반 승진시험에 우선 응시하게 할 수 있는 경우에 해당하지 않는 것은?
① 청렴하고 투철한 봉사 정신으로 직무에 모든 힘을 다하여 공무 집행의 공정성을 유지하고 깨끗한 공직 사회를 구현하는 데에 다른 공무원의 귀감이 되는 자
② 공무원으로 10년 이상 근속하고, 정년 전에 스스로 퇴직 할 때
③ 직무수행 능력이 탁월하여 행정 발전에 큰 공헌을 한 자
④ 제안제도의 운영에 있어서 제안의 채택·시행으로 국가 예산을 절감하는 등 행정 운영 발전에 뚜렷한 실적이 있는 자
⑤ 재직 중 공적이 특히 뚜렷한 자가 공무로 사망한 때

67. 다음에서 설명하는 근무성적평정방법은?

> ○ 주요과업 분야별로 바람직한 행태의 유형 및 등급을 구분·제시한 뒤, 평정대상자의 행태를 관찰하여 해당사항에 표시하게 하는 방법이다.
> ○ 척도의 설계과정에 평정대상자를 공동으로 참여하게 함으로써 평정에 대한 신뢰와 적극적인 관심을 기대할 수 있다.
> ○ 직무가 다르면 별개의 평정양식이 있어야 하는 등 개발에 많은 시간과 비용이 요구된다.

① 중요 사건 기록법 ② 행태기준 평정척도법 ③ 서열법
④ 목표관리제 평정법 ⑤ 도표식 평정척도법

68. 우리나라 예산과정에 관한 설명으로 옳은 것을 모두 고른 것은?

> ㄱ. 예산편성은 기획재정부가 예산안편성지침을 작성하고 각 중앙행정기관의 장에게 시달하여 중기사업계획서를 제출받으면서 시작한다.
> ㄴ. 정부예산안은 국무회의의 심의와 대통령의 재가로 확정되고 회계연도 개시 120일 전까지 국회에 제출하여야 한다.
> ㄷ. 국회 예산결산특별위원회가 11월 30일까지 예산안 심사를 마치지 않으면 원칙적으로 그다음 날에 위원회에서 심사를 마치고 바로 본회의에 부의된 것으로 본다.
> ㄹ. 국회에서 예산안이 통과되는 즉시 각 중앙행정기관장은 원칙적으로 기관의 전체 예산을 배정받아 관련 집행 부서에서 바로 집행할 수 있다.

① ㄱ, ㄴ ② ㄱ, ㄷ ③ ㄴ, ㄷ ④ ㄴ, ㄹ ⑤ ㄷ, ㄹ

69. 특별회계제도에 관한 설명으로 옳은 것은?
① 예산집행부서의 재량을 억제하여 책임성을 제고시킨다.
② 예산단일의 원칙을 준수하는데 유리하다.
③ 대통령령으로 설치된다.
④ 예산통일의 원칙이 적용되는 제도이다.
⑤ 예산제도가 복잡해지므로 국가재정의 통합적 관리를 어렵게 한다.

66. 인사행정
    인사평정
    특별승진 등

> 국가공무원법 제40조의4(우수 공무원 등의 특별승진)
> ① 공무원이 다음 각 호의 어느 하나에 해당하면 제40조 및 제40조의2에도 불구하고 특별승진임용하거나 일반 승진시험에 우선 응시하게 할 수 있다.
> ① 1. 청렴하고 투철한 봉사 정신으로 직무에 모든 힘을 다하여 공무 집행의 공정성을 유지하고 깨끗한 공직 사회를 구현하는 데에 다른 공무원의 귀감(龜鑑)이 되는 자
> ③ 2. 직무수행 능력이 탁월하여 행정 발전에 큰 공헌을 한 자
> ④ 3. 제53조(제안 제도)에 따른 제안의 채택·시행으로 국가 예산을 절감하는 등 행정 운영 발전에 뚜렷한 실적이 있는 자
> ⑤ 4. 재직 중 공적이 특히 뚜렷한 자가 제74조의2에 따라 명예퇴직할 때
> 5. 재직 중 공적이 특히 뚜렷한 자가 공무로 사망한 때
> ② 특별승진의 요건, 그 밖에 필요한 사항은 대통령령등으로 정한다.
> 국가공무원법 제74조의2(명예퇴직 등)
> ② ① 공무원으로 20년 이상 근속(勤續)한 자가 정년 전에 스스로 퇴직(임기제공무원이 아닌 경력직공무원이 임기제공무원으로 임용되어 퇴직하는 경우로서 대통령령으로 정하는 경우를 포함한다)하면 예산의 범위에서 명예퇴직 수당을 지급할 수 있다.

67. 인사행정
    인사평정 - 근무성적평정

④ 목표관리제 평정법
피평가자의 참여로 목표 설정 후 달성 여부 평가 및 환류
⑤ 도표식 평정척도법: 수·우·미·양·가

68. 재무행정(예산)
    예산과정

ㄱ. 예산편성은 기획재정부가 각 중앙행정기관의 장이 중기사업계획서를 기획재정부장관에게 제출하고, 기획재정부장관이 예산안편성지침을 작성하고 각 중앙행정기관의 장 기획재정부장관에게 시달하여 중기사업계획서를 제출받으면서 시작한다. 에게 통보하면서 시작한다.
ㄹ. 국회에서 예산안이 통과되면, 즉시 각 중앙행정기관장은 원칙적으로 기관의 전체 예산을 배정받아 관련 집행 부서에서 바로 집행할 수 있다. 일정한 절차를 거친 후에 예산을 배정받을 수 있다.

69. 재무행정(예산)
    예산의 종류
    특별회계

① 예산집행부서의 재량을 억제 인정하여 책임성 효율성을 제고시킨다.
② 예산단일의 원칙을 준수하는 데 유리하다. 의 예외에 해당한다.
③ 대통령령 법률(으)로 설치된다.
④ 예산통일의 원칙·예산단일의 원칙이 적용되는 의 예외에 해당하는 제도이다.
⑤ 단점: 경직성, 복잡화, 재정팽창, 재정통제 악화

70. 지방자치단체의 자치권에 관한 설명으로 옳은 것은?
① 자치권은 원칙적으로 해당 자치단체의 관할구역 안에 있는 재화·물자를 제외한 모든 사람에 포괄적으로 미친다.
② 국권설은 프랑스의 지방권 사상을 기초로 확립되었다.
③ 고유권설은 자치권을 인간의 자연권과 마찬가지로 본래적이고 침해할 수 없는 고유한 권리라고 본다.
④ 중앙정부의 전제적 군주정치가 대의제 민주정치로 대체됨에 따라 제도적 보장설의 논거가 매우 취약하게 되었다.
⑤ 제도적 보장설에서 보장이란 헌법으로 지방자치제도를 보장한다는 것이 아니라, 개별적인 지방정부의 존립을 보장한다는 것이다.

71. 다음에서 설명하는 중앙·지방정부 간 사무배분의 원칙으로 옳은 것은?

○ 기초지방정부가 할 수 있는 일을 상급정부가 관여해서는 안 된다는 기초지방정부 우선의 원칙이다.
○ 중앙정부의 역할은 지방정부의 기능을 보완하는 측면에 국한해야 한다.

① 포괄성의 원칙   ② 가외성의 원칙   ③ 효율성의 원칙   ④ 보충성의 원칙   ⑤ 충분재정의 원칙

72. 현재 우리나라의 지방재원에 관한 설명으로 옳은 것은?
① 지방교부세는 과세용도에 따라 보통세와 목적세로 나눈다.
② 세외수입은 재원의 성격상 의존재원이다.
③ 국고보조금은 재원의 성격상 자체재원이다.
④ 특정재원과 달리 일반재원은 지방자치단체가 어떠한 경비로도 자유롭게 지출할 수 있는 재원이다.
⑤ 지방세 수입에는 사용료, 수수료, 재산임대수입 등이 있다.

73. 전자정부법상 (ㄱ)과 (ㄴ)에 들어갈 용어로 옳은 것은?

○ (ㄱ)(이)란 행정기관 등이 보유하고 있는 행정정보, 전자적 수단에 의하여 행정정보의 수집·가공·검색을 하기 쉽게 구축한 정보시스템, 정보시스템의 구축에 적용되는 정보기술, 정보화예산 및 정보화인력 등을 말한다.
○ (ㄴ)(이)란 전기통신기본법 제2조제2호에 따른 전기통신설비를 활용하거나 전기통신설비와 컴퓨터 및 컴퓨터 이용기술을 활용하여 정보를 수집·가공·저장·검색·송신 또는 수신하는 정보통신체제를 말한다.
※ 전기통신기본법 제2조제2호에 따른 전기통신설비라 함은 전기통신을 하기 위한 기계·기구·선로 기타 전기통신에 필요한 설비를 말한다.

① ㄱ: 정보자원   ㄴ: 정보통신망   ② ㄱ: 정보자원   ㄴ: 정보기술아키텍처
③ ㄱ: 정보시스템감리   ㄴ: 정보통신망   ④ ㄱ: 정보시스템감리   ㄴ: 정보기술아키텍처
⑤ ㄱ: 정보기술아키텍처 ㄴ: 정보통신망

| 70. 지방자치론 | ① 자치권은 원칙적으로 해당 자치단체의 관할구역 안에 있는 재화·물자를 제외 포함한 모든 사람에 포괄적으로 미친다. |

지방자치 - 자치권

③ 고유권설(지방권설): 주민자치 관점
국권설(= 전래권설: 지방자치단체는 국가의 창조물이고 자치권은 국가로부터 부여된 권리)은 19세기 독일 공법학자들의 주장이다.

① 자치권은 원칙적으로 해당 자치단체의 관할구역 안에 있는 재화·물자를 제외 포함한 모든 사람에 포괄적으로 미친다.
② 국권설 고유권설은 프랑스의 지방권 사상을 기초로 확립되었다.
④ 중앙정부의 전제적 군주정치가 대의제 민주정치로 대체됨에 따라 제도적 보장설의 논거가, 헌법이 존치하므로, 매우 취약하게 되었다. 된 것은 아니다.
⑤ 제도적 보장설에서 보장이란 헌법으로 지방자치제도를 보장한다는 것이 아니라, 개별적인 지방정부의 존립을 보장한다는 것이다.

71. 지방자치론
지방자치단체·사무

가외성(redundancy)
　= 중첩성(overlapping)
　　+ 중복성(duplication)

① 포괄성의 원칙: 단위사무 중·대단위 사무의 포괄적 이양
② 가외성의 원칙: 3심제, 거부권, 양원제, 위원회, 합의제,
　　　　　　　　　권력분립, 연방주의, 계선-참모, 견제와 균형
③ 효율성의 원칙 = 능률성의 원칙 = 경제성의 원칙
④ 소극적 보충성
　기초자치단체가 할 수 있는 기능은 상급 정부가 관여하지 않는다.
　적극적 보충성
　상급 정부는 기초자치단체가 활동할 수 있도록 지원한다.
⑤ 충분재정의 원칙
　지방자치를 위한 충분한 재정이 확보되어야 한다.

72. 지방자치론
지방재정

① 지방교부세는 과세용도에 따라 보통세와 목적세로 나눈다.
② 세외수입은 재원의 성격상 의존재원 자주재원이다.
③ 국고보조금은 재원의 성격상 자체재원 의존재원이다.
⑤ 지방세 수입 세외수입에는 사용료, 수수료, 재산임대수입 등이 있다.

73. 정보화(행정)
전자정부

전자정부법 2조(정의)
10. "정보통신망"이란 「전기통신기본법」 제2조(정의)제2호에 따른 전기통신설비를 활용하거나 전기통신설비와 컴퓨터 및 컴퓨터 이용기술을 활용하여 정보를 수집·가공·저장·검색·송신 또는 수신하는 정보통신체제를 말한다.
11. "정보자원"이란 행정기관등이 보유하고 있는 행정정보, 전자적 수단에 의하여 행정정보의 수집·가공·검색을 하기 쉽게 구축한 정보시스템, 정보시스템의 구축에 적용되는 정보기술, 정보화예산 및 정보화인력 등을 말한다.
12. "정보기술아키텍처"란 일정한 기준과 절차에 따라 업무, 응용, 데이터, 기술, 보안 등 조직 전체의 구성요소들을 통합적으로 분석한 뒤 이들 간의 관계를 구조적으로 정리한 체제 및 이를 바탕으로 정보화 등을 통하여 구성요소들을 최적화하기 위한 방법을 말한다.
13. "정보시스템"이란 정보의 수집·가공·저장·검색·송신·수신 및 그 활용과 관련되는 기기와 소프트웨어의 조직화된 체계를 말한다.

14. "정보시스템 감리"란 감리발주자 및 피감리인의 이해관계로부터 독립된 자가 정보시스템의 효율성을 향상시키고 안전성을 확보하기 위하여 제3자의 관점에서 정보시스템의 구축 및 운영 등에 관한 사항을 종합적으로 점검하고 문제점을 개선하도록 하는 것을 말한다.

74. 우리나라의 행정개혁에 관한 설명으로 옳지 않은 것은?
① 제2공화국에서는 경찰중립화를 위해 공안위원회와 감찰위원회가 구성·운영되었다.
② 제3공화국의 행정개혁은 행정개혁조사위원회에 의해 추진되었다.
③ 제4공화국의 행정개혁은 서정쇄신운동의 일환으로 전개되었다.
④ 김영삼정부에서는 행정절차법과 공공기관의 정보공개에 관한 법률을 제정해 행정의 투명성을 제고하고자 하였다.
⑤ 김대중정부에서는 행정개혁을 위해 정부혁신추진위원회를 설치하였다.

75. 행정개혁의 접근방법 중 조직의 상징체계, 신화, 의례를 바꾸고 그에 따라 조직구성원의 행동양식과 관행 그리고 신념을 혁신하고자 하는 것은?
① 구조적 접근방법　　② 과정적 접근방법　　③ 기술적 접근방법
④ 조직문화 접근방법　　⑤ 행태적 접근방법

74. 행정환류 　　행정개혁	① 제2공화국(의원내각제: 1960. 6. 15.~1963. 12. 16.)에서는 경찰중립화를 위해 공안위원회와 감찰위원회가 구성·운영되었다. ④ 1996년 제정 ⑤ 2000년 정부혁신추진위원회규정 제정	
75. 행정환류 　　행정개혁	① 구조적 접근방법 ② 과정적 접근방법 ③ 기술적 접근방법 ⑤ 행태적 접근방법 ○ 통합적 접근방법 ○ 문화론적 접근방법 ○ 사업 중심적 접근방법	= 관리·기술적 접근 = 과정적 접근 = 인간관계적 접근 = 종합적 접근 = 산출 중심적 접근

보충
73. 정보화(행정)
　　전자정부

전자정부법 2조(정의)

1. "전자정부"란 정보기술을 활용하여 행정기관 및 공공기관(이하 "행정기관등"이라 한다)의 업무를 전자화하여 행정기관등의 상호 간의 행정업무 및 국민에 대한 행정업무를 효율적으로 수행하는 정부를 말한다.
2. "행정기관"이란 국회·법원·헌법재판소·중앙선거관리위원회의 행정사무를 처리하는 기관, 중앙행정기관(대통령 소속 기관과 국무총리 소속 기관을 포함한다. 이하 같다) 및 그 소속 기관, 지방자치단체를 말한다.
3. "공공기관"이란 다음 각 목의 기관을 말한다.
　가. 「공공기관의 운영에 관한 법률」 제4조에 따른 법인·단체 또는 기관
　나. 「지방공기업법」에 따른 지방공사 및 지방공단
　다. 특별법에 따라 설립된 특수법인
　라. 「초·중등교육법」, 「고등교육법」 및 그 밖의 다른 법률에 따라 설치된 각급 학교
　마. 그 밖에 대통령령으로 정하는 법인·단체 또는 기관
4. "중앙사무관장기관"이란 국회 소속 기관에 대하여는 국회사무처, 법원 소속 기관에 대하여는 법원행정처, 헌법재판소 소속 기관에 대하여는 헌법재판소사무처, 중앙선거관리위원회 소속 기관에 대하여는 중앙선거관리위원회사무처, 중앙행정기관 및 그 소속 기관과 지방자치단체에 대하여는 행정안전부를 말한다.
5. "전자정부서비스"란 행정기관등이 전자정부를 통하여 다른 행정기관등 및 국민, 기업 등에 제공하는 행정서비스를 말한다.
6. "행정정보"란 행정기관등이 직무상 작성하거나 취득하여 관리하고 있는 자료로서 전자적 방식으로 처리되어 부호, 문자, 음성, 음향, 영상 등으로 표현된 것을 말한다.
7. "전자문서"란 컴퓨터 등 정보처리능력을 지닌 장치에 의하여 전자적인 형태로 작성되어 송수신되거나 저장되는 표준화된 정보를 말한다.

8. "전자화문서"란 종이문서와 그 밖에 전자적 형태로 작성되지 아니한 문서를 정보시스템이 처리할 수 있는 형태로 변환한 문서를 말한다.
9. "행정전자서명"이란 전자문서를 작성한 다음 각 목의 어느 하나에 해당하는 기관 또는 그 기관에서 직접 업무를 담당하는 사람의 신원과 전자문서의 변경 여부를 확인할 수 있는 정보로서 그 문서에 고유한 것을 말한다.
　가. 행정기관
　나. 행정기관의 보조기관 및 보좌기관
　다. 행정기관과 전자문서를 유통하는 기관, 법인 및 단체
　라. 제36조(행정정보의 효율적 관리 및 이용)제2항의 기관, 법인 및 단체

2022년도 제10회 행정사 자격시험

1차 시험

제1교시

- 제1과목 민법(총칙 관련 내용으로 한정)
- 제2과목 행정법
- 제3과목 행정학개론(지방자치행정 포함)

2차 시험

제1교시

- 제1과목 민법(계약 관련내용으로 한정)
- 제2과목 행정절차론(행정절차법 포함)

제2교시

- 제1과목 사무관리론(민원 처리에 관한 법률, 행정업무의 운영 및 혁신에 관한 규정 포함)
- 제2과목 행정사실무법
  - 행정심판사례
  - 비송사건절차법

01. 민법의 법원(法源)에 관한 설명으로 옳지 않은 것은? (다툼이 있으면 판례에 따름)
① 헌법에 의하여 체결·공포된 민사에 관한 조약은 민법의 법원(法源)이 될 수 있다.
② 관습법은 헌법재판소의 위헌법률심판의 대상이 아니다.
③ 관습법의 존재는 특별한 사정이 없으면 당사자의 주장·증명을 기다릴 필요 없이 법원이 직권으로 확정하여야 한다.
④ 사실인 관습은 법원(法源)으로서 법령에 저촉되지 않는 한 법칙으로서의 효력이 있다.
⑤ 공동선조와 성과 본을 같이 하는 후손은 성별의 구별 없이 성년이 되면 당연히 종중의 구성원이 된다고 보는 것이 조리에 합당하다.

02. 신의칙에 관한 설명으로 옳지 않은 것은? (다툼이 있으면 판례에 따름)
① 신의칙에 반하는 것은 강행규정에 위반하는 것이므로 당사자의 주장이 없더라도 법원이 직권으로 판단할 수 있다.
② 법정대리인의 동의 없이 신용구매계약을 체결한 미성년자가 나중에 법정대리인의 동의 없음을 이유로 그 계약을 취소하는 것은 신의칙에 반한다.
③ 무권대리인이 본인을 단독상속한 경우, 본인의 지위에서 자신이 한 무권대리행위의 추인을 거절하는 것은 신의칙에 반한다.
④ 병원은 입원환자의 휴대품 등의 도난을 방지하기 위하여 필요한 적절한 조치를 강구하여 줄 신의칙상 보호의무가 있다.
⑤ 채권자가 유효하게 성립한 계약에 따른 급부의 이행을 청구하는 경우, 법원이 신의칙에 의하여 그 급부의 일부를 감축하는 것은 원칙적으로 허용되지 않는다.

03. 부재와 실종에 관한 설명으로 옳지 않은 것은? (다툼이 있으면 판례에 따름)
① 부재자로부터 재산처분권을 위임받은 재산관리인은 그 재산을 처분함에 있어 법원의 허가를 받지 않아도 된다.
② 법원이 선임한 부재자 재산관리인의 권한초과행위에 대한 법원의 허가 결정은 기왕의 법률행위를 추인하는 방법으로는 할 수 없다.
③ 법원은 법원이 선임한 부재자 재산관리인으로 하여금 부재자의 재산관리 및 반환에 관하여 상당한 담보를 제공하게 할 수 있다.
④ 실종선고를 받은 자는 실종기간이 만료된 때에 사망한 것으로 본다.
⑤ 부재자의 제1순위 상속인이 있는 경우, 제2순위 상속인은 특별한 사정이 없는 한 부재자에 관한 실종선고를 청구할 수 있는 이해관계인이 아니다.

04. 후견에 관한 설명으로 옳지 않은 것은?
① 가정법원은 성년후견개시의 심판을 할 때 본인의 의사를 고려하여야 한다.
② 가정법원이 피성년후견인에 대하여 한정후견개시의 심판을 할 때에는 종전의 성년후견의 종료 심판을 하여야 한다.
③ 피성년후견인의 법률행위는 원칙적으로 취소할 수 있지만, 가정법원은 취소할 수 없는 법률행위의 범위를 정할 수 있다.
④ 가정법원은 피한정후견인이 한정후견인의 동의를 받아야 하는 행위의 범위를 정할 수 있다.
⑤ 가정법원은 정신적 제약으로 특정한 사무에 관하여 후원이 필요한 자에 대하여는 본인의 의사에 반하더라도 특정후견의 심판을 할 수 있다.

민법총칙

01. 민법 서론
   민법의 법원
      성문법원
      불문법원: 관습법, 조리, 판례

복수(②④) 정답
②③④⑤ 판례

02. 민법 서론
   신의성실의 원칙(信義則)
      추상적 규범
      사법관계·공법관계 적용
      법원의 직권 고려

03. 권리의 주체 - 자연인
   부재와 실종
   부재자 재산관리인

①②⑤ 판례
③ 민법 제26조(관리인의 담보제공, 보수)

④

04. 권리의 주체 - 자연인
   행위능력(제한능력자)
   후견 ①

③

④

⑤ 가정법원은 … 본인의 의사에 반하더라도 반하여 특정후견의 심판을 할 수 있다. 없다.
②

① 헌법 제6조: 헌법에 의하여 체결·공포된 민사에 관한 조약, 일반적으로 승인된 민사에 관한 국제법규는 민법의 법원(法源)이 될 수 있다.
② 관습법은 헌법재판소의 위헌법률심판의 대상이 아니다. 이다.
③ 직권조사 사항
④ 사실인 관습은 법원(法源)으로서 법령에 저촉되지 않는 한 법칙으로서의 효력이 있다. 있는 것은 아니고 법률행위 당사자의 의사를 보충한다.

② 법정대리인의 동의 없이 신용구매계약을 체결한 미성년자가 나중에 법정대리인의 동의 없음을 이유로 그 계약을 취소하는 것은 신의칙에 반한다. 반하지 않는다.
④ 신의칙상 부수적 의무
⑤ 판례: 사적 자치의 원칙 위배, 법적 안정성에 대한 위협

② 법원이 선임한 부재자 재산관리인의 권한초과행위에 대한 법원의 허가 결정은 (장래의 처분행위뿐 아니라) 기왕의 법률행위를 추인하는 방법으로는도 할 수 없다. 있다.

민법 제27조(실종의 선고)
① 부재자의 생사가 5년간 분명하지 아니한 때에는 법원은 이해관계인이나 검사의 청구에 의하여 실종선고를 하여야 한다.
② 전지에 임한 자, 침몰한 선박 중에 있던 자, 추락한 항공기 중에 있던 자 기타 사망의 원인이 될 위난을 당한 자의 생사가 전쟁종지 후 또는 선박의 침몰, 항공기의 추락 기타 위난이 종료한 후 1년간 분명하지 아니한 때에도 제1항과 같다
민법 제28조(실종선고의 효과)
실종선고를 받은 자는 전조의 기간이 만료한 때에 사망한 것으로 본다.

민법 제9조(성년후견개시의 심판)
② 가정법원은 성년후견개시의 심판을 할 때 본인의 의사를 고려하여야 한다.
민법 제10조(피성년후견인의 행위와 취소)
① 피성년후견인의 법률행위는 취소할 수 있다.
② 제1항에도 불구하고 가정법원은 취소할 수 없는 피성년후견인의 법률행위의 범위를 정할 수 있다.
민법 제13조(피한정후견인의 행위와 동의)
① 가정법원은 피한정후견인이 한정후견인의 동의를 받아야 하는 행위의 범위를 정할 수 있다.
민법 제14조의2(특정후견의 심판)
② 특정후견은 본인의 의사에 반하여 할 수 없다.
민법 제14조의3(심판 사이의 관계)
② 가정법원이 피특정후견인 또는 피특정후견인에 대하여 한정후견개시의 심판을 할 때에는 종전의 성년후견 또는 특정후견의 종료 심판을 한다.

05. 민법상 법인에 관한 설명으로 옳은 것은? (다툼이 있으면 판례에 따름)
① 재단법인의 기본재산을 새롭게 편입하는 행위는 주무관청의 허가를 받지 않아도 유효하다.
② 재단법인의 감사는 민법상 필수기관이다.
③ 사단법인의 사원권은 정관에 정함이 있는 경우 상속될 수 있다.
④ 사단법인이 정관에 이사의 대표권에 관한 제한을 규정한 경우에는 이를 등기하지 않더라도 악의의 제3자에게 대항할 수 있다.
⑤ 이사 전원의 의결에 의하여 잔여재산을 처분하도록 한 사단법인의 정관 규정은 성질상 등기하여야만 제3자에게 대항할 수 있는 청산인의 대표권에 관한 제한으로 보아야 한다.

06. 甲법인의 대표이사 乙은 대표자로서의 모든 권한을 丙에게 포괄적으로 위임하여 丙이 실질적으로 甲법인의 사실상 대표자로서 그 사무를 집행하고 있다. 이에 관한 설명으로 옳은 것을 모두 고른 것은? (다툼이 있으면 판례에 따름)

> ㄱ. 甲의 사무에 관한 丙의 대행행위는 원칙적으로 甲에게 효력이 미치지 않는다.
> ㄴ. 丙이 외관상 직무행위로 인하여 丁에게 손해를 입힌 경우, 甲은 특별한 사정이 없는 한 丁에 대하여 법인의 불법행위책임에 관한 민법 제35조의 손해배상책임을 진다.
> ㄷ. 만약 甲이 비법인사단이라면 乙은 甲의 사무 중 정관에서 대리를 금지한 사항의 처리에 대해서도 丙에게 포괄적으로 위임할 수 있다.

① ㄱ ② ㄴ ③ ㄱ, ㄴ ④ ㄱ, ㄷ ⑤ ㄴ, ㄷ

07. 민법상 법인의 해산과 청산에 관한 설명으로 옳지 않은 것은? (다툼이 있으면 판례에 따름)
① 해산한 법인은 청산의 목적범위 내에서만 권리가 있고 의무를 부담한다.
② 사단법인 총회의 해산결의는 정관에 다른 규정이 없는 한 총사원의 4분의 3 이상의 동의가 필요하다.
③ 민법상 청산절차에 관한 규정에 반하는 잔여재산의 처분행위는 특별한 사정이 없는 한 무효이다.
④ 청산 중의 법인은 변제기에 이르지 아니한 채권에 대해서도 변제할 수 있다.
⑤ 법인의 청산인은 채권신고기간 내에는 채권자에 대하여 변제하지 못하므로 법인은 그 기간 동안의 지연손해배상의 의무를 면한다.

08. 물건에 관한 설명으로 옳은 것은? (다툼이 있으면 판례에 따름)
① 주물의 소유자의 상용에 공여되고 있더라도 주물 자체의 효용과 관계가 없는 물건은 종물이 아니다.
② 원본채권이 양도되면 특별한 사정이 없는 한 이미 변제기에 도달한 이자채권도 당연히 함께 양도된다.
③ 주물을 처분할 때 종물을 제외하거나 종물만을 별도로 처분하는 특약은 무효이다.
④ 피상속인이 유언으로 자신의 유골의 매장장소를 지정한 경우, 제사주재자는 피상속인의 의사에 따를 법률적 의무를 부담한다.
⑤ '종물은 주물의 처분에 따른다'고 규정한 민법 제100조 제2항의 '처분'에는 공법상 처분은 포함되지 않는다.

05. 권리의 주체 - 법인
사단법인·재단법인

③ 판례

민법 제56조 - 임의규정
(사원권의 양도, 상속금지)
사단법인의 사원의 지위는 양도 또는 상속할 수 없다.

① 재단법인의 기본재산을 새롭게 편입하는 행위는 주무관청의 허가를 받지 않아도 받아야만 유효하다.
② 재단법인의 감사는 민법상 필수기관 임의기관이다.
④ 사단법인이 정관에 이사의 대표권에 관한 제한을 규정한 경우에는 이를 등기하지 않더라도으면 선의·악의의 제3자에게 대항할 수 있다. 없다.
⑤ 판례: 이사 전원의 의결에 의하여 잔여재산을 처분하도록 한 사단법인의 정관 규정은 성질상 등기하여야만 제3자에게 대항할 수 있는 청산인의 대표권에 관한 제한으로 보아야 한다. 볼 수 없다.

06. 권리의 주체 - 법인
법인의 능력

ㄱ, ㄴ, ㄷ. 판례

ㄴ.

ㄱ.

민법 제62조 유추 적용

민법 제35조(법인의 불법행위능력)
① 법인은 이사 기타 대표자가 그 직무에 관하여 타인에게 가한 손해를 배상할 책임이 있다. 이사 기타 대표자는 이로 인하여 자기의 손해배상책임을 면하지 못한다.
민법 제62조(이사의 대리인 선임)
이사는 정관(재단) 또는 총회의 결의(사단)로 금지하지 아니한 사항에 한하여 타인으로 하여금 특정한 행위를 대리하게 할 수 있다.

ㄷ. 만약 甲이 비법인사단이라면 乙은 甲의 사무 중 정관에서 대리를 금지한 사항의 처리에 대해서도는 丙에게 포괄적으로 위임할 수 있다. 없다.

07. 권리의 주체 - 법인
법인의 해산·청산

① 민법 제81조
② 민법 제78조
③ 판례
④ 민법 제91조

⑤ 법인의 청산인은 채권신고기간 내에는 채권자에 대하여 변제하지 못하므로 못한다. (그러나) 법인은 그 기간 동안의 지연손해배상의무를 면한다. 면하지 못한다.

민법 제90조(채권신고기간내의 변제금지)
청산인은 제88조(채권신고의 공고)제1항의 채권신고기간내에는 채권자에 대하여 변제하지 못한다. 그러나 법인은 채권자에 대한 지연손해배상의 의무를 면하지 못한다.

08. 권리의 객체 - 물건
주물과 종물
원물과 과실

①②③④⑤ 판례

② 원본채권이 양도되면 특별한 사정이 없는 한 이미 변제기에 도달한 이자채권도 당연히 함께 양도된다. 양도되는 것은 아니다. 이자채권도 양도한다는 의사표시가 필요하다.
③ 주물을 처분할 때 종물을 제외하거나 종물만을 별도로 처분하는 특약은 무효이다. 유효하다.
④ 피상속인이 유언으로 자신의 유골의 매장장소를 지정한 경우, 제사주재자는 피상속인의 의사에 따를 법률적 도의적 의무를 부담한다.
⑤ '종물은 주물의 처분에 따른다'고 규정한 민법 제100조(주물, 종물) 제2항의 '처분'에는 공법상 처분은 포함되지 않는다. 도 포함된다.

09. 임의대리권의 범위에 관한 설명으로 옳지 않은 것은? (다툼이 있으면 판례에 따름)
① 임의대리권의 범위는 원칙적으로 수권행위에 의하여 정해진다.
② 특별한 사정이 없는 한 통상의 임의대리권은 필요한 한도에서 수령대리권을 포함한다.
③ 매도인으로부터 매매계약체결에 대한 대리권을 수여받은 자는 특별한 사정이 없는 한 그 매매계약에 따른 중도금을 수령할 권한이 있다.
④ 매도인으로부터 매매계약의 체결과 이행에 대해 포괄적인 대리권을 수여받은 자는 특별한 사정이 없는 한 약정된 매매대금의 지급기일을 연기해 줄 권한이 없다.
⑤ 부동산을 매수할 권한을 수여받은 자는 원칙적으로 그 부동산을 처분할 권한이 없다.

10. 의사표시에 관한 설명으로 옳지 않은 것은?
① 청약의 의사표시는 그 표시가 상대방에게 도달한 때에 그 효력이 생긴다.
② 의사표시자가 청약의 의사표시를 발송한 후 사망하였다면, 그 의사표시는 처음부터 무효인 것으로 본다.
③ 행위능력을 갖춘 미성년자에게는 특별한 사정이 없는 한 의사표시의 수령능력이 인정된다.
④ 표의자가 과실없이 상대방을 알지 못하는 경우, 민사소송법 공시송달의 규정에 의하여 의사표시를 송달할 수 있다.
⑤ 의사표시의 상대방이 의사표시를 받은 때에 제한능력자인 경우, 특별한 사정이 없는 한 의사표시자는 그 의사표시로써 대항할 수 없다.

11. 대리에 관한 설명으로 옳지 않은 것은? (다툼이 있으면 판례에 따름)
① 대리인은 행위능력자임을 요하지 아니한다.
② 사실상의 용태에 의하여 대리권의 수여가 추단될 수 있다.
③ 임의대리의 원인된 법률관계가 종료하기 전이라도 본인은 수권행위를 철회할 수 있다.
④ 수권행위에서 권한을 정하지 아니한 대리인은 보존행위만을 할 수 있다.
⑤ 복대리인은 본인의 대리인이다.

12. 무권대리행위에 대한 본인의 추인에 관한 설명으로 옳은 것은? (다툼이 있으면 판례에 따름)
① 추인은 무권대리인의 동의가 있어야 유효하다.
② 추인은 무권대리인이 아닌 무권대리행위의 상대방에게 하여야 한다.
③ 무권대리행위가 범죄가 되는 경우, 본인이 그 사실을 알고 장기간 형사고소를 하지 않았다면 묵시적 추인이 인정된다.
④ 추인은 무권대리행위가 있음을 알고 하여야 한다.
⑤ 무권대리행위의 일부에 대한 추인은 상대방의 동의가 없더라도 유효하다.

09. 권리의 변동
   법률행위의 대리

④ 매도인으로부터 매매계약의 체결과 이행에 대해 포괄적인 대리권을 수여받은 자는 특별한 사정이 없는 한 약정된 매매대금의 지급기일을 연기해 줄 권한이 없다. 있다.

10. 권리의 변동
    의사표시
    효력 발생 시기

민법 제111조(의사표시의 효력발생시기)
① 상대방 있는 의사표시는 그 통지가 상대방에 도달한 때로부터 그 효력이 생긴다.
② 표의자가 그 통지를 발한 후 사망하거나 행위능력을 상실하여도 의사표시의 효력에 영향을 미치지 않는다.

① 도달주의
④ 민법 제113조
⑤ 민법 제112조

② 의사표시자가 청약의 의사표시를 발송한 후 사망하였다면<ins>더라도</ins>, 그 의사표시는 <del>처음부터 무효인 것으로 본다.</del> 의사표시의 효력에 영향을 미치지 않는다.

③

민법 제8조(영업의 허락)
① 미성년자가 법정대리인으로부터 허락을 얻은 특정한 영업에 관하여는 성년자와 동일한 행위능력이 있다.

11. 권리의 변동
    법률행위의 대리

①

④

② 수권행위 = 불요식행위

⑤

③

민법 제117조(대리인의 행위능력)
대리인은 행위능력자임을 요하지 아니한다.
민법 제118조(대리권의 범위)
권한을 정하지 아니한 대리인은 다음 각호의 행위만을 할 수 있다.
  1. 보존행위
  2. 대리의 목적인 물건이나 권리의 성질을 변하지 아니하는 범위에서 그 이용 또는 개량하는 행위
민법 제123조(복대리인의 권한)
① 복대리인은 그 권한내에서 본인을 대리한다.
민법 제128조(임의대리의 종료)
법률행위에 의하여 수여된 대리권은 전조의 경우외에 그 원인된 법률관계의 종료에 의하여 소멸한다. 법률관계의 종료전에 본인이 수권행위를 철회한 경우에도 같다.

12. 권리의 변동
    법률행위의 대리
    무권대리
    - 상대방의 최고권: 선악
              철회권: 선의
    - 본인의 추인의 상대방
      무권대리인
      무권대리행위의 상대방
      무권대리행위로 인한 권리
              또는 법률관계의 승계인
      협의의 무권대리

① 추인은 무권대리인의 동의가 <del>있어야</del> 없어도 유효하다.
추인권 = 형성권 → 무권대리인의 동의·승낙 불요
② 추인은 무권대리인<del>이 아닌</del> 과 무권대리행위의 상대방에게 <del>하여야 한다.</del> 할 수 있다.
③ 무권대리행위가 범죄가 되는 경우, 본인이 그 사실을 알고 장기간 형사고소를 하지 않았다<ins>면더라도</ins> 묵시적 추인이 <del>인정된다.</del> 인정되지 않는다.
④ 판례
⑤ 무권대리행위의 일부에 대한 추인은 상대방의 동의가 <del>없더라도</del> 있어야 유효하다.
무권대리행위의 추인(명시적·묵시적 단독행위)
  - 원칙: 무권대리행위 전부
  - 예외: 일부, 내용 변경 →상대방의 동의× → 무효

13. 불공정한 법률행위에 관한 설명으로 옳은 것은? (다툼이 있으면 판례에 따름)
① 불공정한 법률행위는 원칙적으로 추인에 의해서 유효로 될 수 없다.
② 궁박은 경제적 원인에 기인하는 것을 말하며, 심리적 원인에 기인할 수 없다.
③ 특별한 사정이 없는 한 경솔·궁박은 본인을 기준으로 판단하고, 무경험은 대리인을 기준으로 판단한다.
④ 법률행위가 현저하게 공정성을 잃은 경우, 그 법률행위 당사자의 궁박·경솔·무경험은 추정된다.
⑤ 불공정한 법률행위에는 무효행위의 전환에 관한 민법 제138조는 적용되지 않는다.

14. 사기에 의한 의사표시에 관한 설명으로 옳지 않은 것은? (다툼이 있으면 판례에 따름)
① 광고에 있어 다소의 과장은 일반 상거래의 관행과 신의칙에 비추어 시인될 수 있는 한 기망성이 결여된다.
② 부작위에 의한 기망행위에서 고지의무는 조리상 일반원칙에 의해서는 인정될 수 없다.
③ 사기에 의한 의사표시가 인정되기 위해서는 의사표시자에게 재산상의 손실을 주려는 사기자의 고의는 필요하지 않다.
④ 기망행위로 인하여 법률행위의 내용으로 표시되지 않은 동기에 관하여 착오를 일으킨 경우에도 그 법률행위를 사기에 의한 의사표시를 이유로 취소할 수 있다.
⑤ 사기에 의한 의사표시의 취소는 선의의 제3자에게 대항하지 못한다.

15. 통정허위표시를 기초로 새로운 법률상의 이해관계를 맺은 제3자를 모두 고른 것은? (다툼이 있으면 판례에 따름)

> ㄱ. 가장매매의 매수인으로부터 그와의 매매계약에 의한 소유권이전청구권 보전을 위한 가등기를 마친 자
> ㄴ. 허위의 선급금 반환채무 부담행위에 기하여 그 채무를 보증하고 이행까지 하여 구상권을 취득한 자
> ㄷ. 가장소비대차에 있어 대주의 계약상의 지위를 이전받은 자

① ㄱ　　② ㄷ　　③ ㄱ, ㄴ　　④ ㄱ, ㄷ　　⑤ ㄴ, ㄷ

16. 착오로 인한 의사표시에 관한 설명으로 옳지 않은 것은? (다툼이 있으면 판례에 따름)
① 법률행위 내용의 중요부분에 착오가 있는 경우, 그 착오가 표의자의 중과실로 인한 것이 아니라면 특별한 사정이 없는 한 이를 이유로 의사표시를 취소할 수 있다.
② 표의자는 자신에게 중과실이 없음에 대한 주장·증명책임을 부담한다.
③ 착오로 인한 의사표시에 관한 민법 제109조 제1항의 적용은 당사자의 합의로 배제할 수 있다.
④ 착오로 인하여 표의자가 경제적 불이익을 입지 않았다면 이는 법률행위 내용의 중요 부분의 착오로 볼 수 없다.
⑤ 표의자가 장래에 있을 어떤 사항의 발생이 미필적임을 알아 그 발생을 예기한 데 지나지 않는 경우, 그 기대가 이루어지지 않은 것을 착오로 볼 수는 없다.

민법총칙

13. 권리의 변동 　　법률행위 　　법률행위의 목적 　　불공정한 법률행위(민법 제104조) 　　→ 절대적·확정적 무효 　　　　추인 불가	② 궁박은 경제적·심리적 원인에 기인하는 것을 말하며, 심리적 원인에 기인할 수 없다. 말한다. ③ 특별한 사정이 없는 한 경솔·궁박은 본인을 기준으로 판단하고, 경솔·무경험은 대리인을 기준으로 판단한다. ④ 법률행위가 현저하게 공정성을 잃은 경우, 그 법률행위 당사자의 궁박·경솔·무경험은 추정된다. 추정되지 않는다. 　불공정한 법률행위를 주장하는 자에게 입증책임이 있다. ⑤ 불공정한 법률행위에는 무효행위의 전환에 관한 민법 제138조(무효행위의 전환)는 적용되지 않는다. 적용된다.
14. 권리의 변동 　　의사표시 　　사기·강박에 의한 의사표시 　　　　　　　　(민법 제110조) 　　(상대적) 취소 ①②④ 판례 ⑤ 민법 제110조	② 부작위에 의한 기망행위에서 고지의무는 조리상 일반원칙에 의해서는도 인정될 수 없다. 있다. 　거래 상대방이 일정한 사정에 관한 고지를 받았더라면 거래하지 않았을 것이 경험칙상 명백한 경우에는 신의칙상 고지의무가 있고, 고지의무의 대상은 법령의 규정뿐 아니라 계약상, 관습상 또는 조리상의 일반원칙에 의하여도 인정될 수 있다. ③ 2단계 고의: 표의자를 기망하여 착오에 빠지게 하려는 고의, 　　　　　　　　표의자가 착오로 의사표시 하게 하려는 고의
15. 권리의 변동 　　의사표시 　　통정허위표시(민법 제108조) 　　무효 　　　- 무효 주장: 누구든지 　　　- 유효 주장: 선의의 제3자	보호받는(허위표시의 유효를 주장할 수 있는) 선의의 제3자 　1. 허위표시의 당사자 및 포괄승계인 이외의 자로서 　2. 허위표시에 의하여 외형상 형성된 법률관계를 토대로 　　　　　　　　실질적으로 새로운 법률상 이해관계를 맺은 자 　3. 선의의 제3자에 해당하는지를 판단함에는 　　　　　　　　과실 유무는 불문하고 선악 여부만을 따진다. ㄷ. 포괄승계인(상속인, 합병회사 등): 허위표시의 당사자
16. 권리의 변동 　　의사표시 　　착오 　　　(상대적) 취소 ②③④⑤ 판례	① 민법 제109조(착오로 인한 의사표시) ① 의사표시는 법률행위의 내용의 중요부분에 착오가 있는 때에는 취소할 수 있다. 그러나 그 착오가 표의자의 중대한 과실로 인한 때에는 취소하지 못한다.　　　　　　- 임의규정 ② 전항의 의사표시의 취소는 선의의 제3자에게 대항하지 못한다. ② 표의자는 자신에게 중과실이 없음에 대한 주장·증명책임을 부담한다. 부담하지 않는다. 　표의자에게 중과실이 있음에 대한 주장·증명 책임은 표의자의 취소권을 부인하는 상대방에게 있다. ③ 임의규정

17. 반사회질서의 법률행위에 해당하는 것을 모두 고른 것은? (다툼이 있으면 판례에 따름)

> ㄱ. 수사기관에서 참고인으로 자신이 잘 알지 못하는 내용에 대한 허위 진술의 대가로 작성된 각서에 기한 급부의 약정
> ㄴ. 강제집행을 면하기 위해 부동산에 허위의 근저당권설정등기를 경료하는 행위
> ㄷ. 전통사찰의 주지직을 거액의 금품을 대가로 양도·양수하기로 하는 약정이 있음을 알고도 이를 묵인한 상태에서 한 종교법인의 주지 임명행위

① ㄱ   ② ㄷ   ③ ㄱ, ㄴ   ④ ㄴ, ㄷ   ⑤ ㄱ, ㄴ, ㄷ

18. 법률행위의 부관에 관한 설명으로 옳은 것은? (다툼이 있으면 판례에 따름)
① 상계의 의사표시에는 원칙적으로 조건을 붙일 수 있다.
② 조건부 법률행위에서 조건의 내용자체가 불법적이어서 무효인 경우, 원칙적으로 그 조건만이 무효이고 나머지 법률행위는 유효이다.
③ 해제조건부 법률행위의 조건이 불능조건인 경우, 그 법률행위는 무효이다.
④ 시기(始期) 있는 법률행위는 기한이 도래한 때로부터 그 효력을 잃는다.
⑤ 기한은 특별한 사정이 없는 한 채무자의 이익을 위한 것으로 추정한다.

19. 법률행위의 무효에 관한 설명으로 옳은 것은? (다툼이 있으면 판례에 따름)
① 진의 아닌 의사표시는 원칙적으로 무효이다.
② 법률행위가 무효와 취소사유를 모두 포함하고 있는 경우, 당사자는 취소권이 있더라도 무효에 따른 효과를 제거하기 위해 이미 무효인 법률행위를 취소할 수 없다.
③ 법률행위의 무효는 제한능력자, 착오나 사기·강박에 의하여 의사표시를 한 자, 그의 대리인 또는 승계인 이외에는 주장할 수 없다.
④ 타인의 권리를 목적으로 하는 매매계약은 특별한 사정이 없는 한 유효하다.
⑤ 무효인 법률행위는 추인할 수 있는 날로부터 3년, 법률행위를 한 날로부터 10년 이후에는 추인할 수 없다.

20. 취소할 수 있는 법률행위의 법정추인에 해당하지 않는 것은? (다툼이 있으면 판례에 따름)
① 취소할 수 있는 행위로부터 생긴 채무의 이행을 위해 취소권자가 상대방에게 일부 이행을 한 경우
② 취소할 수 있는 행위로부터 생긴 채무의 이행을 위해 취소권자가 상대방에게 이행을 청구하는 경우
③ 취소할 수 있는 행위로부터 생긴 채무의 이행을 위해 취소권자가 상대방에게 저당권을 설정해 준 경우
④ 취소권자가 취소할 수 있는 행위에 의하여 성립된 채권을 소멸시키고 그 대신 다른 채권을 성립시키는 경개를 하는 경우
⑤ 취소할 수 있는 행위로부터 취득한 권리의 전부를 취소권자의 상대방이 제3자에게 양도하는 경우

민법총칙

17. 권리의 변동
    법률행위
    법률행위의 목적
    반사회질서의 법률행위
    → 절대적·확정적 무효

> 민법 제103조(반사회질서의 법률행위)
> 선량한 풍속 기타 사회질서에 위반한 사항을 내용으로 하는 법률행위는 무효로 한다.

ㄱ. 판례: 반사회질서의 법률행위
ㄴ. 판례: 반사회질서의 법률행위 사익(私益) 공익(公益)
ㄷ. 판례: 반사회질서의 법률행위

18. 권리의 변동
    법률행위의 부관(조건·기한)

⑤

> 민법 제153조(기한의 이익과 그 포기)
> ① 기한은 채무자의 이익을 위한 것으로 추정한다.

① 민법 제493조(상계의 방법, 효과): 상계의 의사표시에는 원칙적으로 조건을 붙일 수 있다. 없다.
② 판례: 조건부 법률행위에서 조건의 내용 자체가 불법적이어서 무효인 경우, 원칙적으로 그 조건만이 무효이고 나머지 법률행위는 유효이다. 조건과 법률행위 전부 무효이다.
③ 민법 제151조(불법조건, 기성조건): 해제조건부 법률행위의 조건이 불능조건인 경우, 그 법률행위는 무효이다. 조건 없는 법률행위가 된다.
④ 민법 제152조(기한도래의 효과): 시기(始期) 있는 법률행위는 기한이 도래한 때로부터 그 효력을 잃는다. 이 생긴다.

19. 권리의 변동
    법률행위의 무효·취소

④ 판례

> 민법 제569조(타인의 권리의 매매)
> 매매의 목적이 된 권리가 타인에게 속한 경우에는 매도인은 그 권리를 취득하여 매수인에게 이전하여야 한다.

① 진의 아닌 의사표시는 원칙적으로 무효이다. 유효하다.
② 무효와 취소의 이중효(二重效)
   법률행위가 무효와 취소사유를 모두 포함하고 있는 경우, 당사자는 취소권이 있더라도 무효에 따른 효과를 제거하기 위해 이미 무효인 법률행위를 취소할 수 없다. 있다.
③ 법률행위의 무효는 제한능력자, 착오나 사기·강박에 의하여 의사표시를 한 자, 그의 대리인 또는 승계인 이외에는 주장할 수 없다. 누구든지 주장할 수 있다.
⑤ 무효인 취소할 수 있는 법률행위는 추인할 수 있는 날로부터 3년, 법률행위를 한 날로부터 10년 이후에는 추인할 수 없다.
   무효인 법률행위의 추인은 기간 제한이 없다.

20. 권리의 변동
    법률행위의 무효·취소
    법정추인

① 1 ② 2 ③ 4 ④ 3

> 민법 제145조(법정추인)   - 묵시적 추인
> 취소할 수 있는 법률행위에 관하여 전조의 규정에 의하여 추인할 수 있는 후에 다음 각 호의 사유가 있으면 추인한 것으로 본다. 그러나 이의를 보류한 때에는 그러하지 아니하다.
>   1. 전부나 일부의 이행
>   2. (취소권자의) 이행의 청구
>   3. 경개
>   4. 담보의 제공
>   5. (취소권자의) 취소할 수 있는 행위로 취득한 권리의 전부나 일부의 양도
>   6. 강제집행

21. 민법상 기간에 관한 설명으로 옳지 않은 것은? (다툼이 있으면 판례에 따름)
① 연령 계산에는 출생일을 산입한다.
② 기간의 초일(初日)이 공휴일에 해당한 때에는 기간은 그 익일부터 기산한다.
③ 기간을 시, 분, 초로 정한 때에는 즉시로부터 기산한다.
④ 기간을 주, 월 또는 연으로 정한 때에는 역(曆)에 의하여 계산한다.
⑤ 기간을 일, 주, 월로 정한 때에는 그 기간이 오전 영(零)시로부터 시작하는 때가 아니면 기간의 초일은 산입하지 않는다.

22. 소멸시효와 제척기간에 관한 설명으로 옳은 것은? (다툼이 있으면 판례에 따름)
① 소멸시효가 완성되면 그 기간이 경과한 때부터 장래에 향하여 권리가 소멸하지만, 제척기간이 완성되면 그 기산일에 소급하여 권리가 소멸한다.
② 소멸시효는 그 성질상 기간의 중단이 있을 수 없지만, 제척기간은 권리자의 청구가 있으면 기간이 중단된다.
③ 소멸시효가 완성된 이후 그 이익을 포기하는 것은 원칙적으로 인정되지만, 제척기간은 그 포기가 인정되지 않는다.
④ 소멸시효 완성에 의한 권리소멸은 법원의 직권조사 사항이지만, 제척기간에 의한 권리의 소멸은 원용권자가 이를 주장하여야 한다.
⑤ 매도인의 하자담보책임에 기한 매수인의 손해배상청구권과 같이 청구권에 관하여 제척기간을 정하고 있는 경우에는 제척기간이 적용되므로 소멸시효는 당연히 적용될 수 없다.

23. 민법상 1년의 소멸시효 기간의 적용을 받는 채권이 아닌 것은?
① 음식점의 음식대금채권
② 여관의 숙박대금채권
③ 판결에 의하여 확정된 채권
④ 의복 등 동산의 사용료 채권
⑤ 연예인의 임금채권

24. 甲이 자신 소유의 X 토지를 乙에게 매도하고, 乙은 甲에게 매매대금을 모두 지급하였다. 甲과 乙이 행사하는 다음 등기청구권 중 소멸시효가 진행되는 경우를 모두 고른 것은? (다툼이 있으면 판례에 따름)

> ㄱ. 乙이 甲을 상대로 위 매매계약에 기하여 X 토지에 대해 소유권이전등기청구권을 행사하는 경우
> ㄴ. 乙이 위 매매계약에 기하여 甲으로부터 X 토지를 인도받아 사용·수익하고 있으나, 아직 甲의 명의로 소유권이전등기가 남아 있어 甲을 상대로 X 토지에 대해 소유권이전등기청구권을 행사하는 경우
> ㄷ. 乙이 위 매매계약에 기하여 甲으로부터 X 토지에 대해 소유권이전등기를 경료받았으나, 이후 甲과 乙의 매매계약이 적법하게 취소되어 甲이 乙을 상대로 소유권에 기한 말소등기청구권을 행사하는 경우

① ㄱ   ② ㄴ   ③ ㄱ, ㄷ   ④ ㄴ, ㄷ   ⑤ ㄱ, ㄴ, ㄷ

민법총칙

21. 권리의 변동
　　기간

② 판례: 기간의 초일(初日)이 공휴일에 해당한 때에는도 기간은 그 익일 초일부터 기산한다.

22. 권리의 변동
　　소멸시효·제척기간

②⑤ 판례

① 소멸시효가 제척기간이 완성되면 그 기간이 경과한 때부터 장래에 향하여 권리가 소멸하지만, 제척기간이 소멸시효가완성되면 그 기산일에 소급하여 권리가 소멸한다.
② 소멸시효는 제척기간은 그 성질상 기간의 중단이 있을 수 없지만, 제척기간은 소멸시효는 권리자의 청구가 있으면 기간이 중단된다.
④ 소멸시효 완성 제척기간에 의한 권리소멸은 법원의 직권조사 사항이지만, 제척기간 소멸시효 완성에 의한 권리의 소멸은 원용권자가 이를 주장하여야 한다.
⑤ 매도인의 하자담보책임에 기한 매수인의 손해배상청구권과 같이 청구권에 관하여 제척기간을 정하고 있는 경우에는 제척기간이 적용되므로 소멸시효는도 당연히 적용될 수 없다. 있다.

23. 권리의 변동
　　소멸시효
　　단기 소멸시효
　　1년 단기 소멸시효

① 1 ② 2 ④ 2 ⑤ 3

③

민법 제164조(1년의 단기소멸시효)
다음 각호의 채권은 1년간 행사하지 아니하면 소멸시효가 완성한다.
　1. 여관, 음식점, 대석, 오락장의 숙박료, 음식료, 대석료, 임장료, 소비물의 대가 및 저당금의 채권
　2. 의복, 침구, 장구 기타 동산의 사용료의 채권
　3. 노역인, 연예인의 임금 및 그에 공급한 물건의 대금채권
　4. 학생 및 수업자의 교육, 의식, 및 유숙에 관한 교주, 숙주, 교사의 채권

민법 제165조(판결등에 의하여 확정된 채권의 소멸시효)
① 판결에 의하여 확정된 채권의 단기의 소멸시효에 해당한 것이라도 그 소멸시효는 10년으로 한다.
② 파산절차에 의하여 확정된 채권 및 재판상의 화해, 조정 기타 판결과 동일한 효력이 있는 것에 의하여 확정된 채권도 전항과 같다.
③ 전2항의 규정은 판결확정 당시에 변제기가 도래하지 아니한 채권에 적용하지 아니한다.

24. 권리의 변동
　　소멸시효
　　소멸시효 대상 적격

ㄱ. 소유권이전등기청구권 = 채권적 청구권
　판례: 소멸시효에 걸린다.
ㄴ. 인도받아 사용·수익(점유)
　판례: 소멸시효가 진행되지 않는다.
ㄷ. 소유권에 기한 말소등기청구권 = 소유권에 기한 물권적 청구권
　판례: 소멸시효에 걸리지 않는다.

25. 甲이 자신 소유의 X 토지를 乙에게 매도하면서 乙의 매매대금의 지급과 동시에 乙 앞으로 소유권이전등기를 마쳐주기로 약정하였다. 이에 관한 설명으로 옳지 않은 것은? (다툼이 있으면 판례에 따름)

① 甲과 乙이 소유권이전등기와 매매대금의 지급을 이행하였으나 위 매매계약이 통정허위표시로 무효인 경우, 특별한 사정이 없는 한 甲이 지급받은 매매대금과 乙명의로 마쳐진 소유권등기를 각각 부당이득으로 반환 청구할 수 있다.
② 甲과 乙의 매매계약이 甲이 미성년자임을 이유로 적법하게 취소된 경우, 甲은 특별한 사정이 없는 한 이익이 현존하는 한도에서 상환할 책임이 있다.
③ 甲이 乙의 매매대금지급 불이행을 이유로 매매계약을 적법하게 해제한 경우, 乙은 계약해제에 따른 손해배상책임을 면하기 위해 착오를 이유로 그 매매계약을 취소할 수 없다.
④ 甲과 乙이 각각 소유권이전등기와 매매대금의 지급을 이행한 이후, 乙이 甲의 사기를 이유로 위 매매계약을 적법하게 취소한 경우, 甲의 매매대금반환과 乙의 소유권이전등기말소는 특별한 사정이 없는 한 동시에 이행되어야 한다.
⑤ 甲과 乙의 매매계약이 관련 법령에 따라 관할청의 허가를 받아야 함에도 아직 토지거래허가를 받지 않아 유동적 무효 상태인 경우, 乙은 甲에게 계약의 무효를 주장하여 이미 지급한 계약금의 반환을 부당이득으로 청구할 수 없다.

민법총칙

25. 권리의 변동
   법률행위의 무효·취소

① 통정허위표시로 무효
 ─이미 이행한 것 법률상 원인 없음 → **부당이득반환 대상**

> 민법 제741조(부당이득의 내용)
> 법률상 원인없이 타인의 재산 또는 노무로 인하여 이익을 얻고 이로 인하여 타인에게 손해를 가한 자는 그 이익을 반환하여야 한다.

②

> 민법 제141조(취소의 효과)
> 취소된 법률행위는 처음부터 무효인 것으로 본다. 다만, 제한능력자는 그 행위로 인하여 받은 이익이 현존하는 한도에서 상환(償還)할 책임이 있다.

③ 해제와 취소의 이중효(二重效)
 甲이 乙의 매매대금지급 불이행을 이유로 매매계약을 적법하게 해제한 경우, 乙은 계약해제에 따른 손해배상책임을 면하기 위해 착오를 이유로 그 매매계약을 취소할 수 없다. <u>있다.</u>
 취소 → 불이익(손해배상책임) 회피

④⑤ 판례

> 민법 제109조(착오로 인한 의사표시)
> ① 의사표시는 법률행위의 내용의 중요부분에 착오가 있는 때에는 취소할 수 있다. 그러나 그 착오가 표의자의 중대한 과실로 인한 때에는 취소하지 못한다.
> ② 전항의 의사표시의 취소는 선의의 제3자에게 대항하지 못한다.

보충
07. 권리의 주체 - 법인
   법인의 해산

> 민법 제77조(해산사유)
> ① 법인은 존립기간의 만료, 법인의 목적의 달성 또는 달성의 불능 기타 정관에 정한 해산사유의 발생, 파산 또는 설립허가의 취소로 해산한다.
> ② 사단법인은 사원이 없게 되거나 총회의 결의로도 해산한다.
>
> 민법 제78조(사단법인의 해산결의)
> ② 사단법인은 총사원 4분의 3 이상의 동의가 없으면 해산을 결의하지 못한다. 그러나 정관에 다른 규정이 있는 때에는 그 규정에 의한다.
>
> 법인 제81조(청산법인)
> ① 해산한 법인은 청산의 목적범위내에서만 권리가 있고 의무를 부담한다.
>
> 민법 제91조(채권변제의 특례)
> ④ ① 청산 중의 법인은 변제기에 이르지 아니한 채권에 대하여도 변제할 수 있다.
> ② 전항의 경우에는 조건있는 채권, 존속기간의 불확정한 채권 기타 가액의 불확정한 채권에 관하여는 법원이 선임한 감정인의 평가에 의하여 변제하여야 한다.

26. 행정법의 법원(法源)에 해당하지 않는 것은?
① 대한민국헌법　　② 건축법시행규칙　　③ 서울특별시 성동구 조례
④ 헌법재판소규칙　　⑤ 사실인 관습

27. 행정상 신뢰보호 원칙의 적용요건에 관한 설명으로 옳은 것은? (다툼이 있으면 판례에 따름)
① 공적 견해표명은 묵시적으로 할 수 없다.
② 신뢰보호의 대상은 특정 개인에 대한 행정작용에 한정되며, 법률에 대한 신뢰는 신뢰보호의 대상이 되지 않는다.
③ 행정청이 공적 견해표명을 한 후, 사정변경이 있는 경우에는 특별한 사정이 없는 한 행정청이 그 견해표명에 반하는 처분을 하더라도 신뢰보호 원칙에 위반된다고 할 수 없다.
④ 귀책사유의 유무는 상대방을 기준으로 판단하며 상대방으로부터 신청행위를 위임받은 수임인 등 관계자는 고려하지 않는다.
⑤ 단순히 착오로 어떠한 처분을 계속하다가 처분청이 추후 오류를 발견하여 합리적인 방법으로 변경할 경우 신뢰보호 원칙에 위배된다.

28. 판례에 따를 때 수리를 요하지 않는 신고에 해당하는 것은?
① 다른 법률에 의한 인·허가의제 효과를 수반하는 「건축법」상 건축신고
② 「건축법」 제14조제1항에 따른 건축신고
③ 「수산업법」상 어업의 신고
④ 「노인장기요양보험법」상 장기요양기관의 폐업신고
⑤ 「식품위생법」상 영업양도에 따른 지위승계 신고

29. 행정행위의 효력에 관한 설명으로 옳지 않은 것은?
① 실정법상 공정력을 직접적으로 규정하는 법률은 없다.
② 불가쟁력은 행정행위의 상대방이나 이해관계인에 대한 구속력이다.
③ 불가변력이란 처분청 스스로도 당해 행정행위에 구속되어 직권으로 취소·변경할 수 없는 것을 말한다.
④ 집행력은 의무가 부과되는 행정행위에서 문제된다.
⑤ 불가변력이 있는 행정행위일지라도 쟁송기간이 경과하지 않는 한 행정쟁송에 의한 취소가 가능하다.

30. 행정입법에 관한 설명으로 옳지 않은 것은? (다툼이 있으면 판례에 따름)
① 법령의 위임이 없음에도 법령에 규정된 처분 요건 사항을 부령에서 변경하여 규정한 경우, 이 부령의 규정은 대외적 구속력이 없다.
② 행정입법의 부작위는 항고소송으로 다툴 수 없다.
③ 재량준칙은 행정의 자기구속법리나 평등원칙 등에 의해 대외적 구속력을 가질 수 있다.
④ 「장기요양급여 제공기준 및 급여비용 산정방법 등에 관한 고시」에 대해 외부적 구속효를 인정한다.
⑤ 대법원판결에 의해 명령·규칙이 헌법 또는 법률에 위반된다는 것이 확정된 경우에는 대법원은 지체 없이 그 사유를 법무부장관에게 통보하여야 한다.

26. 행정법 통론 　　행정법 　　법원(法源)	- 성문법원 - 불문법원: 관습법, 판례법, 조리 - 일반원칙(행정기본법) ⑤ **사실인 관습**	

27. 행정법 통론
　　행정법
　　신뢰보호의 원칙(행정기본법 제12조)

①②③④⑤ 판례

① 공적 견해표명은 묵시적으로 할 수 <u>없다.</u> 있다.
② 신뢰 보호의 대상은 특정 개인에 대한 행정작용에 한정되며 한정되지 <u>않으므로</u>, 법률에 대한 신뢰는 신뢰 보호의 대상이 되지 않는다. 된다.
③ 사정변경(事情變更)
④ 귀책 사유의 유무는 상대방을 및 관계자 모두를 기준으로 판단하며 상대방으로부터 신청 행위를 위임받은 수임인 등 관계자는를 고려하지 않는다. 고려한다.
⑤ 단순히 착오로 어떠한 처분을 계속하다가 처분청이 추후 오류를 발견하여 합리적인 방법으로 변경할 경우 신뢰 보호 원칙에 위배된다. <u>위배되지 않는다.</u>

28. 행정법 통론
　　행정상 법률관계
　　사인(私人)의 공법행위

①③④⑤ 판례
② 판례 → 자기완성적 신고

행정요건적(행위요건적) 신고 = 수리를 요하는 신고
자기완성적(자체완결적) 신고 = 수리를 요하지 않는 신고

> 건축법 제14조(건축신고)
> ① 제11조(**건축허가**)에 해당하는 허가 대상 건축물이라 하더라도 다음 각 호의 어느 하나에 해당하는 경우에는 미리 특별자치시장·특별자치도지사 또는 시장·군수·구청장에게 국토교통부령으로 정하는 바에 따라 신고를 하면 건축허가를 받은 것으로 본다.

29. 행정작용법
　　행정행위
　　효력(확정력) - 공정력
　　　　　　　 - 집행력
　　　　　　　 - 불가쟁력
　　　　　　　 - 불가변력

① 실정법상 공정력을 직접적으로 규정하는 법률(행정기본법)은 <u>없다.</u> 있다.

> 행정기본법 제15조(처분의 효력) - 공정력
> 처분은 권한이 있는 기관이 취소 또는 철회하거나 기간의 경과 등으로 소멸되기 전까지는 유효한 것으로 통용된다. 다만, 무효인 처분은 처음부터 그 효력이 발생하지 아니한다.

30. 행정작용법
　　행정입법

①②③④⑤ 판례

⑤ 대법원판결에 의해 명령·규칙이 헌법 또는 법률에 위반된다는 것이 확정된 경우에는 대법원은 지체 없이 그 사유를 <u>법무부장관</u> <u>행정안전부장관</u>에게 통보하여야 한다.

> 행정소송법 제6조(명령·규칙의 위헌판결등 공고)
> ① 행정소송에 대한 대법원판결에 의하여 명령·규칙이 헌법 또는 법률에 위반된다는 것이 확정된 경우에는 대법원은 지체없이 그 사유를 행정안전부장관에게 통보하여야 한다.
> ② 제1항의 규정에 의한 통보를 받은 행정안전부장관은 지체없이 이를 관보에 게재하여야 한다.

31. 행정행위의 하자승계 논의의 전제에 관한 설명으로 옳지 않은 것은? (다툼이 있으면 판례에 따름)
① 선행행위와 후행행위가 모두 항고소송의 대상인 행정처분이어야 한다.
② 선행행위에는 취소사유인 하자가 존재해야 한다.
③ 후행행위는 하자가 없이 적법해야 한다.
④ 선행행위에 불가쟁력이 발생해야 한다.
⑤ 후행행위에 불가변력이 발생해야 한다.

32. 강학상 인가에 해당하는 것은? (다툼이 있으면 판례에 따름)
① 「부동산 거래신고 등에 관한 법률」상 외국인등의 토지거래 허가
② 공유수면매립면허
③ 보세구역의 설영특허
④ 법무부장관의 공증 인가
⑤ 자동차운전면허대장상의 등재행위

33. 행정작용에 관한 설명으로 옳은 것은? (다툼이 있으면 판례에 따름)
① 행정계획은 사인의 신뢰보호를 위해 일반적으로 계획존속청구권이 인정된다.
② 행정사법작용에는 사적자치의 원칙이 통용되므로 공법적 제한을 받지 않는다.
③ 사실행위는 법적 효과의 제거대상이 될 수 없으므로, 권력적인지 비권력적인지를 불문하고 항고소송의 대상인 처분성이 인정되지 않는다.
④ 계약직공무원에 대한 채용계약해지를 함에 있어서는 「행정절차법」에 의하여 그 근거와 이유를 제시할 필요가 없다.
⑤ 행정지도는 상대방의 임의적인 협력을 구하는 것이므로, 법률 우위의 원칙은 적용되지 않는다.

34. 확약에 관한 설명으로 옳지 않은 것은? (다툼이 있으면 판례에 따름)
① 확약은 일방적 행위라는 점에서 복수당사자의 의사의 합치인 공법상 계약과는 구분된다.
② 확약은 종국적 규율이 아니라는 점에서 종국적 규율을 하는 사전결정이나 부분허가와 구분된다.
③ 어업권면허에 선행하는 우선순위결정은 강학상 확약에 불과하고 행정처분은 아니다.
④ 확약 이후에 사실상태 또는 법적 상태가 변경된 경우에도 확약의 구속성이 상실되기 위해서는 행정청의 별도의 의사표시가 있어야 한다.
⑤ 확약은 정당한 권한을 가진 행정청에 의해서 그 권한의 범위 내에서만 발해질 수 있다.

31. 행정작용법 　　행정행위 　　　하자 - 하자의 승계		행정행위 하자의 승계 선 행정행위에 불가쟁력이 발생하였음에도 불구하고 　　　　　　　　후 행정행위에서 선 행정행위를 다툴 수 있다. 　1. 선 행정행위와 후 행정행위가 모두 　　　　　행정행위(항고소송의 대상이 되는 행정처분)에 해당한다. 　2. 선 행정행위에 취소사유에 해당하는 하자가 존재한다. 　3. 후 행정행위는 정상적 처분이다.
⑤ 후행행위에 불가변력이 발생해야 한다. 　하는 것은 아니다.		
32. 행정작용법 　　행정행위 　　　법률행위적 행정행위 　　　준법률행위적 행정행위: 　　　　공증, 수리, 통지, 확인		법률행위적 행정행위　　- 명령적 행정행위: 면제, 하명, 허가 　　　　　　　　　　　- 형성적 행정행위: 대리, 인가, 특허 ① 　　　　　　　강학상 인가 ②③④　　　　　강학상 특허 ⑤　　　　　　　강학상 공증
33. 행정작용법 　　기타 행정작용 　③④ 판례		① 행정계획은 사인의 신뢰보호를 위해 일반적으로 직접적 이해관계가 있는 자에게 계획존속청구권이 인정된다. ② 행정사법작용에는 사적자치의 원칙이 통용되므로 통용되지만 일정한 공익을 위하여 공법적 제한을 받지 않는다. 받는다. ③ 권력적 사실행위는 법적 효과의 제거대상이 될 수 없으므로, 권력적인지 비권력적인지를 불문하고 처분성이 인정되나, 비권력적 사실행위는 항고소송의 대상인 처분성이 인정되지 않는다. ⑤ 행정지도(비권력적 사실행위)는 상대방의 임의적인 협력을 구하는 것이므로, 법률유보의 원칙은 적용되지 않지만 법률 우위의 원칙은 적용되지 않는다. 적용된다.
34. 행정작용법 　　기타 행정작용 　　　확약 ① ≠ 공법상 계약 ② ≠ 사전결정, 부분허가 ③ 어업면허 선행 우선순위결정 ⑤ 행정청, 권한 범위 내		④ 확약 이후에 사실 상태 또는 법적 상태가 변경된 경우에도는 확약의 구속성이 상실되기 위해서는 행정청의 별도의 의사표시가 있어야 한다. 없더라도 확약은 실효된다. 행정절차법 제40조의2(확약) ① 법령등에서 당사자가 신청할 수 있는 처분을 규정하고 있는 경우 행정청은 당사자의 신청에 따라 장래에 어떤 처분을 하거나 하지 아니할 것을 내용으로 하는 의사표시(이하 "확약"이라 한다)를 할 수 있다. ② 확약은 문서로 하여야 한다. ④ 행정청은 다음 각 호의 어느 하나에 해당하는 경우에는 확약에 기속되지 아니한다. 　1. 확약을 한 후에 확약의 내용을 이행할 수 없을 정도로 법령등이나 사정이 변경된 경우 　2. 확약이 위법한 경우 ⑤ 행정청은 확약이 제4항 각 호의 어느 하나에 해당하여 확약을 이행할 수 없는 경우에는 지체 없이 당사자에게 그 사실을 통지하여야 한다.

35. 행정절차에 관한 설명으로 옳은 것은? (다툼이 있으면 판례에 따름)
① 행정절차에 관하여 다른 법률에 특별한 규정이 있는 경우에도 「행정절차법」이 우선한다.
② 행정청은 청문이 필요하다고 인정하는 경우에도 법령등에서 청문을 하도록 규정한 경우가 아니면 청문을 할 수 없다.
③ 신청에 대한 거부처분은 사전통지대상이다.
④ 행정청은 신청 내용을 모두 그대로 인정하는 처분을 하는 경우 처분의 근거와 이유를 제시하지 않아도 된다.
⑤ 「행정절차법」에는 행정지도에 관한 규정을 두고 있지 않다.

36. 개인정보보호법상 정보주체가 자신의 개인정보 처리와 관련하여 가지는 권리가 아닌 것은?
① 개인정보의 처리에 관한 정보를 제공받을 권리
② 개인정보의 처리 정지를 요구할 권리
③ 개인정보의 처리 여부를 확인하고 개인정보에 대하여 사본의 발급을 요구할 권리
④ 개인정보의 처리에 관한 동의 여부, 동의 범위 등을 결정할 권리
⑤ 개인정보처리자의 가명정보 처리에 동의할 권리

37. 행정대집행에 관한 설명으로 옳은 것을 모두 고른 것은? (다툼이 있으면 판례에 따름)

> ㄱ. 대집행영장에 의한 통지는 취소소송의 대상이 된다.
> ㄴ. 「행정대집행법」에서는 대집행에 대해 행정심판을 제기할 수 있음을 규정하고 있다.
> ㄷ. 계고처분의 후속절차인 대집행에 위법이 있다고 하더라도, 그와 같은 후속절차에 위법성이 있다는 점을 들어 선행절차인 계고처분이 부적법하다는 사유로 삼을 수는 없다.
> ㄹ. 대집행은 대집행의 대상이 되는 의무를 명하는 처분청이 그 주체가 되며 타인에게 위탁할 수 없다.

① ㄱ   ② ㄴ, ㄷ   ③ ㄱ, ㄴ, ㄷ   ④ ㄴ, ㄷ, ㄹ   ⑤ ㄱ, ㄴ, ㄷ, ㄹ

38. 공공기관의 정보공개에 관한 법령상 정보공개에 관한 설명으로 옳지 않은 것은? (다툼이 있으면 판례에 따름)
① 공개청구의 대상이 되는 정보는 공공기관이 보유·관리하고 있는 정보에 한정된다.
② 일정한 요건을 갖춘 외국인은 정보공개 청구를 할 수 있다.
③ 정보공개 청구권자의 권리구제 가능성이 없는 경우에는 비공개 대상 정보에 해당하지 않는 정보라도 공개하지 않을 수 있다.
④ 정보공개청구에 대한 공공기관의 비공개결정에 대한 불복절차로 이의신청, 행정심판, 행정소송이 있다.
⑤ 법인이 거래하는 금융기관의 계좌번호에 관한 정보는 법인의 영업상 비밀에 관한 사항으로서 비공개 대상 정보에 해당한다.

35. 행정절차·(행정)정보
    행정절차

④

행정절차법 제23조(처분의 이유 제시)
① 행정청은 처분을 할 때에는 다음 각 호의 어느 하나에 해당하는 경우를 제외하고는 당사자에게 그 근거와 이유를 제시하여야 한다.
  1. 신청 내용을 모두 그대로 인정하는 처분인 경우

① 행정절차에 관하여 다른 법률에 특별한 규정이 있는 경우에도는 「행정절차법」이 우선한다. 그에 따른다.

행정절차법 제3조(적용 범위)
① 처분, 신고, 확약, 위반사실 등의 공표, 행정계획, 행정상 입법예고, 행정예고 및 행정지도의 절차(이하 "행정절차"라 한다)에 관하여 다른 법률에 특별한 규정이 있는 경우를 제외하고는 이 법에서 정하는 바에 따른다.

② 행정청은 청문이 필요하다고 인정하는 경우에도는 법령 등에서 청문을 하도록 규정한 경우가 아니면라도 청문을 할 수 없다. 있다.
③ 판례: 신청에 대한 거부처분은 사전통지 대상이다. 이 아니다.
⑤ 「행정절차법」에는 행정지도에 관한 규정을 두고 있지 않다. 있다.

36. 행정절차·(행정)정보
    개인정보보호

① 1 ② 4 ③ 3 ④ 2
⑤

개인정보보호법 28조의2
(가명정보의 처리 등)
① 개인정보처리자는 통계작성, 과학적 연구, 공익적 기록보존 등을 위하여 정보주체의 동의 없이 가명정보를 처리할 수 있다.

개인정보보호법 제4조(정보주체의 권리)
정보주체는 자신의 개인정보 처리와 관련하여 다음 각 호의 권리를 가진다.
  1. 개인정보의 처리에 관한 정보를 제공받을 권리
  2. 개인정보의 처리에 관한 동의 여부, 동의 범위 등을 선택하고 결정할 권리
  3. 개인정보의 처리 여부를 확인하고 개인정보에 대한 열람(사본의 발급을 포함한다. 이하 같다) 및 전송을 요구할 권리
  4. 개인정보의 처리 정지, 정정·삭제 및 파기를 요구할 권리
  5. 개인정보의 처리로 인하여 발생한 피해를 신속하고 공정한 절차에 따라 구제받을 권리
  6. 완전히 자동화된 개인정보 처리에 따른 결정을 거부하거나 그에 대한 설명 등을 요구할 권리

37. 행정상 실효성 확보 수단
    행정강제
    행정대집행

ㄹ. 대집행은 … 타인에게 위탁할 수 없다. 있다.

행정대집행법 제2조(대집행과 그 비용징수)
법률(법률의 위임에 의한 명령, 지방자치단체의 조례를 포함한다. 이하 같다)에 의하여 직접명령되었거나 또는 법률에 의거한 행정청의 명령에 의한 행위로서 타인이 대신하여 행할 수 있는 행위를 의무자가 이행하지 아니하는 경우 다른 수단으로써 그 이행을 확보하기 곤란하고 또한 그 불이행을 방치함이 심히 공익을 해할 것으로 인정될 때에는 당해 행정청은 스스로 의무자가 하여야 할 행위를 하거나 또는 제삼자로 하여금 이를 하게 하여 그 비용을 의무자로부터 징수할 수 있다.

38. 행정절차·(행정)정보
    정보공개

③ 정보공개 청구권자의 권리구제 가능성이 없는 경우에는 권리구제 가능성 유무는 비공개 사유에 해당하지 않으므로 비공개 대상 정보에 해당하지 않는 정보라도를 공개하지 않을 수 있다. 없다.

39. 과징금에 관한 설명으로 옳지 않은 것은? (다툼이 있으면 판례에 따름)
① 행정법규 위반에 대해 벌금 이외에 과징금을 부과하는 것은 이중처벌금지의 원칙에 반하지 않는다.
② 제재적 행정처분으로서의 과징금은 현실적인 행위자가 아닌 법령상 책임자에게 부과할 수 있다.
③ 제재적 행정처분으로서의 과징금은 원칙적으로 위반자의 고의 또는 과실을 요한다.
④ 과징금은 국가의 형벌권을 실행하는 과벌이 아니다.
⑤ 법령으로 정한 '과징금을 부과하는 위반행위와 과징금의 금액'에 열거되지 않은 위반행위에 대해 사업정지처분을 갈음하여 과징금을 부과할 수 없다.

40. 공익사업을 위한 토지 등의 취득 및 보상에 관한 법령상 손실보상에 관한 설명으로 옳지 않은 것은? (다툼이 있으면 판례에 따름)
① 토지수용재결시 대상토지의 평가는 재결에서 정한 수용시기가 아닌 수용재결일을 기준으로 한다.
② 관할 토지수용위원회에 잔여지수용청구를 하려는 토지소유자는 사업완료일까지 그 수용청구를 하여야 한다.
③ 이주대책대상자는 사업시행자가 이주대책에 대한 구체적인 계획을 수립하여 공고한 때에 수분양권을 취득한다.
④ 공익사업시행지구 밖의 영업손실에 대해서도 일정한 요건 하에 보상을 받을 수 있다.
⑤ 재결에서 정한 보상금액이 일부 보상항목은 과소하고 다른 보상항목은 과다할 경우 법원은 보상항목 상호간의 유용을 허용하여 보상금을 결정할 수 있다.
⑤ 정부조직법은 합의제행정기관의 설치에 관한 법적 근거를 두고 있다.

41. 행정심판에 관한 설명으로 옳은 것은? (다툼이 있으면 판례에 따름)
① 의무이행심판에서 청구가 이유 있으면 신청에 따른 처분을 하거나 처분을 할 것을 피청구인에게 명하는 재결을 한다.
② 심판청구기간을 법상 규정된 기간보다 긴 기간으로 잘못 고지한 경우에도 규정된 행정심판기간 내에 심판청구를 하여야 한다.
③ 시·도지사의 처분에 대한 심판청구는 시·도지사 소속으로 두는 행정심판위원회에서 심리·재결한다.
④ 심리는 구술심리나 서면심리로 하고, 당사자가 구술심리를 신청한 경우에는 서면심리는 할 수 없다.
⑤ 항고소송에서의 처분사유의 추가·변경의 법리는 행정심판에 적용되지 않는다.

42. 행정심판으로 적법하게 청구된 것을 모두 고른 것은?

ㄱ. 국세부과처분에 대해 국세청장에 심사청구
ㄴ. 국가공무원 면직처분에 대해 징계위원회에 재심사청구
ㄷ. 지방토지수용위원회의 수용재결에 대해 중앙토지수용위원회에 이의신청
ㄹ. 지방노동위원회의 구제명령 불이행에 대한 이행강제금부과처분에 대해 중앙노동위원회에 재심신청

① ㄱ, ㄴ ② ㄱ, ㄷ ③ ㄴ, ㄷ ④ ㄴ, ㄹ ⑤ ㄷ, ㄹ

39. 행정상 실효성 확보 수단
새로운 수단 - 과징금

③ 제재적 행정처분으로서의 과징금은 원칙적으로 위반자의 고의 또는 과실을 요한다. 요하지 않는다.
④ 과징금 ≠ 형사처벌 → ① 벌금 + 과징금 → 이중 처벌 금지의 원칙 ×

40. 행정구제법
행정상 손해전보
행정상 손실보상

② 잔여지수용청구: 사업완료일까지
손실보상: 사업완료일부터 1년 이내
③ 이주대책대상자는 사업시행자가 이주대책에 대한 구체적인 계획을 수립하여 공고한 때에 후 대상자 선정신청을 하고 사업시행자가 이주대책 대상자로 확인·결정하여야 수분양권을 취득한다.

41. 행정구제법
행정쟁송
행정심판

① 처분재결, 처분명령재결

> 행정심판법 제43조(재결의 구분)
> ⑤ 위원회는 의무이행심판의 청구가 이유가 있다고 인정하면 지체 없이 신청에 따른 처분을 하거나 처분을 할 것을 피청구인에게 명한다.

② 심판청구기간을 법상 규정된 기간보다 긴 기간으로 잘못 고지한 경우에도 규정된 행정심판기간 고지 기간 내에 심판청구를 하여야 한다.

> 행정심판법 제27조(심판청구의 기간)
> ① 행정심판은 처분이 있음을 알게 된 날부터 90일 이내에 청구하여야 한다.
> ② 청구인이 천재지변, 전쟁, 사변(事變), 그 밖의 불가항력으로 인하여 제1항에서 정한 기간에 심판청구를 할 수 없었을 때에는 그 사유가 소멸한 날부터 14일 이내에 행정심판을 청구할 수 있다. 다만, 국외에서 행정심판을 청구하는 경우에는 그 기간을 30일로 한다.
> ③ 행정심판은 처분이 있었던 날부터 180일이 지나면 청구하지 못한다. 다만, 정당한 사유가 있는 경우에는 그러하지 아니하다.
> ④ 제1항과 제2항의 기간은 불변기간(不變期間)으로 한다.
> ⑤ 행정청이 심판청구 기간을 제1항에 규정된 기간보다 긴 기간으로 잘못 알린 경우 그 잘못 알린 기간에 심판청구가 있으면 그 행정심판은 제1항에 규정된 기간에 청구된 것으로 본다.

> ⑥ 행정청이 심판청구 기간을 알리지 아니한 경우에는 제3항에 규정된 기간에 심판청구를 할 수 있다.
> ⑦ 제1항부터 제6항까지의 규정은 무효등확인심판청구와 부작위에 대한 의무이행심판청구에는 적용하지 아니한다.

③ 시·도지사의 처분에 대한 심판청구는 시·도지사 국민권익위원회 소속으로 두는 중앙행정심판위원회에서 심리·재결한다.
④ 심리는 구술심리나 서면심리로 하고, 당사자가 구술심리를 신청한 경우에는 서면심리만으로 결정할 수 있다고 인정되는 경우 서면심리를 할 수 없다. 있다.
⑤ 항고소송에서의 처분사유의 추가·변경의 법리는 행정심판에 적용되지 않는다. 적용된다.

42. 행정구제법
행정쟁송
행정심판

ㄱ, ㄷ. 행정심판
ㄴ. 행정소송
ㄹ. 행정심판
이행강제금부과처분(행정처분) 불이행에 대한 행정소송
이행강제금부과처분(행정처분) 취소를 구하는 행정심판

43. 국가배상에 관한 설명으로 옳지 않은 것은? (다툼이 있으면 판례에 따름)
① 공무를 위탁받은 사인의 직무집행행위에 대해서도 국가배상책임이 성립할 수 있다.
② 가해행위인 처분에 대해 취소판결이 확정된 경우에는 기판력에 의해 국가배상소송에서도 국가배상책임이 인정된다.
③ 생명·신체의 침해로 인한 국가배상을 받을 권리는 압류하지 못한다.
④ 피해자나 그 법정대리인이 손해 및 가해자를 알지 못한 경우 국가배상청구권의 소멸시효기간은 5년이다.
⑤ 외국인이 피해자인 경우에는 해당 국가와 상호 보증이 있을 때에만 「국가배상법」이 적용된다.

44. 공물에 관한 설명으로 옳은 것은?
① 공공용물은 직접 행정주체 자신의 사용에 제공된 공물을 말한다.
② 국가 또는 지방자치단체가 소유권자인 공물을 국유공물이라 한다.
③ 공물의 관리주체와 공물의 귀속주체가 다른 공물을 자유공물(自有公物)이라고 한다.
④ 경찰견은 동산공물에 해당한다.
⑤ 도로, 공원 등은 자연공물에 해당한다.

45. 권한의 대리와 위임에 관한 설명으로 옳은 것을 모두 고른 것은? (다툼이 있으면 판례에 따름)

> ㄱ. 지방자치단체의 장이 수임한 기관위임사무의 일부를 재위임하고자 하는 경우 위임자의 승인을 얻어 규칙으로 재위임할 수 있다.
> ㄴ. 내부위임의 경우 수임관청이 자신의 명의로 행정처분을 하였더라도 항고소송에서의 피고는 위임관청이 된다.
> ㄷ. 권한의 위임은 반드시 법적 근거를 요하는 것은 아니다.
> ㄹ. 지정대리란 법정사실이 발생하면 법상 당연히 특정한 자에게 대리권이 부여되어 대리관계가 성립하는 것을 말한다.

① ㄱ   ② ㄴ, ㄷ   ③ ㄱ, ㄴ, ㄷ   ④ ㄴ, ㄷ, ㄹ   ⑤ ㄱ, ㄴ, ㄷ, ㄹ

46. 행정조직에 관한 설명으로 옳지 않은 것은?
① 훈령이란 상급관청이 하급관청의 권한행사를 지휘하기 위해 발하는 명령이다.
② 공무원이 대외적 구속력이 없는 훈령에 위반한 경우에도 위법은 아니며 징계책임이 부과될 수 있을 뿐이다.
③ 상급관청은 직권에 의해 하급관청의 위법·부당한 행위의 취소를 명할 수 있다.
④ 징계위원회 같은 의결기관으로서의 위원회는 의결권은 물론이고 정해진 의사를 대외적으로 표시할 권한을 갖는다.
⑤ 주관쟁의결정권이란 하급관청 사이에 권한의 분쟁이 있는 경우, 상급관청이 그 분쟁을 해결하고 결정하는 권한을 말한다.

행정법

43. 생성구제법 행정상 손해전보 행정상 손해배상(국가배상)	② 가해행위인 처분에 대해 취소판결이 확정된 경우에는 기판력에 의해 행정처분을 행한 공무원에게 고의 또는 과실이 있었다고 단정할 수 없으므로 국가배상소송에서도 국가배상책임이 인정된다. 인정되는 것은 아니다.

① 공무수탁사인(公務受託私人)

①②④ 판례

③

⑤

> 국가배상법 제4조(양도 등 금지)
> 생명·신체의 침해로 인한 국가배상을 받을 권리는 양도하거나 압류하지 못한다.
> 국가배상법 제7조(외국인에 대한 책임)
> 이 법은 외국인이 피해자인 경우에는 해당 국가와 상호 보증이 있을 때에만 적용한다.

---

44. 특별행정작용법
    급부행정법(공물법)

④ 경찰견 - 공용물 - 동산공물

① 공공용물 공용물은 직접 행정주체 자신의 사용에 제공된 공물을 말한다.
② 국가 또는 지방자치단체가 소유권자인 공물을 국유공물 공유공물이라 한다.
③ 공물의 관리주체와 공물의 귀속 주체가 다른 공물을 자유공물(自有公物) 타유공물(他有公物)이라고 한다.
⑤ 도로, 공원 등은 자연공물 인공공물에 해당한다.

---

45. 행정조직법
    행정조직법
    행정권한 - 대리·위임

> 행정권한의 위임 및 위탁에 관한 규정 제4조(재위임)
> … 행정의 능률향상과 주민의 편의를 위하여 필요하다고 인정될 때에는 수임사무의 일부를 그 위임기관의 장의 승인을 받아 규칙으로 정하는 바에 따라 … 다시 위임할 수 있다.

ㄴ. 내부위임의 경우 수임관청이 자신의 명의로 행정처분을 하였더라도면 항고소송에서의 피고는 위임관청 수임관청이 된다.
ㄷ. 권한의 위임은 반드시 법적 근거를 요하는 것은 아니다. 요한다.
 - 행정권한의 위임 - 권한의 이전 - 법률의 근거
   내부위임 - 권한의 이전 - 법률의 근거
ㄹ. 지정대리란 법정 사실이 발생하면 법상 당연히 특정한 자에게 대리권이 부여되어 일정한 자가 대리자를 지정함으로써 대리관계가 성립하는 것을 말한다.

---

46. 행정조직법
    행정조직법

② 훈령 위반: 위법 명령 복종의무 위반
③ 통설
④ 징계위원회 같은 의결기관으로서의 위원회는 의결권은 물론이고 을 갖고 정해진 의사를 대외적으로 표시할 권한을 갖는다. 은 갖지 않는다.

> 헌법 제89조 다음 사항은 국무회의의 심의를 거쳐야 한다.
> 10. 행정각부간의 권한의 획정
> 행정절차법 제6조(관할)
> ② 행정청의 관할이 분명하지 아니한 경우에는 해당 행정청을 공통으로 감독하는 상급 행정청이 그 관할을 결정하며, 공통으로 감독하는 상급 행정청이 없는 경우에는 각 상급 행정청이 협의하여 그 관할을 결정한다.
> 정부조직법 제11조(대통령의 행정감독권)
> ② 대통령은 국무총리와 중앙행정기관의 장의 명령이나 처분이 위법 또는 부당하다고 인정하면 이를 중지 또는 취소할 수 있다.
> 정부조직법 제18조(국무총리의 행정감독권)
> ② 국무총리는 중앙행정기관의 장의 명령이나 처분이 위법 또는 부당하다고 인정될 경우에는 대통령의 승인을 받아 이를 중지 또는 취소할 수 있다.

47. 경찰책임에 관한 설명으로 옳지 않은 것은?
① 행위능력이 없는 자도 경찰책임자가 될 수 있다.
② 경찰책임자에 대한 경찰권의 발동이 어려운 경우에는 예외적으로 경찰책임이 없는 자에게도 경찰권이 발동될 수 있다.
③ 물건에 대한 권원의 유무와 관계없이 물건을 현실적으로 지배하고 있는 자에게도 상태책임이 인정된다.
④ 행위책임의 행위에는 부작위를 포함한다.
⑤ 타인을 감독하는 자가 타인의 행위에 대하여 지는 경찰책임은 자기책임이 아니라 타인의 책임을 대신하여 지는 것이다.

48. 공무원관계에 관한 판례의 태도로 옳은 것은?
① 공무원임용결격사유가 있는지의 여부는 임용당시가 아닌 채용후보자 명부에 등록한 때에 시행되던 법률을 기준으로 하여 판단하여야 한다.
② 임용당시 공무원임용결격사유가 있었다면 비록 국가의 과실에 의하여 임용결격자임을 밝혀내지 못하였다 하더라도 그 임용행위는 당연무효이다.
③ 국가가 공무원임용결격사유가 있는 자에 대해 결격사유가 있음을 알지 못하고 임용하였다가 사후에 결격사유가 있는 자임을 발견하고 임용행위를 취소하는 경우, 그 취소권은 시효의 제한을 받는다.
④ 시험승진후보자명부에서의 삭제행위는 행정처분이다.
⑤ 직위해제는 징계처분에 해당한다.

49. 지방자치법상 주민소송에 관한 설명으로 옳지 않은 것은?
① 주민소송은 민중소송이며 객관소송이다.
② 해당 행위를 계속하면 회복하기 곤란한 손해가 발생할 우려가 있는 경우에 그 행위의 전부나 일부를 중지할 것을 요구하는 소송을 주민소송으로 제기할 수 있다.
③ 주민소송을 제기하기 위해서는 그에 앞서 당해 사안에 대해 주민감사청구를 하여야 한다.
④ 소송의 계속(繫屬) 중에 소송을 제기한 주민이 사망하면 소송절차는 중단된다.
⑤ 주민소송이 진행 중이라도 다른 주민은 같은 사항에 대하여 별도의 소송을 제기할 수 있다.

50. 행정소송법상 취소소송에 관한 설명으로 옳은 것은? (다툼이 있으면 판례에 따름)
① 무효인 처분에 대하여는 무효확인청구소송을 제기하여야 하고 취소소송을 제기할 수는 없다.
② 신청에 대한 거부행위는 취소소송의 대상이 될 수 없다.
③ 처분등을 할 정당한 권한을 가진 행정청만이 피고적격을 갖는다.
④ 처분이 위법한 것으로 인정되는 경우에도 공공복리를 위하여 원고의 청구가 기각될 수 있다.
⑤ 과세처분취소소송에서 적법하게 부과될 정당한 세액이 산출되더라도 법원은 정당한 세액을 초과하는 부분만 취소할 수는 없고 전부를 취소하여야 한다.

47. 특별행정작용법
    경찰관 직무집행법

⑤ 타인을 감독하는 자가 타인의 행위에 대하여 지는 경찰책임은 선임·감독상의 자기책임이 아니라 타인의 책임을 대신하여 지는 것이다. 이다.

48. 행정조직법
    공무원법

①②③④⑤ 판례

① 공무원임용결격사유가 있는지의 여부는 임용당시 채용후보자 명부에 등록한 때가 아닌 채용후보자 명부에 등록한 때 임용당시에 시행되던 법률을 기준으로 하여 판단하여야 한다.
③ 국가가 공무원임용결격사유가 있는 자에 대해 결격사유가 있음을 알지 못하고 임용하였다가 사후에 결격사유가 있는 자임을 발견하고 임용행위를 취소하는 경우, 임용의 무효를 확인하는 것에 불과하므로, 그 취소권은 시효의 제한을 받는다. 받지 않는다.
④ 시험승진후보자명부에서의 삭제행위는 행정처분이다. 이 아니다.
⑤ 직위해제는 징계처분에 해당한다. 해당하지 않는다.

49. 행정조직법
    지방자치법
    주민소송

지방자치법 제22조(주민소송)
② 제1항에 따라 주민이 제기할 수 있는 소송은 다음 각 호와 같다.
  1. 해당 행위를 계속하면 회복하기 어려운 손해를 발생시킬 우려가 있는 경우에는 그 행위의 전부나 일부를 중지할 것을 요구하는 소송
  2. 행정처분인 해당 행위의 취소 또는 변경을 요구하거나 그 행위의 효력 유무 또는 존재 여부의 확인을 요구하는 소송
  3. 게을리한 사실의 위법 확인을 요구하는 소송
  4. 해당 지방자치단체의 장 및 직원, 지방의회의원, 해당 행위와 관련이 있는 상대방에게 손해배상청구 또는 부당이득반환청구를 할 것을 요구하는 소송. 다만, 그 지방자치단체의 직원이 「회계관계직원 등의 책임에 관한 법률」 제4조(회계관계직원의 변상책임)에 따른 변상책임을 져야 하는 경우에는 변상명령을 할 것을 요구하는 소송을 말한다.

⑤ 제2항 각 호의 소송이 진행 중이면 다른 주민은 같은 사항에 대하여 별도의 소송을 제기할 수 없다.
⑥ 소송의 계속(繫屬) 중에 소송을 제기한 주민이 사망하거나 제16조(주민의 자격)에 따른 주민의 자격을 잃으면 소송절차는 중단된다. 소송대리인이 있는 경우에도 또한 같다.

⑤ 주민소송이 진행 중이라도면 다른 주민은 같은 사항에 대하여 별도의 소송을 제기할 수 있다. 없다.

50. 행정구제법
    행정쟁송
    행정소송 - 취소소송

행정소송법 제28조(사정판결)
① 원고의 청구가 이유있다고 인정하는 경우에도 처분등을 취소하는 것이 현저히 공공복리에 적합하지 아니하다고 인정하는 때에는 법원은 원고의 청구를 기각할 수 있다. 이 경우 법원은 그 판결의 주문에서 그 처분등이 위법함을 명시하여야 한다.

① 무효인 처분에 대하여는 무효확인청구소송을 제기하여야 하고 취소소송을 제기할 수는도 없다. 있다.
② 신청에 대한 거부행위는 취소소송의 대상이 될 수 없다. 있다.
③ 처분 등을 할 정당한 권한을 가진 행정청만이 피고적격을 갖는다. 갖는 것은 아니다.
⑤ 과세처분취소소송에서 적법하게 부과될 정당한 세액이 산출되더라도 법원은 정당한 세액을 초과하는 부분만 취소할 수는 없고 전부를 취소하여야 한다. 있다.

51. 지방자치에 관한 설명으로 옳지 않은 것은?
① 지방자치의 본질적 의미는 지역주민이 그 지역의 제반 문제를 스스로 결정하고 처리하는 것이다.
② 지방자치는 정치적 활동과는 무관하며 공공행정의 가치를 중시한다.
③ 지방자치는 지방분권을 전제로 하며, 주민참여는 '풀뿌리 민주주의' 원리를 구현한다.
④ 지방자치단체라는 공법인을 통해 주민에게 필요한 주요 정책의 실험장 역할을 한다.
⑤ 지역특성에 맞는 행정과 정책을 통해 행정의 능률성과 책임성을 확립한다.

52. 정부가 회계연도 개시 120일 전까지 국회에 제출하는 예산안의 구성요소가 아닌 것은?
① 예산총칙 ② 세입세출예산 ③ 계속비
④ 명시이월비 ⑤ 국가결산보고서

53. 우리나라 근무성적평가의 대상이 되는 공무원은?
① 정무직 공무원 ② 고위공무원단 소속 공무원 ③ 3급 이상 별정직 공무원
④ 4급 이상 공무원 ⑤ 5급 이하 공무원

54. 우리나라 지방자치단체의 유형과 특징에 관한 설명으로 옳지 않은 것은?
① 지방자치단체에는 특별시, 광역시, 도, 특별자치도, 특별자치시와 시·군·구(자치구)가 포함된다.
② 두 개 이상의 지방자치단체가 특정한 목적을 위하여 법인으로서의 특별지방자치단체를 설치할 수 있다.
③ 특별시, 광역시 및 특별자치시가 아닌 인구 100만 이상의 시는 특례시 명칭을 부여받고 자치구를 둔다.
④ 모든 지방자치단체는 법령의 범위를 벗어나 사무처리와 조례 제정을 할 수 없다.
⑤ 특별시·광역시 또는 특별자치시가 아닌 인구 50만 이상의 시는 자치구가 아닌 구를 둘 수 있다.

55. 우리나라 지방자치제도에 있어서 주민의 권리에 관한 내용으로 옳지 않은 것은?
① 주민 A씨(30세)는 자신이 살고 있는 지역의 지방자치단체 발전과 운영에 기여할 수 있다.
② ○○시 주민 B씨(20세)는 청년일자리 창출에 관한 조례의 필요성에 따라 요건을 갖추어 ○○시 조례의 제정을 청구하였다.
③ 지방자치단체 외국인등록대장에 등록된 베트남국적 C씨(45세)는 국내에 영주할 수 있는 체류자격 취득일 후 현재 3년이 지났지만, 외국인이기 때문에 지방자치단체의 위법행위에 대한 감사를 청구할 수 없다.
④ ○○시 비례대표 시의원의 심각한 불법행위 문제를 알고 있는 ○○시 주민 D씨(55세)는 주민소환 투표 청구를 위한 요건을 갖추더라도 주민소환권을 행사할 수 없다.
⑤ ○○시 주민 E씨(57세)는 시의 공금 지출에 관한 사항의 위법에 대해 감사청구한 자로서, 그 감사 결과에 불복하고 법적 요건을 갖추어 시장을 상대로 주민소송을 제기하였다.

51. 지방자치론
    지방자치

② 지방자치는 정치적 활동과는 무관하며 공공행정의 가치를 중시한다. <u>관련 있다.</u>

52. 재무행정(예산)
    예산과정

국가재정법 제19조(예산의 구성)
예산은 예산총칙·세입세출예산·계속비·명시이월비 및 국고채무부담행위를 총칭한다.

53. 인사행정
    인사평정
    근무성적평가

공무원 성과평가 등에 관한 규정 제12조(근무성적평가의 대상)
5급 이하 공무원, 우정직공무원, 「연구직 및 지도직공무원의 임용 등에 관한 규정」(이하 "연구직및지도직규정"이라 한다) 제9조(**시보임용**)에 따른 연구직 및 지도직공무원에 대한 근무성적평정은 근무성적평가에 의한다.

54. 지방자치론
    지방자치단체·사무

①

③ **특별시, 광역시 및 특별자치시가 아닌 인구 100만 이상의 시는 특례시 명칭을 부여받고 자치구를 둔다.** <u>부여받는다.</u>

④

지방자치법 제28조(조례)
① 지방자치단체는 법령의 범위에서 그 사무에 관하여 조례를 제정할 수 있다. 다만, 주민의 권리 제한 또는 의무 부과에 관한 사항이나 벌칙을 정할 때에는 법률의 위임이 있어야 한다.

②

지방자치법 제2조(지방자치단체의 종류)
① 지방자치단체는 다음의 두 가지 종류로 구분한다.
　1. 특별시, 광역시, 특별자치시, 도, 특별자치도
　2. 시, 군, 구
지방자치법 제3조(지방자치단체의 법인격과 관할)
③ 특별시·광역시 또는 특별자치시가 아닌 인구 50만 이상의 시에는 자치구가 아닌 구를 둘 수 있고, 군에는 읍·면을 두며, 시와 구(자치구를 포함한다)에는 동을, 읍·면에는 리를 둔다. ⑤
지방자치법 제198조(대도시 등에 대한 특례 인정)
② … 서울특별시·광역시 및 특별자치시를 제외한 다음 각 호의 어느 하나에 해당하는 대도시 및 시·군·구의 행정, 재정 운영 및 국가의 지도·감독에 대해서는 그 특성을 고려하여 관계 법률로 정하는 바에 따라 추가로 특례를 둘 수 있다.
　1. 인구 100만 이상 대도시(이하 "특례시"라 한다)
　2. 실질적인 행정수요, 지역균형발전 및 지방소멸위기 등을 고려하여 대통령령으로 정하는 기준과 절차에 따라 행정안전부장관이 지정하는 시·군·구
지방자치법 제199조(설치)
① 2개 이상의 지방자치단체가 공동으로 특정한 목적을 위하여 광역적으로 사무를 처리할 필요가 있을 때에는 특별지방자치단체를 설치할 수 있다. 이 경우 … 상호 협의에 따른 규약을 정하여 구성 지방자치단체의 지방의회 의결을 거쳐 행정안전부장관의 승인을 받아야 한다.

55. 지방자치론
    주민참여

③

지방자치법 제21조(주민의 감사 청구)
① 지방자치단체의 18세 이상의 주민으로서 다음 각 호의 어느 하나에 해당하는 사람은 … 감사를 청구할 수 있다.
　2. 「출입국관리법」 제10조(**체류자격**)에 따른 영주(永住)할 수 있는 체류자격 취득일 후 3년이 경과한 외국인으로서 같은 법 제**34조(외국인등록표 등의 작성 및 관리**)에 따라 해당 지방자치단체의 외국인등록대장에 올라 있는 사람

56. 행정학의 주요 이론에 관한 내용으로 옳지 않은 것은?
① 신제도주의론은 공식적 제도나 구조는 물론 비공식적 제도와 규범도 중요하게 강조한다.
② 행태주의 행정연구는 가치와 사실문제를 엄격하게 구분하고 자유와 평등의 가치를 연구 대상에서 제외한다.
③ 체제이론은 행정현상을 여러 변수 중에서 환경을 포함해 거시적으로 접근한다.
④ 인간관계론은 조직목표 달성을 위해 생산성과 능률성에 기반을 둔 금전적 보상과 경제적 인간관을 강조한다.
⑤ 신행정학 이론은 참여와 형평의 가치를 중심으로 현실문제의 처방적 연구를 중시한다.

57. 신공공서비스 행정이론에 관한 설명으로 옳은 것을 모두 고른 것은?

> ㄱ. 시민을 자율적인 소비자 또는 고객으로 간주한다.
> ㄴ. 민주적 시민의식론과 조직적 인본주의를 이념으로 한다.
> ㄷ. 공공행정의 다양한 가치와 책임성 문제에 관심을 둔다.
> ㄹ. 공공서비스의 공급에 있어 합리적 선택과 방법론적 개인주의를 강조한다.

① ㄱ, ㄴ   ② ㄱ, ㄷ   ③ ㄴ, ㄷ   ④ ㄴ, ㄹ   ⑤ ㄷ, ㄹ

58. 중앙정부에 의한 지방재정조정제도의 형태가 아닌 것은?
① 국고보조금   ② 지방교부세   ③ 국가균형발전특별회계
④ 조정교부금   ⑤ 국고부담금

59. 전자정부와 공공행정의 변화에 관한 설명으로 옳지 않은 것은?
① 전자정부 발전으로 인한 정보화의 역기능은 사회적 질서와 안전을 위협하는 디지털위험으로 진행될 수 있다.
② 일반적으로 정보는 공공재 성격이 강하기 때문에 행정정보의 비대칭성 문제는 해소 내지 완화되어야 하는 것이 바람직하다.
③ 정부의 맞춤형 전자서비스와 빅데이터 산업 고도화 차원에서 개인정보의 행정기관 간 공동 활용은 중요하다.
④ 전자정부 서비스는 이용자들의 거래비용과 기회비용 및 민원업무 감소에 기여한다.
⑤ 전자정부의 발달에 의한 공공데이터 개방은 행정정보의 독점적 소유를 촉진시키고 있다.

60. 시장실패의 이유에 관한 내용으로 옳은 것을 모두 고른 것은?

> ㄱ. 정부의 공공지출에 대한 순편익 극대화 보장의 어려움
> ㄴ. 공공서비스 성과평가의 객관적 기준설정의 어려움
> ㄷ. 국방 및 치안서비스 활동과 같은 공공재의 독점적 성격
> ㄹ. 환경오염으로 인한 외부불경제 효과

① ㄱ, ㄴ   ② ㄱ, ㄹ   ③ ㄴ, ㄷ   ④ ㄴ, ㄹ   ⑤ ㄷ, ㄹ

56. 행정학 총론	③ **체제이론**: 개방체제 관점, 방법론적 총체주의
행정학 이론	④ **인간관계론** 과학적 관리론은 조직목표 달성을 위해 생산성과 능률성에 기반을 둔 금전적 보상과 경제적 인간관을 강조한다.

57. 행정학 총론	담론이론, 비판이론, 시민사회모형, 민주적 시민 이론
행정학 이론	해석학, 실증주의, 조직인본주의, 포스트모더니즘
신공공서비스론(NPS)	ㄱ. 신공공관리론(NPM; New Public Management)
New Public Sevice	ㄹ. 공공선택론(Public Choice Theory)

58. 지방자치론
　　지방재정
　　지방재정조정

자주재원
　　지방세, 세외수입
의존재원
　　지방교부세　　　　　　　보통교부세(일반재원)
　　(일반재원)　　　　　　　특별교부세(특정재원)

중앙정부에 의한 지방재정조정:
　　①②③⑤
광역자치단체의 지방재정조정:
　　④ 조정교부금

　　　　　　　　　　　　　　부동산교부세(일반재원)
　　　　　　　　　　　　　　소방안전교부세(특정재원)
　　국고보조금　　　　　　　장려적 보조금:　　　　자치사무
　　(특정재원)　　　　　　　보조금:　　　　　　　　단체위임사무
　　　　　　　　　　　　　　교부금(의무적 위탁금):　기관위임사무
　　조정교부금　　　　　　　자치구 조정교부금
　　(일반재원)　　　　　　　시·군 조정교부금

59. 정보화(행정)	② 비배제성(non-excludability) 원리
전자정부	
③	전자정부법 제37조(행정정보 공동이용센터) ① 행정안전부장관은 행정정보의 원활한 공동이용을 위하여 행정안전부장관 소속으로 행정정보 공동이용센터(이하 "공동이용센터"라 한다)를 두고 대통령령으로 정하는 바에 따라 공동이용에 필요한 시책을 추진하게 할 수 있다. ② 제36조(**행정정보의 효율적 관리 및 이용**)제2항에 따라 행정정보를 공동으로 이용하는 기관은 정당한 사유가 없으면 공동이용센터를 통하여 행정정보를 공동이용하여야 한다.
	⑤ 전자정부의 발달에 의한 공공데이터 개방은 행정정보의 독점적 소유를 촉진시키고 있다. 제한하고 있다.

60. 행정학 총론	ㄱ. ㄴ. 정부실패(government failure)의 원인
행정환경	ㄴ. 울프(C. Wolf Jr.)의 비시장실패(non-market failure)론
시장실패(market failure)	ㄷ. 비경합성(non-rivalry), 비배제성(non-excludability)
	ㄹ. 외부효과(externalities): 외부경제(external economies), 외부비경제(external diseconomies)

61. 기계적 조직과 학습조직의 특성에 관한 내용으로 옳지 않은 것은?
① 기계적 조직은 위계적·경직적 조직문화를 갖는데 비해 학습조직은 적응적 조직문화를 갖는다.
② 기계적 조직은 조직원의 재량과 책임을 중시하나 학습조직은 조직원 과업을 상세히 규정한 표준화·분업화에 의해 수행한다.
③ 기계적 조직은 경쟁을 중시하나 학습조직은 협력을 중시한다.
④ 기계적 조직은 수직적 구조이나 학습조직은 수평적 구조를 지향한다.
⑤ 기계적 조직은 정보가 최고관리층에 집중되는 반면에 학습조직은 조직원들에게 공유된다.

62. 우리나라 고위공무원단제도에 관한 설명으로 옳지 않은 것은?
① 고위공무원단을 구성하는 공무원은 전원 중앙행정기관 소속이다.
② 각 부처 장관은 소속에 관계없이 전체 고위공무원단 중에서 적임자를 인선한다.
③ 계급과 연공서열 보다는 직무와 성과 중심의 인사관리를 추구한다.
④ 행정부처에 배치된 고위공무원의 인사와 복무는 소속 장관이 관리한다.
⑤ 고위직의 개방을 확대하고 경쟁을 촉진하기 위한 제도이다.

63. 우리나라 인사혁신처에 관한 설명으로 옳지 않은 것은?
① 법률의 범위 내에서 인사규칙을 제정한다.
② 인사행정의 공정성을 제고하기 위한 독립합의형 대통령 직속기관이다.
③ 인사 법령에 따라 인사행정에 관한 구체적인 사무를 수행한다.
④ 행정기관 소속 공무원의 징계처분 등에 대한 소청을 심사·결정하기 위하여 소청심사위원회를 둔다.
⑤ 인사행정을 수행하는 중앙정부의 인사행정기관이다.

64. 직업공무원제도에 관한 설명으로 옳지 않은 것은?
① 젊고 유능한 인재들이 공직을 평생 직업으로 선택하여 근무하게 하는 제도이다.
② 행정의 계속성과 안정성을 확보하게 한다.
③ 폐쇄적 임용으로 인해 공직분위기의 침체가 우려된다.
④ 일반행정가보다는 전문행정가 양성을 목표로 한다.
⑤ 신분보장으로 인해 무사안일과 관료의 병리현상이 초래될 위험이 있다.

65. 정부조직체계에서 청 단위기관과 소속부처의 연결로 옳은 것을 모두 고른 것은?

ㄱ. 기상청 - 환경부	ㄴ. 방위사업청 - 산업통상자원부
ㄷ. 소방청 - 행정안전부	ㄹ. 특허청 - 기획재정부
ㅁ. 해양경찰청 - 국방부	

① ㄱ, ㄷ   ② ㄱ, ㄹ   ③ ㄴ, ㄹ   ④ ㄴ, ㅁ   ⑤ ㄷ, ㅁ

61. 조직론
조직

기계적 조직	학습조직
수직적 계층구조(기능 중심)	수평적 계층구조(과정 중심)
표준화·분업화	분권화·재량권
경쟁	협력
정보집중	정보공유
위계적·경직적 조직문화	적응적 조직문화
통제·관리	수평적 협력, 권한 위임

② ~~기계적 조직~~ 학습조직은 조직원의 재량과 책임을 중시하나 ~~학습조직~~ 기계적 조직은 조직원 과업을 상세히 규정한 표준화·분업화에 의해 수행한다.

62. 인사행정
인사행정
고위공무원단

① 고위공무원단을 구성하는 공무원은 전원 중앙행정기관 소속이다., 지방자치단체 소속을 포함한다.

국가공무원법 제2조의2(고위공무원단)
① 국가의 고위공무원을 범정부적 차원에서 효율적으로 인사관리하여 정부의 경쟁력을 높이기 위하여 고위공무원단을 구성한다.
② 제1항의 "고위공무원단"이란 직무의 곤란성과 책임도가 높은 다음 각 호의 직위(이하 "고위공무원단 직위"라 한다)에 임용되어 재직 중이거나 파견·휴직 등으로 인사관리되고 있는 일반직공무원, 별정직공무원 및 특정직공무원(특정직공무원은 다른 법률에서 고위공무원단에 속하는 공무원으로 임용할 수 있도록 규정하고 있는 경우만 해당한다)의 군(群)을 말한다.
  1. 「정부조직법」 제2조(중앙행정기관의 설치와 조직 등)에 따른 중앙행정기관의 실장·국장 및 이에 상당하는 보좌기관
  2. 행정부 각급 기관(감사원은 제외한다)의 직위 중 제1호의 직위에 상당하는 직위
  3. 「지방자치법」 제123조(부지사·부시장·부군수·부구청장)제2항·제125조(행정기구와 공무원)제5항 및 「지방교육자치에 관한 법률」 제33조제2항에 따라 국가공무원으로 보하는 지방자치단체 및 지방교육행정기관의 직위 중 제1호의 직위에 상당하는 직위
  4. 그 밖에 다른 법령에서 고위공무원단에 속하는 공무원으로 임용할 수 있도록 정한 직위

63. 조직론
조직구조
인사혁신처

② 인사행정의 공정성을 제고하기 위한 독립 합의형 비독립·단독형 대통령 국무총리 직속 기관이다.

정부조직법 제22조의3(인사혁신처)
① 공무원의 인사·윤리·복무 및 연금에 관한 사무를 관장하기 위하여 국무총리 소속으로 인사혁신처를 둔다.
② 인사혁신처에 처장 1명과 차장 1명을 두되, 처장은 정무직으로 하고, 차장은 고위공무원단에 속하는 일반직공무원으로 보한다.

64. 인사행정
인사행정 - 직업공무원제도
폐쇄형·정년보장·일반행정가

④ ~~일반행정가~~ 전문행정가보다는 ~~전문행정가~~ 일반행정가 양성을 목표로 한다.

65. 조직론
조직구조
정부조직

ㄴ. 방위사업청 - ~~산업통상자원부~~ 국방부
ㄹ. 특허청 - ~~기획재정부~~ 산업통상자원부
ㅁ. 해양경찰청 - ~~국방부~~ 해양수산부

66. 조직구조의 분권화가 요구되는 상황으로 옳지 않은 것은?
① 규칙과 절차의 합리성·효율성에 대해 신뢰하고 있다.
② 조직이 속한 사회의 민주화가 촉진되고 있다.
③ 기술과 환경이 격동적으로 변화하고 있다.
④ 고객에게 신속하고 대응적인 서비스 요구가 증가하고 있다.
⑤ 조직구성원들의 참여 확대와 창의성 발현이 요구되고 있다.

67. 행정통제 유형 중 외부통제에 해당하는 것은?
① 대통령에 의한 통제 ② 중앙행정부처에 의한 통제 ③ 감사원에 의한 통제
④ 사법부에 의한 통제 ⑤ 국무조정실에 의한 통제

68. 국회의 예산결산에 관한 설명으로 옳지 않은 것은?
① 결산 심의를 한 결과 문제가 있는 특정사안에 대하여 감사원에 감사를 요구할 수 있다.
② 결산은 회계연도에서 국가의 수입과 지출 실적을 확정적 계수로 표시하는 행위이다.
③ 예산의 범위 내에서 재정활동을 했는지 확인하고 그 결과를 재정운용에 반영하는 과정이다.
④ 부당한 지출이 발견된 경우 그 책임을 요구하고 무효화할 수 있다.
⑤ 재정운용의 비능률이 발견된 경우 시정을 요구할 수 있고 차년도 예산과정에서 쟁점화될 수 있다.

69. 정책집행에서 하향적 접근방법에 관한 설명으로 옳지 않은 것은?
① 정책이 추구하는 목표를 분명히 하고, 정책결정자의 의도를 정확히 이해할수록 정책은 보다 효과적으로 집행될 수 있다.
② 정책결정의 결과물인 정책목표를 달성해 가는 과정을 정책집행으로 이해한다.
③ 정책집행 현장에서 집행조직과 정책사업 사이의 상호적응이 강조된다.
④ 정책이 결과물을 창출하는 과정에서 정책결정자가 어떤 역할을 했는지에 관심이 있다.
⑤ 정책결정단계에서 주된 역할을 하는 참여자와 정책내용에 초점을 맞춘다.

70. 정책과정의 참여자 중 공식적인 참여자에 해당하는 것은?
① 이익집단 ② 입법부 ③ 정당 ④ 시민단체 ⑤ 민간전문가

71. 이해충돌방지법에 관한 내용으로 옳지 않은 것은?
① 공직자는 직무관련자가 사적이해관계자임을 안 날부터 30일 이내에 소속기관장에게 그 사실을 신고하면 회피신청이 면제된다.
② 공직자는 직무수행 중 알게 된 비밀 또는 소속 공공기관의 미공개정보를 사적 이익을 위하여 이용하거나 제3자로 하여금 이용하게 하여서는 아니 된다.
③ 공직자는 직무관련자에게 사적으로 노무 또는 조언·자문 등을 제공하고 대가를 받는 행위를 하여서는 아니 된다.
④ 공직자는 공공기관이 소유하거나 임차한 물품·차량·선박·항공기·건물·토지·시설 등을 사적인 용도로 사용·수익하거나 제3자로 하여금 사용·수익하게 하여서는 아니 된다.
⑤ 공직자는 직무관련자인 소속 기관의 퇴직자(공직자가 아니게 된 날부터 2년 이내인 자)와 사적 접촉(골프, 여행, 사행성 오락을 같이 하는 행위)을 하는 경우 소속기관장에게 신고하여야 한다.

66. 조직론
조직구조

① 안정적 상황(낮은 불확실성)
  → 친(親)기계적 구조 → 집권화 촉진

집권화 촉진 요인	분권화 촉진 요인
위기 발생	기술환경 변화
전략적 결정	동기유발 전략
교통·정보통신 발달	조직규모 확대
재정자원 규모 팽창	개인적 창의성 발휘
규칙과 절차에 대해 신뢰	사회의 민주화 촉진
조직활동의 통일성·일관성 요청	상황적응적 서비스 제공 요청

67. 행정환류
행정책임 - 외부통제

길버트(E. Gilbert): 공식통제, 비공식통제

공식 통제
  - 내부통제: 계층제, 심사평가, **행정부(처)**, 교차기능조직,
              독립통제기관(**감사원**, 국민권익위원회)
  - 외부통제: 입법부, **사법부**, 옴부즈만

비공식 통제
  - 내부통제: 공익, 행정윤리, 대표관료제
  - 외부통제: 민중, 언론, 정당, 시민단체, 이익집단

68. 재무행정(예산)
예산과정 - 예산결산

①
③⑤ 재정학습

국회법 제127조의2(감사원에 대한 감사 요구 등)
① 국회는 의결로 감사원에 대하여「감사원법」에 따른 감사원의 직무 범위에 속하는 사항 중 사안을 특정하여 감사를 요구할 수 있다. 이 경우 감사원은 감사 요구를 받은 날부터 3개월 이내에 감사 결과를 국회에 보고하여야 한다.
② 감사원은 특별한 사유로 제1항에 따른 기간 내에 감사를 마치지 못하였을 때에는 중간보고를 하고 감사기간 연장을 요청할 수 있다. 이 경우 의장은 2개월의 범위에서 감사기간을 연장할 수 있다.

② 결산은 회계연도에서 국가의 수입과 지출 실적을 확정적 계수로 표시(검증)하는 행위이다.
④ 부당한 지출이 발견된 경우 그 책임을 요구하고 요구할 수 있지만 무효화할 수는 있다. 없다.

69. 정책론
정책집행

하향적 접근방법: 결정자 관점 모형
  - 사바티어(Sabatier), 마즈매니언(Mazmanian)
  - 영향 요인 발견과 성공적 전략 규명 → 집행이론 구축
③ 상향적 접근방법에서는 정책집행 현장에서 집행조직과 정책사업 사이의 상호적응이 강조된다.

70. 정책론
정책결정

공식적 참여자: 대통령, 국무총리, 장관, **입법부**, …
비공식적 참여자: 언론, 정당, 시민단체, 이익집단, 전문가집단

71. 인사행정
공직윤리·부패
이해충돌방지법

① 공직자는 직무관련자가 사적이해관계자임을 안 날부터 30일 14일 이내에 소속기관장에게 그 사실을 신고하면 회피신청이 면제된다.

72. 행정개혁의 저항을 극복하기 위한 규범적·사회적 전략으로 옳은 것을 모두 고른 것은?

```
ㄱ. 의사전달과 참여의 확대      ㄴ. 개혁의 공공성에 대한 홍보
ㄷ. 사명감 고취와 역할 인식 강화  ㄹ. 권력구조 개편과 긴장 조성
ㅁ. 신분보장과 경제적 보상     ㅂ. 가치갈등 해소
```

① ㄱ, ㄴ, ㄹ   ② ㄱ, ㄷ, ㅂ   ③ ㄴ, ㄷ, ㅁ   ④ ㄴ, ㄹ, ㅁ   ⑤ ㄷ, ㅁ, ㅂ

73. 행정개혁의 구조적 접근방법에 관한 설명으로 옳지 않은 것은?
① 행정체계의 구조적 설계를 개선함으로써 행정개혁의 목표를 달성하려는 접근방법이다.
② 분권화 수준의 개선, 권한배분의 개편, 명령계통의 수정, 작업집단의 설계 등을 추진한다.
③ 주된 목표는 기능중복의 제거 및 표준적 절차의 간소화 등이다.
④ 조직의 분권화를 통해 조직계층의 단순화, 명령과 책임 등을 명확히 할 수 있다.
⑤ 공무원의 의식개혁, 업무자세 및 태도 개선 등에 초점을 맞춘다.

74. 다음에서 설명하고 있는 정책집행의 유형은?

```
정책결정자가 세부적인 정책내용까지 결정하며, 정책집행자들은 상세한 부분에 대해 아주 제한된 부분의 재량
권만 인정받고 정책목표 달성을 위해 노력한다.
```

① 고전적 기술관료형   ② 지시적 위임형   ③ 협상형
④ 재량적 실험가형   ⑤ 관료적 기업가형

75. 정책의제 설정에 영향을 미치는 요인이 아닌 것은?
① 사회 이슈와 관련된 행위자가 많고, 문제해결을 위한 다수의 정책 대상 집단에게 영향을 미치는 경우 보다 쉽게 정책 의제화될 수 있다.
② 사회문제로 인한 피해자 숫자가 많거나 피해의 사회적 의미가 중대할수록 정책의제로 채택될 가능성이 높다.
③ 정책의제설정은 정책이해관계자, 이슈가 되는 정책문제, 문제를 논의하는 제도적 환경 등 복합적인 관계의 영향을 받지 않는다.
④ 국민적 관심과 집결도가 높거나 특정 사회 이슈에 대해 정치인의 관심도가 클수록 정책 의제화될 가능성이 높다.
⑤ 정책의제화를 요구하는 집단의 규모와 영향력이 클수록 정책의제화될 가능성이 높다.

72. 행정환류
　　행정개혁
　　저항극복

에치오니(A. Etzioni)
- 강제·물리적 방법:　　ㄹ. 권력구조 개편과 긴장 조성
- 공리·기술적 방법:　　ㄴ. 개혁의 공공성에 대한 홍보
　　　　　　　　　　　　ㅁ. 신분보장과 경제적 보상
- 사회·규범적 방법:　　ㄱ. 의사전달과 참여의 확대
　　　　　　　　　　　　ㄷ. 사명감 고취와 역할 인식 강화
　　　　　　　　　　　　ㅂ. 가치 갈등 해소

73. 행정환류
　　행정개혁

행정개혁 접근방법
　　구조적　　　　접근방법
　　과정적　　　　접근방법 = 관리·기술적 접근
　　기술적　　　　접근방법 = 과정적 접근
　　행태적　　　　접근방법 = 인간관계적 접근
　　통합적　　　　접근방법 = 종합적 접근
　　문화론적　　　접근방법
　　사업 중심적　 접근방법 = 산출 중심적 접근

⑤ 행태적 접근방법은 공무원의 의식개혁, 업무 자세 및 태도 개선 등에 초점을 맞춘다.

74. 정책론
　　정책집행
　　정책집행자

나카무라(R. Nakamura), 스몰우드(F. Smallwood)

구분	행정인 권한	정책평가
① 고전적 기술관료형	기술적 권한	효과성
② 지시적 위임(가)형	행정적·기술적 권한	효과성·능률성
③ 협상(자)형	상호(정치인-행정인) 협상	주민만족도
④ 재량적 실험가형	행정적·기술적 권한	수익자 대응성
⑤ 관료적 기업가형	행정적·기술적 권한	체제유지

75. 정책론
　　정책목표·정책의제

정책의제 설정(사회문제의 정책문제로의 전환) 영향 요인
1. 정치적 요인
2. 정책문제 자체 관련 요인
3. 주도 집단과 참여자 관련 요인

③ 정책의제설정은 정책이해관계자, 이슈가 되는 정책문제, 문제를 논의하는 제도적 환경 등 복합적인 관계의 영향을 받지 않는다. 받는다.

2023년도 제11회 행정사 자격시험

1차 시험

제1교시

제1과목	민법(총칙 관련 내용으로 한정)
제2과목	행정법
제3과목	행정학개론(지방자치행정 포함)

2차 시험

제1교시

제1과목	민법(계약 관련내용으로 한정)
제2과목	행정절차론(행정절차법 포함)

제2교시

제1과목	사무관리론(민원 처리에 관한 법률, 행정업무의 운영 및 혁신에 관한 규정 포함)
제2과목	행정사실무법 - 행정심판사례 - 비송사건절차법

01. 부재자의 재산관리에 관한 설명으로 옳지 않은 것은? (다툼이 있으면 판례에 따름)
① 법원이 선임한 재산관리인은 법원의 허가 없이 재산의 보존행위를 할 수 없다.
② 법원은 그 선임한 재산관리인으로 하여금 재산의 관리 및 반환에 관하여 상당한 담보를 제공하게 할 수 있다.
③ 법원이 선임한 재산관리인은 관리할 재산목록을 작성하여야 한다.
④ 법원은 그 선임한 재산관리인에 대하여 부재자의 재산으로 상당한 보수를 지급할 수 있다.
⑤ 법원이 선임한 부재자의 재산관리인은 그 부재자의 사망이 확인된 후라도 그에 대한 선임결정이 취소되지 않는 한 그 관리인으로서의 권한이 소멸되지 않는다.

02. 신의성실의 원칙(이하 '신의칙')에 관한 설명으로 옳지 않은 것은? (다툼이 있으면 판례에 따름)
① 사적 자치의 영역을 넘어 공공질서를 위하여 공익적 요구를 선행시켜야 할 경우에도 특별한 사정이 없는 한 신의칙이 합법성의 원칙보다 우월하다.
② 신의칙이란 "법률관계의 당사자는 상대방의 이익을 고려하여 형평에 어긋나거나 신의를 저버리는 내용 또는 방법으로 권리를 행사하거나 의무를 이행하여서는 안 된다."는 추상적 규범을 말한다.
③ 숙박업자는 신의칙상 부수적 의무로서 고객의 안전을 배려할 보호의무를 부담한다.
④ 인지청구권에는 실효의 법리가 적용되지 않는다.
⑤ 이사가 회사 재직 중에 채무액과 변제기가 특정되어 있는 회사채무를 보증한 후 사임한 경우, 그 이사는 사정변경을 이유로 그 보증계약을 일방적으로 해지할 수 없다.

03. 실종선고에 관한 설명으로 옳지 않은 것은? (다툼이 있으면 판례에 따름)
① 부재자의 제1순위 상속인이 따로 있는 경우, 제2순위 상속인은 특별한 사정이 없는 한 부재자에 대하여 실종선고를 청구할 수 있는 이해관계인이 아니다.
② 실종선고가 취소되지 않았더라도 반증을 들어 실종선고의 효과를 다툴 수 있다.
③ 실종선고의 요건이 충족되면 법원은 이해관계인이나 검사의 청구에 의하여 실종선고를 하여야 한다.
④ 실종선고를 받은 자는 특별한 사정이 없는 한 실종기간이 만료한 때에 사망한 것으로 본다.
⑤ 실종선고가 취소될 때 실종선고를 직접원인으로 재산을 취득한 자가 선의인 경우에는 그 받은 이익이 현존하는 한도에서 반환할 의무가 있다.

04. 미성년자 乙은 친권자 甲의 처분동의가 필요한 자기 소유의 물건을 甲의 동의 없이 丙에게 매도하는 계약을 체결하였다. 이에 관한 설명으로 옳지 않은 것은? (다툼이 있으면 판례에 따름)
① 丙은 乙이 성년이 된 후에 그에게 1개월 이상의 기간을 정하여 계약의 추인 여부의 확답을 촉구할 수 있다.
② 성년이 된 乙이 ①에서 丙이 정한 기간 내에 확답을 발송하지 아니하면 계약을 추인한 것으로 본다.
③ 丙이 계약 당시에 乙이 미성년자임을 알았더라도 丙은 자신의 의사표시를 철회할 수 있다.
④ 丙이 계약 당시에 乙이 미성년자임을 알지 못한 경우, 丙은 乙에게도 철회의 의사표시를 할 수 있다.
⑤ 乙이 계약 당시에 甲의 동의서를 위조하여 甲의 동의가 있는 것으로 丙을 믿게 한 경우, 甲은 그 계약을 취소할 수 없다.

민법총칙

01. 권리의 주체 - 자연인
    부재와 실종

②④ 민법 제26조(관리인의 담보제공, 보수)
③ 민법 제24조(관리인의 직무)
⑤ 판례

부재자 재산관리
- 보존·이용·개량: 재산관리인
- 처분: 가정법원 전·후(≒ 무권대리행위의 추인) 허가

부재자 재산관리인
- 선임자 = 부재자 → 임의대리인
- 선임자 ≠ 부재자 → 법정대리인

① 민법 제25조(관리인의 권한): 법원이 선임한 재산관리인은 법원의 허가 없이 재산의 보존행위를 할 수 없다. 있다.

02. 민법 서론
    신의성실의 원칙(信義則)
        추상적 규범
        사법관계·공법관계 적용
        법원의 직권 고려

①②③④⑤ 판례

① 사적 자치의 영역을 넘어 공공질서를 위하여 공익적 요구를 선행시켜야 할 경우에도는 특별한 사정이 없는 한 신의칙 합법성의 원칙이 합법성의 원칙 신의칙보다 우월하다.
   신의칙은 합법성의 원칙을 희생해서라도 구체적 신뢰 보호의 필요성이 인정되는 경우 적용된다.
⑤ 사정변경을 이유로 해지할 수 있는 보증계약은 채무액이 불확정적이고 계속적 거래로 인한 채무에 대한 보증(한정근보증, 포괄근보증)에 한한다.

03. 권리의 주체 - 자연인
    부재와 실종   ④
    실종선고
①② 판례
③   ⑤

민법 제27조(실종의 선고)
① 부재자의 생사가 5년간 분명하지 아니한 때에는 법원은 이해관계인이나 검사의 청구에 의하여 실종선고를 하여야 한다.

민법 제28조(실종선고의 효과)
실종선고를 받은 자는 전조의 기간이 만료한 때에 사망한 것으로 본다.

민법 제29조(실종선고의 취소)
② 실종선고의 취소가 있을 때에 실종의 선고를 직접 원인으로 하여 재산을 취득한 자가 선의인 경우에는 그 받은 이익이 현존하는 한도에서 반환할 의무가 있고 악의인 경우에는 그 받은 이익에 이자를 붙여서 반환하고 손해가 있으면 이를 배상하여야 한다.

② 실종선고가 취소되지 않았더라도다면 반증을 들어 실종선고의 효과를 다툴 수 있다. 없다.

04. 권리의 주체 - 자연인
    행위능력 - 미성년자   ①
    - 상대방의 철회권: 계약(선의의 상대방)
    - 상대방의 거절권: 단독행위
                                          ②
                                          ③
                                          ④
          동의서 위조·변조 ⑤

민법 제15조(제한능력자의 상대방의 확답을 촉구할 권리)
① 제한능력자의 상대방은 제한능력자가 능력자가 된 후에 그에게 1개월 이상의 기간을 정하여 그 취소할 수 있는 행위를 추인할 것인지 여부의 확답을 촉구할 수 있다. 능력자로 된 사람이 그 기간 내에 확답을 발송하지 아니하면 그 행위를 추인한 것으로 본다

민법 제16조(제한능력자의 상대방의 철회권과 거절권)
① 제한능력자가 맺은 계약은 추인이 있을 때까지 상대방이 그 의사표시를 철회할 수 있다. 다만, 상대방이 계약 당시에 제한능력자임을 알았을 경우에는 그러하지 아니하다.

민법 제17조(제한능력자의 속임수)
① 제한능력자가 속임수로써 자기를 능력자로 믿게 한 경우에는 그 행위를 취소할 수 없다.

05. 피성년후견인과 피한정후견인에 관한 설명으로 옳지 않은 것은?
① 가정법원은 성년후견개시의 심판을 할 때 본인의 의사를 고려하여야 한다.
② 성년후견개시의 심판은 일정한 사유로 인한 정신적 제약으로 사무처리능력이 일시적으로 부족한 사람에게 허용된다.
③ 가정법원은 피한정후견인이 한정후견인의 동의를 받아야 하는 행위의 범위를 정할 수 있다.
④ 일상생활에 필요하고 그 대가가 과도하지 아니한 피성년후견인의 법률행위는 성년후견인이 취소할 수 없다.
⑤ 가정법원이 피성년후견인에 대하여 한정후견개시의 심판을 할 때에는 종전의 성년후견의 종료 심판을 한다.

06. 미성년자의 법률행위에 관한 설명으로 옳은 것은? (다툼이 있으면 판례에 따름)
① 법정대리인이 취소한 미성년자의 법률행위는 취소한 때로부터 그 효력을 상실한다.
② 법정대리인이 재산의 범위를 정하여 미성년자에게 처분을 허락한 경우, 법정대리인은 그 재산에 관하여 유효한 대리행위를 할 수 없다.
③ 법정대리인이 미성년자에게 특정한 영업을 허락한 경우, 법정대리인은 그 영업에 관하여 유효한 대리행위를 할 수 있다.
④ 미성년자가 자신의 주민등록증을 변조하여 자기를 능력자로 믿게 하여 법률행위를 한 경우, 미성년자는 그 법률행위를 취소할 수 없다.
⑤ 미성년자가 오직 권리만을 얻는 법률행위를 할 경우에도 특별한 사정이 없는 한 법정대리인의 동의가 필요하다.

07. 민법상 법인의 불법행위능력에 관한 설명으로 옳은 것은? (다툼이 있으면 판례에 따름)
① 법인의 대표자는 법인을 사실상 대표하는지 여부와 관계없이 대표자로 등기되었는지 여부만을 기준으로 판단하여야 한다.
② 법인의 대표자가 부정한 대표행위를 한 경우에 그 행위가 직무범위 내에 있더라도 법인의 불법행위가 성립될 여지가 없다.
③ 행위의 외형상 법인의 대표자의 직무행위라고 인정되더라도 법령의 규정에 위배된 것이라면 직무에 관한 행위에 해당하지 않는다.
④ 법인의 대표자의 행위로 법인의 불법행위책임이 성립하는 경우, 특별한 사정이 없는 한 법인만이 피해자에게 불법행위책임을 진다.
⑤ 법인의 대표자의 행위가 직무행위에 해당하지 아니함을 피해자 자신이 경과실로 알지 못한 경우에는 법인에게 손해배상책임을 물을 수 있다.

08. 민법상 비법인사단에 관한 설명으로 옳은 것은? (다툼이 있으면 판례에 따름)
① 비법인사단에는 대표권제한의 등기에 관한 규정이 적용되지 않는다.
② 비법인사단이 총유물에 관한 매매계약을 체결하는 행위는 총유물의 처분행위가 아니다.
③ 교회가 의결권을 가진 교인 2/3 이상의 찬성으로 소속 교단을 탈퇴한 경우, 종전 교회의 재산은 탈퇴한 교회 소속 교인들의 총유로 귀속되지 않는다.
④ 비법인사단의 구성원은 지분권에 기하여 총유물의 보존행위를 할 수 있다.
⑤ 비법인사단이 타인 간의 금전채무를 보증하는 행위는 총유물의 관리·처분행위로 볼 수 있다.

민법총칙

05. 권리의 주체 - 자연인 　　행위능력(제한능력자) 　　후견　　　　　　　　①	민법 제9조(성년후견개시의 심판) ② 가정법원은 성년후견개시의 심판을 할 때 본인의 의사를 고려하여야 한다.
③ 민법 제13조 ④ 민법 제10조 ⑤ 민법 제14조의3	② 민법 제9조 제1항: 성년후견개시의 심판은 일정한 사유로 인한 정신적 제약으로 사무처리능력이 일시적으로(한정후견) <u>지속적으로</u> 부족한 사람에게 허용된다.
06. 권리의 주체 - 자연인 　　행위능력(제한능력자) 　　미성년자	① 법정대리인이 취소한 미성년자의 법률행위는 취소한 때로부터 그 효력을 상실한다. <u>처음부터 무효인 것으로 본다.</u> ② 법정대리인이 재산의 범위를 정하여 미성년자에게 처분을 허락한 경우, 법정대리인은 그 재산에 관하여 유효한 대리행위를 할 수 없다. <u>있다.</u> ③ 법정대리인이 미성년자에게 특정한 영업을 허락한 경우, 법정대리인은 그 영업에 관하여 유효한 대리행위를 할 수 있다. <u>없다.</u> ④ 민법 제17조(제한능력자의 속임수) ⑤ 미성년자가 오직 권리만을 얻는 법률행위를 할 경우에도는 특별한 사정이 없는 한 법정대리인의 동의가 필요하다. <u>필요하지 않다.</u>
07. 권리의 주체 - 법인 　　법인의 능력 　　법인의 불법행위능력(민법 제35조) 　　　　　　　　　부진정연대채무 ⑤ 악의·중과실	① 법인의 대표자는 법인을 사실상 대표하는지 대표자로 등기되었는지 여부와 관계없이 대표자로 등기되었는지 <u>법인을 사실상 대표하는지</u> 여부만을를 기준으로 판단하여야 한다. ② 법인의 대표자가 부정한 대표행위를 한 경우에도 그 행위가 직무범위 내에 있더라도다면 법인의 불법행위가 성립될 여지가 없다. <u>있다.</u> ③ 행위의 외형상 법인의 대표자의 직무행위라고 인정되더라도면 법령의 규정에 위배된 것이라면도 직무에 관한 행위에 해당하지 않는다. <u>해당한다.</u> ④ 법인의 대표자의 행위로 법인의 불법행위책임이 성립하는 경우, 특별한 사정이 없는 한 법인만어 <u>과 대표기관 개인이</u> 피해자에게 불법행위책임을 진다.
08. 권리의 주체 - 자연인 　　권리능력 없는 사단(비법인사단) ①②③④⑤ 판례 민법 제60조 (이사의 대표권에 대한제한의 대항요건) 이사의 대표권에 대한 제한은 등기하지 아니하면 제삼자에게 대항하지 못한다.	② 비법인사단이 총유물에 관한 매매계약을 체결하는 행위는 총유물의 처분행위가 아니다. <u>에 해당한다.</u> ③ 교회가 의결권을 가진 교인 2/3 이상의 찬성으로 소속 교단을 탈퇴한 경우, 종전 교회의 재산은 탈퇴한 교회 소속 교인들의 총유로 귀속되지 않는다. <u>귀속된다.</u> ④ 비법인사단의 구성원은 지분권에 기하여 총유물의 보존행위를 할 수 있다. <u>없다. 사원총회 결의를 요한다.</u> ⑤ 판례 변경: 비법인사단이 타인 간의 금전채무를 보증하는 행위는 총유물의 관리·처분행위로 볼 수 있다. <u>없다.</u>

09. 물건에 관한 설명으로 옳지 않은 것은? (다툼이 있으면 판례에 따름)
① 물건이라 함은 유체물 및 전기 기타 관리할 수 있는 자연력을 말한다.
② 주유소의 주유기는 특별한 사정이 없는 한 주유소 건물의 종물이다.
③ 타인의 토지 위에 권원 없이 식재한 수목의 소유권은 특별한 사정이 없는 한 식재한 자에게 속한다.
④ 물건의 용법에 의하여 수취하는 산출물은 천연과실이다.
⑤ 최소한의 기둥과 지붕 및 주벽이 있는 건물은 토지와는 별개의 독립한 물건으로 인정될 수 있다.

10. 준법률행위에 해당하는 것을 모두 고른 것은?

> ㄱ. 채무의 승인   ㄴ. 채권양도의 통지   ㄷ. 매매계약의 해제
> ㄹ. 무권대리인의 상대방이 본인에게 하는 무권대리행위의 추인 여부에 대한 확답의 최고

① ㄱ, ㄴ   ② ㄴ, ㄷ   ③ ㄷ, ㄹ   ④ ㄱ, ㄴ, ㄹ   ⑤ ㄴ, ㄷ, ㄹ

11. 민법상 강행규정을 위반한 법률행위의 효과에 관한 설명으로 옳지 않은 것은? (다툼이 있으면 판례에 따름)
① 강행규정을 위반한 법률행위는 당사자의 주장이 없더라도 법원이 직권으로 판단할 수 있다.
② 강행규정을 위반하여 확정적 무효가 된 법률행위는 특별한 사정이 없는 한 당사자의 추인에 의해 유효로 할 수 없다.
③ 강행규정에 위반하여 무효인 계약의 상대방이 그 위반사실에 대하여 선의·무과실이더라도 표현대리의 법리가 적용될 여지는 없다.
④ 강행규정에 위반한 약정을 한 자가 스스로 그 약정의 무효를 주장하는 것은 특별한 사정이 없는 한 신의성실 원칙에 반하여 허용될 수 없다.
⑤ 법률의 금지에 위반되는 행위라도 그것이 선량한 풍속 기타 사회질서에 위반하지 않는 경우에는 민법 제746조가 규정하는 불법원인에 해당하지 않는다.

12. 권리의 승계취득에 해당하는 것을 모두 고른 것은? (다툼이 있으면 판례에 따름)

> ㄱ. 타인 소유의 부동산에 저당권을 취득한 경우
> ㄴ. 신축건물의 소유권 보존등기를 마친 자로부터 그 건물에 대하여 전세권을 취득한 경우
> ㄷ. 유실물에 대하여 적법하게 소유권을 취득한 경우
> ㄹ. 점유취득시효의 완성에 의해 완전한 부동산 소유권을 취득한 경우

① ㄱ, ㄴ   ② ㄴ, ㄷ   ③ ㄴ, ㄹ   ④ ㄷ, ㄹ   ⑤ ㄱ, ㄴ, ㄹ

13. 선량한 풍속 기타 사회질서에 반하는 법률행위에 해당하지 않는 것은? (다툼이 있으면 판례에 따름)
① 살인할 것을 조건으로 증여한 경우
② 형사사건에 관하여 보수약정과 별개로 성공보수를 약정한 경우
③ 강제집행을 면할 목적으로 부동산에 허위의 근저당권등기를 마친 경우
④ 수증자가 매도인의 매수인에 대한 배임행위에 적극 가담하여 매매목적 부동산을 증여받은 경우
⑤ 당초부터 오로지 보험사고를 가장하여 보험금을 취득할 목적으로 생명보험계약을 체결한 경우

민법총칙

09. 권리의 객체 - 물건
　　주물과 종물　　　　　　　　①
　　원물과 과실

민법 제98조(물건의 정의)
본법에서 물건이라 함은 유체물 및 전기 기타 관리할 수 있는 자연력을 말한다.

② 판례

③ 타인의 토지 위에 권원 없이 식재한 수목의 소유권은 특별한 사정이 없는 한 식재한 자 토지소유자에게 속한다.
④ 물건의 사용대가로 받는 금전 기타의 물건은 법정과실이다.
⑤ 최소한의 기둥과 지붕 및 주벽: 판례상 독립된 부동산의 요건

10. 권리의 변동
　　법률행위
　　준법률행위
제11회(2023년) 보충 설명 참조

ㄱ. 채무의 승인:　　　　준법률행위(관념의 통지)
ㄴ. 채권양도의 통지:　　준법률행위(관념의 통지)
ㄷ. 매매계약의 해제:　　의사표시
ㄹ. 확답의 최고:　　　　준법률행위(의사의 통지)

11. 권리의 변동
　　법률행위
　　법률행위의 목적
　　강행법규
　　　법원의 직권 판단
　　　추인 불가
　　　표현대리 준용 불가

①②③④⑤ 판례

민법 제105조(임의규정)
법률행위의 당사자가 법령중의 선량한 풍속 기타 사회질서에 관계없는 규정과 다른 의사를 표시한 때에는 그 의사에 의한다.

④ 강행규정에 위반한 약정을 한 자가 스스로 그 약정의 무효를 주장하는 것은 (판례: 무효 주장을 배척한다면 이는 강행법규에 의하여 배제하려는 결과를 실현하게 되어 입법 취지를 몰각하게 되므로) 특별한 사정이 없는 한 신의성실 원칙에 반하여 허용될 수 없다. 반하지 않는다.
⑤ 민법 제746조(불법원인급여)

12. 권리의 변동
　　법률행위
　　권리의 취득

원시취득	
건물신축, 선의취득, 시효취득, 매장물발견, 무주물습득, 유실물습득	
승계취득	
이전적 승계	설정적 승계
특정승계　매매·증여에 의한 소유권 취득	지상권·전세권·저당권 설정
포괄승계　상속·포괄유증·합병에 의한 취득	

ㄱ. 저당권취득:　승계(설정적 승계)취득
ㄴ. 전세권취득:　승계(설정적 승계)취득
ㄷ. 유실물습득:　원시취득
ㄹ. 시효취득:　　원시취득

13. 권리의 변동
　　반사회질서의 법률행위
　　　① 반인륜　② 부정의
　　　③ 극심한 자유 제한
　　　④ 생존 기초 재산 처분
　　　⑤ 사행성　⑥ 불공정
　　→ 절대적·확정적 무효

① 반인륜: 반사회질서의 조건 → 반사회질서의 법률행위
② 부정의
③ 公益 私益 → 반사회질서의 법률행위
④ 부정의: 반사회질서의 부동산 이중매매
　　　　　 = 매도인의 배임행위 + 제2 매수인의 적극 가담
⑤ 사행성

14. 사기에 의한 의사표시에 관한 설명으로 옳지 않은 것은? (다툼이 있으면 판례에 따름)
① 사기에 의한 의사표시에는 의사와 표시의 불일치가 있을 수 없고, 단지 의사표시의 동기에 착오가 있는 것에 불과하다.
② 사기의 의사표시로 인해 부동산의 소유권을 취득한 자로부터 그 부동산의 소유권을 새로이 취득한 제3자는 특별한 사정이 없는 한 선의로 추정된다.
③ 교환계약의 당사자가 자기 소유의 목적물의 시가를 묵비하는 것은 특별한 사정이 없는 한 기망행위가 되지 않는다.
④ 상대방의 대리인에 의한 사기는 민법 제110조 제2항 소정의 제3자의 사기에 해당하지 않는다.
⑤ 계약이 제3자의 위법한 사기행위로 체결된 경우, 표의자는 그 계약을 취소하지 않는 한 제3자를 상대로 그로 인해 발생한 손해의 배상을 청구할 수 없다.

15. "부동산 매매계약에서 당사자 쌍방이 모두 X토지를 그 목적물로 삼았으나 X토지의 지번에 착오를 일으켜 계약체결 시에 계약서상으로는 그 목적물을 Y토지로 표시한 경우라도, X토지를 매매 목적물로 한다는 당사자 쌍방의 의사합치가 있은 이상 그 매매계약은 X토지에 관하여 성립한 것으로 보아야 한다."고 하는 법률행위의 해석방법은?
① 문언해석   ② 통일적 해석   ③ 자연적 해석   ④ 규범적 해석   ⑤ 보충적 해석

16. 통정허위표시에 관한 설명으로 옳지 않은 것은? (다툼이 있으면 판례에 따름)
① 채무자의 법률행위가 통정허위표시인 경우에도 채권자취소권의 대상이 될 수 있다.
② 가장 근저당권설정계약이 유효하다고 믿고 그 피담보채권을 가압류한 자는 허위표시의 무효로부터 보호되는 선의의 제3자에 해당한다.
③ 의사표시의 진의와 표시의 불일치에 관하여 상대방과 사이에 합의가 있으면 통정허위표시가 성립한다.
④ 통정허위표시에 따른 법률효과를 침해하는 것처럼 보이는 위법행위가 있는 경우에도 그에 따른 손해배상을 청구할 수 없다.
⑤ 자신의 채권을 보전하기 위해 가장양도인의 가장양수인에 대한 권리를 대위행사하는 채권자는 허위표시를 기초로 새로운 법률상의 이해관계를 맺은 제3자에 해당한다.

17. 착오에 의한 의사표시에 관한 설명으로 옳지 않은 것은? (다툼이 있으면 판례에 따름)
① 착오로 인하여 표의자가 경제적 불이익을 입은 것이 아니라면 이를 법률행위 내용의 중요부분의 착오라고 할 수 없다.
② 기망행위로 인하여 법률행위의 내용으로 표시되지 않은 동기에 관하여 착오를 일으킨 경우에도 표의자는 그 법률행위를 사기에 의한 의사표시를 이유로 취소할 수 있다.
③ 대리인에 의한 계약체결의 경우, 특별한 사정이 없는 한 착오의 유무는 대리인을 표준으로 판단하여야 한다.
④ 매도인이 매수인의 채무불이행을 이유로 매매계약을 적법하게 해제한 후라도 매수인은 착오를 이유로 취소권을 행사할 수 있다.
⑤ 착오로 인한 의사표시에 있어서 표의자의 중대한 과실 유무에 관한 증명책임은 그 상대방이 아니라 착오자에게 있다.

14. 권리의 변동
　　의사표시
　　　사기·강박에 의한 의사표시
　　　　(상대적) 취소

①②③④ 판례

민법 제110조(사기·강박에 의한 의사표시)
① 사기나 강박에 의한 의사표시는 취소할 수 있다.
② 상대방 있는 의사표시에 관하여 제3자가 사기나 강박을 행한 경우에는 상대방이 그 사실을 알았거나 알 수 있었을 경우에 한하여 그 의사표시를 취소할 수 있다.
③ 전 2항의 의사표시의 취소는 선의의 제3자에게 대항하지 못한다.

⑤ 계약이 제3자의 위법한 사기행위로 체결된 경우, 표의자는 그 계약을 취소하지 않는 한 않더라도 제3자를 상대로 그로 인해 발생한 손해의 배상을 청구할 수 없다. 있다.

15. 권리의 변동
　　법률행위
　　　법률행위의 해석
　　오표시(誤表示) 무해(無害)의 원칙

① 문언해석(문리해석)
② 통일적 해석
③ 자연적 해석: 의사표시가 일치한 의미대로 해석
④ 규범적 해석: 상대방 입장에서 객관적·규범적 의미를 밝힘.
⑤ 보충적 해석: 가상적 의사를 통해 흠결을 메움.

16. 권리의 변동
　　의사표시
　　　통정허위표시
　　　　무효
　　　　- 무효 주장: 누구든지
　　　　- 유효 주장: 선의의 제3자

①②③④ 판례

민법 제108조(통정한 허위의 의사표시)
① 상대방과 통정한 허위의 의사표시는 무효로 한다.
② 전항의 의사표시의 무효는 선의의 제3자에게 대항하지 못한다.

⑤ 자신의 채권을 보전하기 위해 가장양도인의 가장양수인에 대한 권리를 대위행사하는 채권자(허위표시의 당사자)는 허위표시를 기초로 새로운 법률상의 이해관계를 맺은 제3자에 해당한다. 해당하지 않는다.

17. 권리의 변동
　　의사표시
　　　착오
　　　　(상대적) 취소
　　　　임의규정

①②④⑤ 판례　　　　　　③

민법 제109조(착오로 인한 의사표시)
① 의사표시는 법률행위의 내용의 중요부분에 착오가 있는 때에는 취소할 수 있다. 그러나 그 착오가 표의자의 중대한 과실로 인한 때에는 취소하지 못한다.
② 전항의 의사표시의 취소는 선의의 제3자에게 대항하지 못한다.
민법 제116조(대리행위의 하자)
① 의사표시의 효력이 의사의 흠결, 사기, 강박 또는 어느 사정을 알았거나 과실로 알지 못한 것으로 인하여 영향을 받을 경우에 그 사실의 유무는 대리인을 표준하여 결정한다.

① 표시와 의사의 객관적으로 현저한 불일치 + 경제적 불이익
④ 해제와 취소의 이중효(二重效)
　　취소 → 불이익(손해배상책임) 회피
⑤ 착오로 인한 의사표시에 있어서 표의자의 중대한 과실 유무에 관한 증명책임은 (표의자의 취소권을 부인하는) 그 상대방이 아니라 착오자에게 있다.

18. 법률행위의 무효와 취소에 관한 설명으로 옳은 것은? (다툼이 있으면 판례에 따름)
① 계약이 불공정한 법률행위로서 무효인 경우, 그 계약에 대한 부제소합의는 특별한 사정이 없는 한 유효하다.
② 취소할 수 있는 법률행위에서 취소권자의 상대방이 이행을 청구하는 경우에는 법정추인이 된다.
③ 매매계약이 약정된 대금의 과다로 인해 불공정한 법률행위에 해당하여 무효인 경우, 무효행위의 전환에 관한 민법 제138조는 적용될 여지가 없다.
④ 무권리자가 타인의 권리를 처분하는 계약을 체결한 경우, 권리자가 이를 추인하면 계약의 효과는 원칙적으로 계약 체결시에 소급하여 권리자에게 귀속된다.
⑤ 취소할 수 있는 법률행위의 상대방이 그 법률행위로 취득한 권리를 타인에게 임의로 양도한 경우, 특별한 사정이 없는 한 그 취소의 의사표시는 그 양수인을 상대방으로 하여야 한다.

19. 법률행위의 조건과 기한에 관한 설명으로 옳은 것은? (다툼이 있으면 판례에 따름)
① 기한이익 상실의 특약은 특별한 사정이 없는 한 정지조건부 기한이익 상실의 특약으로 추정한다.
② 당사자가 불확정한 사실이 발생한 때를 이행기한으로 정한 경우, 그 사실의 발생이 불가능하게 된 때에는 기한의 도래로 볼 수 없다.
③ 조건성취로 불이익을 받을 자가 과실로 신의성실에 반하여 조건의 성취를 방해한 때에는 상대방은 조건이 성취된 것으로 주장할 수 없다.
④ 기한부 법률행위의 당사자가 기한도래의 효력을 그 도래 전으로 소급하게 할 의사를 표시한 때에는 그 의사에 의한다.
⑤ 조건이 성립하기 위해서는 조건의사와 그 표시가 필요하고, 조건의사가 있더라도 그것이 외부에 표시되지 않으면 원칙적으로 법률행위의 동기에 불과하다.

20. 복대리에 관한 설명으로 옳은 것은?
① 복대리인은 대리인의 대리인이다.
② 법정대리인은 언제나 복임권이 있다.
③ 대리인이 파산하여도 복대리권은 소멸하지 않는다.
④ 임의대리인은 본인의 승낙이 있는 때에 한하여 복임권을 갖는다.
⑤ 복대리인이 선임되면 특별한 사정이 없는 한 대리인의 대리권은 소멸한다.

21. 무권대리인 乙은 아무런 권한 없이 자신을 甲의 대리인이라고 칭하면서 丙과 甲소유의 X토지에 대한 매매계약을 체결하였다. 이에 관한 설명으로 옳지 않은 것은? (표현대리는 성립하지 않으며, 다툼이 있으면 판례에 따름)
① 丙이 계약 체결 당시 乙이 무권대리인임을 알지 못하였다면, 丙은 甲의 추인이 있기 전에 乙을 상대로 계약을 철회할 수 있다.
② 丙이 계약 체결 당시 乙이 무권대리인임을 알았더라도 丙은 상당한 기간을 정하여 甲에게 추인 여부의 확답을 최고할 수 있다.
③ 甲이 乙의 무권대리행위의 내용을 변경하여 추인한 경우, 그 추인은 그에 대한 丙의 동의가 있어야 유효하다.
④ 乙이 대리권을 증명하지 못하고 甲의 추인도 받지 못한 경우, 丙은 계약체결 당시 乙이 무권대리인임을 알았더라도 乙에게 계약의 이행이나 손해배상을 청구할 수 있다.
⑤ 계약 체결 후 乙이 甲의 지위를 단독상속한 경우, 乙은 본인의 지위에서 丙을 상대로 계약의 추인을 거절할 수 없다.

18. 권리의 변동 　　법률행위의 무효·취소 ①③④ 판례 ② 민법 제145조(법정추인) ④ 무권리자 처분행위 　└권리자 추인 → 소급 유효		① 계약이 불공정한 법률행위로서 무효인 경우, 그 계약에 대한 부제소 합의는 특별한 사정이 없는 한 유효하다. <u>무효이다.</u> ② 취소할 수 있는 법률행위에서 취소권자의 상대방이 이행을 청구하는 경우에는 법정추인이 된다. <u>되지 않는다.</u> ③ 매매계약이 약정된 대금의 과다로 인해 불공정한 법률행위에 해당하여 무효인 경우, 무효행위의 전환에 관한 민법 제138조(무효행위의 전환)는 적용될 여지가 없다. <u>있다.</u> ⑤ 민법 제142조(추인의 상대방): 취소할 수 있는 법률행위의 상대방이 그 법률행위로 취득한 권리를 타인에게 임의로 양도한 경우, 특별한 사정이 없는 한 그 취소의 의사표시는 <s>그</s> 양수인을 상대방으로 하여야 한다. <u>취소할 수 있는 법률행위의 상대방(양도인)에게 하여야 한다.</u>

19. 권리의 변동 　　법률행위의 부관(조건·기한) ①②③⑤ 판례 민법 제147조(조건성취의 효과) 당사자가 조건성취의 효력을 그 성취전에 소급하게 할 의사를 표시한 때에는 그 의사에 의한다.		① 기한이익 상실의 특약은 특별한 사정이 없는 한 정지조건부 형성권적 기한이익 상실의 특약으로 추정한다. ② 당사자가 불확정한 사실이 발생한 때를 이행기로 정한 경우, 그 사실의 발생이 불가능하게 된 때에는 기한의 도래로 볼 수 없다. <u>있다.</u> ③ 조건성취로 불이익을 받을 자가 고의 또는 과실로 신의성실에 반하여 조건의 성취를 방해한 때에는 상대방은 조건이 성취된 것으로 주장할 수 없다. <u>있다.</u> ④ 기한 도래의 효력은 소급효가 없다. ⑤ 조건의사 + 의사표시 = 조건, 조건의사 + <s>의사표시</s> = 동기

20. 권리의 변동 　　법률행위의 대리 　　복대리 ② 민법 제122조		① 복대리인은 <s>대리인</s> 본인의 대리인이다. ③ 대리인이 파산하여<s>도</s>면 복대리권은 소멸하지 않는다. <u>소멸한다.</u> ④ 민법 제120조: 임의대리인은 본인의 승낙이 있는 때에 한하여 <u>와 부득이한 사유가 있는 때에</u> 복임권을 갖는다. ⑤ 복대리인이 선임되면 특별한 사정이 없는 한 대리인의 대리권은 소멸한다. <u>소멸하지 않는다.</u>

21. 권리의 변동 　　법률행위의 대리 　　무권대리 　　- 상대방의 최고권: 선악 　　　　　　　철회권: 선의 　　- 본인의 추인의 상대방 　　　　무권대리인 　　　　무권대리행위의 상대방 　　　　무권대리행위로 인한 권리 　　　　　　또는 법률관계의 승계인		④ … 丙은 계약체결 당시 乙이 무권대리인임을 알았더라<s>도</s>면 乙에게 계약의 이행이나 손해배상을 청구할 수 있다. <u>없다.</u> 민법 제135조(무권대리인의 상대방에 대한 책임) ① 다른 자의 대리인으로서 계약을 맺은 자가 그 대리권을 증명하지 못하고 또 본인의 추인을 받지 못한 경우에는 그는 상대방의 선택에 따라 계약을 이행할 책임 또는 손해를 배상할 책임이 있다. ② 상대방이 대리권 없음을 알았거나 알 수 있었을 때 또는 대리인으로 계약한 자가 행위능력이 없는 때에는 전항의 규정을 적용하지 아니한다.

22. 민법상 기간에 관한 설명으로 옳은 것은? (다툼이 있으면 판례에 따름)
① 2023년 6월 1일(목) 14시부터 2일간의 기간이 만료하는 때는 2023년 6월 4일 24시이다.
② 2023년 6월 1일(목) 16시부터 72시간의 기간이 만료하는 때는 2023년 6월 4일 16시이다.
③ 2023년 4월 1일(토) 09시부터 2개월의 기간이 만료하는 때는 2023년 6월 2일 24시이다.
④ 2004년 5월 16일(일) 오전 7시에 태어난 사람은 2023년 5월 16일 24시에 성년자가 된다.
⑤ 민법 제157조의 초일불산입의 원칙은 강행규정이므로 당사자의 합의로 달리 정할 수 없다.

23. 소멸시효에 관한 설명으로 옳지 않은 것은? (다툼이 있으면 판례에 따름)
① 선택채권의 소멸시효는 선택권을 행사할 수 있는 때로부터 진행한다.
② 부작위를 목적으로 하는 채권의 소멸시효는 위반행위를 한 때로부터 진행한다.
③ 불확정기한부 채권의 소멸시효는 그 기한이 객관적으로 도래한 때로부터 진행한다.
④ 어떤 권리의 소멸시효기간이 얼마나 되는지에 대해서는 법원이 직권으로 판단할 수 없다.
⑤ 부동산에 대한 매매대금채권이 소유권이전등기청구권과 동시이행의 관계에 있는 경우, 매매대금 청구권은 그 지급기일 이후 시효의 진행에 걸린다.

24. 민법상 3년의 소멸시효 기간의 적용을 받는 채권이 아닌 것은? (다툼이 있으면 판례에 따름)
① 의사의 치료에 관한 채권
② 세무사의 직무에 관한 채권
③ 도급받은 자의 공사에 관한 채권
④ 공인회계사의 직무에 관한 채권
⑤ 수공업자의 업무에 관한 채권

25. 소멸시효 중단에 관한 설명으로 옳지 않은 것은? (다툼이 있으면 판례에 따름)
① 지급명령에 의한 시효중단의 효과는 지급명령을 신청한 때에 발생한다.
② 시효이익을 받을 본인의 대리인은 소멸시효 중단사유인 채무의 승인을 할 수 있다.
③ 가압류의 피보전채권에 관하여 본안의 승소판결이 확정되면 가압류에 의한 시효중단의 효력은 당연히 소멸한다.
④ 재판상의 청구로 인하여 중단한 소멸시효는 재판이 확정된 때부터 새로이 진행한다.
⑤ 시효중단의 효력 있는 승인에는 상대방의 권리에 관한 처분능력이나 권한 있음을 요하지 않는다.

22. 권리의 변동 　　기간 ② 기산점: 2023년 6월 1일(목) 16시		① 2023년 6월 1일(목) 14시부터 2일간의 기간이 만료하는 때는 (기산점: 6월 2일 오전 0시) 2023년 6월 4일 24시 6월 3일 24시이다. ③ 2023년 4월 1일(토) 09부터 2개월의 기간이 만료하는 때는 (기산점: 4월 2일 오전 0시) 2023년 6월 2일 24시 6월 1일 24시이다. ④ 2004년 5월 16일(일) 오전 7시에 태어난 사람은 (기산점: 5월 16일) 2023년 5월 16일 24시 5월 15일 24시에 성년자가 된다. ⑤ 민법 제157조(기간의 기산점)의 초일불산입의 원칙은 강행규정 임의규정이므로 당사자의 합의로 달리 정할 수 없다. 있다.
23. 권리의 변동 　　소멸시효 　　　기간: 직권 고려 　　　기산점: 변론주의 ①④⑤ 판례	②	민법 제166조(소멸시효의 기산점) ① 소멸시효는 권리를 행사할 수 있는 때로부터 진행한다. ② 부작위를 목적으로 하는 채권의 소멸시효는 위반행위를 한 때로부터 진행한다. ③ 확정기한부　채권 소멸시효: 기한이 도래한 때 　불확정기한부 채권 소멸시효: 기한이 객관적으로 도래한 때 ④ 어떤 권리의 소멸시효기간이 얼마나 되는지에 대해서는 법원이 직권으로 판단할 수 없다. 있다.
24. 권리의 변동 　　소멸시효 　　　소멸시효 기간 　　　단기 소멸시효 　　　3년 단기 소멸시효 · ② 세무사의 직무에 관한 채권: 10년		민법 제163조(3년의 단기소멸시효) 다음 각호의 채권은 3년간 행사하지 아니하면 소멸시효가 완성한다. 　1. 이자, 부양료, 급료, 사용료 기타 1년이내의 기간으로 정한 금전 또는 물건의 지급을 목적으로 한 채권 　2. 의사, 조산사, 간호사 및 약사의 치료, 근로 및 조제에 관한 채권 　3. 도급 받은 자, 기사 기타 공사의 설계 또는 감독에 종사하는 자의 공사에 관한 채권 　4. 변호사, 변리사, 공증인, 공인회계사 및 법무사에 대한 직무상 보관한 서류의 반환을 청구하는 채권 　5. 변호사, 변리사, 공증인, 공인회계사 및 법무사의 직무에 관한 채권 　6. 생산자 및 상인이 판매한 생산물 및 상품의 대가 　7. 수공업자 및 제조자의 업무에 관한 채권
25. 권리의 변동 　　소멸시효 - 중단·정지		③ 판례: 가압류의 피보전채권에 관하여 본안의 승소판결이 확정되면 가압류에 의한 시효중단의 효력은 당연히 소멸한다. 소멸하는 것은 아니다.

26. 행정의 법원칙에 관한 판례의 내용이다. ( )에 들어갈 것은?

> 텔레비전방송수신료 금액의 결정은 수신료에 관한 본질적인 중요한 사항이므로 국회가 스스로 행하여야 하는 사항에 속하는 것임에도 불구하고 한국방송공사법에서 국회의 결정이나 관여를 배제한 채 한국방송공사로 하여금 수신료금액을 결정해서 문화관광부장관의 승인을 얻도록 한 것은 ( )원칙에 위반된다.

① 비례 ② 평등 ③ 신뢰보호 ④ 법률유보 ⑤ 부당결부금지

27. 행정기본법상 법 적용의 기준에 관한 내용이다. ( )에 들어갈 것으로 옳은 것은?

> ○ 당사자의 신청에 따른 처분은 법령등에 특별한 규정이 있거나 (ㄱ) 당시의 법령등을 적용하기 곤란한 특별한 사정이 있는 경우를 제외하고는 (ㄱ) 당시의 법령등에 따른다.
> ○ 법령등을 위반한 행위의 성립과 이에 대한 제재처분은 법령등에 특별한 규정이 있는 경우를 제외하고는 (ㄴ) 당시의 법령등에 따른다. 다만, 법령등을 위반한 행위 후 법령등의 변경에 의하여 그 행위가 법령등을 위반한 행위에 해당하지 아니하거나 제재처분 기준이 가벼워진 경우로서 해당 법령등에 특별한 규정이 없는 경우에는 변경된 법령등을 적용한다.

① ㄱ: 신청, ㄴ: 제재처분
② ㄱ: 신청, ㄴ: 법령등을 위반한 행위
③ ㄱ: 처분, ㄴ: 판결
④ ㄱ: 처분, ㄴ: 법령등을 위반한 행위
⑤ ㄱ: 판결, ㄴ: 제재처분

28. 행정입법에 관한 설명으로 옳지 않은 것은? (다툼이 있으면 판례에 따름)
① 입법 실제에 있어서 통상 대통령령에는 시행령이라는 이름을 붙이고 총리령과 부령에는 시행규칙이라는 이름을 붙인다.
② 헌법이 인정하고 있는 위임입법의 형식은 예시적인 것이다.
③ 상위 법령의 집행을 위하여 필요한 경우에는 상위 법령의 위임이 없더라도 집행명령으로 새로운 국민의 의무를 정할 수 있다.
④ 법원이 구체적 규범통제를 통해 위헌·위법으로 선언할 심판대상은 원칙적으로 재판의 전제성이 인정되는 조항에 한정된다.
⑤ 고시가 다른 집행행위의 매개 없이 그 자체로서 직접 국민의 구체적인 권리의무나 법률관계를 규율하는 성격을 가질 때에는 항고소송의 대상이 되는 행정처분에 해당한다.

29. 판례에 의할 때 항고소송의 대상이 되는 행정처분에 해당하는 것을 모두 고른 것은?

> ㄱ. 지목변경신청 반려행위
> ㄴ. 건축물 용도변경신청 거부행위
> ㄷ. 건축물대장 작성신청 반려행위
> ㄹ. 토지대장 직권말소행위
> ㅁ. 토지대장상의 소유자명의변경신청 거부행위

① ㄱ
② ㄴ, ㅁ
③ ㄷ, ㄹ, ㅁ
④ ㄱ, ㄴ, ㄷ, ㄹ
⑤ ㄱ, ㄴ, ㄷ, ㄹ, ㅁ

26. 행정법 통론
    행정법
    법치행정의 원칙

    행정기본법 제8조(법치행정의 원칙)
    행정작용은 법률에 위반되어서는 아니 되며, 국민의 권리를 제한하거나 의무를 부과하는 경우와 그 밖에 국민생활에 중요한 영향을 미치는 경우에는 법률에 근거하여야 한다.

    - <u>법률</u> 우위의 원칙
        = 불문법 + 형식적 의미의 법률
    - <u>법률</u> 유보의 원칙
        = 국회 제정 형식적 의미의 법률

행정기본법 제9조(평등의 원칙)
행정청은 합리적 이유 없이 국민을 차별하여서는 아니 된다.
행정기본법 제10조(비례의 원칙)
행정작용은 다음 각 호의 원칙에 따라야 한다.
1. 행정목적을 달성하는 데 유효하고 적절할 것
2. 행정목적을 달성하는 데 필요한 최소한도에 그칠 것
3. 행정작용으로 인한 국민의 이익 침해가 그 행정작용이 의도하는 공익보다 크지 아니할 것
행정기본법 제12조(신뢰보호의 원칙)
① 행정청은 공익 또는 제3자의 이익을 현저히 해칠 우려가 있는 경우를 제외하고는 행정에 대한 국민의 정당하고 합리적인 신뢰를 보호하여야 한다.
② 행정청은 권한 행사의 기회가 있음에도 불구하고 장기간 권한을 행사하지 아니하여 국민이 그 권한이 행사되지 아니할 것으로 믿을 만한 정당한 사유가 있는 경우에는 그 권한을 행사해서는 아니 된다. 다만, 공익 또는 제3자의 이익을 현저히 해칠 우려가 있는 경우는 예외로 한다.
행정기본법 제13조(부당결부금지의 원칙)
행정청은 행정작용을 할 때 상대방에게 해당 행정작용과 실질적인 관련이 없는 의무를 부과해서는 아니 된다.

27. 행정법 통론
    행정법
    효력

    ㄱ

    ㄴ

행정기본법 제14조(법 적용의 기준)
① 새로운 법령등은 법령등에 특별한 규정이 있는 경우를 제외하고는 그 법령등의 효력 발생 전에 완성되거나 종결된 사실관계 또는 법률관계에 대해서는 적용되지 아니한다.
② 당사자의 신청에 따른 처분은 법령등에 특별한 규정이 있거나 처분 당시의 법령등을 적용하기 곤란한 특별한 사정이 있는 경우를 제외하고는 처분 당시의 법령등에 따른다.
③ 법령등을 위반한 행위의 성립과 이에 대한 제재처분은 법령등에 특별한 규정이 있는 경우를 제외하고는 법령등을 위반한 행위 당시의 법령등에 따른다. 다만, 법령등을 위반한 행위 후 법령등의 변경에 의하여 그 행위가 법령등을 위반한 행위에 해당하지 아니하거나 제재처분 기준이 가벼워진 경우로서 해당 법령등에 특별한 규정이 없는 경우에는 변경된 법령등을 적용한다.

28. 행정작용법
    행정입법

③ 상위 법령의 집행을 위하여 필요한 경우에는도 상위 법령의 위임이 없더라도 없는 한 집행명령으로 새로운 국민의 의무를 정할 수 있다. 없다.

29. 행정구제법
    행정쟁송
    행정소송
    항고소송
    행정청이 우월한 의사의 주체로서 행한 행정작용에 대한 불복의 소송

ㅁ. 토지대장상의 소유자명의변경신청 거부행위
  판례:
  토지소유권은 지적공부의 기재만으로 증명되지 않는다.
      토지대장 상의 소유자 명의 변경으로 인하여
          토지에 대한 실체상의 권리변동을 가져올 수 없다.
  그러므로 행정관청의 토지대장 상의 소유자명의변경신청 거부행위는 항고소송의 대상이 되는 행정처분이 아니다.

30. 행정행위의 불가변력과 불가쟁력에 관한 설명으로 옳은 것은? (다툼이 있으면 판례에 따름)

① 불가변력은 행정행위의 상대방이나 이해관계인을 구속하는 효력이고 불가쟁력은 행정청을 구속하는 효력이다.
② 불가변력은 모든 행정행위에 다 인정되지만, 불가쟁력은 예외적으로 일부 행정행위의 경우에만 인정된다.
③ 불가변력은 당해 행정행위에 대하여서만 인정되는 것이고, 동종의 행정행위라 하더라도 그 대상을 달리할 때에는 이를 인정할 수 없다.
④ 행정처분이 불복기간의 경과로 인하여 확정된 경우 처분의 기초가 된 사실관계나 법률적 판단이 확정되고, 당사자들이나 법원이 이에 기속되어 모순되는 주장이나 판단을 할 수 없게 된다.
⑤ 행정심판의 재결은 준사법적 행위로서 불가쟁력이 인정되므로 행정심판 청구인은 제소기간의 경과 여부를 불문하고 그 재결의 효력을 다툴 수 없게 된다.

31. 행정지도에 관한 설명으로 옳지 않은 것은?

① 행정지도를 반드시 서면으로 해야 하는 것은 아니다.
② 행정기관은 행정지도의 상대방이 행정지도에 따르지 아니하였다는 것을 이유로 불이익한 조치를 하여서는 아니 된다.
③ 행정기관이 같은 행정목적을 실현하기 위하여 많은 상대방에게 행정지도를 하려는 경우에는 특별한 사정이 없으면 행정지도에 공통적인 내용이 되는 사항을 공표하여야 한다.
④ 행정지도의 상대방은 해당 행정지도의 내용뿐만 아니라 행정지도의 방식에 관해서도 행정기관에 의견제출을 할 수 있다.
⑤ 「행정기본법」은 임의성의 원칙 등 행정지도의 원칙에 관하여 규정하고 있다.

32. 행정행위의 부관에 관한 설명으로 옳지 않은 것은? (다툼이 있으면 판례에 따름)

① 부담부 행정행위는 부담을 이행하여야 비로소 그 효력이 발생한다.
② 부담을 불이행한 것만으로는 주된 행정행위의 효력이 소멸하지 않는다.
③ 부담은 그 자체로서 행정쟁송의 대상이 될 수 있다.
④ 행정청은 처분에 재량이 없는 경우에는 법률에 근거가 있는 경우에 부관을 붙일 수 있다.
⑤ 어업면허처분 중 면허의 유효기간만 취소하여 달라는 소송을 제기하는 것은 허용될 수 없다.

33. 공법상 계약에 관한 설명으로 옳은 것은?

① 「행정절차법」은 공법상 계약의 절차에 관한 일반법이다.
② 행정청은 공법상 계약의 상대방을 선정하고 계약 내용을 정할 때 공법상 계약의 공공성만을 고려하여야 하고 제3자의 이해관계를 고려하여서는 아니 된다.
③ 행정청이 공법상 계약을 체결하는 경우 계약의 목적 및 내용을 명확하게 적은 계약서를 작성하여야 한다.
④ 공법상 계약에는 법률우위의 원칙이 적용되지 않는다.
⑤ 행정청이 공법상 계약을 체결할 때 법령등에 따른 관계 행정청의 동의, 승인 등이 필요하다고 하여 이를 모두 거쳐야 하는 것은 아니다.

30. 행정작용법 　　행정행위 　　　효력(확정력) 　　　　- 공정력 　　　　- 집행력 　　　　- 불가변력 　　　　- 불가쟁력 ③④ 판례	① 불가변력 불가쟁력은 행정행위의 상대방이나 이해관계인을 구속하는 효력이고 불가쟁력 불가변력은 행정청을 구속하는 효력이다. ② 불가변력 불가쟁력은 항고소송의 대상이 되는 모든 행정행위에 다 인정되지만, 불가쟁력 불가변력은 예외적으로 일부 행정행위(준사법적 행정행위)의 경우에만 인정된다. ④ 행정처분이 불복기간의 경과로 인하여 확정된 경우 (기판력이 인정되는 것은 아니므로) 처분의 기초가 된 사실관계나 법률적 판단이 확정되고 확정되는 것은 아니고, 당사자들이나 법원이 이에 기속되어 모순되는 주장이나 판단을 할 수 없게 된다. 되는 것은 아니다. ⑤ 행정심판의 재결은 준사법적 행위(·확인적 행정행위)로서 불가쟁력 불가변력이 인정되므로 행정심판 청구인은 제소기간의 경과 여부를 불문하고 이 경과하지 않았다면 그 재결의 효력을 (항고소송으로) 다툴 수 없게 된다. 있다.
31. 행정작용법 　　기타 행정작용 　　　행정지도(비권력적 사실행위)	⑤ 「**행정기본법**」「**행정절차법**」은 임의성의 원칙 등 행정지도의 원칙에 관하여 규정하고 있다.
32. 행정작용법 　　행정행위 　　　(재량 행정행위의) 부관 주된 행정행위 = 기본행위 종된 행정행위 = 부관(조건·기한)	행정기본법 제17조(부관) ① 행정청은 처분에 재량이 있는 경우에는 부관(조건, 기한, 부담, 철회권의 유보 등을 말한다. 이하 이 조에서 같다)을 붙일 수 있다. ② 행정청은 처분에 재량이 없는 경우에는 법률에 근거가 있는 경우에 부관을 붙일 수 있다. ① 부담부 행정행위는 부담을 이행하여야 비로소 그 효력이 발생한다. 발생하는 것은 아니고, 불이행한 경우 철회할 수 있다.
33. 행정작용법 　　기타 행정작용 　　　공법상 계약 ③ 행정기본법 제27조	① 「**행정절차법**」은 공법상 계약의 절차에 관한 일반법이다. 은 없다. ② 행정청은 공법상 계약의 상대방을 선정하고 계약 내용을 정할 때 공법상 계약의 공공성만을 고려하여야 하고 제3자의 이해관계를 고려하여서는 아니 된다. 고려하여야 한다. 행정기본법 제27조(공법상 계약의 체결) ② 행정청은 공법상 계약의 상대방을 선정하고 계약 내용을 정할 때 공법상 계약의 공공성과 제3자의 이해관계를 고려하여야 한다. ④ 공법상 계약에는 법률우위의 원칙이 적용되지 않는다. 적용된다. ⑤ 행정청이 공법상 계약을 체결할 때 법령등에 따른 관계 행정청의 동의, 승인 등이 필요하다고 하여 필요하고 이를 모두 거쳐야 하는 것은 아니다. 거쳐야 한다.

34. 행정절차법상 행정청의 관할 및 협조에 관한 설명으로 옳지 않은 것은?
① 행정청이 그 관할에 속하지 아니하는 사안을 접수한 경우 지체 없이 이를 관할 행정청에 이송하여야 하고 그 사실을 신청인에게 통지하여야 한다.
② 행정응원에 드는 비용은 응원을 하는 행정청이 부담한다.
③ 행정청은 행정의 원활한 수행을 위하여 서로 협조하여야 한다.
④ 행정응원을 요청받은 행정청은 응원을 거부하는 경우 그 사유를 응원을 요청한 행정청에 통지하여야 한다.
⑤ 행정청의 관할이 분명하지 아니한 경우이지만 공통으로 감독하는 상급 행정청이 없는 경우에는 각 상급 행정청이 협의하여 그 관할을 결정한다.

35. 행정절차법상 송달 및 기간·기한에 관한 설명으로 옳은 것은?
① 정보통신망을 이용한 송달은 송달받을 자의 동의 여부와 상관없이 언제든지 가능하다.
② 행정청은 송달하는 문서의 명칭과 송달받는 자의 성명을 확인할 수 있는 기록을 보존하지 않아도 된다.
③ 송달은 다른 법령등에 특별한 규정이 있는 경우를 제외하고는 해당 문서를 발신한 때 그 효력이 발생한다.
④ 천재지변으로 기한을 지킬 수 없는 경우에는 그 사유가 끝나는 날이 속하는 주말까지 기간의 진행이 정지된다.
⑤ 외국에 거주하거나 체류하는 자에 대한 기간 및 기한은 행정청이 그 우편이나 통신에 걸리는 일수를 고려하여 정하여야 한다.

36. 개인정보 보호법상 개인정보 보호 원칙에 관한 설명으로 옳지 않은 것은?
① 개인정보처리자는 개인정보의 처리 목적에 필요한 범위에서 적합하게 개인정보를 처리하여야 한다.
② 개인정보처리자는 개인정보의 처리 목적에 필요한 범위에서 개인정보의 정확성, 완전성 및 최신성이 보장되도록 하여야 한다.
③ 개인정보처리자는 정보주체의 사생활 침해를 최소화하는 방법으로 개인정보를 처리하여야 한다.
④ 개인정보처리자는 개인정보 처리방침 등 개인정보의 처리에 관한 사항을 공개하여야 한다.
⑤ 개인정보처리자는 개인정보를 익명 또는 가명으로 처리하여서는 아니 된다.

37. 행정대집행법의 내용에 관한 설명으로 옳은 것은?
① 의무자가 동의한 경우라도 행정청은 해가 뜨기 전에는 대집행을 착수할 수 없다.
② 해가 지기 전에 대집행을 착수한 경우라도 해가 진 후에는 행정청은 즉시 대집행을 중단해야 한다.
③ 대집행에 대하여는 행정심판을 제기할 수 없다.
④ 대집행에 요한 비용은 「민사집행법」의 예에 의하여 징수하여야 한다.
⑤ 대집행에 요한 비용에 대하여서는 행정청은 사무비의 소속에 따라 국세에 다음가는 순위의 선취득권을 가진다.

34. 행정절차·(행정)정보
행정절차
관할 및 협조

① ⑤ 행정절차법 제6조   ④

③ 행정절차법 제7조

                      ②

행정절차법 제8조(행정응원)
① 행정청은 다음 각 호의 어느 하나에 해당하는 경우에는 다른 행정청에 행정응원(行政應援)을 요청할 수 있다.
④ 행정응원을 요청받은 행정청은 응원을 거부하는 경우 그 사유를 응원을 요청한 행정청에 통지하여야 한다.
⑥ 행정응원에 드는 비용은 응원을 요청한 행정청이 부담하며, 그 부담금액 및 부담방법은 응원을 요청한 행정청과 응원을 하는 행정청이 협의하여 결정한다.

---

35. 행정절차·(행정)정보
행정절차
송달 및 기간·기한

                    ①

                    ②

④ ⑤   ③

행정절차법 제16조 (기간 및 기한의 특례)
① 천재지변이나 그 밖에 당사자등에게 책임이 없는 사유로 기간 및 기한을 지킬 수 없는 경우에는 그 사유가 끝나는 날까지 기간의 진행이 정지된다.
② 외국에 거주하거나 체류하는 자에 대한 기간 및 기한은 행정청이 그 우편이나 통신에 걸리는 일수(日數)를 고려하여 정하여야 한다.

행정절차법 제14조(송달)
③ 정보통신망을 이용한 송달은 송달받을 자가 동의하는 경우에만 한다. 이 경우 송달받을 자는 송달받을 전자우편주소 등을 지정하여야 한다.
⑥ 행정청은 송달하는 문서의 명칭, 송달받는 자의 성명 또는 명칭, 발송방법 및 발송 연월일을 확인할 수 있는 기록을 보존하여야 한다.
행정절차법 제15조(송달의 효력 발생)   - 도달주의
① 송달은 다른 법령등에 특별한 규정이 있는 경우를 제외하고는 해당 문서가 송달받을 자에게 도달됨으로써 그 효력이 발생한다.

① 정보통신망을 이용한 송달은 송달받을 자의 <u>동의 여부와 상관없이 언제든지 가능하다.</u> <u>한 경우에만 가능하다.</u>
② 행정청은 송달하는 문서의 명칭과 송달받는 자의 성명을 확인할 수 있는 기록을 <u>보존하지 않아도 된다.</u> <u>보존하여야 한다.</u>
③ 송달은 다른 법령등에 특별한 규정이 있는 경우를 제외하고는 해당 문서를 <u>발신한 가</u> 송달받을 자에게 도달한 때 그 효력이 발생한다.
④ 천재지변으로 기한을 지킬 수 없는 경우에는 그 사유가 끝나는 날이 <u>속하는 주말까지</u> 기간의 진행이 정지된다.

---

36. 행정절차·(행정)정보
개인정보보호

⑤ 개인정보처리자는 개인정보 수집 목적을 달성할 수 있는 경우 개인정보를 익명 또는 가명으로 <u>처리하여서는 아니 된다.</u> <u>처리하여야 한다.</u>

---

37. 행정상 실효성 확보 수단
행정강제
행정대집행

행정대집행법 제6조(비용징수)
② 대집행에 요한 비용에 대하여서는 행정청은 사무비의 소속에 따라 국세에 다음가는 순위의 선취득권을 가진다.

① 의무자가 동의한 경우라도 행정청은 해가 뜨기 전에는 대집행을 착수할 수 <u>없다.</u> <u>있다.</u>
② 해가 지기 전에 대집행을 착수한 경우라도 해가 진 <u>후에는도</u> 행정청은 즉시 대집행을 <u>중단해야 한다.</u> <u>할 수 있다.</u>
③ 대집행에 대하여는 행정심판을 제기할 수 <u>없다.</u> <u>있다.</u>
④ 대집행에 요한 비용은 「민사집행법」「국세징수법」의 예에 의하여 징수하여야 한다.

38. 질서위반행위규제법의 내용에 관한 설명으로 옳지 않은 것은?
① 다른 법률에 특별한 규정이 없는 한 14세가 되지 아니한 자의 질서위반행위에 대해서도 과태료를 부과한다.
② 고의 또는 과실이 없는 질서위반행위는 과태료를 부과하지 아니한다.
③ 법률에 따르지 아니하고는 어떤 행위도 질서위반행위로 과태료를 부과하지 아니한다.
④ 대한민국 영역 밖에 있는 대한민국의 선박 또는 항공기 안에서 질서위반행위를 한 외국인에게도 적용한다.
⑤ 대한민국 영역 밖에서 질서위반행위를 한 대한민국의 국민에게도 적용한다.

39. 취소소송에 관한 설명으로 옳은 것은? (다툼이 있으면 판례에 따름)
① 제약회사는 보건복지부 고시인 '약제급여·비급여 목록 및 급여 상한금액표' 중 그 제약회사가 제조·공급하는 약제의 상한금액 인하 부분의 취소를 구할 원고적격이 있다.
② 처분의 효과가 소멸된 뒤에는 그 처분의 취소로 인하여 회복되는 법률상 이익이 있어도 그 처분에 대한 취소소송을 제기할 수 없다.
③ 지방법무사회가 법무사의 사무원 채용승인 신청을 거부한 경우 채용승인을 신청한 법무사가 아닌 자는 취소소송을 제기하지 못한다.
④ 기존의 시외버스운송사업자인 甲회사는 동일노선을 운행하는 乙회사에 대한 시외버스운송사업계획변경인가 처분으로 인하여 甲회사의 수익감소가 예상되는 경우라도 그 처분의 취소를 구할 법률상의 이익이 없다.
⑤ 「주택법」상 입주자는 건축물의 하자를 이유로 그 건축물에 대한 사용검사처분의 취소를 구할 법률상 이익이 있다.

40. 행정심판법의 내용에 관한 설명으로 옳지 않은 것은?
① 부작위란 행정청이 당사자의 신청에 대하여 상당한 기간 내에 일정한 처분을 하여야 할 법률상 의무가 있는데도 처분을 하지 아니하는 것을 말한다.
② 행정심판은 처분이 있음을 알게 된 날부터 180일 이내에 청구하여야 한다.
③ 청구인이 경제적 능력으로 인해 대리인을 선임할 수 없는 경우에는 행정심판위원회에 국선대리인을 선임하여 줄 것을 신청할 수 있다.
④ 여러 명의 청구인이 공동으로 심판청구를 할 때에는 청구인들 중에서 3명 이하의 선정대표자를 선정할 수 있다.
⑤ 의무이행심판은 처분을 신청한 자로서 행정청의 거부처분 또는 부작위에 대하여 일정한 처분을 구할 법률상 이익이 있는 자가 청구할 수 있다.

41. 행정소송법의 내용에 관한 설명으로 옳지 않은 것은?
① 처분등을 취소하는 확정판결은 당사자에 대해서만 효력이 있다.
② 처분등이라 함은 행정청이 행하는 구체적 사실에 관한 법집행으로서의 공권력의 행사 또는 그 거부와 그 밖에 이에 준하는 행정작용 및 행정심판에 대한 재결을 말한다.
③ 행정소송의 종류로는 항고소송, 당사자소송, 민중소송, 기관소송이 규정되어 있다.
④ 무효등 확인소송은 처분등의 효력 유무 또는 존재 여부의 확인을 구할 법률상 이익이 있는 자가 제기할 수 있다.
⑤ 행정청의 재량에 속하는 처분이라도 재량권의 한계를 넘거나 그 남용이 있는 때에는 법원은 이를 취소할 수 있다.

38. 행정상 실효성 확보 수단
   행정벌
   행정질서벌

   ⑤
   ④
   ③
   ②
   ①

   질서위반행위규제법 제4조(법 적용의 장소적 범위)
   ① 이 법은 대한민국 영역 안에서 질서위반행위를 한 자에게 적용한다.
   ② 이 법은 대한민국 영역 밖에서 질서위반행위를 한 대한민국의 국민에게 적용한다.
   ③ 이 법은 대한민국 영역 밖에 있는 대한민국의 선박 또는 항공기 안에서 질서위반행위를 한 외국인에게 적용한다.
   질서위반행위규제법 제6조(질서위반행위 법정주의)
   법률에 따르지 아니하고는 어떤 행위도 질서위반행위로 과태료를 부과하지 아니한다.
   질서위반행위규제법 제7조(고의 또는 과실)
   고의 또는 과실이 없는 질서위반행위는 과태료를 부과하지 아니한다.
   질서위반행위규제법 제9조(책임연령)
   14세가 되지 아니한 자의 질서위반행위는 과태료를 부과하지 아니한다. 다만, 다른 법률에 특별한 규정이 있는 경우에는 그러하지 아니하다.

39. 행정구제
    행정쟁송
    행정소송 - 취소소송
   ①③④⑤ 판례

   행정소송법 제12조(원고적격)
   취소소송은 처분등의 취소를 구할 법률상 이익이 있는 자가 제기할 수 있다. 처분등의 효과가 기간의 경과, 처분등의 집행 그 밖의 사유로 인하여 소멸된 뒤에도 그 처분등의 취소로 인하여 회복되는 법률상 이익이 있는 자의 경우에는 또한 같다.

   ② 처분의 효과가 소멸된 뒤에는도 그 처분의 취소로 인하여 회복되는 법률상 이익이 있었어도 있으면 그 처분에 대한 취소소송을 제기할 수 없다. 있다.
   ③ 지방법무사회가 법무사의 사무원 채용승인 신청을 거부한 경우 채용승인을 신청한 법무사가 아닌 자는도 취소소송을 제기하지 못한다. 제기할 수 있다.
   ④ 기존의 시외버스운송사업자인 甲회사(경업자)는 동일노선을 운행하는 乙회사에 대한 시외버스운송사업계획변경인가 처분으로 인하여 甲회사의 수익감소가 예상되는 경우라도면 그 처분의 취소를 구할 법률상의 이익이 없다. 있다.
   ⑤ 「주택법」상 입주자는 건축물의 하자를 이유로 그 건축물에 대한 사용검사처분의 취소를 구할 법률상 이익이 있다. 없다.

40. 행정구제법
    행정쟁송
    행정심판

   ① 행정심판법 제2조(정의)
   ② 행정심판은 처분이 있음을 알게 된 날부터 180일 90일 이내에 청구하여야 한다(행정심판법 제27조, 심판청구의 기간).
   ③ 행정심판법 제18조의2(국선대리인)
   ④ 행정심판법 제15조(선정대표자)
   ⑤ 행정심판법 제13조(청구인 적격)

41. 행정구제법
    행정쟁송
    행정소송
      항고·당사자·민중·기관소송

   ① 대세효(對世效): 처분 등을 취소하는 확정판결은 당사자에 대해서만 뿐 아니라 제3자에 대하여도 효력이 있다.

   행정소송법 제29조(취소판결등의 효력)
   ① 처분등을 취소하는 확정판결은 제3자에 대하여도 효력이 있다.

42. 국가배상에 관한 설명으로 옳지 않은 것은? (다툼이 있으면 판례에 따름)
① 인사업무담당 공무원이 다른 공무원의 공무원증을 위조한 행위는 직무집행행위에 해당한다.
② 행정처분이 후에 항고소송에서 취소되면 그 기판력에 의하여 당해 행정처분은 공무원의 고의·과실 여부와 관계없이 곧바로 불법행위를 구성한다.
③ 생명·신체의 침해로 인한 국가배상을 받을 권리는 양도하지 못한다.
④ 경찰관이 범죄수사를 함에 있어 법규상 또는 조리상의 한계를 위반하였다면 이는 법령을 위반한 경우에 해당한다.
⑤ 영조물 설치·관리상의 하자는 공공의 목적에 공여된 영조물이 그 용도에 따라 통상 갖추어야 할 안전성을 갖추지 못한 상태에 있음을 말한다.

43. 행정조직과 권한의 위임 등에 관한 설명으로 옳지 않은 것은? (다툼이 있으면 판례에 따름)
① 행정기관은 법령으로 정하는 바에 따라 그 소관사무의 일부를 하급행정기관에 위임할 수 있다.
② 행정기관 또는 소속기관을 설치하거나 공무원의 정원을 증원할 때에는 반드시 예산상의 조치가 병행되어야 한다.
③ 행정권한의 위임은 권한의 법적인 귀속을 변경하는 것이므로 법률이 위임을 허용하고 있는 경우에 한하여 인정된다.
④ 행정권한의 내부위임은 법률이 위임을 허용하고 있는 경우에 한하여 인정된다.
⑤ 헌법은 행정각부의 설치·조직과 직무범위는 법률로 정한다고 규정하고 있다.

44. 행정심판법상 재결에 관한 설명으로 옳지 않은 것은?
① 재결은 서면으로 한다.
② 행정심판위원회는 사정재결을 할 수 없다.
③ 재결은 청구인에게 재결서의 정본이 송달되었을 때에 그 효력이 생긴다.
④ 행정심판위원회는 심판청구의 대상이 되는 처분보다 청구인에게 불리한 재결을 하지 못한다.
⑤ 행정심판위원회는 심판청구가 적법하지 아니하면 그 심판청구를 각하한다.

45. 정부조직법상 국무총리 소속 행정기관에 해당하는 것은?
① 법제처   ② 특허청   ③ 국세청   ④ 통계청   ⑤ 대통령경호처

46. 국가공무원에 관한 설명으로 옳지 않은 것은? (다툼이 있으면 판례에 따름)
① 공무원의 신분과 지위의 특수성상 공무원에 대해서는 일반 국민에 비해 보다 넓고 강한 기본권 제한이 가능하다.
② 공무원이 그 직무를 수행함에 있어 소속 상관의 명백한 위법 내지 불법한 명령에 따라야 할 의무는 없다.
③ 법관, 검사, 외무공무원은 일반직공무원에 해당한다.
④ 모든 공무원은 법령을 준수하며 성실히 직무를 수행하여야 한다.
⑤ 국가기관의 장은 소속 공무원을 임용할 때 합리적인 이유 없이 사회적 신분을 이유로 차별해서는 아니 된다.

42. 행정구제법 　　행정상 손해전보 　　행정상 손해배상(국가배상)		② 판례: 행정처분이 후에 항고소송에서 취소되면 취소되었더라도 그 기판력에 의하여 당해 행정처분은 공무원의 고의·과실 여부와 관계 없이 곧바로 불법행위를 구성한다. 구성한다고 단정할 수는 없다. ③ 재산권 침해로 인한 국가배상을 받을 권리는 양도할 수 있다.

43. 행정조직법
　행정조직법 개관
　행정권한 - 대리·위임

① ②
```
정부조직법 제6조(권한의 위임 또는 위탁)
① 행정기관은 법령으로 정하는 바에 따라 그 소관사무의 일부를 보조기관 또는 하급행정기관에 위임하거나 다른 행정기관·지방자치단체 또는 그 기관에 위탁 또는 위임할 수 있다. 이 경우 위임 또는 위탁을 받은 기관은 특히 필요한 경우에는 법령으로 정하는 바에 따라 위임 또는 위탁을 받은 사무의 일부를 보조기관 또는 하급행정기관에 재위임할 수 있다.
② 보조기관은 제1항에 따라 위임받은 사항에 대하여는 그 범위에서 행정기관으로서 그 사무를 수행한다.
③ 행정기관은 법령으로 정하는 바에 따라 그 소관사무 중 조사·검사·검정·관리 업무 등 국민의 권리·의무와 직접 관계되지 아니하는 사무를 지방자치단체가 아닌 법인·단체 또는 그 기관이나 개인에게 위탁할 수 있다.
정부조직법 제9조(예산조치와의 병행)
행정기관 또는 소속기관을 설치하거나 공무원의 정원을 증원할 때에는 반드시 예산상의 조치가 병행되어야 한다.
```

③④ 판례

③ 행정권한의 위임　　- 권한의 이전 - 법률의 근거
　　내부위임　　　　- 권한의 이전 - 법률의 근거
④ 행정권한의 내부위임은 법률이 위임을 허용하고 있는 경우에 한하여 인정된다. 한하지 않는다.

⑤
```
헌법 제96조 행정각부의 설치·조직과 직무범위는 법률로 정한다.
```

44. 행정구제법
　행정쟁송
　행정심판

② 행정심판위원회는 사정재결을 할 수 없다. 있다.
　행정심판 - 사정재결
　　재결(裁決): 행정심판 청구에 대한 행정심판위원회의 판단
　행정소송 - 사정판결

45. 행정조직법
　행정조직법

① 법제처　　　　　　국무총리 소속
② 특허청　　　　　　산업통상자원부장관 소속
③ 국세청 ④ 통계청　　기획재정부장관 소속
⑤ 대통령경호처　　　대통령경호법에 의한 독립 조직

46. 행정조직법
　공무원법
　경력직:　　일반직, 특정직
　특수경력직:　정무직, 별정직

③ 법관, 검사, 외무공무원은 일반직공무원 특정직공무원(국가공무원법 제2조(공무원의 구분): 법관, 검사, 외무공무원, 경찰공무원, 소방공무원, 교육공무원, 군인, 군무원, 헌법재판소 헌법연구관, 국가정보원 직원, 경호공무원 등)에 해당한다.

47. 경찰관 직무집행법상 사실의 확인을 위하여 경찰관이 출석 요구서를 보내 경찰관서에 출석할 것을 요구할 수 있는 직무수행으로 명시되어 있지 <u>않은</u> 것은?
① 미아를 인수할 보호자 확인
② 유실물을 인수할 권리자 확인
③ 사고로 인한 사상자 확인
④ 긴급구호를 요청받은 보건의료기관에 대한 요청사실의 확인
⑤ 행정처분을 위한 교통사고 조사에 필요한 사실 확인

48. 국가재정법의 내용에 관한 설명으로 옳지 <u>않은</u> 것은?
① 정부는 재정건전성의 확보를 위하여 최선을 다하여야 한다.
② 정부는 「성별영향평가법」에 따른 성별영향평가의 결과를 포함하여 예산이 여성과 남성에게 미치는 효과를 평가하고, 그 결과를 정부의 예산편성에 반영하기 위하여 노력하여야 한다.
③ 한 회계연도의 모든 수입을 세입으로 하고, 모든 지출을 세출로 한다.
④ 예산은 예산총칙·세입세출예산·계속비·명시이월비 및 국고채무부담행위를 총칭한다.
⑤ 정부는 예측할 수 없는 예산 외의 지출에 충당하기 위하여 일반회계 예산총액의 100분의 10 이내의 금액을 예비비로 세입세출예산에 계상하여야 한다.

49. 지방자치단체의 관할 구역 경계변경에 관한 지방자치법 조문의 일부이다. ( )에 들어갈 내용으로 옳은 것은?

> 지방자치단체의 장은 관할 구역과 생활권과의 불일치 등으로 인하여 주민생활에 불편이 큰 경우 등 대통령령으로 정하는 사유가 있는 경우에는 행정안전부장관에게 경계변경이 필요한 지역 등을 명시하여 경계변경에 대한 조정을 신청할 수 있다. 이 경우 지방자치단체의 장은 지방의회 재적의원 (ㄱ)의 출석과 출석의원 (ㄴ) 이상의 동의를 받아야 한다.

① ㄱ: 3분의 1 이상, ㄴ: 2분의 1
② ㄱ: 과반수, ㄴ: 2분의 1
③ ㄱ: 과반수, ㄴ: 3분의 2
④ ㄱ: 3분의 2 이상, ㄴ: 2분의 1
⑤ ㄱ: 3분의 2 이상, ㄴ: 3분의 2

50. 국유재산법상 행정재산의 종류 중 법령이나 그 밖의 필요에 따라 국가가 보존하는 재산은?
① 공용재산 ② 공공용재산 ③ 기업용재산 ④ 보존용재산 ⑤ 일반재산

47. 특별행정작용법 　　경찰관 직무집행법	경찰관 직무집행법 제8조(사실의 확인 등) ② 경찰관은 다음 각 호의 직무를 수행하기 위하여 필요하면 관계인에게 출석하여야 하는 사유·일시 및 장소를 명확히 적은 출석 요구서를 보내 경찰관서에 출석할 것을 요구할 수 있다. 　　1. 미아를 인수할 보호자 확인 　　2. 유실물을 인수할 권리자 확인 　　3. 사고로 인한 사상자(死傷者) 확인 　　4. 행정처분을 위한 교통사고 조사에 필요한 사실 확인	
48. 특별행정작용법 　　국가재정법	⑤ 국가재정법 제22조(예비비): 정부는 예측할 수 없는 예산 외의 지출에 충당하기 위하여 일반회계 예산총액의 <s>100분의 10</s> <u>100분의 1</u> 이내의 금액을 예비비로 세입세출예산에 <s>계상하여야 한다.</s> <u>계상할 수 있다.</u>	
49. 행정조직법 　　지방자치법 　　지방자치단체 ② 관계 중앙행정기관의 장 또는 둘 이상의 지방자치단체에 걸친 개발사업 등의 시행자는 대통령령으로 정하는 바에 따라 관계 지방자치단체의 장에게 제1항에 따른 경계변경에 대한 조정을 신청하여 줄 것을 요구할 수 있다.	지방자치법 제6조(지방자치단체의 관할 구역 경계변경 등) ① 지방자치단체의 장은 관할 구역과 생활권과의 불일치 등으로 인하여 주민생활에 불편이 큰 경우 등 대통령령으로 정하는 사유가 있는 경우에는 행정안전부장관에게 경계변경이 필요한 지역 등을 명시하여 경계변경에 대한 조정을 신청할 수 있다. 이 경우 지방자치단체의 장은 지방의회 재적의원 (과반수)의 출석과 출석의원 (2/3) 이상의 동의를 받아야 한다. ③ 행정안전부장관은 제1항에 따른 경계변경에 대한 조정 신청을 받으면 지체 없이 그 신청 내용을 관계 지방자치단체의 장에게 통지하고, 20일 이상 관보나 인터넷 홈페이지에 게재하는 등의 방법으로 널리 알려야 한다. 이 경우 알리는 방법, 의견의 제출 등에 관하여는 「행정절차법」 제42조(예고방법)·제44조(의견제출 및 처리) 및 제45조(공청회)를 준용한다.	
50. 특별행정작용법 　　<u>국유재산법</u> 　　　- 행정재산: ①②③④ 　　　- 일반재산: 행정재산 외 강학상 공물 　- 공공용물 　　국유재산법상 공공용재산 　- 공용물 　　국유재산법상 공용재산 　- 보존공물(공적 보존물) 　　국유재산법상 보존용재산	1. 공용재산 　국가가 직접 사무용·사업용 또는 공무원의 주거용으로 사용하거나 대통령령으로 정하는 기한까지 사용하기로 결정한 재산 2. 공공용재산 　국가가 직접 공공용으로 사용하거나 대통령령으로 정하는 기한까지 사용하기로 결정한 재산 3. 기업용재산 　정부기업이 직접 사무용·사업용 또는 직원의 주거용으로 사용하거나 대통령령으로 정하는 기한까지 사용하기로 결정한 재산 4. 보존용재산 　법령이나 그 밖의 필요에 따라 국가가 보존하는 재산	

51. 행정학의 행태론적 접근방법의 특징으로 옳지 않은 것은?
① 종합학문적 접근방법
② 일반 법칙성 추구
③ 환경과의 상호작용을 통한 진화과정 강조
④ 조직구조보다는 인간 중심의 접근
⑤ 가치중립적 접근의 강조

52. 신제도주의에 관한 설명으로 옳은 것은?
① 합리적 선택 제도주의는 개인의 표준화된 행동코드로서 제도의 준수를 통한 소속감을 강조한다.
② 역사적 제도주의는 서로 다른 국가들 사이의 제도가 유사해지는 현상을 설명하는 데 유리하다.
③ 사회학적 제도주의는 동일한 상황에서 국가 간의 상이한 제도로 인해 서로 다른 정책이 채택되고 효과도 다르게 나타나는 현상을 강조한다.
④ 사회학적 제도주의는 개인에 대한 가정에 기초한 미시적·연역적 방법에 주로 의존한다.
⑤ 합리적 선택 제도주의의 연장선상에서 오스트롬(E. Ostrom)은 '공유재의 비극'의 해결 방안으로 공동체 중심의 자치제도를 제시한다.

53. 정부실패이론의 설명으로 옳지 않은 것은?
① 정부예산의 공유재적 성격 때문에 자원배분의 비효율성이 발생한다.
② 정부의 X-비효율성은 정부서비스의 공급 측면보다는 사회적·정치적 수요 측면 때문에 발생한다.
③ 선거에 민감한 정치인들의 정치적 보상기제로 인해 사회문제가 과장되거나 단기적 해결책에 그치는 경우가 발생한다.
④ 사회문제 해결의 목표보다는 내부적인 절차와 규칙에 집착하는 정부조직 목표의 대치(displacement) 현상이 발생한다.
⑤ 정부 개입에 의한 인위적 지대(rent)를 획득하는 과정에서 불필요한 자원 낭비가 발생한다.

54. 행정학의 패러다임에 관한 설명으로 옳은 것은?
① 뉴거버넌스는 정부 내부의 관리보다는 외부 주체와의 관계를 강조한다.
② 신공공관리는 부서 간 또는 기관 간 경쟁보다 협력을 강조한다.
③ 신행정학은 행정의 능률성과 중립성을 강조한다.
④ 전통적 관료제 중심의 행정은 환경변화에 대한 유연한 적응에 유리하다.
⑤ 신공공관리의 고객은 사회적 책임의식을 갖춘 적극적 시민성을 특징으로 한다.

55. 공익의 실체설과 과정설에 관한 설명으로 옳은 것을 모두 고른 것은?

> ㄱ. 사익과 차별화되는 공익의 존재를 인정하는 실체설은 공익이 행정의 구체적인 지침이 될 수 있다고 본다.
> ㄴ. 실체설은 개인이나 집단 사이의 이해를 조정하는 행정의 조정자 역할을 강조한다.
> ㄷ. 과정설은 이해당사자 사이의 협상과 타협을 통해 규범적 절대가치에 도달할 수 있다고 본다.
> ㄹ. 「지방재정법」에 규정된 주민참여예산제도의 준수를 통해 지방자치단체의 예산을 배분하는 것은 과정설에 해당된다.

① ㄱ, ㄴ
② ㄱ, ㄹ
③ ㄴ, ㄷ
④ ㄱ, ㄷ, ㄹ
⑤ ㄴ, ㄷ, ㄹ

51. 행정학 총론 　　행정학 이론	행태주의(행태론적 접근법) - 사이몬(H. A. Simon) 　- 폐쇄체제 관점 　- 과학적 방법론: 일반법칙성 추구 　　　　　　인간행태의 규칙성 가정, 경험적 관찰을 통한 가설 검증 ③ 개방체제 관점, 체제론적 접근법	
52. 행정학 총론 　　행정학 이론 　　　신제도주의	① 합리적 선택 제도주의 사회학적 제도주의는 개인의 표준화된 행동 코드로서 제도의 준수를 통한 소속감을 강조한다. ② 제도적 동형화 　역사적 제도주의 사회학적 제도주의는 서로 다른 국가들 사이의 제도가 유사해지는 현상을 설명하는 데 유리하다. ③ 사회학적 제도주의 역사적 제도주의는 동일한 상황에서 국가 간의 상이한 제도로 인해 서로 다른 정책이 채택되고 효과도 다르게 나타나는 현상을 강조한다. ④ 사회학적 제도주의 합리적 선택 제도주의는 개인에 대한 가정에 기초한 미시적·연역적 방법에 주로 의존한다. ⑤ 공공선택론	
53. 행정학 총론 　　행정환경 　　　정부실패(government failure)	① 공유재의 비극(the tragedy of the commons) ② 정부의 X-비효율성(관료제에서 발생하는 비효율성, 낭비 현상)은 정부서비스의 공급 수요 측면보다는 사회적·정치적 수요 공급 측면(정부의 독점적 지위) 때문에 발생한다. ③ 수요 측면 정부실패 원인(울프, C. Wolf) ④ 사회 목표와 내부 조직 목표의 괴리 ⑤ 파생적 외부효과(derived externalities)	
54. 행정학 총론 　　행정학 이론 　　　거버넌스 　　　　정부, 시장, 시민사회 간 협치	② 신공공관리(NPM)는 부서 간 또는 기관 간 경쟁보다 협력을 강조한다. ③ 신행정학은 행정의 능률성과 중립성 형평성을 강조한다. ④ 전통적 관료제 중심의 행정은 환경변화에 대한 유연한 적응에 유리하다. 둔감하다. ⑤ 신공공관리의 고객은 사회적 책임의식을 갖춘 적극적 시민성 개인의 만족을 추구하는 소비자임을 특징으로 한다.	
55. 행정학 총론 　　행정가치·지향 　　　공익	실체설: 도덕적·규범적 공익의 실체 인정 과정설: 공익의 실체 부정 　ㄴ. 실체설 과정설은 개인이나 집단 사이의 이해를 조정하는 행정의 조정자·중재자(관료) 역할을 강조한다. 　ㄷ. 과정설에서의 공익(= 사익의 총합)은 규범적 절대가치(도덕적 절대가치, 선험적 개념)가 아니라 이해당사자 사이의 협상과 타협(민주적 조정 과정)의 산물이다.	

56. 행정의 능률성(efficiency)과 효과성(effectiveness)에 관한 설명으로 옳은 것은?
① 효과성은 목표와 무관하게 자원을 낭비 없이 사용하는 것을 의미한다.
② 능률성은 사회문제의 해결정도를 의미한다.
③ 어떤 해결대안이 효과적이면 그 대안은 항상 능률적이다.
④ 비용효과(cost-effectiveness) 분석은 효과를 화폐가치로 측정하기 어려운 상황에서 적용된다.
⑤ 효과성은 행정의 수단적 가치인 반면, 능률성은 민주성과 마찬가지로 본질적 가치이다.

57. 나카무라와 스몰우드(R. Nakamura & F. Smallwood)가 제시한 정책집행자의 유형 중 정책집행자가 정책결정자의 결정권을 장악하고 정책과정 전반을 지배하는 유형은?
① 고전적 기술관료형   ② 관료적 기업가형   ③ 재량적 실험가형
④ 지시적 위임자형   ⑤ 협상자형

58. 바흐라흐와 바라츠(P. Bachrach & M. Baratz)의 무의사결정론에 관한 설명으로 옳은 것을 모두 고른 것은?

> ㄱ. 무의사결정은 의사결정자의 가치나 이익에 대한 잠재적이거나 현재적인 도전을 억압하거나 방해하는 결과를 초래하는 결정을 의미한다.
> ㄴ. 무의사결정은 정책의제 채택과정에서 일어날 뿐 정책결정과 집행과정에서는 일어나지 않는다.
> ㄷ. 무의사결정을 추진하기 위하여 폭력이 동원되기도 한다.
> ㄹ. 엘리트론을 비판하면서 다원론을 계승 발전시킨 신다원론적 이론이다.

① ㄱ, ㄴ   ② ㄱ, ㄷ   ③ ㄱ, ㄹ   ④ ㄴ, ㄹ   ⑤ ㄷ, ㄹ

59. 실제 체제를 모방한 모형을 활용하는 정책대안의 미래예측 기법은?
① 브레인스토밍   ② 정책델파이   ③ 정책학습   ④ 시뮬레이션   ⑤ 교차영향분석

60. 기계적(mechanistic) 구조와 대비되는 유기적(organic) 구조의 조직 특성에 해당하는 것은?
① 모호한 책임관계   ② 표준운영절차   ③ 좁은 직무범위
④ 계층제   ⑤ 공식적/몰인간적 대면관계

61. 학습조직에 관한 설명으로 옳지 않은 것은?
① 리더의 사려 깊은 리더십이 요구된다.
② 구성원의 권한강화를 강조한다.
③ 수평적 구조의 팀으로 구성된다.
④ 전체보다 부분을 중시한다.
⑤ 조직구성원은 조직의 공식자료에 접근할 수 있어야 한다.

56. 행정학 총론
행정가치·지향

④ 비용효과 분석:
　　화폐(비용)-비화폐(효과)
　　비용편익(cost-benefit) 분석:
　　화폐(비용)-화폐(편익)

① 효과성 <u>능률성</u>은 목표와 무관하게 자원을 낭비 없이 사용하는 것을 의미한다.
② 능률성 <u>효과성</u>은 사회문제의 해결정도를 의미한다.
③ 어떤 해결 대안이 효과적이면<u>더라도 그 대안은 항상 능률적이다. 비능률적일 수 있다.</u>
⑤ 효과성은 행정의 수단적 가치인 반면, 능률성은, 민주성과 마찬가지로 <u>은</u> 본질적 <u>수단</u>적 가치이다.

57. 정책론
정책집행
정책집행자

구분	행정인 권한	정책평가
① 고전적 기술관료형	기술적 권한	효과성
② 지시적 위임(가)형	행정적·기술적 권한	효과성·능률성
③ 협상(자)형	상호(정치인-행정인) 협상	주민만족도
④ 재량적 실험가형	행정적·기술적 권한	수익자 대응성
⑤ 관료적 기업가형	행정적·기술적 권한	체제유지도

58. 정책론
정책
무의사결정론

ㄱ. 의사결정권력: 　정책 결정 권력
　　무의사결정권력: 정책의제 배제 권력
ㄴ. 무의사결정은 정책의제 채택과정에서 일어날 뿐, 정책결정과 집행 과정에서는 일어나지 않는다. <u>등 정책과정 전반에 걸쳐서 일어난다.</u>
ㄹ. 엘리트론 <u>다원론</u>을 비판하면서 다원론 <u>엘리트론</u>을 계승 발전시킨 신다원론 <u>신엘리트론</u>적 이론이다.

59. 정책론
정책결정

① 브레인스토밍: 동등 조건, 자유로운 토론
② 정책델파이: 초기 익명성 보장 → 공개 토론
③ 정책학습: 지식의 축적·응용
④ 시뮬레이션: 가상적 상황 대처
⑤ 교차영향분석: 확률적 결과 도출 분석(전문가 의견 기반)

60. 조직론
조직

기계적 구조: ②③④⑤
유기적 구조: ①

기계적 구조 ≒ 관료제	유기적 구조
예측가능성	적응성
계층제	-
표준운영절차	-
좁은 직무 범위	넓은 직무 범위
분명한 책임 관계	모호한 책임 관계
공식적·몰인간적 관계	비공식적·인간적 관계

61. 조직론
조직

②③ 유기적 구조
④ 전체 <u>부분</u>보다 부분을 <u>전체</u>를 중시한다.

기계적 조직	학습조직
수직적 계층구조(기능 중심)	수평적 계층구조(과정 중심)
표준화·분업화	분권화·재량권
경쟁	협력
정보집중	정보공유
위계적·경직적 조직문화	적응적 조직문화
통제·관리	수평적 협력, 권한 위임

62. 동기부여 이론에 관한 설명으로 옳은 것은?
① 머슬로(A. Maslow)의 욕구계층이론은 과정이론에 해당한다.
② 매클리랜드(D. McClelland)의 성취동기이론은 모든 사람이 비슷한 욕구의 계층을 갖고 있다고 보는 점에서 머슬로(A. Maslow)의 이론을 계승하고 있다.
③ 동기부여 이론은 일반적으로 내용이론과 형식이론으로 분류된다.
④ 앨더퍼(C. Alderfer)의 ERG이론은 인간의 욕구를 계층화한 점에서는 머슬로(A. Maslow)와 공통된 견해를 지니고 있다.
⑤ 허즈버그(F. Herzberg)의 욕구충족요인이원론은 인간에게 만족을 주는 요인과 불만족을 방지하는 요인은 서로 같은 차원이라고 본다.

63. 조직구조 설계 시 고려해야 할 기본 요소에 관한 설명으로 옳지 않은 것은?
① 누구에게 보고하는 지를 정하는 명령 체계
② 상관에게 보고하는 부하의 수를 의미하는 통솔 범위
③ 의사결정이 이루어지는 계층이 위치한 수준을 의미하는 집권과 분권
④ 문서화된 정도를 의미하는 공식화
⑤ 조직의 일차적 목표와 관련된 사업을 수행하는 참모와 이를 지원하는 계선

64. 직위분류제에 관한 설명으로 옳지 않은 것은?
① 조직 내의 직위들을 각 직위에 배당된 직무의 속성에 따라 분류·관리하는 제도를 말한다.
② 직위(職位)란 1명의 공무원에게 부여할 수 있는 직무와 책임을 말한다.
③ 직군(職群)이란 직무의 종류·곤란성과 책임도가 상당히 유사한 직위의 군을 말한다.
④ 직렬(職列)이란 직무의 종류가 유사하고 그 책임과 곤란성의 정도가 서로 다른 직급의 군을 말한다.
⑤ 직류(職類)란 같은 직렬 내에서 담당 분야가 같은 직무의 군을 말한다.

65. 성적분포 비율을 미리 정하여 순위를 매기거나 배분함으로써 평정자의 편견이나 집중화 등의 오류를 방지할 수 있는 근무성적평정 방법은?
① 강제배분법 ② 쌍대비교법 ③ 가감점수법 ④ 목표관리법 ⑤ 직접서열법

66. 국가공무원법상 징계에 관한 설명으로 옳은 것은?
① 징계는 파면·해임·강등·강임·정직·감봉·견책으로 구분한다.
② 징계로 해임처분을 받은 때부터 5년이 지나지 아니한 자는 공무원으로 임용될 수 없다.
③ 강등은 1계급 아래로 직급을 내리고 공무원신분은 보유하나 6개월간 직무에 종사하지 못하며 그 기간 중 보수는 2분의 1을 감한다.
④ 정직은 1개월 이상 3개월 이하의 기간으로 하고, 정직 처분을 받은 자는 그 기간 중 공무원의 신분은 보유하나 직무에 종사하지 못하며 보수는 전액을 감한다.
⑤ 감봉은 1개월 이상 3개월 이하의 기간 동안 보수의 2분의 1을 감한다.

62. 조직론
   조직관리 ·
   동기부여

① 매슬로(A. Maslow)의 욕구계층이론은 과정이론 내용이론(성장모형)에 해당한다.
② 매클리랜드(D. McClelland)의 성취동기이론은 모든 사람이 비슷한 욕구의 계층을 갖고 있다고 보는 점에서 매슬로(A. Maslow)의 이론을 계승하고 있다. 비판했다.
③ 동기부여 이론은 일반적으로 내용이론과 형식이론 과정이론으로 분류된다.
④ 앨더퍼(C. Alderfer): 존재·관계·성장 욕구
   매슬로(A. Maslow): 안전·존경·사회적·생리적·자아실현욕구
⑤ 허즈버그(F. Herzberg)의 욕구충족요인이원론은 인간에게 만족을 주는 요인과 불만족을 방지하는 요인은 서로 같은 다른 차원(상호 독립적)이라고 본다.

ERG: Maslow 욕구단계설의 발전
   Existence Needs
   Relatedness Needs
   Growth Needs

63. 조직론
    조직구조

① 명령 체계 = 보고 체계
④ 공식화 = 표준화
⑤ 조직의 일차적 목표와 관련된 사업을 수행하는 참모와 계선(line)과 이를 지원하는 계선 참모(staff)

64. 인사행정
    인사행정 - 직위분류제

국가공무원법 제5조(정의)
이 법에서 사용하는 용어의 뜻은 다음과 같다.
   1. "직위(職位)"란 1명의 공무원에게 부여할 수 있는 직무와 책임을 말한다.
   2. "직급(職級)"이란 직무의 종류·곤란성과 책임도가 상당히 유사한 직위의 군을 말한다.
   7. "직군(職群)"이란 직무의 성질이 유사한 직렬의 군을 말한다.
   8. "직렬(職列)"이란 직무의 종류가 유사하고 그 책임과 곤란성의 정도가 서로 다른 직급의 군을 말한다.
   9. "직류(職類)"란 같은 직렬 내에서 담당 분야가 같은 직무의 군을 말한다.

③ 직군 직급이란 직무의 종류·곤란성과 책임도가 상당히 유사한 직위의 군을 말한다.

65. 인사행정
    인사평가 - 근무성적평정

② 쌍대비교법: 두 사람씩 짝을 지어 비교평가
④ 목표관리법: 4급 이상 공무원에 적용

66. 인사행정
    공직윤리·부패 - 신분보장·징계

① 징계는 파면·해임·강등·강임·정직·감봉·견책으로 구분한다.
② 징계로 해임처분을 받은 때부터 5년 3년이 지나지 아니한 자는 공무원으로 임용될 수 없다.
③ 강등은 1계급 아래로 직급을 내리고 공무원신분은 보유하나 6개월 3개월간 직무에 종사하지 못하며 그 기간 중 보수는 2분의 1을 전액 감한다.
⑤ 감봉은 1개월 이상 3개월 이하의 기간 동안 보수의 2분의 1 3분의 1을 감한다.

국가공무원법 제79조(징계의 종류)
징계는 파면·해임·강등·정직·감봉·견책(譴責)으로 구분한다.

67. 예산 내용의 일반적인 분류방법에 해당하지 않는 것은?
① 품목별 분류 ② 조직별 분류 ③ 기능별 분류 ④ 경제 성질별 분류 ⑤ 정치적 분류

68. 재정사업자율평가제도에 관한 설명으로 옳은 것은?
① 일정 규모 이상인 신규 사업의 경제적 타당성을 검토하여 사업의 추진 여부를 결정하는 제도
② 다년도 사업에 대해 사업규모, 총사업비, 사업기간 등을 정해 미리 기획재정부장관과 협의하는 제도
③ 부족한 재원을 고려하여 민간자본을 공공의 SOC 투자에 동원하는 제도
④ 예산지출을 줄이거나 수입을 늘리는 데 기여한 자에게 성과금을 지급하는 제도
⑤ 각 중앙관서의 장과 기금관리주체가 기획재정부장관이 정하는 바에 따라 주요 재정사업을 스스로 평가하는 제도

69. 전통적 예산원칙과 대비되는 현대적 예산원칙으로 옳은 것을 모두 고른 것은?

ㄱ. 사업계획과 예산편성은 유기적으로 이루어져야 하고 계획된 예산은 경제적으로 집행해야 한다.
ㄴ. 국민에게 필요 이상의 돈을 거두어서는 안 되며 계획대로 정확히 지출해야 한다.
ㄷ. 예산의 편성, 심의, 집행은 공식적인 보고에 기초를 두어야 한다.
ㄹ. 예산구조나 과목은 국민들이 이해하기 쉽게 단순해야 한다.

① ㄱ, ㄴ ② ㄱ, ㄷ ③ ㄴ, ㄷ ④ ㄴ, ㄹ ⑤ ㄷ, ㄹ

70. 지방자치의 원리로서 주민자치에 관한 설명으로 옳은 것은?
① 국가에 대한 지방자치단체의 법률상의 상대적 독립성을 강조한다.
② 주민자치의 전통은 주로 유럽 대륙권 국가에서 찾아볼 수 있다.
③ 대의민주제를 포함한 지방자치단체의 주민대표성과 민주성을 강조한다.
④ 자치권이 국가로부터 파생 내지 위임된 것으로 보는 전래설 또는 수탁설에 기초한다.
⑤ 민족국가 출현과 함께 수립된 헌정체제에 기초한 중앙정부와 지방자치단체의 관계를 강조한다.

71. 감수성 훈련 등을 통해 관료의 가치관, 신념, 태도의 변화를 유도하는 행정개혁의 접근방법은?
① 과정적 접근방법 ② 구조적 접근방법 ③ 행태적 접근방법
④ 통합적 접근방법 ⑤ 사업중심적 접근방법

72. 지방자치법에 규정된 특별지방자치단체에 관한 내용으로 옳지 않은 것은?
① 특별지방자치단체는 법인으로 한다.
② 구성 지방자치단체의 장은 특별지방자치단체의 장을 겸할 수 있다.
③ 특별지방자치단체의 의회는 규약으로 정하는 바에 따라 구성 지방자치단체의 의회 의원으로 구성한다.
④ 특별지방자치단체의 구역은 특별한 사정이 있을 때에는 해당 지방자치단체 구역의 일부만을 구역으로 할 수 있다.
⑤ 2개 이상의 지방자치단체가 특별지방자치단체를 설치하는 경우 구성하는 지방자치단체의 지방의회 의결을 거쳐 국무총리의 승인을 받아야 한다.

67. 재무행정(예산) 　　예산제도	⑤ 정치적 분류	
68. 재무행정(예산) 　　예산과정 　　재정사업자율평가제도	① 예비타당성조사 ② 총사업비관리제도 ③ 민간투자사업 ④ 예산성과금제도	
69. 재무행정(예산) 　　예산	전통적 예산원칙(통제 지향적): ㄴ. 엄밀성의 원칙 　　　　　　　　　　　　　　ㄹ. 명료성의 원칙 현대적 예산원칙(우연성 부여): ㄱ. 사업계획의 원칙 　　　　　　　　　　　　　　ㄷ. 보고의 원칙	
70. 지방자치론 　　지방자치 　　주민자치·단체자치	①②④⑤ 단체자치 ③ 주민의 실질적 참여 강조 ④ **전래설 = 수탁설** = 전래권설	
71. 행정환류 　　행정개혁	구조적 접근방법 과정적 접근방법　　　= 관리·기술적 접근 기술적 접근방법　　　= 과정적 접근 행태적 접근방법　　　= 인간 관계적 접근 통합적 접근방법　　　= 종합적 접근 문화론적 접근방법 사업 중심적 접근방법　= 산출 중심적 접근	
72. 지방자치론 　　지방자치단체·사무 　　특별지방자치단체 　　　　　　　　　　　　① 　　　　　　　　　　　　④ ⑤ ⋯ 국무총리 <u>행정안전부장관</u>의 승인을 　　받아야 한다. 　　　　　　　　　　　　③ 　　　　　　　　　　　　②	**지방자치법 제199조(설치)** ① 2개 이상의 지방자치단체가 공동으로 특정한 목적을 위하여 광역적으로 사무를 처리할 필요가 있을 때에는 특별지방자치단체를 설치할 수 있다. 이 경우 특별지방자치단체를 구성하는 지방자치단체(이하 "구성 지방자치단체"라 한다)는 상호 협의에 따른 규약을 정하여 구성 지방자치단체의 지방의회 의결을 거쳐 행정안전부장관의 승인을 받아야 한다. ③ 특별지방자치단체는 법인으로 한다. **지방자치법 제201조(구역)** 특별지방자치단체의 구역은 구성 지방자치단체의 구역을 합한 것으로 한다. 다만, 특별지방자치단체의 사무가 구성 지방자치단체 구역의 일부에만 관계되는 등 특별한 사정이 있을 때에는 해당 지방자치단체 구역의 일부만을 구역으로 할 수 있다. **지방자치법 제204조(의회의 조직 등)** ① 특별지방자치단체의 의회는 규약으로 정하는 바에 따라 구성 지방자치단체의 의회 의원으로 구성한다. **지방자치법 제205조(집행기관의 조직 등)** ② 구성 지방자치단체의 장은 제109조(겸임 등의 제한)에도 불구하고 특별지방자치단체의 장을 겸할 수 있다.	

73. 지방자치법상 지방자치단체의 사무 배분 및 처리의 기본원칙에 관한 설명으로 옳지 않은 것은?
① 국가는 국가와 지방자치단체 간의 사무를 주민의 편익증진 등을 고려하여 서로 중복되지 아니하도록 배분하여야 한다.
② 국가가 지방자치단체에 사무를 배분할 때에는 관련 사무를 포괄적으로 배분하여야 한다.
③ 도와 시·군이 사무를 처리할 때 사무가 서로 겹치면 도에서 먼저 처리한다.
④ 지방자치단체는 조직과 운영을 합리적으로 하고 규모를 적절하게 유지하여야 한다.
⑤ 시·군 및 자치구는 해당 구역을 관할하는 시·도의 조례를 위반하여 사무를 처리할 수 없다.

74. 지식행정에 관한 설명으로 옳은 것은?
① 행정지식은 구조적이고 단기간에 창출되기 때문에 관리에 많은 시간과 자원이 소요되지 않는다.
② 지식은 정보와 동일하므로 지식행정은 정보행정과 동일한 수준의 활동이다.
③ 지식행정은 행정활동의 프로세스 개선과 무관하다.
④ 지식행정은 지식사회를 설계하고 지식관리를 통해 가치를 창출하고 극대화하는 것을 의미한다.
⑤ 지식행정은 문제 해결 및 사회변화 예견을 위해 정보관리기술에 의존하지 않는다.

75. 넥스트 스텝(Next Steps)을 통해 책임운영기관 제도를 도입하고, 공공서비스의 질 향상을 위해 시민헌장제, 의무경쟁입찰제, 시장성테스트 등의 개혁 조치를 추진한 국가는?
① 영국　　② 일본　　③ 뉴질랜드　　④ 미국　　⑤ 독일

73. 지방자치론
지방자치단체·사무

①

②

④

⑤

③

> 지방자치법 제11조(사무배분의 기본원칙)
> ① 국가는 지방자치단체가 사무를 종합적·자율적으로 수행할 수 있도록 국가와 지방자치단체 간 또는 지방자치단체 상호 간의 사무를 주민의 편익증진, 집행의 효과 등을 고려하여 서로 중복되지 아니하도록 배분하여야 한다.
> ③ 국가가 지방자치단체에 사무를 배분하거나 지방자치단체가 사무를 다른 지방자치단체에 재배분할 때에는 사무를 배분받거나 재배분받는 지방자치단체가 그 사무를 자기의 책임하에 종합적으로 처리할 수 있도록 관련 사무를 포괄적으로 배분하여야 한다.
>
> 지방자치법 제12조(사무처리의 기본원칙)
> ② 지방자치단체는 조직과 운영을 합리적으로 하고 규모를 적절하게 유지하여야 한다.
> ③ 지방자치단체는 법령을 위반하여 사무를 처리할 수 없으며, 시·군 및 자치구는 해당 구역을 관할하는 시·도의 조례를 위반하여 사무를 처리할 수 없다.
>
> 지방자치법 제14조(지방자치단체의 종류별 사무배분기준)
> ③ 시·도와 시·군 및 자치구는 사무를 처리할 때 서로 겹치지 아니하도록 하여야 하며, 사무가 서로 겹치면 시·군 및 자치구에서 먼저 처리한다.

③ 도와 시·군이 사무를 처리할 때 사무가 서로 겹치면 도 <u>시·군 및 자치구</u>에서 먼저 처리한다.

74. 정보화(행정)
지식행정

① 행정지식은 구조적이고 <u>단기간</u> 장기간에 창출되기 때문에 관리에 많은 시간과 자원이 <u>소요되지 않는다.</u> <u>소요된다.</u>
② 지식은 정보와 <u>동일하므로</u> 다르므로 지식행정은 정보행정과 <u>동일한</u> 다른 수준의 활동이다.
③ 지식행정은 행정활동의 프로세스 개선과 <u>무관하다.</u> <u>관련 있다.</u>
④ 자기 지시적(self-guiding)
⑤ 지식행정은 문제 해결 및 사회변화 예견을 위해 정보관리기술에 <u>의존하지 않는다.</u> <u>을 활용한다.</u>

75. 행정환류
행정개혁

넥스트 스텝(Next Steps)
① **영국**: 대처(Margaret Hilda Thatcher) 행정부
정책수립 기능과 <u>정책집행</u> 기능의 분리
책임운영기관(executive agency)

2024년도 제12회 행정사 자격시험

1차 시험

제1교시

- 제1과목 민법(총칙 관련 내용으로 한정)
- 제2과목 행정법
- 제3과목 행정학개론(지방자치행정 포함)

2차 시험

제1교시

- 제1과목 민법(계약 관련내용으로 한정)
- 제2과목 행정절차론(행정절차법 포함)

제2교시

- 제1과목 사무관리론(민원 처리에 관한 법률, 행정업무의 운영 및 혁신에 관한 규정 포함)
- 제2과목 행정사실무법
    - 행정심판사례
    - 비송사건절차법

01. 신의성실의 원칙에 관한 설명으로 옳지 않은 것은? (다툼이 있으면 판례에 따름)
① 신의칙 위반 여부는 당사자의 주장이 없더라도 법원이 직권으로 판단할 수 있다.
② 사정변경의 원칙에서의 사정이란 계약을 체결하게 된 일방 당사자의 주관적·개인적 사정을 의미한다.
③ 실효의 원칙은 공법관계인 권력관계에도 적용될 수 있다.
④ 여행계약상 기획여행업자는 여행자의 안전을 확보하기 위한 합리적 조치를 할 신의칙상 안전배려의무가 있다.
⑤ 주로 자기의 채무 이행만을 회피하기 위한 수단으로 동시이행항변권을 행사하는 경우, 그 항변권의 행사는 권리남용이 될 수 있다.

02. 의사무능력자 甲은 乙로부터 금전을 차용하는 소비대차계약을 乙과 체결하고 차용금을 전부 수령하였다. 이에 관한 설명으로 옳지 않은 것을 모두 고른 것은? (다툼이 있으면 판례에 따름)

> ㄱ. 甲의 특별대리인 丙이 甲의 의사무능력을 이유로 계약의 무효를 주장하는 것은 특별한 사정이 없는 한 신의칙에 반한다.
> ㄴ. 甲의 의사무능력을 이유로 계약이 무효가 된 경우, 甲은 그 선의·악의를 불문하고 乙에게 그 현존이익을 반환할 책임이 있다.
> ㄷ. 甲이 수령한 차용금을 모두 소비한 경우, 乙은 甲에게 그 이익이 현존한다는 사실에 관한 증명책임을 부담한다.

① ㄴ ② ㄷ ③ ㄱ, ㄴ ④ ㄱ, ㄷ ⑤ ㄱ, ㄴ, ㄷ

03. 민법상 미성년자의 법률행위에 관한 설명으로 옳지 않은 것은? (다툼이 있으면 판례에 따름)
① 미성년자의 법률행위에 법정대리인의 동의를 요하도록 하는 규정은 강행규정이다.
② 법정대리인의 동의를 요하는 미성년자의 법률행위에 있어서 법정대리인의 동의는 묵시적으로는 할 수 없다.
③ 미성년자가 법정대리인으로부터 허락을 얻은 특정한 영업에 관해서는 성년자와 동일한 행위능력이 있다.
④ 법정대리인이 미성년자에게 한 특정한 영업의 허락을 취소하는 경우, 그 취소는 선의의 제3자에게 대항할 수 없다.
⑤ 미성년자와 계약을 체결한 상대방은 계약 당시 미성년자임을 알았을 경우에는 그 의사표시를 철회할 수 없다.

04. 성년후견에 관한 설명으로 옳지 않은 것은?
① 피성년후견인도 의사능력이 있으면 유효하게 임의대리행위를 할 수 있다.
② 가정법원은 본인의 의사에 반하더라도 특정후견의 심판을 할 수 있다.
③ 검사나 지방자치단체의 장도 특정후견의 심판을 청구할 수 있는 자에 포함된다.
④ 특정후견은 특정후견의 심판에서 정한 기간이 경과하면 가정법원의 종료심판 없이도 종료한다.
⑤ 특정후견의 심판을 하는 경우에는 특정후견의 기간 또는 사무의 범위를 정하여야 한다.

민법총칙

01. 민법 서론
   신의성실의 원칙(信義則)
     추상적 규범
     사법관계·공법관계 적용
     법원의 직권 고려
   ①②③④⑤ 판례

신의칙의 파생 원칙
1. 실효의 원칙
2. 사정변경의 원칙
3. 모순행위 금지의 원칙

② 사정변경의 원칙에서의 사정이란 계약을 체결하게 된 일방 당사자의 주관적·개인적 사정을 의미한다. 의미하는 것이 아니라 계약의 기초가 되었던 객관적 사정을 의미한다.
③ 실효의 원칙은 공법관계인 권리관계·권력관계에도 적용될 수 있다.

02. 권리의 주체 - 자연인
   의사능력

ㄱ, ㄴ, ㄷ. 판례

ㄱ. 甲의 특별대리인 丙이 甲의 의사무능력을 이유로 계약의 무효를 주장하는 것은 특별한 사정이 없는 한 신의칙에 반한다. 반하지 않는다.
ㄷ. 甲이 수령한 차용금을 모두 소비한 경우, 乙은 甲에게 그 이익이 현존한다는 甲은 乙에게 그 이익이 현존하지 않는다는 사실에 관한 증명책임을 부담한다.

03. 권리의 주체 - 자연인
   행위능력 - 미성년자
   - 상대방의 철회권: 계약
                  (선의의 상대방)
   - 상대방의 거절권: 단독행위

①② 판례   ③
              ④
              ⑤
② 법정대리인의 동의를 요하는 미성년자의 법률행위에 있어서 법정대리인의 동의는 묵시적으로는 할 수 없다. 명시적·묵시적으로 할 수 있다.

민법 제5조(미성년자의 능력)
① 미성년자가 법률행위를 함에는 법정대리인의 동의를 얻어야 한다. 그러나 권리만을 얻거나 의무만을 면하는 행위는 그러하지 아니하다.
② 전항의 규정에 위반한 행위는 취소할 수 있다.
민법 제8조(영업의 허락)
① 미성년자가 법정대리인으로부터 허락을 얻은 특정한 영업에 관하여는 성년자와 동일한 행위능력이 있다.
② 법정대리인은 전항의 허락을 취소 또는 제한할 수 있다. 그러나 선의의 제삼자에게 대항하지 못한다.
민법 제16조(제한능력자의 상대방의 철회권과 거절권)
① 제한능력자가 맺은 계약은 추인이 있을 때까지 상대방이 그 의사표시를 철회할 수 있다. 다만, 상대방이 계약 당시에 제한능력자임을 알았을 경우에는 그러하지 아니하다.
② 제한능력자의 단독행위는 추인이 있을 때까지 상대방이 거절할 수 있다.
③ 제1항의 철회나 제2항의 거절의 의사표시는 제한능력자에게도 할 수 있다.

04. 권리의 주체 - 자연인
   행위능력(제한능력자)
   후견
   성년후견

민법 제9조(성년후견개시의 심판)
② 가정법원은 성년후견개시의 심판을 할 때 본인의 의사를 고려하여야 한다.
민법 제12조(한정후견개시의 심판)
② 한정후견개시의 경우에 제9조제2항을 준용한다.
민법 제14조의2(특정후견의 심판)
② 특정후견은 본인의 의사에 반하여 할 수 없다.

② 가정법원은 본인의 의사에 반하더라도 반하여 특정후견의 심판을 할 수 있다. 없다.

05. 민법상 법인에 관한 설명으로 옳지 않은 것은? (다툼이 있으면 판례에 따름)
① 재단법인은 법률의 규정에 의함이 아니면 성립하지 못한다.
② 재단법인의 설립자가 정관에 필요적 기재사항 중 이사임면의 방법만 정하지 않고 사망한 경우, 이해관계인 또는 검사의 청구에 의하여 법원이 이를 정한다.
③ 재단법인의 목적을 달성할 수 없는 경우, 설립자나 이사는 주무관청의 허가를 얻어 설립의 취지를 참작하여 그 목적에 관한 정관규정을 변경할 수 있다.
④ 사단법인의 감사는 법인의 재산상황에 관하여 부정한 것이 있음을 발견한 경우, 이를 총회에 보고하기 위해 필요하더라도 임시총회를 소집할 권한은 없다.
⑤ 법인에 대한 청산종결등기가 경료되었더라도 청산사무가 종결되지 않는 한, 법인은 그 범위 내에서는 청산법인으로 존속한다.

06. 민법상 법인의 이사에 관한 설명으로 옳지 않은 것은? (다툼이 있으면 판례에 따름)
① 이사가 여러 명인 경우 정관에 다른 정함이 없으면 법인의 사무집행은 이사의 과반수로써 결정한다.
② 이사의 결원으로 법인에게 손해가 생길 염려가 있는 경우, 법원은 이해관계인이나 검사의 청구에 의하여 임시이사를 선임하여야 한다.
③ 이사는 정관 또는 총회의 결의로 금지하지 아니한 사항에 한하여 타인으로 하여금 특정한 행위를 대리하게 할 수 있다.
④ 법인의 정관에 이사의 해임사유에 관한 규정이 있는 경우, 법인은 특별한 사정이 없는 한 정관에서 정하지 아니한 사유로 이사를 해임할 수 없다.
⑤ 이사의 사임은 특별한 사정이 없는 한 주무관청의 승인이 있어야 그 효력이 발생한다.

07. 사단법인 A의 대표이사 甲이 A를 대표하여 乙과 매매계약을 체결하였다. 이에 관한 설명으로 옳은 것을 모두 고른 것은? (다툼이 있으면 판례에 따름)

ㄱ. 매매계약을 체결하는 것이 甲과 A의 이익이 상반하는 사항인 경우, 甲은 A를 대표할 권한이 없다.
ㄴ. 甲이 A를 위하여 매수인 乙로부터 매매대금을 수령한 경우에 A의 채무불이행을 이유로 乙이 매매계약을 유효하게 해제하면, 특별한 사정이 없는 한 해제로 인한 원상회복의무는 甲이 부담한다.
ㄷ. 만약 A가 정관에 甲의 매매계약체결에 관한 대표권을 제한하는 규정을 두었지만 이를 등기하지 않은 경우, A는 이러한 사실을 알았던 乙에게 그 대표권 제한사실로써 대항할 수 있다.

① ㄱ   ② ㄷ   ③ ㄱ, ㄴ   ④ ㄴ, ㄷ   ⑤ ㄱ, ㄴ, ㄷ

08. 민법상 물건에 관한 설명으로 옳은 것은? (다툼이 있으면 판례에 따름)
① 주물의 구성부분도 종물이 될 수 있다.
② 독립한 물건이라도 부동산은 종물이 될 수 없다.
③ 주물에 대한 점유시효취득의 효력은 점유하지 않은 종물에도 미친다.
④ 천연과실은 물건의 사용대가로 받는 금전 기타의 물건을 말한다.
⑤ 당사자는 주물을 처분할 때에 특약으로 종물을 제외할 수 있다.

민법총칙

05. 권리의 주체 - 법인
　　사단법인·재단법인

① 민법 제31조
② 민법 제44조
③ 민법 제46조
⑤ 판례

④ 사단법인의 감사는 법인의 재산상황에 관하여 부정한 것이 있음을 발견한 경우, 이를 총회에 보고하기 위해 필요하더라도 임시총회를 소집할 권한은 없다. 임시총회를 소집할 권한이 있다.

> 민법 제67조(감사의 직무)
> 감사의 직무는 다음과 같다.
> 　　1. 법인의 재산상황을 감사하는 일
> 　　2. 이사의 업무집행의 상황을 감사하는 일
> 　　3. 재산상황 또는 업무집행에 관하여 부정, 불비한 것이 있음을 발견한 때에는 이를 총회 또는 주무관청에 보고하는 일
> 　　4. 전호의 보고를 하기 위하여 필요있는 때에는 총회를 소집하는 일

06. 권리의 주체 - 법인
　　법인의 기관
　　이사

① 민법 제58조
② 민법 제63조
③ 민법 제62조
④⑤ 판례

⑤ 이사의 사임(상대방 있는 단독행위)은 특별한 사정이 없는 한 주무관청의 승인이 있어야 그 의사표시가 상대방에게 도달함과 동시에 그 효력이 발생한다.

> 민법 제42조(사단법인의 정관의 변경)
> ② 정관의 변경은 주무관청의 허가를 얻지 아니하면 그 효력이 없다.
> 민법 제45조(재단법인의 정관변경)
> ③ 제42조제2항의 규정은 전2항의 경우에 준용한다.

07. 권리의 주체 - 법인
　　사단법인·재단법인

ㄱ. 민법 제64조

ㄴ. 甲이 A를 위하여 매수인 乙로부터 매매대금을 수령한 경우에 A의 채무불이행을 이유로 乙이 매매계약을 유효하게 해제하면, 특별한 사정이 없는 한 해제로 인한 원상회복의무는 甲이 A가 부담한다.

ㄷ. 만약 A가 정관에 甲의 매매계약체결에 관한 대표권을 제한하는 규정을 두었지만 이를 등기하지 않은 경우, A는 이러한 사실을 알았던 乙에게 그 대표권 제한사실로써 대항할 수 있다. 없다.

08. 권리의 객체 - 물건
　　주물과 종물

> 민법 제100조(주물, 종물)
> ① 물건의 소유자가 그 물건의 상용에 공하기 위하여 자기소유인 다른 물건을 이에 부속하게 한 때에는 그 부속물은 종물이다.
> ② 종물은 주물의 처분에 따른다.

① 주물의 구성부분도 종물이 될 수 있다. 없다.
② 독립한 물건이라도 부동산은 종물이 될 수 없다. 있다.
③ 주물에 대한 점유시효취득의 효력은 점유하지 않은 종물에도는 미친다. 미치지 않는다.
④ 천연과실 법정과실은 물건의 사용대가로 받는 금전 기타의 물건을 말한다.

> 민법 제101조(천연과실, 법정과실)
> ① 물건의 용법에 의하여 수취하는 산출물은 천연과실이다.
> ② 물건의 사용대가로 받는 금전 기타의 물건은 법정과실로 한다.

⑤ 임의규정: 민법 제100조 제2항

09. 반사회질서의 법률행위에 해당하지 않는 것은? (다툼이 있으면 판례에 따름)
① 행정기관에 진정서를 제출하여 상대방을 궁지에 빠뜨린 다음 이를 취하하는 조건으로 거액의 급부를 제공받기로 한 약정
② 보험계약자가 다수의 보험계약을 통하여 보험금을 부정취득할 목적으로 체결한 보험계약
③ 성매매행위를 전제로 한 선불금의 대여행위
④ 반사회질서의 법률행위에 의하여 조성된 재산인 이른바 비자금을 소극적으로 은닉하기 위하여 임치한 행위
⑤ 도박자금에 제공할 목적으로 한 금전대차계약

10. 불공정한 법률행위에 관한 설명으로 옳지 않은 것은? (다툼이 있으면 판례에 따름)
① 특별한 사정이 없는 한 경매에도 불공정한 법률행위에 관한 민법 제104조가 적용된다.
② 불공정한 법률행위에 해당하는지는 법률행위가 이루어진 시점을 기준으로 약속된 급부와 반대급부 사이의 객관적 가치를 비교 평가하여 판단하여야 한다.
③ 불공정한 법률행위가 성립하기 위한 요건인 궁박, 경솔, 무경험은 그 중 일부만 갖추어져도 충분하다.
④ 궁박은 급박한 곤궁을 의미하는 것으로서 심리적 원인에 기인할 수도 있다.
⑤ 무경험은 어느 특정영역에 있어서의 경험부족이 아니라 거래일반에 대한 경험부족을 뜻한다.

11. 민법상 비진의 의사표시로서 무효가 아닌 것을 모두 고른 것은? (다툼이 있으면 판례에 따름)

ㄱ. 공무원이 한 사직의 의사표시
ㄴ. 학교법인이 사립학교법상의 제한규정 때문에 그 학교의 교직원들의 명의를 빌려서 금융기관으로부터 금원을 차용한 경우에 교직원들의 채무부담 의사표시
ㄷ. 재산을 강제로 뺏긴다는 것이 표의자의 본심으로 잠재되어 있었으나, 표의자가 강박에 의하여서나마 증여를 하기로 하고 그에 따라 한 증여의 의사표시

① ㄱ ② ㄷ ③ ㄱ, ㄴ ④ ㄴ, ㄷ ⑤ ㄱ, ㄴ, ㄷ

12. 甲은 乙과 통정허위표시로 대출약정을 하고, 이를 통해 乙에 대하여 가장채권을 보유하고 있다. 이에 관한 설명으로 옳은 것을 모두 고른 것은? (다툼이 있으면 판례에 따름)

ㄱ. 丙이 대출약정과 관련한 甲의 계약상 지위를 이전받은 경우, 乙은 丙에게 대출약정이 무효라고 대항할 수 있다.
ㄴ. 甲의 일반채권자 丁이 대출약정이 유효하다고 믿고 가장채권을 가압류한 경우, 위와 같이 믿은 것에 丁에게 과실이 있더라도 乙은 丁에게 대출약정이 무효라고 대항할 수 없다.
ㄷ. 甲에게 파산이 선고된 경우, 파산관재인 戊가 대출약정이 통정허위표시라는 사실을 알았다면 파산채권자 중 일부가 선의라도 乙은 戊에 대하여 대출약정이 무효라고 대항할 수 있다.

① ㄱ ② ㄴ ③ ㄱ, ㄴ ④ ㄱ, ㄷ ⑤ ㄴ, ㄷ

09. 권리의 변동
법률행위
법률행위의 목적
반사회질서의 법률행위
→ 절대적·확정적 무효

민법 제103조(반사회질서의 법률행위)
선량한 풍속 기타 사회질서에 위반한 사항을 내용으로 하는 법률행위는 무효로 한다.

①②③④⑤ 판례
④ 반사회질서의 법률행위에 의하여 조성된 재산인 이른바 비자금을 소극적으로 은닉하기 위하여 임치한 행위

10. 권리의 변동
법률행위 - 법률행위의 목적
불공정한 법률행위
→ 절대적·확정적 무효
  추인 불가
  무효행위 전환 인정(판례)

민법 제104조(불공정한 법률행위)
당사자의 궁박, 경솔 또는 무경험으로 인하여 현저하게 공정을 잃은 법률행위는 무효로 한다.

①②③④⑤ 판례
① 특별한 사정이 없는 한 경매에도는 불공정한 법률행위에 관한 민법 제104조가 적용된다. 적용되지 않는다.

11. 권리의 변동
의사표시
비진의표시
 - 유효
 - (상대적) 무효:
   상대방이 표의자의 진의 아님을 알았거나 알 수 있었을 경우

ㄱ. ㄴ. ㄷ. 판례

민법 제107조(진의아닌 의사표시)
① 의사표시는 표의자가 진의 아님을 알고 한 것이라도 그 효력이 있다. 그러나 상대방이 표의자의 진의 아님을 알았거나 이를 알 수 있었을 경우에는 무효로 한다.
② 전항의 의사표시의 무효는 선의의 제3자에게는 대항하지 못한다.

ㄷ. 사기·강박에 의한 의사표시

민법 제110조(사기, 강박에 의한 의사표시)
① 사기나 강박에 의한 의사표시는 취소할 수 있다.
② 상대방있는 의사표시에 관하여 제삼자가 사기나 강박을 행한 경우에는 상대방이 그 사실을 알았거나 알 수 있었을 경우에 한하여 그 의사표시를 취소할 수 있다.
③ 전2항의 의사표시의 취소는 선의의 제삼자에게 대항하지 못한다.

12. 권리의 변동
의사표시
통정허위표시
 무효
  - 무효 주장: 누구든지
  - 유효 주장: 선의의 제3자

민법 제108조(통정한 허위의 의사표시)
① 상대방과 통정한 허위의 의사표시는 무효로 한다.
② 전항의 의사표시의 무효는 선의의 제3자에 대항하지 못한다.

ㄴ. ㄷ. 판례
ㄴ. 선의이면 족하고 무과실을 요하지 않는다.
ㄷ. 甲에게 파산이 선고된 경우, 파산관재인 戊가 대출약정이 통정허위표시라는 사실을 알았다면 파산채권자 중 일부가 선의라도면 乙은 戊에 대하여 대출약정이 무효라고 대항할 수 있다. 없다.

13. 착오로 인한 의사표시에 관한 설명으로 옳은 것은? (다툼이 있으면 판례에 따름)
① 표의자가 경과실로 인한 착오로 의사표시를 하고 그 착오를 이유로 의사표시를 취소한 경우, 표의자는 그 취소로 인한 손해를 배상할 책임이 있다.
② 착오로 인한 의사표시의 취소에 관한 민법 제109조 제1항은 당사자의 합의로 그 적용을 배제할 수 없다.
③ 매도인이 매수인의 채무불이행을 이유로 매매계약을 적법하게 해제한 후에도 매수인은 착오를 이유로 매매계약을 취소할 수 있다.
④ 매도인의 하자담보책임이 성립하는 경우, 매매계약 내용의 중요 부분에 착오가 있더라도 매수인은 착오를 이유로 매매계약을 취소할 수 없다.
⑤ 상대방이 표의자의 착오를 알고 이를 이용한 경우라도 의사표시의 착오가 표의자의 중대한 과실로 인한 것이라면 표의자는 착오를 이유로 의사표시를 취소할 수 없다.

14. 사기·강박에 의한 의사표시에 관한 설명으로 옳은 것은? (다툼이 있으면 판례에 따름)
① 신의칙상 고지의무를 부담하는 자는 고지의무의 대상이 되는 사실을 이미 알고 있는 자에 대해서도 그 사실을 고지하여야 한다.
② 계약이 제3자의 위법한 사기행위로 체결된 경우, 표의자가 제3자를 상대로 사기로 인한 손해배상을 청구하기 위해서는 그 계약을 취소해야 한다.
③ 강박에 의한 의사표시에 대한 취소권의 행사기간은 소멸시효기간이다.
④ 소송행위가 강박에 의하여 이루어진 경우, 특별한 사정이 없는 한 강박을 이유로 소송행위를 취소할 수 있다.
⑤ 상품의 선전·광고에 다소의 과장이나 허위가 수반되는 것은 그것이 일반 상거래의 관행과 신의칙에 비추어 시인될 수 있는 한 기망성이 결여된다.

15. 甲은 친구 乙로부터 丙소유의 X토지를 매수할 대리권을 수여받아, 乙을 대리하여 丙과 X에 관한 매매계약을 체결하였다. 이에 관한 설명으로 옳지 않은 것은? (다툼이 있으면 판례에 따름)
① 매매계약 내용의 중요부분에 관하여 乙의 착오가 있는 경우, 甲에게는 착오가 없더라도 乙은 자신의 착오를 이유로 매매계약을 취소할 수 있다.
② 甲의 사기로 丙이 매도의 의사표시를 한 경우, 乙이 그 사실을 몰랐더라도 丙은 사기를 이유로 그 의사표시를 취소할 수 있다.
③ 丙이 이중매매를 하였고 위 매매계약이 제2매매인 경우에 甲이 丙의 배임행위에 적극 가담하였다면, 乙이 그 사정을 몰랐더라도 매매계약은 무효이다.
④ 매매계약이 乙에게 불공정한 법률행위에 해당하는지 판단할 때 경솔, 무경험은 乙이 아닌 甲을 기준으로 판단한다.
⑤ 丙의 채무불이행이 있는 경우, 甲은 특별한 사정이 없는 한 채무불이행을 이유로 한 계약해제권을 가지지 않는다.

13. 권리의 변동 　의사표시 　　착오로 인한 의사표시 　　　- (상대적) 취소 　　　- 임의규정		민법 제109조(착오로 인한 의사표시) ① 의사표시는 법률행위의 내용의 중요부분에 착오가 있는 때에는 취소할 수 있다. 그러나 그 착오가 표의자의 중대한 과실로 인한 때에는 취소하지 못한다. ② 전항의 의사표시의 취소는 선의의 제삼자에게 대항하지 못한다.

②③④⑤ 판례

③ 해제-취소의 이중효(二重效)

① 표의자가 경과실로 인한 착오로 의사표시를 하고 그 착오를 이유로 의사표시를 취소한 경우, 표의자는 그 취소로 인한 손해를 배상할 책임이 있다. 없다.

② 착오로 인한 의사표시의 취소에 관한 민법 제109조 제1항은 당사자의 합의로 그 적용을 배제할 수 없다. 있다.

④ (매도인의 하자담보책임이 성립하는 경우,) 매매계약 내용의 중요부분에 착오가 있더라도 있다면 매수인은 착오를 이유로 매매계약을 취소할 수 없다. 있다.

⑤ 상대방이 표의자의 착오를 알고 이를 이용한 경우라도면 의사표시의 착오가 표의자의 중대한 과실로 인한 것이라면도 표의자는 착오를 이유로 의사표시를 취소할 수 없다. 있다.

14. 권리의 변동 　의사표시 　　사기·강박에 의한 의사표시 　　　(상대적) 취소		민법 제110조(사기, 강박에 의한 의사표시) ① 사기나 강박에 의한 의사표시는 취소할 수 있다. ② 상대방있는 의사표시에 관하여 제삼자가 사기나 강박을 행한 경우에는 상대방이 그 사실을 알았거나 알 수 있었을 경우에 한하여 그 의사표시를 취소할 수 있다. ③ 전2항의 의사표시의 취소는 선의의 제삼자에게 대항하지 못한다.

①②③④⑤ 판례

① … 고지의무의 대상이 되는 사실을 이미 알고 있는 자에 대해서도 대해서는 그 사실을 고지하여야 한다. 고지하지 않아도 된다.

② 계약이 제3자의 위법한 사기행위로 체결된 경우, 표의자가 제3자를 상대로 사기로 인한 손해배상을 청구하기 위해서는 그 계약을 취소해야 한다. 취소하지 않아도 된다.

③ 민법 제146조(취소권의 소멸)
- 추인할 수 있는 날로부터 3년,
- 법률행위를 한 날로부터 10년 내

③ 강박에 의한 의사표시에 대한 취소권의 행사기간은 소멸시효기간 제척기간이다.

④ 소송행위가 강박에 의하여 이루어진 경우, 특별한 사정이 없는 한 강박을 이유로 소송행위를 취소할 수 있다. 없다.

15. 권리의 변동
　법률행위의 대리

① 매매계약 내용의 중요부분에 관하여 乙(본인)의 착오가 있는 경우, 甲(대리인)에게는 착오가 없더라도 乙은 자신의 착오를 이유로 매매계약을 취소할 수 있다. 없다.

16. 권한을 넘은 표현대리에 관한 설명으로 옳지 않은 것은? (다툼이 있으면 판례에 따름)
① 권한을 넘은 표현대리에 관한 규정은 법정대리에도 적용된다.
② 대리인이 그 권한 외의 법률행위를 한 경우, 대리인에게 그 권한이 있다고 상대방이 믿을만한 정당한 이유가 있는지 여부는 대리행위 당시를 기준으로 결정해야 한다.
③ 복대리인 선임권이 없는 대리인에 의하여 선임된 복대리인의 권한은 기본대리권이 될 수 없다.
④ 대리권소멸 후의 표현대리가 인정되는 경우, 그 표현대리의 권한을 넘은 대리행위가 있을 때에는 권한을 넘은 표현대리가 성립할 수 있다.
⑤ 대리행위의 표시를 하지 아니하고 자기가 본인인 것처럼 기망하여 본인 명의로 직접 법률행위를 한 경우, 특별한 사정이 없는 한 권한을 넘은 표현대리는 성립할 수 없다.

17. 법률행위의 무효와 취소에 관한 설명으로 옳지 않은 것은? (다툼이 있으면 판례에 따름)
① 취소된 법률행위는 처음부터 무효인 것으로 본다.
② 무효행위의 추인은 묵시적으로 할 수 있다.
③ 토지거래계약 허가구역 내 토지에 대하여 처음부터 허가를 잠탈하는 내용의 매매계약이 체결된 경우, 그 계약은 유동적 무효이다.
④ 반사회질서의 법률행위로서 무효인 경우, 그 무효로 선의의 제3자에게 대항할 수 있다.
⑤ 취소할 수 있는 법률행위의 상대방이 확정된 경우에는 그 취소는 그 상대방에 대한 의사표시로 하여야 한다.

18. 미성년자 甲은 자신의 자전거를 乙에게 매도하는 계약을 체결하였고 甲은 미성년자임을 이유로 계약을 취소하려고 한다. 이에 관한 설명으로 옳지 않은 것은? (다툼이 있으면 판례에 따름)
① 甲은 계약을 취소하면 그가 악의인 경우에도 그 현존이익의 한도에서 상환할 책임이 있다.
② 甲은 법정대리인의 동의 없이 단독으로 계약을 취소할 수 있다.
③ 甲의 취소권의 행사기간은 법원의 직권조사사항이다.
④ 甲의 법정대리인이 취소할 수 있는 법률행위를 추인하는 경우, 그 추인은 취소의 원인이 소멸된 후에 하여야만 효력이 있다.
⑤ 甲의 취소권은 추인할 수 있는 날로부터 3년내에, 법률행위를 한 날로부터 10년내에 행사하여야 한다.

19. 법률행위의 조건과 기한에 관한 설명으로 옳지 않은 것은? (다툼이 있으면 판례에 따름)
① 기한의 이익은 특약이나 법률행위의 성질로 분명하지 아니한 경우에는 채무자를 위한 것으로 추정한다.
② 채무자가 담보를 손상하게 한 때에 그는 기한의 이익을 주장하지 못한다.
③ 조건있는 법률행위의 당사자는 조건의 성부가 미정한 동안에는 조건의 성취로 인하여 생길 상대방의 이익을 해하지 못한다.
④ 2024년 4월에 '2024년 제12회 행정사 시험에 응시하여 최종 합격하면 자동차를 사준다'는 법률행위를 한 경우, 이는 특별한 사정이 없는 한 정지조건부 법률행위이다.
⑤ 불법조건이 붙은 법률행위는 그 조건만 무효이다.

민법총칙

16. 권리의 변동
    법률행위의 대리
    표현대리

①②③④⑤ 판례

③ 복대리인 선임권이 없는 대리인에 의하여 선임된 복대리인의 권한은 기본대리권이 될 수 없다. 있다.

민법 제125조(대리권수여의 표시에 의한 표현대리)
제삼자에 대하여 타인에게 대리권을 수여함을 표시한 자는 그 대리권의 범위내에서 행한 그 타인과 그 제삼자간의 법률행위에 대하여 책임이 있다. 그러나 제삼자가 대리권없음을 알았거나 알 수 있었을 때에는 그러하지 아니하다.

민법 제126조(권한을 넘은 표현대리)
대리인이 그 권한외의 법률행위를 한 경우에 제삼자가 그 권한이 있다고 믿을 만한 정당한 이유가 있는 때에는 본인은 그 행위에 대하여 책임이 있다.

민법 제129조(대리권소멸후의 표현대리)
대리권의 소멸은 선의의 제삼자에게 대항하지 못한다. 그러나 제삼자가 과실로 인하여 그 사실을 알지 못한 때에는 그러하지 아니하다.

17. 권리의 변동
    법률행위의 무효·취소

① 민법 제141조
②③④⑤ 판례

③ 토지거래계약 허가구역 내 토지에 대하여 처음부터 허가를 잠탈하는 내용의 매매계약이 체결된 경우, 그 계약은 유동적 확정적 무효이다.
토지거래계약 허가구역 내 토지에 대하여 매매계약이 체결된 경우, 토지거래계약 허가를 받기 전까지 그 계약은 유동적 무효이다.

18. 권리의 주체 - 자연인
    행위능력
    미성년자
      - 상대방의 철회권: 계약
              (선의의 상대방)
      - 상대방의 거절권: 단독행위

④ 甲의 법정대리인이 취소할 수 있는 법률행위를 추인하는 경우, 그 추인은 취소의 원인이 소멸된 후에 하여야만 소멸되기 전이라도 효력이 있다.

민법 제140조(법률행위의 취소권자)
취소할 수 있는 법률행위는 제한능력자, 착오로 인하거나 사기·강박에 의하여 의사표시를 한 자, 그의 대리인 또는 승계인만이 취소할 수 있다.

민법 제144조(추인의 요건)
① 추인은 취소의 원인이 소멸된 후에 하여야만 효력이 있다.
② 제1항은 법정대리인 또는 후견인이 추인하는 경우에는 적용하지 아니한다.

19. 권리의 변동
    법률행위의 부관(조건·기한)

① 민법 제153조
② 민법 제388조
③ 민법 제148조

⑤ 불법조건이 붙은 법률행위는 그 조건만 그 조건과 법률행위 모두 무효이다.

민법 제151조(불법조건, 기성조건)
① 조건이 선량한 풍속 기타 사회질서에 위반한 것인 때에는 그 법률행위는 무효로 한다.
② 조건이 법률행위의 당시 이미 성취한 것인 경우에는 그 조건이 정지조건이면 조건없는 법률행위로 하고 해제조건이면 그 법률행위는 무효로 한다.
③ 조건이 법률행위의 당시에 이미 성취할 수 없는 것인 경우에는 그 조건이 해제조건이면 조건없는 법률행위로 하고 정지조건이면 그 법률행위는 무효로 한다.

20. 법률행위의 부관에 관한 설명으로 옳은 것은?
① 정지조건 있는 법률행위는 조건이 성취한 때로부터 그 효력을 잃는다.
② 조건이 법률행위의 당시에 이미 성취할 수 없는 불능조건인 경우에는 그 조건이 해제조건이면 그 법률행위는 무효로 한다.
③ 종기(終期)있는 법률행위는 기한이 도래한 때로부터 그 효력이 생긴다.
④ 기한의 이익이 상대방에게도 있는 경우에 당사자 일방은 그 상대방의 손해를 배상하고 기한의 이익을 포기할 수 있다.
⑤ 조건의 성취가 미정한 권리의무는 일반규정에 의하여 처분, 상속 또는 담보로 할 수 없다.

21. 민법상 기간에 관한 설명으로 옳지 않은 것은? (다툼이 있으면 판례에 따름)
① 내년 6월 1일부터 '4일 동안'이라고 하는 경우에 그 기산점은 내년 6월 1일이다.
② 기간을 시(時)로 정한 때에는 즉시로부터 기산한다.
③ 정년이 60세라고 하는 것은 특별한 사정이 없으면 만60세가 만료되는 날을 말한다.
④ 1세에 이른 사람의 나이는 출생일을 산입하여 만(滿) 나이로 계산하고 연수(年數)로 표시한다.
⑤ 어느 기간의 말일인 6월 4일이 토요일이고 6월 6일이 공휴일인 경우, 그 기간은 6월 7일에 만료한다.

22. 甲의 乙에 대한 채권의 소멸시효기간이 가장 긴 것은? (甲, 乙은 상인이 아님)
① 甲이 연예인 乙에게 물건을 공급한 경우, 甲의 물건공급대금채권
② 甲의 동산을 乙이 사용한 경우, 甲의 동산사용료채권
③ 甲교사의 강의를 乙학생이 수강한 경우, 甲의 수강료채권
④ 甲이 乙에게 부동산을 매도한 경우, 甲의 매매대금채권
⑤ 생산자 甲이 乙에게 생산물을 판매한 경우, 甲의 생산물대금채권

23. 소멸시효의 효력에 관한 설명으로 옳지 않은 것은? (다툼이 있으면 판례에 따름)
① 소멸시효는 그 기산일에 소급하여 효력이 생긴다.
② 주된 권리의 소멸시효가 완성한 때에는 종속된 권리에 그 효력이 미친다.
③ 소멸시효는 법률행위에 의하여 이를 배제할 수 없으나 연장할 수는 있다.
④ 소멸시효의 이익은 미리 포기하지 못한다.
⑤ 채무자가 소멸시효 완성 후 채권자에 대하여 채무 일부를 변제함으로써 시효의 이익을 포기한 경우, 포기한 때로부터 새로이 소멸시효가 진행한다.

24. 소멸시효에 관한 설명으로 옳지 않은 것은? (다툼이 있으면 판례에 따름)
① 부동산 매수인이 목적 부동산을 인도받아 계속 점유하고 있는 경우, 매수인의 소유권 이전등기청구권은 채권이므로 소멸시효가 진행한다.
② 소유권에 기한 물권적 청구권은 소멸시효에 걸리지 아니한다.
③ 판결에 의하여 확정되고 판결 확정 당시에 변제기가 도래한 채권은 단기소멸시효에 해당한 것이라도 그 판결의 당사자 사이에서 그 시효기간은 10년으로 한다.
④ 시효의 중단은 원칙적으로 당사자 및 그 승계인 사이에만 효력이 있다.
⑤ 점유권은 시효에 걸리지 아니한다.

20. 권리의 변동 법률행위의 부관(조건·기한) ① 민법 제147조 ② 민법 제151조 ③ 민법 제152조 ④ 민법 제153조 ⑤ 민법 제149조	① 정지조건 있는 법률행위는 조건이 성취한 때로부터 그 효력을 잃는다. <u>얻는다.</u> ② 조건이 법률행위의 당시에 이미 성취할 수 없는 불능조건인 경우에는 그 조건이 해제조건이면 그 법률행위는 무효로 한다. <u>조건 없는 법률행위로 한다.</u> ③ 종기(終期)있는 법률행위는 기한이 도래한 때로부터 그 효력이 생긴다. <u>을 잃는다.</u> ⑤ 조건의 성취가 미정한 권리의무는 일반규정에 의하여 처분, 상속 또는 담보로 할 수 없다. <u>있다.</u>	
21. 권리의 변동 기간	③ 판례: 정년이 60세라고 하는 것은 특별한 사정이 없으면 만60세가 만료되는 <u>시작되는</u> 날을 말한다.	
22. 권리의 변동 소멸시효 **소멸시효기간** ④ 10년 민법 제162조(채권, 재산권의 소멸시효) ① 채권은 10년간 행사하지 아니하면 소멸시효가 완성한다. ② 채권 및 소유권 이외의 재산권은 20년간 행사하지 아니하면 소멸시효가 완성한다.	민법 제163조(3년의 단기소멸시효) 다음 각호의 채권은 3년간 행사하지 아니하면 소멸시효가 완성한다. 1. 이자, 부양료, 급료, 사용료 기타 1년이내의 기간으로 정한 금전 또는 물건의 지급을 목적으로 한 채권 2. 의사, 조산사, 간호사 및 약사의 치료, 근로 및 조제에 관한 채권 3. 도급 받은 자, 기사 기타 공사의 설계 또는 감독에 종사하는 자의 공사에 관한 채권 4. 변호사, 변리사, 공증인, 공인회계사 및 법무사에 대한 직무상 보관한 서류의 반환을 청구하는 채권 5. 변호사, 변리사, 공증인, 공인회계사 및 법무사의 직무에 관한 채권 6. 생산자 및 상인이 판매한 생산물 및 상품의 대가 7. 수공업자 및 제조자의 업무에 관한 채권 민법 제164조(1년의 단기소멸시효) 다음 각호의 채권은 1년간 행사하지 아니하면 소멸시효가 완성한다. 1. 여관, 음식점, 대석, 오락장의 숙박료, 음식료, 대석료, 입장료, 소비물의 대가 및 체당금의 채권 2. 의복, 침구, 장구 기타 동산의 사용료의 채권 3. 노역인, 연예인의 임금 및 그에 공급한 물건의 대금채권 4. 학생 및 수업자의 교육, 의식 및 유숙에 관한 교주, 숙주, 교사의 채권	
23. 권리의 변동 소멸시효 **소멸시효 효력**	민법 제184조(시효의 이익의 포기 기타) ① 소멸시효의 이익은 미리 포기하지 못한다. ② 소멸시효는 법률행위에 의하여 이를 배제, 연장 또는 가중할 수 없으나 이를 단축 또는 경감할 수 있다.	③
24. 권리의 변동 소멸시효	① 판례: 부동산 매수인이 목적 부동산을 인도받아 계속 점유하고 있는 경우, 매수인의 소유권 이전등기청구권은 채권이므로 소멸시효가 진행한다. <u>진행하지 않는다.</u>	

25. 소멸시효의 중단과 정지에 관한 설명으로 옳지 않은 것은? (다툼이 있으면 판례에 따름)

① 채무자가 제기한 소에 대하여 채권자가 응소하여 그 소송에서 적극적으로 권리를 주장 하고 그것이 받아들여진 경우, 재판상의 청구가 될 수 있다.
② 승소 확정판결을 받은 채권자가 그 판결상 채권의 시효중단을 위해 후소를 제기하는 경우, 재판상 청구가 있다는 점에 대하여만 확인을 구하는 형태의 새로운 방식의 확인소송은 허용될 수 없다.
③ 상속재산에 속한 권리나 상속재산에 대한 권리는 상속인의 확정, 관리인의 선임 또는 파산선고가 있는 때로부터 6월 내에는 소멸시효가 완성하지 아니한다.
④ 화해를 위한 소환은 상대방이 출석하지 아니한 때에는 화해신청인이 1월내에 소를 제기하지 아니하면 시효중단의 효력이 없다.
⑤ 천재 기타 사변으로 소멸시효를 중단할 수 없을 때에는 그 사유가 종료한 때로부터 1월 내에는 시효가 완성하지 아니한다.

25. 권리의 변동
　　소멸시효 - 중단·정지

①② 판례

④

③

⑤

② 승소 확정판결을 받은 채권자가 그 판결상 채권의 시효중단을 위해 후소를 제기하는 경우, 재판상 청구가 있다는 점에 대하여만 확인을 구하는 형태의 새로운 방식의 확인소송은 허용될 수 없다. 있다.

> 민법 제173조(화해를 위한 소환, 임의출석과 시효중단)
> 화해를 위한 소환은 상대방이 출석하지 아니 하거나 화해가 성립되지 아니한 때에는 1월내에 소를 제기하지 아니하면 시효중단의 효력이 없다. 임의출석의 경우에 화해가 성립되지 아니한 때에도 그러하다.
> 민법 제181조(상속재산에 관한 권리와 시효정지)
> 상속재산에 속한 권리나 상속재산에 대한 권리는 상속인의 확정, 관리인의 선임 또는 파산선고가 있는 때로부터 6월내에는 소멸시효가 완성하지 아니한다.
> 민법 제182조(천재 기타 사변과 시효정지)
> 천재 기타 사변으로 인하여 소멸시효를 중단할 수 없을 때에는 그 사유가 종료한 때로부터 1월내에는 시효가 완성하지 아니한다.

26. 통치행위에 관한 설명으로 옳은 것을 모두 고른 것은? (다툼이 있으면 판례에 따름)

> ㄱ. 고도의 정치적 성격을 띤 국가행위로 사법심사 대상에서 제외된다.
> ㄴ. 대통령의 서훈취소는 통치행위가 아니다.
> ㄷ. 통치행위에 해당하는지의 최종적 판단은 오로지 사법부에 의하여 이루어져야 한다.
> ㄹ. 남북정상회담 개최 과정에서 주무부 장관에게 신고하지 아니하거나 승인 없이 북한 측에 사업권의 대가 명목으로 송금한 행위는 통치행위가 아니다.

① ㄱ, ㄷ　　② ㄱ, ㄹ　　③ ㄱ, ㄴ, ㄹ　　④ ㄴ, ㄷ, ㄹ　　⑤ ㄱ, ㄴ, ㄷ, ㄹ

27. 공법관계에 관한 소송이 <u>아닌</u> 것은? (다툼이 있으면 판례에 따름)
① 행정재산의 사용허가 신청에 대한 거부를 다투는 소송
② 서울시립무용단 단원의 해촉에 관한 소송
③ 공익사업으로 인하여 이주하게 된 주거용 건축물의 세입자에게 인정되는 주거이전비 보상을 둘러싼 소송
④ 주민등록전입신고와 그 수리 여부에 관한 소송
⑤ 한국마사회 기수의 면허취소를 다투는 소송

28. 공법상 계약에 관한 설명으로 옳지 <u>않은</u> 것은? (다툼이 있으면 판례에 따름)
① 공법상 계약에는 법률우위의 원칙이 적용된다.
② 공법상 계약의 체결 시 계약의 목적 및 내용을 명확하게 적은 계약서를 작성하여야 한다.
③ 공법상 계약에 따른 권리·의무의 확인 소송은 공법상 당사자소송에 의한다.
④ 확약은 일방적 행위라는 점에서 복수당사자의 의사의 합치인 공법상 계약과는 구분된다.
⑤ 「국가를 당사자로 하는 계약에 관한 법률」에 따라 국가가 당사자가 되는 공공계약은 공법상 계약에 해당한다.

29. 행정규칙에 관한 설명으로 옳지 <u>않은</u> 것은? (다툼이 있으면 판례에 따름)
① 행정규칙은 특별한 사정이 없는 한 대외적으로 국민이나 법원을 구속하는 효력이 없다.
② 처분이 행정규칙을 따른 것이면 적법성이 보장된다.
③ 처분이 행정규칙을 위반하였다고 해서 그러한 사정만으로 곧바로 위법하게 되는 것은 아니다.
④ 행정규칙에 따른 처분의 적법성 여부는 상위법령의 규정과 입법 목적 등에 적합한지 여부에 따라 판단해야 한다.
⑤ 행정규칙이 그 정한 바에 따라 되풀이 시행되어 행정관행이 이루어지게 되면 행정기관은 그 상대방에 대한 관계에서 그 규칙에 따라야 할 자기구속을 받게 된다.

26. 행정법 통론 　　행정 　　　통치행위 전부 정답 처리 　입법부·사법부·행정부가 아닌 　　　　　　헌법재판소의 판단 ㄴ, ㄷ, ㄹ. 판례	통치행위(統治行爲, political question) 　행정법·헌법상 용어 　고도의 정치성을 갖는 국가기관의 행위 　법으로 규정되거나 사법심사의 대상으로 적당하지 않음. 　　　- 다수설: 제한적 긍정설 　　　- 소수설: 통치행위 부정설 　　　　실질적 법치주의가 확립되고 행정소송에서 개괄주의가 채택되고 있는 이상 통치행위를 인정할 필요가 없다. 　ㄴ. 서훈수여: 통치행위, **서훈취소**: 통치행위	
27. 행정구제법 　　행정쟁송 - 행정소송	①②③④ 공법관계에 관한 소송 ⑤ 사법관계에 관한 소송 　**한국마사회 기수의 면허취소 ≠ 행정처분**	
28. 행정법 통론 　　행정상 법률관계	④ 확약 　ㅡ 일방적 행위라는 점에서 복수당사자의 의사의 합치인 공법상 계약과는 구분된다. 　ㅡ 종국적 규율이 아니라는 점에서 종국적 규율을 하는 사전결정이나 부분허가와 구분된다. 　ㅡ 정당한 권한을 가진 행정청에 의해서 그 권한의 범위 내에서만 발해질 수 있다. ⑤ 「국가를 당사자로 하는 계약에 관한 법률」에 따라 국가가 당사자가 되는 공공계약은 공법상 사법상 계약에 해당한다. 　판례: 　「국가계약법」에 따라 국가가 당사자가 되는 이른바 공공계약은 사경제의 주체로서 상대방과 대등한 위치에서 체결하는 사법상의 계약으로서 그 본질적인 내용은 사인 간의 계약과 다를 바 없다.	
29. 행정작용법 　　행정입법 　　　법규명령·행정규칙 ①②③④⑤ 판례	법규명령·행정규칙: 일반적·추상적 성격 　행정규칙 　- 행정조직 내부 규범이다. 　- 대외적으로 구속력을 갖지 않는다. 　　일반적·추상적인 명령이라는 점에서는 법규명령과 같지만, 일반적으로 국민을 구속하지 않는다는 점에서 법규명령과 구별된다. 행정처분: 다른 집행행위의 매개 없이 　　　　　　직접 국민의 구체적인 권리·의무나 법률관계 규율 ② 처분이 행정규칙을 따른 것이면 적법성이 보장된다. 따른다고 하여 적법성이 보장되는 것은 아니다.	

30. 행정행위의 효력에 관한 판례의 내용으로 옳지 않은 것은?
① 행정행위는 불가쟁력의 효력이 있어 법령에 의한 불복기간이 경과한 경우에는 당사자는 그 행정처분의 효력을 다툴 수 없다.
② 연령미달의 결격자가 타인의 이름으로 운전면허시험에 응시, 합격하여 교부받은 운전 면허는 당연무효는 아니다.
③ 민사소송에 있어서 어느 행정처분의 당연무효 여부가 선결문제로 되는 때에는 민사법원은 이를 판단하여 당연무효임을 전제로 판결할 수 있다.
④ 행정처분이 불복기간의 경과로 인하여 확정될 경우, 그 처분의 기초가 된 사실관계나 법률적 판단이 확정된다.
⑤ 구「원자력법」에 따른 원자로 시설의 부지사전승인처분은 그 자체로서 독립한 행정처분이다.

31. 행정기본법상 행정행위의 취소·철회에 관한 설명으로 옳은 것은?
① 위법한 처분의 일부에 대해 취소할 수 없다.
② 부당한 처분에 대해서는 취소할 수 없다.
③ 당사자의 신뢰를 보호할 가치가 있는 경우에는 위법한 처분에 대해 장래를 향하여 취소할 수 있다.
④ 적법한 처분은 중대한 공익을 위하여 필요한 경우에도 그 처분의 전부를 철회할 수 없다.
⑤ 적법한 처분을 철회하는 경우에는 철회로 인하여 당사자가 입게 될 불이익을 철회로 달성되는 공익과 비교·형량할 필요는 없다.

32. 행정행위의 부관에 관한 설명으로 옳은 것은? (다툼이 있으면 판례에 따름)
① 행정청은 처분에 재량이 없는 경우에는 법률에 근거가 있는 경우에 부관을 붙일 수 있다.
② 부관은 해당 처분과 실질적인 관련이 있어야 하지만, 해당 처분의 목적에는 구속되지 않는다.
③ 법률이 예정하는 행정행위의 효과를 일부 배제하는 부관은 독립하여 행정소송의 대상이 될 수 있다.
④ 행정처분에 붙인 부담인 부관이 무효가 되면 그 부담의 이행으로 한 사법상 법률행위도 당연히 무효가 된다.
⑤「하천법」상 하천부지 점용허가에는 그 성질상 부관을 붙일 수 없다.

33. 甲은 건축물을 신축하기 위하여 허가청인 A에게 건축허가(주된 허가)를 신청하였다. 甲은 건축허가를 신청하면서 산지전용허가도 받고자 하는데, 건축법상 甲이 건축허가를 받으면 산지관리법에 따른 산지전용허가(관련 허가)를 받은 것으로 의제된다. 이에 관한 설명으로 옳지 않은 것은? (단, 관련 허가의 허가청은 B임)
① 甲은 건축허가를 A에게 신청하면서 산지전용허가에 필요한 서류를 함께 제출하여야 한다.
② A는 건축허가를 하기 전에 산지전용허가에 관하여 미리 B와 협의하여야 한다.
③ B는 산지전용허가에 관한 법령을 위반하여 협의에 응해서는 아니 된다.
④ A와 B 사이에 협의가 되면 건축허가와 산지전용허가를 모두 받은 것으로 본다.
⑤ 산지전용허가가 의제된 경우 B는 산지전용허가를 직접 한 것으로 보아 관계 법령에 따른 관리·감독 등 필요한 조치를 하여야 한다.

30. 행정작용법 　　행정행위 　　　　효력(확정력) 　　　　　- 공정력 　　　　　- 집행력 　　　　　- 불가변력 　　　　　- 불가쟁력 ①②③④⑤ 판례	① 불가쟁력 　- 행정행위의 상대방이나 이해관계인을 구속하는 효력 　- 항고소송의 대상이 되는 모든 행정행위에 인정되는 효력 — 불가변력 　- 행정청을 구속하는 효력 　- 일부 행정행위(준사법적 행정행위)에 인정되는 효력 ④ 행정처분이 불복기간의 경과로 인하여 확정될 경우, (기판력이 인정되는 것은 아니므로) 그 처분의 기초가 된 사실관계나 법률적 판단이 확정된다. 확정되는 것은 아니다. 그러므로 당사자들이나 법원이 이에 기속되어 모순되는 주장이나 판단을 할 수 없게 되는 것은 아니다.
31. 행정작용법 　　행정행위 　　　하자: 무효·취소·철회·변경	① 위법한 처분의 일부에 대해 취소할 수 없다. 있다. ② 부당한 처분에 대해서는 취소할 수 없다. 있다. ④ 적법한 처분은 중대한 공익을 위하여 필요한 경우에도는 그 처분의 전부를 철회할 수 없다. 있다. ⑤ 적법한 처분을 철회하는 경우에는 철회로 인하여 당사자가 입게 될 불이익을 철회로 달성되는 공익과 비교·형량할 필요는 없다. 하여야 한다.
32. 행정작용법 　　행정행위 　　(재량 행정행위의) 부관 주된 행정행위 = 기본행위 종된 행정행위 = 부관(조건·기한)	행정기본법 제17조(부관) ① 행정청은 처분에 재량이 있는 경우에는 부관(조건, 기한, 부담, 철회권의 유보 등을 말한다. 이하 이 조에서 같다)을 붙일 수 있다. ② 행정청은 처분에 재량이 없는 경우에는 법률에 근거가 있는 경우에 부관을 붙일 수 있다. ② 부관은 해당 처분과 실질적인 관련이 있어야 하지만 하고, 해당 처분의 목적에는 구속되지 않는다. 구속된다. ③ 법률이 예정하는 행정행위의 효과를 일부 배제하는 부관은 독립하여 행정소송의 대상이 될 수 있다. 없다. ④ 행정처분에 붙인 부담인 부관이 무효가 되면 그 부담의 이행으로 한 사법상 법률행위도 당연히 무효가 된다. 되는 것은 아니다. ⑤「하천법」상 하천부지 점용허가(재량행위)에는 그 성질상 부관을 붙일 수 없다. 있다.
33. 행정작용법 　　행정행위 　　- 법률행위적 행정행위 　　- 준법률행위적 행정행위 　　　　　공증, 수리, 통지, 확인	법률행위적 행정행위 　- 명령적 행정행위: 면제, 하명, 허가 　- 형성적 행정행위: 대리, 인가, 특허 ④ A와 B 사이에 협의가 되면 甲이 건축허가를 받으면 건축허가와 산지전용허가를 모두 받은 것으로 본다.

34. 행정절차법상 처분절차에 관한 설명으로 옳은 것은?
① 행정청은 처분을 할 때에는 단순·반복적인 처분으로서 당사자가 그 이유를 명백히 알 수 있는 경우에도 당사자에게 그 근거와 이유를 사전에 제시하여야 한다.
② 행정청은 처분에 오기(誤記)가 있어서 직권으로 이를 정정한 경우에는 그 사실을 당사자에게 통지할 필요는 없다.
③ 행정청은 행정청의 편의를 위하여 신청인이 다른 행정청에 처분을 구하는 신청을 접수하게 할 수 있다.
④ 행정청은 다수의 행정청이 관여하는 처분을 구하는 신청을 접수한 경우에는 관계 행정청과의 신속한 협조를 통하여 그 처분이 지연되지 아니하도록 하여야 한다.
⑤ 행정청은 필요한 처분기준을 정하여 공표하는 것이 해당 처분의 성질상 현저히 곤란한 경우라도 그 처분기준을 공표하여야 한다.

35. 공공기관의 정보공개에 관한 법률의 내용으로 옳지 않은 것은?
① 공개될 경우 부동산 투기, 매점매석 등으로 특정인에게 이익 또는 불이익을 줄 우려가 있다고 인정되는 정보라도 공공기관이 보유·관리하는 정보라면 이를 공개하여야 한다.
② 공공기관은 부득이한 사유가 없다면 정보공개의 청구를 받은 날부터 10일 이내에 공개 여부를 결정하여야 한다.
③ 공공기관은 공개 청구된 공개 대상 정보의 일부가 제3자와 관련이 있다고 인정할 때에는 그 사실을 제3자에게 지체 없이 통지하여야 한다.
④ 공공기관은 정보의 공개를 결정한 경우 해당 청구인이 사본의 교부를 원하는 때에는 이를 교부하여야 한다.
⑤ 정보공개청구는 말로써 할 수 있다.

36. 행정절차법상 청문에 관한 설명으로 옳지 않은 것은?
① 행정청은 다수 국민의 이해가 상충되는 처분을 하려는 경우에는 청문 주재자를 2명 이상으로 선정할 수 있다.
② 청문은 당사자가 공개를 신청하더라도 제3자의 정당한 이익을 현저히 해칠 우려가 있는 경우에는 공개하여서는 아니 된다.
③ 청문 주재자는 직권으로 당사자등이 주장한 사실에 한하여 필요한 조사를 하여야 한다.
④ 청문 주재자는 필요하다고 인정할 때에는 관계 행정청에 필요한 문서의 제출을 요구할 수 있다.
⑤ 누구든지 청문을 통하여 알게 된 경영상의 비밀을 정당한 이유 없이 누설하여서는 아니 된다.

34.	행정절차·(행정)정보 행정절차 처분절차	③	행정절차법 제17조(처분의 신청) ⑦ 행정청은 신청인의 편의를 위하여 다른 행정청에 신청을 접수하게 할 수 있다. 이 경우 행정청은 다른 행정청에 접수할 수 있는 신청의 종류를 미리 정하여 공시하여야 한다.
		④	행정절차법 제18조(다수의 행정청이 관여하는 처분) 행정청은 다수의 행정청이 관여하는 처분을 구하는 신청을 접수한 경우에는 관계 행정청과의 신속한 협조를 통하여 그 처분이 지연되지 아니하도록 하여야 한다.
		⑤	행정절차법 제20조(처분기준의 설정·공표) ① 행정청은 필요한 처분기준을 해당 처분의 성질에 비추어 되도록 구체적으로 정하여 공표하여야 한다. 처분기준을 변경하는 경우에도 또한 같다. ③ 제1항에 따른 처분기준을 공표하는 것이 해당 처분의 성질상 현저히 곤란하거나 공공의 안전 또는 복리를 현저히 해치는 것으로 인정될 만한 상당한 이유가 있는 경우에는 처분기준을 공표하지 아니할 수 있다.
		①	행정절차법 제23조(처분의 이유 제시) ① 행정청은 처분을 할 때에는 다음 각 호의 어느 하나에 해당하는 경우를 제외하고는 당사자에게 그 근거와 이유를 제시하여야 한다. 　1. 신청 내용을 모두 그대로 인정하는 처분인 경우 　2. 단순·반복적인 처분 또는 경미한 처분으로서 당사자가 그 이유를 명백히 알 수 있는 경우 　3. 긴급히 처분을 할 필요가 있는 경우
		②	행정절차법 제25조(처분의 정정) 행정청은 처분에 오기(誤記), 오산(誤算) 또는 그 밖에 이에 준하는 명백한 잘못이 있을 때에는 직권으로 또는 신청에 따라 지체 없이 정정하고 그 사실을 당사자에게 통지하여야 한다.
35.	행정절차·(행정)정보 정보공개		① 공개될 경우 부동산 투기, 매점매석 등으로 특정인에게 이익 또는 불이익을 줄 우려가 있다고 인정되는 정보라도 공공기관이 보유·관리하는 정보라면 이를 공개하여야 한다. 는 공개하지 아니할 수 있다. 공공기관의 정보공개에 관한 법률 제9조(비공개 대상 정보) ① 공공기관이 보유·관리하는 정보는 공개 대상이 된다. 다만, 다음 각 호의 어느 하나에 해당하는 정보는 공개하지 아니할 수 있다. 　8. 공개될 경우 부동산 투기, 매점매석 등으로 특정인에게 이익 또는 불이익을 줄 우려가 있다고 인정되는 정보
36.	행정절차·(행정)정보 행정절차 청문		③ 청문 주재자는 직권으로 당사자등이 주장한 사실에 한하여 필요한 조사를 하여야 한다. 할 수 있다. 행정절차법 제33조(증거조사) ① 청문 주재자는 직권으로 또는 당사자의 신청에 따라 필요한 조사를 할 수 있으며, 당사자등이 주장하지 아니한 사실에 대하여도 조사할 수 있다.

37. 질서위반행위규제법의 내용으로 옳지 않은 것은?
① 과태료 재판은 검사의 명령으로써 집행한다.
② 신분에 의하여 성립하는 질서위반행위에 신분이 없는 자가 가담한 때에는 신분이 없는 자에 대하여는 질서위반행위가 성립하지 아니한다.
③ 질서위반행위 후 법률이 변경되어 그 행위가 질서위반행위에 해당하지 아니하게 된 때에는 법률에 특별한 규정이 없는 한 변경된 법률을 적용한다.
④ 「질서위반행위규제법」은 대한민국 영역 밖에서 질서위반행위를 한 대한민국의 국민에게 적용한다.
⑤ 하나의 행위가 2 이상의 질서위반행위에 해당하는 경우에는 각 질서위반행위에 대하여 정한 과태료 중 가장 중한 과태료를 부과한다.

38. 행정기본법상 의무자가 행정상 의무를 이행하지 아니하는 경우 행정청이 의무자의 신체나 재산에 실력을 행사하여 그 행정상 의무의 이행이 있었던 것과 같은 상태를 실현하는 것은?
① 행정대집행   ② 이행강제금의 부과   ③ 직접강제   ④ 강제징수   ⑤ 즉시강제

39. 국가배상책임에 관한 설명으로 옳지 않은 것은? (다툼이 있으면 판례에 따름)
① 「국가배상법」 제2조상의 직무행위에는 입법작용과 사법작용이 포함된다.
② 국가가 국가배상책임을 이행한 경우 공무원에게 경과실이 있으면 국가는 그 공무원에게 구상할 수 있다.
③ 「국가배상법」은 「민법」 제756조 제1항 단서상의 사용자 면책조항에 상응하는 규정을 두고 있지 않다.
④ 부작위에 의한 국가배상책임의 성립요건 상 직무상 작위의무는 조리에 의해서도 성립할 수 있다.
⑤ 「국가배상법」 제5조상의 공공의 영조물에는 행정주체가 적법한 권한에 기하여 관리하고 있는 공물뿐만 아니라 사실상 관리하고 있는 공물도 포함된다.

40. 甲의 건축허가 신청에 대하여 관할 군수 乙은 거부처분을 하였으나, 해당 거부처분에 무효사유에 해당하는 하자가 있어 甲이 행정쟁송으로 다투고자 한다. 이에 관한 설명으로 옳지 않은 것은? (다툼이 있으면 판례에 따름)
① 甲은 거부처분 무효확인심판을 제기할 수 있다.
② 甲은 의무이행심판을 제기할 수 있다.
③ 甲이 거부처분 무효확인소송을 제기한 경우 무효인 사유를 주장·증명할 책임은 甲에게 있다.
④ 甲이 거부처분 무효확인소송을 제기한 경우 「행정소송법」상 취소소송의 사정판결 규정은 준용되지 않는다.
⑤ 甲이 무효의 선언을 구하는 의미의 취소소송을 제기한 경우 제소기간의 제한이 없다.

37. 행정상 실효성 확보 수단 　　행정벌 　　행정질서벌	③ ④ ② ⑤ ①	질서위반행위규제법 제3조(법 적용의 시간적 범위) ② 질서위반행위 후 법률이 변경되어 그 행위가 질서위반행위에 해당하지 아니하게 되거나 과태료가 변경되기 전의 법률보다 가볍게 된 때에는 법률에 특별한 규정이 없는 한 변경된 법률을 적용한다. 질서위반행위규제법 제4조(법 적용의 장소적 범위) ② 이 법은 대한민국 영역 밖에서 질서위반행위를 한 대한민국의 국민에게 적용한다. 질서위반행위규제법 제12조(다수인의 질서위반행위 가담) ② 신분에 의하여 성립하는 질서위반행위에 신분이 없는 자가 가담한 때에는 신분이 없는 자에 대하여도 질서위반행위가 성립한다. 질서위반행위규제법 제13조(수개의 질서위반행위의 처리) ① 하나의 행위가 2 이상의 질서위반행위에 해당하는 경우에는 각 질서위반행위에 대하여 정한 과태료 중 가장 중한 과태료를 부과한다. 질서위반행위규제법 제42조(과태료 재판의 집행) ① 과태료 재판은 검사의 명령으로써 집행한다. 이 경우 그 명령은 집행력 있는 집행권원과 동일한 효력이 있다.
38. 행정상 실효성 확보 수단 　　행정상 강제 4. 강제징수: 의무자가 행정상 의무 중 금전급부의무를 이행하지 아니하는 경우 행정청이 의무자의 재산에 실력을 행사하여 그 행정상 의무가 실현된 것과 같은 상태를 실현하는 것 5. 즉시강제: 현재의 급박한 행정상의 장해를 제거하기 위한 경우로서 다음 각 목의 어느 하나에 해당하는 경우에 행정청이 곧바로 국민의 신체 또는 재산에 실력을 행사하여 행정목적을 달성하는 것		행정기본법 제30조(행정상 강제) ① 행정청은 행정목적을 달성하기 위하여 필요한 경우에는 법률로 정하는 바에 따라 필요한 최소한의 범위에서 다음 각 호의 어느 하나에 해당하는 조치를 할 수 있다. 　1. 행정대집행: 의무자가 행정상 의무(법령등에서 직접 부과하거나 행정청이 법령등에 따라 부과한 의무를 말한다. 이하 이 절에서 같다)로서 타인이 대신하여 행할 수 있는 의무를 이행하지 아니하는 경우 법률로 정하는 다른 수단으로는 그 이행을 확보하기 곤란하고 그 불이행을 방치하면 공익을 크게 해칠 것으로 인정될 때에 행정청이 의무자가 하여야 할 행위를 스스로 하거나 제3자에게 하게 하고 그 비용을 의무자로부터 징수하는 것 　2. 이행강제금의 부과: 의무자가 행정상 의무를 이행하지 아니하는 경우 행정청이 적절한 이행기간을 부여하고, 그 기한까지 행정상 의무를 이행하지 아니하면 금전급부의무를 부과하는 것 　3. 직접강제: 의무자가 행정상 의무를 이행하지 아니하는 경우 행정청이 의무자의 신체나 재산에 실력을 행사하여 그 행정상 의무의 이행이 있었던 것과 같은 상태를 실현하는 것
39. 행정구제법 　　행정상 손해전보 - 국가배상		② 국가가 국가배상책임을 이행한 경우 공무원에게 <u>경과실</u> 중과실이 있으면 국가는 그 공무원에게 구상할 수 있다.
40. 행정구제법 　　행정쟁송 　　행정소송		⑤ 판례: 甲이 무효의 선언을 구하는 의미의 취소소송을 제기한 경우 제소기간의 제한이 없다. <u>준수 등 취소소송의 제소 요건을 갖추어야 한다.</u>

41. 행정소송상 집행정지에 관한 설명으로 옳은 것을 모두 고른 것은?

   ㄱ. 「행정소송법」상 집행정지는 부작위위법확인소송에는 인정되지 않는다.
   ㄴ. 처분이 가분적이더라도 처분의 일부에 대한 집행정지는 허용되지 않는다.
   ㄷ. 처분의 효력정지는 처분등의 집행을 정지함으로써 목적을 달성할 수 있는 경우에는 허용되지 않는다.
   ㄹ. 집행정지의 결정에 대한 즉시항고에는 결정의 집행을 정지하는 효력이 인정된다.

① ㄱ, ㄴ ② ㄱ, ㄷ ③ ㄴ, ㄹ ④ ㄱ, ㄷ, ㄹ ⑤ ㄴ, ㄷ, ㄹ

42. 행정심판법상 직접 처분과 간접강제에 관한 설명으로 옳은 것은?
① 거부처분 취소심판의 경우 행정심판위원회는 직접 처분을 할 수 있다.
② 의무이행심판의 인용재결이 처분명령재결인 경우 행정심판위원회는 직접 처분을 할 수 없다.
③ 행정심판위원회는 사정의 변경이 있어 당사자가 신청하는 경우에도 간접강제 결정의 내용을 변경할 수 없다.
④ 행정심판의 청구인은 간접강제 결정에 불복하는 경우 그 결정에 대하여 행정소송을 제기할 수 있다.
⑤ 간접강제 결정에 기초한 강제집행에 관하여 「행정심판법」에 특별한 규정이 없는 사항에 대하여는 「행정기본법」의 규정을 준용한다.

43. 관할 시장 A는 2024. 2. 5. 甲에 대하여 1,000만 원의 과징금부과처분을 하였고, 甲은 2024. 2. 6. 처분서를 수령하였다. 甲은 과징금부과처분 취소심판을 제기하였는데, 관할 행정심판위원회는 2024. 4. 23. 1,000만 원의 과징금부과처분을 700만 원으로 감액하는 일부취소재결을 하여, 해당 재결서의 정본이 2024. 4. 24. 甲에게 송달되었다. 이때 甲이 일부취소재결에도 아직 취소되지 않고 남아있는 부분이 위법하다고 보아 취소소송을 제기하는 경우 소의 대상과 제소기간의 기산일은? (일부취소재결 고유의 하자는 없으며, 다툼이 있으면 판례에 따름)

	소의 대상	제소기간 기산일
①	700만 원으로 감액된 2024. 2. 5. 자 과징금부과처분	2024. 4. 24.
②	700만 원으로 감액된 2024. 2. 5. 자 과징금부과처분	2024. 2. 6.
③	700만 원으로 감액한 2024. 4. 23. 자 일부취소재결	2024. 4. 24.
④	700만 원으로 감액한 2024. 4. 23. 자 일부취소재결	2024. 2. 6.
⑤	2024. 2. 5. 자 1,000만 원의 과징금부과처분	2024. 2. 6.

44. 판례에 의할 때 공무원의 신분관계에 관한 설명으로 옳은 것은?
① 임용 당시 공무원임용 결격사유가 있었다면 비록 국가의 과실에 의하여 임용결격자임을 밝혀내지 못하였다 하더라도 그 임용행위는 당연 무효이다.
② 공무원에 대한 직위해제처분이 있은 후 동일한 사유로 다시 해임처분을 하는 것은 일사부재리의 법리에 어긋난다.
③ 「국가공무원법」상 당연퇴직의 인사발령은 항고소송의 대상이 되는 처분에 해당한다.
④ 「국가공무원법」상의 직위해제처분에는 의견청취에 관한 「행정절차법」규정이 적용된다.
⑤ 임용행위의 하자로 임용행위가 취소되어 소급적으로 공무원의 지위를 상실한 자도 「공무원연금법」에서 정한 퇴직급여를 청구할 수 있다.

행정법

41. 행정구제법
행정쟁송
행정소송 - 집행정지

ㄴ. 처분이 가분적이더라도면 처분의 일부에 대한 집행정지는 허용되지 않는다. 허용된다.
ㄹ. 집행정지의 결정에 대한 즉시항고에는 결정의 집행을 정지하는 효력이 인정된다. 인정되지 않는다.

42. 행정구제법
행정쟁송
행정심판
직접 처분, 간접강제

⑤ 간접강제 결정에 기초한 강제집행에 관하여 「행정심판법」에 특별한 규정이 없는 사항에 대하여는 「행정기본법」「민사집행법」의 규정을 준용한다.

> 행정심판법 제49조(재결의 기속력 등)
> ③ 당사자의 신청을 거부하거나 부작위로 방치한 처분의 이행을 명하는 재결이 있으면 행정청은 지체 없이 이전의 신청에 대하여 재결의 취지에 따라 처분을 하여야 한다.
> 행정심판법 제50조(위원회의 직접 처분)
> ① 위원회는 피청구인이 제49조(재결의 기속력 등)제3항에도 불구하고 처분을 하지 아니하는 경우에는 당사자가 신청하면 기간을 정하여 서면으로 시정을 명하고 그 기간에 이행하지 아니하면 직접 처분을 할 수 있다. 다만, 그 처분의 성질이나 그 밖의 불가피한 사유로 위원회가 직접 처분을 할 수 없는 경우에는 그러하지 아니하다.
> 행정심판법 제50조의2(위원회의 간접강제)
> ⑥ 간접강제 결정에 기초한 강제집행에 관하여 이 법에 특별한 규정이 없는 사항에 대하여는 「민사집행법」의 규정을 준용한다. 다만, 「민사집행법」 제33조(집행문부여의 소), 제34조(집행문부여 등에 관한 이의신청), 제44조(청구에 관한 이의의 소) 및 제45조(집행문부여에 대한 이의의 소)에서 관할 법원은 피청구인의 소재지를 관할하는 행정법원으로 한다.

① 거부처분 취소심판의 경우 행정심판위원회는 직접 처분을 할 수 있다. 없다.
② 의무이행심판의 인용재결이 처분명령재결인 경우 행정심판위원회는 직접 처분을 할 수 없다. 있다.
③ 행정심판위원회는 사정의 변경이 있어 당사자가 신청하는 경우에도 간접강제 결정의 내용을 변경할 수 없다. 있다.

43. 행정구제법
행정쟁송
행정소송 - 취소소송

일부취소재결의 취소소송
- 소의 대상: 원처분
- 제소기간 기산일: 일부취소재결서 송달일

44. 행정조직법
공무원법

①②③④⑤ 판례

② 공무원에 대한 직위해제처분이 있은 후 동일한 사유로 다시 해임처분을 하는 것은 일사부재리의 법리에 어긋난다. 어긋나지 않는다.
③ 「국가공무원법」상 당연퇴직의 인사발령은 항고소송의 대상이 되는 처분에 해당한다. 해당하지 않는다.
④ 「국가공무원법」상의 직위해제처분에는 의견청취에 관한 「행정절차법」규정이 적용된다. 적용되지 않는다.
⑤ 임용행위의 하자로 임용행위가 취소되어 소급적으로 공무원의 지위를 상실한 자도 「공무원연금법」에서 정한 퇴직급여를 청구할 수 있다. 없다.

45. 권한의 대리와 위임에 관한 설명으로 옳은 것은? (다툼이 있으면 판례에 의함)
① 권한의 위임은 권한 자체를 수임자에게 이전하지 않는 점에서 권한 자체가 이전되는 권한의 대리와 구별된다.
② 국가사무가 도지사에게 기관위임된 경우 도지사가 이를 군수에게 재위임하기 위해서는 도 조례에 의하여야 한다.
③ 「정부조직법」에 따르면 권한의 위임은 위임기관의 권한의 일부에 한하여 인정된다.
④ 내부위임에 따라 수임관청이 자신의 이름으로 처분을 한 경우 그 처분에 대한 무효확인소송의 피고는 위임관청이 된다.
⑤ 「행정권한의 위임 및 위탁에 관한 규정」에 따르면 수임사무의 처리에 관하여 위임기관은 수임기관에 대하여 사전승인을 받을 것을 요구할 수 있다.

46. 지방자치법상 지방의회의 권한에 해당하지 않는 것은?
① 청원의 수리와 처리에 관한 의결권
② 결산과 관련한 검사위원 선임권
③ 주민투표 회부권
④ 지방의회의원의 자격상실에 대한 의결권
⑤ 기금의 설치·운용에 관한 의결권

47. 경찰관 직무집행법의 내용으로 옳지 않은 것은?
① 불심검문과정에서 경찰관으로부터 가까운 경찰서로 동행할 것을 요구받은 사람은 그 요구를 거절할 수 있다.
② 불심검문과정에서 경찰관은 그 대상이 되는 사람에게 질문을 할 때에 흉기를 가지고 있는지를 조사할 수 있다.
③ 불심검문과정에서 경찰관으로부터 질문을 받은 사람은 그 의사에 반하여 답변을 강요당하지 아니한다.
④ 경찰관은 재산에 중대한 손해를 끼칠 우려가 있는 인공구조물의 파손이 있을 때에는 그 장소에 있는 사람에게 위해를 방지하기 위하여 필요하다고 인정되는 조치를 하게 할 수 있다.
⑤ 경찰관의 적법한 직무집행으로 인하여 손실을 입은 자는 그 손실발생의 원인에 대하여 책임이 있는 경우라도 그 손실 전부에 대하여 보상을 받을 수 있다.

48. 공물에 관한 설명으로 옳은 것은? (다툼이 있으면 판례에 따름)
① 공공용물의 일반사용의 경우에는 사용료를 납부하여야 한다.
② 공물의 인접주민에게는 구체적으로 공물을 사용하지 않고 있더라도 공물에 대한 고양된 일반사용권이 인정된다.
③ 행정재산이 공용폐지되어 시효취득의 대상이 된다는 증명책임은 시효취득을 주장하는 자에게 있다.
④ 「하천법」상 하천의 점용허가권은 대세적 효력이 있는 물권이다.
⑤ 중앙관서의 장은 특별한 제한 없이 행정재산의 사용허가를 할 수 있다.

45. 행정조직법 　　행정조직법 　　행정권한 　　대리·위임	① 권한의 위임은 ~~대리는~~ 권한 자체를 수임자에게 이전하지 않는 점에서 권한 자체가 이전되는 권한의 ~~대리와~~ 위임과 구별된다. ② 국가사무가 도지사에게 기관위임된 경우 도지사가 이를 군수에게 재위임하기 위해서는 ~~도 조례~~ 법률에 의하여야 한다. ④ 내부위임에 따라 수임관청이 자신의 이름으로 처분을 한 경우 그 처분에 대한 무효확인소송의 피고는 ~~위임관청~~ 수임관청이 된다. ⑤ 「행정권한의 위임 및 위탁에 관한 규정」에 따르면 수임사무의 처리에 관하여 위임기관은 수임기관에 대하여 사전승인을 받을 것을 요구할 수 ~~있다.~~ 없다.	

46. 행정조직법
　　지방자치법
　　지방의회

③ 주민투표 회부권

> 지방자치법 제47조(지방의회의 의결사항)
> ① 지방의회는 다음 각 호의 사항을 의결한다.
> 　1. 조례의 제정·개정 및 폐지
> 　2. 예산의 심의·확정
> 　3. 결산의 승인
> 　4. 법령에 규정된 것을 제외한 사용료·수수료·분담금·지방세 또는 가입금의 부과와 징수
> 　5. 기금의 설치·운용
> 　6. 대통령령으로 정하는 중요 재산의 취득·처분
> 　7. 대통령령으로 정하는 공공시설의 설치·처분
> 　8. 법령과 조례에 규정된 것을 제외한 예산 외의 의무부담이나 권리의 포기
> 　9. 청원의 수리와 처리
> 　10. 외국 지방자치단체와의 교류·협력
> 　11. 그 밖에 법령에 따라 그 권한에 속하는 사항

47. 특별행정작용법
　　경찰행정법

⑤ 경찰관직무집행법 제11조의2(손실보상)
경찰관의 적법한 직무집행으로 인하여 손실을 입은 자는 그 손실발생의 원인에 대하여 책임이 있는 경우라도 그 손실 전부에 자신의 책임에 상응하는 정도를 초과하는 생명·신체 또는 재산상의 손실에 대하여 보상을 받을 수 있다.

48. 특별행정작용법
　　급부행정법(공물법)

① 국유재산법 제32조
②③④ 판례
⑤ 국유재산법 제30조

① 공공용물의 일반사용(사용료×) 허가사용의 경우에는 사용료를 납부하여야 한다.
② 공물의 인접주민에게는 (구체적으로 공물을 사용하지 않고 있더라도) 공물에 대한 고양된 일반사용권이 ~~인정된다.~~ 인정되지 않는다.
④ 「하천법」상 하천의 점용허가권은 대세적 효력이 있는 물권~~이다.~~ 이 아니다.
⑤ 중앙관서의 장은 ~~특별한 제한 없이~~ 행정재산의 사용허가를 할 수 ~~있다.~~ 없다.

49. 국유재산법상 ( )에 들어갈 용어는?

( )(이)란 사용허가나 대부계약 없이 국유재산을 사용·수익하거나 점유한 자(사용허가나 대부계약 기간이 끝난 후 다시 사용허가나 대부계약 없이 국유재산을 계속 사용·수익하거나 점유한 자를 포함한다)에게 부과하는 금액을 말한다.

① 과징금 ② 이행강제금 ③ 과태료 ④ 부담금 ⑤ 변상금

50. 공익사업을 위한 토지 등의 취득 및 보상에 관한 법률상 사업인정과 수용재결에 관한 설명으로 옳지 않은 것은? (다툼이 있으면 판례에 따름)
① 사업인정은 항고소송의 대상이 되는 처분에 해당한다.
② 사업인정에 불가쟁력이 발생한 경우 당연무효가 아닌 한 사업인정의 하자를 이유로 수용재결의 취소를 구할 수 없다.
③ 사업인정은 사업인정이 고시된 날부터 효력을 발생한다.
④ 수용재결은 행정심판의 재결의 성질을 갖는다.
⑤ 수용재결의 효과로서 수용에 의한 사업시행자의 토지소유권 취득은 법률의 규정에 의한 원시취득이다.

49. 특별행정작용법
    국유재산법

국유재산법 제2조(정의)

이 법에서 사용하는 용어의 뜻은 다음과 같다.

1. "국유재산"이란 국가의 부담, 기부채납이나 법령 또는 조약에 따라 국가 소유로 된 제5조(**국유재산의 범위**)제1항 각 호의 재산을 말한다.
2. "기부채납"이란 국가 외의 자가 제5조제1항 각 호에 해당하는 재산의 소유권을 무상으로 국가에 이전하여 국가가 이를 취득하는 것을 말한다.
3. "관리"란 국유재산의 취득·운용과 유지·보존을 위한 모든 행위를 말한다.
4. "처분"이란 매각, 교환, 양여, 신탁, 현물출자 등의 방법으로 국유재산의 소유권이 국가 외의 자에게 이전되는 것을 말한다.
5. "관리전환"이란 일반회계와 특별회계·기금 간 또는 서로 다른 특별회계·기금 간에 국유재산의 관리권을 넘기는 것을 말한다.
6. "정부출자기업체"란 정부가 출자하였거나 출자할 기업체로서 대통령령으로 정하는 기업체를 말한다.
7. "사용허가"란 행정재산을 국가 외의 자가 일정 기간 유상이나 무상으로 사용·수익할 수 있도록 허용하는 것을 말한다.
8. "대부계약"이란 일반재산을 국가 외의 자가 일정 기간 유상이나 무상으로 사용·수익할 수 있도록 체결하는 계약을 말한다.
9. "변상금"이란 사용허가나 대부계약 없이 국유재산을 사용·수익하거나 점유한 자(사용허가나 대부계약 기간이 끝난 후 다시 사용허가나 대부계약 없이 국유재산을 계속 사용·수익하거나 점유한 자를 포함한다. 이하 "무단점유자"라 한다)에게 부과하는 금액을 말한다.
10. "총괄청"이란 기획재정부장관을 말한다.
11. "중앙관서의 장등"이란 「국가재정법」 제6조(**독립기관 및 중앙관서**)에 따른 중앙관서의 장(이하 "중앙관서의 장"이라 한다)과 제42조(**관리·처분 사무의 위임·위탁**)제1항에 따라 일반재산의 관리·처분에 관한 사무를 위임·위탁받은 자를 말한다.

50. 특별행정작용법
    공용부담법
    공용수용

① ② ④ ⑤ 판례

④ 수용재결은 행정심판의 재결 처분의 성질을 갖는다.

공익사업을 위한 토지 등의 취득 및 보상에 관한 법률(토지보상법)
제2조(정의)

이 법에서 사용하는 용어의 뜻은 다음과 같다.

7. "사업인정"이란 공익사업을 토지등을 수용하거나 사용할 사업으로 결정하는 것을 말한다.

제22조(사업인정의 고시)

① 국토교통부장관은 제20조에 따른 사업인정을 하였을 때에는 지체 없이 그 뜻을 사업시행자, 토지소유자 및 관계인, 관계 시·도지사에게 통지하고 사업시행자의 성명이나 명칭, 사업의 종류, 사업지역 및 수용하거나 사용할 토지의 세목을 관보에 고시하여야 한다.
② 제1항에 따라 사업인정의 사실을 통지받은 시·도지사(특별자치도지사는 제외한다)는 관계 시장·군수 및 구청장에게 이를 통지하여야 한다.
③ 사업인정은 제1항에 따라 고시한 날부터 그 효력이 발생한다.

51. 외부효과에 관한 설명으로 옳지 않은 것은?
① 긍정적 외부효과는 사회적 적정수준보다 과잉생산의 결과를 가져온다.
② 불법주차, 환경오염 등은 부정적 외부효과를 야기 시키는 행위이다.
③ 외부효과란 시장을 거치지 않고 제3자에게 이익을 주거나 비용을 부담시키는 행위이다.
④ 부정적 외부효과를 해결하기 위해 조세를 부과할 수도 있다.
⑤ 긍정적 외부효과의 대표적인 예는 교육, 교통정리 등이 있다.

52. 행정이론과 추구하는 행정이념의 연결이 옳지 않은 것은?
① 인간관계론 - 사회적 능률성
② 행정행태론 - 효과성
③ 신공공관리론 - 효율성
④ 과학적 관리론 - 기계적 능률성
⑤ 신행정론 - 사회적 형평성

53. 오스본(D. Osborne)과 게블러(T. Gaebler)의 전통적 행정과 신공공관리에 관한 비교설명으로 옳지 않은 것은?

	기준	전통적 행정	신공공관리
ㄱ	정부역할	노젓기	방향잡기
ㄴ	서비스공급	독점적 공급	경쟁 도입
ㄷ	행정가치	관료 중심	고객 중심
ㄹ	행정주체	집권적 계층제	참여와 팀워크
ㅁ	관리방식	업무 중심	규칙 중심

① ㄱ ② ㄴ ③ ㄷ ④ ㄹ ⑤ ㅁ

54. 시민이나 의원이 집행결과를 쉽게 이해할 수 있으며 정부의 예산 투입과 산출을 연계시키는 예산제도는?
① 일몰 예산제도
② 성과주의 예산제도
③ 영기준 예산제도
④ 계획 예산제도
⑤ 자본 예산제도

55. 공식적 수단에 의한 행정통제를 모두 고른 것은?

| ㄱ. 계층제를 통한 통제 ㄴ. 감사원을 통한 통제 ㄷ. 시민과 언론을 통한 통제 |
| ㄹ. 공익가치를 통한 통제 ㅁ. 국무총리실을 통한 통제 |

① ㄱ, ㄴ ② ㄷ, ㄹ ③ ㄱ, ㄴ, ㅁ ④ ㄴ, ㄹ, ㅁ ⑤ ㄷ, ㄹ, ㅁ

56. 공직자윤리법에서 행정윤리 확보를 위해 시행하고 있는 내용이 아닌 것은?
① 주식백지신탁
② 이해충돌 방지 의무
③ 공직자 재산등록과 공개
④ 퇴직공직자 취업제한
⑤ 내부고발

51.	행정학 총론 행정환경 시장실패(market failure)	외부효과(externalities) - 긍정적 외부효과 = 외부경제(external economies) - 부정적 외부효과 = 외부비경제(external diseconomies) ① 긍정적 외부효과는 사회적 적정수준보다 과잉생산 <u>과소생산</u>의 결과를 가져온다.
52.	행정학 총론 행정학 이론 행정이념	① 인간관계론 - 사회적 능률성 ② 행정행태론 - <s>효과성</s> <u>제한된 합리성</u>(bounded rationality) ③ 신공공관리론 - 효율성 ④ 과학적 관리론 - 기계적 능률성 ⑤ 신행정론 - 사회적 형평성
53.	행정학 총론 행정학 이론	

기준	전통적 행정	신공공관리
정부역할	노젓기	방향잡기
서비스공급	독점적 공급	경쟁 도입
행정가치	관료 중심	고객 중심
행정주체	집권적 계층제	참여와 팀워크
관리방식	규칙 중심 업무 중심	업무 중심 규칙 중심

○ 신공공관리론(NPM; New Public management)
- 기업가적 정부
- 신관리주의(반정부, 반조세, 반관료주의),
                                 기업가적 패러다임, 후기관료적 패러다임

54.	재무행정(예산)
	예산제도
	Performance-based Budgeting System
		─ 1920년대: 품목별예산(LIBS)
		   ─ 1950년대: 성과주의예산(PBS)
		      ─ 1960년대: 계획예산(PPBS)
		         ─ 1970년대: 영기준예산(ZBB)
		            ─ 1990년대: 결과지향예산(NPBS)

55.	행정환류 행정책임 - 행정통제 길버트(E. Gilbert): 공식통제, 비공식통제	공식 통제 - 내부통제: **계층제**, 심사평가, **행정부(처)**, 교차기능조직, 독립통제기관(**감사원**, 국민권익위원회) - 외부통제: 입법부, 사법부, 옴부즈만 비공식 통제 - 내부통제: **공익**, 행정윤리, 대표관료제 - 외부통제: 민중, **언론**, 정당, **시민단체**, 이익집단
56.	인사행정 공직윤리·부패	내부고발자 보호 관련 법률 - 부패방지 및 국민권익위원회의 설치와 운영에 관한 법률 - 공익신고자보호법 - 국가공무원법 제17조의2

57. 예산 집행의 신축성을 유지하기 위한 제도에 관한 설명으로 옳은 것은?
① 이용(移用)이란 세항·목 등 행정과목 간의 예산을 상호 융통하는 것이다.
② 전용(轉用)이란 장·관·항 등 입법과목 간의 예산을 상호 융통하는 것이다.
③ 이체(移替)란 폐지되거나 기능이 이관된 기관의 예산을 신설된 기관의 예산으로 재분배하는 것이다.
④ 명시이월(明示移越)이란 연도 내에 지출원인행위를 하고 불가피한 사유로 인하여 연도 내에 지출하지 못한 경비를 다음 연도로 이월하여 사용하는 것이다.
⑤ 사고이월(事故移越)이란 연도 내에 그 지출을 마치지 못할 것이 예측될 때 미리 국회의 승인을 얻어 다음 연도로 이월하여 사용하는 것이다.

58. 다음 예산의 원칙과 예외의 연결이 옳지 않은 것은?
① 사전의결의 원칙 - 준예산
② 한정성의 원칙 - 사고이월
③ 통일의 원칙 - 교육세
④ 단일의 원칙 - 특별회계
⑤ 예산총계주의 원칙 - 기금

59. 자치경찰제에 관한 설명으로 옳지 않은 것은?
① 2006년 제주특별자치도 자치경찰제 시범 도입에 이어 2021년부터 본격적으로 자치경찰제가 시행되었다.
② 자치경찰사무로 지역 내 주민의 생활안전 활동과 교통활동에 관한 사무가 있다.
③ 광역자치단체장 소속으로 시·도자치경찰위원회가 자치경찰사무를 관장한다.
④ 시·도 자치경찰위원회는 시·도지사의 지휘감독을 받아 자치경찰사무를 수행한다.
⑤ 국가경찰사무는 국민의 생명·신체 및 재산의 보호, 범죄의 예방·진압 및 수사 등이다.

60. 현재 우리나라 정부조직에 해당하지 않는 것은?
① 고위공직자범죄수사처
② 국가보훈처
③ 여성가족부
④ 재외동포청
⑤ 질병관리청

61. 다음 중앙행정조직위원회 중 소속을 달리하는 위원회는?
① 공정거래위원회
② 국민권익위원회
③ 금융위원회
④ 방송통신위원회
⑤ 원자력안전위원회

62. 중앙인사기관에 관한 설명으로 옳지 않은 것은?
① 중앙인사기관은 각 행정기관의 합리적 인사운영, 인력의 효율적 활용, 공무원의 공직규범 기준 등 제공 기능을 담당한다.
② 중앙인사기관은 행정수반으로부터의 독립성과 다수 위원들의 협의에 의한 의사결정을 하는 합의성 등을 기준으로 유형화할 수 있다.
③ 1948년 정부수립 이후 우리나라 중앙인사기관은 비독립단독제 형태를 유지하여 오고 있다.
④ 우리나라에서 인사관리기능을 수행하기 위해 각 부처의 인사기관과 각 지방자치단체의 인사기관이 있다.
⑤ 현재 우리나라의 중앙인사기관은 국무총리 소속의 인사혁신처이다.

57. 재무행정(예산)
예산제도

①③

④

②

국가재정법 제24조(명시이월비)
① 세출예산 중 경비의 성질상 연도 내에 지출을 끝내지 못할 것이 예측되는 때에는 그 취지를 세입세출예산에 명시하여 미리 국회의 승인을 얻은 후 다음 연도에 이월하여 사용할 수 있다.

국가재정법 제46조(예산의 전용)
① 각 중앙관서의 장은 예산의 목적범위 안에서 재원의 효율적 활용을 위하여 대통령령으로 정하는 바에 따라 기획재정부장관의 승인을 얻어 각 세항 또는 목의 금액을 전용할 수 있다. …

국가재정법 제47조(예산의 이용·이체)
① 각 중앙관서의 장은 예산이 정한 각 기관 간 또는 각 장·관·항 간에 상호 이용(移用)할 수 없다. 다만, …
② 기획재정부장관은 정부조직 등에 관한 법령의 제정·개정 또는 폐지로 인하여 중앙관서의 직무와 권한에 변동이 있는 때에는 그 중앙관서의 장의 요구에 따라 그 예산을 상호 이용하거나 이체(移替)할 수 있다.

국가개정법 제48조(세출예산의 이월)
② 제1항에도 불구하고 다음 각 호의 어느 하나에 해당하는 경비의 금액은 다음 회계연도에 이월하여 사용할 수 있다. …
  1. 명시이월비
  2. (사고이월) 연도 내에 지출원인행위를 하고 불가피한 사유로 인하여 연도 내에 지출하지 못한 경비와 지출원인행위를 하지 아니한 그 부대경비 ⑤
  3. (계속비이월) 지출원인행위를 하기 위하여 입찰공고를 한 경비 중 입찰공고 후 지출원인행위까지 장기간이 소요되는 경우로서 대통령령으로 정하는 경비
  4. 공익사업의 시행에 필요한 손실보상비로서 대통령령으로 정하는 경비
  5. 경상적 성격의 경비로서 대통령령으로 정하는 경비

58. 재무행정(예산) - 예산

전부 정답 처리
  이론적으로는 기금 포함
  국가재정법상 기금 불포함

① 사전의결의 원칙	- 전용, **준예산, 사고이월**, …
② 한정성의 원칙	- 이용, 전용, **사고이월**, …
③ 통일의 원칙	- 기금, 목적세(**교육세 등**), …
④ 단일의 원칙	- 기금, 추경예산, **특별회계**, …
⑤ 예산총계주의 원칙	- ~~기금~~ **전대차관, 수입대체경비**, …

59. 지방자치론
지방자치단체·사무
자치경찰제

국가경찰과 자치경찰의 조직 및 운영에 관한 법률
제18조(시·도자치경찰위원회의 설치)
② 시·도자치경찰위원회는 합의제 행정기관으로서 그 권한에 속하는 업무를 독립적으로 수행한다.

60. 조직론
조직구조 - 정부조직

② 군사원호청(1961) —1962→ 원호처 —1985.→ **국가보훈처**
                                              —2023.06.05.→ **국가보훈부**

61. 조직론
조직구조 - 위원회

①②③⑤　　　　　　　　국무총리 소속
④ **방송통신위원회**　　　대통령 직속

62. 조직론
조직구조
인사혁신처

③ 1948년 정부수립 이후 우리나라 중앙인사기관은 <u>비독립단독제</u> 형태를 유지하여 오고 있다. <u>1999년에 중앙인사위원회가 설치되어 내각의 각 부로부터 독립된 인사행정 전담 부서로 운영되다가 2014년 11월 19일 인사혁신처가 신설되었다.</u>

63. 공급의 담당주체와 수단의 결합방식으로 공공서비스를 아래와 같이 나타낼 때 ( )에 들어갈 내용으로 옳은 것은?

구분		공급 주체	
		공공부문	민간부문
공급수단	권력	(ㄱ)	(ㄴ)
	시장	(ㄷ)	(ㄹ)

① ㄱ: 일반행정, ㄴ: 책임경영, ㄷ: 민간위탁, ㄹ: 민간기업
② ㄱ: 책임경영, ㄴ: 일반행정, ㄷ: 민간기업, ㄹ: 민간위탁
③ ㄱ: 민간기업, ㄴ: 민간위탁, ㄷ: 책임경영, ㄹ: 일반행정
④ ㄱ: 일반행정, ㄴ: 민간위탁, ㄷ: 책임경영, ㄹ: 민간기업
⑤ ㄱ: 책임경영, ㄴ: 민간위탁, ㄷ: 일반행정, ㄹ: 민간기업

64. 현대조직이론의 특징으로 옳지 않은 것은?
① 인간행태의 발전과 쇄신적 가치관을 중시하며 인간을 자아실현인·복잡인으로 파악한다.
② 가치의 다원화 및 행정현상의 다양성을 인정한다.
③ 효과성·생산성·민주성·대응성·사회적 적실성과 종합적인 행정개혁을 중시한다.
④ 조직을 환경과 상호작용하는 동태적·유기체적 개방체제로 파악한다.
⑤ 조직발전을 위해 조직의 변동과 갈등을 전적으로 억제한다.

65. 경력직 공무원에 관한 설명으로 옳은 것은?
① 직업공무원제의 적용을 받지 않는다.
② 선거에 의해 취임하는 공무원은 경력직 공무원이다.
③ 특수한 임무를 수행하기 위해 임용되는 별정직 공무원이 대표적인 경력직 공무원이다.
④ 실적과 자격에 의해 임용되며 신분이 보장된다.
⑤ 기술직과 연구직에 종사하는 공무원은 경력직 공무원에 해당하지 않는다.

66. 공공서비스 생산방식 중 이용권(voucher)에 관한 설명으로 옳지 않은 것은?
① 공공서비스의 생산을 민간에 위탁하는 방법 중의 하나이다.
② 시민들은 정부가 지정하는 하나의 서비스 제공 기관에서 이용권을 사용하여야 한다.
③ 보건복지부는 각종 돌봄서비스에서 전자 이용권을 제공하고 있다.
④ 소비자 중심의 맞춤형 사회서비스가 강조되면서 서비스가 확대되고 있다.
⑤ 노인, 장애인, 보육 정책 등에서 서비스가 확대되고 있다.

67. 국가공무원법 상 국회, 법원, 헌법재판소, 선거관리위원회 및 행정부 상호 간에 소속을 달리하는 인사이동 임용방법은?
① 파견 ② 전보 ③ 전입 ④ 전직 ⑤ 겸임

63. 행정학 총론
행정환경
공공서비스

구분		공급 주체	
		공공부문	민간부문
공급수단	권력	일반행정	민간위탁
	시장	책임경영	민간기업

64. 조직론
조직

⑤ 전통(적) 조직이론

65. 인사행정
인사행정

① 직업공무원제의 적용을 받지 않는다. 받는다.
② 선거에 의해 취임하는 공무원은 경력직 정무직공무원이다.
③ 특수한 임무를 수행하기 위해 임용되는 별정직 공무원이 대표적인 경력직 특수경력직공무원이다.
⑤ 기술직과 연구직에 종사하는 공무원은 경력직 공무원(일반직)에 해당하지 않는다. 해당한다.

국가공무원법 제2조(공무원의 구분)
① 국가공무원(이하 "공무원"이라 한다)은 경력직공무원과 특수경력직공무원으로 구분한다.
② "경력직공무원"이란 실적과 자격에 따라 임용되고 그 신분이 보장되며 평생 동안(근무기간을 정하여 임용하는 공무원의 경우에는 그 기간 동안을 말한다) 공무원으로 근무할 것이 예정되는 공무원을 말하며, 그 종류는 다음 각 호와 같다.
  1. 일반직공무원: 기술·연구 또는 행정 일반에 대한 업무를 담당하는 공무원
  2. 특정직공무원: 법관, 검사, 외무공무원, 경찰공무원, 소방공무원, 교육공무원, 군인, 군무원, 헌법재판소 헌법연구관, 국가정보원의 직원, 경호공무원과 특수 분야의 업무를 담당하는 공무원으로서 다른 법률에서 특정직공무원으로 지정하는 공무원
③ "특수경력직공무원"이란 경력직공무원 외의 공무원을 말하며, 그 종류는 다음 각 호와 같다.
  1. 정무직공무원
    가. 선거로 취임하거나 임명할 때 국회의 동의가 필요한 공무원
    나. 고도의 정책결정 업무를 담당하거나 이러한 업무를 보조하는 공무원으로서 법률이나 대통령령(대통령비서실 및 국가안보실의 조직에 관한 대통령령만 해당한다)에서 정무직으로 지정하는 공무원
  2. 별정직공무원: 비서관·비서 등 보좌업무 등을 수행하거나 특정한 업무 수행을 위하여 법령에서 별정직으로 지정하는 공무원

66. 행정환류
행정개혁 - 이용권(voucher)

② 시민들은 정부가 지정하는 하나의 다양한 서비스 제공 기관에서 이용권을 사용하여야 한다.

67. 인사행정
인사행정

국가공무원법 제5조(정의)
  5. "전직(轉職)"이란 직렬을 달리하는 임명을 말한다.
  6. "전보(轉補)"란 같은 직급 내에서의 보직 변경 또는 고위공무원단 직위 간의 보직 변경(…)을 말한다.
국가공무원법 제28조의2(전입)
국회, 법원, 헌법재판소, 선거관리위원회 및 행정부 상호 간에 다른 기관 소속 공무원을 전입하려는 때에는 시험을 거쳐 임용하여야 한다. …

68. 우리나라 스마트 전자정부의 비전에 관한 설명으로 옳지 않은 것은?
① 국민이 직접 증명하는 공급자 중심의 획일적인 서비스를 극대화하는 정부이다.
② 부처 간 장벽이 없는 네트워크를 통해 서비스 연계·통합이 가능한 정부이다.
③ 모바일 기기 등으로 어디서나 편리한 서비스를 제공하는 정부이다.
④ 국민의 수요에 실시간으로 반응하는 서비스를 제공하는 정부이다.
⑤ 참여·소통으로 수요자가 원하는 서비스와 정보를 제공하는 정부이다.

69. 지방자치제도에서 법인격이 없는 행정계층에 해당하는 것은?
① 세종특별자치시
② 경상북도 고령군
③ 제주특별자치도 제주시
④ 부산광역시 기장군
⑤ 전라남도 순천시

70. 지방자치에 관한 설명으로 옳은 것은?
① 일정기간 지역에 거주하지 않았더라도 주민등록만 되어 있다면 지방자치법상 주민으로서의 권리와 의무의 주체가 된다.
② 국가로부터 일정한 부분 자치권한을 이양받은 자치권을 고유권이라고 한다.
③ 특례시에는 자치구가 설치되어 있다.
④ 자치권이란 자연적으로 발생한 주민의 권리이므로 전래권이다.
⑤ 지방자치단체는 주민의 복리와 재산을 보호하고 외교·국방과 같은 문제를 다룬다.

71. 정책결정의 이론모형에 관한 설명으로 옳지 않은 것은?
① 만족모형은 인간의 능력에 한계가 있으므로 최적의 대안이 아닌 만족하는 정도의 대안을 결정한다.
② 최적모형은 비정형적인 정책결정 시 창의성이나 통찰력 같은 초합리성을 중요시한다.
③ 쓰레기통모형은 고도로 불확실한 조직상황하에서의 정책결정양태를 설명한다.
④ 관료정치모형은 의견이 동일한 관리자들이 연합하여 최종해결안을 선택하고, 토론과 협상을 매우 중요시한다.
⑤ 점증모형은 정책결정과정을 약간의 향상을 위해 그럭저럭 헤쳐 나가는 과정으로 본다.

72. 정책이론에 관한 설명으로 옳지 않은 것은?
① 마르크스주의 - 현대국가는 모든 자본가 계층의 공통된 이해관계를 대변하기 위한 위원회와 같다.
② 엘리트주의 - 지배계층은 모든 정책과정을 장악하고 영향력을 행사하며 정책의 혜택을 누린다.
③ 무의사결정 - 정치적 행위자는 자신의 효용과 만족감을 최대화하기 위하여 합리적으로 행동한다.
④ 제도주의 - 정책분석의 초점은 정부제도의 공식적·법적 기구에 맞추는 것이다.
⑤ 다원주의 - 정부의 역할은 단지 집단 간의 이익대결과 갈등을 조정하는 중립적인 제3자에 불과하다.

68. 정보화(행정) 전자정부	① 국민이 직접 증명하는 ~~공급자~~ 수요자 중심의 ~~획일적인~~ 맞춤형 서비스를 극대화하는 정부이다.	
69. 지방자치론 지방자치단체·사무	① 세종특별자치시: ② 제주특별자치도: 제주시(행정시):	단층제(세종시의원 ~~기초의회의원~~) 단층제(제주도의원 ~~제주시의원~~) 도지사가 제주시장(행정시장) 임명
70. 지방자치론 지방자치	② 국가로부터 일정한 부분 자치권한을 이양받은 자치권을 ~~고유권~~ 전래권이라고 한다. ③ 특례시에는 ~~자치구~~ 자치구가 아닌 구가 설치되어 있다.	

지방자치법 제3조(지방자치단체의 법인격과 관할)
③ 특별시·광역시 또는 특별자치시가 아닌 인구 50만 이상의 시에는 자치구가 아닌 구를 둘 수 있고, 군에는 읍·면을 두며, 시와 구(자치구를 포함한다)에는 동을, 읍·면에는 리를 둔다.
지방자치법 제198조(대도시 등에 대한 특례 인정)
② …서울특별시·광역시 및 특별자치시를 제외한 다음 각 호의 어느 하나에 해당하는 대도시 및 시·군·구의 행정, 재정 운영 및 국가의 지도·감독에 대해서는 그 특성을 고려하여 관계 법률로 정하는 바에 따라 추가로 특례를 둘 수 있다.
  1. 인구 100만 이상 대도시(이하 "특례시"라 한다)
  2. 실질적인 행정수요, 지역균형발전 및 지방소멸위기 등을 고려하여 대통령령으로 정하는 기준과 절차에 따라 행정안전부장관이 지정하는 시·군·구

④ 자치권이란 자연적으로 발생한 주민의 권리이므로 ~~전래권~~ 고유권이다.
⑤ 지방자치단체는 주민의 복리와 재산을 보호하고 ~~외교·국방과 같은 문제를 다룬다.~~ 한다.

71. 행정환류 행정개혁	앨리슨(Alison) 모형
	- 쿠바 미사일 위기에 따른 미국 정부의 정책 결정 과정을 설명하기 위해서 고안되었다.
	- 조직관(組織觀)에 따라 정책 결정 접근법이 달라진다.
	  1. 합리모형: 정부가 선택한 조치(action)로서의 정책
	  2. 조직모형: 조직 과정의 산물로서의 정책
	  3. 관료정치모형: 정치적 게임의 결과로써의 정책

72. 정책론 정책 무의사결정론	- 다원론을 비판하면서 엘리트론을 계승·발전시킨 신엘리트론적 이론이다. - 의사결정권력: 정책 결정 권력 무의사결정권력: 정책의제 배제 권력

73. 주민소송제에 관한 설명으로 옳은 것은?
① 주민들이 공직자를 재직 중에 불신임해 그만두게 하는 제도로서 가장 적극적이고 강력한 참여의 형태이다.
② 지역의 주요 안건을 해결하는 제도로서 지방자치단체의 중요한 사항에 대하여 결정권을 행사하는 제도이다.
③ 선출직 공직자를 임기 중에 소환해 파면시키는 제도이다.
④ 주민이 감사청구한 일정한 재무회계 사항과 관련이 있는 지방자치단체의 장 등의 위법한 행위 등에 대하여 손해를 배상하게 하는 제도이다.
⑤ 주민이 능동적이고 적극적으로 지방자치단체의 장이나 의회의원 권한의 일부를 제약하거나 행사한다.

74. 우리나라는 도·농 통합이나 행정구역개편을 통하여 지속적으로 통합을 전개해왔는데, 가장 최근에 통합한 도시는?
① 청주시 + 청원군 = 청주시
② 창원시 + 마산시 + 진해시 = 창원시
③ 여수시 + 여천시 + 여천군 = 여수시
④ 춘천시 + 춘천군 = 춘천시
⑤ 천안시 + 천안군 = 천안시

75. 관리과학에 관한 설명으로 옳은 것은?
① 정책이 내포하는 목적가치를 중요시한다.
② 자원과 비용의 사회적 배분을 고려한다.
③ 질적 분석을 중요시 한다.
④ 정치적 요인을 고려한다.
⑤ 계량적 분석에 입각하여 처방을 제시한다.

73. 지방자치론 　　주민참여	① 불신임제(지방자치법 제62조, 의장·부의장 불신임의 의결) 　　주민들이 공직자를 재직 중에 불신임해 그만두게 하는 제도로서 가장 적극적이고 강력한 참여의 형태이다. 　　지방의회의 의장이나 부의장이 법령을 위반하거나 정당한 사유 없이 직무를 수행하지 아니하면 지방의회는 불신임을 의결할 수 있다. ② 주민투표제(지방자치법 제18조, 주민투표) 　　지역의 주요 안건을 해결하는 제도로서 지방자치단체의 중요한 사항에 대하여 결정권을 행사하는 제도이다. ③ 주민소환제(지방자치법 제25조, 주민소환) 　　선출직 공직자를 임기 중에 소환해 파면시키는 제도이다. ④ 주민소송제(지방자치법 제22조, 주민소송) ⑤ 주민발의 　　주민이 능동적이고 적극적으로 지방자치단체의 장이나 의회의원 권한의 일부를 제약하거나 행사한다. 　　- 지방자치법 제19조(조례의 제정과 개정·폐지 청구) 　　- 지방자치법 제21조(주민의 감사 청구)	
74. 지방자치론 　　지방자치 　　행정구역 개편	① 2014년: **청주시 + 청원군 = 청주시** ② 2010년: **창원시 + 마산시 + 진해시 = 창원시** ③ 1998년: **여수시 + 여천시 + 여천군 = 여수시** ④ 1995년: **춘천시 + 춘천군 = 춘천시** ⑤ 1995년: **천안시 + 천안군 = 천안시**	
75. 행정학 총론 　　행정학 이론 　　관리과학으로서의 정통 행정학	미국 행정학의 출발 　- 엽관제를 극복하고 효율적 행정을 구축하기 위한 실천적인 정치 개혁 　- 과학적 관리법 및 고전적 조직론과 접목하여 독자적 학문 영역 구축 1910년대, 정통 행정학 성립 　- 정치행정이원론 　- 행정관리론, 관리과학 1920~1930년대, 정통 행정학 발전	

제01회(2013년) 행정사 자격시험 1차 — 정답

민법총칙

01	02	03	04	05	06	07	08	09	10
5	2	4	3	2	3	3	4	5	3
11	12	13	14	15	16	17	18	19	20
1	3	2	1	1	2	4	4	5	4

행정법

21	22	23	24	25	26	27	28	29	30
2	4	1	2	1	4	3	5	1	5
31	32	33	34	35	36	37	38	39	40
3	1	4	1	4	5	2	2	5	3

행정학개론

41	42	43	44	45	46	47	48	49	50
3	2	4	5	3	5	3	1	4	3
51	52	53	54	55	56	57	58	59	60
5	1	4	4	1	3	5	2	1	2

제02회(2014년) 행정사 자격시험 1차 — 정답

민법총칙

01	02	03	04	05	06	07	08	09	10
4	3	5	5	4	2	3	1	2	3
11	12	13	14	15	16	17	18	19	20
2	5	4	4	2	5	3	1	1	4

행정법

21	22	23	24	25	26	27	28	29	30
4	5	4	2	5	3	3	4	3	2
31	32	33	34	35	36	37	38	39	40
1	3	5	1	3	4	2	1	2	5

행정학개론

41	42	43	44	45	46	47	48	49	50
2	3	4	2	5	1	5	3	5	1
51	52	53	54	55	56	57	58	59	60
3	2	4	5	4	3	4	1	1	2

행정사 1차 시험 출제 영역

민법총칙	행정법	행정학개론

민법 서론
  권리
  민법의 법원
  신의성실의 원칙
 	
권리의 주체
  자연인
    권리능력
    행위능력
    주소
    부재와 실종
  법인
    법인의 설립
    법인의 능력
    법인의 기관
    법인의 정관
    법인의 소멸
    법인의 감독
    법인의 해산
    권리능력 없는 사단·재단
 	
권리의 객체
  물건
    주물과 종물
    원물과 과실
 	
권리의 변동
  법률행위
  의사표시
  법률행위의 대리
  법률행위의 무효·취소
  법률행위의 부관
  기간
  소멸시효
	행정법 통론
	  행정
	  행정법
	  행정상 법률관계
	
	행정작용법
	  행정입법
	  행정행위
	  기타 행정작용
	    행정계획
	    행정지도
	
	행정절차·(행정)정보
	  행정절차
	  정보공개
	  개인정보 보호
	
	행정상 실효성 확보 수단
	  행정강제
	  행정벌
	  새로운 의무이행 확보 수단
	
	행정구제법
	  행정상 손해전보
	  행정쟁송
	    행정심판
	    행정소송
	
	행정조직법
	  행정조직법
	  지방자치법
	  공무원법
	
	특별행정작용법
	  경찰행정법
	  공용부담법
	  국가재정법
	  국유재산법
	  국토개발행정법
	  급부행정법(공물법)
	  재무행정법
		행정학 총론
		  행정
		  행정환경
		  행정가치·지향
		  행정학 이론
		
		정책론
		  정책
		  정책목표·정책의제
		  정책결정
		  정책집행
		  정책평가
		
		조직론
		  조직
		  조직구조
		  조직관리
		
		인사행정
		  인사행정
		  인사평정
		  공직윤리·부패
		
		재무행정(예산)
		  예산
		  예산제도
		  예산과정
		  예산의 종류
		
		지방자치론
		  지방자치
		  지방재정
		  지방자치단체·사무
		  주민참여
		
		정보화(행정)
		  전자정부
		  지식행정
		
		행정환류
		  행정책임
		  행정개혁

제03회(2015년) 행정사 자격시험 1차 — 정답

민법총칙

01	02	03	04	05	06	07	08	09	10
5	2	4	3	1	3	5	3	5	2
11	12	13	14	15	16	17	18	19	20
5	1	1	4	3	4	2	3	5	2

행정법

21	22	23	24	25	26	27	28	29	30
2	2	4	3	1	4	3	2	5	1
31	32	33	34	35	36	37	38	39	40
5	3	5	4	4	2	5	3	1	1

행정학개론

41	42	43	44	45	46	47	48	49	50
1	3	4	2	4	4	2	1	1	3
51	52	53	54	55	56	57	58	59	60
2	5	3	1	5	1	5	4	3	2

제04회(2016년) 행정사 자격시험 1차 — 정답

민법총칙

01	02	03	04	05	06	07	08	09	10
4	5	3	2	4	3	1	5	1	2
11	12	13	14	15	16	17	18	19	20
5	3	4	5	3	2	4	5	1	2

행정법

21	22	23	24	25	26	27	28	29	30
3	4	5	3	2	1	1	1	5	4
31	32	33	34	35	36	37	38	39	40
4	5	1	2	5	2	4	4	3	2

행정학개론

41	42	43	44	45	46	47	48	49	50
3	3	1	5	4	4	1	3	2	2
51	52	53	54	55	56	57	58	59	60
3	5	5	2	2	4	1	1	4	5

행정사 정보(Licensed Administration Agent) (http://q-net.or.kr)

□ 개요

행정사란 다른 사람의 위임을 받아 행정기관에 제출하는 서류의 작성, 번역, 제출 대행, 신청·청구 및 신고 등의 대리 등의 업무를 수행하며, 다만 다른 법률로 제한된 업무는 할 수 없음.

□ 수행 직무

○ 일반행정사
- 행정기관에 제출하는 서류 또는 권리·의무나 사실 증명에 관한 서류의 작성 및 제출 대행
- 인가·허가 및 면허 등을 받기 위하여 행정기관에 하는 신청·청구 및 신고 등의 대리(代理)
- 행정 관계 법령 및 행정에 대한 상담 또는 자문에 대한 응답
- 법령에 따라 위탁받은 사무의 사실 조사 및 확인
※ 해운 또는 해양안전심판에 관한 업무는 제외

○ 해사행정사
- 해운 또는 해양안전심판과 관련한 위(일반행정사)의 각 업무

○ 외국어번역행정사
- 행정기관 업무 관련 서류의 번역과 번역한 서류를 위임자를 대행하여 행정기관 등에 제출하는 업무

□ 소관부처: 행정안전부(주민과)

□ 시험시행: 한국산업인력공단

□ 통계자료(1차 시험)

회차	종목	대상인원	응시인원	합격인원	합격률
제11회(2023년)	일반	6,016	4,570	1,874	41.01
	해사	306	212	91	31.58
	외국어번역	28	19	6	42.92
제10회(2022년)	일반	4,500	3,469	1,546	44.57
	해사	18	17	8	47.06
	외국어번역	258	206	90	43.69
제09회(2021년)	일반	3,940	3,090	934	30.23
	해사	21	16	4	25.00
	외국어번역	221	155	33	21.29
제08회(2020년)	일반	2,828	2,025	775	38.27
	해사	19	9	5	55.56
	외국어번역	227	174	67	38.51
제07회(2019년)	일반	2,962	1,826	639	34.99
	해사	106	12	3	25.00
	외국어번역	284	188	52	27.66
제06회(2018년)	일반	2,575	1,541	305	19.79
	해사	92	12	2	16.67
	외국어번역	274	194	42	21.65

제05회(2017년) 행정사 자격시험 1차 정답

민법총칙

01	02	03	04	05	06	07	08	09	10
3	4	2	4	5	5	2	3	4	5
11	12	13	14	15	16	17	18	19	20
1	4	2	1	3	5	1	4	2	1
21	22	23	24	25					
3	5	2	1	5					

행정법

26	27	28	29	30	31	32	33	34	35
1	5	2	1	4	2	4	5	1	4
36	37	38	39	40	41	42	43	44	45
3	5	4	3	4	3	3	4	1	3
46	47	48	49	50					
3	1	2	5	2					

행정학개론

51	52	53	54	55	56	57	58	59	60
2	5	2	5	1	4	2	1	4	3
61	62	63	64	65	66	67	68	69	70
2	1	5	4	3	4	5	1	3	4
71	72	73	74	75					
2	3	1	5	3					

제06회(2018년) 행정사 자격시험 1차 정답

민법총칙

01	02	03	04	05	06	07	08	09	10
2	2	4	4	2	3	4	1	1	2
11	12	13	14	15	16	17	18	19	20
5	5	5	1	3	3	3	5	4	5
21	22	23	24	25					
4	3	1	2	4					

행정법

26	27	28	29	30	31	32	33	34	35
3	3	5	2	2	4	2	3	2	2
36	37	38	39	40	41	42	43	44	45
3	4	4	1	1	4	5	1	1	5
46	47	48	49	50					
4	1	3	4	5					

행정학개론

51	52	53	54	55	56	57	58	59	60
4	2	5	5	1	5	2	3	4	3
61	62	63	64	65	66	67	68	69	70
4	5	3	4	3	1	3	1	2	2
71	72	73	74	75					
1	3	5	4	1					

행정사 시험정보(http://q-net.or.kr)

☐ **응시 자격(행정사법 시행령 제19조)**
　○ 제한 없음
　　- 다만, 행정사법 시행령 제19조에 따라 부정 행위자로 처리되어, 그 처분이 있은 날부터 5년이 지나지 않은 자는 시험에 응시할 수 없음.

☐ **결격사유(행정사법 제5, 제6조)**
　○ 다음 각호의 어느 하나에 해당하는 자는 행정사가 될 수 없음.
　　1. 피성년후견인 또는 피한정후견인
　　2. 파산선고를 받고 복권되지 아니한 사람
　　3. 금고 이상의 실형을 선고받고 그 집행이 끝나거나(집행이 끝난 것으로 보는 경우를 포함한다) 집행이 면제된 날부터 3년이 지나지 아니한 사람
　　4. 금고 이상의 형의 집행유예를 선고받고 그 유예기간이 끝난 날부터 2년이 지나지 아니한 사람
　　5. 금고 이상의 형의 선고유예를 받고 그 유예기간에 있는 사람
　　6. 공무원으로서 징계처분에 따라 파면되거나 해임된 후 3년이 지나지 아니한 사람
　　7. 행정사법 제30조(자격의 취소)에 따라 행정사 자격이 취소된 후 3년이 지나지 아니한 사람
　※ 결격사유 심사기준일: 최종 시험시행일
　※ 행정사법 제5 및 제6조에 따라 결격사유 심사기준일 기준 행정사가 될 수 없는 사유에 해당하면 합격을 취소함.

☐ **시험과목 · 시험시간 · 시험방법**

구분	교시	시험과목	문항 수	시험시간
제1차 시험 (공통)	1	1. 민법(총칙 관련 내용으로 한정) 2. 행정법 3. 행정학개론(지방자치행정 포함)	과목당 25문항	75분 (09:30 ~10:45)

구분	교시	시험과목				문항 수	시험시간
제2차 시험	1 (공통)	1. 민법(계약 관련 내용으로 한정) 2. 행정절차론(행정절차법 포함)				과목당 4문항 (논술 1문제, 약술 3문제)	100분 (09:30 ~11:10)
	2		일반	해사	외국어번역		일반 해사 100분 (11:40 ~13:20) 외국어 번역 50분 (11:40 ~12:30)
		공통 과목	3. 사무관리론(민원에 관한 법률, 행정업무의 운영 및 혁신에 관한 규정 포함)				
		선택 과목	4. 행정사실무법 - 행정심판사례 - 비송사건 　절차법	4. 해사실무법 - 선박안전법 - 해사안전 　기본법 - 해상교통 　안전법 - 해양사고의 　조사 및 심판에 　관한 법률	4. 해당 외국어 (외국어능력 검정시험으로 대체)		

제07회(2019년) 행정사 자격시험 1차 정답

민법총칙

01	02	03	04	05	06	07	08	09	10
4	1	3	5	2	4	5	3	4	4
11	12	13	14	15	16	17	18	19	20
3	5	1	2	3	3	5	4	1	3
21	22	23	24	25					
5	2	1	2	4					

행정법

26	27	28	29	30	31	32	33	34	35
1	4	2	5	5	2	3	4	4	5
36	37	38	39	40	41	42	43	44	45
1	4	4	1	3	5	3	2	5	4
46	47	48	49	50					
3	1	2	5	4					

행정학개론

51	52	53	54	55	56	57	58	59	60
4	5	2	5	3	4	1	1	3	4
61	62	63	64	65	66	67	68	69	70
5	2	2	3	1	3	3	4	5	4
71	72	73	74	75					
2	3	1	2	4					

제08회(2020년) 행정사 자격시험 1차 정답

민법총칙

01	02	03	04	05	06	07	08	09	10
5	5	2	5	5	4	3	1	5	4
11	12	13	14	15	16	17	18	19	20
3	2	1	1	3	4	2	5	4	5
21	22	23	24	25					
3	1	2	2	4					

행정법

26	27	28	29	30	31	32	33	34	35
2	1	3	2	3	5	5	4	3	4
36	37	38	39	40	41	42	43	44	45
5	1	4	1	3	2	3	4	1	5
46	47	48	49	50					
3	1	5	2	4					

행정학개론

51	52	53	54	55	56	57	58	59	60
3	4	5	5	4	1	1	1	2	5
61	62	63	64	65	66	67	68	69	70
5	1	2, 5	2	3	3	4	3	2	2
71	72	73	74	75					
1	4	3	4	4					

기출문제를 기본서로
한권으로 단번에 끝낸다

한권 공인중개사 01~04
김동옥·전영찬·금융경제연구소

30,000원(01), 40,000원(02), 22,500원(03), 52,500원(04)
eBook: 21,000원(01), 31,500원(02), 15,750원(03), 36,750원(04)

facebook 한권공인중개사

제09회(2021년) 행정사 자격시험 1차 정답

민법총칙

01	02	03	04	05	06	07	08	09	10
1	4	3	2	4	2	4	5	3	5
11	12	13	14	15	16	17	18	19	20
2	5	1	1	2	5	3	3	5	4
21	22	23	24	25
2	1	4	1	3

행정법

26	27	28	29	30	31	32	33	34	35
1	4	3	4	5	3	5	1	5	4
36	37	38	39	40	41	42	43	44	45
4	3	2	3	5	1	2	5	2	2
46	47	48	49	50
2	4	2	1	2

행정학개론

51	52	53	54	55	56	57	58	59	60
4	1	2	4	5	5	1	2	1	3
61	62	63	64	65	66	67	68	69	70
5	3	2	5	3	2	2	3	5	3
71	72	73	74	75
4	4	1	1	4

제10회(2022년) 행정사 자격시험 1차 정답

민법총칙

01	02	03	04	05	06	07	08	09	10
2, 4	2	2	5	3	3	5	1	4	2
11	12	13	14	15	16	17	18	19	20
4	4	1	2	3	2	1	5	4	5
21	22	23	24	25
2	3	3	1	3

행정법

26	27	28	29	30	31	32	33	34	35
5	3	2	1	5	5	1	4	4	4
36	37	38	39	40	41	42	43	44	45
5	3	3	3	3	1	2	2	4	1
46	47	48	49	50
4	5	2	5	4

행정학개론

51	52	53	54	55	56	57	58	59	60
2	5	5	3	3	4	3	4	5	5
61	62	63	64	65	66	67	68	69	70
2	1	2	4	1	1	4	4	3	2
71	72	73	74	75
1	2	5	1	3

파이낸셜 마인드: 한국인의 금융원론
김동옥 삼우회계법인 전무 | 18000원

금융지식이 소득수준을 결정한다!
누구나 쉽게 이해할 수 있는 한국인의 금융원론
난해한 수식은 빼고 간결한 문장에 쉬운 사례를 들어
짧은 시간에 '견고한 금융 마인드'를 갖출 수 있다.

이코노믹 마인드: 한국인의 경제원론
김동옥 삼우회계법인 전무 | 18000원

경제학이란 무엇이고, 무엇을 할 수 있는가
편협한 결론으로 이끄는 경제학은 인간의 삶을 배제한 허상만 제공한다.
현실 설명력을 갖춘 경제학 지식과 과학적 태도가
정치적·경제적 의사결정의 주체가 되는 길로 안내한다.

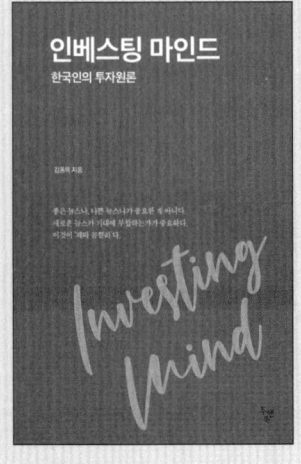

인베스팅 마인드: 한국인의 경제원론
김동옥 삼우회계법인 전무 | 18000원

군중심리를 읽고 사이클을 들어라!
'올바른 투자 마인드 확립'을 목표로
'폭넓은 투자 입문서'를 지향한다.
이론적 바탕 위에 실천을 더한다면 성공적 변혁을 이룰 수 있다.

제11회(2023년) 행정사 자격시험 1차

정답

민법총칙

01	02	03	04	05
1	1	2	3	2
11	12	13	14	15
4	1	3	5	3
21	22	23	24	25
4	2	4	2	3

06	07	08	09	10
4	5	1	3	4
16	17	18	19	20
5	5	4	5	2

행정법

26	27	28	29	30
4	4	3	4	3
36	37	38	39	40
5	5	1	1	2
46	47	48	49	50
3	4	5	3	4

31	32	33	34	35
5	1	3	2	5
41	42	43	44	45
1	2	4	2	1

행정학개론

51	52	53	54	55
3	5	2	1	2
61	62	63	64	65
4	4	5	3	1
71	72	73	74	75
3	5	3	4	1

56	57	58	59	60
4	2	2	4	1
66	67	68	69	70
4	5	5	2	3

제12회(2024년) 행정사 자격시험 1차

정답

민법총칙

01	02	03	04	05
2	4	2	2	4
11	12	13	14	15
5	3	3	5	1
21	22	23	24	25
3	4	3	1	2

06	07	08	09	10
5	1	5	4	1
16	17	18	19	20
3	3	4	5	4

행정법

26	27	28	29	30
전부	5	5	2	4
36	37	38	39	40
3	2	3	2	5
46	47	48	49	50
3	5	3	5	4

31	32	33	34	35
3	1	4	4	1
41	42	43	44	45
2	4	1	1	3

행정학개론

51	52	53	54	55
1	2	5	2	3
61	62	63	64	65
4	3	4	5	4
71	72	73	74	75
4	3	4	1	5

56	57	58	59	60
5	3	전부	4	2
66	67	68	69	70
2	3	1	3	1